印欧語の親族名称の研究

印欧語の親族名称の研究

風間喜代三著

岩　波　書　店

はしがき

親族名称に対する関心は，戦後いちじるしく高まり，いろいろな言語についてその組織や特徴が記述され，研究が進められてきた．とかくわれわれは，自分の話している言語，あるいは知っている言語の知識を基にしてすべてを判断しがちなものだが，親族名称もその例にもれない．そうした過ちを犯さないためにも，まず問題となる言語の事実をよくみきわめることが必要である．アフリカやアメリカ・インディアン，アジアなどで従来調査が充分でなかった言語の資料が徐々に整備され，そこで明らかにされた親族名称の組織をみると，それらは決して一様のものではない．そして，その現象の背後には，それを支えてきた話し手たちの社会があり，生活がある．

言語は一つの社会的な事実であるから，それはその社会に生きる人たちの意識のあらわれである．親族名称も，もちろんそこにふくまれている．例えば，今のわれわれの使う兄と弟，姉と妹という区別の意識は，古事記の書かれた頃のわれわれの祖先の話していた日本語では明らかに違っていた．当時は，兄が弟を，姉が妹を，ともにオトとよび，弟が兄を，妹が姉を，ともにエとよんでいた．また兄弟は姉妹を年齢の上下にかまわずイモとよび，その逆の場合にはセという形が用いられていた．このような事実をみると，同じ言語においても親族相互の関係をとらえる意識とその名称が時代とともに変化していることがわかる．ましてこれを数多くの言語について調べるとしたら，そこにはあまりに多種多様な表現と，その変遷が予想されよう．ここで扱おうとしている印欧語の場合も，同じ語族に属するとはいえ，そこにふくまれる多くの語派とその長くて複雑な歴史を考えると，とても例外とは思えない．

ところが実際に印欧諸語の資料にあたって親族名称を検討してみると，例えば英語のfather, mother, son, daughter, brother, sister, nephewなどは，ほとんどの語派にこれと関係する形が認められる．もちろん各語派の一つ一つの形を文献的にさかのぼり，語源的に分類していくと，あるものは一つの語派に限られているという場合もある．しかしbrotherのように，印欧語のほとんどすべての領域で，先史時代から今日まで生き続けている語彙もある．

このように印欧語の親族名称は，一見するとまとまりがないが，その多様さの中に実はこの語族の伝統が随所に貫かれている．一つの言語の歴史をたどってみれば，そこには形の変化はもとより，語彙の交替も盛んである．けれどもまた，そこには自ら限界があり，古い組織が崩れ去るというようなことはない．そしてなによりも，親族名称に属する語彙の資料は豊富で，用例に恵まれている．これは，その名称の多くが日常生活に不可欠のものだからである．確かに木とか動物の名称も，対応という点ではかなりのまとまりを示しているけれども，親族名称にくらべれば，数も限られ変化にも乏しい．また父，母，娘，兄弟などの形はみな *-ter- という共通の接尾辞をもっているが，このような語形成は，他の分野の語彙にはみられない．古い印欧語族のこれらの名称への特別の意識のあらわれと考えられる．これらの語彙は直接人間関係にかかわるものであるから，その文献学的な研究によってわれわれは，古い印欧語族の社会構成とその生活をうかがうことができる．

このような興味とそれを裏づける資料から，親族名称の語彙は印欧語研究の初期の頃から関係者の注目を集め，印欧語族の存在を証明し，そのあり方を究明する一つの有力な手懸りとなった．筆者の知る限りでは，親族名称全体を扱った最初の研究は，A. Weber の編する「インド学研究」Indische Studien 創刊号(Berlin 1850)の 321–363 頁に発表された A. Kuhn の「印欧諸民族の最古の歴史のために」Zur ältesten Geschichte der indogermanischen Völker と題する論文である．この中で Kuhn は，対応を頼りに印欧語族の歴史を探ろうとして，親族名称についても共通基語に基づく形と，後の時代に成立したと思われる新らしい形を区別しようと試みた．ちょうどこの頃からインドを初め各語派の文献学的な研究が本格的に進められ，これと比較文法が提携した結果，K. Brugmann を中心とする青年文法学派の人々によってめざましい成果が集大成されるに至った．そしてこの時期に，親族名称に関しても非常に大きな研究が B. Delbrück によってまとめられている．Delbrück は Brugmann とともにこの学派のリーダーとして活躍し，統語論の分野に多くのすぐれた業績を残したが，1889 年にザクセンの王室学術協会誌の文献学・史学部門 XI 巻 381–606 頁に「印欧語の親族名称」Die indogermanischen Verwandtschaftsnamen と題する論文を発表した．この研究において Delbrück は，まず各親族名称について諸派の形を調べあげ，その対応関係を論じ，簡単な語源解釈を加えた後で，「比較古代学への寄与」Ein Beitrag zur vergleichenden Altertumskunde という副題が示す通り，いくつかの語派の重要な用例を提示しながら各親族の実態を明らかにしようとしている．その資料の中心は古代インド語で，ヴェーダ讃歌集のみならず，必要に応じてブラーフマナ，スートラ文献からの引用も加えられている．次ぎにくわしいのは，いうまでもなくギリシア，ラテン，そしてゲルマン語の文献である．Delbrück の研究方法は，多くの他の著作からも明らかなように，文献学的に極めて手固く，論証も厳密で，不明な点ははっきりと指摘されている．中でもこの論文は，文献学と比較文法の総合的立場から，親族名称という一群の語彙を扱った研究として，当時としては画期的なものであった．

Delbrück 以後のこの領域での研究者としては，O. Schrader を忘れることはできない．Schrader の主たる関心は，linguistische Paläontologie とよばれた言語による先史研究にあった．その成果は，「言語の比較と原始時代史」Sprachvergleichung und Urgeschichte (第3版，Jena 1906–7) と題する2巻本に集約されている．彼が開拓したこの新らしい分野は，いわば比較文法の応用部門で，ときには論議が言語学本来の範囲を逸脱して考古学など他の学問の領域にまで踏みこまざるをえない場合もある．もちろん親族名称もその一環として扱われているが，Schrader は Delbrück のあまり手をつけなかったスラヴ語の資料に注目し，近く復刊が予定されている F. Krauss の「南スラヴ人の風俗と習慣」Sitte und Brauch der Südslaven (Wien 1885) を参考にしながら，この地域の古風な習慣にしばしば言及している．そしてこの Schrader の研究は，そのまま弟子の A. Nehring に受けつがれた．今日ではこの師弟の学問の成果は，初め Schrader が執筆し，後に Nehring が加筆訂正して1929年に完成した2巻の大著「印欧古代学事項辞典」Reallexikon der indogermanischen Altertumskunde (Berlin) の各項に収められている．また H. Krahe が後に改訂を試みた Schrader の小著「インドゲルマン語族」Die Indogermanen (3版，Leipzig 1935) の75頁以下にも，この語族の家族構成が平易に描かれている．

今世紀の前半においては，親族名称に関するまとまった研究はみられないが，くり返しこれに関係する問題をとりあげた学者としては，E. Hermann の名があげられよう．彼はゲッティンゲンの学術協会の論文集に寄せた「音法則と類推」Lautgesetz und Analogie (1931) のような言語学の理論的研究のほかに，印欧語族の家族構成，結婚の様式などについてもいくつかの興味深い論文を発表している．その扱う範囲はかなり広く，ときに卓見がみられるけれども，多くの場合に二次的な資料によっているために，その論証にはなにか不確実なものがつきまとい，説得力に欠ける憾みがある．

ナチスが台頭し戦争が近づきつつある頃にドイツで尊重された H. Hirt や F. Specht の著作の中にも，親族名称にふれたものがあるが，特に問題とされるような研究は認められない．戦争が終り，再び各語派の研究が活発になり始めたときに，アメリカの古典学者 C. D. Buck の編纂した『主要印欧語の選択同意語辞典』A Dictionary of Selected Synonyms in the Principal Indo-European Languages (Chicago 1949) が刊行された．これは広い範囲にわたって同意語を集めた辞書で，親族名称についても103頁以下に関係する語彙がまとめられている．それらは手際よく語源的に分類された上で，簡単な説明が加えられている．father, motherという英語の見出し語の下に，それと同じ意味をもった古今の印欧語の形が語派別に列挙されているという点で，この辞書の利用価値は非常に高い．しかし残念ながら，アルメニア，アルバニア，トカラ語派の形はほとんど除外されている．また戦後特に関心の深まったヒッタイト語を中心とするアナトリア諸語の資料は，まったく無視されている．その意味では，この辞書はヨーロッパの近代語の形を調べたり，その流れを知るには好適であるが，もう少し広い視野で印欧語を研究しようとする人々には不満を感じさせよう．

既に30年を経た戦後の長い期間に発表された個別的な研究はあまりに数多く，とうていそのすべてを知ることはできないけれども，われわれが当面する課題について常に積極的な見解を表明してきた人として，フランスのE. Benvenisteがある．Benvenisteは師A. Meilletの後継者として，イラン語派を中心に印欧語全般にわたって多くのすぐれた研究を著したが，親族名称の語彙もしばしばその考察の対象にとりあげられている．そしてBenvenisteの最後の著作ともいうべき「印欧語族の諸制度の語彙」Le vocabulaire des institutions indo-européennes(2巻，Paris 1969)の第I巻203–276頁「親族関係の語彙」は，その総合であり結論である．著者はここで個々の形について従来の比較文法の解釈をふまえながら，一方ではLévi-Straussらに代表される文化人類学的な観点を導入して，これまでに充分説明しきれなかった問題に新らしい解明をもたらそうと努めている．例えばそれは，VI章にふれるLat. avus「祖父」とavunculus「母の兄弟」の形と意味の関係に対する彼の解釈によくあらわれている．

このように親族名称の研究の歴史をふり返ってみると，19世紀の末に著されたDelbrückの論文が基礎となり，その後はこれに新らしい資料を加え，またこれを訂正する方向でこれまで研究が進められてきたということができる．従ってこれに関係する個別的研究は無数にあるといっても過言ではないが，Delbrück以後百年近くを経た今日まで，この領域に関する総合的な著作が発表されていない．またアナトリアのように戦後著しく文献学的な研究が進んだ領域については，当然新らしい資料が比較の立場から検討され，追加されなければならない．筆者は先にSkr. pitāmahá-「祖父」という形の成立を中心に，「印欧語の祖父(母)を表す語彙」に関する研究を『東京大学文学部研究報告』V. 348–287頁(1974)に公けにしたが，他の親族名称の語彙の解釈についてもさまざまな疑問を感じてきた．その解決のためには，どうしても Delbrück 以後の研究の問題点を整理する必要がある．その上で新らしい資料を加え，それらをかつての Delbrück の研究のように総合的にまとめてみたいと考え，その結果生まれたのが本論文である．脱稿後，学位論文としてこれを東京大学に提出したが，その審査が終了した後で，O. Szemerényi が Acta Iranica 16 巻 Varia 1977 (Leiden-Téhéran-Liège 1977) 1–240 頁に「印欧諸語の親族名称の研究，特にインド，イラン，ギリシア，ラテン語との関連において」Studies in the Kinship Terminology of the Indo-European Languages, with special reference to Indian, Iranian, Greek and Latin と題する論文を発表したことを知り，1978 年の暮近くにこれを読むことができた．現在の印欧語学を代表する学者の一人として知られる著者は，Benveniste に劣らず親族名称に関心が深く，これまでにも *su̯esor-「姉妹」を初め数多くの語彙について独自の見解を発表してきた．特に 1964 年 Napoli で刊行された「ギリシア語と印欧語の語中音消失と印欧語のアクセントの性質」Syncope in Greek and Indo-European and the nature of Indo-European accent と題した 400 頁に及ぶ主著の中では，この主題との関連において多くの親族名称をとりあげ，新らしい語源解釈を展開している．その意味で上にあげた Acta Iranica 16 巻の論文は，この領域に関する Szemerényi のこれまでの研究の総合と補正の試みとみることができる．それと同時に著者は Benveniste の研究に示された種々の見解に批判を加え，また P. Friedrich, H. P. Gates ら一部のアメリカの学者たちが行っている文化人類学の成果をふまえた解釈の難点にも言及している．個々の形の語源解釈には非常に大胆な説明がみられるが，印欧語の親族組織全体についてはこれまでの印欧語学の立場と Szemerényi の結論に大きな相違は認められない．このたび岩波書店のご好意によってこの研究を公にするに当って，紙幅の都合から旧稿を大幅に短縮せざるをえなかったが，Szemerényi がこの論文に示した新らしい見解と問題については，各章ごとに旧稿を改め加筆するように努めた．しかしその後種々の事情から刊行が遅れている間に発表された研究については，ふれることができなかった．

さて本書の各章で扱われている問題は，個々の形の解釈と，その形に表された親族のあり方に関係するさまざまな事実とにわかれる．印欧語という広い領域を対象としている以上，それらの問題に対してすべてをつくすことはできない．従ってそれは，筆者の興味を感じた範囲に限られている．ただ筆者としては，比較対応による形の解釈もさることながら，まずそれらの形を支えている文献学的な事実があることを重視して，インド，ギリシア，ラテン，ヒッタイトなど，古い印欧諸語のもつ文献からその主な実例を提示するように努めた．どの名称についても，その言語の話し手がどのような感情を抱いていたかを知るためには，やはり原典を検討しなければならない．その結果，形の上ばかりでなく，その背景をなす事実にも対応が見出される．文献を無視して形だけに注目し，その解釈を論ずることは危険である．

ここで本文中に扱われた資料について簡単にふれておきたい．初めにインド語派であるが，ここでは主としてリグ，アタルヴァ両ヴェーダ讃歌集の用例を中心に，ときにブラーフマナ散文とスートラ文献も使用した．また古典期の作品としては，専らマヌ法典の規定を参考にした．個々の形の説明には，ニルクタの語源解釈と Pāṇini 文法を利用したが，そのほかに R. L. Turner の労作『インド・アーリア語比較辞典』A Comparative Dictionary of the Indo-Aryan Languages (Oxford 1962–66) を多用している．この辞書はサンスクリットを見出し項目にして，以下にこれに関係するパーリ語など中期インド語と近代インド・アーリア語のすべての形が列挙されているので，同意語の多いこの語派の語彙の流れとその分布をとらえるには非常に有益である．サンスクリットは早くから文語として固定してしまったから，実際のインド語史の流れをたどるには，この辞書は示唆に富み，今後の研究に不可欠のものといえよう．ただこの辞書の使用に当って問題となるのは，著者の提示している形がいかなる資料に基づくものであるのか，明示されていないことである．Turner 自身が調査した地域は限られている．従ってそれ以外の地域の資料は G. A. Grierson を初めいろいろの研究文献から収集されたに違いない．中期インド語の形にしても，本文中に指摘されるように，ときに記録されていない形もある．これらの点を考慮すると，この辞書をわれわれがどこまで信頼してよいのか，多少のためらいを感ぜざるをえない．従って，今後この辞書の活用とともに，その内容についてより正確な資料の追加と訂正が課題として残されている．

ギリシア，ラテン語の用例については，特に述べるべきことも少ない．ギリシア語については，ホメーロスを中心にして悲劇，散文，そして喜劇から適宜必要な個所を引用したが，またコイネーの資料として新約聖書文献を利用した．これはギリシア語のみならず，ラテン語訳もあり，その上ゴート語，古教会スラヴ語にも関係するので，それらのテキストの対比を通じて問題をさらに展開した個所もある．ラテン語については，後のロマンス語への歴史のつながりを無視することはできない．その意味で，例えば「兄弟」，「いとこ」などについては，この歴史の流れを中心に語彙の変遷を考察の対象にしている．Delbrück の研究においても，古典文学の重要な用例はふれられているが，ロマンス語への配慮はほとんどみられない.

ヒッタイト語を中心とするアナトリア語群の親族名称の語彙は，上述のようにこれまでまとまってとりあげられていない．そこでできる限り広くその形を集め，用例を明示するように努めた．ヒッタイト語文献には三つの表記法が用いられている．DUMU「息子」のようなシュメール語の象形文字をそのまま用いている場合もあれば，*A-BU*「父」のようにアッカド語を使用している場合もある．そしてそのほかに，楔形音節文字で表された本来のヒッタイト語の形があるが，どのような形にしろ問題となるものはすべてとりあげることにした．アナトリアの研究は戦後著しく進歩したとはいえ，テキストの校訂出版，辞書などは，他の領域にくらべて遅れている．従って今後なお新らしいテキストの研究によって，さらに別個の形が指摘される可能性があるし，またより適切な用例が追加されるに違いない.

個々の形の解釈に当っては，現在利用できる主な語源辞書を参考にしながら従来の主要な研究をとりあげ，できる限り問題の所在を明らかにするように努めた．それらの辞書は，巻末の参考文献で，書名がイタリックで記載されている．一つの形，一つの比較対応に対して，ほとんど常にいくつかの語源解釈の可能性が許されている．それらの当否を考えるとき，結論よりも，むしろその論証の過程に問題があり，興味があるように思われる．参考文献については，単行本はすべて巻末のリストに収めたが，雑誌論文は，煩雑さを避けるために親族名称に直接関係のあるもののみを記載し，他は引用個所に雑誌名，巻号，年代，頁を指示するにとどめた．なお印欧祖語に想定される laryngales については，子音的なそれは H，母音的なそれは ə で表記した.

筆者が本書において提示したものは，印欧語比較文法の立場からみたその親族名称の研究である．この学問の対象は広く，それに関係する文献の歴史も長い．そこでは，本文中にも示されるように，一つの形についてもいくつかの異なる解釈が許され，また未だに解決のつかない疑問も残っている．その意味で本書は，印欧語の親族名称に関する基礎的な資料である．今後この分野での新らしい研究が，筆者の扱いの誤りを正し不足を補って発展していくことを期待したい.

終りに，この研究のために多年にわたってご指導と激励をいただいた多くの先生と同学の方々，とりわけ三根谷徹，河野六郎，木村彰一の諸先生と畏友原実氏に心から御礼申し上げたい．またこの出版にあたっていろいろとお力添えをして下さった岩波書店の大塚信一，鈴木稔のお二人にも感謝したい．ここで筆者が非常に淋しく思うのは，学生の頃から専門のご指導をいただいた高津春繁先生に続いて辻直四郎先生もお亡くなりになってしまったことである．久美子夫人のご好意で高津先生のご本を使わせていただき，それを開くと，筆者にはいつも先生のパイプの煙がただよってくるような気がしてならない．ご病気の辻先生にもいろいろとお教えをうけ，貴重なご本も数多く拝借した．本文中に引用した文学作品の翻訳に当っては，辻先生の「リグ・ヴェーダ讃歌」(岩波文庫)をはじめとする両先生の数多くの名訳を常に参考にし，使わせていただいた．お元気だった頃の両先生を偲びながら，今改めてその御霊に謹んで感謝の辞を捧げたい．

附　記

(1)　古教会スラヴ語のテキストは，Codex Glagoliticus (Olim Zographensis nunc Petropolitanus), ed. V. Jagić, Graz 1954 を使用した．

(2)　サンスクリットの形のアクセントについては，ヴェーダ語文献にその実証がある形に限ってこれを附けるのが習慣であるため，古典期の形の説明には省略した場合がある．

(3)　ラテン語の母音の長短は，それが問題になる場合にのみ明記し，それ以外の個所では省略した．

(4)　ギリシア字の κ は c でなく k，$o\upsilon$ は u でなく ou，υ は y でなく u，χ は ch でなく kh で転写した．ただし説明の文の中での固有名詞，作品名の転写は慣用に従った．また a, i, u の長母音は一般には表記されないが，説明に必要な限りこれを示した．

略　　　号

1 雑　　誌

Act. Or. — Acta Orientalia (Leiden).
Ar. Or. — Archiv Orientální.
BB. — Bezzenberger's Beiträge=Beiträge zur kunde der indogermanischen sprachen, hrg. von A. Bezzenberger.
BSL. — Bulletin de la Société de linguistique de Paris.
BSOAS. — Bulletin of the School of Oriental and African Studies.
Gl. — Glotta.
Gn. — Gnomon.
IF. — Indogermanische Forschungen.
IIJ. — Indo-Iranian Journal.
IJAL. — International Journal of American Linguistics.
Ind. Spr. — Indische Sprüche (参考文献を参照).
JAOS. — Journal of the American Oriental Society.
JIES. — Journal of Indo-European Studies.
JRAS. — The Journal of the Royal Asiatic Society of Great Britain and Ireland.
KZ. — Kuhn's Zeitschrift=Zeitschrift für vergleichende Sprachforschung auf dem Gebiete der indogermanischen Sprachen.
Lg. — Language.
MSL. — Mémoire de la Société de linguistique de Paris.
Mus. Helv. — Museum Helveticum.
PBB. — Beiträge zur Geschichte der Deutschen Sprache und Literatur, hrg. von H. Paul und W. Braune.
REG. — Revue des études grecques.
REL. — Revue des études latines.
RES. — Revue des études slaves.
RPh. — Revue de philologie.
Sprache — die Sprache.
TPS. — Transactions of the Philological Society.
ZDMG. — Zeitschrift der Deutschen Morgenländischen Gesellschaft.
Z. f. celt. Ph. — Zeitschrift für celtische Philologie.

Z. f. Ethn. — Zeitschrift für Ethnologie.
Z. f. rom. Ph. — Zeitschrift für romanische Philologie.
Z. f. slav. Ph. — Zeitschrift für slavische Philologie.

2 言語名

Akk.	Akkadian	ME.	Middle English
Alb.	Albanian	Messap.	Messapian
Arm.	Armenian	MHG.	Middle High German
Att.	Attic	MIr.	Middle Irish
Av.	Avestan	MLG.	Middle Low German
Balt.	Baltic	MWelsh	Middle Welsh
Bret.	Breton	Myc.	Mycenaean (Greek)
Bulg.	Bulgarian	NHG.	New High German
Celt.	Celtic	OBret.	Old Breton
CS.	Church Slavic	OBulg.	Old Bulgarian
Dor.	Doric	OCorn.	Old Cornish
Du.	Dutch	OCS.	Old Church Slavic
Falis.	Faliscan	OCzech	Old Czech
Fr.	French	OE.	Old English
Germ.	Germanic	OFr.	Old French
Got.	Gothic	OFries.	Old Friesian
Gr.	Greek	OHG.	Old High German
Hitt.	Hittite	OIr.	Old Irish
Hom.	Homeric	OLit.	Old Lithuanian
Hung.	Hungarian	ONorse	Old Norse
Indo-Ir.	Indo-Iranian	OP.	Old Persian
Ir.	Irish	OPol.	Old Polish
Iran.	Iranian	OPruss.	Old Prussian
It.	Italian	ORuss.	Old Russian
Lat.	Latin	Osc.	Oscan
Lett.	Lettic	OSerb.	Old Serbian
Lit.	Lithuanian	OSwed.	Old Swedish
Luw.	Luwian	OWelsh	Old Welsh
Lyd.	Lydian	Pers.	Persian
Lyk.	Lykian	Phoen.	Phoenician
MBret.	Middle Breton	Phryg.	Phrygian

Pkr.	Prakrit
Pol.	Polish
Port.	Portuguese
Prov.	Provençal
Rum.	Rumanian
Russ.	Russian
Serb-Croat.	Serbo-Croatian
Skr.	Sanskrit
Slav.	Slavic
Sloven.	Slovenian
Sp.	Spanish
Sum.	Sumerian
Swed.	Swedish
Toch.	Tocharian
Umbr.	Umbrian
Ved.	Vedic
Venet.	Venetic
V. Lat.	Vulgar Latin

3　引用作家，作品

ギリシア

Aischylos (Aisch.)
- Pers. — Persae
- Prom. vinct. — Prometheus vinctus
- Sept. — Septem contra Thebas
- Suppl. — Supplices

Aristophanes (Aristoph.)
- Acharn. — Acharnenses
- Eccles. — Ecclesiazusae
- Thesmoph. — Thesmophoriazusae

Euripides (Eur.)
- Alc. — Alcestis
- Androm. — Andromache
- Bacch. — Bacchae
- Elec. — Electra
- Hec. — Hecabe
- Hel. — Helena
- Heracl. — Heraclidae
- Hippol. — Hippolytus
- IA. — Iphigenia Aulidensis
- IT. — Iphigenia Taurica
- Or. — Orestes
- Phoen. — Phoenissae
- Troiad. — Troiades

Herodotos (Hd.)
- Hd. — Historiae

Homeros
- Il. — Ilias
- Od. — Odysseia

Sophocles (Soph.)
- Aj. — Ajax
- Ant. — Antigone
- Elec. — Electra
- OC. — Oidipus Coloneus
- Phil. — Philoctetes
- Trach. — Trachiniae

ラテン

Caesar
- B. G. — Bellum Gallicum

Cicero (Cic.)
- ad Fam. — Epistolae ad Familiares
- Catil. — Orationes in Catilinam
- de Fin. — de Finibus
- de Inv. — de Inventione Rhetorica
- de Offic. — de Officiis
- de Orat. — de Oratore
- de Sen. — de Senectute
- pro Mil. — Oratio pro Milone
- pro S. Rosc. Am. — Oratio pro Sexto

	Roscio Amerino
Red. Quir.	post Reditum ad Quirites
Tusc.	Tusculanae Disputationes
Horatius	
Od.	Odae
Satir.	Satirae
Ovidius	
Met.	Metamorphoses
Pont.	Epistulae ex Ponto
Plautus	
Amph.	Amphitruo
Capt.	Captivi
Cistell.	Cistellaria
Men.	Menaechmi
Mil. Glor.	Miles Gloriosus
Pers.	Persa
Trin.	Trinummus
Plinius(major)	
H. N.	Historia Naturalis
Plinius	
Epist.	Epistulae
Sallustius	
Jug.	Jugurtha
Suetonius(Suet.)	
Dom.	Domitianus
Vesp.	Vespasianus
Terentius	
Adel.	Adelphi
Andr.	Andria
Heaut.	Heautontimorumenos
Varro	
de Ling. Lat.	de Lingua Latina
Vergilius	
Aen.	Aeneis

新約聖書

Matth.	Evangelium Matthaei
Marc.	Evangelium Marci
Luc.	Evangelium Lucae
Joh.	Evangelium Johannis

インド

Ait. Br.	Aitareya-Brāhmaṇa
Āpast. Dh. S.	Āpastamba-Dharma-Sūtra
Āśval. Gṛh. S.	Āśvalāyana-Gṛhya-Sūtra
AV	Atharva Veda
Baudh. Dh. S.	Baudhāyana-Dharma-Sūtra
BAUp.	Bṛhad-Āraṇyaka-Upaniṣad
Chand. Up.	Chāndogya-Upaniṣad
Jaim. Br.	Jaiminīya-Brāhmaṇa
Kāṭh. Saṁh.	Kāṭhaka-Saṁhitā
Maitr. Saṁh.	Maitrāyaṇī Saṁhitā
Manu	Manu-Smṛti
MBh.	Mahābhārata
Pañcav. Br.	Pañcaviṁśa-Brāhmaṇa
RV	Ṛg Veda
Śat. Br.	Śatapatha-Brāhmaṇa
Taitt. Br.	Taittirīya-Brāhmaṇa
Taitt. Saṁh.	Taittirīya-Saṁhitā
Up.	Upaniṣad
Vāj. Saṁh.	Vājasanēyi-Saṁhitā
Yājñ.	Yājñavalkya-Smṛti

目　次

第I章「祖 父 母」

1. 序.
2. Skr. pitāmahá- とその特異性. 後分 -maha- について.
3. Pāṇini, Patañjali の解釈.
4. Pāli mahāpitā と *mahāpitr̥- タイプの仮定.
5. Gr. patròs patḗr 型の記述的表現.
6. Ved. pitúṣ pitā́「父の父」, pū́rve pitáraḥ「古き父たち」の用例.
7. 文献的にみた pitāmahá- の成立過程.
8. pitáraḥ pitāmahā́ḥ の表現.
9. RV mahāmahá-.
10. Skr. pitŕ̥- を前分とする合成語.
11. pitāmahá- の用例とその文脈上の特徴.
12. 前分 pitā- と AV pitā-putraú.
13. Lat. avus の消失の要因.
14. grand father, Grossvater, grand-père.
15. 前分 grand- と Lat. grandis, magnus との関係.
16. Lit. tĕ̃vas senàsis etc. の表現.
17. Skr. pitāmahá- ＜*pitā́ mahás の可能性について.
18. Skr. mahát- と Lat. grandis.
19. AV. tatāmahá- について.
20. Av. nyāka-, OP. niyāka- の解釈.
21. Gr. páppos などの Lallwort タイプの語彙について.
22. Gr. patròs patḗr 型の表現とその用例.
23. 祖父母を指す Gr. patḗr, mḗtēr の用例.
24. Herodotos における páppos と mētropátōr「母の父」の用例.
25. Gr. páppos の用例からみた名付けの習慣.
26. ローマ, インド, 小アジアにおける名付けの習慣.
27. Lat. avus の対応とその分類.
28. Hitt. huhha- と *avo- の解釈.
29. ヒッタイト語の親族名称からみた huhha- の特徴.
30. Hitt. hanna-「祖母」, anna- とその対応の解釈.
31. Hitt. huhha- の表記, huhha-hanniš について.
32.「孫」を表す形の派生.
33. Lat. avus の用例とその文脈上の特徴.
34. Lat. pro-avus etc. とその対応.

35. Lat. tritavus と OE. þrīdda fæder etc. について．
36. 「祖母」について．

1. 祖父母を表す語彙を，ここでは形の上から三つに分けて扱うことにしたい．その一つは grand father 型の合成語であり，次ぎは Gr. páppos のような Lallwort (幼児語) タイプ，そして終りは Lat. avus のような，そのままで祖父を表す単一な形である．

2. 初めに合成語タイプとしてもっとも古いインド語派の Skr. pitāmahá- について，その形の成立の背景を探ってみよう．これは AV (アタルヴァ・ヴェーダ) 以来みられる合成語で，後述するイラン語派の Av. nyāka-, OP. niyāka- とはまったく異なるところから，明らかにインドにおいて作られた形である．pitā- (父) mahá- (大きい) は，近代語の grand-father の前後分の順序を逆にした形のようにみうけられる (Risch 1944A 118 f.)．その意味では，この合成語はわれわれにも容易に理解されよう．しかしサンスクリットの合成語としては，-maha- という後分，pitā- という前分の形，その位置に問題がある．

サンスクリットにはヴェーダ以来 mahā-, mahi-「大きい」を前分とする合成語は非常に多い．例えば mahā-vīrá-「大勇者」，mahi-tvá-「偉大さ」のような形で，これは Gr. megáthūmos「大きな心をもつ」，Lat. magnitūdō「大きさ」と同型であり，RV (リグ・ヴェーダ) に約 30，AV にほぼその半数の形が指摘される．ところが，これを後分とする例は稀で，この二つのヴェーダ讃歌集を通じて 2 形しかない．しかもそれらは RV にそれぞれ 1 回しか用いられていない．それは sú-mahat-「非常に偉大な」(VII 8. 2, Agni 神の形容) と sató-mahat-「等しく偉大な」(VIII 30. 1, 一切神の形容) である．これらの形の前分 su-, satas- はともに副詞的要素だから，この合成形は，機能的には単独の adj. mahát- とかわらない．これら以外に mitrá-mahas-「友情に富める」という形があるが，この mahas- は名詞であり，bahuvrīhi 型の合成語として「ミトラの偉大性をもてる」と解することができよう (RV I 58. 8, II 1. 5＝IV 4. 15)．従ってこの形はここでは直接問題にならない．

さて上にあげた sú-mahat- と sató-mahat という二形のほかに，RV では mahát- でなくて mahá- という母音語幹を後分とする合成語がある．それは mahāmahá-「偉大な」という一語だけだが，AV ではここで問題となる pitāmahá- と，同じ意味をもつ tatāmahá- の二語が孤立的に指摘される．RV mahāmahá- は carācará-「はるかに延びる」と同じ重複強意形であり，padapāṭha は mahā-mahá- の読みを示している(Ai. Gr. II/1 147, II/2 85; Renou 1952 124). 因みにこの mahá- という -a- 語幹は，RV では máh-, mahát- という子音語幹と並んで独立した語幹であったが，AV では既に衰退し，古典サンスクリットでは「祭り」という名詞形として残っているにすぎない (Ai. Gr. III 251).

3. このように (pitā)-maha- を後分とする形は，ヴェーダ語としても特異なものであった．また意味上から予想される *mahā-pitar-(＝grand father)とは前後分が逆になっている．さらに pitāmahá- の前分 pitā- も異常である．その起源がどうあろうとも，合成語に入る以上，ここは pitṛ́-tama-「もっとも父らしい」, pitṛ-yajñá-「父の祭り(祖霊祭)」のように，pitṛ- という語幹形が要求される．pitā- は単数主格と同形だから，一般に合成語の前分には許されない形である(Renou 1952 115). サンスクリットで nom. の形を前分とする合成形は，後にふれる両数形の dvandva 型と，一語に扱われた場合の viśve devā́ḥ「一切神」，それに少数の anyò- 'nyá- 型の相互関係を表す代名詞に限られている(Ai. Gr. II/1 47). このように pitāmahá- という形には，合成語として分析するのにいくつかの困難がふくまれている．

この事実は，既に古代のインド人自身にも感じられていた．文法家 Pāṇini は IV 2. 36 の規則に pitṛvya-mātula-mātāmaha-pitāmahaḥ//(nipātyante「例外である」を補う)と述べ，pitṛvya-「父の兄弟」, mātula-「母の兄弟」，それに mātāmaha-「母の父」とともに pitāmaha-「父の父」をあげ，これらの親族名称は造語法上いずれも孤立した例外とみなされる，としている．ということは，pitāmaha- もふくめてこれらの形は合成語ではなくて一つのまとまった形であり，pitar-「父」, mātar-「母」からの接尾辞による派生を前提とする．しかし語形成の規則を説く Pāṇini としては，その適用による分析から，これらの形のもつ派生的な意味が説明しきれなかったのである．ところがこの文法の大註釈家である Patañjali は，その著 Mahābhāṣya において，形の上では pitāmaha- にやはり pitā-maha- という分析の可能性を考えていたことは，Wackernagel の指摘する通りである(Ai. Gr. II/1 255, II/2 281).

彼はこの Pāṇini の規則を説明し，pitṛvya-mātuleti kim nipātyate「pitṛvya-, mātula- とて，なぜ例外なのか」と問う．そして Kātyāyana の vārttika「補註」を引用し，-vya-, -ula- が「pitar-, mātar- の兄弟」を表すことは例外であるとする．それは Pāṇini IV 1. 144 bhrāturvyacca //(bhrātar-「兄弟」の後に -vya- がついても，また[-īya- と同様に]

「……の後裔」を表す)のような規定が念頭にあるからである．さて Patañjali は次ぎの vārttika 2 によって「mātar-, pitar- の父を表すのに -āmaha- という接尾辞は他に例がない」とした後で，この形の女性形 -mahī にふれてから，vārttika 4 に移る．そして maho vā chandasyānaṅo 'vagraha- darśanāt / を引き，maho vā punareṣo bhaviṣyati chandasyānaṅo 'vagraha- darśanāt / chandasyānaṅo 'vagraho dṛśyate / pitā-maha iti / と註して，先の -āmaha- と並んで -maha- という要素をとり出し，pitā-maha- を予想しながらヴェーダ語における合成語の後分としてこれを認めている．この vārttika 4 の解釈には Pāṇini VIII 4. 26 chandasyṛdavagrahāt // によって，ヴェーダ語では -ṛ- の後で padapāṭha において pitṛ-yā́ṇa-「父祖の歩む」のように avagraha「分離」(Renou 1952 21) が要求されること――この規則自体は，その際における n>ṇ を示すことを目的とする――，さらに VI 3. 25 ānaṅṛto dvandve // によって，mātāpitarau「母と父」型の，前後分に -ar / ṛ- 語幹をもった形 (mātṛ-, pitṛ-) をふくむ血縁または師弟を表す dvandva 合成語においては，前分 mātṛ- の -ṛ- が -ā- にかわること――この場合に用語 ānaṅ の表す ān の n は VIII 2. 7 によっておちる――を参考にすれば，「ヴェーダ語においては -ā(n)- の avagraha がみられるから，(pitā-) maha- とも(予想される)」のである．しかしこの分析に成功しても，その形の示す「祖父」と「父」の関係は依然として解明されない．

結局 pitāmahá- というヴェーダ語の形は，Pāṇini 文法の規則ではわり切れなかったのである．しかしこの規則からわれわれは，当時もこの形が一般に使われていたことを知る．そしてこのような形が基になって，-ar / ṛ- 語幹がときに -ā- 語幹のように扱われ，mandhātā-pura-「Mandhātar の町」のような合成語すらも生まれるに至った (Ai. Gr. II/1 47).

4. ここで同じインド語派の中期を代表するパーリ語をみると，nom. pitāmahā という子音語幹 mahat- に基づく形も用いられていたことがわかる．それは sattamā pitāmahā-yugā「七世の父祖の世代」のような合成語にもあらわれている．Rhys Davids の Pāli-Engl. Dict. の pitar- の項では pitāmahā という形があげられ，mahant- の項では pitā-maha- という形に 'shortened to maha in compounds. pitāmaha following a-declension…' という説明がみられる．パーリ語ではこの形以外に，mahāpitā という形が Jātaka などに記録されている．

Turner の辞書の *mahāpitṛ の項(Nr. 9949; pitāmaha- という項はない)には，このパ

ーリ語の形のほか，Old Sinhalese mähävi，それに参考としてPkr. mahāpiu「father's elder brother」(典拠不明)という形があげられている．このmahāpitāという，一見極めて自然な形がどこで生まれ，中期インド語にどの程度定着していたのか，明らかでない．現在のヒンディー語にはpitāmaha-という形があるが，これは明らかに文語としてのサンスクリットからの借用形である．なぜなら一般にこの言語では，dādā, dādi「父の父，父の母」，nānā, nāni「母の父，母の母」という，後述するLallwortタイプの形が用いられているからである(Mehrotra 17 f.).

もしこのmahāpitāが，pitāmahá-という異常な形を嫌った口語形として有力であったとしたら，それは大いに注目すべき事実であろう．しかしその可能性は少ない．なぜなら，この系統の語はTurnerによれば先にあげた三つの形しかなく，近代語にその名残りをとどめていないばかりか，発生的に次ぎのような事情が予想されるからである．後述するように，pitāmahá-という語はヴェーダ以来パーリ語でも狭義には祖父を表すが，広義には複数形で幾代にもわたる先祖を指すに用いられた．その点ではpitár-「父」の複数形にひとしい．そこで狭義の祖父の意味で，特にその単数形のために，pitár-との区別からこれにmahā-がそえられて，Pāli mahāpitāのような形が成立したとしてもふしぎではないだろう．その証拠に，mahā-と対比されるPāli culla-“小さい”を使ったculla-pitā「おじ」という語がJātakaにみられる(この形はTurner 3712 kṣudrá-, 3732 kṣulla-, 4877 culla-2のいずれの項にも認められない)．プラークリットにもgen. culla-piuṇo (Sen 190)という形が指摘される．またそこには，tatāmahá-の前分と同系統の形を使ったculla-tāya-(<tātá-)「おじ」のほか，Marāṭhī cultāという形もある(Turner 4877; Bloch 1970 77, 113, 150; Pischel 223).

もし*mahā-pitar-という形が早くからインドのどこかで成立し，これに倣って上にあげたculla-の合成語が作られたとしたら，サンスクリットではある時期に*mahāpitar-がpitāmahá-という逆の形と共存していたことになる．しかしこの状態の想定は極めてむずかしい．確かにサンスクリットにはpriya-dharma(n)-「法をいとしとする」とdharma-priya-(同意から人名)のpriya-のように，合成語の前後分のいずれに立っても同じ意味を表すことのできる語がある(Pāṇini V 4. 124; Ai. Gr. II/1 94). PatañjaliもPāṇini II 2. 35のvārttika 2の説明で，priya-guḍaḥ, guḍa-priyaḥ「糖蜜の好きな」という例をあげてこれを認めている．また分詞 -ta-をふくむ合成語もhata-putra-， putra-hata-「その息子が殺された(人)」のように，hata-の位置に意味が左右されない場合がある(Pāṇini II 2.

36, 37; Ai. Gr. II/1 302). しかしこれらの形を除くと，合成語の前後分の位置は直接意味に関係する．従って pitāmahá- と *mahāpitar- のパーリ語にみられる共存は，一般には認められない．Pāli mahāpitā という形も，中期インド・アーリア語の限られた地域の方言形か，人為的な文語形とみるべきであろう．

5. 古典期には mātāmaha-「母の父」，pitāmahī-「父の母」，mātāmahī-「母の母」の派生の基になったこの pitā-mahá-「父の父」という形を，ū́rṇa-mradas-「羊毛のように軟かな」，śúkababhru-「おうむのように赤い」と同様に解釈すると，「父のように偉大な」という意味が考えられる．この場合，アクセントの位置は合成語の性質を決定する絶対の条件とはならない．従ってこの意味は必ずしも不当ではないが，多くの言語の示す grand father タイプを考慮すると，それよりも puruṣottama-「最高の人」(<puruṣa-「人」＋uttama-「最高の」)と同じように前後分の関係をとりたい．この合成語を後の註釈家は，puruṣeṣu uttama-「人々の中で最高の」と説明する(Pāṇini II 3. 41; Ai. Gr. II/1 234). pitāmahá- の -maha- は uttama- のように最上級形ではないから，当然この形を puruṣottama- と同列に扱うことはできない．しかし後述するように，インドにおけるこの形の成立の背景には「大いなる父」に近い感情が予想されるのである．

それではどうしてこのように特異な形が合成されたのであろうか．われわれはこの疑問に直接答えることはできないけれども，文献的には次ぎのような過程が推測される．本来祖父母という概念は，こうした異常な合成形によらずとも，別の記述的な表現，即ちホメーロスの patròs emoîo patḗr「わが父の父」(Il. 14. 118, Od. 19. 180), mētròs patḗr「母の父」(Od. 19. 395, 24. 334), mḗtēr mētrós「母の母」(Od. 19. 416)のようなフレーズによっても表される．これは孫の場合に，huiōnós の代りに paidòs paidì phílōi「いとしい子の子に」(Od. 19. 404)というのにひとしい．現代のスウェーデン語ではこれが一語になって farfar「父の父」，morfar「母の父」，farmor, mormor となり，sonson「息子の息子」，dotterson「娘の息子」，sondotter，dotterdotter が孫の表現になっている(Öhman 159 f.). Niedermann-Senn のリトアニア語辞典の tė̃vas「父」の項にも，tė̃vo tė̃vas「父の父」，tė̃vas mótinos「母の父」という表現がみられる．

インドでも古典期には pitur mātā「父の母」(＝pitāmahī, Manu IX 217), pituḥ pituḥ「父の父に」(＝pitāmaha-, Manu IX 140)のほか，他の親族名称にもしばしば合成的，記述的表現がとられている．また後には pitr̥-pitar-「父の父」(＝Gr. patro-pátōr)，あるいはpitṛ-bhrātar-「父の兄弟」のような人為的な形も作られた．とすれば，ヴェーダにも古くこうした記述的表現があって，それがpitāmahá-の成立になんらかのつながりをもっていたのではないだろうか．以下にその可能性を文献的に探ってみよう．

6. RV I 164(謎の歌)16(＝AV IX 9. 15). stríyaḥ satís tám̐ u me pum̐sá āhuḥ páśyad akṣaṇván ná ví cetad andháḥ / kavír yáḥ putráḥ sá ím á ciketa yás tá vijanát sá pitúṣ pitásat //「女なるもの，それを人々はわれに男なりという．眼あるものは見，盲人ははかり知らず．(いまだ)子なれども詩人たるわれは，それを解せり．これを知る人は父の父たらん」(K. Hoffmann 1967 144 f., 267, 273; Renou 1952 341, 1967 90). ここにいうpitúṣ pitá「父の父」はもちろん祖父の意味ではなく，比喩的に‘noch klüger als der Vater, der der natürliche Lehrer war’(Geldner 註)であることを表すにすぎない．ヴェーダの詩句は神々の世界の具現したものであり，その一語一語であるpadaは，まさにいにしえの聖仙ṛṣiの「足跡」にほかならない．これを作った詩人mantra-kṛtこそ真のṛṣiだから，彼はAṅgiras族のŚiśuのように，自分は子でありながら父祖を，息子よ，とよびかけることが許された(Pañcav. Br. XIII 3. 24). AV II 1. 2でも謎の言葉の後に，「これを知る人はpitúṣ pitáならん」と歌われている．またAgni神はgárbhe mātúḥ pitúḥ pitá……「母の胎内にあって父の父」(RV VI 16. 35)であると讃えられているが，同様にIndra神もsákhā pitá pitṛ́tamaḥ pitṝṇám「友，父，父たちの中でもっとも父らしき」(RV IV 17. 17)といわれている．

それでは，このような比喩的な表現ではなくて，ホメーロスのpatròs patḗrと同じように祖父を表す，あるいはそれに近い内容をもった用例はないだろうか．AV XVIII巻葬送の歌の2. 49. yé naḥ pitúḥ pitáro yé pitāmahá yá āviviśúr urvàntarikṣam / yá ākṣiyánti pṛthivím utá dyám̐ tébhyaḥ pitṛ́bhyo námasā vidhema //「われらが父の父たち，大父(祖父)たち，広き虚空に入りし人たち，大地にまた天界に住める人たち，その父たちにわれらは頂礼をもって奉仕せん」．同巻3. 59では前半が，3. 46ではその…pitāmahá までがこれと同文である．父(pitáraḥ)なる祖霊は三分され，この詩にみられるようにそれぞれ大地，虚空，天界に住し，pṛthiviṣád-, antarikṣasád-, diviṣád-とよばれている(AV XVIII 4. 78-80). RV X 14 Yamaの歌の3では，この三界に住む祖霊群としてAṅgiras, Kavya, Ṛkvanの三群の名があげられている．またこの三界は近遠中ávara-, pára-, madhyamá-ともいわれている(RV X 15. 1). そしてある場合にはmadhyamá界を欠き

(AV V 24. 15–16), 近遠だけで表される．また別の表現としては，…pitṛ́bhyo…yé pū́rvaso yá úparāsa īyúḥ「先に他界せる，後に他界せる父たちに」(RV X 15. 2)とも歌われている．この表現はAV XVIII 1. 46では…yé pū́rvaso yé áparāsa īyúḥ, 同じ巻の3. 72ではyé te pū́rve párāgatā ápare pitáraś ca yé「先にまた後に去り行きし汝の父たち」としてあらわれている．

7.　さて先にあげたAV XVIII 2. 49. yé naḥ pitúḥ pitáro…という表現は，RVではyé naḥ pū́rve pitáraḥ……「われらの古き父たち」とある．いまAV XVIII 3. 46と，これと前半の部分をやや異にするRV X 15. 8をあげるならば，(AV) yé naḥ pitúḥ pitáro yé pitāmahā́ anūhire somapīthám̐ vásiṣṭhāḥ / tébhir yamáḥ saṁrarāṇó havíṁṣyuśánnuśádbhiḥ pratikāmám attu //「われらが父の父たち，大父(祖父)たちなるヴァシシュタ族は，ソーマの宴に導かれたり．ヤマは彼らとともに供物を心ゆくまで味わえ，熱意ある者は熱意ある者たちとともに」. (RV) ab. yé naḥ pūrve pitáraḥ somyā́so anūhiré somapīthám̐ vásiṣṭhāḥ /「ソーマにふさわしきわれらの古き父たち，ヴァシシュタ族はソーマの宴に導かれたり」．

このpū́rve pitáraḥ「古き父たち」という表現はRV X 14. 2にもみられる．cd. yátrā naḥ pū́rve pitáraḥ pareyúr, enā́ jajñānā́ḥ pathyā̀ ánu svā́ḥ /「われらが古き父たちが去り行きしところ，そこに後生(子孫)は自己の道に従って(赴く)」．そしてこれをうけたAV XVIII 1. 50は，yátrā naḥ pū́rve pitáraḥ páretā…と記録している(cf. AV XVIII 4. 44). pareyúr, páretāにふくまれるpara-は，上述の遠界を意味する．これはまた…pitṝ́n parāváto gatā́n (pl. acc. AV XVIII 4. 41)とも表現されている．次ぎの詩句はpū́rve pitáraḥを中心にpの音のalliterationを巧みに駆使している．RV X 14. 7 (ab). préhi préhi pathíbhiḥ pūrvyébhir yátrā naḥ pū́rve pitáraḥ pareyúḥ /「行け，行け，大古の道によりて，われらの古き父たちが去り行きしところへ」．そしてこの詩句もpareyúḥをpáretāḥにかえるだけでAV XVIII 1. 54におさめられている．そのほかにRV X 15. 10ではpáraiḥ pū́rvaiḥ pitṛ́bhir……「遠き古き父たちと」とも歌われている．

上の例からも明らかなように，AVにおけるpū́rve pitáraḥの表現はいずれもRVのそれをふまえている．従ってAVでは実際にはこの表現は忘れられつつあったか，あるいは好まれなかったと考えられる．筆者のみる限りでは，AV V 30. 1 (cd). ihaívá bhava mā́ nú gā mā́ pū́rvān ánu gāḥ pitṝ́n……「汝はこの(世)にあれ．行くな．古き父たちの後を行くな」だけはRVのテキストからはなれた文脈を示している．しかしこの場合には，AV VIII 1. 7. …mā́nu gāḥ pitṝ́n「父たちの後を行くな」をみてわかるように，pū́rvān の内容はほとんどないにひとしい．AVでは pū́rve に対立する úpara-, úttara- などが，pitár- を形容する例が認められない．そこでいま問題の pū́rve pitáraḥ においても，pū́rve の意味は対立を失って稀薄になっていた．これよりは pitúḥ pitáraḥ のほうが表現としてより直接的，具体的である．そしてこの表現の強調的なパラフレーズとして pitāmahā́ḥ という合成語が考えられるに至った．これが資料的に推定されるこの形の成立過程である．遠き古き父たち，それは父の父たちであり，大いなる父たち，祖父たちである．

8. Ṛkvan のように新らしい祖霊はまだ地上にいる．Kavya, Aṅgiras 族のような pū́rve pitáraḥ になって，初めて彼らは虚空からさらに Yama のいる天界に登って行く．Aṅgiras 族は ……naḥ pū́rve pitáraḥ padajñā́……áṅgiraso……「われらが古き父たち，足跡を知るアンギラス族」(RV I 62. 2)と歌われている．pū́rve pitáraḥ は常に nas「われらが」父祖であり，dhīrā́ḥ「賢く」(RV IX 96. 11), padajñā́ḥ「足跡を知る，道に明るい」人々であり，svarvídaḥ「天界を知る」(RV IX 97. 39)大父祖 pitāmahā́ḥ である．AV pitúḥ pitáraḥ は RV pū́rve pitáraḥ にひとしく，その一語としての表現が pitāmahā́ḥ にほかならない．そして先にあげた pitúḥ pitáro……pitāmahā́……(AV XVIII 3. 46)という連続が，その後は pitáraḥ pitāmahā́ḥ という連続した表現に固定していく．例えば Taitt. Saṁh. IV 3. 3. 2. …pitáraḥ pitāmahā́ḥ páré 'vare, té naḥ pāntu, té no 'vantu, ……「遠近の父，祖父たち，彼らはわれらを守り給え，助け給え」．この言葉は，ブラーフマナ文献に幾度もくり返されている．そして古いヴェーダ文献では，たとえば単数形であっても pitāmahá- は常に pitár- と同一のコンテクストにしかあらわれない．例えば，Kāṭh. Saṁh. XXXVIII 2. pitṛbhyas svadhāyibhyas svadhā namaḥ pitāmahebhyas svadhāyibhyas svadhā namaḥ prapitāmahebhyas……「スヴァダー(祖霊への供物)を受ける父たちにスヴァダーと頂礼が(あれ)．祖父たちに，曾祖父たちに……」．Jaim. Br. III 101 (Caland 181). etat tvāham prati bravīmy etan me pitaitat pitāmaha etat prapitāmaha ity ā ha priyamedhād gaṇayām cakāra.「われは汝にこれを答える．これがわが父，これがわが祖父，これが曾祖父なりと．彼はプリヤメーダまで(その祖先を)数えた」．

このような成立の過程を考えるならば，pitāmahá- というこの合成語は，先にふれた Pāli cullapitā と対をなす mahāpitā とは，単に前後分の入れかえではなくて，さらに違った環境から生まれた形といえよう．これは一種の pitáraḥ の強調形であり，-maha- はその形容としてそえられたものである．しかし古い祖先の時代的な新旧の区別があいまいになり，本来の -maha-(＝pūrva-)の内容も稀薄になり，複数形としてはほとんど pitáraḥ「父たち，父祖」と，意味上の差が感じられなくなってしまった．しかしその単数形が父の父，先の父，大父，即ち祖父として徐々に定着する．この複数形の「父たち」の一種の強調形が単数で「祖父」の意味に定着する変化は，後に「孫」の項(IV §16)でとりあげる Gr. ékgonos の内容の発展に通じるものがある．この形は本来は「子供」の意味で単数形で用いられた．ところが恐らく古典期を過ぎる頃からであろうか，複数形の「子供たち」が「子孫」となり，遂にその単数が「孫」になって近代ギリシア語に及んでいる．

インド・アーリア人がインドに侵入し，バラモン階級の地位が確立し，その職務である祭式が複雑化してくるにつれ，彼らにとって由緒ある家系というものが重要になってくる．また祭式の初めに行われる祭官選びなどにおいて，ある祭官は施主の祖先の由緒ある聖仙の名を口にして，まずその血統の正しさを証明する．そのほか祭式のいろいろの機会に施主の父，祖父，曾祖父の名がよばれることが必要になった(Weber 1868 82)．こうして既に引退したり，あるいは近い祖霊となっているとはいえ，祖父の存在が父とは別に意識され，愛称ではなくて pitár- と並ぶ正式のこれを表す名称が選ばれるに至ったのであろう．

9. pitāmahá- の成立過程をヴェーダ語文献の中で跡づけた後に，われわれは再びその異常な形の解明に努めなければならない．Wackernagel 以来この形は，先にふれた mahāmahá-「偉大な」という重複強意形に倣って作られた合成語であるとする解釈が支持されてきた(Ai. Gr. II/1 255; Renou 1952 131, 1961 89; Mayrhofer II 278)．この二つの形にしか認められない -(ā)maha- という後分の一致はこの類推説を裏付けるかのように思われるが，なおその間にいくつかの疑問が残されている．ここでは mahāmahá- という合成語の孤立的な性格，予想される *mahā-pitar- とは逆に前分に入った pitā- という形と位置について考えてみたいと思う．

mahāmahá- は RV に 4 回，うち 3 回 (VIII 24. 10, 33. 15, 46. 10) は Indra 神へのよびかけに用いられ，残る 1 回の X 119. 12 では，Indra 神と同じようにソーマ酒を飲んだ男が天にも登る気持で「われは mahāmahá なり」という場面に使われている．AV には用例がない．この形と carācará- のような重複形と比較すると，この -ā- は *uru-ṇasá-> urūṇasá-「幅広い鼻の」と同様に，∪∪∪∪(*mahamaha-)>∪–∪∪ という語のリズムから生まれたものと解されよう(Ai. Gr. I 312 f., II/1 130 f.). *radavasu->radāvasu-「富を施す」, あるいは *śikṣa-nará->śikṣānará-「勇士を援ける」などにも, -a->-ā- というリズム上の変形が認められる. Pāṇini VI 1. 12, vārttika 2 にも, 語根 car-, cal-, pat-, vad- について, その重複形がふれられている. しかし RV ではこの重複強意型の carācará- と calācalá-「ゆれ動く」が各1回だけ, また AV にも前者が1例, RV と同じ pánth-「道」の形容に用いられているにすぎない. これらは重複形である以上合成語ではない.

ところがこの型に属する calācalá- が, 一方では早くから古典サンスクリットに認められる cala-acala-「動と不動(=一切のもの)」という分析をうけている. つまりこれは, 二つの対立する概念を表す合成語としてとらえられた. phalāphala-「果と不果(=すべての果)」, hitāhita-「善悪」などが合成語であることは明らかだが, 動詞の語根との関係が感じられる形については, 重複か合成かの限界がときに判定しにくい. 既に RV I 164. 48 の calācalá- についても, これを合成とみて, 'bald schwankend und bald nicht schwankend' ととることも不可能ではない(K. L. Janert IIJ. 2 1958 109). さらに一例をあげるならば, Kaṭha Up. II 21. …kastam madāmadam devam madanyo jñātum arhati「わたし以外にだれがこの歓喜と非歓喜なる神を知るにふさわしいか」がある. ここで madāmada- を伝統に従って解すれば, mada-amada- という二語の合成と考えられるが, これに対して Böthlingk-Roth は 'in steter Aufregung seiend', Renou も 'intensif comme carācara-, patāpata-' と註し, 'ce dieu sans cesse frémissant' と訳している(1943 12). このように早くから解釈に動揺があったが, 古典期に入ると純粋な動詞語根の重複よりも, hita-ahita->hitāhita- タイプの合成語がはるかに有力になってくる. W. Stede (Zeitschrift für Buddhismus 6 1924-25 89 f.) のあげるパーリ語におけるこの種の重複合成語のリストをみても, calācala- 'unbeständig' というヴェーダ語の伝統を守る形を除くと, 大半は hitāhita- タイプに属している.

またここで, この二つのタイプでは律しきれない第三の形にも注目しなければならない. それは purāpuram「町から町へ」のような形である. これは本来 purā́ púram (RV I 53. 7) という古い表現に基づくもので, instr. と acc. による副詞的なフレーズが合体し, 一見重複のような観を抱かせる形である(K. Hoffmann 1975 117 f.). guhā́ gúhaṁ gāḥ「隠れ家から隠れ家に汝 (Agni) は行く」という表現から *guhā́-guhám が合体したら,「こっそりと, こっそりと」のような一種の強意的な表現に転じることは容易である(Ai. Gr. II/1 Nachtr. 43).

このようにサンスクリットの一見重複強意形と思われる形の中には，三つの形態論的に異なる手続きを経た形がふくまれている．その中で mahāmahá- は明らかに Indra 神を 讃えるために作られた形容詞の重複強意形である．このタイプは孤立していたため，mahāmahá- は RV 以後消滅してしまった．このような mahāmahá- の孤立性と，pitāmahá- との合成語としてのタイプの違いを考慮すると，両者のへだたりは益々開いてくる．その意味では，これまで主張されてきた mahāmahá- の pitāmahá- への影響を積極的に認めることはできない．

10. mahāmahá- との関係を考える上にも解明が必要とされるもう一つの問題は，pitāmahá- の pitā- という前分の形と位置についてである．まず pitár- が前分に選ばれた理由を考える上で，二つの事実に注目したい．その一つはこの形をふくむ合成語であり，もう一つは pitāmahá- のあらわれる文脈である．

pitár- と対称的な mātár- をふくむ合成語には，既に RV において saptá-mātar-「七人の母をもつ」，ádri-mātar-「山を母とする」，su-mātár-「美しい母をもつ」など，mātár- を後分とする形がそれを前分とする形より多くみられる．しかしそれらはいずれも bahuvrīhi 型に属する．これに対して pitár- の合成形としては既出の pitṛ́-tama-，pitṛ-yā́na-，pitṛ-yajñá- のほか pitṛ-vittá-「父祖によってえられたる」，pitṛ-śrávana-「父に名声をもたらす」，pitṛ-ṣád-「父のもとにいる」，AV ではさらに pitṛ-kṛ́ta-「父によってなされたる」，pitṛ-bandhú-「父の縁」，pitṛ́-mant-「父祖とともにいる」，pitṛ-loká-「父祖の世界」，pitṛ-ṣádana-「父祖の座なる」があげられる．これらはどれも pitṛ́- を前分とし，また bahuvrīhi 型ではない．pitár- を後分とする形としては，RV dákṣa-pitar-「dakṣa (意力) を父としてもつ」と dvandva 型の mātárā-pitárā「母と父」の 2 語がある (Ai. Gr. II/1 101, 151, 158, Nachtr. 50 f.)．dákṣa-pitar- は tvát-pitāraḥ「汝を父としてもてる」(Taitt. Saṁh.) と同様に，アクセントの位置からも明らかに bahuvrīhi 型で，それ以外の pitṛ́- を前分とする形とは異なる．また mātára-pitárā は Pāṇini VI 3. 32. mātara-pitarāv udīcām // により，前分の母音が mātara- と短いという点で違いがあるが，udīcām「北部に」用いられる形であること，さらに VI 3. 33. pitarāmātarā ca cchandasi // により，「ヴェーダ語では pitarāmātarā とも (いう)」とあるから，この前後分の順序は自由であったことがわかる．そこで pitár- をふくむ合成語は，RV では bahuvrīhi 型の dákṣa-pitar- を除いて，他はすべてこれを前分にもち，AV では pitár- を後分とする形はなかったということができる．pitāmahá- は意味上からも bahuvrīhi 型ではない．従ってこれを前分にすえることは，それをとりまく他の合成語からみても自然であったと推定される．

11. 次ぎにこの AV の合成語のあらわれる文脈を検討してみよう．この pitāmahá- という形は putrá-「息子」に対する paútra-「孫」と同様に RV には用例がなく，AV に初めて用いられている．種々の格形をふくめて 10 歌に用例がある．即ち，V 5. 1, IX 5. 30, XI 1. 19, XI 7. 16, XV 6. 9, XV 7. 2, XVIII 2. 49, XVIII 3. 46, 59, XVIII 4. 35. これらの用例をみて気付くことは，先にふれた XVIII 3. 46 でも明らかなように，どの個所もすべて他の親族名称，特に pitár- と並べられているという点である．V 5. 1. rā́trī mātā́ nábhaḥ pitā́ryamā́ te pitāmaháḥ / silācī́ nā́ma vā́ asi sā́ devā́nām asi svásā //「夜が母，雲が父，アリアマンが汝の祖父．汝その名は silācī(薬草)とも．この汝は神々の姉妹なり」. IX 5. 30 (cf. XI 7. 16). ātmā́nam pitáram putrám paútram pitāmahám / jāyā́m jánitrīm mātáraṁ yé priyā́s tā́n úpa hvaye //「自らを父を息子を孫を祖父を，妻を生みの母を，親しき人々を，われは招来す」. XV 7. 2. táṁ prajā́patiśca parameṣṭhī́ ca pitā́ ca pitāmahā́ś cā́paśca śraddhā́ ca varṣáṁ bhūtvā́nuvyavartayanta //「彼に従い造物主も最高者も父も祖父も水も信仰も，雨となって進めり」. この傾向は 8 節に述べたように，その他のヴェーダ文献にも広く浸透している．pitāmahá- は常に他の親族，とりわけ pitár- との連続において想起され，言及されたのである．

因みにいうならば，この親族名称の併記は pitāmahá- に限らない．pitár- についてみても，AV における単数形約 90 例のうち 40 例は，mātár-, bhrā́tar-, putrá-, paútra- という親族名とともにあらわれている．一例をあげれば I 14. 2. eṣā́ te rājan kanyā̀ vadhū́r ní dhūyatāṁ yama / sā́ mātúr badhyatāṁ gṛhé 'tho bhrā́tur átho pitáḥ //「(黄泉の国の)ヤマ王よ，この娘子を汝の嫁として迎えとれ．この世の彼女は父母の，また兄弟の家にしばられてあれ」.

さてまた同じ傾向は，pitár- と関係の深い putrá-「息子」にも及んでいる．インドではこの putrá- という形が，印欧語の古い語彙である sūnú- をしりぞけて早くから多用された．その理由の一つとして，pitúr ná putrá upási……「息子が父のひざにあるが如くに」(RV V 43. 7)，あるいは pitéva putrā́n「父が息子を……する如く」(AV II 13. 1)のような pitár- との連続した表現にみる p- の音の alliteration への好みがあげられよう(J. Gonda Act. Or. 18 1940 60; 1959 195). 一例をあげると AV XI 4. 10 (ab). prāṇáḥ prajā́ ánu vaste pitā́ putrám iva priyám /「生気は生類を蔽う．父が愛児を(蔽う)如くに」．「孫」を表す paútra- が Lat. nepōs と同じ起源をもつ nápāt- にとって代ったのも，同じような傾向を暗示している．この現象はインドのみならず，ギリシアにもみられる．例えば paûroi gár toi paîdes homoîoi patrì pélontai, / hoi pléones kakíous, paûroi dé te patròs areíous.「なぜなら父に似た子は少なく，多くは劣り，わずかの者だけが父にまさっている」(Od. 2. 276–7)．その意味では paidòs paîs「子の子＝孫」，patròs patḗr「父の父＝祖父」にも一種の alliteration の響きが感じられる．とくにインドでは pitár- を中心として putrá-, paútra- という p- でつながる親族名称があり，一方では祖父のあらわれる文脈が pitár- と常に切りはなせないものである以上，これを表す語彙としてまず先に p- をふくむ pitár- が選ばれたことは言語感情として自然の要求であったと考えられる．

12. そこでこの pitár- を限定し強調する意味で子音語幹 mahát- がそえられて，*pitṛ-mahat- が成立したとしよう．これが *pitṛ-mahá- に移るのは，mahāmahá- との類推によらずとも，しばしばみられる合成語の後分に立つ子音語幹の -a- 語幹への転換として説明することもできる (Ai. Gr. II/1 91; Renou 1952 120 f.)．しかし *pitṛmaha- から pitāmahá- への過程は mahāmahá- に依るという解釈は，容易に納得できない．なぜなら，pitár- の合成語には pitṛ́-tama-, pitṛ́-kṛta- のような形がある以上，*pitṛmahá- がリズム上 *mahamaha-＞mahāmahá- のように pitāmahá- に変化しなければならない必然性は認められないし，さりとてこの mahā- を，一般の合成語に類例のない pitā- という前分を許す直接の要因とみなすこともできないからである．

pitāmahá- 以外に pitā- を前分とする合成語は，RV と AV を通じて 1 語しかない．それは dvandva 型の AV pitāputraú「父と息子」である．10 節にあげた同型の形 RV mātárā-pitárā「母と父」は前後分にアクセントをもち，またそれぞれが両数の語尾を示している．しかしこの古いタイプは間もなく後退し，それに代ってあらわれるのが pitā-putraú である (Ai. Gr. II/1 154, 156, 158; Renou 1952 125)．この形は 3 節に引用した Pāṇini VI 3. 25 の規定に反する．後分が -ṛ- で終らず putrá- は -a- であるから，pitṛ-pitāmahau「父と祖父」と同じ条件にある．しかしその vārttika 1. ṛkārāntānāṁ dvandve putra upasaṁkhyānam /「ṛ で終る語の dvandva 合成語に putra が追加されるべし」によって，初めて pitā-putraú が許されることになる．従ってこのヴェーダ語の形は当時のサンスクリットとしても例外的なものであった．だから古典期に入っても，pitā- を前分とする合成語は pitāmahá- とこの pitāputraú の2語に限られている．

この pitāputraú の AV における唯一の用例は VI 112. 2 にみられる．(cd). sá gráhyāḥ pā́śān ví cr̥ta prajānán pitāputraú mātáram muñca sárvān /「汝 (Agni) はグラーヒ (捕捉者) のわなを認知して解け．父子を母を，すべての人を解き放て」．この p-, m- の alliteration と親族名の連続を示す parivr̥tti (長幼の序を乱して年少者が先に結婚すること) への呪いを歌った詩句の一行において，pitāputraú は triṣṭubh の韻律の頭の ∪－∪－ をうめている．この場合 pitr̥- では iambic のリズムに合わない．この形を RV mātárā-pitárau に平行する *pitarā-putrau から直接説明することはできない．しかし後の mātā-pitarau という形は mātárā-pitárau の haplology，あるいは接続詞のない nom. mātā́ pitā́ の併置からの結合によって成立したと考えられるとしたら，pitāputraú にも同様の可能性が予想されよう (Thumb-Hauschild I/2 398)．また AV において，古い agníṣómau「アグニとソーマ」という形に対して ágnāviṣṇū (voc.)「アグニとヴィシュヌ」のように -i- 語幹 (agní-) にまで -ā- が拡大している合成語の例が指摘されている (Ai. Gr. II/1 152; Renou 1961 103)．とすれば，pitā-putraú の pitā- も容易に了解できる．ただこの孤立した形と pitā-mahá- とは前分を共通するとはいえ，合成語のタイプが異なっているから，ただちに両者を関係づけることはむずかしい．しかしともに親族名称であることを考慮すればこの両形の距離は，後分を共通する mahāmahá- よりは近い．

われわれは pitāmahá- という形の成立に関して内容的，形式的に検討してきた．その結果，従来顧慮されなかったその成立の内容，pitár- の前分への選択などについて文献的に明らかにすることができた．しかし pitr̥- ではなく pitā- という前分の形については，mahāmahá- との関係を安易に許さなければ，やはり疑問を認めざるをえない．そこで別の角度からのこの問題へのアプローチをとりあげる前に，pitāmahá- と同様な組み合わせによって祖父を表す他の語派の形について考えてみたいと思う．

13.　Fr. grand-père 型の合成語は，フランスと西ゲルマンの接する言語群に用いられている．その意味では，ロマンス語中でフランス語は特異であり，ゲルマン語の中では西群が孤立している．この両言語の密接な関係はフランク人の王カール大帝の支配以来のものであり，相互の影響は多くの面にあらわれているが，当面の語彙についてもこの接触が考えられるだろうか．これは一つの問題である．

古典ラテン語には祖父を表すために後述する avus という語があり，古高地ドイツ語にも Lat. anus (f)「老女」と語源的関係の予想される ano という単一の形があった．それが中世に合成形に代えられたのである．ロマンス語において，Lat. avus をそのまま近代に伝えるものはほとんどない(Meyer-Lübke 839). その消滅の主たる原因は簡単である．Sp. abuelo という形がそれを説明している．これは Lat. *aviolus という avus の派生形に由来する形で，フランス語における grand-père の前身で近代語の aïeul, Prov. aviol も同系である(Meyer-Lübke 830; Bloch-Wartburg 14). ところで Lat. apis「蜜蜂」も拡大されて *apicula>Fr. abeille, Lat. avis「鳥」も *avicellum>OFr. oisel>Fr. oiseau となっている．これらはラテン語の好む縮小辞 -(c)ulus による派生形に基づく形である．ただ avus, *aviolus に -c- の要素がみられないのは，既に古典期に avunculus (>Fr. oncle)「(母方の)おじ」があったからであろう．この接尾辞による拡大は単にそれだけのことではなく，語末音節の弱化，母音間の -p->-b->-v- の変化に伴う Lat. apis, avis, avus といった形の混同を避ける手段であった(Elcock 185). このような音変化による意味の不明瞭化を防ぐ傾向は，ラテン語からロマンス語への歴史の中で常に働いている．Lat. avus という語も近代語への過程の初めから接尾辞による拡大を余儀なくされていたのである．

14. それではこの *aviolus, あるいは OHG. ano (>Ahn)の系統の語が，どのような過程を経て grand-père 型の合成語に代えられ，また互いの接触によって伝播していったのか，細かい事実は明らかでない．まず英語について Oxford 英語辞典の記述をみると，grand- を用いる最初の合成形は grand father ではなくて，古仏語から入った grandam(e) である．dame(<Lat. domina「女主人」)を mother の意に用いるのは古仏語だけらしく，文献的に ‘grand mother’ として 1225 と記載されている．次ぎに grandsire ‘grandfather’ 1290, それからこうした grand- と Fr. grand-père に倣って初めて grandfather, -mother という形が 15 世紀初めに生まれている．一方ドイツ語について Grimm の辞書をみると，Grossvater の項では 14 世紀後半，Grossmutter の項では ‘spät mhd. für älteres ane’ と記述されている．そしてこの形の Vorbild は，英語やオランダ語と同様に，やはり Fr. grand-père, -mère だという．とすれば，Buck(110)のいう通り，Rum. tată mare, Du. grootvader とともに英独語の形はそれぞれフランス語の型に倣ったものということができよう(Weisgerber 1964 45). ただし，これは既に上記の Grimm の辞書でもその記述に難色を示しているのだが，当時の Kluge の辞書は Grossvater, -mutter という形の出現を 12 世紀としていたようである．筆者のみた 15 版(1951)では，この形は ‘nach

dem Vorbild von frz. grand-père, grand'mère im 12 Jh. an Mittelrhein und Mosel' あらわれたとある．ところが最近の20版(1967)によると，'nach dem Vorbild…' という言葉は削られて，'Grossvater und Grossmutter kommen im 12. Jh. an Mittelrhein und Mosel auf, mnl. groothere, grootvrouwe, Frz. grand'mère erscheint erst im 13., grand-père im 16. Jh.…' となっている．この説明は下にあげる Wartburg のそれと一致する．これでは文献的に関係が逆になり，仏独語の形のいずれが時期的に優先するのか，判断がむずかしくなる．しかし grand- を使う型の出現の時期はともかくとして，このドイツ語の形そのものの 'Belege treten erst seit 1339 auf' であるから，オランダ語，英語の同じ形とほぼ同じ時期に使用が始まったとみてよいだろう．

フランス語の形については，Bloch-Wartburg は 12 世紀以来徐々に古い aïeul と交代したとしている．また Wartburg の大辞典の mater (Bd. VI 1961 467 f.), pater (VIII 1958 8 f.), grandis (IV 1952 219 f.) の各項の記述によると，OFr. grant mère という形は 1270 年頃のものに最初の実例がある．しかし grand-père のほうは文献的にはずっと新らしい．しかし実際の使用は grand'mère と同様に早くからあったに違いない，と Wartburg は推定している．それは 'grand'mère seit dem 13. Jh., e. grandfather, schon seit 1424, d. grossvater im Moselgebiet seit dem 12. Jh. belegt sind.' であるから，と説明されているだけで，フランス語の形が英独語の形の範となったかどうかについてはふれるところがない．この grand-père という形の使用についての Wartburg の推定は，先の英語の grandam(e) の説明を考え合わせると疑問なしとはいえないから，そこに Kluge のような解釈もでてくるのであろうか．

15. 　これらの形の発生の年代，伝播の過程をはっきりと跡づけるためには，なお細かい事実が必要である．ところでここに grand が選ばれたのはなぜだろうか．インド語派では父の父，即ち先の父の意味で -maha-「大きい」が選ばれた．この点について Bloch-Wartburg は grand-père の項に，'dans ces comp. grand est employé dans l'acception de 《âgé》, qu'il avait déja en lat. (grandis natu).' と註している．Buck (109 f.) はまた，'Fr. grand-père, grand'mère. cpds. with grand 《great》, perh. but not necessarily, modeled on Lat. avunculus magnus 《grand oncle》 etc.…' と述べている．Ernout-Meillet は Lat. grandis (288), magnus (377 f.) の両項に grand-père 型とのつながりを指摘している．ここでラテン語の avus「祖父」に対する Festus の古註の一節，'…significat que magnum, quoniam veluti magnus pater sit avus.'「avusは magnus pater 大父のようなものだから，これは magnus を意味する…」も参考になろう．

本来ラテン語には「大きい」の意味で grandis と magnus が共存していた．grandis は印欧語としての語源も明らかでなく卑俗な語彙に属し，具体的，地方的な表現に用いられた．これに対して magnus は Skr. mahát, Gr. méga などに対応し，印欧語のもつ古い形容詞の一つで，しばしば人間や神などについて力，高貴さを伴った偉大さの形容に用いられ，magnitūdō「大きさ」，mājestās<*mag-i̯es-tāt-「威厳」などにみられる抽象性をふくんでいた．ところがこの二つの形にはともに年齢に関して同じような表現がみられ，多くの場合に nātū「生まれについては」という限定を伴って用いられた．例えば Terentius Adel. 672. an sedere oportuit domi virginem tam grandem…「それとも，その年になっても娘として家にいるべきだったのが…」のような使い方から進んで，「年をとった」の意味で Cicero de Sen. IV 10. bella gerebat ut adolescens, cum plane grandis esset,「彼は確かに年をとっていたが，青年のように戦いをした」．nātū を伴って同じ個所に，……eum…non admodum grandem natu, sed tamen aetate provectum「まだ非常な年よりではないが，既にかなりの年の彼を」．magnus についても Nepos Pausanias 5. dicitur eo tempore matrem Pausaniae uixisse eamque iam magno natu……「当時パウサニアスの母が生きていて，既に年をとっていたが……といわれている」．このように magnus と grandis はほぼ同じ文脈に平行して用いられていたが，その場合 magnus はほとんどが比較級 major (pl. majores＝Skr. pitáraḥ「父祖たち」)，最上級 maximus で，nātū を伴わずとも用いられた．Cicero de Offic. I 30. 109. audivi ex majoribus natu hoc……「わたしは年上の人たちからこのことを聞いた」．Vergilius Aen. 5. 644. ……hic una e multis quae maxima natu「ここに大ぜいの中から一人最年長の女が」．もちろん grandis の比較級もみられる．Cicero de Inv. I 24. 35. ……aetate, puer an adolescens, natu grandior an senex「年については，その者が少年か青年か，年輩の人か老人か」(Kühner-Stegmann II 472 f.).

このように一見するとこの二つの語彙は共存しているかのように思われるのだが，実は magnus (Meyer-Lübke 5231) は俗ラテン語の段階で，その対になる parvus「小さな」とともに後退してしまった．既にこの傾向は古く，当時の口語層を反映している Plautus の喜劇にあらわれている (Elcock 22)．ラテン文学の最古層を代表する彼は，parvus-magnus よりも口語的な minutis-grandis を好んで用いた．その結果 magnus 本来の領域にまで

grandis (Meyer-Lübke 3842) が進出し，また ingēns「巨大な」，infīnītus「無限の」のような語彙が，かつての強い意味を失っていった．この grandis の進出はロマンス語の状態をみれば明らかであり，また Lat. major＞Fr. maire のような語彙の変化をみても容易に推察される (Löfstedt 72 f.). 従って grand-père に grandis が選ばれたのも，まったく当然のことであった．この grandis を直接うけて，これを前分とする合成語が初めて Kinderwort として (Wartburg) フランス語に発生し，急速にゲルマン語圏に広まったと考えられる．この grandis という形は，古典期には男・女性共通の形容詞である．しかしロマンス語では Lat. bon-us, -a, -um「よい」タイプに倣って性の区別をするようになった．grand'mère はまだその類推の及ばない頃の名残りであり，' は本来のものではなく，(grand)-e が落ちたと誤って考えられた結果付けられたものといわれている (Elcock 68 f.; Ewert 134). ということは，この結びつきはかなり早くから合成語になりつつあったと考えてよいだろう．

16. このタイプの合成形の前分 grand (＜Lat. grandis) は年齢的に「大きい」，即ち「年とった」の意味で考えられるべきだとすれば，これは Lit. tĕvas senàsis「老父＝祖父」(Risch 1944A 118, 121), Lett. vectēvs, vecmate, OE. eald fæder, moder, OIr. senathir, senmáthir「祖父，祖母」(ただし Vendryes R-S 83 sen「老いたる」の項には senathir ‘ancêtre’ の訳のみ) に完全に平行した表現をみることができる．Niedermann-Senn のリトアニア語辞典 (III 637) には tĕvas senàsis という表現はあげられていないが，代りに senẽlis という形が「祖父」のためにみられる．これは明らかに sẽnis に -l- 縮小辞をそえた形であり，本来は「老(父)」に基づいている．そしてその複数形は祖父母，先祖を表す．ロマンス，ゲルマン，ケルト，バルトというヨーロッパの連続した語派が，祖父を表すのにこの共通の合成的傾向を示す点は興味深い．これらの語派には独立の祖父母を表す形がなかったので，「老父」をこれに代用したのである．

上にあげたケルト，バルト語にみられる sen- という形は印欧祖語の *seno-「古い，老いたる」に由来し，Lat. senex にも対応する (Porzig 1954B 345 f.). この異常な形をもつラテン語の形容詞は，ロマンス語からはほとんど姿を消し，ガリアでは grand に代えられた (Meyer-Lübke 7819). ただその比較級 senior が Fr. seigneur, It. senióre, Sp. señor などになって残っている．これは Gr. gérōn, présbus「老人」を丁寧な呼びかけに用いるのと同じ傾向を示している．

印欧祖語は老若の区別を *senos / *neu̯os「旧新」(Lat. senex / novus) によって表していたが，ラテン語ではこの関係がくずれ，*senos / *i̯uu̯en- (Lat. senex / juvenis)「老若」に代えられた．これはケルト，ゲルマン，バルト諸派にも共通した現象である．ところがラテン語ではもう一つ *u̯et-「年」に関係のある vetus という形が，juvenis，novus の双方に対立する．しかしこの子音語幹(gen. veter-is)に属する vetus という形容詞は，早くから vetulus，または veclus という規則変化タイプに変形されてロマンス語に流れこんだ．それが「老いた，古い」を表す Fr. vieux, It. vecchio, Sp. viejo である．つまり vetus が senex の領域を侵して，これを駆逐してしまったのである．grandis, magnus も vetus のこの傾向を傍から助長したといえよう．ゲルマン語でも *senos に代って英独語の old, alt の系統の語彙が進出しているが，これらにくらべると Fr. vieux，It. vecchio の意味範囲はやや狭く，年齢を尋ねるときには Fr. âge, It. età (<Lat. aetās「年」)を用いて明確さを期している．このようにして，印欧語本来の *senos を失ったロマンス語は，Fr. grand-père, Sp. abuelo, It. nonno のように，祖父を表すのに思い思いの形を示している．grand-とか -lo- とか重複など異なる手続きを示しながらも，これらに共通する点といえば，その愛称辞的な性格であろう．

これに対して先にあげたリトアニア語やアイルランド語の「老父」という合成的な表現が，同じような愛称に発するものかどうか，明らかでない．なぜなら，祖父は尊称をもってよばれることもありうるからである．Skr. āryaka- 即ち ārya-「高貴な」の派生形は Pāli ayyaka- を初め，Hindī ājā, Marāṭhī ājā など多くの近代インド・アーリア語で祖父の名称に用いられている(Turner 1348; H. W. Bailey TPS. 1959 103; Bloch 1970 299)．これは明らかに祖父をよぶ尊称の一例である．

17. さてこうした grandis を前分とする合成語が成立するためには，当然 grandis pater / māter という表現があったと予想されるが，古典ラテン語にその実例はない．それは口語としては使われていたかもしれないけれども，文語には avus, avia がある以上，実例がないとしてもむしろ当然であろう．われわれはこの grandis の意味とその合成語の背景を考えた上で，もう一度ここで，Skr. pitāmahá- の問題に注目したい．

grandis と同じような合成の過程を，このインド語派の形に想定することはできないだろうか．Delbrück(473 f.)はこの可能性を RV VI 20. 11 から認められると考えた．既述の通りこの合成語は本来なら *mahā-pitar- とあるべきだが，その順序は逆になっている．

Delbrück はこの形についていう．‘Der Gedanke, dass pitāmahá- eine Originalbildung sei und von Anfang an den Grossen des Vaters bedeuten solle (wie es allerdings später von den Indien aufgefasst wurde’ は *pitr̥mahá- という形でない以上認められない．そこで pitā- とある前分は，‘nur aus einem Nom, (mahā pitā́)’ 説明されうるものと考えられる．この解釈は既に F. Bopp に始まるようだが，Delbrück から O. Richter (IF. 9 1898 51 f.) に受けつがれている．彼は *pitā́ mahás, mātā́ mahī́ を仮定し，mahás は説明的同格とみて，‘der Vater, nämlich der ehrwürdige’ という意味から出発しようとする．しかしこの理解は 9 節に述べた Wackernagel の mahāmahá- との類推説によってしりぞけられた．

けれども pitāmahá- が pitár- と mahá- の合成語である以上，ゲルマン語やフランス語の場合と同様に，*pitā́ mahás のようなフレーズによる表現が基礎にあって，それが一語になったと推測することは決して誤ってはいない．そこでもう一度この説明をふり返ってみよう．Delbrück はこれを RV VI 20. 11 に求める．この讃歌全体はインドラ神の武勲の数々を讃えたもので，Vr̥tra をはじめとする悪魔 Dāsa を打ち破った功を述べた終り近くに 11 歌が歌われる．tvám vr̥dhá indra pūrvyó bhūr varivasyánn uśáne kāvyā́ya / párā návavāstvam anudéyam mahé pitré dadātha svám̐ napātam // 前半の「汝は，インドラよ，いにしえの助長者たり，Uśanas Kāvya に自由をあたえしときに」において，Uśanas Kāvya という名が示されている．これは RV によると，Indra 神に好物のソーマ酒をあたえ，その武器であるヴァジュラを作るなど，この神と親しい神話的人物である (RV I 51. 10, 11; 121. 12)．問題は後半にある．ここに Navavāstva という名があらわれる．この名は RV に 3 回みられ，I 36. 18 では他の人物とともに Agni 神に導かれている．X 49. 6 では Indra に殺されたとある．ところがここでは「汝は anudéyam ゆずられるべき（？）—— Geldner ‘den mitzugebenden (?)’ ——Navavāstva を任ねた，mahé pitré (dat.) 自らの孫を」と仮りに訳されるであろうが，この文脈の背景が他の個所からもわからない．Geldner (cf. RV X 49. 6) も ‘Dunkler Sagenzug’ と註し，mahé pitré に対しては ‘dem Großvater seinen eigenen Enkel’ と訳しているが，これに細かい裏付けがあるとは考えられない．「孫」と訳した nápātam は，Lat. nepōs, 英語の nephew などと対応するが，狭義には paútra-「孫」と同意，広義には息子をふくめた後裔を指すことができる．因みに Grassmann の RV の辞書では，ここは ‘Sohn’ の用例に入れられている．この場合 Sāyaṇa の註釈はなんら参考にならない．もし他の記述から Navavāstva が Uśanas の孫であることがわかれば，問題の mahé pitré は「祖父」になる．しかしその実証はなく，文脈からも判然としないから，これを祖父と孫の関係と断定することはできない(Macdonell-Keith I 525; Geldner RV III 48. 2).

これ以外にも máh-, mahát- と pitár- の結合の例はみられるが，いずれもそこから祖父の意味をとらえることはむずかしい．I 71. 5 は天神 Dyaus とその娘曙の女神 Uṣas との近親相姦をよんだ歌である．Agni が mahé pitrá……divé「大いなる父天神に」(精)液を作り，この父は svā́yām…duhítari「自分の娘に」欲情をはたしたが，この場合文脈から mahé pitrá…… が祖父でないことは明らかである．III 48. 2 は，Indra が生まれた日にソーマ酒を飲みたがるので，母が mahā́ḥ pitúr dáma…「大いなる父の家で」初めてこれを注いだという内容である．これは Tvaṣṭṛ 工巧神のことを 'père puissant' (Renou 1969 88) とよんだにすぎない．因みにギリシアでも，詩人 Pindaros がこれと同じ patḕr mégas という表現を用いている(R. Schmitt 150 n 904)．さて工巧神には I 61. 7, IV 18. 3 でもくり返しこの言葉が用いられているが，II 17. 6 には pitā́ としてこの神が示されているから，祖父でないことは明らかである．その他 III 54. 9(gen.), VII 52. 3 (nom.) にも用例があるが，祖父とは関係がない．IV 4. 11 では mahā́ḥ を単数属格とみて Geldner は pitúḥ を補っている．しかしこの形は副詞とみたほうがよいであろう(Renou 1964B 8, 95)．AV にはこの結合のフレーズはない．従って pitāmahá- のいわば前身として近代語から予想される *mahā́ pitā́「祖父」の実例は，この合成語以前にはなかったといわざるをえない．そこで pitā- という異常な形の起源をこうした表現に求めることはできない．

18. われわれは先に Lat. grandis, magnus の年齢に関する用法をみたが，その点でインド語派の mahát- は一般に類似した用例を示さない．しかし次ぎのような例がある．これは Indra 神への願いであるが，RV VIII 2. 19. …mā́ hṛṇīthā abhy àsmā́n / mahā́n iva yúvajāniḥ //「われらに対して怒りをすて給え，若妻をもてる mahā́n の如くに」．ここで mahā́n を立派な人 (Sāyaṇa 註: īdṛśo mahān guṇair adhiko 'pi yathā svabhāryāṁ prati nirlajjaḥ sañchīghraḥ gacchati tadvat「そのように mahān 徳によってすぐれた人であっても，自分の妻のもとに恥じらいもなく急ぎ行く，そのように」)ととるよりも，若妻をえて嫉妬に悩む不きげんな老人とみれば，この比喩は一層生きてくるように思われる(Geldner 1909 123; Ludwig 173). E. W. Hopkins (JAOS. 15 1893 255) はこれは 'rich bridegroom' と解しているが，納得できない．

このような用例がヴェーダ語文献中にさらに指摘されるかどうかは今後の問題であるが，ここで注意したいのは次ぎのような形である．これは古典サンスクリットにしかない形だが，mahát- から派生した mahallaka-, mahalla- である．Böthlingk-Roth, Edgerton の辞書の指摘する通り，その用例は主に法華経など仏教梵語文献にみられ，いずれも「老いたる」の意味をもつ jīrṇo vṛddho…… と連続して用いられて，これらと同意である．またこの形はパーリ語など中期インド語にも使用されている(Turner 9935; Pischel 404; Sen 186). Aśoka 王碑文にも mahālake という形で2回用例がある．ただし14章勅文では，「領土が大きい」の意味で用いられている (Bloch 1950 104, 133 n4). また七章石柱勅文には vayomahālakānam(pl. gen.)と vayo-「年齢」を伴う合成語もみられる．これらの語彙の存在から察すると，Skr. mahát- にも徐々に Lat. grandis と同じ使い方が起ってきたといえよう．

なお「大きい」から「老いたる」への意味の推移は，nātū を伴った Lat. grandis, magnus から容易に理解されるが，Skr. vṛddhá- もその一例である．これは várdhati「増大させる」の完了受動分詞形で，本来は Indra 神などの形容に用いられ，後の「老人」の意味はなかった．それはこの語根から派生した名詞形の意味からも明らかである(Turner 12073). RV VIII 32. 7. ……vṛddhám índram bṛhántam ṛṣvám ajáram yúvānam「増大し，偉大にして高貴なる，老いることなき若きインドラを」における vṛddhám と並んだ他の形容詞からも，その原意を知ることができよう．また英独語の old, alt は直接には Got. alþeis, Lat. altus「高い，深い」と同語源だが，Lat. altus は本来 Lat. alō, -ere「育てる」の完了受動分詞であることを知れば，old, alt に vṛddhá- と共通の発展が予想されよう．

19. これまでは専ら AV pitāmahá- を中心に，その合成のあり方をいろいろの角度から検討してきたが，インド語派には AV に tatāmahá- という形が2回用いられている．XVIII 4. 76. etát te tatāmaha svadhā́ yé ca tvā́m ánu「祖父よ，これは汝と汝の後に続く者たちへのスヴァダー(祖霊への供物)なり」は pitāmahá- と同様に，この前後に yamā́ya pitṛ́mate「父祖とともなるヤマに」, pratatāmaha(voc.)「曾祖父よ」, tata(voc.)「父よ」をもち，非常に類似した文脈を示している．V 24. 17. ……tátas tatāmahā́s té māvantu /「……父，祖父らはわれに恵みをたれ給え」(tátas を Whitney tatā́s……「父ら」, Weber 1898 264 tatás……と直す)も14〜16歌をみると，ヤマ王に続いて遠近の父たち pitáraḥ páre, tatā́ ávare がよびかけられている．そして父にも祖父にも幼児語の性

格をもつ tatá- が用いられている．tatāmahá- が pitāmahá- に倣った形であろうことは容易に想像できる (Ai. Gr. II/1 255; Delbrück 473)．しかし tatá- という父の愛称は RV 以来のものであり，比較的卑俗な生活に近い世界を中心とする AV の中でこの語が活躍したとしてもふしぎではない．もしこの仮定が許されるならば，*tatamahá- > tatāmahá- は既述の ∪–∪∪ のリズムの変化であり，この -ā- が *pitṛmaha- に影響したとも考えられるのではないだろうか．

tatá- については次章「父」でさらにくわしくふれるが，これはいうまでもなく Gr. páppos などと同じ Lallwort である (Mayrhofer I 471)．

20. この tatāmahá- の前分 tatá- の説明から同じ性格をもつ Gr. páppos のタイプに移る前に，インドと深い関係にあるイラン語派の孤立した形にふれておこう．それは Avesta 新層に属する nyāka-，古ペルシア語 OP. niyāka-，同じく apaniyāka-「祖父の祖父」である．Bartholomae (1094) から最近の Benveniste (1969 225) まで，多くの学者はこの形の語源を不明としているが，Szemerényi はこれを *ni-avaka- と分析し，前分 *ni- を 30 節にふれる Hitt. hanna-「祖母」，OHG. ano「祖父」などの対応にくみ入れ，後分 *-āvaka- > -āka- を 27 節で述べる Lat. avus「祖父」に関係づけようとする．彼によれば，その原意は 'ancestor-grandfather' である (JAOS. 70 1950 235 f., 1977 48)．この解釈には明らかに音変化上無理な想定がふくまれているが，Lat. avus と結びつけられるところに魅力がある (Brandenstein-Mayrhofer 135; Kent 51, 194, 219)．形式的には ni- と -ka- は接辞的要素と考えられるから，残る -yā-，または -ā- の意味づけができない以上，積極的な語源の解明は不可能である．

以下に OP. niyāka- の実例をあげておこう．ここでも Skr. pitāmahá- と同じように，pitā「父」との列挙が注目される．Darius Susa f 12–15 (Brandenstein-Mayrhofer 86; Kent 142 f.)．vašnā Auramazdāha haya manā pitā / Vištāspa, utā Aršāma, haya manā niyāka, / tayā ubā ajivitam, yadiy Auramazdā mā-/m HŠ-yam akunauš ahyāyā BU-yā,「アフラマズダー神のおかげで，このわたしの父ウィーシュタースパ (Hystaspes) とこのわたしの祖父アルシャーマ (Arsames) は，この二人とも生きていた，アフラマズダー神がわたしを地上において王としたときに」．

21. インド・イランの地からギリシアに眼を向けると，ここには既述のように，祖父

母を表すのにホメーロスの patròs patḗr, mētròs patḗr, mētròs mḗtēr というフレーズによる記述的表現に始まって，mētropátōr(Il. 11. 224)「母の父」のような tatpuruṣa 型の合成語，そして páppos「祖父」という Skr. tatá- と同じ重複による Lallwort があらわれ，これが近代に及んでいる．また「祖母」についても，tḗthē とか mámmē「母，祖母」という páppos 型の語彙がある．これらの形は本来子供の祖父母への愛称語であり，それ自体に意味はない．従ってどの言語にもこうした形は自然に発生し定着していく．Lat. pappus, mamma はギリシア語の形と同じだから，一般にその借用として扱われているけれども，この種の語彙の場合には必ずしも借用と決めかねるものがあり，また祖語にこれらの形が存在したと考えることもできる(Pokorny 694, 789; Walde-Hofmann II 21, 249; Ernout-Meillet 381, 480; Frisk II 471 f.; Chantraine 855; Schwyzer I 315, 423). これらの語彙は多くの場合に母音交替のない a をもち，音節の重複，同じ子音の連続などを特徴とする，いわゆる 'mot expressif' である(Meillet 1937 131 f.).

さて páppos という語はミュケーナイのギリシア語文書には認められないが，これに似た tát(t)os, また後でふれる páppas「パパ」の派生形とみられる pappaîos を表すと思われる形 ta-te, pa-pa-jo が指摘されている(Ruijgh 1967 221, 292 n17). ただし後者については Pámphaios という読みも可能である(Ventris-Chadwick 354, 422). páppos と同じタイプに属する印欧語の祖父母を表す語彙として，われわれは OCS. dědŭ, baba, Russ. ded, babuška(Vasmer I 335 f., 34; Sadnik-Aizetmüller 1955 227, 213; 1963 61 f.), It. nonno, nonna(Elcock 156), Hindī dādā, dādi などをあげることができる．スラヴ語では，祖父と祖母に歯音と唇音をふりわけているのが特徴的である．

ギリシア語では唇音と a，または o の連続は自然の叫びに近く，苦痛とか驚きを表すのによく用いられている．その典型は pappapappapaî (Soph. Phil. 754) という悲痛の表現，さらにはホメーロス以来の言葉に pópoi, babaí などがある．同様にまた歯音も用いられる．例えば，呼びかけの átta とか otototoî (Aisch. Pers. 268) がそれである．親族名称としては patḗr「父」に対する páppas「パパ」，さらに縮小辞をつけた pappías, pappidíon (Aristoph.) がある．これらについては次章の「父」の章を参照されたい．

patḗr, pátrōs「父の兄弟」, paîs「子」，それに páppas，さらに páppos と，ギリシア語の男性系の親族名称には pa- がふくまれている．これはインド語派の pitár-「父」, putrá-「息子」, paútra-「孫」, pitāmahá-「祖父」という p- をもつ一連の形に通じるものがある．páppos の用例は Herodotos のそれがもっとも古く，後は専らアッティカ散文と喜劇にみられる．従ってこれは，イオニア・アッティカ方言の口語層に属する語彙であったといえよう．

22. 印欧語族は父系制の大家族で生活していたといわれる．ギリシアでもホメーロスの舞台となるトロイの王 Priamos の居城は，その一つの典型ともいえよう．この王は「50人の子の父」とよばれていたのであるから，Hektor の子 Astuanax をはじめ大ぜいの孫とともに暮していたに違いない．しかし実際に祖父母が登場する場面は，ホメーロスでは少ない．すぐに思い出されるのは，Od. 19巻399行以下の場面である．Odusseus の祖父 Autolukos と祖母 Amphitee が娘 Antikleia の出産にきて，生まれたばかりの孫に名をつけるところだが，この巻に patròs patḗr「父の父」型の表現が3回(180, 395, 416)集中している．そのほか，Od. 最終巻で，戦いにのぞむ Odusseus に父 Laertes が，「息子と孫(Telemakhos)が武勇を競う」のを喜ぶ言葉(514–515)がある．この父子再会の場で，その明かしのために Odusseus は mētròs patḗr「母の父」にふれている(334).

この叙事詩の伝統をくむ悲劇でも，祖父母に対してはこの記述的表現が用いられている．例えば Aias の Agamemnon への罵りの言葉に，ouk oîstha soû patròs mèn hòs proúphu patḕr / arkhaîon ónta Pélopa bárbaron Phrúga;「お前は知らないのか，お前の父の父，いにしえのペロプスはプリュギア生まれの夷狄であったことを」(Soph. Aj. 1291). 母の父については，孫の Pentheus を失った Kadmos が娘 Agaue への嘆きの言葉として，ô phíltat' andrôn—— kaì gàr oukét' ȍn hómōs / tôn philtátōn émoig' arithmḗsēi, téknon —— / oukéti geneíou toûde thiggánōn kherí, / tòn mētròs audôn patéra prosptúxēi, téknon, / légōn「だれよりもいとしい者よ．確かにお前はもはやこの世にはいないのだが，やはりわたしにとってはこの上なくいとしい者の数に入るだろう．孫よ，もうお前はこのあごにふれながら，おじいさん(母の父)といって抱きついてくることはない，孫よ，こう言いながら……」(Eur. Bacch. 1316).

23. これらの悲劇の用例をみると，それはホメーロスの記述的表現の踏襲であるから，改めて問題になる点はないように思われる．ところが次ぎのような場面がある．祖母の Hekabe が，今は亡き孫の Astuanax の生前にいった言葉を思い出しながらいう．Eur. Troiad. 1181. ……epseúsō m', hót' espíptōn péplous, / Ô mêter, ēúdas, ê polún soi bostrúkhōn / plókamon keroûmai……「お前はわたしに嘘をついたのね，ふとんに入っ

てきて，こういってくれたのに．おばあさま，(あなたが亡くなったら)わたしの髪の毛をたくさん切ってあげますよ，……」．ここで注意すべきことは，孫が Hekabe を mêter「母よ」とよびかけている点である．同じ作品の 1228 行に，トロイの女たちからなる合唱隊も Hekabe に向って，大地はその孫をうけいれるのだから，sténaze, mâter「お嘆き下さい，おばあさま」と，mâter でよびかけている．前節に引用した Euripides の Bacchae 1320 行 légōn「……といいながら」に続くその内容，即ち孫の Pentheus の言葉は，tís adikeî, tís s' atimázei, géron ; / tís sèn tarássei kardían lupēròs ṓn; / lég', hōs kolázō tòn adikoûntá s', õ páter.「だれがけしからぬことをし，だれがあなたをないがしろにするのですか，おじいさま(géron お年よりよ)．だれがあなたを苦しめ，その心を乱すのでしょうか．いって下さい．そのあなたにけしからぬことをする者をわたしがこらしめてやりましょうから，おじいさま」．ここでも孫が祖父を páter「父よ」とよんでいる．同じ用法は 251 行にもみられるけれども，ここで patḗr を文字通りにうけとることはできないから，写本の段階でこれを削除しようとする説もあった(Tyrell 84)．Dodds(1960 101)はこれを 'sir' (denoting respect, not relationship) と註している．ホメーロスにも Odusseus への呼びかけに，xeîne páter「よそのおじさま」(Od. 7. 28, 48, 8. 145) という一種の敬称的用法があり，Liddell-Scott もこれを patḗr の項に指摘している．しかし mḗtēr については，既述のような例があるにも拘らず，これにふれていない．このような patḗr, mḗtēr の用法は，それと同じ価値をもつ祖父母への敬意をこめた呼びかけの語がなかったための代用と考えてよいだろう(Risch 1944A 119)．

また祖父母は孫から gérōn「年より」ともよばれた．先にあげた Eur. Bacchae 1316 行以下の Pentheus の言葉にも，その一例がみられる．同じ Euripides の Orestes 544 行以下，Orestes の祖父 Tundareos に対する台詞にも，いく度か géron (voc.) が用いられている．この類の呼びかけは身内の老人についての敬称として広く使われていたらしく，例えば同じ作品の中で，娘婿にあたる Menelaos は舅 Tundareos を ô présbu (476)「長老さま」とよび，Andromache (Eur.) も夫の父 Peleus を geraié (559)，géron (572)，présbu (750) とよんでいる．

24. 悲劇から散文に移って，ようやく páppos という形が登場する．Gates (20) は，これがホメーロスの時代に既に存在した可能性があると述べている．叙事詩にその実例がないのは，韻律上の制約とか，patròs emoîo patḗr「わが父の父」のようにはっきりと父母の関係を明示する必要性があったことなどの理由によるもので，それ以外の日常的な場ではpáppos という愛称辞が使われていたに違いないと彼は推定する．確かにこの形は詩的な語彙ではなく，明らかに口語層に属している．しかし一方では，ホメーロスは páppas「パパ」のような語を使っているのだから，Gates の説明は単なる推測の域をでない．先にふれた Myc. pa-pa-jo は，現在の段階ではこの問題に積極的な解明をあたえない．

文献的に確実な páppos の使用は，次ぎにあげる Herodotos III 55 に始まる．ここでは páppos も patḗr など一般の親族名称と同列の語彙であり，páppas「パパ」のように特に情緒的なニュアンスを示さない．timân dè Samíous éphē, dióte taphênai hoi tòn páppon dēmosíēi hupò Samíōn.「サモス人が自分の祖父を公の費用で葬ってくれたので，自分はサモス人を尊敬する，と彼はいった」．これはスパルタがサモスの町を攻めたとき，勇ましく戦って戦死した Arkhias という人の同名の孫に作者が会って聞いた話である．páppos という語は，この「歴史」の中では1例しかないが，この場合は明らかに父の父を指している．これに対して母の父については，I 75 を初め数か所で mētropátōr というホメーロス (Il. 11. 224) と同じ合成形が用いられている．そして Herodotos には，叙事詩や悲劇にみたフレーズによる記述的表現はない．また合成形も，上にあげた mētro-pátōr しかみられない．patro-pátōr「父の父」, mētro-mḗtōr「母の母」は Pindaros が用いているが，patro-mḗtōr「父の母」は古典期に用例がなく，これらの poetic word は散文からは後退した．Herodotos の場合，páppos と mētropátōr がはっきりと差別されているようにも思われるが，これは本来イオニア散文に páppos しかなかったので，特に母の父を明示するためにホメーロスの語彙を採用したのであろうか．páppos が1例に限られているので，こうした差別を明確にとらえることはむずかしい．

25. この孤立的な páppos という語彙が文語層に定着するのは，アッティカの散文をまたなければならない．そこではホメーロス時代のように，祖父について父方と母方を区別する必要もなくなってくる．páppos と tḗthē「祖母」のあらわれる場は，叙事詩や悲劇にみられる文学的伝統をはなれ，日常の庶民生活の中にある．

そこでの祖父母の位置は，父母にくらべるとはなはだ影のうすい軽いものであったらしい．例えば，Aristoteles は Politica I 3 1253b で家について述べているが，祖父母などはまったく無視している．また Rhetorica II 13 1389b-1390a では老年について論じているが，それは酷評そのものである．老人は ápistoi di' empeirían「経験の故に人を信用しない」，phílautoi mâllon ḕ deî「必要以上に自己を愛する」といわれている．それでもアテナイでは，老人を養うことは義務とされている(Lacey 25)．この時代になると文化も進み個人の意識も強まり，かつてのように人々は家系などにこだわらない．そのような社会にあって，老人は専ら zôsi têi mnḗmēi mâllon ḕ têi elpídi「希望より追憶に生きる」(Aristoteles上掲 Rhetorica) より仕方がなかった．彼らが家庭においては祖父母にほかならないのだから，その存在はわれわれにも容易に察知されよう．

そこで páppos という語を中心に，その用例から祖父のあり方をさぐってみよう．Platon, Xenophon などのアッティカ散文の中からその用例をあげることは容易である．そこでは，ホメーロスにみられたフレーズによる表現も同時に用いられていたように思われる．例えば，Aristoteles の「アテナイ人の国制」(Athenaíōn politeía) LV 3 によると，アルコンの資格審査のことに関係して，これを受ける人は，tís soi patḕr kaì póthen tôn dḗmōn, kaì tís patròs patḗr, kaì tís mḗtēr, kaì tís mētròs patḕr kaì póthen tôn dḗmōn;「あなたの父はだれで，どの区の所属か，また父の父はだれか，母はだれか，また母の父はだれで，どの区の所属か」と真先に問われるという．このように父の父，母の父など細かい区別を示すには páppos は使えなかった．

さて祖父の素姓をこのように問われる前に，孫が祖父の名を継ぐという習慣があったようである．こうすれば少なくとも三代の間はどこの地方，どこの区の出であろうと固い絆によって家族は結ばれることになる．Aristoteles (Politica I 3 1275b) によれば，真にそのポリスの人 polítēs というのは，両親ともそのポリスの人で，しかも hoì dè kaì toût' epì pléon zētoûsin, hoîon epì páppous dúo ḕ treîs ḕ pleíous「ある人々は，これをさらに要求して，二代とか三代，あるいはさらに前の祖父たちにまで求めようとする」．

名付けについては，古くは22節でふれたホメーロス Od. 19. 399以下の場面が有名だが，古典期のアテーナイでは，子供が生まれて10日目に祝いをして名をつけるという風習がよく知られている(Aristophanes Aves 494, Demosthenes XXXIX 22; Lacey 111 f.)．もちろん名前は祖父の名に限らず，父，母，あるいは祖先の名に因んでつけられた(Liebermann 134 f.; Schwyzer I 635)．またそのほかにも，いろいろな事情に因んで名前が選ばれたことは，Il. 6. 402行以下の語るところから明らかである．tòn r' Héktōr kaléeske Skamándrion, autàr hoi álloi / Astuánakt' oîos gàr erúeto Ílion Héktōr「ヘクトールはその(子)をスカマンドリオスとよんでいたが，他の者たちはアステュアナクス(町の王)といっていた．ヘクトールがただ一人でイーリオスを守っていたからである」．Eurusakes,

Megapenthes, Telemachos なども この類の名である(Leaf I 287; Lacey 37, 248).

さて当面の問題である祖父の名に因む名付けの例としては，24節に引用した Herodotos III 55 の páppos Arkhias とその孫のほか，同じ作品の VI 131. toútōn dè sunoikēsántōn gínetai Kleisthénēs te ho tàs phulàs kaì tȅn dēmokratíēn Athēnaíoisi katastḗsas, ékhōn tò oúnoma apò toû mētropátros toû Sikuōníou.「この(二人の)結婚から，アテナイに部族制と民主政治を確立したクレイステネースが生まれたが，その名はシキュオーンの母方の祖父の名をとったものである」. VIII 136. Alexándrou gár adelpheȅn Gugaíēn, Amúnteō dè thugatéra, Boubárēs anȅr Pérsēs éskhe, ek tês hoi egegónee Amúntēs ho en têi Asíēi, ékhōn tò oúnoma toû mētropátoros, ……「アレクサンドロスの姉妹でアミュンタスの娘ギュガイアを，ペルシア人ブバレースが妻にして，この女からアジアにいたアミュンタスが生まれたのだが，その名は母方の祖父の名をとったもので……」. この2例とも mētropátōr という祖父を表す合成語を使っている. mḗtrōs という，本来は母の兄弟を表す形を mētropátōr と同意に用いた Pindaros のオリュンピア祝歌(IX 63)の例もまた，名付けのことに関係している.

いよいよ páppos そのものの例をみることにしよう. Aristophanes の喜劇の6例のうち，2例がやはりこの名付けと関係している. Aves 281. ……outosì mén esti Philokléous / ex épopos, egȍ dè toútou páppos, hósper ei légois / Hippónikos Kallíou k'ax Hipponikou Kallías.「これはやつがしら鳥ピロクレースの子だが，わたしはこれの祖父だよ，ちょうどカリアースの子がヒッポニーコスで，ヒッポニーコスの子がカリアースというようなものだ」. Nubes 63. hē mèn gàr híppon prosetíthei pròs oúnoma, / Xánthippon ḗ Kháríppon ȅ Kallippídēn, / egȍ dè toû páppou 'tithémēn Pheidōnídēn,「というのは，彼女は名前にヒッポス(馬)を入れようとした. クサンティポス(金馬)とかカリッポス(祝馬)とかカリッピデース(美馬)とかね. ところがわたしのほうは祖父のペイドーニデース(倹約家)とつけようとした」(Dover 102). Platon にも同じような例が指摘される. Res publica 330b. mésos tis gégona khrēmatistȇs toû te páppou kaì toû patrós. ho mèn gàr páppos te kaì homṓnumos emoì skhedón ti hósēn egȍ nûn ousían kéktēmai paralabȍn pollákis tosaútēn epoíēsen, ……「わたしは財産作り手としては祖父と父の中間ぐらいだ. というのは，祖父はわたしと同名だが，わたしが今もっているとほぼ同じくらいのものを受け継いで，それをなん倍かにしたが……」(Adam 1962 I 8n). páppos の形容詞 pappôios をもふくめた例としても Platon Laches 179a. hēmîn eisìn hueîs houtoií, hóde mén toûde, páppou ékhōn ónoma Thoukudídēs, emòs dè aû hóde —— pappôion dè kaì hoûtos ónom' ékhei toúmoû patrós「これはわれわれの息子です．こちらはこの人の子で，祖父の名をもってトゥキュディデースといい，これはわたしの子で，これもわたしの父である祖父の名をもっています」. Demosthenes の演説の一節(XLIII 74)に,「わたしは(四人の息子の)長男に，わたしの父の名を付けた」という言葉がある．これは当時祖父の名を長男にあたえるという習慣があったことを暗示するものであろうか.

26. páppos と関係して，祖父の名を孫が継ぐという古代ギリシアの習慣を問題にしたところで，ギリシア以外の世界についても簡単にふれておこう．ローマでも同じような習慣があったことは，次ぎのいくつかの例からもうかがうことができる．Plautus Men. 40. immutat nomen auos huic gemino alteri, ……(44) et ipsius eodem est auo' uocatus nomine.「祖父はその双子の兄弟の一人の名を変える．……そして彼の祖父も同名であった」. Vergilius Aen. 12. 347. (Eumedes) antiqui proles bello praeclara Dolonis, / nomine avum referens, animo manibusque parentem.「彼は古き家柄ドローンの子にて戦さに名高く，その名においては祖父を，勇気と手腕においては父を継ぎ……」. Caesar も B. G. I 12. 7 で同じような例を示している．これらの例から，Gr. páppos と同様に Lat. avus「祖父」も文脈的に孫の名付けに関係しているといえよう.

インドにも名付けについては nāmadheya「名付けの儀」とよばれる規定があり，Manu 法典(II 30)によればギリシアと同じように，生後 10 日か 12 日目にこれが行われる．名前については，カーストによる違いとか音節の数などの規定はみられるが，祖父の名について Manu は言及していない(Hilka 14 f.). Kane (1938) の古代インド人の名前の研究によれば，ヴェーダ時代の多くの名は Trasadasyu Paurukutsi「Purukutsa (父) の子 Trasadasyu」, Mahidāsa Aitareya「Itarā (母) の子 Mahidāsa」のように，父称または母称を伴った二つの要素からなっている．その限りではホメーロスの Pēleídēs Akhileús「Peleus の子 Akhileus」とか Atreídēs Agamémnōn「Atreus の子 Agamemnon」といった表現にひとしい．ところがインドでは，この父称が祖父の名にも形の上で関係することがある．例えば，Śvetaketu Āruṇeya は「Āruṇi の子 Śvetaketu」であると同時に,「Aruṇa の孫 Ś.」を表す．Pāṇini IV 1. 162 の規定に apatyam pautraprabhṛti gotram //「孫からの後裔はゴートラといわれる」とある．これは具体的にいえば，Garga の子は Gārgi，その子は Gārgya という，一連の派生形を表す．こうした名称の形の上の関連は，これによって祖父から孫へ三代にわたる一族の意識を支えていこうとする心のあらわれといえよう(Ghurye 76).

ギリシアとインドの中間にある小アジアでも同じような習慣があったと思われる証拠として，リュキア(Lykia)語の碑文の一つをあげておこう．Meχisttênê ep〔.〕tuwete atli ehbi Sχχulijah tideimi sa ladi ehbi Merimawaj〔e〕Petênêneh tideimi se tideimi ehbi Sχχulije「Mexistte (Megistos)はこれを自分自身のために建てた，Sχχulijaの息子は，そしてその妻，Peteneniの娘Merimawaのために，そしてその息子Sχχulijaのために」(J. Friedrich 1932 59; Neumann 1969 395).

このように孫が祖父の名を継ぐということは，古代世界に広くみられる習慣であった．それは近代にもみられ，また印欧語以外の世界にあったとしても不思議ではない．ゲルマン人の「孫」を表す語(OHG. eninchilī>Enkel)は，「祖父」(OHG. ano>Ahn)に縮小辞をそえた形である．もちろんこうした習慣は同じ民族でも固定的なものではなく，時代によって変化する．例えばギリシアでは，上述のような祖父の名を継ぐという習慣は徐々に後退し，代って父の名を継ぐ傾向があらわれてくる(Schulze 67 n1). これは既に古典期にもみられないわけではない．Aristophanes Nubes 46行以下はその事実を示している．épeit' égēma Megakléous toû Megakléous / adelphidên ágroikos ṓn ex ásteōs. ……「それから田舎者のわたしは，町の者でメガクレースの子のメガクレースの姪と結婚した」(Dover 99; Solmsen-Fraenkel 118).

27. 祖父(母)を表す印欧語として，まずSkr. pitāmahá- に代表される合成語型を，次ぎにGr. páppos にみられるLallwort型の語彙と，その用例からみた名付けの問題をわれわれは考察してきた．そこで第三のタイプとして，Lat. avus, (f) aviaのような，形の上からはなんのmotivationも感じられない単独の名詞形をとりあげてみよう．

Lat. avus, aviaに対応する語彙を求めるならば，大別して三つの語幹にわけることができる(Pokorny 89; Walde-Hofmann I 88 f.; Ernout-Meillet 61 f.).

(1) -o- 語幹．古い親族名称でありながら子音語幹，またはその派生形でなくて，単純な母音語幹を示す語彙はめずらしい．Lat. avus, Hitt. huhhašがこれに属する．Arm. hawは -o- 語幹とも考えられるが，gen. hawuから推して -u- 語幹であろう(Pokorny 89; Solta 48). これにはLat. avis「鳥」に対応するArm. hawという同音語が -u- 語幹であることも参考になる(Meillet 1936 76; Godel 94). なおLat. aviaという女性形はavusと同じく Plautus 以来の古い語彙であるが，-ia というこの女性形の語尾は，Skr. -ī, Gr. -ia (Skr. pátnī, Gr. pótnia "女主人")のようにはラテン語で用いられていないから，その意味では孤立的であり，avus と avia の関係は，Skr. devá-「神」と deví「女神」の関係に比せられよう．またこの avia はラテン語で既に忘れられつつあった，古い印欧語の女性形接尾辞の名残りとみることもできよう(Leumann Gr. 283; Sommer 1948B 452)．この形は孤立していたためか，後には ava という -o- 語幹の一般の女性形に倣った形も作られている．これはまったくの新造語である．P. Friedrich (1966A 24)はこれを 'mother's sister' としているが，根拠が明らかでない．

(2) -i- 語幹．*avi- であるが，これに基づく形はバルト，スラヴ語派にみられる．-i̯o- 語幹の ORuss. ujĭ「母の兄弟」(Vasmer III 178 f., cf. stryjĭ「父の兄弟」)は，早くから -k- の拡大をうけてスラヴ語に残っている (Czech ujec, Bulg. ujko etc.)．同じ意味をもつ OPruss. awis, さらに -n- 語幹の拡大をうけた Lit. avýnas (*av-ī-no-, Fraenkel 28) もこれに属する．またケルト語の OIr. aue「孫」も *avio- に基づく形である (Lewis-Pedersen 9, 14; Vendryes A-103; Benveniste 1969 224)．なおこのほかに Gr. aîa「大地」(＝gaîa) ＜*au̯ia を原意「祖母」とみて Lat. avus の対応に結びつけようとする語源解釈 (K. Brugmann IF. 29 1911-12 206 f.) があるが，認められない(Frisk I 29)．

(3) -n- 語幹．*av-en- はゲルマン，ケルト語派にみられる．まず Got. awo「祖母」であるが，これは文献的には dat. sg. awon という形しか実証がない．西ゲルマン語の OHG. ōheim, OE. ēam, OFries. ēm という形は Germ. *a(v)unhaimaz (NHG. Oheim) に由来すると考えられる(Mezger 1960 296 f.)．ケルト語派には Welsh ewythr「母の兄弟」, Bret. eontr (＜*av-en-tro-) という形が指摘される．そのほかに英独語 uncle, Onkel の基になった Lat. avunculus「母の兄弟」(＞Fr. oncle) もこれに属する．

このようなさまざまな語幹の展開をみると，この *av- という形は発生的にどうあろうとも，広くヨーロッパに分布していたことがわかる．それらは派生の手続きを各語派によって異にしているけれども，「おじ」，特に母方のそれを指している点が特徴的である．そこで逆に *au̯o- は本来は「祖父」ではなくて，「母方の祖父」を意味したのではないかと推測された(Delbrück 475; Hermann 1918 214 f.; Risch 1944A 119 f.)．この推測はそれ自体としては誤りではないが，「祖父」を表す形がこれらの対応の中ではラテン，アルメニアの二派に限られ，それらの用例からは後述するように「母方の」という限定された意味は認められない．従ってこの推論は積極的な支持をえられなかった．その点で Hitt. huhhaš

があらわれたことは，この対応の解釈に新らしい展開をもたらすかのように思われた．しかしこのヒッタイト語の形も「祖父」以上の限定を加えるものではなかった．なおこの Lat. avus と avunculus の問題については，VI 章において改めてとりあげたいと思う．

28. この *au̯o-「祖父」については，これまでにいくつかの語源解釈があたえられてきた．一つは Lallwort 説である．確かにこの形には páppos のような歴然たる幼児語の性格はみられない．にも拘らずこれが mot familier (Ernout-Meillet, Walde-Hofmann) とみなされる主な理由は，páppos と同様に文法的に交替のない母音 a をふくみ，他の動詞語根とも結びつけられることなく孤立しているからである．これに対して第二の立場は，*au̯o- を動詞語根 *au̯-「助ける」(Pokorny 77) と関係づけようとするものである．この説の賛成者は少ないが (Delbrück 482 f.)，最近では Szemerényi (1977 48) が 'helper, supporter' 説を復活させている．この解釈は形式上はともかく，意味上からは納得できない．その点では，これをインド，イラン語派の avá-, OCS. ovŭ- のようなはなれたものへの指示を表す代名詞 (Pokorny 73 f.)，あるいは Skr. ava-, Lat. au- などの分離を表す副詞的接頭辞 (Pokorny 72 f.) と関係づけようとする説も同様である．この場合「祖父」=「(親から)はなれた」の仮定はいかにも苦しい (K. Brugmann IF. 29 1911–12 206 A 1; Schmeja 29 f.)．また代名詞とか接頭辞的要素をそのまま -o- 語幹の名詞にもちこむことにも疑問がある．

Hitt. huhhaš の登場は *au̯o- の基語における存在を確証し，またその h の存在によってこの形の解釈に新らしい局面を開いた．その対応は Kuryłowicz (1935 74), Sturtevant (1942 35) によって認められ，その後 Pedersen (1945 25 f.) によって Lyk. χuga もこの対応に追加された (Puhvel 1965 84)．そしてこれがきっかけとなって，今日では Gr. gugaí· pámpoi (páppoi の誤りと解釈する) という Hesychios の古註にみられる gugaí という語彙も，Lydia の王の名 Gúgēs も，ともにこの対応にふくまれる可能性が指摘されている (Frisk I 331, III 66; Chantraine 239; Hammerich 70; Brandenstein 1954 64 f.; Tischler 260 f. 否定)．なお Hitt. huhhaš には，これと並んで子音語幹 huhhant- があり，象形文字の Hitt. huha- という形も認められている (J. Friedrich 1960 40; Meriggi 60)．またこのヒッタイト語の形と関連して，Arm. haw の h- も Hitt. h- と同様に共通基語に予定される laryngal 喉音 *H- のあらわれと考えられた (Meillet 1936 38; Sturtevant 1942 29 f.; Winter 1965 102; Benveniste 1969 224; Lindeman 30; H. Wittmann Sprache 10 1964 145 f.).

Lat. avus, Arm. haw に Hitt. huhhaš を加えた対応の再建形は，*HeuHo-($H = H_2$) となるであろう．この場合に Hitt. u<*eu を前提とする．しかし *u>Hitt. u も可能であるから，その場合にはアナトリア群の形を *HuHo-，イタリック以下ヨーロッパ群の形を *əu̯Ho->əu̯o->*avo-(ə＝H̥)を基に説明することもできる(Hammerich 31)．ただこの形を他の動詞語根に結びつけない限り，この対応だけからは形態論的に母音交替の階梯を決めることはむずかしい．従って *Heu-H-/ *Hu̯-eH- という分析の可能性は認められないから，*HeuH-/ *HuH- /əu̯H- がそのまま仮定されることになる．これは H-H という同一子音の連続を示すから，その点からもやはりこの形は Lallwort 的性格を示している．

29. ここでわれわれは，Hitt. huhhaš を安易に Lat. avus の対応に加えることに関して，多くのアナトリア学者が疑問をもっていることを忘れてはならない．その疑問は，ヒッタイト語の親族名称を広く検討し，その特徴を考えるときに明らかになる．例えば Hitt. atta-「父」と anna-「母」，huhha-「祖父」と hanna-「祖母」(Lyk. χuga-「祖父」χnna-「祖母」)，さらに haššа-「孫」という形をみると，その母音 a，子音の重複，形態論的に規則的な母音語幹など，いずれの点からもこれらの形は新らしく，また Lallwort 的特徴をもっているといえよう．そこには，他の印欧語が示す親族名称に特有の子音語幹の跡も残っていない．だからこそ，この領域の専門家が，huhha- をふくめてこれらの形は他の印欧語とは無関係の，アナトリアで作られた，いわゆる kleinasiatisches Lallwort であるとみなしているのである(J. Friedrich 1952 72; Hendriksen 29; Kronasser 1956B 202, 1962–66 117 f.; Sommer 1947 42 f.; Kammenhuber 1969 258).

印欧語研究における Saussure の Mémoire に始まる laryngal 理論の貢献は，今日なに人も無視することはできない．しかし当面の形について，*HeuHo->Hitt. huhha- / *əu̯Ho->Lat. avus という再建によってえられる母音交替らしき跡を重視して，これをただちに共通基語に結びつけようとすることには賛成できない．この場合にヒッタイト語の形を基準に再建をし対応を論じるには，その形があまりに特異なことを認めざるをえないからである．それは Lallwort に基づく形とみて，Lat. avus に代表されるヨーロッパ諸派の対応とはきりはなさるべきである．次ぎに Hitt. hannaš「祖母」という形について，同じような問題を考えてみよう．

30. Hitt. huhhaš と対をなす hanna-，Lyk. χnna- は，Gr. annís「母または父の母」

(Hesychios), Lat. anus(f)「老女」(gen. -ūs, socrus「義母」の影響をうけた形か. Lat. anna「養母」は古典ラテン語に実例なし), OHG. ana「祖母」(ano「祖父」>Ahn), それにArm. han「祖母」, さらにはLit. anýta「(妻からみた)義母」に対応が求められている(Walde-Hofmann I 55, 847; Ernout-Meillet 37; Hendriksen 28, 34; Beekes 1969 45; Tischler 145 f.). これが'mot du vocabulaire familier' (Ernout-Meillet)であることは, 改めて説明する必要もないだろう.

ヒッタイト語には, これと並んでh-のないanna-「母」がある. この言語では, h-の有無は重要である(Puhvel 1965 87). けれども印欧語全体からみると, h(<*H)をもつのはヒッタイト語だけであるから, anna-も当然上にあげたGr. anníѕの一連の対応に加えられる資格がある. Pokorny (36 f.), Chantraine (91), Solta (48), Kluge-Mitzka(9)は, いずれもこの立場に立っている. Frisk(I 112)は, Gr. annísを'ehestens elementar-verwandt mit Heth. annaš……'としながら, 'vgl. auch hannaš, Lyk. χnna'と加えている. Sturtevant-(Hahn)は基本的にはHitt. hanna-だけをこの対応に認めている(1942 30, 1951 42). しかし1951 40頁では, その意味が「祖母<老女」でありながら, Hitt. hanna-はときに「母」にもなり, そこにh-のないanna-という形があらわれたとみている. つまり彼もこの二つの異なる語彙を, ヒッタイト語として本来一つのものであったと考えていたのである. このような解釈がヒッタイト語の側からでてくるということは一見理解しにくいが, 理由は簡単である. まずヒッタイト以外の言語の対応は, 形の上からはHitt. anna-に近いが, 意味の上からはHitt. hanna-に近い. そして母音で始まるすべての形には*H-が仮定されるという喉音理論によって, Hitt. anna-<*Hanna-とすれば, 結局これはhanna-と結びついてしまう. それではヒッタイト語でのh-の有無は, 共通基語おけるこの二つの語彙の違い, 即ちHの種類の差の反映とみるべきではないか, という疑問が生じる. これについては, hanna-/anna-のみならず, hant-「前面」/ anda-「……の中で」, hurki-「車」/ urki-「跡」, hwek-「誓う」/ wek-「願う」など, 意味上でも関連があると思われる語彙がh-の有無だけで区別されているという例があり, ここにはSturtevantが予想したように, なんらかのヒッタイト語内での変化が考えられるから, ただちにここでh-の有無を*H-の差に帰する必要はないということができる(H. Wittmann Sprache 19 1973 42 f.). このように, ヒッタイト語の形を基準に再建を行うことは危険である. Gr. annísの対応形はLallwort的性格を否定できないし, Hitt. hanna-についても同様である. 従って, それらの資料に基づく再建形*(H)en-, *(H)an-「祖母」は意味を

もたない.

ここでHitt. hanna-とanna-を分離して解釈しようとする試みにふれておこう. H. M. Hoenigswald (Lg. 28 1953 182 f.)はhanna-を先に16節であげたLat. senexの対応(*seno-)「古い, 老いたる」に結びつけようとする. 即ち, 彼は*sen-と*Hen-を合わせた*sHen-から出発する. この場合に形態論的には強階梯が予想されるから, *sHen->*sen-となる. この形は*sHen->*Hen->Han- (HはH₂)におけるHによるe>aの音色の変化より前に起ったと考えられる. これはいわゆるs-movableとHを結びつけた解釈で, この形に関する限りでは意味上も一応筋が通っている. しかし同じ仮定による他の多くの形の説明は非常に無理な語源解釈に立脚している. 従ってこのHoenigswaldの仮説は認められない(Polomé 1965 32; Lindeman 47). *sHen->Hitt. hanna-に賛成するのは, 筆者の知る限りP. Friedrich (1966A 5 f.)一人である.

31. Lat. avusとの関係からHitt. huhha-, hanna-について考察したところで, これらの表記とその合成語の問題についてふれておこう. ヒッタイト語は主として楔形文字によって表されているが, このほかに, シュメール語の表意文字Ideogramとアッカド語による表記が併用されている. 例えば神については, Hitt. šiu (ni)- とともにシュメール語のIdeogramによるDINGIRがある. 「父」にはHitt. attaとAkk. *ABU*が併用され, 「母」にはHitt. anna-とIdeogram AMAが認められる. 「祖父」はHitt. huhha-とAkk. *ABU•ABI*「父の父」によって表されたが, 「祖母」にはhanna-という形しか用いられていない.

Hattušiliš一世の遺書III 41 (Sommer-Falkenstein). …… hu-uh-ha-aš-mi-iš 〔la-ba-a〕r-na-an DUMU-ša-an [URU]ša-na-hu-it-ti iš-ku-na-ah-hi-iš. 「わたしの祖父は彼の息子をŠanahuittaの地で王位継承者と宣言した」. Muršiliš王年代記22年IV 5(Götze 1933 160). 〔nu-mu-uš〕-ša-an an-na-az KUR [URU]Ka-la-a-aš-ma *A-NA A-BI-I̯*〔*A* ×〕〔*Ù A-*〕*NA A-BA A-BI-I̯A* ÌR-MEŠ-ni-iš e-šir na-at *IŠ-TU* ERÍN. MEŠ- *ŠU-NU*……「そしてKalašmaの地はかつてわたしの父, そしてわたしの祖父に従属するものであった. そして彼らの軍とともに……」. この二つの文を比較すると, 後者にはatta-, huhha-は用いられていないし, またこの年代記にはそれらの一例もない. このような表記の違いがなにに基づくのか明らかでないが, 恐らく和語と漢語のような実際の語彙の違いを反映するものであろう.

さてこの huhha- と hanna- には huhha-hanniš(pl.)「祖父と祖母たち，祖先」という連続した合成的表現がみられる(J. Friedrich 1952 71; Sommer 1947 50 f.). 死者への祭儀 III 6 RS (Otten 1958 22) からその一例をあげると，nu……I NINDA pár-šu-ul-li ᴰUTU A〔Nᴱ II NINDA pár-šu-ul-li〕 hu-uh-ha-aš ha-an-na-aš……ti-an-zi, 「そして天神に砕いた一片のパンを，祖父と祖母たちに砕いた二片のパンをそなえる」. 同じテキスト(24 VS I 42)には逆の順序で表された例もみられ，いずれも「祖先」を意味している. インド，ギリシアのように「父」の複数形で，あるいはラテン，スラヴのように「祖父」の複数形で同じ概念を表す語派があることは既に知られているが，ヒッタイト語にも上記の表現と並んで，atta-「父」の pl. attuš に同じような用法が記録されている(Schrader-Nehring I 18 f.; Schrader-Krahe 117; J. Friedrich 1952 38; Sommer 1932 299, 304). しかし上にあげた「祖父母」の連続的表現が「祖先」に用いられる例は，この語派に独自のものではないだろうか. これはまた attaš annaš「父と母(両親)」という表現と並行していることは疑いない. Kronasser(1962–66 157; Tischler 262) によれば，このゆるい合成語は Skr. mātá-rā- pitárā のような両数の dvandva 型ではなく，'Komp., das unter fremden Einfluß entstanden ist' である.

32. 30 節にあげた Gr. annís, Lat. anus の対応の中には，派生形として注意すべき形がある. それは OHG. ano「祖父」の縮小辞を伴った形と思われる OHG. eninchilī > MHG. enenkel > NHG. Enkel「孫」(Kluge-Mitzka 166)である. 形式的には，この二つの形の関係は Lat. avus と avunculus「母の兄弟」にひとしい. また「祖父」と「孫」という意味の関係からは，27 節にあげた OIr. aue「孫」が参考になる. このゲルマン語の形以外にも，*an- の派生形と思われるものに Lit. anûkas，さらにはスラヴ語全体に分布する ORuss. vŭnukŭ > vnuk「孫」に代表される形がある(Vasmer I 211; Szemerényi 1977 52). これらはいずれも -k- の拡大形である. もっともこの二つの形については，必ずしも語源解釈は一定しない. まず Lit. anûkas のスラヴ語からの借用説 (Schrader 1904–5 35 f.; Fraenkel 12), ORuss. vŭnukŭ を Skr. anvañc-「……に従える」と関係づけようとするもの(A. Vaillant RES. 11 1931 206), あるいは vŭn-ukŭ 'descending link'(P. Friedrich 1966A 5 に引用される Stankiewicz の解)と分析する説明がある. 問題は Slav. vŭn- の語頭音の処理にあり，これを直接 *an- と関係づけることはできない. しかし「祖父」と「孫」という結びつきからは，この語源解釈は魅力的である.

フランス語にも現代の petit-fils の出現以前に，孫を表す語として Lat. avus の縮小辞形 OFr. avelet，それに aviaticus が記録されている(Delbrück 480; Meyer-Lübke 825). また Schrader(1904–5 35; Hermann 1918 215 f.; Pokorny 37)によれば，バイエルンやオーストリアの一部の方言に，Ahn (<OHG. ano) と語源的に関係があると思われる形で，この地域の好む縮小接辞 -l- を伴った en•l, än•l という形があり，「祖父」と「孫」の両意を兼ねている．これらの例から推して，「孫」は「小さい祖父」にひとしいということができる(Schulze 66 f.; Benveniste 1969 234 f.)．ここでもう一度先に述べた祖父から孫への名の継承の事実を思い合わせるならば，この言語的事実はいっそう興味深いものがあろう．

33. Hitt. huhha-, hanna- とそれに関係する形について考察した後で，Lat. avus の問題にもどって，その文脈上の特徴などについて考えてみたいと思う．ローマは貴族や僧侶の支配したギリシアやインドと異なり，より政治的な官僚の社会である．官途について出世するには家柄が大切であり，結婚もその意味で大きく影響する．そこで Lat. avus の用例からもこうした社会の反映が期待されるところだが，その意味ではあまり問題となるような例はない．既述の名前を継ぐ場合のように Gr. páppos と共通の文脈にあるもののほかは，特に祖父の名をもちだしてくるのに目立った傾向はみられない．またギリシア語のように，祖父を「父の父」のように表す，即ち pater patris といった表現も，筆者の知る限りでは使われていない．むしろここでは Skr. pitāmahá- と同じように，avus は pater, proavus「曾祖父」というごく近い親族名との連鎖の中におかれている．しかし子や孫との関係は弱い．以下にその数例を示そう．

Plautus Amph. 1048. ubi quemque hominem aspexero, / …… /seu patrem siue auom uidebo, optruncabo in aedibus.「だれでも人をみたら，父でも祖父でもみかけたら，家の中で殺してしまうぞ」. Cicero Catil. I 4. ……interfectus est……C. Gracchus, clarissimo patre, avo, maioribus,「その父も祖父も祖先も非常に有名な，グラックスが殺された」. Ovidius Pont. II 8. 33. perque tuos, vel avo dignos, vel patre nepotes,「祖父にも父にもふさわしいあなたの孫たちを通じて」. Plinius H. N. xxvi 100. podagrae morbus rarior solebat esse non modo patruum avorumque memoria, verum etiam nostra, peregrinus et ipse,「痛風は父や祖父たちの記憶のみならず，われわれの記憶でも稀な病いで，それ自体よその国のものである」.

このpaterとavusとのつながりは，avusの形容詞avītusにもあらわれている．一例をあげれば，Cicero Tusc. I 19 45. Haec enim pulchritudo etiam in terris ‘patritam illam et avitam’ ut ait Theophrastus, philosophiam cognitionis cupiditate in censam excitavit.「なぜなら地上においてもこの美しさが，テオプラストスのいう，かの父や祖父のもった，智識への欲求にもえたピロソピアをぼっ興させた」．ここにみるpatrītus「父の」という形容詞は，同じ意味を表すより古い形のpatrius，あるいはpaternusと異なり，恐らくしばしば併置されたavītusに倣って作られた形と考えられる(Leumann Gr. 334)．そしてまたpatrītus et avītusという表現は，Gr. patrôios kaì pappôiosの訳である．Ciceroはこうした表現にavītusとともにpatriusあるいはpaternusをも併用している．

さてavusに関する親族名の羅列的な表現がさらに拡大されると，それはproavusを数代さかのぼることになる．Plautus Mil. Glor. 373. ibi mei maiores sunt siti, pater, auos, proauos, abauos,「ここにわがご先祖は葬られたのだ．父も祖父も曾祖父も，そのまた祖父もだ」．Plautus Pers. 55. nam nunquam quisquam meorum maiorum fuit / quin parasitando pauerint uentris suos: / pater, auos, proauos, abauos, atauos, tritauos / quasi mures semper edere alienum cibum,「なぜならわが先祖のだれ一人として，食客となって自分の腹を養わざる者はなかったからだ．父，祖父，曾祖父，その父，その父，そのまた上の父と，ちょうどねずみのようにいつでも他人の食物を食べたのだ」．Terentius Phormio 394.……primus esses memoriter / progeniem uostram usque ab auo atque atauo proferens.「あなたはだれよりもきちんとあなたの家族のことを，祖父やまたその祖父の父からずっといえるはずなのだが」．これらの羅列は，次ぎ次ぎに先祖をさかのぼるという以上に，pater-auosから順次語頭のp-, a-の音の示すつながりの中に重要なきっかけが秘められているように思われる．これは11節にみたインド語派の親族名称のあらわれる環境と，そのalliterationの現象に通じるところがある．

34. ところで上に引用したPlautusの例でもわかるように，ラテン語にはavusのほかにpro-, ab-, at-, trit- avusという合成語があって，paterからtritavusまでさかのぼることができた．またこの祖父の系列に対応して，孫にもnepos (f. neptis), pro-, ab-, ad-neposという形があり，Cicero以後に用例が認められる．これらは一見ラテン語独自のもののようにみえるが，その合成語の構成は他の言語と共通の要素をふくんでいる．まずpro-avus「曾祖父」であるが，このpro-「先の」はSkr. pra-pitāmahá-(AV), prá-pitāmaha- (Ai. Gr. II/1 267. cf. Pāli petti-pitāmahā pl. <*paitṛ-pitāmaha-), Gr. pró-pappos, OCS. pra-dědŭ にもまったく同じ機能で用いられている(Delbrück 476; Risch 1944A 120, 1944B 16, 22 n2; Leumann Gr. 403; Schwyzer I 435; Benveniste 1965 8; Walde-Hofmann II 365; Ernout-Meillet 536; Ai. Gr. II/1 256 f.). 従ってこの要素は，なんらかの意味で 'ererbt' (Risch) と考えられる．次ぎの ab-avus「祖父の祖父」には，Gr. ék-pappos が対比される．この形は ab avō「祖父から(はなれた)」，あるいは avī avus「祖父の祖父」だから，*av-avus からも考えられる．しかし先に 20 節でふれたイラン語の OP. apa-nyāka- にふくまれる apa-, Gr. ek- から考えて，ab- は副詞的要素とみるべきだろう(Walde-Hofmann I 2; Benveniste 1965 8; Risch 1944A 120). Gr. ék-pappos にはかなり新らしいわずかの用例しかないが，形としてはホメーロス以来の伝統をもつ ék-gonos「子供，孫」，あるいは ap-ék-gonos「孫の孫」と比較される(Risch 1944B 16 f.). なお Vergilius はこれを quartus pater「第四の父」と表現している(Aen. 10 619). この ab-avus の父を at-avus という．

この at-avus の at- を古註は atta「父」と結びつけようとする(Ernout-Meillet 62). しかし attae avus「父の祖父」では意味が合わない．それよりも Skr. ati-, OCS. otŭ- と同じように，度をこえてはなれていく感じを表す接頭辞と解すべきだろう(Walde-Hofmann I 75; Benveniste 1965 6, 8). これに対比されるギリシア語として，古い喜劇の断片に pappepípappos という形が記録されている．これは明らかに páppos と epípappos の合成である．epípappos は Lidell-Scott によれば「祖父の祖父，祖父」などの意味をもつが，páppos に epi- をそえた形であることは疑いない．そこでこれを「páppos に(páppos を)そえた」ともとれるが，本来は Hesychios の説明の通り「祖父の父」であり，própappos にひとしい．従って pappepípappos はそのまた祖父，即ち atavus の意ととることができる(Benveniste 1965 7, 8). しかし Gr. epípappos の意味が一定せず，その用例はローマ時代のものしかないこと，形としては epi-pátōr が比較できるが意味が「継父」であること，própappos との関係などを考えると，この pappepípappos という形の解釈にはなお疑問が残る．Risch (1944B 17, 289 f.) はこれを「祖父の祖父」ととり，epípappos にひとしいとみている．即ち，基本的にはこの二つの形に対し，ともに páppos epì páppos を予想する(Wackernagel 1889 33). しかしこの形を phaul-epi-phaulótatos「いやが上にも悪い」と比較すると，páppos, própappos, epípappos という一連の形が既にあって，その上にさらにいやが上にも祖父であることを表したいために，喜劇の言葉としてこのような語が作られたのだろうと Risch は推測している．この場合にも用例が乏しいので，その内容に関して容易に断定は許されない．

終りに tritavus「第三の祖父」であるが，これは Gr. trípappos に比定される．この形には stritavus という形もあるようにいわれているが，これは -s tr->str- という過程から誤ってとられた形と考えられる (Walde-Hofmann II 605; Leumann Gr. 188, 488). 問題は Gr. tri-「三」に対する Lat. tri-t- という前分にある．Delbrück (476) は明確な説明をさけているが，ギリシア語には古くから trito-pátōr「曾祖父」, trito-patéres (pl.)「祖先」のような形があるから，Lat. tritavus は trípappos に倣いながらも意味上でさらに明瞭な序数詞「第三の」trito- をもったギリシア語の形に影響されたか，あるいはこれを借用したか，このいずれかの背景が考えられよう (Walde-Hofmann II 707; Benveniste 1965 8).

Gr. trípappos にしても，古典期の用例はなく，語彙集に残っているにすぎない．そして tri- を序数詞の trito- の意味に用いることもギリシア語としてはあまり例がないことだから，trípappos という形は非常に孤立的な語彙であったに違いない．形としては Sophocles の悲劇にみられる trí-doulos「三代の奴隷」のような語が比較されよう．三という数字は avus-abavus-tvitavus. 祖父，その祖父，そのまた祖父という，これによってもっとも遠い祖先を表そうという考え方によるものであろう．ホメーロスの trísmakar「三重に幸福な」とか，trisásmenos「三重に嬉しい」(Xenophon) のような語彙をみてもわかるように，古代には三という数は同時に非常な程度を表すことができる重要な機能をもっていたのである (Gonda 1953 42).

さてこの tritavus から abavus という形をふり返ってみると，先にしりぞけたが，これを av (ī) -avus, あるいは *av (o) -avus から考えようとするローマ以来の解釈にも一理あることになる．Lat. b と v は母音間で早くから混同される傾向があったし，また -v-v- の連続をさけようとする意味で -b-v- になったとも考えられるからである．なおロマンス語には，*bis「二」-avus, -aviolus を基にした OFr. besaiol, It. bisavo, bisavolo「曾祖父」(Meyer-Lübke 1119, 9647; Bloch-Wartburg 14) という形も残っている．また atavus の (f) atavia に基づく形に OFr. taie「祖母」があり，これから逆に男性形も作られている (Meyer-Lübke 752). いずれにしてもこれらの語彙はどれも人工的に作られたという感が強く，そのうち proavus 以上はギリシア語でもラテン語でも実際には先にあげたような羅列的な文脈以外には単独で用いられることはほとんどなかった．

35. Gr. trito-patéres, Lat. tritavus という「三」と関係のある形でここに想起されるのは，OE. þrīdda fæder「曾祖父」, Alb. tregjüš 'great-great-grandfather' (Mann, gjüš 'grandfather')である．ここにわれわれは，三代にわたる祖先という共通の表現をみることができる(Schrader-Nehring II 611). アルバニア語では tregjüš に加えて，さらに第四，第五の祖父を表す形も認められる．この後分 -gjüš「祖父」について Jokl (30 f.) は，*sū́-s-i̯o- を想定する(Pokorny 1039; Walde-Hofmann II 622). これは *seu(ə)-(Pokorny 913 f.)「産む，生まれる」という語根の派生形「産む人 Erzeuger」を原意とする．とすれば，これは Lat. parentes (pl.)「親，祖父，先祖」と比較されよう．parentes も gjüš と同じ原意から出発するからである．

なおアルバニア語にはこのほかに jošë「母方の祖母」, nulë, nunël「祖母」(nun「名付け親」)という二つの形がここで問題になる．前者を Jokl (38) は *āt-si̯ā と解している(Pokorny 71). これは次章の父の項でふれる Gr. átta「お父さん」, OCS. otĭcĭ「父」など，歯音をふくむ Lallwort からの派生形である．後者は(40)俗ラテン語の anulla「老母」の借用語とみなされる．

36. これまでは主として祖父を表す語彙について，諸派の形，その文脈的特徴などを検討してきた．これと対をなす祖母については Gr. mētròs mḗtēr「母の母」, mētromḗtōr のような合成的表現のほか，形としては Skr. (m) pitāmahá- に対する (f) pitāmahī, Lat. (m) avus—(f) avia, OHG. (m) ano—(f) ana, Arm. (m) haw—(f) han, Hitt. (m) huššа, (f) hanna- のように，祖父の形と対をなすもの，あるいは Gr. (m) páppos—(f) tḗthē (mámmē「祖母」は Plutarchos など後代の用例しかなく，annís「祖母」は Hesychios の辞書のみにみられる). OCS. (m) dědŭ—(f) baba のように唇音と歯音の対比的な形がみられる．これらの多くは既述のように本来は幼児語である．

このように形の上では「祖父」と密接な「祖母」も，その用例は極めて少ないので，文献的にその特徴をとらえることはむずかしい．例えばローマでは，やさしい祖母，孫の教育に心をつくした祖母の姿をうかがうことができる(Plinius Epist. VII 24; Suetonius Vesp. II; Quintilianus VI praef. 8; Martialis XI 104. 10 etc.). しかしこれはいつの時代にも，またどこの国にもみられることである．以下にあげるのは，他の親族名とともに Gr. tḗthē (Pokorny 235; Frisk II 890; Chantraine 1113; Schwyzer I 193)が páppos と並べて用いられている例である．Platon Res Publica 461d. all' aph' hēs àn hēméras tis autôn numphíos génētai, met' ekeínēn dekátōi mēni kaì hebdṓmōi dḕ hà àn génētai ékgona, taûta pánta proswreî tà mèn árrena hueîs, tà dè thḗlea thugatéras, kaì ekeîna ekeînon patéra, kaì hoútō dḕ tà toútōn ékgona paídōn paîdas, kaì ekeîna aû ekeínous páppous te kaì tēthás, tà d' en ekeínōi tôi khrónōi gegonóta, en hôi hai mētéres kaì hoi patéres autôn egénnōn, adelphás te kaì adelphoús, hṓste, ho nûn dḕ elégomen, allḗlōn mḕ háptesthai,「彼らのうちのだれかが花婿になった日から数えて，その後10か月目に，また7か月目にでも生まれてきた子供を，すべて男なら息子，女なら娘とよび，また子供たちは彼を父とよぶだろう．そしてまたこの者たちの子供を孫とよび，孫たちは逆に祖父と祖母とよび，母や父が出産に関係していた期間に生まれた者を兄弟とか姉妹とよぶ．従って今われわれが述べていたように，これらの者は互いに交りをするようなことはしないだろう」. Demosthenes LVII 20. hò gàr toútōn patḕr Kharísios adélphos ên toû páppou toû emoû Thoukritídou kaì Lusarétēs tês emês tḗthēs (adelphḕn gàr ho páppos houmòs égēmen oukh homomētrían), theîos dè toû patròs toû emoû・……épeita Nikóstraton. kaì gàr ho toútou patḕr Nikiádēs adelphidoûs ên tôi páppōi tôi emôi kai têi tḗthēi, anepsiòs dè tôi patrí.「なぜなら彼らの父カリシオスはわたしの祖父トゥークリティデースとわたしの祖母リュサレテー(なぜなら，わたしの祖父は同腹の姉妹と結婚しなかったからだが)の兄弟であったし，わたしの父のおじであったからである．……それからニーコストラトスを(よんで下さい)．彼の父ニーキアデースは，実はわたしの祖父と祖母にとって甥であり，父のいとこなのだ」.

終りにGot. awo「祖母」の唯一の用例を，ギリシア語の本文をそえて引用しておこう. Ad Timotheum II 1. 5 (Feist 71 に J 10. 16 とあるのは誤り). (Gr.) (khárin ékhō tôi theôi) hupómnēsin lambánōn tês en soì anupokrítou písteōs, hḗtis enṓikēsen prôton en têi mámmēi sou Loídi kaì têi mētrí sou Euníkēi, pépeismai dè hóti kaì en soí. — (Got.) gamaudein andnimands þizos sei ist in þus unliutons galaubeinais sei bauaida faurþis in awon þeinai Lauidjai jah aiþein þeinai Aiwneikai, gaþ-þan-traua þatei jah in þus.「(わたしは神に感謝する)まずあなたの祖母ロイスに，そしてあなたの母エウニーケーの中に宿ったところの，あなたの中にある偽らざる信仰を思うときに，わたしはそれがあなたの中にもあることを確信している」. ここでGot. awoに対するギリシア語には tḗthē ではなくて，古典期以後の形である mámmē が用いられている．ラテン語訳はいうまでもなく avia である．

第II章「父, 母」

1. 序. *pəter- と *māter-.
2. *pəter- と *māter- の関係の Got. atta, aiþei, OCS. otĭcĭ, Lit. tĕvas について.
3. *māter- からみた *pəter- の Lallwort 起源説.
4. *pəter-, *māter- のアクセントと母音階梯.
5. *pə-ter- と語根 *pō(i)- の関係.
6. *pə-ter- と語根 *pā- の関係.
7. *pət-er- の分析と *pot- との関係.
8. Av. (nom.) ptā, (dat.) piθrē について.
9. *ə>Indo-Ir. i について.
10. インド語派における父の表現.
11. 父と息子.
12. 母と息子.
13. 父の地位と母の地位. 父・母の語順.
14. *pəter- と *māter- をふくむ合成語.
15. adj. *pətr(i)i̯o- と Skr. pítrya-, paitr̥ka-.
16. Gr. pátrios と patrôios.
17. ホメーロスにおける patrṓïos.
18. Gr. patrikós.
19. Lat. patrius と paternus.
20. 父母を表す Lallwort タイプの語彙.
21. Skr. tatá-, tāta-, tātyá-.
22. Skr. attā-, nanā́-, ambā́-.
23. Gr. páppas, pappázō.
24. Gr. átta, tétta, maîa.
25. アナトリアなど諸派の形について.

1.　父は父系的印欧語族において，社会的に非常に重要な位置を占めている．母もまた，やがて家系を継ぐであろう息子を生み育てる者として，父に劣らず家庭の中に確たる座を占めている．「父」を表す印欧語の名称に関して，われわれは形の上から明らかに異なる性質をもった二つの語彙をもっている．その一つは *pəter- の対応形である．これは祖語から現代まで，非常に広く分布する形である．それは Gr. Zeùs patḗr (Lat. Juppiter)「父なるゼウス」のように神にもそえられるところからもわかる通り，公の厳粛な父の存在を示すものである．これに対して，われわれは別の系列の「父」を知っている．それは家庭の中にあって，子供たちから親しまれる「パパ」をさすLallwortである．

そこで初めに *pəter- について，これと対をなす *māter-「母」を考慮しながら考えていこう．この形の語源解釈も一様ではなく，三種の違った可能性が認められる．一つは *māter- との平行関係に立って，これらをともにLallwortとみる解釈である．次ぎは -ter- の接尾辞はともに認めるが，*mā- との関係を切って *pə- にLallwort以外の要素を想定するものである．第三の立場は，*pə-ter- でなく *pət-er- という分析から出発する．従って *māter- との関係はここでも無視されることになる．そして *-ter- をもった他の親族名称からも別個に理解されなければならない．

2. *pəter-「父」は *māter-「母」と並んで共通基語のもつ重要な語彙の一つである．その主たる対応は Skr. pitár-, Av., OP. pitar- を初め，Gr. patḗr (Myc. pa-te), Lat. pater, OIr. athir, Got. fadar, OHG. fader, Arm. hayr, Toch. A pācar, B pācer など広範囲にわたって分布し，しかも英独仏語の father, Vater, père にみるように，今日までその形の伝承は失われていない (Pokorny 829)．*pəter- は一般に「父」以外の人をさすことなく，その派生形もこの意味からはずれることはない．これに対して「母」を表す *māter- には，Lit. mótė「女，妻」, Alb. motrë「姉妹」のような意味の変化を示す形が認められる (Pokorny 700 f.)．

この *pəter- を失っているのはバルト，スラヴ，アルバニア，アナトリアの諸派である．ゲルマン語の中ではゴート語が既にその段階にあったと考えられる．なぜなら，上にあげた fadar という形は，使徒パウロのガラテア人への書簡 IV 6 Abbà hò patḗr「アッバ，父よ」というアラム語のよびかけを用いた個所にのみ abba fadar と使われているだけで，それ以外はすべて atta という形しかみられないからである．それは「われらが父，神」に対してもかわらない．Matth. VI 9. (Gr.) páter hēmôn ho en toîs ouranoîs· Hagiasthḗtō tò ónomá sou.—(Got.) atta unsar þu in himinam, weihnai namo þein.「天にいますわれらが父よ，汝の名がきよめらるべし」．

ゴート語が fadar を失いつつあったというもう一つの証拠は，「母」を表す aiþei という語である．これは後述するように恐らく幼児語に基づく形であり，*māter- とは無関係であることはいうまでもない．他の諸派をみると，一般に *pəter- をもつところは *māter- をもっている．Skr. pitár- / mātár-, Av., OP. pitar- / mātar-, Gr. patḗr / mḗtēr, Lat.

pater / māter, OIr. athir / máthir, OHG. fadar / muotar, Arm. hayr / mayr, Toch. A pācar / mācar, B pācer / mācer. これらは形も意味も対をなしているからである．ところが *pəter- を失った語派では，上述のようにリトアニア(tĕvas「父」)，アルバニア(at, tatë, tata「父」)語では *māter- も意味をかえ(Lit. mótina, mótyna「母」; Fraenkel 465 f.; Alb. amë「母」)，アナトリアでは父母はともに Lallwort タイプの語彙におきかえられている(I 章 29 節)．ロマンス語の中では Rum. tată / mamă が，Lat. pater / māter を完全に失っている(Elcock 156)．こうした傾向から推して，Got. aiþei は逆に fadar の消失をうながすものであったといえよう．

*pəter- を失いながら *māter- をそのまま保持しているのは，Lett. mâte, OPruss. mūti をもつバルト語の一部とスラヴ語派だけである．OCS. matĭ「母」は対をなす形を失ったが，形の上では dŭštĭ「娘」によってこれを補っている(Meillet-Vaillant 149). OCS. otĭcĭ「父」は語源的には上にあげた Got. atta と同類の Lallwort タイプ *atos，または *atta の派生形 *at(t)ikos＞*otĭkŭ と考えられる(Pokorny 71; Vasmer II 290; Meillet-Vaillant 91; Vaillant I 81)．スラヴ語で *pəter- が失われた理由として，次ぎのようなことが推測される(Meillet 1916–18 288; Vey 65 f.)．原スラヴ語の段階で *pəter- の -ə- のおちた *pter- が一般化し，さらにこれが st- に変化した．これは *pəter- の派生形と考えられる *ptru̯o-＞OCS. stryjĭ「父の兄弟」から推定される音変化である．またこのような -ə- のおちた形は，後述するイラン語派にも認められる．さてこの結果生まれた *sti という形は，*māter-＞*mati＞OCS. matĭ とは形の上で差が大きく，ためにこの一音節の語は嫌われたのであろう．

なお Lit. tĕvas「父」(Fraenkel 1085 f.) も OCS. otĭcĭ と同じように *tata-, あるいはこれに類する幼児語タイプの形からの派生形と考えられた(Pokorny 1056; Trautmann 320; Delbrück 450)．しかし一方では，tĕvas の母音 ē, 及び -vas という接尾辞の附加からは，これを簡単に Lallwort とみなすことへの疑問が感じられる．そこでイラン語やスラヴ語の場合と同じ *pət-＞*pt-＞*t- という変化を想定することによって，これを *pəter- と結びつけようとする語源解釈が提出された．Meillet は上掲論文においてその可能性を示唆し，その後 Vaillant (I 82, II 259) もこれを積極的に支持し，Feist (133) もこの説に傾いている．即ち *ptē-vos＞Lit. tĕvas, OPruss. tāws, Lett. têvs である(Szemerényi 1977 7)．この場合，前分の *ptē- は *pəter- の nom. sg. の形の固定したものとみる．そして接尾辞 -vas は -us の variant として，Lit. sūnùs「息子」などの親族名称にみられる要素と共通する．この解釈の問題点は，前分の *ptē- に対する説明にある．この点については既に前章の Skr. pitāmahá- に関してくわしく述べた通り，合成語の前分に子音語幹の主格の特異な形が入るという例はない．その意味でこの解釈は，一面において魅力的とはいえ認められない．またバルト，スラヴ語の密接な関係は親族名称においても認められるから，スラヴ語が *pəter- を失っているという点にも注目したい．バルト語派の「父」は OCS. otĭcĭ に似た起源をもつものと考えるべきだろう．

G. Neumann (1974 280 n12)は，アナトリア語の「父」を表す語について，バルト語のそれに対する Vaillant の見解に似た可能性を指摘している．'Das Nebeneinander von pal. papa-, heth. atta-, luw. tati-, alle "Vater", z. B. scheint auf verschieden Reflexe des idg. Wortes *pəter zu weisen'. この可能性を認めるならば，Lallwort タイプの p，または t をふくむすべての語彙が *pəter- に還元されるであろう．逆にいえば，*pəter- も本来 Lallwort であったということになる．

3. ここで 1 節にあげた *pəter- の語源に関する第一の解釈，Lallwort 起源説が問題になってくる．その裏付けはこの形自体よりも，むしろ対をなす *māter-「母」にあるといえよう．この形に関する限り，*mā- はママのような幼児語に基づくという理解を疑う学者はない．だからこそ，これと対をなす「父」にも，同じ性質が予想される．それは現代の多くの言語の父母を表す幼児語から考えても，決して不自然なことではない(Jacobson 1969 122).

「父」が「母」と一対をなす感情は，いろいろの形にあらわれている．例えば Fr. père と mère, It. padre と madre などは同じリズムをもっている．これは古典ラテン語の pater が，māter に倣って pāter に変化した結果である．こうした現象は近代語に限られたことではない．トカラ語の場合，A pācar B pācer「父」の -ā- は *ə と一般に解されている(Winter 1965 190; Thomas-Krause 53; Windekens 29). しかし Toch. ā はこれ以外に *ă, *ŏ, *ē のチャンスがあり，この形だけについていえば，A mācar, B mācer「母」<*māter の影響を無視するわけにはいかない(Pedersen 1944 44). このような「父」と「母」の密接な関係も，*pəter- の語根部の Lallwort 説を支える重要な根拠になるだろう (Mayrhofer II 277 f.; Ai. Gr. II/2 693).

もしこれが本来幼児の言葉であるとすれば，*pəter- の再建形における *ə の対応にこだわる必要はなくなってくる．Lallwort には a 母音が多い．そしてまたインド語派ではこの母音の頻度が非常に高い．それは祖語の母音 e, o がともにインドでは a に変化したと考えられるからである．にも拘らず「父」は Skr. *patár ではなくて pitár- であるために，その比較対応は Saussure によって *pater- でなくて *pəter- と再建された．即ち語頭音節は，なんらかの長母音の弱階梯と解釈された．それは理論的には正しい．しかしその想定は，*pə- の強階梯の形が指摘されてこそ実証される．もしこれを Lallwort とみなす限り，この類の語彙は孤立的で，一般に形態論的に有効な母音交替を示さないから，その場合 *pəter- の再建は意味をなさない (Szemerényi 1977 9)．そこでこの再建を対応の上から試みる以上，Lallwort ではなく，一般の語彙としての意味付けがこの形に求められなければならない．

4. *pəter- の対応において，*pə- 以外の階梯を示すと思われる形としては，OE. fǣder があげられる (F. Holthausen IF. 62 1956 153)．しかしこれは OE. fæder から二次的に作られた形らしく，*pēter- の存在を証明するものではない．

従って *pəter- の対応自体には強階梯の形は認められない．にも拘らずここに弱階梯の *ə が認められてきたのは，対応の正確さもさることながら，Skr. pitár-, Gr. patḗr, それに Verner の法則をうけた Got. fadar などゲルマン語の形を通じてえられるアクセントの位置と，*ə の示す母音階梯との一致によるものである．

しかしこうした一致は，それほど重視さるべきものではない．因みに *māter「母」の Skr. mātár- と Gr. mḗtēr の主格のアクセントは，既にくい違いを示している．どちらがより古い段階を反映しているのか．単純にアクセントと階梯の一致だけに注目すれば，ギリシア語のほうが古いといえよう．Schwyzer (I 381) は Lit. mótė をあげながらこの考えに賛成し，Skr. mātár-, Germ. *mōđár- は *pətér- の類推形だと説明している．しかしこの解釈は Gr. thugátēr「娘」, einátēr「夫の兄弟の妻」などの女性を表す親族名称のアクセントの位置，それから Lit. motė̃ という mótė の variant，さらには duktė̃「娘」という形をみると，容易に認められない．その場合にまた Gr. patḗr, pentherós「妻の父」という男性の親族名称のアクセントの位置も，女性のそれと対比的に考慮されなければならない (J. Vendryes MSL. 13 1903–5 139; Hirt IG V 231; Kuryłowicz 1952 138 f., 1968 96 f.). 親族名称に限らず一般に，歴史上の形のアクセントの位置とその母音階梯は常に一致しているとは限らない．*pəter- についても同様で，この一致だけで *pə- が実証されたことにはならない．そこになんらかの動詞語根と「父」との具体的な関係が求められなければならない.

5. そこで F. Bopp 以来 *pəter- と結びつけられてきた語根は *pō(i)-「守る」(Pokorny 839)である. インド・イラン語派はその語根動詞として Skr. pā́ti, Av. pāiti, OP. pādiy をもつ(Mayrhofer II 251). これと「父」との心の中のつながりは, 語頭の p- の音を介して古代インド人にも感じられていた. Raghuvaṁśa II 48 に詩聖 Kālidāsa は歌っている. bhūtānukampā tava ced iyam gaurekā bhaved svastimatī tvadante / jīvan punaḥ śaśvad upaplavebhyaḥ prajāḥ prajānātha piteva pāsi //「汝に生類への同情の心があれば, 汝は果てるともこの一匹の牛は幸いならん. 王よ, はたまた汝が生きてあれば, 汝は父の如く, 常に苦しみより人々を守るなり」.

この語根の nomen agentis は Skr. pātár-「守護者」, Av. pātar- である. そして Ved. narā́m pātā́「人々の守護者」(RV II 20. 3＝nr̥pātár-, Ai. Gr. II/1 188)という表現は, ホメーロスの poimḗn laôn「人々の守り手」に共通する. この poimḗn(<*peHi-mēn)もまた, 同じ語根からの派生形である(Benveniste 1935 168). この nomen agentis 以外に, この語根はインド語派において接尾辞を伴わない語根名詞として合成語の後分に用いられている. それが RV go-pā́-「牛飼い, 守り手」, r̥ta-pā́-「天則の守り手」である.

この語根を *pəter- と積極的に結びつけるためには, 上にあげた強階梯の形と並んで *pə(i)- という弱階梯の実証が必要である. そこでこの階梯が予想される分詞形をみると, Skr. pāta-「守られたる」, Av., OP. pāta- であり, *pə- は指摘されない(Ai. Gr. II/2 565). さらに名詞形には古典サンスクリットで多用される「王」を表す adhi-pa-, nr̥-pa-, bhū-pa- があるが, これは *-pH-o- と解釈される(Ai. Gr. II/2 77). AV goptár-「守り手」にしても, gup- という二次的な語根とともに *go-p(H)-tár-「牛飼い」から導かれる(Ai. Gr. II/2 672; Thumb-Hauschild I/2 340). ここでも *pə->pi- の痕跡は認められない. RV nŕ̥-pīti-「人々の守り手」の -ī- は既述の Gr. poimḗn, あるいは Skr. pāyú-「守り手」, Av. pāyu-, Gr. pôu「羊の群」から想定される *peH-i- の直接の弱階梯のように扱われているが, もう一つの可能性として, インド語派内部にしばしばみられる ā/ī の交替による類型から, go-pā́-/ -pīthá-「守り手」と同様に説明されよう(Ai. Gr. I 95). 即ち, この -ī- が果して *-pə-i-ti->-pi-i-ti->-pīti- か, *-pH-i-ti->-pi-ti-→(ā/ī)→-pītī- か, あるいはまた *-pə-ti->-pi-ti-→-pīti- かは明確に規定しにくい. いずれにしても *pəter- の *pə- と共通の要素をここに認めることはできない.

Burrow は Saussure 以来仮定されてきた ə indogermanicum の存在を否定し，ə consonanticum (ə̯＝H と表記) のみで母音交替の理論構成を試みるから．Skr. pəter- の -i- は *ə ではなくて，共通基語の *-i- であり，Skr. pāyú- の -y- の要素とひとしいと解釈する (1955 105, 139, TPS. 1949 38 f., 51). その再建形は *pH-i-ter- である．この ə を否定する Burrow 理論は確かにすぐれた一面をもっているけれども，この場合にはインド以外の語派の *ə>a の対応の処理に非常な困難を招くことになる．Gr. patḗr を p-a-tēr とは分析できないからである．

6. 上述のように，語根 *pō(i)- と *pəter- の語源的関係は確実に証明されたとはいえない．この語根の弱階梯の形と *pəter- の *pə- との比定が確保されないからである．

*pō(i)- と並んでもう一つ *pā- という語根の存在が想定されている (Pokorny 787). その動詞形の対応は Lat. pāscō (<*pās-scō)「放牧する」，OCS. pasǫ のほか，Hitt. pahš-, Toch. AB pāsk-「守る」のように，共通して -s- の拡大を示している．そして Hitt. h が認められたことで，共通基語の形は *peH_2-s- と再建された．これに対して，前節にふれた語根 *pō(i)- は *peH_3(i)- である．意味の上では前者が「(家畜に)草，餌をやる；守る」に対して，後者は「(家畜を)守る」という共通点をもつ．また形式上も，もし e/o の交替と H_2 を組み合わせれば，peH_2->pā- / poH_2->pō- によってこの二つの語根を一つにまとめることもできる (Kuryłowicz 1935 73, 255). しかし形態論的には Skr. pā́ti etc. に対して *poH_2-ti と，o 階梯を仮定することは適当ではないから，この二つの語根は現在の段階ではやはり区別して扱わるべきである．

それではこの *peH_2- の弱階梯の形はどうであろうか．そこには Gr. patéomai「食べる」がある．これは一応 patḗr と共通の要素をもつようにみえるが，意味もはなれ，また他の語派に対応もないので，*pəter- との関係は証明されない．

7. *pəter- を語根 *pō(i)-，または *pā- に結びつけようとする解釈は，いうまでもなく *pə-ter- という分析の上に立っている．*-ter- は母，兄弟，娘などの親族名称のほかに，多くの nomen agentis からも抽出される接尾辞である．しかし *pəter- が必ず *pə-ter- でなければならないという根拠はない．あるいは *-ter- という接尾辞は，この父とか母を表す語から初めてえられたものであったかもしれない (Benveniste 1969 212). 従ってわれわれは *pəter- でなく，*pət-er- の可能性を検討する必要があるだろう．

そこで想起される形が *pot- である．この「主，夫」を表す語の対応は Skr. páti-, Gr. pósis, Lat. potis (sum), Lit. pàts, OCS. gos-podĭ, Toch. A pats など，広範囲に分布している(Pokorny 842)．これの語源解釈についてくわしくは後述する「夫，妻」の章にゆずるとして，ここでは *pəter- との関係についてのみ考えてみよう．この二つの形は，明らかに形式的にも概念的にも非常に近い．また「孫」を表す *nepŏt- も，*ne-pot-，即ち *pot- の否定から出発しているかのように思われる．そこで早くから *pəter- と *pot- は語源的に結びつけられるのではないかと考えられた(Saussure Recueil 345; Schrader-Nehring II 586)．しかしその場合に *pət- と *pot- の差は母音交替上の階梯の違いによって説明することはできない．そこでもしこれらの統一をはかるとすれば，*peH-「守る」のような語根から出発して，一方は *pH-t->*pət-，他方は *pH-ot->*pot- のような展開を予想せざるをえないだろう(Schmitt-Brandt 121)．しかしこれらの再建形は，いわばこの二つの形を結びつけるための再建のための再建にすぎない．*poti- の対応の一つである Got. (bruþ-) faþs「(花嫁の)主＝花婿」と Got. faþa「囲い」とを関係づけ，これに *peH₃-「囲む」という原意を想定し，*poti- は 'Führer des Rings, Herr der Gruppe'，そして *pəter- は 'Herr und Ordner im Gehege der Sippe' と解釈して，この二つの形を意味上から一つにまとめてとらえようとした Trier(1947)の説も，形式上からはなんら新らしい解決をもたらすものではなかった．

8. このように *pəter- という形は孤立的であるために，その成立の背景は必ずしも明らかでない．この特殊性に関連して，ここでイラン語派の対応形の問題にふれておこう．それはアヴェスタ古層の ptā (nom. sg., Yasna 44 3, 45 11, 47 2). ptarəm(acc. sg., Yasna 31 8, 45 4)，それに tā(＝ptā, Yasna 47, 3)という pitar- の -i- のない形である．Gāθā ではこの -i- のない形が piθrē(dat. sg., Yasna 44 7)以外にあらわれているが，後の新層では -i-/-a- をもつ形がすべての格に用いられている(Bartholomae 905; Reichelt 1967 191)．さてこの i，即ち ə の要素の消失は，イラン語派以外の地にも広くみられるが，この語派では語中音節においてその現象は特に歴然としている．例えば Skr. duhitár-: Av. dugđar-「娘」(Meillet 1922 65 f.)．ところが，ときに ptā のように，語頭音節でも ə がおちたと思われる形がある．Meillet はこの ə の消失を，上掲書では 'l'existence ancienne de juxtaposés tels que véd. dyaúṣ pitā́ (cf. Lat. Juppiter)' により，また 'groupement dans la phrase' (1916–18 290) の条件によって説明しようとした．しかしアヴェスタでも語の切れ

目は決して乱されることはなく，また pitar- のような語だけが一種の enclitic になるべき理由もない．この点で Meillet の理解は充分ではなかった．アヴェスタでは pt- という連続は ptā 以外の語にはなく，これも上にあげた tā，あるいは tūirya-「父の兄弟」のように p- を失う傾向を示している．ということは，pt- という語頭の連続をこの言語は好まなかったことを暗示する (Reichelt 1967 82)．とすれば pitā に代る ptā という形の発生はますます理解できない．

Kuiper (21 f.) は H. Pedersen の考え方を発展させたいわゆる dynamic theory によって，この pit- / pt- を格変化の中で配分しようと試みた．それは強格で ə (＝H̥)，弱格で H という分布を予想する．そこで本来は nom. sg. *pə-tḗ＞*pitā́ / gen. *pH-tŕ̥-s＞*phtŕ̥s (イラン語派では pht-＞Av. ft-) という対立があり，Av. ptā は後者の弱格形の強格形への類推的拡大の結果であり，インド語派ではその逆の現象が格変化全体に起っていると説明する．同じような考え方は，最近では G. Schmidt (69 f.) によっても展開されている．この理論の大きな難点は H の母音化の条件の規定で，単なる格の配分には説得力がない．また pH- の連続におけるインド・イラン語派の帯気音 ph の発生の問題 (高津 127) も明確にとらえられていない．因みに Schmidt は，H はこの pHtr- という連続では帯気音化を起さないとしている．

この理論に対して，Kuryłowicz は逆の条件を提出する (1935 56, 1968 225)．それは pt-＋V/pit-＋C (ptā/piθrē，V は母音，C は子音) である．S. Insler もイラン語派における *ə を扱った論文の中でこの問題にふれ，そこでは paradigm の中で二音節以上になる形は H を消失するが，一音節になってしまう語ではこれが残って母音化したと推定している (Lg. 47 1971 573 n2)．従って *pəter- の格形は，pitā, ptarəm, piθrē……となる．*ə＞i のない nom. ptā は acc. ptarəm などの類推形ということになる．

このような ə の語頭音節における消失という現象が，共通基語からイラン語派までの間のどこで起ったかという問題は，まさに ‘problematisch’ (Lindeman 89) といわざるをえない．インド語派との対比からすれば，それはイラン語派において起ったとみるのが自然であろう．

9. ə は本来の長母音の弱階梯にあらわれることはいうまでもないが，アヴェスタ資料による限り，その証明は一般に非常にむずかしい．なぜなら，先にあげた *pō(i)-「守る」の p. p. p. pāta- にみるように，予想される位置に ə でなく強階梯と同じ形があらわれてい

るからである．例えば同じ分詞形でも，Skr. sthitá-「立った」(語根 *steH-) に対して Av. stāta-, Skr. hitá-「おかれた」(語根 *dheH-) に対して Av. dāta- である．Av. hita- の i は ə ではなく，その対応形 Skr. sitá- (syáti <*sə-i̯e-ti「しばる」) からわかるように，*i のあらわれである (Insler Lg. 47 1971 581). 一音節の長母音の語根に属する分詞で -ita-, あるいは名詞で -iti- を示すものとしては vī-mitō- (dantan-)「奇形な (歯をもつ)」，vī-miti-「破壊」，zastō-miti-「手の大きさをもつ」が指摘される (Saussure Recueil 141; Brugmann Gr. I/1 172 f.). これらの形には語根 mā-「はかる」(Pokorny 703 f.; Mayrhofer II 638; Bartholomae 1165 f.) も予想されるが，vīmitō-, vīmiti- は意味上からはむしろ Skr. minā́ti, Av. may-「こわす」(Pokorny 711; Mayrhofer II 636; Bartholomae 1141)，あるいは Skr. minóti「たてる」(Pokorny 709; Mayrhofer II 636 f.) と関係づけられよう．-miti- のみが Skr. miti-「尺度」という比較的新らしい形に対応し，語根 mā-「はかる」の弱階梯と認められる．もっともこの語根のイラン語の受動分詞は，mita- のほかに mīta-, māta- という形をもち，māta- 以外は合成語の後分にしか立たず，ここでも stāta-, dāta- と同じ型の弱階梯が示されている．

このように *ə > Indo-Ir. i とされながら，形態論的に当然予定される位置にこれがあらわれないという現象はどうして生じたのであろうか．Kuryłowicz (1956 250, 1968 226) は，語中音節での ə の消失の結果が語頭音節にも関係し，ゼロに代る強階梯が復活したのか，二音節語基 Tanə- タイプの弱階梯 Tāta- が Tā- 型の語根の弱階梯と 'un rapport intrinsèque' にあって，そのために Tita-→Tāta- になったと推定している．いずれにせよ，このように Cita- を嫌う傾向がイラン語の古層にあったことは明らかである．従って，強階梯をもたない孤立的な pitar- にもその傾向が及ぶのは当然ではないだろうか．この -i- の消失は，このようなアヴェスタ語の特徴のあらわれと考えられる．またその -i- のない形が，古い Gāθā の詩の一行の音節数の要求に合致するものであった．だから韻律の必要がない場では，こうした母音をおとした ptā のような特異な子音連続をもつ形は後退し，再び pitar- が有力になったのである．

10.　これまで述べてきたように，*pəter-「父」という再建形は孤立している．その解釈をめぐるいくつかの疑問は，恐らく比較文法のもつ限界に投げかけられたものともいえよう．その完全な解決は，現在の資料からは容易ではない．この問題は将来の研究に委ね，われわれはここで歴史上の文献の中から *pəter-「父」と *māter「母」のあり方を具体的

に検討してみたいと思う．

*pəter- は印欧語族のもった父系社会の頂点に立つものとされている．それは Lat. pater familias「家族の父」にとどまらず，Gr. Zeùs patḗr「父なるゼウス」，Skr. dyaúṣ pitā́「父なる天神」，Lat. Juppiter「ユピテル」のような表現にみられるように，神々の地位をも表す厳粛な意味を担っている．アヴェスタでもその最高神 Ahura Mazdā は，ptā aṣ̌ahyā「天則の父」として讃えられている．

さてこの父ともっとも深いつながりをもつもの，それは息子である．父は家長として家を継ぎ父祖を祭るとともに，息子をもうけて家系を維持していかなければならない．従って父は，インドの Manu 法典の規定では bīja「種子」であり，母は kṣetra「畠」にすぎない (X 70)．ギリシアでも Euripides の悲劇 Orestes 552 行以下に次ぎのような言葉がある．patḕr mèn ephúteusén me, sḕ d' étikte paîs, / tò spérm'ároura paralaboûs' állou pára. / áneu dè patròs téknon ouk eíē pot' án, / elogisámēn oûn tôi génous arkhēgétēi / mâllón me phûsai tês hupostásēs trophás.「父がわたしの種子をうえ，あなたの子はよそから種子をもらう畠として，わたしを生んだのです．父がなければ子供はないでしょう．そこでわたしは，わたしをうけとって胎内で育てた母よりも，誕生のもとである父によって生まれたのだと思いました」．長い間子供に恵まれなかった Iocaste が Apollon に祈ったところ，神はこういった．Eur. Phoen. 17. ……Ô Thḗbaisin euíppois ánax, / mḕ speîre téknōn áloka daimónōn bíāi• ei gàr téknṓseis paîd', apokteneî s' ho phús, / kai pâs sòs oîkos bḗsetai di' haímatos.「良馬に富むテーバイの王よ．神意に逆って子種を畠にまくな．もし汝が子をもうけるならば，その子は汝を殺し，汝の家はすべて血に染まるであろう」．

父はまず子をもうける，Skr. tanū-kṛ́t- (śarīra-kṛt)「身体をつくる」人である．それは同時に，息子を通じて自己の一族を確固たるものにすることにほかならない．父なる神 Agni は trātā́ tokásya tánaye「後裔のために息子を守るもの」(RV I 31. 12) として描かれている．tanū́ṣu víśvā bhúvanā ní yemire prā́sārayanta purudhá prajā́ ánu /「一切の生類は身体において結ばれている．彼らは子孫をさまざまに延ばしたり」(RV X 56. 5 cd)．父の力は息子を通じて糸のように末長く延びていくものでなければならない．svā́m prajā́m pitáraḥ pítryam sáha ā́vareṣv adadhus tántum ā́tatam /「父たちは自らの子孫を，父の威力を，ひき延ばされた糸を後々におきたり」(RV X 56. 6 cd)．

父が Skr. janitár-「子をもうける者」(Gr. genétōr, Lat. genitor) とよばれると同じよ

うに，母も Skr. (f) jánitrī (Gr. genéteira, Lat. genetrix) にほかならない．ギリシアの詩人は，母をまた同じ意味で tekoûsa とも表現している．しかし生まれてくる息子とその母の関係は，父のそれにくらべるとはるかに弱い．次ぎにこの結びつきをヴェーダ文献の中から探ってみよう．

11. 父は息子にとって容易に近づくことのできる存在である(RV I 1. 9. pitéva sūnáve…sūpāyanó…)．父は手をとって息子をやさしく導き(RV I 38. 1. …pitā́ putráṁ ná hástayoḥ)，父は息子に助言をもたらす(RV VII 32. 26. …krátum na ā́ bhara pitā́ putrébhyo yáthā — AV XVIII 3. 67)．父は息子をひざにおき(RV I 185. 2. …ná sūnúm pitrór upásthe…)．また息子に寛大であれ，と歌われている(RV X 25. 3. …pitéva sūnáve…mr̥lá)．父は息子を担い (RV X 22. 3. bhartā́…pitā́ putrám iva priyám)，また抱擁し(AV XII 3. 12. pitéva putrā́n abhí sáṁ svajasva naḥ…)，そして守る(AV II 13. 1. …pitéva putrā́n abhí rakṣatād…)．またときには賭博にふける息子を父はいましめ(RV II 29. 5. …yán mā pitéva kitaváṁ śaśāsá)，その力強さを育てる(RV X 23. 5. …pitéva yás táviṣīm vāvr̥dhé śávaḥ)．

息子は生まれては父を求める(RV X 95. 12. kadā́ sūnúḥ pitáraṁ jātá ichāc…)．父の援助を必要とするからである(RV VII 26. 2. …pitáraṁ ná putrā́ḥ…ávase hávante)．それ故に息子は父のたくましさを喜ぶものである(RV I 68. 9. pitúr ná putrā́ḥ krátum juṣanta…)．彼はいつも父の衣のすそにすがり(RV III 53. 2. pitúr ná putráḥ sícam ā́ rabhe…)，父の家にあって大切に育てられている(RV VIII 19. 27. pitúr ná putráḥ súbhr̥to duroṇá…)．まことに父と息子の縁は，夫婦，兄弟，師弟などのどれよりも深く，百年の長きにわたるものである(Yasna 10 117. [asti miθrō] satāyus antarə pitarə puθrəmča…)．

12. これら多くの父と息子の親しみを物語る比喩的な表現にくらべて，父と娘との関係を示す文脈は非常に少ない．RV III 31. 1 と X 18. 11, 61. 7 にはこの両者が言及されているが，内容的にはつながりがない．わずかに AV X 1. 25. jānīhí…duhitéva pitáram svám「娘が自分の父を(知る)如く……を知れ」という比喩が指摘されるにとどまる．

次ぎに母と息子との関係を求めてみよう．母は父と同じように息子をひざにおき(AV II 28. 1. mātéva putráṁ prámanā upásthe…)，そして息子の言葉にすぐ耳を傾ける(AV

XIX 4. 2. …mātā́ suhávā no astu).

以下の表現は母に独自の比喩である．母は息子を布でくるみ(RV X 18. 11. mātā́ putrám̐ yáthā sicā́bhy…ūrṇuhi)，乳をのませる(AV XII 1. 10. …sṛjatām mātā́ putrā́ya me páyaḥ)．息子たちは母のものであり(RV VII 81. 4. …vayám̐ syā́ma mātúr ná sūnávaḥ)，いつも母のかくされたところを求めて近づいてくる(RV X 79. 3. prá mātúḥ pratarám gúhyam ichán kumāró ná…)．これらの表現を通じてわれわれは，父にくらべて母と息子との関係はやや稀薄であり，また肉体的であるということができる．将来の家長という社会的な立場からは，息子の父に対する関係は肉体的なものに終始するわけにはいかない．

ホメーロスにおいても父が子をいつくしむ場はしばしば歌われている．例えばIl. 9. 481. kaì m' ephílēs' hōs eí te patḕr hòn paîda philḗsēi / moûnon tēlúgeton polloîsin epì kteátessi，「父親が多くの財の中でただ一人のいとし子を愛するように，彼はわたしを愛した」．息子は常に父と比較される．I章11節にあげたOd. 2. 276はその一例だが，Il. 15. 641. toû génet' ek patròs polù kheíronos huiòs ameínōn / pantoías aretás, …「このはるかに劣った父親から，すべての技にすぐれた息子が生まれた」．ここでも同じような表現を母について求めることはむずかしい．

13. このように父は息子とのつながりにおいて家を守り，また一方では祖先の父たち(Skr. pitáraḥ, Gr. génos patérōn, Lat. patres, majores)を祭って家系を尊ぶ．まことにajaniṣṭa…pitā́ pitṛ́bhya ūtáye「父は父たちのために，その守護のために生まれたり」(RV II 5. 1)．その意味で*pəter-は後述するSkr. tatá-, Gr. páppasのようなLallwortタイプの愛称と異なり，一族の長たる父のもつ宗教的，社会的地位を表していた(Meillet 1921 241; Chantraine 1946–47 235 f.; Benveniste 1969 210)．父は家の代表であるから，名前にも父称が広く用いられた(Il. 10. 68. patróthen ek geneês onomázōn ándra hékaston.「各人を生まれと父の名でよび」)．pater familias「家族の父」はomnipotens全能である．だからローマの12銅表IV 1の記述では，みにくい子を殺害する権利すらも彼にあたえられていた．ギリシアではSolon以前には，父は子を自由に売ることができたとPlutarchos (Solon 13. 23)は述べている．父の権威は絶対であり息子はこの父に対して義務はあっても権利はなく，家長は終生家長であった．ホメーロスではこのdómos「家」の主(Lat. dominus, Skr. gṛhá-pati-)はoíkoio ánax kai dmṓōn「家と奴隷たちの王」(Od. 1. 397)とよばれ，Aristotelesもこれを王にたとえている(Politica I 2 1252h)．Aristophanesの喜劇(Aves 1337 f., Nubes 1339 f.; Platon Gorgias 456d)などにみる父への虐待 patraloí-asは，古い大家族制の崩壊した個人主義のあらわれといえよう(Dodds 1951 61 n104).

こうした父の高い地位にくらべると，一般に女性のそれは低い．12銅表V 1によれば，成熟した(perfectae aetatis) 後も女は animi levitatem「心の軽さ」故に，一人前になれない．古代社会では一夫多妻制は当然のことで，戦いによる奴隷の獲得は自らこの制度を助長している．Iliasの描く Agamemnon と Akhilleus の争いも，Briseis のような女をめぐって展開されている．Euripidesの悲劇 Andromache(222, 464行以下)も，勇将 Hektorのかつての妻のとらわれの身の悲しみを伝えている．古代インドにおいても事情はかわらない．Zimmer(323)は一夫多妻制の存在に否定的だが，Rau(40; Macdonell-Keith I 478 f.)によれば，ブラーフマナ時代にもこの制度が一般的であったと考えられる．小部族の不安定な生活の中で家が絶えることは滅亡にひとしい．息子がいないことは権力を失うことであるから，事実上一夫多妻制を認めて息子をもうけることが種族保持の重要な手段となる．印欧語族の古い層にも広くこのような慣習が認められるから，これがさらにさかのぼった彼らの先史時代の生活の中にも存在していたと想定することも決して誤りではない(Schrader-Nehring II 196 f.; Schrader-Krahe 85). このような状況の下では世継ぎを生んだ女，母親の座は，当然他の女性にくらべ数段と高いものとなる．古代インドの諺にも，父は息子に食と学問をあたえる，しかし母はその父にもまさり，千人の師に匹敵する，と讃えられている(Indische Sprüche 1300, 2328, 2726; Manu II 145).

歴史時代における母の地位の向上を反映するものであろうか，インドでは前章10節に引用した Pāṇini VI 3. 32の規定は mātara-pitarāu と母を父に先行させた合成語を当時の慣用形としている．そしてこの順序は，その後パーリ語をふくめた中期インド・アーリア語に広く認められる．このような父と母の語順については既に Benigny(230 f.), さらには Krause(1922 91 f.)などが言及しているが，印欧語全般についての資料を検討した後者の研究によれば，インド語派以外は原則として父が母に先行する．それでは上にあげた Pāṇini の示す母・父という形はどのように考えるべきかについて，Krause は Delbrück(577)のいうサンスクリットの合成形における男性形の優位さという形式上の理由をしりぞけて，これを ‘die veränderte Anschauung vom Werte der Mutter’ によるものと結論している．

社会制度が語順にまで影響を及ぼすかという問題に明確に解答をあたえるには，さらに多くの言語事実が必要である．ここでは当面の問題に限っていくつかの点を指摘するにとどめたい．RVにおける「父」と「母」の併列されている用例(父・母18，母・父8)をみると，その位置には多くの例について明らかに韻律上の制約が考慮されなければならないが，それでも確かに父・母が有力である．ところが主題が神話的なものから卑俗な生活の場に移り，韻律的にも自由さのますAVに移ると，父・母9に対し母・父14と後者が多い上に，XIV 2. 37abのように韻律上の制約をはなれた用例の中に母・父の順序が認められる．またヴェーダ文献に属する古い散文の中にも，父よりも母を優先する記述が指摘される．これらの事実は，Pāṇiniの時代のインドにおける母・父という合成語の順序の固定化を裏書きするかのように思われる．

インド以外の地で，これまで注目されなかったけれども同じような問題を提供するものにヒッタイト語がある．われわれは前章31節にこの言語のhuhha-hanniš「祖父と祖母」という表現をみたが，atta-「父」とanna-「母」についても併置された例が認められる．Friedrich-Kammenhuber (71)によれば，その位置についてはanna-atta-「母と父」という順序は稀で，一般に父・母であるという．この点でヒッタイト語族も他の印欧語族とかわらない．しかしこの言語のもっとも古い記録といわれ，この語族が後の主都Hattušaに定着する以前の歴史を記録したAnitta文書の中には，明らかにその逆の例が認められる(Neu 10 f.)．そしてこの文書の新らしい伝承と思われる断片(Neu 7 f.)をみると，問題のところは父・母になっている．これらの資料だけで，ヒッタイト語がインド語派とは逆に母・父から父・母に移行したと考えるのは早計かもしれないが，Kronasser (1962–66 128 f.)によれば，次ぎのような歴史の事実が指摘されている．古アナトリアの最大の文献といわれるKültepeを中心として出土したアッカド語のCappadocia文書は，移住者の男と土着の女との結婚を規定している．このアッカド語文献とAnitta文書は内容的に符合するといわれているし，この結婚の有様はAnitta文書の中の記述からもうかがうことができる．そこでこのような結婚のあり方から，Kronasserはこの地域に母系的な社会構成があったと推定している．少数で小アジアに侵入した当初は，ヒッタイト語族も土着の人々の母系的習慣に従わざるをえなかった(V章8節)．しかし彼らはやがて主権の確立とともに，本来の父系制を回復していく．それが母・父から父・母への推移に反映しているとすれば，これは社会制度と語順のつながりを暗示する注目すべき一例といえよう．(なおこの問題の詳細については月刊「言語」1980年9月号p. 84–93拙論「母と父」参照)．

14. 父と母の連続的な表現を考察したところで，*pəterと*māter-に関する合成語をギリシア語を中心に検討してみよう．

まず否定的な意味を表す合成語として，Gr. a-pátōr「父のない，父のわからない」，a-mḗtōr「母のない，母でない」という形が主に悲劇，後者は Herodotos にもみられる．これらは Skr. á-pitar-「父に非ざる者」，á-mātar-「母に非ざる者」，あるいは a-pitr̥ka-「父のない」，a-mātr̥ka-「母のない」に比較されよう．ラテン語には in-imicus「友でない＝敵」(＝Skr. a-mitra-, Gr. á-philos) と同じ型の pater の合成語はなく，apator はギリシア語からの借用形である．

Gr. eu-pátōr「よい生まれの父をもつ」に対する *eu-mḗtōr はない．eu-pátōr は eú-patris と同意の悲劇の言葉である．ホメーロスには Helena の形容に eupatéreia という 'visiblement artificiel' の形がある (Chantraine 864; Wackernagel 1953 493)．また同じ意味で Euripides は (f) eu-páteira という形を使っている．さてこれら -patōr をふくむ形容詞に対する *eu-mḗtōr には実例がないが，その代りに eu-「よい」の逆の意味をもつ dus- を前分とした dus-mḗtēr「母でない母」(Od. 23. 97) という形がみられる．Aischylos にはまた dus-mḗtōr「悪い母」がある．しかしこれに対応する父の形はない．Aischylos は aino-pátēr「不幸な父」のような合成語を代用している．しかし後には kakó-patrís, kako-patrídēs「いやしい生まれの父をもつ」という，kako-「悪い」による eu- に対立する形が作られている．これらの合成語をみると，patḗr は生まれとか家など社会的な位置に関係しているが，mḗtēr はより肉体的，具体的にとらえられていることがわかる．Gr. eu-pátōr, eú-patris に形の上で匹敵するインド語派の形は，su-pitria (voc.) であろう．これは RV X 115. 6 に一回しか用例がない．'den Vätern hold' (Grassmann), 'das Väterliche wohlbewahrend' (Böthlingk-Roth), 'Gutväterlicher' (Geldner), 'ô toi qui es bon pour les Pères' (Renou 1965 27) と，この Agni 神への呼びかけの解釈は学者によって異なる．しかしギリシア語の形を考慮すると，'einen edlern Vater (bzw. Eltern, Ahnen) habend' (Sommer 1948A 142 及び n1) という理解も可能である．因みに Keith (1920 464 Kauś. Br. XXI 3) も 'O thou of good father' としている．これについて Wackernagel は Ai. Gr. にふれるところがない．mātár- に対しては su-mātár-「美しい母をもつ」(RV X 78. 6) という śiśū́la-「子供」の形容詞が指摘される．この形は古典期に saumātra- という父(母)称形を生んでいる．

ギリシア語では「同じ父/母をもつ」という合成形は，homo-pátēr /-mátēr (Creta, Schwyzer I 437), homo-pátrios / mḗtrios (Herodotos), homo-pátōr /-mḗtōr, homo-matría (f. Dor.) である．これらの形は Begistan の Darius 王碑文の中にあらわれる OP. hama-pitā, ha-mātā と完全に一致する．とすればこの ha-mātā は，当然 hama-mātar- (＝homo-mḗtōr) の縮約形とみなされよう (Schwyzer I 437 n 2; Kent 45). そしてこれには ONorse samfeddr/-moeddr, Toch. A ṣoma-pāčar も加えられる (Ai. Gr. II/1 106; Mayrhofer III 437). ところがここで問題になるのがインド語派の RV sam-mātár- (X 117. 9), AV sám-mātar- (XIII 1. 10) である．この sam-m- という連続は，同じ前分の要素の sa-C./sam-V- という分布の原則に反している (Ai. Gr. II/1 76, 301). だからこそ，この場合の前分は *sem- でなければならない．サンスクリットには，Gr. homo-pátēr, OP. hama-pitar- に対応する *sam(a)-pitar- という形はない．そこで pitár と mātár との均衡をくずして比較対応そのものだけに注目するならば，先にあげた OP. ha-mātar- etc. は Gr. homo-mḗtōr ではなくて，Skr. sam-mātár- に直接比定されよう．とすればこの OP. の形は，*sem-mātar-＞OP. ham-mātar- から，-mm- が -m- 一つに表記された結果であると考えることができる (Mayrhofer 1959). この解釈を支持するものとして，Gr. ó-patros＝homo-pátrios (Il. 11. 257, 12. 371), o-pátrios がとりあげられなければならない．これらの形の o- を Gr. hápax「一回」, hápas「すべての」などにみる Att. ha- に対する Aeolism とみて，o-＜*sm̥- (:Skr. sa-) と解すれば，ここに *sem-/*sm̥- の交替が指摘されるからである (Wackernagel 1953 491 f.; Schwyzer I 106, 433; Sommer 1948A 142 f.; Chantraine 1948 I 25; Mayrhofer III 434 f.). もしこの形がなければ，Gr. homo-, OP. hama-, Toch. A. ṣoma- は *semo- (Pokorny 902 f.), あるいは *semH-o- (Beekes 1969 154, 208) という -o- 語幹に帰せられるから，Skr. sam-mātŕ̥- OP. ha-mātā にも OP. hama-pitā と同様 *semo-, または *s$_{ə}$mo- を想定せざるをえない．

15. 上述の合成語と並んで，父母の派生形として Gr. pátrōs, mḗtrōs「父/母の兄弟」, Skr. pitr̥vya-, Lat. patruus「父の兄弟」, Gr. patruiós, mētruiá「継父，継母」, Arm. hawru, mawrn「継父，継母」などがあげられるが，これらについては以下の各章でくわしくふれることにして，ここでは父母の形容詞形の問題を考えてみたい．そのインド，ギリシア，ラテン語の形は，次ぎの通りである．Skr. pítr(i)ya-, paitr̥ka- (paitrika-)/mātr̥ka-, Gr. pátrios, patrôios, patrikós/mētrôios, mētrikós, Lat. patrius, paternus (patricus, patrītus) /maternus. これからわかるように，この三語派を通じて *pətr-i̯o- という典型的な形容詞の接尾辞 *-i̯o- を備えた形は父にのみあって，母にはないという特徴が指摘される．そしてまた，この形を除くと，それ以外の形は父母双方で対をなしている．

母について *-i̯o- 形容詞が存在しないということは，印欧語の古い父中心の社会制度の名残りであると考えられた．父にのみ社会的な意味での所有「父の(もの)」があり，母には本来これがない．母は常に肉体的な所属関係しかもたなかった．こうした事情が母に対する *-i̯o- 形容詞の欠如となってあらわれている，と Wackernagel は結論している(1919 40 f.＝1953 468 f.; Benveniste 1969 270 f.)．この結論を考慮しながら，以下にその資料を再検し，問題を探ってみることにしたい．

上述のように *pətr(i)i̯o- はインド，ギリシア，ラテン語において完全な対応がえられる．しかしそのあらわれる文脈は，各語派によって異なる．インドでは，この pítr(i)ya- は RV に 12 例，AV に 4 例がみられるが，これに対応する mātr̥ka- はヴェーダ以後に初めてあらわれる．これと対をなす paitr̥ka- も古典サンスクリットの形である．ヴェーダ語における pítr(i)ya- について，Wackernagel も Benveniste もほとんど言及していない．これには，Gr. pátrios に対する patrôios, patrikós, Lat. patrius に対する paternus, patricus にみられるような形や用法の違いもなく，また「母の」との対立もなく，比較的孤立した表現しかみられないからであろう．RV と AV を通じて，この形が二度同じ名詞について用いられている例は (pl.) sakhyā́ pítryāṇi「父祖伝来の友情」(RV I 71. 10, VII 72. 2) しかない．しかもこの sakhyā́ は，いずれも Agni, Aśvin という神々への親しみの言葉であって，人間どうしのものではない．比較の上からこれに多少とも近い表現をあげるならば，Lat. patrius (paternus) amicus「父からの友」がある．そのほか Skr. (gen.) pítryasya rāyáḥ「父の財産」(RV VIII 48. 7) に対する Lat. res patria (paterna), Gr. (pl.) pátria (patrôia) khrḗmata が指摘されよう．

さてこの形容詞による所属の表現は，当然 pitar- の属格によっても表わされるはずであるが，実際には RV, AV を通じてこの二つの表現は重なり合うことはない．前者には上にあげた表現のほか，sanajā́ pítryā dhī́ḥ「古くに生まれし父祖伝来の詩想」(RV III 39. 2), pítryāṇy ukthā́ni「父祖たちの讃歌」(RV VII 56. 23), patháḥ pítryāt「父祖の道から」(RV VIII 30. 3) などがある．そして後者には pitúr…nā́ma「父の名」(RV X 39. 1), pitúr…upási「父のひざに」(RV V 43. 7), pitúś…gárbham「父の胎児を」(RV III 1. 10, AV VII 2. 1), pitúr…máno「父の心」(RV I 159. 2), pitúr…duroṇé…「父の家で」(RV VIII 19. 27) などがみられる．前者の，形容詞を用いた用例が少ないので積極的に断定することはむずかしいが，概していえばこの形容詞 pítrya- は，Gr. pátrios, Lat. patrius の場合に似て，単なる父というより，さらに長いその家の伝承に関係し，pitár-

の属格の表現は父一人に限られているように思われる．その意味で，mātár- の属格の表現が mātúr upasthé「母のひざに」(RV IX 89. 1), mātúr gárbhe「母の胎内に」(RV VIII 83. 8), mātúr ū́dhaḥ「母の乳房を」(RV X 20. 2)のような肉体的，具体的な対象に終始しているということも参考になるだろう．こうした内容の表現のためには，pítrya- のような形容詞は特に必要としなかったのである．

Pāṇini の時代には，pitrya- のほかに paitr̥ka-, mātr̥ka- という形が用いられていたことは，その文法のいくつかの規則によって明らかに示されている．IV 2. 31. vāyv-r̥tu-pitr̥-uṣaso yat // によって，vāyavya-, r̥tavya-, uṣasya- という -ya- をもった，「ある神に捧げられた……」を表す形容詞として(IV 1. 83, IV 2. 24) pitr̥- についても pitrya- がえられる．そしてまた IV 3. 78. r̥taṣṭhañ // によって，「-r̥- で終る名詞に -ka- がそえられる」から，mātr̥ka-, bhrātr̥ka-, svāsr̥ka-「母，兄弟，姉妹」の形容詞形 (: mātr̥-, bhrātr̥-, svāsr̥-) などと同列に，語根部の vr̥ddhi とともに pitr̥- から paitr̥ka- がえられる．次ぎの IV 3. 79. pituryacca // によって，「pitr̥- には (-ka- のほかに) -ya- もつく」との規定により，pitrya- が paitr̥ka- と並べられることになる(Ai. Gr. II/2 526, 531, 818)．そこで古典サンスクリットとしては，「父の遺産」というとき三つの表現が許される．例えば Manu 法典は IX 章に相続のことを規定しているが，paitr̥kam……dravyam(209)，paitr̥kam riktham (104, 162), riktham……pitur (132), pitryam……dhanam(216) という表現の間には内容的に差別は感じられない．ただし上にあげた Pāṇini IV 2. 31 の規定によって，「(神としての)父祖に捧げられた(祭)」を表す場合には pitrya- が用いられている．

この pitrya- と paitr̥ka- の共存は古典サンスクリットという文語の世界では許されていたが，口語層では mātr̥ka- との均衡からも pitrya- のほうが後退することが予想される．事実この形は，pitar- の形容詞としては失われた．しかし pitrya- は，Gr. patrôios と pátrōs「父の兄弟」の関係に似て，Skr. pitr̥vya-「父の兄弟」という語に代ってその意味をとった．そしてこの流れは，近代の多くのインド・アーリア語に残っている(Turner 8188–93)．一方 pitr̥vya- のほうは完全に消滅してしまった(Turner 項目なし)．その原因は明らかでないが，恐らく中期インド語における -v- の消失という音変化の結果ではないだろうか．その結果，これが paitr̥ka-(: mātr̥ka-)のために余剰となっていた pitrya- と合一し，意味はそのまま残ったのであろう．それでは paitr̥ka- のほうは形容詞として変らずに近代に及んだのかというと，そうではない．この形は Pāli pettika-(<paitrika-), Pkr. pēia- など，ごく少数の文語にみられるのみで，近代語には及ばなかった(Turner

8390). 同様に mātṛka- も後世には消滅した．この形は形容詞としてよりも，女性形の名詞として古典期には mātṛkā-「お母さん，母の兄弟」及び「祖母」の意味で用いられている(Ai. Gr. II/1 255, II/2 517, 526). 母の形容詞はインド・アーリア語の歴史の中のどこにも定着しなかったし，その必要性も薄かったということができよう．なお mātṛka- 以外に pitrya- と同じ -ya- を伴った *mātreya-(Turner 10024)に基づく形として，Pāli matteya-「母を愛する」を初めとする近代語のいくつかの形があるが，それらは多く「継母」を示し，母の形容詞ではない．

16. ギリシアではインドとは事情が違っている．まずホメーロスでは pátrios という古い *-i̯o- 語幹形がまったくみられず，専ら patrôios (Hom. patrṓïos) が 24 回用いられている．これに対をなす mētrôios は Od. 19. 410 に 1 例しかない．母の形容詞が 1 例しかないということはインドと共通する現象だが，pátrios がまったくみられないという点は，インド語派ともラテン語とも相違する．Wackernagel は上掲論文(1919 50＝1953 478)において，'Im ionisch-attischen Sprachgebrauch ist das ältere Wort stark zurückgedrängt' と述べ，pátrios が古典期の散文や喜劇では 'alt hergebracht, einheimisch' に限定され，そのままヘレニズム時代にまで生き続けたという事実を指摘し，'vom Vater stammend' の意味をもつ patrôios との対比を内容的に検討している．しかしなぜホメーロスで pátrios があらわれないのかという疑問は，提出も回答もなされていない．Benveniste についても同様である．これに対して Chantraine (864)は 'métriquement mal commode' とその理由を説明している．また Risch(1972 194 f.)は 'Les traits non homériques chez Homer' を扱った中でこの語彙をとりあげ，patḗr の派生形として patrís「父の(国)」がホメーロスで 130 回余りも使用されているのに pátrios がみられないのは，この語彙は古いけれどもスタイルの上で避けられたのだろうと述べている．ホメーロスにはみられないが，それ以後には多用されているという語彙は，ふしぎなことにこの pátrios のほかにも doûlos「奴隷」(doúlē「女奴隷」，doúlion hêmar「奴隷の日」は用いられている)，despótēs「主」(déspoina「女主」はある)などいくつもみられるが，それらをホメーロスが回避した理由を明確に説明することはむずかしい．ただ pátrios に関する限り，韻律上不適当という説明は納得できない．例えば Aphrodítē を ⏑⏑–– と数える場合があるから，pátrios もこれに倣えば ⏑⏑⏑ となって，ホメーロスでは韻律上使いにくい．しかし一般には，例えば diplóos は Il. 4. 133 行にみるように –⏑⏑ である．同様に Il. 1. 42 行で

dákrua も -∪∪ と数えられている．さて patrôios は patrṓïos と読まれ，--∪∪ のリズムでとらえられている．一例をあげれば，xeînos d' hoûtos emòs patrṓïos ek Táphou estí (Od. 1. 417)．これは -/-∪∪/ として，ホメーロスの韻律に好適である．そこでもし許されるならば，この -∪∪ の部分に pátrios をはめこむことができよう．因みに，patḗr と関係のある他のいくつかの語のリズムをみても，patrís「父の(国)」は…phílēn es patrída gaîan (Il. 2. 140)，…phílēs apò patrídos aíēs (Il. 2. 162) などの常用句で常に -∪∪ であり，同様に patro-kasígnētos「父の兄弟」，Pátroklos (人名) も語頭は-，patro-phoneús, patro-phónos「父殺し」にしても条件は変らない．とすれば，古くから存在したと思われる pátrios だけが韻律上の理由から使用されなかったという推測は，ますます疑問となる．

さらにここで問題となることは，pátrios という古い形があるのに patrôios という別の形があらわれて，ホメーロスはこれを専ら使用しているという事実である．これはどのように説明したらよいであろうか．これについて Wackernagel は次ぎのように考えている (1919 50＝1953 478)．pátrios に対する母の形容詞は本来なかった．これはインド語派の場合と同じである．そこでギリシア人は，この形容詞を mḗtēr「母」からではなくて mḗtrōs「母の兄弟」から pátrios と同じ *-i̯o- を用いて派生させた．それが mētrôios である．この推論は，mētrôios は形の上で明らかに mḗtēr ではなくて mḗtrōs に関係しているという事実に基づいている．そして意味の上からは，mḗtrōs は本来は「母の兄弟」ではなくて，「母の身内」のような内容をもち，mētrôios はその形容詞として本来は「母の属している……」(例えば Od. 19. 410. …mētrṓïon es méga dôma「大きな母方の家に」) を表わしたものと考えられる．そしてこの mētrôios の類推から，父のほうにも新たに patrôios という形が作られたと推定される．この関係は Lat. patrius に対する paternus (←maternus) の間にも成立する．また既述の Skr. pítrya- と paitr̥ka- (←mātr̥ka-) にも同様の関係をみることができる．従って Wackernagel によれば，'Der Sieg von patrôios über pátrios ist gewiß, wie der von paternus über patrius, durch den Parallelismus mit dem aus dem Wort für Mutter gebildeten Adjektiv bedingt'．この mḗtrōs→mētrôios→patrôios という成立過程の推定の背景には，mḗtrōs はホメーロスに2例あるのに，pátrōs「父の兄弟」という形は Herodotos 以後に初めてあらわれるという事情も併せて考慮されているように思われる (この pátrōs, mḗtrōs という形については VI 章3節を参照)．

さてわれわれは Wackernagel に従って patrôios という形容詞の成立を認めるにしても，ホメーロスにおいてこれが専用されていて，古い pátrios がまったくみられないという事実の説明は，依然として未解決のままに残されている．これは単なる形の交代とか，スタイルの問題ではない．なぜならギリシア語の歴史をみると，ホメーロス以後にもこの二つの形は共存していて，そこには用法上ある種の区別があったと考えられるからである．即ち，pátria は ‘quae sint patris’「父のもの」であるのに対し，patrôia は ‘quae veniant a patre’「父に由来するもの」である(Ellendt 613 f.)．例えば Herodotos をみると，patrôios は khrḗmata「財産」，doûloi「奴隷」，tékhnai「技」のような父の個人的，具体的な所有にかかわるものに用いられているのに対して，pátrios は theoí「神」，nómoi「慣習，法」，thesmoí「掟」のような父祖代々の伝承に関係する名詞の形容に用いられている．しかしこの区別は絶対のものではない．上記の区別からいえば táphos「墓」は当然 pátrios をとるべきだが，patrôios をとっている．悲劇では Aischylos の用例は大半が patrôios で，pátrios は 2 例しかなく，Sophocles, Euripides でもこの差別は必ずしも守られてはいない．例えば theós「神」，pólis「町」，gê「地」などに，しばしば patrôios の使用がみられる．

このような pátrios と patrôios との内容的な差，pátrios は公の立場の父に代表される家に関係し，patrôios は母に似たより肉体的，個人的なものにかかわるという区別は，明確にとはいえないまでも後述する Lat. patrius と paternus の間にも指摘される．そしてまた Skr. pítrya- の意味をも考慮すると，*pətr(i)i̯o- には単に *pəter- の属格で表わされるのとは異なる内容があったと考えるべきであろうか．あるいは，pátrios，patrius に対して本来欠けていた「母の」を表す mētrôios，maternus が作られ，さらにこれに倣って patrôios, paternus という新らしい形が生まれたところから，その差別上これらの言語において改めて二つの「父の」形容詞に意識的な使いわけが要求されるようになったのであろうか．こうした疑問を少しでも解くために，これまであまり問題にされなかったホメーロスの patrôios 用例を検討し，そこに古典期にみられるような差別に近い跡が認められるかどうかを考えてみたいと思う．叙事詩の時代には当然 pátrios も知られていたはずであり，またこれが韻律上から避けられたという理由も疑わしいからである．

17. そこでホメーロスの 24 例について patrôios の関係する名詞をみると，その 6 例は xeînos「客，友」で，3 例は hetaîros「友」である．xeînos d’ hoûtos emòs patrṓïos ek Táphou esti「彼はタポスから来たわが父の友である」(Od. 1. 417)．この Telemakhos の言葉は，Mentes の姿をとった女神 Athene の 179 行以下の言葉をふまえている．その

中で 187 行に xeînoi d' allḗlōn patrṓïoi eukhometh' eînai / ex arkhês,「われわれは昔からお互いに父どうしが友だちなのだ」とあり，この patrṓïos が「父の，父の時代からの」という意味で用いられていることがわかる．hetaîros についても，文脈的に同様のことが考えられる．hoi ex arkhês patrṓïoi……hetaîroi「昔からの父の友」(Od. 2. 254). 有名な Il. 6 巻 215 行以下の Diomedes の言葉にも，われわれは同じ表現をみることができる．ê rá nú moi xeînos patrṓïos essi palaiós「君は父の頃からの旧知の友だ」(215) に始まる言葉は，しめくくりに，teúkhea d' allḗlois epameípsomen, hóphra kai hoíde / gnôsin hóti xeînoi patrṓïoi eukhometh' eînai.「この人たちも，われらが父の頃からの友だといっていることがわかるように，武具を交換しよう」(230) とある．ここで patrṓïos といわれている関係は，Glaukos の祖父にあたる Bellerophon が，Diomedes の祖父である Oineus の客人となったことに始まっている．そして ex arkhês「昔からの」とか palaiós「旧知の」という表現が，patrṓïos の内容をいっそう強めている．これらの例から推して，Hom. xeînos / hetaîros patrṓïos という表現は，単に「父の友」(Il. 22. 492. …es patròs hetaírous「父の友人たちのところへ」, Eur. Hec. 82, xeínou patríou phulakaîsin「父の友の守護の下に」)をさすのではなくて，父たちが古い友人であったことを当事者たちの友情の証しにしようとする心持ちを表そうとするもので，ホメーロスではこれが一定の文脈を形成していたと考えられる．

xeînos, hetaîros の 9 例についで多いのは，patrṓïa pánta「父のすべてのもの，遺産」の 4 例(Od. 16. 388, 17. 80, 20. 336, 22. 16)で，Odysseia 後半に集中している．これに相当するような，patḗr の属格による表現はホメーロスにはみられない．次ぎは (en) gaíēi patrōíēi「故郷に」という与格の表現で，Od. 13. 188, 251 の 2 例がある．これに比較されるものとしては，くり返し用いられている phílēi en patrídi gaíēi「いとしい故郷に」(Il. 3. 244 etc.) があげられよう．同じく 2 例ある表現は，skêptron patrṓïon, áphthiton aieí「とこしえに不朽の，父ゆずりの王笏」(Il. 2. 46, 186) である．この áphthiton aieí「とこしえに不朽の」は，xeînos における palaiós よりもさらに強い，代々の継承を表している．

これらあわせて 17 例を除くと，残る 7 例はいずれも 1 例ずつしかない．まず patrṓïon dôma「父の館」(Il. 21. 44) であるが，これに相当する patròs dṓmata のような表現は数多く指摘されよう (Od. 6. 296 etc. — patròs dô, Od. 10. 111 etc.). 意味の上でこれら二つの表現に差は認められない．次ぎは patrṓïon égkhos「父の槍」(Il. 19. 387) であるが，これには aspída patròs emoîo「彼の父の楯を」(Il. 14. 11), あるいは éntea patròs kalá「父の美しい武器」(Od. 19. 17)が比較されよう. Témenos patrṓïon「父の領地」(Il. 20. 391)に対しては, patròs emoû témenos「わが父の領地」(Od. 6. 293)という属格による表現が平行している. また ménos patrṓïon…átromon「恐れを知らぬ父の生気」(Il. 5. 125)についても, soù patròs…ménos「お前の父の生気」(Od. 2. 271)という表現がある. これらの家, 武器, 領地, それに生気は, いずれも patrós「父の」ものとして属格でいいかえることができるし, ホメーロスの中でもそうした表現が patrṓïos と平行している.

残る3例であるが, patrṓïa érga「父の仕事」(Od. 2. 22), mêlo patrṓïa「父の羊」(Od. 12. 136) はいずれも父の土地の世話に関係している. これらにみ合うような patḗr の属格表現はない. 終りに一つだけ, 名詞を伴わない述語的な用例がある. mḕ sé g' en amphiálōi Ithákēi basilêa Kroníōn / poiḗseien, hó toi geneéi patrṓïón estin.「クロノスの子がお前を海にかこまれたイタケーの王とすることがないように, それはもとからお前にとって父からのものであるのだが」(Od. 1. 386).

patrṓïos に関するホメーロスの24例をみて, これと平行する patrós を用いた属格の表現を考慮するとき, 古典期における pátrios と patrôios の差別をここに想定するとしたらどうであろう. 積極的に父祖伝来の pátrios が望ましいのは, skêptron と xeînos の一部だけではないだろうか. それらも áphthiton aieí とか palaiós あるいは ex arkhês のような強調によって充分に意は足りている. 従ってホメーロスにおいては, 特に古い孤立した pátrios を必要とする場がなかったために, mētrôios と対をなす patrṓïos と, patrós (gen.)による表現に終始することができたのではないだろうか.

18. このように叙事詩から悲劇に至る間の pátrios と patrôios の関係を検討してみると, 古い印欧語の伝統をもつ pátrios に新らしい patrôios が加わって, この形の差が用法上の区別をいっそう意識させるようになったものと思われる. 例えば Aristophanes の喜劇でも, 古儀(Ranae 368)とか昔のしきたり(Eccles. 778, Acharn. 1000)というときには, 依然として pátrios が用いられている. ところが実際には, 古典期に既に第三の形が生まれ, これが前二者にとって代るほど後には有力になっている. それは patrikós (: mētrikós) である. Chantraine(1933 385 f.)によれば, この -ikos という接尾辞をもった形容詞はホメーロスには2例しかないのに, Aristoteles には約700の形があり, 当時いかにこの接尾辞が愛好されたかを物語っている. Thucydides には3例, Aristophanes

には1例だが，このように使用が少ない間はその形にも新鮮さが感じられた．ところがそれが多用されてくると価値もうすれてくる．patrikós の場合も，pátrios, patrôios の領域に入り，これらと本質的に意味の差別なく用いられるようになって，遂に patḗr の正規の形容詞として mētrikós と対をなして定着した．後の聖書関係の文献では patrôios が多く，これと patrikós が併用され，pátrios が後退してしまっている．しかし近代語では pátrios「父祖の」と patrikós「父の」の両形が記録されている．

19. 先にもふれたように，ラテン語においてもギリシア語と同じように，patrius とともに maternus に対応して paternus という形がまずあらわれてくる．patrius は Plautus の喜劇以来用いられているが，これと意味上で対をなす maternus は Ennius にみられ，ついで paternus が Terentius から登場する．このほかに patricus という形があるが，これは Gr. patrikós の借用語で，用例も Varro が ‘De Lingua Latina’ において属格を patricus casus と表現している以外には認められない．また patrītus という avus「祖父」の adj. avītus に倣ったと思われる形が，Cicero などからの少数の用例をもっている．しかしこれも頻度からいえば paternus, patrius の比ではないから，問題にならない．

さてこの二つの語の用例から明確な区別を期待することはむずかしい(Wackernagel 1919 45＝1953 473)．しかし Gr. pátrios と patrôios の場合と同じように，そこにはある種の区別が感じられる．いまこの二つの形容詞を併用している Cicero を中心にその用例をみると，patrius は acerbitas「厳しさ」，amor「愛情」，auctritas「権威」，benevolentia「好意」，potestas「権力」，majestas「威厳」，poena「罰」，virtus「徳」のような抽象名詞に多く関係する．そしてまた Gr. pátrios に似て，deus「神」，jus「掟」，mos「慣習」，res「財」，sepulchrum「墓」という父祖につながるものに結びついている．これに対して paternus は，amicus「友」，animus「心」，bona「財産」，corpus「身体」，gloria「名誉」，manus「手」，nomen「名」，sanguis「血」のように，父の個人的な所有に限定される内容に関して用いられる傾向がみられる．Wackernagel (1928 II 72) によれば，ラテン語では「主人の息子」というとき，「主人」を表す名詞の属格よりも，その形容詞を用いる表現(erilis filius)が Plautus にも多くみられる．そしてこれは ‘ein Beweis für ihre echte Volkstümlichkeit’ であるという．この傾向は「父の」を表すのに patrius, paternus を好んで用いる結果になっている．Marouzeau (1935 220) は，この形容詞表現を特に好むものは，‘des termes expressifs, affectifs, qui invitent à dégager la qualité inhérente à l'objet' であるとして，corpus, manus といった例をあげている．これによって patrius, paternus という形容詞の使用範囲は，ギリシア語にくらべてはるかに広くなっているように思われる．

この形容詞の使用について理解し難いことは，作家による違いである．例えば Cicero には patrius は少なく，Vergilius には非常に多いといわれている．筆者のみる限りでは，Vergilius が paternus を用いているのは，専ら詩の行末である．一例をあげると，fama volat pulsum regnis cessisse paternis / Idomena ducem, …「将イードメネースは父の国を追われて去ったという噂がとび……」(Aen. 3. 121) —cf. 5. 81, 8. 226, 10. 188, 705, 11. 44, 12. 205).

後のロマンス語からみると，paternus は形の上での maternus との対の関係から patrius よりも根強かったが，結局そのままの形では残らず，paternālis>Fr. paternel etc. となってロマンス語に広く分布している (Meyer-Lübke 6290)．これに対して patrius は口語層からは早く消滅したらしく，わずかに patria[terra]「祖国」>Fr. patrie etc. (Gr. pátria gê) に残っているにすぎない (Meyer-Lübke 6299).

20. *pəter-, *māter- が社会的な意味での父母を表すのに対して，より家庭的な父母の呼称が各語派に散在している．Got. atta, aiþei「父，母」, Hitt. atta-, anna- など既にその一部の語彙については 2, 3 節に言及したが，さらにその種の形のいくつかを文献的に考察してみたいと思う．

先に述べたように，*māter- は本来 Lallwort から出発している．*pəter- にしてもその可能性は否定できない．それにしてもこの二つの語は *-ter- という接尾辞をとることによって，いわば知的な親族名称になりきってしまって，既に第三者としての父母をさす言葉である．印欧語にもこれと並んで日常の父母をよぶ語彙があった．それは Jacobson (3 節) が指摘する幼児語の一般言語学的考察にはずれるものではない．即ち，父には t, 母には m, n という鼻音が用いられ，母音は a である．これらの語彙は印欧語としての本来の比較対応の限界をこえている，といえよう (Hermann 1935 97 f.)．なお Gates (52) は，印欧語の親族名称の組織がアメリカの文化人類学者 F. G. Lounsbury の研究による北アメリカ・インディアンの Omaha 族のそれの第 3 タイプに近いとみて，そこでは父＝父の兄弟，姉妹＝母の姉妹という現象がみられるから，*pəter- は本来「父」とともに「父の兄弟」をも兼ねた語彙であったと想定し，以下に述べる *tata- とか *atta- のような Lallwort タイプの形が実際の「父」を表す形であったと推定している．しかしGatesも認めているように，父＝父の兄弟という実例はどの語派にも指摘されないから，このGatesの推定はまったくの仮定にすぎない．

21. Skr. tatá-「父」という形については，既に tatāmahá-「祖父」という合成語を論じたときに簡単にふれておいた(I章19節)．これはRV VIII 91. 6に有名な例がある．asaú ca yā́ na urvárā́d imā́ṁ tanvàṁ máma / átho tatásya yác chíraḥ sárvā tā́ romaśā́ kr̥dhi //「かしこなるわれらが耕作地，並びにわが身体，そして父御の頭，これらのすべてを有毛ならしめよ」．これは無毛症に悩む少女のIndra神への言葉である．RV IX 112. 3. kārúr ahám tató bhiṣág upalaprakṣíṇī nanā́ / nā́nādhiya vasūyávó 'nu gā́ iva tasthiméndrāyendo pári srava //「わたしは詩人，父御は医者，母御は臼で粉をひく．意向は互いに異なるが，望みは一つ富のため，そのあと追って(あくせくと)，牛のあと追う牛飼よろしく．ソーマよ，インドラのために渦巻き流れよ」．ここでは父のtatá-のみならず，母にもnanā́-という珍らしい形が用いられている．これらの卑俗な語彙を通じて，詩人は日常の実感を表現している．AV V 24. 15. pitáraḥ páre té māvantu… // 16. tatā́ ávare té māvantu… //「かしこの父たちよ，われを守り給え．こなたの父御よ，われを守り給え」．ここでは古い祖先と新らしい祖先とにpitáraḥとtatā́ḥが使いわけられている．そしてこれに続く17歌にpitāmahá-があらわれてくる．

インド語派にはtatá-と関係のある形としてtāta-というよびかけの愛称があり，父(BAUp. VI 2. 4)，母(Chand. Up. IV 4. 2)が子をよぶときに用いたり，古典期には父の意味にもなって，近代に及んでいる(Turner 5754)．Aitareya Āraṇyaka (I 3. 3)はtadという指示代名詞に関連して次ぎのように説明している．etām vāva prajāpatiḥ prathamāṁ vācaṁ vyāharad ekākṣaradvākṣarāṁ tateti tāteti.「まことに造物主はこれをtat(a), tātaという一音節，二音節からなる最初の言葉として言った」(Keith 1909 181 n 3)．そこで子供がprathamavādī「初めて口をきく」とき，この言葉をいうのである，と附言している．tāta-は本来tatá-のvocativusで，これが独立した形と考えられる．しかし8節にあげたAv. ptā, tāから考えると，*ptā-ta->tāta-という可能性も否定できない(Kuryłowicz 1956 108)．

その遠い語源がどうであれ，tāta-がtata-とともにヴェーダ時代の口語層において父の愛称となりつつあったことは，そのadj. tātyá-という形からもうかがうことができる

(Ai. Gr. II/2 823). RVにおけるその一例をあげよう．VII 37. 6 (cd). ástaṁ tātyā́ dhiyā́ rayíṁ suvī́ram pṛkṣó no árvā ny ùhīta vājī́「まだらの駿馬はいとしき父の詩作によりて，われらのためにすぐれた男子に富む財を家にもたらせ」．このほか謎の歌I 161. 12では，この形がpitárā「両親」の形容に用いられている．このtātyá-以外にもtā̆ta-はさまざまの派生，合成形を通じて後世の歴史の中に生き続けた(Turner 3713–14, 5289, 5755–58). またtātyá-自体も名詞化して「父の(兄弟)＝おじ」となり，Hindī語その他の近代語に継承されている(Turner 5759).

22. Hitt. atta-, Gr. átta, Lat. atta, Got. atta, OHG. attoなど，多くの語派にみられる*atta (Pokorny 71; Walde-Hofmann I 77, 850; Ernout-Meillet 54; Frisk I 182; Chantraine 185; Feist 62, 233)に対応する形はサンスクリットにはみられない．しかしいくつかの近代語から，逆にその存在の跡が推定されている(Turner 221; Mayrhofer I 27 f.). その(f) attā-も実例はないが，語彙集に記録されている(Turner 222).

母を表す語には上にあげたattā-よりも，古くにnanā́-がある(RV IX 112. 3. 前節引用. Pokorny 754; Mayrhofer II 131). 後述するnánandṛ-「夫の姉妹」も恐らくこれと語源的関係が予想される．Nirukta (VI 6) によれば，nanā namateḥ / mātā vā / duhitā vā /「nanāはnam‘稽首する’から(由来する)．母，または娘(の意)」と説明されている．Turner (7059 *nānna-)の記載するところでは，この形は近代語にさまざまの意味をもった形に変化して存在している．またRV tatá-とnanā́-との結びつきも，近代語の一部になお残っている(Schulze 237 f.).

これら以外にヴェーダ語にはambā́-という形がある．RV以外のヴェーダ文献には，そのvocativusと思われるámbeという形が記録されているが，RVでは3例ともvoc. ambaである(II 41. 16, X 86. 7, 97. 2). これは-ā-語幹のvocativusとしては例外であるが，‘mot enfantin’としてこの例外が認められている(Renou 1952 219). ただこれらの用例はいずれも子が母へのよびかけではなく，Sarasvatī川，Indraの妃，薬草への親しいよびかけである．ambā́-にはambí-という形もRV (I 23. 16, VIII 72. 5)にみられ，II 41. 16ではSarasvatī川がámbitame「もっとも母らしきものよ」とよばれている．この形をam-(b) -a-と発生的に解釈すれば，Gr. ammá「母」，Lat. amita「父の姉妹」，Lit. ambà「乳母」，NHG. Amme「乳母」などとの類似が指摘されよう(Pokorny 36). しかしSkr. ambā́-に限っていえば，ドラヴィダ語からの借用説(Mayrhofer I 45)のほか，ビザンチンの Stephanus による Ámbason. mētrópolis tôn Phrugôn「Ambason. プリュギア人の都」という註解から想定される Phryg. *amba に基づく小アジアからの借用説もあり (P. Kretschmer KZ. 57 1929–30, 251 f.; Haas 158)，ここでも正確な語源を問題にすることはむずかしい．なぜなら，この形はまさに Naturlaut とふつうの Substantiv の境界にあるからである (Ai. Gr. II/1 5, III 121 f.; Meillet 1933 1 f.). Gr. ammá (Chantraine 76) にしても，Sum. AMA「母」，Phoen. Ammā「母神」など類似した形が小アジアの非印欧語に散在しているが，それらの関係は明らかでない (B. Hemmerdinger Gl. 48 1970 43).

このように本来は一種の呼びかけの音として発生したと思われる語でも，一度サンスクリットの語彙として認められると，間もなく，-la- とか -ka- を伴う派生形が作られる (Ai. Gr. II/2 863, 516). Pāṇini も VII 3. 107 で amba (voc.) を規定し，Phiṭsūtra も I 2 で ambā́ をあげている．このようにして口語層からでて文語の中に定着した ambā- は，プラークリットでは mātar- の領域に侵入している．そこで Skr. mātā-pitarau「母と父」という合成語に対して，そこでは ammā-piyaro, ammā-yāo (<tātau) のような形が記録されている (Pischel 253; Turner 574). これは，tāta-, amma- という日常の語彙が pitar-, mātar- と並んで人々の間に根強く生きていたことを暗示している (Schulze 231 f.).

Turner によれば，このほかインド語派には有声の *dādda- (6261) に由来する形が近代語に多く，父，祖父，おじを指すに用いられ，またその (f) *diddā (6327), *jījja- (5232) に基づく形が指摘されている．

なお近代インド・アーリア語に bāp という形がある (Bloch 1970 368). Bloch によれば，Hindī など多くの言語は bāp，Sindhī のみが bābū である．語源的には Pkr. bappa- などからみても，papa のような Lallwort の変形であろう (Bloch 1970 160).

23. ギリシア語では一般に父母の愛称，よびかけには (voc.) páter, mḗter がホメーロス以来用いられているが，より親しみのある páppas という語彙が，これもホメーロスからみられる．これは明らかに祖父を表す páppos と同類の形である．これにはまた pappías, pappidíon という縮小辞を伴う形もあり，Aristophanes が使用している．これらの用例はよびかけを中心にしているから，恐らく本来は (voc.) páppa というよびかけの形を基にして，そこから逆に (nom.) páppas が作られたのであろう．

Od. 6. 56. ē dè mál' ágkhi stâsa phílon patéra proséeipe. / páppa phil'…「彼女はずっと近よって，いとしい父にいった．いとしいパパ……」．これは Nausica が父によび

かける場面で，こういってから彼女は父に洗濯ものを川に運ぶ車を用意してくれるように頼んでいる．このような日常生活の場面の少ない悲劇では páppas はあらわれないが，喜劇には好適の場があたえられる．例えば，Epikuros とか Leukolophos とかいうならず者が近づいてきて，なれなれしい口調で ei…páppan me kaleî, toût' ḗdē deinòn akoûsai「わたしをパパとよんだら，これはきっときくのも恐ろしい」(Aristoph. Eccles. 645). 同じ作家の Vespae 248. tòn pēlòn, ô páter páter, toutonì phúlaxai「お父さん，お父さん，泥があります，気をつけて」，同じく 291. etheléseis tí moi oûn, ô / páter, ḗn sou ti deēthô;「お父さん，もしねだったら，ぼくにうんといってくれるかしら」に対して 297. má Dí', all' iskhádas, ô papía· hḗdion gár——「いやいや，いちじくだよ，パパ，うまいからね」を比較すれば，ô papía の甘えた感じがよくとらえられよう (Usher 165).

この páppas のもつ実感は，その派生動詞である pappázō「パパとよぶ」にもよくあらわれている．戦場で Aineias を救おうとした女神 Aphrodite は，Diomedes に槍で突かれて傷つく．そこで母 Dione が娘を慰めていう．Il. 5. 406. nḗpios, oudè tò oîde katá phréna Tudéos huiós, / hótti mál' ou dēnaiòs hòs athanátoisi mákhētai, / oudé tí min paîdes potì goúnasi pappázousin / elthónt' ek polémoio kaì ainês dēïotêtos.「愚かや，テューデウスの子(Diomedes)はこれを心に知らない．不死の神々と戦う者の命は長くはない．戦さと狂いの闘いから帰った彼を子供たちが膝にすがってパパとよぶこともないことを」．Aristophanes には pappízō という形もみられる．Vespae 606. hótan oíkad' íō tòn mistòn ékhōn, kápeith' hḗkonth' háma pántes / aspázōntai dià tảrgúrion, kai prôta mèn hē thugátēr me / aponízēι kaì tṑ pód' aleíphēi kaì proskúpsasa philḗsēi / kaì pappízous' háma têi glṓttēi tò triṓbolon ekkalamâtai, …「給料をもって家に帰ると，いっせいに皆は帰ったわたしをお金の故に大歓迎，まず娘がわたしの足を洗って油を塗り，それからかがんでキスをして，パパ，パパといっているうちに，その舌で 3 オボロスを釣りあげていくとき……」．

この páppas という形は，古典期をすぎると pápas となる．キリスト教では páppas が司教一般，さらにローマ法王を指す用語となり，Lat. pappa にも借用され，さらに多くの近代語に及んでいる．現在の英語 pope，独 Papst からは直接語源的な卑俗さは感じられないが，古代以来のその親しさがこの言葉を支えてきたように思われる．

24. 父ではないが，養い親とか親しい老人へのよびかけに，ギリシア語では 22 節にあ

げた átta という形が用いられている．これは Odusseus の留守に主人の家を守った豚飼いの Eumaios に向って Telemakhos がよびかけるときに，くり返し使われている(Od. 16. 31 etc.)．これに対して Eumaios は Telemakhos を téknon「坊ちゃん」とよんでいる．Il. 9. 607 では，Akhilleus は説得にきた Phoinix に，átta geraié「老いたるじいよ」とよびかけている．Phoinix は Peleus のところで Akhilleus を育てたから，その関係は Telemakhos と Eumaios のそれに似ている．Il. 17. 561 では，Menelaos が Phoinix の姿をとった Athene に同じようによびかけている．ラテン語にも atta という形が Festus によって記録されているが，文学作品での実例はない．しかし Attila, Attalos のほか Atticus, Attius, Attus, それに Atta などの人名をみると，この形への民衆の愛着が知られる．

ギリシア語には átta のほかに，tétta という形がホメーロスにみられる．それは Il. 4 巻の 412 行で，Diomedes が Agamemnon への言葉の中に tétta, siōpêi hêso, emôi d' epi-peítheo múthōi,「さあ，黙ってくれ，わたしの言葉に従ってくれ」とあり，しかもこの一例しかない．これが親しみをこめた言葉か，あるいはきつい言葉か，必ずしも明瞭ではないが，一般には年長者への親しみと敬いのよびかけと解されている．このままの形は後の文献にはみられないが，Skr. tăta- に似た tatâ, tatí という形が Herondas の擬曲において母や女主人への呼びかけに使われている(Chantraine 1096, 1946–47 244 f.)．そしてこれにも tatalízō「甘える」という動詞形が作られている．

átta に対応する女性へのよびかけは maîa である．Od. 19. 482 行にみる Odusseus が乳母の Eurukleia への言葉，maîa, tíē m' ethéleis olésai; sù dé m' étrephes autȇ / tôi sôi epì mazôi·「乳母よ，わたしを殺す積りか．お前はわたしをお前のその乳で育ててくれたのに」，あるいは Od. 17 巻 499 行の Penelopeia が女中頭の Eurunome へのよびかけは，その典型である．Eur. Hippol. 243 など，悲劇にもその用例は散見される．

ところがこの maîa という形も，ホメーロス以後にはよびかけからふつうの名詞になっている．例えば Euripides は Alcestis 393 行で，maîa dȇ kátō / bébēken, oukét' éstin, ô / páter, huph' halíōi.「ママは地下にいってしまった，もういない．この日の下には，父上」．喜劇では，やや皮肉に若い女がいう台詞に，'ô maî', hiketeúomai, …「お願い，ばあやさん」(Aristoph. Eccles. 915)などと，この形は相変らず呼びかけに生きているが，一方 Platon は Theaitetos 149 e でこれを「産婆」の意味に用いている．動詞形 maieúomai「産婆を務める」，あるいは adj. maieutikós「産婆の」，名詞形 maíeusis「分娩」は，いずれもこの maîa に基づくものである．ここに至って Hom. maîa はよびかけから完全に独立した語彙になりきっている．語源的には ma-ia とみれば，mā́-tēr「母」(mḗtōr) となんらかの関係が予想されよう (Frisk II 159; Chantraine 657, 1946–47 241 f.). maîa のほかにギリシア語では，母または祖母の愛称として mámmē, mammía，その動詞形 mammân (Aristoph.) が食物をねだる子供について用いられている．また ammá, ammía (Herondas) という形も認められる．この形は既述の通り，Skr. ambā́- と比較されよう．

25. この章を終るにあたって，残るいくつかの語派の同じタイプの形についてふれておこう．まずアナトリア群であるが，Hitt. atta-「父」, anna-「母」については既にいく度か言及してきた (I 章 31, 32 節，II 章 13, 20, 22 節; Tischler 92 f., 24 f.). これと平行して他のアナトリア諸語の形をあげるならば，Luw. tati- と anni-, Lyk. tedi- と êni-, Lyd. ata- と êna- である．これらはいずれも「父」は t,「母」は n をふくむ Lallwort に基づく形とみてよいだろう (Laroche 1958 190 f.).

アルバニア語の形はさまざまである．「父」については at, atë, tatë, tata,「母」については amë, ëmë, ëm, memë, nanë, nënë, nëne がこれまでにあげられてきた．Hammel (1957 69 f.) による資料もほぼこれに一致する．「父」については，さらに baba, jatë, ljaljë という形も記録されている．いずれも Lallwort タイプであることは明らかである．

2 節にふれた Got. aiþei「母」も，ONorse eiđa, MHG. eide「母」(>NHG. Eidam「娘の夫」) などの対応からは，やはり Lallwort タイプに属すると考えられる．しかしこの形の理解は一様ではない．Hermann (1918 216 f.) は Eidam を Gr. aîsa「分け前，運命」の対応に結びつけ，本来は Eidam に ‘Erbtochtermann’ を想定し，Got. aiþei は語源不明としてこの対応から除外している．最近の Kluge-Mitzka もこの説を認めている．Feist (28) は aiþei とこれらゲルマン語の形の対応を認めるが，これらをバルカン半島の Darmatia 出土の女の墓からでてきたリングに刻まれた OHΘH というイリュリア語からの借用語だろうと考えている．ただしこの形自体の解釈も一定しない．Feist はこれを oiθi と読んで「母」の意味にとるが，H. Krahe (PBB. 57 1933 426 f., 1955 12, 120) は女神の固有名詞であると主張している．結局 aiþei という形はあまりに孤立的であるために，Pokorny を初め最近の語源辞書のどれにもとりあげられていない．従って他のゲルマン語が *māter- の語を失っていないのに，なぜゴート語だけがこれを aiþei のような形に代えたのかという疑問についても，依然として明確な回答は提出されていない．

第III章 「息 子, 娘」

1. 序.
2. *sūnu-, *sunu-, *sui̯o-「息子」の対応の分類.
3. *sū̆nu- の語源解釈.
4. Gr. huiús, huiós, Myc. i-jo について.
5. *sui̯o- の仮定と Av. huyāγna-.
6. Av. hunu- と puθra-.
7. *putlo- の対応と Lat. puer.
8. 「息子」の語彙の動揺.
9. Skr. suta- etc.「息子」を表すインド語派の語彙.
10. Skr. sūnú- と putrá- .
11. Gr. huiós, paîs, téknon.
12. Gr. huiós, paîs, téknon の用法と歴史的変遷.
13. Lat. fīlius の語源解釈.
14. Lat. fīlius と puer.
15. Lat. fīlius と (g)nātus.
16. Arm. ordi, OIr. macc etc. について.
17. *dhug(h)əter-「娘」の対応.
18. Skr. duhitár- と Gr. thugátēr の解釈と *dhugHter- の仮定.
19. *dhug(h)əter- の語源解釈.
20. Skr. putrī-, kanyā̀-.
21. Gr. thugátēr と kórē.
22. Osc. futír.
23. 「庶子」を表す語彙.
24. 「養子」を表す語彙とその用例.
25. 子供の認知と「膝」の関係.
26. Gr. epíklēros, Skr. putrikā.

1. 祖父母, 父母に続いてわれわれは, 息子と娘を表す語彙について考察してみたいと思う. 息子と娘を表す形は, ラテン語 fīlius, fīlia (>Fr fils, fille) など少数の語派を除いて, 英独語の son, Sohn と daughter, Tochter にみられるように, 互いにまったく別個のもので, *pəter-「父」と *māter-「母」のような対をなしていない. しかしいくつかの語派では, 歴史とともに対をなそうとする傾向が認められる.

初めに扱う息子の語彙の対応は，Skr. sūnú- に代表される一群と，同じく Skr. putrá- に関係のある一群と，その他の孤立的な形とにわけられる．これに対して娘の対応は，Skr. duhitár- に代表される形が多くの語派に分布し，それ以外の形はきわめて少ない．

2. 上にあげた Skr. sūnú- に代表される「息子」の対応は，印欧語の中にかなり広く分布し，またその形は英独語の son, Sohn やロシア語 syn のように現代にまで生き続けている．これについて，まず二つの問題が考えられる．その一つは，Skr. sūnú-, Lit. sūnùs, OCS. synŭ，それに Gr. Diónūsos (神名) <Diu̯os-sūnos (Szemerényi 1977 11) に対して，ゲルマン語が Got. sunus, OHG. sunu と，その対応に母音 u の長短がみられることである．Av. hunu- の -u- の長短は明らかでない．これを長いとする説 (Ai. Gr. II/2 742; Mayrhofer III 494; Vasmer III 57; Hermann 1935 99 f.) と，短いとする説 (Frisk II 960) があるからである．この母音の長短のほかに，この *sŭ̄nu- いう形と，Gr. huiós, Toch. A se (gen. seyo), B soy, Arm. ustr との関係が問題となる．Porzig (1954A 166) は Skr.-Balt.-Slav.-ū- に対して Got.-Gr.-Toch. (B) -u- とみて，これを一つの方言差と考えているが，Got. sunus と Gr. huiós, Toch. B. soy との語幹の差についてはふれていない．

基の形を *sŭ̄nu-，あるいは *sŭ̄i̯u- (>Gr. huiós) と仮定するにせよ，Arm. ustr (gen. uster) という形には，hayr「父」，mayr「母」などの親族名称のもつ -r，特に dustr「娘」のそれの影響を予想せざるをえない (Solta 325 f.; Szemerényi 1977 19)．この類推を無視してその形だけを考えると，OE. suhterʒa, suhteriʒa「甥」との対応から，*sŭ̄k-ter-「乳児」のような形を想定せざるをえないので，上にあげた「息子」との関係は語源的に切られてしまうことになる (Brugmann Gr. II/1 334; Walde-Hofmann II 622)．いずれにしてもこの Arm. ustr の ‘artificiel’ 性格は否定できないから，それと Skr. sūnú-, Gr. huiós などとの関係は可能性に留まるものである (Meillet 1920 46; Jucquois 216 n19)．

Toch. A se, B. soy には *sŭ̄i̯u- が想定されるので，Gr. huiós の variant である huiús との対応が認められている (Thomas-Krause 51; Pedersen 1941 38, 41; Windekens 63, 424)．これに上述のインドその他の諸派の対応を合わせると，*sŭ̄-i̯u-, *sŭ̄-nu- から少なくとも前分に sŭ̄- という共通の要素が指摘されよう．

3. そこで先に問題にした su- の母音の長短であるが，このような動揺は，例えば Lat. vir, OIr. fer, Got. wair「男，夫」に対する Skr. vīrá-, Av. vīra-, Lit. výras の対応に

もあらわれている．この形は名詞としてまったく孤立しているから，その母音の長短を語源的に説明する手段をわれわれはもっていない．そこでこれは‘geographisch’なものといわざるをえない(Porzig, 1954A 124)．*sū̆nu-についても正確にいえば‘ohne klare verbale Grundlage’であろう(Ai. Gr. II/2 742)．にも拘らずこの*sū̆-には，これまでにある動詞語根との結びつきが予想されてきた．

既に早くSaussure(Recueil 477)はBenfeyらの説を踏襲して，親族名称の中でこの形だけは語源が明瞭であるとし，‘engendrer, enfanter, mettre au monde, se rapportant à la mère seulement’という意味の語根と*sū̆nu-を関係づけている．そしてこの考え方は今日でも有力である(Pokorny 913 f.)．その語根というのは，Skr. sū́te「産む」, Av. hunāmiという動詞形のほか，RV sū́-「生みの親」，vīra-sū́-「勇者を産む」のような語根名詞に指摘される形である(Mayrhofer III 492; Ai. Gr. II/2 9, 40)．ただその分布はほとんどインド・イラン語派に限られていて，それ以外にはわずかにOIr. suth「出生」(<*su-tu-)が認められるにすぎない．そしてインド語派の内部でもsūnú-, sūtí-「出生」に対してsuta-「息子」のように，同じ語根に属すると思われる形にも短いuがあらわれている．

これに似て一つの語根に属する形に長短の動揺がみられる例として，われわれはGr. bíos「一生」に対するLat. vīvus, Skr. jīvá-「生きている」(語根は*gʷei̯H-, *gʷiH-)，あるいはGr. phúsis「自然」に対するSkr. bhūtí-「安息」(語根は*bheu̯H-, bhuH-)などをあげることができる．しかしこれらの形には，対応の上から明らかに二音節語基が想定され，その強階梯の形も明確に指摘されている．ところが*sū̆nu-の場合には，一音節の弱階梯の形しか実証がないから，このuの長短の説明はいっそうむずかしい．

Kuiper(5, 30)はここでもdynamic theory(II章8節)によって*séunu- / *suneú-の交替を想定し，*eu>ūを考慮してこの長短の出入りを説明しようとする．その基礎はGr. (1. sg.) deíknūmi <*deik-neu-mi / (1. pl.) deíknumen <*deik-nu-men「示す」にある．しかしこの想定は認め難い．なぜなら，ギリシア語でも一般に*eu > eu(peúthomai)であり，-neu->-nū-は，恐らくphā́mi / phamén「言う」，dámnēmi<dám-nā-mi / dámna-men「抑える」，títhēmi / títhemen「おく」，dídōmi / dídomen「あたえる」のような長母音と短母音の交替の型にひかれてeu>ū/uとなったものと考えられるからである(Meillet-Vendryes 239; Chantraine 1967 218)．従ってこの変化を他の語派に拡大して考えることはできない．

Szemerényi (1964 328 f., 1977 11) は *u̯iH-ro-＞Skr. vīrá- と同じように，*su̯eH- の実証はないが *suH-nu-＞Skr. sūnú- を基本的に仮定する．意味は Brugmann (1904–5 486) に従って，'birth＞the result of birth＞son' を予想する．そしてゲルマン語の示す u については，原因不明としながらも *ū＞u を考えている．ただしゲルマン語で，このような短母音化の現象は一般には存在しない．アクセントのない長母音は Italo-Celtic 語派と，わずかながらゲルマン語派で短くなったという V. A. Dybo の説を彼は引用しているが，自らも 'if correct' と断っているくらいだから，この場合その説が Got. sunus などの形の解決に有効とは認められない．確かに *sūnu- のアクセントは本来後の音節にあったという推定は，Skr. -nú- 語幹の多くの形からも正しいであろう (Kuryłowicz 1952 34, 254; Ai. Gr. II/2 742)．しかしそれは *suH- の仮定と直接の関係はない．

もし *suH- から出発するならば，先にあげた Gr. bíos と Lat. vīvus, Skr. śíras- と śīrṣán-「頭」，あるいは Skr. gī́r＜*gīr-s「歌」とその (gen.) gír-ás, (pl. instr.) gīr-bhíh と同様に，母音で始まる格語尾の前でHが消失した形の一般化 (*suH-os, -i＞*suos, *sui) が *su-nu- の基になったといわざるをえない (Vaillant I 244, II. 118)．しかし -nu- 語幹では，この説明は有効でない．

*suH- を仮定せずに *su- から *sū- を導くためには，その延長階梯を予想するよりない．Leumann (IF. 61 1952 3＝1959 362) は *suneu- から *sūneu- への変化を，vocativus における強調の延長と解釈した．いうまでもなくこの説明も一つの可能性に留まるものである．結局この *sŭ̄nu- の語根部に相当する強階梯をふくむ形の実証がない限り，完全な語源解釈は成立しないから，この u の長短の問題も解決されない．しかしこの語彙は，-u- 語幹の格変化について各語派からほぼ完全な対応がえられるから，Saussure の述べるように 'une periode fort ancienne' にさかのぼるものであることは疑いない．

4. Gr. huiós とその変化形はホメーロスに数百の例がみられるが，この形がミュケーナイ文書に存在したかどうかは問題である．thugátēr＝Myc. tu-ka-te「娘」が指摘された以上，huiós にも当然その使用が予想される．現在それは i-jo と i-*65 (＝i-ju) の二つの形について，その可能性が認められている (Chadwick-Baumbach I＝Gl. 41 1963 252, II＝Gl. 49 1971 183 f.)．しかしそのあらわれる文脈はきわめて簡単なものだから，これらの形を huiós, huiús とみることに異論がないわけではない．Ruijgh は，i-jo は i-ju の doublet ではないとして，これを人名 Ī́ōn と解している (1967 190, 362)．なぜならば，i-ju

は *huyús(<*suyús)からの ‘une dissimilation régressive’ によって説明されるが，i-jo を *huyús から導くためには ‘une dissimilation régressive et une dissimilation progressive des deux voyelles non contiguës’ を同時に認めなければならないからである．このような相互の異化作用は認められないから，i-jo と i-ju＝huiús とは切りはなさざるをえない．このRuijghの解釈の中には，まず -u- 語幹をこの形の基本に考えて，ホメーロス以来実証されている -o- 語幹 huiós をその dissimilation をうけた形であるとする多くの学者の見解が前提とされている(Brugmann 1904–5, 483 f.; Schwyzer I 573 f.; Meillet-Vendryes 487 f.; Chantraine 1967 94 f.)．次ぎに，この -o- 語幹はミュケーナイ文書にはなかったという立場である．*su-yú-s>*huyús>*huús>*hū́s がギリシア語として予想される変化であるから，huiús という -i- の保たれている形は，gen. *suiw-ós>huiós(Hom. huîos)のような形からの類推形と考えざるをえない．これが *huús の段階で作られて，初めて huiús という形が成立し，その後に Hom. huiós が生まれたと推定するわけである．さらにいうならば，この -u- 語幹が古いとする見解の裏には，*sŭ̄nu- のそれとの関連が予想されている．

これらの前提について考える余地はないであろうか．*huús から huiús の成立する過程において，ai, ei, oi という二重母音はあるが，なぜ ui という特殊な二重母音が，しかもこの語彙についてだけ孤立的に守られたのかという点の説明が必要であろう．Gilliéron 流の解釈を加えるならば，hûs(<*sūs)「豚」(Pokorny 1038 f.; Frisk II 974; Chantraine 1161)との形の上の衝突を避けるためであったということになる．その証拠に，hûs は叙事詩では sûs という形をもち，これは Myc. su-qo-ta＝sug^{w}otās＝subótēs(subṓtēs)「豚飼い」という形にも実証されている(Ruijgh 1967 383)．従ってこれとの形式上の混同は，ミュケーナイ・ギリシア語の段階で既に解消していたといってよいだろう．またホメーロスでは huiós, huión, huié の語頭が韻律の上で短く数えられることがある．これは hui-os でなく，hu-ios という音節形成を示している(Schwyzer I 200; Chantraine 1948 I 168, 228)．ui が語中，語末で融合して u に吸収されている例はホメーロスにもみられるが，それらは短ではない．また(w)iduîa のような完了形 oîda「知っている」の女性分詞形，muîa「蠅」，mētruíē「継母」など語中の -ui＋V(母音)は常に -ui＋V で，-u-jV- という音節構成にはならず，-ui- は長である．ViV- が Vi-V- でなく V-iV- と扱かわれるのは，この huiós と oîos<*oiu̯os「一人の」しかない．この二つの形がこのような例外的な扱いをうけたのは，明らかにその頻度数が極めて高いなどの特別な理由があったためであ

ろう．特に huiós は固有名詞との結びつきが多く，さまざまな連続に立ち，しかも不可欠の語彙であるから，どうしても par les necessités métriques (Chantraine 1948 I 163)，ある場合には –∪ でなくて ∪∪ と数えざるをえなかったのである．ここにもこの形が hui-V- という特殊な連続を守りえた要因がひそんでいるといえよう．

また huiós という -o- 語幹が，ミュケーナイ時代に既に -u- 語幹と共存していたと考えることは決して誤りとはいえない (M. Lejeune BSL. 66/2 1971 78)．huiós は huiús から二次的にギリシア語の中で発展した，と考えるべき必然性はないのではないだろうか．ホメーロスでは，アテーナイ，クレータ碑文にみる -u- 語幹の nom. huiús はない．すべてそれは huiós である．そして他の格形にも -o- 語幹はかなり拡大している．従って，この状態から判断すると，ギリシア語では -u- 語幹と並んで，この形には初めから -o- 語幹が使われていたと推定されよう．その -i- は，hûs との差別，そしてその形の高い使用頻度に支えられて例外的に失われなかった．またこの語彙のもつ重要性が，この形の孤立的性格を支持したともいえよう．

なお Myc. i-jo は u- の消失した形とみるか，あるいは Lejeune のいうように，i- は graphic なもので，実際には ui- を表していたという可能性も残されている．いずれにしても，この表記で示されるものが，後の huiós の存在を示唆していることは否定できない．

5. huiós にみる *-i̯o- 語幹が古いと推定される一つの証拠として，イラン語派の Av. huyāγna- という合成語について考えてみたい．

この合成語は Mithra 讃歌にあらわれる (Bartholomae 1835)．Yašt 10. 116. vīsaitivå asti miθrō / antarə haša suptiδarənga / θrisaθwå antarə varəzāna / čaθwarəsaθwå antarə haδō. gaēθa / panča. saθwå antarə huyāγna /「(互いに) 義務を肩に担う二人の友の間のミトラ (契約) は二十重なり．二人の市民の間のそれは三十重なり．二人の同族の者の間のそれは四十重なり．huyāγna の間のそれは五十重なり」．この形が ‘A と B’ という対の表現の合成語であろうことは，前後の文脈からも明らかである．この後にも antarə zāmātarə x^{v}asura「義理の息子と義父の間で」，antarə brāθra「二人の兄弟の間で」と続いているからである．そこでこの合成語の解釈であるが，Bartholomae は ‘das Lager teilend; Lager-, Stubengenosse’ と訳しているだけで説明はない．K. Geldner (KZ. 25 1881 484 f.) は ‘zwischen eigenen Weibern (d. h. eines Mannes)’ と訳している．これは前分 huya- を huva-, hva- (: Skr. sva-「自分の」) と直す解釈に基づいている．後分の γna-

には Skr. gnā́, Gr. gunḗ「女」などとの対応を考慮している. これに対して W. Krause (KZ. 56 1928–29 304 f.)は 'die zu derselben Lebergehörigen=Geschwister bzw. Brüder' とする. これは *ha-yākana- という分析によるもので, ha- は Skr. sa-「ともに, 同じの」と共通し, 後分は Skr. yákr̥t-, Lat. jecur などの「肝臓」という r/n 語幹名詞との関係を想定している. Geldner の解は huya- を huva- と読みかえる点で問題があり, Krause の *-yākana- はいかにも苦しい理解である.

これらに対して形の上でより自然な解釈として F. Windischmann の 'husband and wife' という理解を Gershevitch (131, 267) は採用する. その場合に後分の -γna- には問題はないが, 前方の huyā(-γna-)については, その -ā- を両数の語尾とみる. 即ち, Skr. mítrā-váruṇau「ミトラとヴァルナ」のような dvandva 型の前分の語尾と同一視するのである. 両数の形が合成語の前分に入ることは, Av. zastā-maršta-「両手をうって結ばれた」のような実例が参考になる. また意味の上では, これを *sui̯o- と解すれば, 先に述べたように「産む, 生まれる」という語根の想定から 'begetter(=son)>husband' の推移が考えられる. 確かにこの形は, この合成語以外にアヴェスタ文献に指摘されない. Gershevitch によれば, その理由は次ぎのように説明される. この haya- という形は, 動詞 hunā-「産む」, それに hunu-「息子」との語源的な関係が忘れられたので, 後述するような 'daevic' の語彙として排斥されるのを辛じて免れて, この合成語にのみ残ったのである.

この解釈は形の上で huyā- に両数の語尾を仮定せざるをえないところにイラン語としては問題があるが, 意味の上からは文脈的にもっとも適している. そしてまたわれわれはこの解釈を通じて, Gr. huiós と一致する形をイラン語派にみ出したことになる.

従って *sui̯o- は必ずしも *sui̯u- を前提としない. むしろ逆に *sui̯o- が *sŭ̄nu- との類推から *sui̯u- に同化したという可能性が考慮されるべきだろう. そしてこの *sui̯o- には, Skr. mártya-, Av. mašya-, OP. martiya-「死ぬるもの=人間」(Ai. Gr. II/2 789) と平行的に考えれば,「生まれくるもの」という原意が仮定されよう.

6. Av. huyāγna- について論じたところで, イラン語派の状態を概観しておこう. ここでは後述する Skr. putrá-「息子」に対応する Av. puθra-, OP. puça- が進出している. そして古代ペルシア語では既に *sŭ̄nu- の系統に属する語はみられない. これに反してアヴェスタではインド語派と同様に, hunu- と puθra- が共存している. しかし実際には, この二つの同意語は puθra- がいわゆる 'ahurian word' に, hunu- が 'daevian word' に属

していて，互いに使いわけられている(L. H. Gray JRAS. 1927 431, 434)．ここにその一例を示そう．Yasna 44. 7. taṯ θwā pərəsā ərəš mōi vaocā ahurā / kā bərəxδąm tāšt xšaθrā maṯ ārmaitīm / kā uzəmām cōrəṯ vyānayā puθrəm piθrē /…「これをわれは汝にたずねる，正しくわれに語れ，アフラよ．だれが吉祥なる献心を王国とともにつくりしか．だれが息子をして，その心情において父に敬意を抱かしめしか」．Yasna 51. 10. aṯ yə̄ mā nā marəxšaitē anyāθā ahmāṯ mazdā /hvō dāmoiš drūjō hunuš tā duždå yōi həntī / maibyō zbayā ašəm vayhuyā aši gaṯ. tē /「われわれを破滅せしめんとする者は，マズダーよ，われわれとは異なる．彼の虚偽をつくりし者の息子であり，(世に)あるものに悪意あるものである．よき報いとともにきたるよう，われはわれのために天則をよぶ」(Insler 1975 105, 315 f.)．

Gray によれば，daevian word に属する語彙は一般にイラン語派の中でも対応がなく，あるいは局地的に限られた方言にのみあらわれている．そこでイラン語の中でアヴェスタだけがこの hunu- をもっているということは，daeva-(: Skr. devá-「神」)などとともにこれが本来 Proto-Indo-Aryan からの借用語ではないか，という可能性も否定できない(T. Burrow JRAS. 1973 132)．

7. われわれはこれまでに息子を表す *sŭnu-, *su̯u-, *su̯o- という形について検討してきた．そして前節において，この形と並行して息子の意味をもつイラン語派の Av. puθra-, OP. puça- を問題にした．これらに対応する形としては，まずインド語派の Skr. putrá- があげられよう(Mayrhofer III 304 f.)．またこれには，イタリック語派の Osc. puklu- が加えられる．この形は Skr. putrá- のほか，Lat. pōc(u)lum「杯」(<*pō-tlo-: Skr. pātra-, Leumann Gr. 313)などを参考にすれば，*putlo- と解釈される．この接尾辞は一般に中性の抽象名詞，道具や手段を表す名詞を構成する働きをもつもので，男性の名詞を作ることは珍らしい．Wackernagel-Debrunner (Ai. Gr. II/2 704)は，ここに 'Zeugung' の原意からの 'grundsprachliche Bedeutungsverschiebung' を予想している．

このイタリック語派との関係は，もう一つのさらに不確実な対応として，Lat. puer「少年」をもっている．これに *pueros を予想すれば，それと上述の *putlo- との差は大きい(Niedermann 1953 56; Ernout-Meillet 543)．そこで Szemerényi は，この puer は後述する *pu- と 3 節にふれた *u̯ĭro-(>Lat. vir etc.)との合成によって生まれた形ではないか，と解釈している(1977 18)．しかしラテン語にも *putlo- の存在を支持するかのように，

Plautus は putillos「少年」という形を用いている．この形と，親族名である gener「義理の息子」，socer「義父」にみる -er という接尾辞の影響を puer に仮定すれば，どうやら puer と *putlo- のへだたりは埋められるように思われる (Risch 1957 112; Szemerényi 1962 194).

これによってインド・イランとイタリック両派の *putlo- の存在は一応確保されるけれども，なお *pu- という前分の説明のために，その対応が求められなければならない．そこでまず想起されるのが Gr. paîs「子供」(gen. paid-ós<*pau̯id-; Frisk II 462 f.; Chantraine 850) である．これを *pu- と比定すると，*pau- / *pu-「小さい，若い」という極めて稀な母音交替が予想される．そして Gr. paûros, Lat. paucus「小さな，わずかの」なども，これに関係してくる．しかしこの対応を，さらに Gr. pôlos「若駒」, Got. fula「若駒」, Lat. pullus「雛」などの対応に仮定される *pōu- (Pokorny 842 f.) に還元することは形式的に疑問である．なぜならば，その場合には Gr. paîs は *pau-<*pəu- となり，*putlo-<*pHu- tlo- となるが，一般にこのような *ōu / au / u という母音交替の形式は許されないからである．従ってここでは Skr. putrá-, Av. puθra-, Osc. puklu, Lat. puer，それに Gr. paîs を加えた対応に限って，これらを中心にインド，ギリシア，ローマの「息子」の表現を文献的に探ってみたいと思う．

8. 「息子」の語彙についていくつかの語派の事情を検討する前に，それらの語派に共通してみられる現象にふれておきたい．例えばインドでは，古い sūnú- と並んで putrá- が同意語として用いられている．そして歴史とともに後者が好まれ，sūnú- は文語の中にのみ生きているにすぎない．イランでも同様に，Av. hunu- はほとんど消滅しかかっている．ギリシア語でも，huiós と並んで paîs, téknon「子供」など本来は「息子」とは別個の意味をもった語彙があり，これらが huiós の領域に重なって使用されている．ラテン語では *sŭ̆nu- の跡はなく，fīlius がそれに代り，それ以外に puer, (g)nātus という周辺の語彙が併用されている．バルト語派でもラトヴィア語では，Lat. fīlius と同じ語源をもつ dēls が，「息子」の位置を占めている．「娘」についてはこれらの語派もかなり統一的で，このようないくつかの語彙の併用，あるいは代用が行われていない．これに対して「息子」にはなぜこのような現象が起っているのだろうか．

もちろんこれらの現象について，各言語の事情は一様ではない．例えばラトヴィア語では，Fraenkel (1950 46) によれば，Lit. sūnùs, OCS. synŭ と同じ *sūnu- は *sūns となり，

suns「犬」(Lit. šuô) と同音語になる危険があったために使われなくなり，dēls に代えられたと考えられる．しかし既述のギリシア語派のように，hûs「豚」との同音衝突の可能性がありながら，なお *suu̯u-，*suu̯o- が維持された場合もある．従って Gilliéron 流のこうした説明も万能ではない．

Meillet (1920 145 f.) によれば，このような現象の背後には，父系社会の印欧語族において家系を守る息子の地位の重要性から，その直接の親族名を口にすることを避けようとする気持がみられる．また息子への愛情の故に，これを子供たちに明からさまにいうことはなにか男らしくないという，息子の名称に対する感情のタブーがあったと考えられる．そこで *sŭ̄nu- という古い本来の息子を表す名称が避けられて，どちらかといえば 'Altersstufe' を表す (Schulze 225) Skr. putrá- etc. の語彙が代用されるに至った．Havers (22 f.) もこの問題について同じ意見を表明し，リトアニアの農民は，mâno sūnùs「わたしの息子」といわずに mâno vaĩkas「わたしの子供 (mein Knabe, Junge)」という，などの例を提示している．息子に対するタブーの感情が印欧語の内外にどの程度確証されるか，今後の研究が期待される．私見では，印欧語の古い「息子」を表す *sŭ̄nu- が忌避されたもう一つの要因として，この形が他の主な親族名族のもつ *-ter- という接尾辞をもたず孤立していることを加えておきたい．

9. 息子を表す語彙の考察を，われわれはインド語派から始めよう．ここでは sūnú- と putrá- のほかに suta-，さらには toká-(n), tā́nva-, tánaya-, ātmaja- などがある．このうち suta- と ātmaja- (f. sutā-, ātmajā-) は古典期の用例に始まるが，それ以外の形は RV 以来のものである．

この中で直接「息子」を表すのは sūnú-, putrá- で，その他はなんらかの意味で「後裔」であり，「子供」である．これらの語彙の中でインド語史を通じて古代から近代までもっとも有力なものは，duhitár-「娘」と平行する putrá- である．Turner (8265) の記述から判断すると，putrá- 以外はほとんど口語には生きていない．toká-, suta, ātmaja- には項目がなく，tánaya- と sūnú- はパーリ語のような文語以外には忘れられている (5651, 13569)．sūnú- と putrá- については次節にゆずり，それ以外の語彙についてここで簡単にふれておこう．

息子は親から suta-「生まれた」ものであり，父親の再生した姿である．息子は父であり，父は息子であるといわれる．また息子は父の ātmā-ja-「自己から生まれた」ものにほかならない(Ai. Gr. II/2 239; Gonda 1957 10 f.)．その意味で tấnva- も tanū́-「身体」の派生形として，‘leiblicher Sohn’ と解することができる(Ai. Gr. II/2 129; Renou 1952 165)．この語の用例は RV III 31. 2(Nirukta III 6)に限られているが，これは Agni，即ち diváḥ śíśuḥ「天の子」をさしている．この形はサンスクリットの歴史のみならず，パーリ語を初めとする中期インド・アーリア語の中にもみられない．それにも拘らず，少数の近代語に ‘own’ の意味で残っていることは興味深い(Turner 5766)．

これに対して古典サンスクリットでは Manu 法典以来広く使用されていた suta-，それに意識的に合成された ātma-ja- は，それ以後の世界では死滅してしまった．suta- の場合，例えばパーリ語では Skr. śruta-「聞かれた」が suta- となって多用されているから，これと同音語になる「息子」の使用が控えられるのは当然であろう．この Skr. suta- という形は，RV 以来 sunóti「しぼる」という動詞の完了受動分詞であり，ソーマに関して極めて重要な語彙であった．しかし歴史時代に入ってソーマが神話化するにつれて，この分詞形が，sū́te「産む」の同じ分詞形 sūtá- の位置を占めるに至った．もし sutá-「息子」がこの動詞の分詞として存在したのであれば(Mayrhofer III 481)，形のみならず意味の上からも Lat. (g)nātus のように，まったく平行した例をわれわれは知っている．しかしそれでは sūtá- との関係をどう考えるべきか，これを既述の Skr. sūnú- と Got. sunus と同じ u の長短の動揺の現象とみるか，あるいは sūtá- の ‘innerindische Kürzung’(Mayrhofer)とみるか，やはり疑問が残されている(Ai. Gr. I 98, II/2 564—cf. Ved. sú-ṣuti-「安産」: sú-ṣūta-「よき生まれの」)．そこでこの形を su-ta-「(一族を)よく延ばす」と解して，語根 *ten-「延ばす」(Pokorny 1065 f.)に結びつければ，この疑問は解消する(Ai. Gr. II/2 30)．その場合 -ta- は tán- adj.「永続する」，(f)「永続，後裔」という語根名詞の sandhi variant とみることができよう．

この解釈は，RV tánaya-(Ai. Gr. II/2 83, 213)，tánas-「後裔」(Ai. Gr. II/2 220, 229)という同じ語根の派生形の存在からも一考に価する．これは，「息子」は本来その一族を ‘fortpflanzend’ という考え方に基づいている(RV X 56. 6)．これらの形は tấnva- と同じように tanū́-「身体」と関係づけられる(Mayrhofer I 473 f.)．それは単に形の上のみならず，RV…rāyā́ madema tanvā̀ tánā ca「われらは富を喜ばん．自ら(身体)と後裔をもって」(VI 49. 13 d)．あるいは ágne tokásya nas táne tānū́nām áprayuchan dī́dyad bodhi gopā́ḥ「アグニよ，輝きて，われらが息子，われら自らの永続のために，怠りなき守り手たれ」(II 9. 2 cd)のような文脈からもうかがうことができる(Renou 1958B 63 f.)．tanū́-

も語源的に *ten- という語根の派生形とみなされるから ('*ausgespannte Hülle' Mayrhofer I 475; Ai. Gr. II/2 496), suta-, tánaya-, tánas-, tán-, tā́nva-, tanū́- は一群の語彙である.

さてこの tánaya- という語は，RV では主として toká-(n)「後裔，子供」，ときに sūnú- の形容詞として，また中性の名詞「後裔」として用いられている．その後ヴェーダ文献ではあまり用例がないが，古典期には「息子」として多用されている．toká- は RV 以後消滅したから，これの形容としての tánaya- が独立してその価値を兼ねたといえよう.

なおこの toká- は，孤立的な語根名詞である túc-, túj-「後裔，子供」と関係があることは明らかだが，イラン語派に同じ意味をもった Av. taoxman-(n), OP. taumā(f) があるだけで，他に対応形はほとんどない.

10. インド語派の最古層である RV の時代には sūnú- と putrá- は共存していて，その間にスタイルの上でも特に著しい違いはないように思われる．形の上では sūnú- は孤立的だが，putrá- は -tr-a- という接尾辞によって pitár-「父」，bhrā́tar-「兄弟」などの -tar- 親族名称とのつながりが感じられた．そして後にはこれが，bhrātrá-「兄弟たること」のような派生形を作るに至っている (Ai. Gr. II/2 704)．putrá- は本来 (m)「息子」のみを表し，その対となる女性形「娘」をもたなかった．古典サンスクリットにみる (f) putrī- は，初めは brahma-putra-「バラモンの息子」，rāja-putra-「王子」のような合成語の後分において，-putra- の対語として用いられた形である (Ai. Gr. II/1 35, 88 f.)．従ってこの putrī- は人為的な形で，本来は口語層に定着した語彙ではなかった (Turner 8271)．このような putrī- の発生は，同じ意味の古い形である duhitár- が，sūnú- と同じように合成語の後分に入らなかったことに起因している．その理由は明らかでない．ただ Av. puθra-, OP. puça- にも女性形がなく，ラテン語でも (f) puella は puer からの派生形である．従ってこれら同一の語源の形に共通の現象から推して，この形は本来男性に限られたものであったといえよう.

上述のように，RV における sūnú- と putrá- は目立った差もなく併用されている．amŕ̥tasya putrā́ (X 13. 1) と sūnávo…amŕ̥tasya (VI 52. 9)「不死の息子たち」，rudrásya… putrā́ (VI 66. 3) と rudrásya sūnúm (I 64. 12)「ルドラの息子(たち)」．これら以外にも，káṇvasya, divás, bharatásya, sáhasas putrá- / sūnú-「カヌヴァ仙の，天の，バラタの，活力の息子」にこの二つの形が許されている．indrá-，r̥bhú-，kuśiká- などいくつかの属

格は sūnú- としか用いられていないが，それらはすべて固有名詞であり，それぞれに一例しかない．普通名詞では vánaspati-「木」，satyá-「真実」，ádri-「山」，dákṣa-「能力」は同様に sūnú- としか結びついた用例がないが，それらも一例ずつに限られている．これによってわれわれは，このヴェーダ歌集における「…の息子」という表現の多様性と孤立性をうかがうことができる．

RV の神話時代を過ぎると sūnú- は後退し，AV では putrá- の 20 分の 1 にもみたない 4 例しかみられない．VII 1. 2(ab). sá veda putráḥ pitáraṁ sá mātáraṁ sá sūnúr bhuvatsá bhuvat púnarmaghaḥ /「彼は息子として父を知り，彼は母を(知っている)．彼は息子なり，彼はくり返しあたえる者なり」．ここでは sūnú- と putrá- に差はないが，このほかには jánitrī…sūnúm(XII 3. 23)「母が息子を」という mātéva putrám(RV VI 75. 4)と同じ表現，そして sūnúḥ satyásya「真実の息子」(VI. 1. 2)，sáhasaḥ sūno「活力の息子よ」(XVIII 1. 24)という RV の踏襲がみられるにすぎない．そして AV では，RV の pitéva sūnáve「父が息子に対するが如く」(I. 1. 9, VIII 48. 4 etc.)という固定的な表現においてすらも sūnú- は用いられず，専ら putrá- が好まれている．神話的背景をはなれた日常的な表現においては，putrá- のほうがふさわしかったからであろうか．既に RV においても，sūnúḥ pitáram「息子が父を」(X 95. 12)，sūnúm pitrór upásthe「息子を父の膝に」(I 185. 2)，sūnúr…pitárā「息子が両親を」(VII 67. 1)のような少数の例を除いては，他の親族名称，特に pitár- との連続においては putró ná pitáram(VII 32. 3)，pitáraṁ ná putrā́ḥ (VII 26. 2), putrā́so ná pitáram(I 130. 1)「息子(たち)が父を…」のように putrá- が好んで用いられていた(I 章 11 節，II 章 11 節)．初めは口語層に属していた putrá- がこうした表現を通じて徐々に文語の中にも進出し，遂には古い sūnú- にとって代るに至った．そして RV 末期には，その X 巻に初めてあらわれる rāja-putrá-「王子」タイプの tatpurusa 型合成語の発生に重要な役割を果す語彙としても認められていた (Ai. Gr. II/1 241; Renou 1952 132; Benveniste 1974 150)．sūnú- と putrá- は，韻律上の条件については同一である．従って AV 以後における putrá- の進出は，話し手たちの選択によるものといわざるをえない．

11. インド語派において，印欧語の古い伝統をもつ sūnú- と並んで putrá- を初めいくつかの語彙があったと同じように，ギリシア語派においても，huiós を中心として paîs, téknon などが，ときにかなり接近した用法を示している．

paîsはミュケーナイ文書には今までのところ指摘されていない．既に7節にふれたように，この形は従来 *pau̯i->pai- と解釈されてきた．ホメーロスでは，nom. paîsは一般に2音節 pa-is に数えられること(Chantraine 1948 I 29)，アッティカの古い壺に刻まれた paus という形，さらには Cypros 方言の pi-lo-pa-wo-se-…＝Philopawos(gen.)という paus の gen. と思われる形(Schwyzer I 578; Chantraine 1967 99)，などの事実がこの *pau̯- の仮定を支持する．上にあげた Cypros 方言の形については最近でも一部に異論がみられるが，それは上述の paîs の解釈を改めさせるものではない．問題はこの形の gen. paidós, acc. paîda 以下にみられる -id- の要素だが，これは Gr. órnis「鳥」の acc. órnitha / órnin, Ártemis「アルテミス女神」の acc. Artémida / Ártemin にみられる -i- 語幹への歯音の拡大と考えられる．

さて先に Skr. sūnú-, putrá- についてみたように，sūnú- と語源的なつながりをもつ huiós も，父に対する息子という，第三者からみた社会的な地位を表すものである．それはホメーロスにくり返される huîes Akaiôn「アカイア人の息子たち」という表現にもあらわれている．「…の息子」は，その者の権威を継承し，代表する能力と資格をもつ者である(Gonda 1957 70 f. 104)．これに対して paîs は元来大人に対する子供を表し，男女性に共通している．Lat. puer, puella と同じように，これにはある年齢の制限がある．それに比して huiós には本来年齢は関係しない．ところが paîs が後述するように，ある場合にはこの条件にかまわず huiós の領域にまたがって用いられる．

ホメーロスでは，huiós ほど多くはないが，paîs もかなりの用例をもっている．ところが Herodotos から悲劇になると，paîs が huiós を圧倒し，huiós は非常に少ない．そして当然のことながら，paîs がその領域を兼ねている．この「息子」への paîs の転用は，Ionic を初めとして Lesbos, Thessalia, Boeotia, Locris, Cypros の諸方言に及んでいる．これに対して Attica の散文，喜劇では違った傾向があらわれ，huiós が paîs と併用され，téknon とともにコイネーにまで流れこむ．しかし形の問題に限っていえば，huiós は孤立していて，それからの派生形や合成語はほとんどみられないのに対して，paîs のそれは非常に多い．これは sūnú- と putrá- の関係に類似している．

paîs は一方では huiós と関係しながら，他方では(n)téknon と関係している．そのほかにホメーロスでは tékos という中性名詞もあるが，これは poetic word で，古典期には実際の生命を失っている．téknon は Attica の散文では後退するが消滅することなく，コイネーから近代に及んでいる．téknon, tékos は tíktō*<ti-tk-ō「産む」，(pl.) tokêes

「親」，tokeús「父親」などからとり出される語根 *tek- の派生形である(Frisk II 867, 899; Chantraine 1118 f.)．この語根をふくむ対応形はゲルマン語の一部にしか認められず，しかもその系統は今日では死滅してしまっている．

téknon は常に年齢の制限をふくんでいるとは限らない．しかし paîs と共通する部分が多い．両者の違いといえば，paîs が端的に男女の子供を指すのに対して，téknon はより情緒的である．つまり，いとし児のような感情がそこにこめられている．Delbrück(456; Gates 12, 68)の記述によれば，paîs は 'ein junges menschliches Wesen' であるのに対して，téknon は親との関係に終始する．また Liddell-Scott に指摘されているように，paîs は父との関係からとらえられているのに対して，téknon は母との関係をより強く意識させるものがある．ホメーロス(Il. 2. 311)において，既にこの語はその子を産んだ雌の動物との関係においても用いられている．huiós, paîs は比喩的な表現以外には，原則として人間にしか用いられない．

12. ここでわれわれは，ギリシア語の huiós, paîs, téknon の関係を実例を通して概観してみよう．初めに huiós と paîs が接近する場合を考えてみよう．「……の息子」という，人名の属格を伴った表現は huiós に非常に多い．これは第三者がある人の息子について語る，いわば公式の「息子」の表現である．ところが，ときに年齢と関係なく，ここに paîs が用いられる．Glaûkos d' Hippolókhoio páïs kaì Tudéos huiòs「ヒッポロコスの子グラウコスとテューデウスの息子は」(Il. 6. 119)．Hektor について Il. 3. 314 には Héktōr dè Priámoio páïs「プリアモスの子ヘクトールは」，Il. 9. 651 には huiòn Priámoio…Héktora「p° の息子 H° を」と歌われている．Diòs huiós「ゼウスの息子」という表現についても，huiós (Il. 1. 9 etc.) と paîs (Od. 11. 604 etc.)，稀に téknon (Hymn Hermes 323) も用いられる．

ところが，これがよびかけになると事情は違ってくる．父親の属格を伴った「……の息子よ」という表現には，専ら huiós が用いられる．例えば，karteróthume, daíphron, agauoû Tudéos huié「たくましい心の勇ましい，誇り高いテューデウスの息子よ」(Il. 5. 277)，zṓgrei, Átréos huié…「生捕にしてくれ，アトレウスの息子よ」(Il. 11. 131)，ô huieîs Priámoio……「プリアモスの息子たちよ」(Il. 5. 464)．これに対して paîs のよびかけの例は，mēkéti, paîde philō, polemízete mēdè mákhesthon「いとしい子供たちよ，もう戦うな．戦闘をやめよ」(Il. 7. 279)．これは Idaios という使者が Hektor と Aias の二人に対してよびかけている場で，一種の年下の者への親しみをこめた表現である．paîdes emoí, áge, Tēlemákhōi kallítrikhas híppous / zeúxath' huph' hármat' ágontes,「子供たち，さあテーレマコスのために美しい髪の馬をひいてきて車につけよう」(Od. 3. 475)．この場合に，paîdes はホメーロス以後にみられる奴隷への呼びかけともとれるけれども(Gates 68)，文字通りとれば Nestor が自分の子らに向っていった言葉である．いずれにしても，paîs には huiós のように単数形の vocativus の用例がない．ここにわれわれは huiós と paîs のはっきりとした差をみることができる．

上にあげた他人の息子へのよびかけと違って，わが子へのそれは情緒的である．従って当然 téknon，あるいは tékos の使用が予想される．例えば，Thetis はわが子 Akhilleus にいう．ṓ moi téknon emón, tí nú s' étrephon ainà tékoûsa;「おおわが子よ，どうしてわたしはお前を不幸にも生んで育てたのか」(Il. 1. 414)．téknon, tí klaíeis;「わが子よ，なぜ泣くのか」(Il. 18. 73)．Priamos 王は 9 人の子らへ怒りをこめていう．speúsaté moi, kakà tékna, katēphronés・「急げ，いやしい子らよ，恥じさらしめ」(Il. 24. 253)．tékos の例として，Thetis の嘆きの言葉をあげよう．ōkúmoros dḗ moi, tékos, ésseai, hoî' agoreúeis・「子供よ，お前のいうように，お前は短命だろう」(Il. 18. 95)．téknon は親子のみならず，乳母が Telemakhos に(Od. 2. 363)，あるいは Nestor が Telemakhos に(Od. 3. 254)，また老女が Odusseus に(Od. 19. 363)よびかけるにも用いられている．それは老人が若者をよぶ一種の愛称にほかならない．

huiós の後退する悲劇においては，paîs がその領域を兼ねることになる．従って当然父の属格を伴う表現には，ふつう paîs が用いられる．そして上述の Liddell-Scott の記述にみられるような，父と paîs，母と téknon という結びつきが指摘される．Eur. IA. 896. ô téknon Nēreîdos, ô paî Pēléōs, klúeis táde;「ネーレウスの娘(テティス)の子，ペーレウスの子よ，これを聞いたか」という，Klutaimnestra の Akhilleus への言葉はその典型的な一例とされている．しかしもちろんこの区別は絶対的なものではない．例えば Eur. IT. 537. Thétidos d' ho tês Nēreîdos ésti paîs éti;「ネーレウスの娘テティスの子はまだ生きているのか」．私見ではむしろこの表現のほうが自然で，父でも母でもその名の属格を伴う場合は paîs が用いられるのが一般的傾向ではないかと思う．ô téknon Aigéōs「アイゲウスの子よ」(Soph. OC. 940)のような例は少ない．そこで次ぎに，ホメーロスにはみられないこの paîs と téknon の連続した vocativus の表現があらわれてくる．ô téknon, ô paî patròs ex Akhilléōs「おおいとし児，アキレウスの子よ」(Soph. Phil. 260)．これは Philoktetes が親友の息子 Neoptolemos によびかけた言葉である. 従って téknon は先にふれた年下の者への親しみの表現であり, その後の paî ex Akhilléōs がいわば正式の相手の地位を示すものである. 親子の間でも Hekabe 171 (Eur.) は, ô téknon, ô paî / dustanotátas matéros,「子供よ, 世にも不幸なこの母の娘よ」と Polyxene によびかけている. Sophocles の Trach. 61 行で, Deianeira が息子の Pulos に ô téknon, ô paî とよびかけているのは, paî の後にあるべき属格の省略的表現とみることができよう. téknon は一般に属格の限定を伴わず, 単独で情緒的に用いられるというホメーロス以来の傾向は, ここでもかわっていない.

huiós の復活している Attica 散文, 喜劇では,「……の息子」には huiós が用いられるが, そのよびかけの場合には paîs がしばしばあらわれている. 例えば Platon では, ô paî 'Arístōnos (Res. Publica 427 d)「アリーストーンの子よ」を初め, Menon (76 e), Laches (180 d), Alkibiades (103 a, 105 d) にも類例が認められる. 単純に親が子をよぶときには téknon が用いられていたと推定されるが, 属格を伴わない paî は奴隷への呼びかけにまで拡大して使用されるに至った (Aristoph. Vespae 152 etc.).

終りにコイネーの時代の状態を知るために, 新約聖書の用例について簡単にふれておこう. ここでは古典期の huiós, paîs, téknon と, それに paîs の縮小辞形 paidíon が加わる. ラテン語の Vulgata は, huiós と téknon に対しては概して filius を, paîs と paidíon には puer (puella) をあてている. ゴート語訳は huiós に sunus, paîs に magus (=Lat. puer), téknon と paidíon に対して barn と barnilo (=kind, kindlein) を用いている. 教会スラヴ語では一般に huiós には synŭ を, paîs には otro, paidíon には otročę, téknon には čędo をあてる. 近代語であれば, 例えば英語なら huiós に son は当然だが, paîs, téknon, paidíon にいずれも child を用いる結果になっている. このようにみてくると, Gr. huiós / téknon / paîs-paidíon という関係に形式上もっとも忠実なものがスラヴ語ということになり, ラテン語とゴート語はほぼ 4 対 3 から 2, 英語は 4 対 1 になっている. なおドイツ語訳は téknon に Kind と Sohn を使いわけているが, その他の点では英語とかわらない.

これら 4 つの語彙の分布は大体次ぎの通りである. まず huiós はホメーロス以来の伝統に従って, 属格を伴う表現が多い. 例えば huiós toû anthrṓpou「人の息子」(Marc. 2. 10 etc.), huiós toû theoû「神の息子」(Luc. 8. 29 etc.) など, くり返しあらわれる表現のほかに, hópōs génēsthe huioì toû patròs humôn toû en ouranoîs「天にあるあなたたちの父の息子にならんがために」(Matth. 5. 45), déomaí sou epi blépsai epì tòn huiòn mou「わたしの息子に心をとめて下さい」(Luc. 9. 38). ラテン語で huiós とともに filius と訳されていた téknon は，親子という基本的な情緒を失っていない. Matth. 10. 21. paradṓsei dè adelphòs adelphòn eis thánaton kaì patḕr téknon,「兄弟は兄弟を，父は子を死に渡すだろう」はそのよい一例である. Matth. 7. 11. ei oûn humeîs ponēroì óntes oídate dómata agathá didónai toîs téknois humôn,「さてあなたたちが悪人でありながら，あなたたちの子供によい贈物をあたえることができるならば」. この場合古典期ならば paîs も充分に使えたであろう. しかし後述するように，この時期には paîs はふさわしくなかったように思われる. Marc. 10. 24. tékna, pôs duskolón estin eis tḕn basileían toû theoû eiseltheîn.「子供たちよ，神の国に入ることがどれほどむずかしいだろうか」. これは有名なイエスの弟子たちへの言葉だが，ここでホメーロス以来みられる，親子の間にもひとしい気持が tékna によって表わされている. さて paîs であるが，これは Lat. puer の訳でもわかるように，huiós の代役をすることによって忘れられていたこの語本来の年齢的な条件が再び意識されている. Luc. 2. 42. kaì hóte egéneto etôn dṓdeka, …en tôi hupostréphein autoùs hupémeinen Iēsoûs ho paîs en Ierousalḗm,「彼が 12 歳になったときに，……帰りに少年イエスは彼らに気づかずにイェルサレムにとどまっていた」. Matth. 2. 16. kaì aposteílas aneîlen pántas toùs paîdas toùs en Bēthléem kaì en pâsi toîs horíois autês apò dietoûs kaì katōtérō, ……「そして人を遣わして，ベツレヘムとその地方すべてにいた 2 歳以下の男の子を皆殺しにさせた」. Luc. 8. 54. autòs dè kratḗsas tês kheiròs autês ephṓnēsen légōn・hē paîs, égeire.「彼は自ら彼女の手をとって大きな声でいった. 子供よ，起きよ」. これらの例によってわかるように，paîs は親子の関係をはなれた「子供」を表す語彙であった.

それではこれと paidíon の差はどのように意識されていたのだろうか. Herodotos 以来実例のあるこの paîs の縮小辞形に対して，ラテン語では paîs と同じ puer の訳があてられている. そして Herodotos が初めてこれを用いた有名な Kuros 誕生のとき(I. 109 f.)と同じように，赤子のことに関係する個所に新約でも paidíon が使われている. Joh. 16. 21. hótan dè gennḗsēi tò paidíon「子供が生まれるときに」. ホメーロスでは tíktō「産む」, geínomai, gígnomai「生まれる」という動詞とともに用いられる，出生した子供を表す名詞はふつう paîs である(Il. 20. 239, 22. 234, 24. 255, Od. 3. 489, 7. 61, 11. 262, 19. 400 etc.). そして後の散文でもこの表現はかわらないから，ここにその縮小辞形が用いられることは当然である．Matth. 2. 11. kaì elthóntes eis tḕn oikían eîdon tò paidíon metà Marías tês metròs autoû,「そして家に入った彼らは，彼の母マリアとともにその赤子をみた」．このように文脈的に paidíon が赤子を指すことが明瞭な場合を除くと，その他の用例では paidíon がどの程度の年の子供を指すのか，判然としない場合が多い．例えば，Matth. 19. 13 (Marc. 10. 14, Luc. 18. 16) では，イエスの下に連れてこられた paidía がどのくらいの子であったのか，わからない．先に paîs の例としてあげた Matth. 2. 16 によると，paîs も 2 歳以下の子について用いられている．またこれも上に引用した Luc. 8. 54 と類似したコンテクストを示す Marc. 5. 39. tò paidíon ouk apéthanen allà katheúdei.「その子供は死んだのではなくて眠っている」に続く 41 節で，キリストはその paidíon に向って，tò korásion, soì légō, égeire.「わたしはお前にいう．少女よ，起きよ」という．そして彼女が立って歩いた理由として，ēn gàr etôn dṓdeka「12 歳であったから」(42) と説明している．これを上掲の Luc. 2. 42 と比較しても，paidíon と paîs の違いがどこにあるのか，疑問とせざるをえない．この辺に，ラテン訳や近代語訳が無差別な訳語をあてた理由があると考えられる．

13. われわれはインドに続いてギリシアの地での huiós, paîs, そして téknon という語彙の交錯した用法を考察してきた．そこで次ぎにイタリック語派について，同じような「息子」に関係するいくつかの形の問題を考えてみたいと思う．

イタリック語派では *sŭ̄nu- の対応はみられず，fīlius に代えられている．その主な対応をあげると，男性形は Lat. fīlius, Falis. hileo, Umbr. filiu, feliuf，これに対する女性形(「娘」)は，Lat. fīlia, Falis. filia, Venet. filia，それにイタリック以外の語派に Messap. bilia, Alb. biljë がある．これらの形が語源的に Lat. fēlāre「乳を吸う」，及びその語根の派生形である fēcundus「多産の」，fēmina「女」などと関係するであろうことは，Igvium 出土のウムブリア語の資料からも明らかである．その青銅板に刻まれた碑文 I a 14 (Vetter 174) pusveres tesenakes tref sif feliuf fetu /……(＝Lat. post portam Tessenacam tres sues lactentes facito……)「Tessena (家？) の門の後で 3 匹の乳呑みの豚を犠牲に供すべし」．VI b 3 (Vetter 246) post uerir tesenocir sif filiu trif fetu……(＝Lat. post portam Tessinacam sues lactentes tres facito……)．この場合に，Benveniste は feliuf を ‘lactentes’「乳を呑む」でなくて ‘lactantes’「乳をふくんだ」と解釈する (BSL. 45 1949 82; Walde-Hofmann I 476)．それは Lat. sūs と porcus の関係を「野豚」と「飼

い豚」の意ではなく，親子の違いとみるところに起因している．しかしこの大碑文において sif feliuf は，同じ文脈の sif kumiaf (I a 7 etc.) ‘sues gravidas’「身ごもった豚」に対立している．従って，これには lactentes の意味のほうがより適していると考えられる (Lejeune 1967 78)．

そこで fīlius は，本来 *sŭnus filius「乳を呑む息子」のようなコンテクストから出発して，後にこれが独立して名詞化したものと推定された (Benveniste 1969 235 f.)．語根 *dhē(i)- (Pokorny 241 f.)，形としては *fē-l(ā)「乳房」(Gr. thēlḗ「乳首」) -i̯o- > *fēlio-「乳呑み子」が原意として想定されよう．この形はイタリック語派以外にも，Lett. dēls「息子」にあらわれている．これに対して他のバルト語では Lit. sūnùs だから，その内部で分裂がこの点に起っている (Fraenkel 1950 45)．このほかにも，Lyk. tida-「乳房」から作られた動詞形 tidai-「乳をあたえる」の派生形 tidaimmi-「乳呑み子」，tideimi-「子供」に，fīlius に共通する発展が認められる．Isachenko など一部の学者は，この語源解釈に基づいて原印欧語族に母系制社会を想定すべきだと主張した．しかしこれは「息子」の語彙の限られた一部の現象にすぎない．従ってこの考え方には実証が欠けている (P. Friedrich 1966A 6 f.; Galton 121 f.)．

さてこの fīlius の語源解釈は上述のウムブリア語の資料によって，一見極めて適切なもののように思われるが，なおその形の上に疑問が残されている．これは語根 *dhē(i)- の -l- 語幹形である．その語幹は，Lett. dēls「息子」のほか，Gr. thēlḗ「乳房」，thêlus「女の」(<*dhē-l-)，あるいは MIr. del「乳首」，OHG, tila「女の胸」(<*dhi-l-) のように，ヨーロッパの各語派に分布している．しかしイタリック語派の Lat. fīlius, Umbr. filiu, feliuf を *fē-l-ios と解して，これと母音交替をする形はないとすれば，*ē>ī の変化は後の音節の -i- による同化作用とみるか，あるいは *dhī->fī- と弱階梯をここに想定するか，形態論的には決め難い．Leumann はその文法において初めに (36) 後者の解釈を示し，後に (54) 前者のそれを示しながらも，‘doch könnte das ī auch nach § 35 (=36) ererbt sein’ と附言している．このような形式上の疑問に加えて，意味上からも問題がないとはいえない．fīlius は後述するように puer や nātus と異なり，Skr. sūnú- と同じ一族の子としての息子の地位を表す語である．とすれば，これが「乳呑み子」というのでは，内容的にそぐわない．その点を考慮して Benveniste は上掲書において，原印欧語族にあっては二人の兄弟の息子はひとしく「息子」とよばれていたので，自分の息子を特にさすために *sŭnus filius のような表現が用いられたのではないか，と推論している．この説明は従来の語源説のもつ意味上の弱点を補うものではあるが，一つの可能性にとどまる．むしろこれとは別の新らしい語源解釈によって，fīlius「息子」を正当化することはできないだろうか．

最近積極的に支持されている説として，これを *bhū-(Pokorny 146 f.) という語根からの派生形とみる考え方がある．それは Gr. phûlon「族」(<*bhū-lo-) のような -lo- 語幹で，意味も「息子」との関連が予想される形がこの語根に属しているからである．そこで fīlius に予想される形は *bhū-l-i̯o- / i̯ā- である (Lejeune 1967 83; Pisani 1958-59 171; Hamp 1966 112, 1971 219)．この解釈に従えば，逆に Lett. dēls との対応は当然認められない．Lejeune は fīlius の対応形に 'celui ou celle qui appartient à la lignée' という原意をあたえている．これは確かに「息子」にふさわしい内容である．しかし形の上では，*bhū-li̯o から fīlius を直接導くことはできない．そこには *bhu̯-ī-li̯o- のような仮定が必要である．この *bhu̯-ī- という仮定を支持するものとして，Gr. phîtu「芽，子孫」(Frisk II 1021; Schwyzer I 301)，そして Lat. fīō「……になる」があげられよう (Leumann Gr. 530)．しかしこれらの形に想定される *bhu̯-ī-(または *bhū-ī-) と *bheu̯ə- の弱階梯 *bhū- との関係，*bhu̯-ī- の -ī- という要素に関して，理論的に明確な説明をあたえることは極めてむずかしい．このような形を前提としなければならないところに，この語源解釈の大きな難点がある．以上の二説を比較するとき，この fīlius の対応形が印欧語の *sŭ̆nu- に代って一部の語派の民衆の間に生じた形と考えれば，先にあげた伝統的な *dhē(i)- からの派生説のほうが全体としては無理がないといわざるをえない．

14. ギリシア語に huiós と paîs, téknon などがあったと同様に，ラテン語にも fīlius と並んで puer「少年」，(g)nātus(nāscor「生まれる」の完了分詞形) という語彙が共存している．Risch は fīlius と puer の関係について，Festus の引用する Servius Tullius 法の puer の用例を，有名な 12 銅表の fīlius の使用例より古いとみている (1957 109 f.)．その原文をあげると，Si parentem puer verberit ast ille plorassit paren⟨s⟩，puer divis parentum sacer esto.「もし息子が親を鞭うって，そこで親が叫び声をあげたりしたら，その息子は父祖の神々に対して罪あるものたるべし」(Ernout Recueil 113)．7 節に述べたように，Lat. puer は他の対応形から予想される *putlo- から出発しながら，それに Lat. gener, socer のような他の親族名称の形が影響してできた形と考えられる．一方 fīlius の女性形 fīlia にはイタリックの外に Messap. bilia のような対応があるから，ラテン語では本来(m) puer と (f) filia という対立があって，これが filius / filia に移行したのではないか．

これが Risch, あるいは Pisani (1958–59 170 n1) の見解である.

これに対して Lejeune (1967 69 f.) は, 上掲の Festus の引用文における puer は「息子」ではなく, filius vel filia「息子または娘」であり, parens「親」(父か母) に平行しているとみる. 即ち, これは līberī「子供たち」の単数形である. そして puer という形には, この līberī の類推が働いているとする. この場合に puer は Gr. paîs にひとしいことになる. Hamp (1971 213 f.) もこれに同調しているが, puer についてはさらに違った仮説をたてている. 出発点としては *putlo- を認めるが, さらに *puto-, ついで *louþero- > līberī の影響から *pŭ̄-ero- を予定し, 語源的に Lat. pūrus「汚れない, 自由な」と関係づけ, 意味的にも līber (ī) と結びつけようとする.

ここで fīlius と puer のどちらがラテン語として古いかを論じることは, 文献的に確証がないから推測にとどまることになる. それよりも Lejeune も認めるように, この二つの語彙の分布の違いにこそ注目すべきであろう. 即ち, puer は Iovis puerō「Juppiter の息子に」のように神の後裔に関して用いられるのに対して, filius は古い碑文以来父の名の属格を伴う, 人間のいわば公式の系譜の表現に用いられ, 神については用いられない. このような分布の差は, ホメーロスの huiós と paîs の間には認められない. 従ってこの伝統はラテン語独自のものであった. このような事実とその分布からみて, fīlius, fīlia がイタリック語派の古い語彙の一つであったことは疑いない.

15. ラテン語では puer と並んで nātus (<gnātus, f. nāta) が fīlius の意味で用いられている. この両者の関係は, Gr. huiós と téknon の関係に似ている. ある場合には, fīlius と nātus にはほとんど区別が感じられない. Plautus Capt. 310. ……tam ego fui ante liber quam gnatus tuos.「わたしはあなたの息子と同様に, かつては自由な身でした」. これは Tyndarus という奴隷が, 実はその父である Hegio に向っていう台詞だが, 316 行では同じ表現に fīlius が用いられている. quam tu filium tuom tam pater me meu' desiderat.「あなたがあなたの息子を求めているように, わたしの父もわたしを恋しく思っている」. 同じ作家の Epidicus 267 行と 288 行でも, gnātus と fīlius は無差別に使われている.

しかしその特徴的な用法に注目すると, 古くは fīlius が huiós と同じように公式の法的な文句を初めとして, 第三者的な「息子」を表していたのに対して, (g)nātus は Gr. téknon に似て情緒的な場にあらわれている. nāscor「生まれる」の完了分詞形という本来のこの形の働きを伝える一例をあげるならば，Terentius Hecyra 279. habui illam ac si ex me esset gnata, nec qui hoc mi eveniat scio.「わたしは彼女をわたしの実の娘として扱ってきた．それでどうなるのか，わたしは知らない」．これは姑のSostrataが嫁のPhilumenaをex me gnata「自分から生まれた娘」のように扱ったのに，憎まれているという場面での言葉である．このような情緒的なnātusが呼びかけに用いられるのは当然である(Delbrück 458; Ernout-Meillet 430; Leumann-Hofmann-Szantyr 740)．Marouzeauによれば，vocativusとしてはPlautus, Terentiusの喜劇においては専ら(g)nātusが用いられ，前者で19例，後者で9例がみられる(1932 370 f., 1935 166 f.)．それはgnate mi「わが子よ」のような表現で，男女を問わず用いられている．mea filia「わが娘よ」というvocativusはPlautus(Rudens 1173)に1例しかなく，ここでは娘に向って自分が父たることを明かすに急であったという特別の事情によるものと判断される．このnātusの用法の分布はVergiliusにもはっきりとあらわれ，108例の中29のvoc.を数える．またそれ以外の格の例でも，nātusは極めて情緒的であるとMarouzeauは述べている．しかし徐々にこの特徴はnātusからも失われていった．これはnāscorの完了分詞としての本来の機能と，その使用度がかなり高いところからも，当然の結果といえよう．

こうして古典ラテン語では，fīliusとともにpuer, nātusが「息子」として用いられるに至った．しかし後のロマンス語の状態からみると，puer, puellaは「少年，少女」としても生き残らなかった．Wartburgの仏語大辞典(Bd. IX 509)をみても，Fr. puéril以外に現在に残る形はない．nātusは分詞というこの形の本来の機能範囲にもどった．そこですべてはfīliusとfīliaによって「息子，娘」が代表されるようになった．それがFr. fils, fille, It. figlio, figlia, Sp. hijo, hija, Rum. fiu, fiĭcăである．

16. インド，ギリシア，イタリックの三語派の「息子」の語彙について検討した後で，その他の語派の形について簡単にふれておこう．

まずアルメニア語には，2節にふれたustrのほかに，ordi(gen. ordvoy)がある．この形の起源は明らかでない．心理的な興奮，動揺を表す語根*er-の拡大形*er-edh-(Gr. eréthō, erethízō「怒らす」)から説明しようとする説があるが，意味上に難点がある(Pokorny 327; Walde-Hofmann I 65)．Meillet(1920 46)はGr. pórtis「仔牛」，Arm. ort'(gen. ort'u)「仔牛」との関係を考慮して*portiyo-を仮定する．これはSkr. vatsá-「仔牛」の愛称的な使い方を参考にすれば，一考に価する語源である．インドではvatsá-が

RV 以来 mātár-「母」に従う「仔牛」として好んで比喩的表現に用いられ(I. 38. 8, III 33. 8, IX 69. 1 etc.)，後にそれは一種の愛称にまでなっている．Solta (324 f.) は Meillet 説にふれながらも，vatsá- は問題にしていない．

ケルト語の OIr. macc, OWelsh map の語源も明らかでない．この形は Macdonald, Mackenzie など，今日でも多くの人名に生きている．*makʷo-，あるいはその *kʷ の重複した形が再建されるが，適確な対応が認められない(Pokorny 696; Feist 339; Vendryes *M-P* 1 f.)．恐らくこれはケルト語に独自の形であろう．この語派では「娘」についても印欧語の *dhug(h)əter- (英 daughter etc.) が失われて，*eni-genā「(家庭の)中に生まれた(女)」(>OIr. ingen) という形に代えられている(Lewis-Pedersen 31)．

アナトリアでは，ヒッタイト語は Gr. paîs と同様に，子供と息子を兼ねた Ideogram DUMU (=Akk. māru) と，その女性形 DUMU. SAL (=Akk. mārtu) が一般に用いられている．それ以外に DUMU. SAL に対して DUMU. NITA という NITA「男の」を伴った形もときにみられる．それに IBILA という Ideogram もある．J. Friedrich (1952 277) はこれを 'Erbsohn' と限定しているが，実例(J. Friedrich 1971 82 etc.)の上から DUMU との区別は必ずしも明らかでない．孤立した Hitt. uwa- (Benveniste 1969 235) という形の実証は疑わしい(J. Friedrich 1952 238)．

Luw. DUMU-anni, 象形の Luw. DUMU namuwaī- (Meriggi 86 f.)，そして Lykia 語には 13 節にあげた tideimi- がある(Pedersen 1945 35, 37; Laroche 1958 188)．ルヴィアでは「娘」を表す語はみられないが，Lyk. kbatra は後述するように *dhugəter- との関係が予想されるから，アナトリアにも印欧語の古い親族名称が完全に失われたとはいえない．Lyd. śuλoś という形に「息子」の意味が推定されてきたが，現在では R. Gusmani (1962 81 f., 1964 227; Frisk II 961) によって否定された．代りに vora- という形が指摘されているが，語源は明らかでない．

Alb. bir については，13 節にあげた biljë「娘」とともに，Lat. fīlius, fīlia からの借用説が古くは有力であった(Jokl 194)．しかし今日では biljë を fīlia と関係づける一方，bir を *bher-「運ぶ，産む」という語根の派生形とみる説が有力であり，また形の上で無理がない(Pokorny 130; Feist 82, 84)．これにはまだ同じ語根に属する Got. baúr「生まれた」, barn「子供」, あるいは Lett. berns「子供」などが参考になろう(Delbrück 461)．Hamp はこの形に強階梯の *bheru̯-V- > *bieru̯-V- > bir を予定し，*sǔnú- に代ったと考えている(1971 220 f.; Lejeune 1967 82)．

17. 「息子」に対する「娘」の対応は一般に *dhug(h)əter- と再建され，印欧語のほぼ全域に指摘されている (Pokorny 277)．各語派の主な形をあげると，Skr. duhitár-, Av. dugədar-, duγδar-, Arm. dustr, Gr. thugátēr (Myc. tu-ka-te, Chadwick-Baumbach I 203, II 168), Osc. futír, Got. daúhtar, OHG. tohter, Lit. duktê, OCS. dŭšti (gen. duštere), Toch. A ckācar, B tkācer, Lyk. kbatra. 現代の英独露語の daughter, Tochter, dočĭ はみなその後裔である．「兄弟」を表す *bhrāter- と並んで，これほど広い対応が認められる語彙は印欧語の中でも極めて少ない．この形を欠くのは，イタリック語派の中のラテン語 (fīlia)，アルバニア語 (biljë「娘」)，それにケルト語 (OIr. ingen) にすぎない．

これらの形の対応には疑う余地がないが，その細部には相違がみられる．インド，ギリシア語派の duhitár- と thugátēr は，語中子音間の *ə の跡を残している．インドでは duhitár- のほかに Pāli dhītā- にみられる二音節の形がサンスクリットにも指摘され，duhitár- も既にヴェーダ期にときとして二音節に数えられていた (Renou 1957 Ai. Gr. Intr. gén. 15)．これは単なる duhitár- の縮約形ではないだろう (Lüders 236 f.)．ただ duhitár- と共通している点は，-i- (<*ə) の要素がみられることである．この事実は，現在いわゆる Indo-Iranian frontier language として注目されている Kafir 語群に属する Prasun 方言の lüšt という形からもうかがうことができる．この形は，*dužitā>*düštā>lüšt を予定するからである (Turner 6481; Morgenstierne 1975 332)．これに対してインドに隣接するイラン語派の Av. dugədar- の -ə- は表記上のもので，ゼロに数えられている (Kuryłowicz 1956 249)．従ってそれは duγδar- と同じ価値で，語中の *ə の消失を示している．OCS. dŭšti, Kafir lüšt と同じように -s- を示す Arm. dustr は，Lit. duktê, Pers. duxtar を参考にすれば，-uk->-us- の変化を予想させる (*dukt->*duct->dust-)．そしてここにも *ə の痕跡は認められない (Meillet 1936 37; Godel 77, 80; Hamp 1970 228 f.)．従って Iran.-Arm.-It.-Germ.-Balt.-Slav. では，この形の語中の *ə は消失したと考えられる．Meillet はこれを一つの方言的現象ととらえている (1922 63)．アナトリア唯一の名残りである Lyk. kbatra は，語頭 kb-<*tb-<*tw-<*tu- と考えられるが (E. Laroche BSL. 62 1967 48)，-a-<*ə は確証がなく，可能性にとどまる．また Toch. A ckācar, B tkācer の -ā-<*ə も，前章3節で pācar, pācer「父」<*pəter- について述べたと同様，疑問なしとしない (Hamp 1971 216)．しかしこの -ā- も一般には，*ə のあらわれと認められている (Thomas-Krause 53; Winter 1965 113, 201; Windekens 22, 29)．

18. *ə の消失の有無よりもこの対応のふくむさらにむずかしい問題は，実は Skr. -hi- と Gr.-ga- の関係にある．伝統的な比較文法によれば，この不規則な対応は代名詞の主格 Skr. ahám: Gr. egṓ「わたしは」，形容詞(n)Skr. máhi: Gr. méga「大きな」(Lat. magnus, Got. mikils, Hitt. mekkis etc.)と並んで，*g /gh の想定による 'idg. Doppelformen oder Dialektmischung' として処理されてきた(Schwyzer I 293; 高津 80; Szemerényi 1970 60)．しかし laryngal 理論によってインド語派の無声帯気音 ph, th, kh が p, t, k+H であるという可能性が認められてから，これと平行的に有声帯気音についても同じような推定が進められた結果，語源的に有声帯気音 gh の想定されるこの形の Skr. -h- についても，*g+H が仮定されるに至った．そこで Skr. duhitár-<*dughitár- と Gr. thugátēr の対応はその H の処理によって解決されたかに思われた．しかし実際には，問題はそのように容易に解決されるものではなかった．まず上にあげた三つの対応は，一見同列にみえながら，実は条件が違っている．ahám: egṓ では，確かにこの理論は有効で，*egHom: *egoH によってそれは説明されよう(Rix 1976 177)．máhi: méga という形容詞も，Skr. máhā- という強語幹をもっているから，それらは *megeH-: *megH- という母音交替を予想させる(Pedersen 1926 47 f.; Ai. Gr. II/2 166 f.; Burrow 1955 228; Mayrhofer II 609 f.)．それでは duhitár- と thugátēr の関係はどうであろうか．もしこれらの形をそのまま再建すると，それは *d(h)ughəter->duhitár-, *dhugətēr>thugátēr となる．この二つの形の間には，形態論的に母音交替の階梯差を想定することはできない．従ってこの -ghə-<*gH-ə- と -gə-(*-geH- / *-gH-C- における -H- の母音化)との違いをどう説明すべきかという点に問題がかかってくる．理論的にいえば，Skr. -hi- <*-gH-ə- は，*geH-eH- を前提としなければならないであろう(Hammerich 1948 16)．この再建は無意味であることはいうまでもない．この二つの形はどうしても同一の基礎から導かれなければならない．

そこで *pəter- の場合と同じように dynamic theory を適用すると，曲用の中での *dhugə-, *dhugH-ter- の分布が予想される(Kuiper 20 f., IIJ. 18 1976 243 f.)．*dhugə-ter-> Gr.(nom.)thugátēr に対して，*dhugH-ter->*dhughter- は Bartholomae の法則によって *dhugdher- となり，イラン語派(Av. duγδar-)の形の基となるであろう．しかし Skr. duhitár- は，この二つの形のいずれからも直接導くことはできない．H の母音化(=*ə> Skr. i)と g の帯気音化を兼ねた形は存在しないからである．そこでこうした仮定に依る限りは，止むをえずKuryłowicz(高津125 f.)がかつて試みた*ə=H_eのような想定にもどらざるをえない．即ち，*dhug$H_e$ter->*dhughiter->Skr. duhitár- / *dhugHter->*dhugter->*dhuktr-のような -H_e- / -H- の交替の想定である(G. Schmidt 52, 58). このə secundumの復活による説明は，すでに破棄された理論によるもので，とうてい認め難い．またこの場合に*dhugHter-という再建から出発して，インド，ギリシア語派の形を'anaptyktische Vokalentwicklung'と説明することも，その発生の条件が明確に規定されない以上充分な説得力をもたない(Martinet 144 f.; Lindeman 89; Manessy-Guitton 664 f.).

Skr. duhitár- とAv. dugədar-, duγδar-を比較すると，イラン語派の形は -ght->gdh-においてBartholomaeの法則の適用を示す一方，インド語派の形には dhugh->duh-においてGrassmannの法則が作用しているように思われる．インド・イラン語時代に*dhugHter->*dhughtar-が生じたとすれば，イラン語ではBartholomaeの法則が作用して*dhughtar->*dhugdhar->*dugdhar->Av. duγδar-となっていった．インドでは*dhugH-tar-からただちにHの母音化を予想すればSkr. *dhugitar-(=Gr. thugátēr)となってGrassmannの法則は作用せず，duhitár-に至ることはできない．従ってSkr. duhitár-は*dhugəter->*dhugitar-と，*dhugH-ter>*dhugh-tar->*duh-tar-のcontaminationによって生じたと考える以外に，この仮定からの発生は説明できない．Kuiperによれば，上に述べたように*dhugə-ter- / *dhugH-ter-という強弱格の配分からは，Skr. *dhugitar-という強格形が予想される．この形が弱格形の*dhugh-tar-から*-gh-を採用して，*dhughitar->*dhujhitar->duhitár-になったという．この形の形成は，Bartholomaeの法則の作用する以前のことでなければならない．なぜならば，この法則が加わると，*dhughtar->*dugdhar-となってしまうからである(IIJ. 18 1976 244). このKuiperの解釈は完全なcontamination説にほかならない．

筆者の考えでは，この形の語源解釈がどうあろうとも，*dhugH-ter-から出発しなければならない．これがHの母音化によってGr. thugátērにつながることは上述の通りである．一方多くの語派では，この語中のHは消失した．インド語派もこの形を基礎に考えれば，*dhugh-ter->*dugh-tar->*dug-dhar-が想定される(Kiparsky 1971 63, 1973 122). これは結果としてイラン語派の形に通じる．そしてその形は，語源的にこの名詞の派生の基になったと思われる語根duh-「乳をしぼる」のp.p.p. Skr. dugdhá-，あるいはそのnomen agentis dogdhár-「乳のしぼり手」にもあらわれている．しかし*dugdhar-とSkr.

duhitár- を比較するとき，duhitár- の成立は *dhugh-tar->*dugh-tar- に Bartholomae の法則が作用する以前の段階でこれに -i- の挿入を予想せざるをえない(Burrow 1955 87)．確かに Manessy-Guitton が上掲論文(663)で指摘する通り，Skr. duh- という語根に二音節の duhi- という語幹は認められない．従って duhitár- の -i- は，なんらかの類推的なものに違いない．二つの形態素が連続した場合に，-gh-t- という連続はサンスクリットにおいては Bartholomae の法則によって -gdh- となる．そこで生じた *dugh-tar->*dugdhar- という形は，-tar- をマークという親族名称の特徴を失ってしまう．そこに類推的な -i- の挿入が起る可能性が考えられよう．これはインド語派で作られた形である．われわれはこの語派の中で，-tar- / -i-tar- の動揺の事実を知っている(Ai. Gr. II/2 675 f.)．また Gr. eruthrós, Lat. ruber(英 red etc.)「赤い」に対応する Skr. rudhirá-, róhita- のような Skr. -i- を知っている(Mayrhofer III 67 f., 81 f.; Ai. Gr. II/2 361; Bloch 1965 86)．そしてサンスクリットでは，-h-tra-, -h-tva-, -h-tā- のような有声の h と t の連続は許されない．そこにも Bindevokal として，この形に -i- の介入を認めることができよう．最近 Szemerényi は，*dhugH-ter->*dhugəter- から metathesis によって *dughəter>Skr. duhitár- を説明しようと試みた(1977 22)．しかしこの形には Grassmann の法則を考慮しなければならない以上，metathesis の仮定は認め難い．

19. この「娘」を表す形の語源については，これまでに確定的な解決はえられていない．既に古代インド人もその分析に迷っていた．Nirukta III 4. duhitā durhitā / dure hitā / dogdher vā /「duhitā とは '不幸な'，'はなれていて幸福な'，あるいは duh- '乳をしぼる'(の派生形)」．この三つの解釈の中で，終りの duh- との関係が近代の学者によって早くから注目された．しかしこの *dheugh- という語根の原意は，明確には規定しにくい．Pokorny(271)は 'berühren, (sich gut treffen), drücken, ausdrücken, melken, reichlich spenden' としているけれども，これは恐らく Benveniste(BSL. 30 1929 73 f.)に従ったものであろう．L. Deroy は，この語根の対応形の一つである Gr. tugkhánō「出会う，たまたま……になる」の意味から考えて，「娘」を 'la trouveuse, la quêteuse' と考える(1962 159 f.)．つまり，娘たちは狩をする代りに食物を 'trouver' ことが仕事であったからだという．P. Friedrich(1966A 8)によれば，娘が「乳をしぼり，これを集める」ということは，インド・イラン人やロシアのコサック人の間で行われているという．この解釈は，*dheugh- に「乳をしぼる」という原意を仮定した上で有効となる．このように語根

*dheugh- と「娘」との関係は，形の上では可能だが，意味の面ではあまりに漠然としているために，多くの学者は否定的で，Pokorny, Frisk, Chantraine はこの語源解釈をまったくとりあげていない(Manessy-Guitton 663 n11; G. Schmidt 37 n6). 前節で示した *dhugH-ter- という再建形にしても，前分を展開すれば *dheug-H- / dhug-eH- となる．しかし対応によるその実証はえられていない．

20. *dhugH-ter- という形の解釈とその語源について考察した後で，われわれはこの語彙をめぐる他の形についてふれておこう．

インド語派では，sūnú-「息子」を中心に putrá-, suta-, ātmaja- などの同意語があったと同じように，duhitár- とともに上記の「息子」の形の(f) putrī-, sutā-、ātmajā- が作られている．putrī- は 10 節に指摘したように，初めは合成語の後分に -putra- の対語として用いられ，後に独立した形である．「……の娘」をあらわす合成語の後分に，duhitár- は sūnú- 同様用いられることはなかった．しかし putrá- と違って putrī- は独立してもほとんど力がなく，近代に至るまで duhitár- が「娘」を独占し，インド全域に分布している．

さて duhitár- とかなり接近して用いられる語彙で，「息子」とは無関係の形に kanyā̀「乙女」がある(Mayrhofer I 153 f.; Turner 2737). そして，その用法は，後述する Gr. kórē のそれに比較される．「……の娘」の表現には duhitár- が用いられるし，息子に対する娘をいう場合にもこれが用いられる．Ait. Br. VII 13. 8. sakhā ha jāyā kr̥paṇaṁ ha duhitā / jyotir ha putraḥ parame vyoman.「妻は友，娘は不幸，息子は最高天にある光」．これに対して例えば「娘を嫁にやる」(vivāhayed kanyām Manu IX 88, Ind. Spr. 6300) という表現では，kanyā̀ が専ら用いられる．Manu III 51. na kanyāyāḥ pitā vidvān gr̥hnīyāc chulkamaṇv api / gr̥hṇáṁś chulkaṁ hi lobhena syānnaro 'patyavikrayī //「父は(法を)知っているならば，わずかでも結納を娘のためにもらってはならない．なぜなら，貪欲によって結納をもらえば，その者は子を売る人となるからである」. Ind. Spr. 1823 kulaṁ ca śīlaṁ ca sanāthatā ca vidyā ca vittaṁ ca vapur yaśaśca / etān guṇān sapta parīkṣya deyā kanyā budhaiḥ śeṣam acintanīyam //「家柄，心がけ，保護，知識，富，容姿，名誉，この七つの徳を熟慮して賢者は娘をあたえるべし．その他のことは考慮に及ばず」．

21. ホメーロスでも huiós と paîs, téknon が「息子」に共存していたと同様に，「娘」

にも thugátēr とともに koúrē「乙女」(=Att. kórē)が同意語としてしばしば用いられている．koúrē の(m)koúros を huiós に代用した例は Od. 19. 523 にしか指摘されない(Gates 11, 66 f.)．そのほかには固有名詞として Dióskouroi，そして ákouros「男の子のない」という合成語が Od. 7. 64 に一回みられるにすぎない．従って koúros「息子」は koúrē「娘」ほどに一般化していなかったといえよう．一説には kórē が古く，kóros はその派生形ではないかと考えられている(Frisk I 920 f.)．しかしミュケーナイ文書には既に両形ともみられるから，kórē がより古いと断定する積極的な証拠はない．しかしその後のギリシア語史全体をみると，kóros は Lat. puer と同じように近代に至らずに消滅したのに対して，kórē は thugátēr とともに近代語に生き，thugátēr よりもむしろ多用される傾向にあるといわれる．その意味で，kórē と kóros は完全に対の関係にはなかったと考えられる．

thugátēr と koúrē の平行した例をあげておこう．Il. 2. 491. ei mḕ Olumpiádes Moûsai, Diòs aigiókhoio / thugatéres, mnēsaíath' hósai hupò Ī́lion êlthon・「もしアイギスの君ゼウスの娘であるあなた方オリュンポスのムーサたちが，イーリオスにきたすべての者たちを教えてくれなければ」．同597. steûto gàr eukhómenos nikēsémen, eí per àn autaì /Moûsai aeídoien, koûrai Diòs aigiókhoio・「たとえアイギスの君ゼウスの娘ムーサたち自身が歌っても，勝つぞと彼が豪語したからである」．因みに Moûsa は，Od. 8 488 行では Diòs paîs「ゼウスの子」とも歌われている．このほか女神 Athḗnē(Athenaíē)も，Diòs thugátēr(Il. 2. 548)とも koúrē Diós(Il. 5. 733)「ゼウスの娘」ともよばれている．Aphrodítē についても同様の表現が Il. 3. 374 と 20. 105 にみられる．これらの例から明らかなように，thugátēr と koúrē は huiós, paîs と同様に，属格の神名，人名を伴うことが多く，特に koúrē は「娘」の意味ではほとんどこの文脈に限られている(Gates 11, 66)．

ホメーロスでは vocativus の例は僅少だが，悲劇では thugátēr，kórē，そして paîs が併用されている．例えば，ô Pelíou thúgater「おおペリアースの娘よ」(Eur. Alc. 435)，Agamémnonos ô kóra，…Ēlektra「アガメムノンの娘，エレクトラよ」(Eur. Elec. 167)，Agamémnonos paî, klûthi「アガメムノンの子よ，聞け」(Eur. Elec. 1238)．このように属格の人名を伴った表現はいずれも第三者的なものだが，親が娘をよぶ場合にも，Hekabe は Poluxene を thúgater とよんでいる(Eur. Hec. 334)．もちろん「息子」の場合と同じように，親が娘を paîs, téknon でよびかけていたことは次ぎの例からもうかがうことができよう．Eur. IA. 1220. prṓtē s' ékalesa patéra kaì sù paîd' emé・/ prṓtē dè gónasi soîsi sôma doûs' emòn / phílas khháritas édōka kántedexámēn. / lógos d' ho mèn sòs ên hód' • Ârá s', ô téknon, / eudaímon' andròs en dómoisin ópsomai,「初めてわたしがあなたを父とよび，そしてあなたがわたしを子とよんだのです．わたしが初めてその膝にわたしの身体をよせて，父上といとしさをわけ合ったのです．あなたの言葉はこうでした．いとしい娘よ，夫の館では仕合せに暮すお前をみることがあるだろうか」．これはIphigeneiaが父Agamemnonへ訴える言葉である．なおkórēを単独で娘へのよびかけに用いる例はみられない．

ラテン語では14節に述べたように，puerが神名の属格を伴って「息子」の意味を表すことがあるが，その(f)puellaがkórēのように「娘」に用いられることはない．その意味では，Gr. kóros-kórēとLat. puer-puellaの関係は平行していない．

22. 「娘」に関する語彙の検討を終えるに当って，なおいくつかの形について説明を加えておきたいと思う．一つは17節に*dhug(h)əter-の対応中にあげたイタリック語派のOsc. futír<*fuhtirという形の解釈である．これはVetterのテキストNr. 123, 147B, 175にみられる形で，従来この対応の中に認められ，この語派における*dhug(h)əter-の存在を示す証拠とされてきた(Lejeune 1967 72 f.)．この形でみる限り，語中の*əは消失している．しかし18節で説明した*dhugHter-から出発してHの母音化を考えると，イタリック語派では*dhugəter->*þuxater>*fufaterの可能性も許される．Gr. genétōr, Skr. janitar-に対応するLat. genitor「産みの親，父」に対して*ĝenə-が予想され，語中音節の*əはこの語派で必ずしも消失したとはいえないからである．そこでHamp(1971 216 f.)は，この形についてもLat. fīliusと同様に*bhū-という語根を想定し，*bhū-ter- 'celui qui devient, grandit'を仮定しようとする．この語源解釈は形式的にはfīliusの場合より無理がないが，意味上からは適切でない．もしこの説を認めれば，イタリック語派はケルト語派とともに印欧語の古い「息子，娘」をともに失ったことになる．OIr. ingenは既述のように合成語であり，Welsh merch, Bret. merc'h「娘」は本来「少女」である．

23. 息子と娘に関係する補足事項として，庶子と養子についてふれておこう．

ホメーロスでは，gnḗsios huiós「嫡子」に対して「庶子」はhuiós nóthosとよばれている．それはmḗtēr pallakís「妾」の子である．彼らは後のアッティカでは，Solonの法によって相続権がなかった．Aristoph. Aves 1649. tôn gàr patrṓiōn oud' akarê métestí soi / katà toùs nómous・nóthos gàr eî koủ gnḗsios.「父の財産の髪一本でもあなたに関係はない．法律によってだ．あなたは庶子で嫡子ではないから」．当時は ṓn ge xénēs gunaikós「外国人の女から生まれた子」(1651) も庶子であった．サンスクリットの庶子 gūḍhotpanna-「ひそかに生まれた」(Manu IX 159) は内容が明瞭だが，Gr. nóthos の語源は明らかでない (Frisk II 321 f.; Chantraine 755)．J. Puhvel (Lg. 29 1953 23) はこれを Skr. vadhū́-「若妻」(<*Hu̯edh-) と関係づけて *sHn̥-Hu̯ôdh-「側室」と解釈しているが，この形は Gr. *anāwoth- となるべきであるから認められない (Beekes 1969 103 n46)．nóthos は恐らく地中海語の一つであろう．

同じ意味をもつ Lat. spurius もエトルリア起源だろうと推測されている (Meillet 1928 84; Walde-Hofmann II 581)．因みに現在の英独語の bastard, Bastard という形も，Kluge-Mitzka の記述によると，元来は OFr. bast ‘密通’ に発している．そしてこれはもとはゲルマン系の語彙で，Bastarnen という，ゲルマン人の男と外国人の女との結婚が盛んな部族の名に因むものであるという．ヒッタイト語では ideogram DUMU「子」と Akk. SALeširtu「妾」で表されている (J. Friedrich 1952 307)．これらの形をみると，いずれも「庶子」の起源はあまり判然としないが，サンスクリットで「壺」の意味をもつ kuṇḍa, gola (ka) -, kumbha- という語がいずれもさまざまな庶子を表すという事実は興味深い (Thieme 1939 142)．これらは民衆の感じた庶子への euphemism のあらわれであろう．

一夫多妻制の性格をもつ古代の社会では，庶子はしばしば実子と同じ家にいた．そして彼らはやはり忌避される存在であった．例えば Od. 14. 200 行以下はそのよい一例であるが，次ぎの例もその頃の事情を映している．Il. 5. 69. Pḗdaion d’ ár’ épephne Mégēs, Antḗnoros huión, / hós ra nóthos mèn éēn, púka d’ étrephe dîa Theanṑ / îsa phíloisi tékessi, kharizoménē póseï hôi.「アンテーノールの子ペーダイオスをメゲースが殺した．彼は庶子であったが，輝くテアーノーが夫の気に入るように，自分の子供たちと同じように大切に育てた」．Eur. Androm. 222. ô phíltat’ Héktor, all’ egṑ tḕn sḕn khárin / soì kaì xunḗrōn, eí tí se sphálloi Kúpris, / kaì mastòn ḗdē pollákis nóthoisi soîs / epéskhon, hína soi mēdèn endoíēn pikrón.「おおいとしいヘクトール，愛の女神があなたを誤らせたときに，わたしはあなたの浮気を手伝ってあげたのです．そしてあなたに嫌な思いをあたえないために，これまでにいく度もあなたの庶子たちに乳房をあたえたものです」．

24. 古代には人間の寿命も短く，生活の危険も多い．戦いもしばしば行われる．その

ために，当然家の相続者たる息子を欠くという事態が起ってくる．これはどこの世界でも予想される不可避的なことである．そこで家系を守るために適当な手段が講じられなければならない．その一つが養子制度である．

Schrader-Nehring (I 51 f.) はこの制度について，養子をとるという表現が印欧語において一定していないから，この習慣が共通基語の時代に存在していたとはいえないと述べている．Schrader-Krahe (98) もこれをうけて，同じ主張をくり返している．これに対して E. Hermann (1918 230 f., 1934 34 f.) は，表現はともかくとして，養子を自分の子供と認知するために実子と同じように膝におくというような風習が印欧語族の各地にみられるから，この習慣は恐らく早くから存在していたに違いないと考えている．

養子を迎えるということは，真に実子がいない必要性に基づく場合もあれば，ローマ時代のように意図的な場合など，さまざまな理由が予想される (Crook 111 f.)．ここでは古代社会の文献から，そのいくつかの例をあげるにとどめたい．古代メソポタミアでは，早くから子供のない人が養子をとるということが認められて，シュメールの家族法もこのテーマを扱っている．養子の相続権は契約によって保証された (Schmökel 1961 145 f.)．シュメール，アッシリアの強い影響をうけたヒッタイト語族も，この習慣に早くから通じていたらしい．有名な Hattušiliš I 世のヒッタイト語とアッカド語による遺書は，その一例を示してくれる (Sommer-Falkenstein 33, 67)．まず王は姉妹の息子を皇太子として自分の息子にする (II 3. ……LUGAL-ša-an-za DUMU-la-ma-an hal-zi-ih-hu-un……「王たるわたしは彼をわたしの息子とよんだ」)．この姉妹の息子，つまり女系の甥を将来の王に迎えようとすることは，当時この社会を母系制が支配していたことを暗示するものとも考えられる．さてこの養子は，冷たく情に欠け，実の母の言葉にのみ耳を傾けている．そこで怒った王は Muršiliš を養子として迎えいれ，これを王位後継者と宣告する (II 37. ka-a-aš-ma mu-ur-ši-li-iš DUMU. *IA* nu-za a-pu-u-un še-ik-te-en / nu-uš-ša-an a-pu-u-un a-še-eš-te-en……「みよ，ムルシリスがわが息子なり，汝らは彼を認めよ，そして彼を王位につけよ」)．

次ぎにインドの場合をみてみよう．古代において既に Viśvāmitra 仙に Śunaḥśepa が養子として迎えられたという事実がある (Ait. Br. VII 17. 2; Macdonell-Keith II 385 f.)．またさらに古く RV にもその習慣の痕跡が認められる (Macdonell-Keith I 528; Zimmer 318)． VII 4. 7-8. pariṣádyaṁ hy áraṇasya rékṇo nítyasya rāyáḥ pátayaḥ syāma / ná śéṣo agne anyájātam asty ácetānasya mā́ pathó vi dukṣaḥ // nahí grábhāyā́raṇaḥ suśévo 'nyódaryo mánasā mántavā́ u / ádhā cid ókaḥ púnar ít sá ety ā́ no vājy àbhīṣā́ḷ etu návyaḥ //「なぜなら，見知らぬ人の財産は移しかえられるべきもの，われらはわれら自らの富の主たらん．アグニよ，他人の子は後裔ではない．心なきもの(となるわがため)に，道を空しくするなかれ．なぜなら，見知らぬ人(の息子)は抱くほど愛らしくなく，腹違い(の息子)は心に思うに(ふさわしくない)．そこで彼は再び故郷に帰る．新たなる力強き勝利者われらに来たれ」(Renou 1964B 55 f., 141)．古註によれば，これは実の息子を殺されたVasiṣṭha仙のアグニへの願いに対し，神が養子をすすめた．それに対するVasiṣṭha仙の言葉といわれている．anyá-jāta-, anyódarya-「他人の子」への率直な古代人の不信な気持が歌われている．古典期の法典の規定によれば，養子は datta-(Manu IX 159, Baudh. Dh. S. II 2. 3. 20), dattaka-(Yājñ. II 130)，または dattrima-(Manu IX 141, 142, 168)，即ち，父と母，またはその一方によって「あたえられた」者である．このうち dattaka-は Pāli dinnaka-, Pkr. diṇṇaya- となり，近代語に及んでいる(Turner 6140)．養子のもう一つの表現は，kṛtrima-(Manu IX 159, 169; Yājñ. II 131; Baudh. Dh. S. II 2. 3. 21)，または kṛtaka- といわれる．これは「(養子に)された」者，あるいは，ある人が「(養子に)した」者の意である．Yājñ. Smṛti の規定では，それは dattātmā「自らをあたえた」，svayamdattaḥ「自らあたえた」とされている．彼は aurasa-, urasya-「嫡出の」子と同じように，遺産の相続権をもっている(Manu IX 141; Kirfel 287; Thieme 1939 132)．

ホメーロスの時代に同じような習慣があったのだろうか．Phoenix が Akhilleus に語る次ぎの言葉の中に，それが暗示されている．Il. 9. 492. hỗs epì soì mála póll' épathon kaì póll' emógēsa, / tà phronéōn, hó moi oú ti theoì gónon exetéleion / ex emeû・allà se paîda, theoîs epieíkel' Akhilleû, / poieúmēn, hína moí pot' aeikéa leigòn amúnēis.「神々がわたしの子が生まれるのを許されないことを思って，わたしはお前のために実に多くのことを忍び，また多くの苦労をした．神さながらのアキレウスよ，いつかお前がわたしをいまわしい苦労から守ってくれるようにと，お前をわたしの子にしたのだ」．歴史時代に有名な Gortyn の碑文には，次ぎのように刻まれている(Buck 1955 321)．X 33. Ánpansin ḗmēn ópō ká til lêi. ampaínethai dè kat' agoràn katawelménōn tôm poliatân apò tô láō ô apagoreúonti.「人は望むところで養子をとることがあるべし．市民の集るアゴラで，それを人々が告げる石で，養子をとることを告げるべし」．後のアッティカの制度では，養子の認定は，自分の子よりも慎重に養子となる者はフラートリアで紹介され，一族の認可をうける必要がある，と規定されている(Andrews 93, 123; Lacey 145 f.)．いずれにしても養子を迎える場合は，そのことを一族に周知せしめなければならない．インドでも Vasiṣṭha 法典(XV 6)によると，その際には一族を集め，その意図を王に告げ，家のかまどに供物を捧げよと定められている(Herodotos VI 57; Scheller 401 n9).

さてギリシア語では，実子 gnḗsios, 即ち，結婚によって生まれた子に対して養子は，poiētós, または thetós といわれ，「養子にする」という動詞は一般に huiòn poieîsthai, títhesthai によって表される(Scheller 400 f.). これは上にあげた Skr. kṛtrima-, kṛtaka-, その動詞表現 putram-kṛ と相通じるものがある．そしてまたこれは，近代英独語の make children, Kinder machen と同じ表現である．Scheller の指摘するように，gnḗsios と Skr. jā́tya-「一族の」の対応や上述の養子を表す表現の一致は興味深い現象であり，この習慣のさらに古い伝承を物語るものかもしれない．

25. 養子制度と並んで，これを裏付ける風習として，養子とした子を膝にのせ，自分の子と同様にこれを認知するという習慣が伝えられている．このほかに子供を膝にのせるという行為としては，結婚式のときに将来男の子がえられますようにという願いに基づいて，花嫁の膝に男の子をのせる，いわゆる 'Schossknabe' がある(Schrader-Nehring I 474.; Schrader-Krahe 81). またこれとは別に，生まれた子を膝にのせるという習慣があり，これは子供を正式に認知するという意味をもつと解釈されている．その習慣を物語る一例をあげると，Il. 9. 453. ……patḕr d' emòs autík' oïstheìs / pollà katērâto, stugeràs d' epekéklet' Erinûs, / mḗ pote goúnasin hoîsin ephéssesthai phílon huiòn / ex eméthen gegaôta・「わたしの父はすぐにこれを知って，わたしにはこの膝にわが子としてすわる子が生まれることがないようにと，はげしく呪い，憎むべきエリーニュスをよんだ」. I 章 22 節にふれた Od. 19. 399 行以下の場面でも，Eurukleia は娘の生まれたばかりの子 Odusseus を epì goúnasi thêke「膝においた」. しかし，父親でなくとも，近親者が膝におくということが，なぜその子の認知につながるのだろうか．

この疑問の解決になんらかの指示をあたえるものに，Lat. genuīnus という形がある．これは ingenuus の同意語で「生来の，本来の」という意味をもつ形容詞だが，父親が膝にのせて認知した赤子についても用いられた．この形は明らかに，一方では Lat. genō, gignō「産む」(g)nāscor「生まれる」という動詞の語根に関係する．と同時に他方では，Lat. genū「膝」(英 knee, 独 Knie etc.)の派生形のように思われる．そしてさらに Lat. (g)nōscō「知る」とも関係するのではないだろうか．これらはいずれも印欧語のもっとも古い層に属する語彙である(Pokorny 373 f., 376, 380 f.). とすれば,「産む」「膝」「知る」につながるこのような形の存在は, まさにその昔の Schossknabe の習慣の名残りといえよう. Meillet (1926 54 f.; Ernout-Meillet 273) のこの論旨をうけて M. Cahen (1926 56 f.) は, ONorse knésetja「養子縁組み」, knésetningr「養子」などの語彙と「膝」との関係を立証し, ゲルマン語に同じ習慣の痕跡があることを指摘した. また Benveniste (1926 51 f.) もイラン系のソグド語の中に同じ事実を発見した.

もっともこの Meillet の Lat. genuīnus の理解には, 異論がないわけではない. この形容詞の使用範囲は 'non adoptivus'「養子でない, 本来の(子)」という人間に関係するものではなくて, 主に virtus「徳」のような名詞であるという点が, M. Leumann (Gl. 18 1926-27 270, Gr. 327) によって強く指摘されている. しかし P. Thieme (1939 134 f.) は Schwyzer の理解に基づいて, 再びこれを 'dem [eigenen] Schoss (=dem Knie) zugehörig =proprius, suus' と解している. そしてこの理解は, 先にあげた Skr. aurasa-, urasya-「嫡出の」(=Lat. genuīnus) の派生の基にある uras-「(女の)胸」に「膝」の意味もよみとれるという傍証によって支持されている. しかし古代インドにおいて養子となるということと膝におくという行為のつながりを示す例として問題になる, Śunaḥśepa が Viśvāmitra の aṅkam āsasāda「膝にすわった」(Ait. Br. VII 17. 2) という表現については, Thieme は 'Zeichen dessen, daß man sich in seinen Schutz und seine Gewalt begibt' (134 n2) と述べるにとどめている. この「膝」と養子をふくめた子供の「認知」の関係の解明のためには, 非印欧語族などの事実をさらに広く検討する必要があるだろう.

26. 養子をとるという方法のほかに, 家系を絶やさない手段として, Gr. epíklēros, Skr. putrikā- とよばれるものがある. 即ち, 息子のない人が「娘を相続人」とすることである.

ギリシアでは epíklēros といわれる制度は, アテーナイのみならずスパルタその他各地で認められていた. epíklēros とは「財産とともに処分されるもの」の意味である. 息子のいない父は, 遺言によって娘の夫を定め, その夫は娘とともにその父の財産を受けとることができる. 遺言がなければ, もっとも近い血縁の者がその娘と結婚する. そこで二人以上の権利者があらわれると訴訟になる. Aristophanes の Vespae 583 行以下も, この辺の事情を扱っている (Lacey 24, 89, 139 f., 202, 229 f.). Gortyn の碑文 (VII 15, Buck 1955 318) にも,「相続娘はその父の兄弟, その最年長者と結婚せよ」という主旨のことが規定されている．

この問題に関連して，最近 H. Scharfe (1964–65) によってとりあげられた語彙に Gr. thugatridoûs, Skr. dauhitra '(Erb) tochtersohn' がある．これらは明らかに Gr. thugátēr, Skr. duhitár-「娘」の派生形で単に「娘の息子」と解されてきたが，Scharfe はこれに putrikā- の息子，つまり「相続者としての娘の息子」の意を想定する．この Herodotos に始まる Gr. thugatridoûs は，adelphidoûs「兄弟または姉妹の息子」，anepsidoûs「いとこの息子」などと同じ接尾辞をもっている．しかし「娘の(息)子」というときには，huiós / paîs tês thugatrós のような記述的な表現がふつうに用いられている (Od. 19. 400, Hd. III 2 etc.)．従って，Scharfe はこの点に言及していないけれども，このような特殊な形を孤立的に用いることは，単なる「娘の子」以上の特別の要求があったと考えられる．その点からも Scharfe の論証は裏付けられると思う (IV 章 15 節)．

Skr. putrikā- とその息子 dauhitra- の用例については Scharfe の研究にくわしい．dauhitra-，即ち putrikā-suta- (Manu IX 140 = pautrikeya-) は，自分の父の息子であると同時に，母 putrikā- の父の相続者となる (Manu IX 193)．これによって，putrikā- の父は死後その霊を祭る子孫をうることができる．インドでは兄弟のない娘の生活は，RV 以来非常に悲しいものとされている (RV I 124. 7, IV 5. 50; Winternitz 1920 22)．古典文学においても Śakuntalā の例を初め，その事実はしばしば語られている (Jayal 93 f., 249 f.)．従ってこの娘に婿を迎えて家を守るということは，あらゆる意味で必要なことであった．そのためか，この習慣は印欧語社会の各地に指摘されている．南スラヴ，ペルシア，アルメニア，アフガニスタン，ローマなど，その分布は広い (Schrader-Nehring I 258; Scharfe 266; Hermann 1934 51)．Dillon-Chadwick (27) によれば，ケルト人の社会にもこの習慣が古くからあったことは，Ir. ban-chomarba「女相続人」という語に示されている．これは 'a common Indo-European tradition' というべきであろうか．

第IV章「孫」

1. 序.
2. *nepōt- とその対応. *nepot- の可能性について.
3. *nepōt-, *nepot- の分析と語源解釈.
4. Skr. nápāt-, náptar- について.
5. 属格名詞を伴う Skr. nápāt- の用例. sūnú-, putrá- の表現との比較.
6. Skr. nápāt- の独立的用法とその意味.
7. AV における nápāt-.
8. Skr. paútra- とその用例にみられる文脈的な特徴.
9. Skr. paútra- と putrá- の関係.
10. Skr. nápāt-, náptar-, paútra- の分布. Aśoka 王碑文の用例.
11. イラン語派における *nepot-.
12. Hitt. haššа hanzašša について.
13. Gr. paidòs paîs.
14. Gr. huiōnós とその用例.
15. Gr. huidoûs と paidòs paîs 型の表現.
16. Gr. ékgonos について.
17. Gr. népodes の解釈.
18. Lat. nepōs の用例.
19. ロマンス語における「甥, 姪」の意味.
20. Arm. tʻoṙn etc. について.

1. 印欧語の「孫」を表す語彙の対応は,「祖父母」のそれに似ている.「祖父母」には, grand-father 型の合成語, Gr. patròs patḗr「父の父」のような記述的表現, あるいは Gr. páppos にみる幼児語タイプの形, そして Lat. avus に代表される孤立的な形など, その表現に統一がなく, それらの種々な形が各語派にばらばらに分布していた.「孫」の場合も同様で, 現在の英独仏語の nephew, Neffe, neveu などの原型である *nepōt- で表される極めて孤立的な形の対応のほかに, Gr. paidòs paîs「子の子」のような記述的表現, Skr. paútra- にみる putrá-「息子」からの派生形, それに比較的新らしい grand-son 型の合成語など, さまざまなタイプがあり, しかもインドやギリシアではこれらの違った表現が価値的な差別もなく共存している. 元来「孫」は祖父母との関係においてとらえられる

概念であり，その語彙の用いられる場も限られていて，その必要性も低い．ギリシア語では，祖父母が孫によびかけるとき，息子や娘と同じように paîs か téknon を用いればよかった(Eur. Troiad. 790, Herodotos I 121, Xenophon Cyropaideia I 3. 11 etc.)．「孫」は「息子」にくらべて，はるかに社会的な重要性に乏しい．従ってこれを端的に指示する語が基語時代になかったとしてもふしぎではないだろう．

2. そこで各語派の「孫」をめぐる語彙を検討する前に，*nepōt- と再建され，しかも広い分布を示す形について考えてみたいと思う．その「孫」を表す対応はインド・イラン語派の Skr. nápāt-(náptar-), Av. napāt- から，Lat. nepōs (gen. nepōtis), Lit. nepuotis (Fraenkel 1948-50 61), Alb. nip(Jokl 17 f.)に広がり，さらに「甥」の意味で OIr. nia (gen. niath, Vendryes N–15), MWelsh nei, OHG. nevo(>Neffe)など，ヨーロッパ各派に及んでいる．またこれらに対する女性形も平行して指摘される．Skr. naptī́-, Av. naptī-, Lat. neptis, Lit. neptė̃, OHG. nift(>Nichte)「孫，姪」, OIr. necht「姪」, Welsh nith などのほか，ORuss. netijĭ「姪」のような派生形もいくつかみられる(Pokorny 764)．ギリシア語派には anepsiós「いとこ」という合成的派生語しかない．結局この対応に無関係の語派はアナトリア，アルメニア，トカラの三派にすぎない．そして nephew を初めとする近代語で明らかなように，Germ.-Slav.-Celt.-Alb.，それに Italic の新らしい層に「甥，姪」の意味が有力にでている．この「孫」との間の意味の動揺については，VIII 章で改めてとりあげることにしたい．

*nepōt- という -ō- の再建形は，Skr. (nom.) nápāt と Lat. nepōs の常に長い母音 -ō- に拠っている．しかしこれには *nepot- の可能性も否定できない．後述するように，この形を語源的にいかに分析すべきか，明解な答えはえられていない．従って当然この母音の長短の正体もみきわめにくいことは確かだが，私見では Av. (sg. abl.) naptō, (pl. loc.) nafšu, あるいは Skr. (pl. dat.-abl.) nádbhyaḥ<*nabd-bhyaḥ<*napt-bhyos, あるいは上にあげた多くの女性形の示す -pt- というゼロ階梯から考えて，形態論的に極めて孤立的な *-ō- を仮定するよりも，*nepot- を基礎とするほうがよいと思う．Skr. nápāt, Lat. nepōs の長母音は，主格における延長階梯とその一般化と解せられよう(Burrow 1955 164; Ai. Gr. I 270, III 233; Szemerényi 1977 48)．

3. この形の語源解釈は，*nepōt- を仮定すれば，ほとんど分析の余地はない．しかし Delbrück (503 f.), Walde-Hofmann (II 162) の引用する E. Leumann (Festgruss an O. Böthlingk 77, Stuttgart 1888) の説によれば，父を亡くした子が祖父やおじに育てられている状態を想定して，'unbeschützt, Unmündiger, Unselbständiger' という原意からこの形の表す '孫，甥' への転意が説明されている．この語源説の背景には，II 章 5 節で問題にした *pəter- と *pō(i)-「守る」との関係づけがあり，その否定形 *ne-pō-t- から 'unbeschützt' という意味が導かれているように思われる．

そしてこの解釈は遠くインド文典家 Pāṇini にさかのぼるものである．その VI 3. 75 の規則はいう．nabhrāṇ-napān-navedā nāsatyā namuci-nakula-nakha-napuṁsaka-nakṣatra-nakra-nākeṣu prakṛtyā // これを 73, 74 の規定を考慮して訳せば，「nabhrāj, napāt, navedas, nāsatyā (dual), namuci, nakula, nakha, napuṁsaka, nakṣatra, nakra, nāka においては，(否定詞 na は) 本来のまま (不変) である」．Pāṇini にとって，これらの形の na- の要素は共通して否定詞の na と感じられたのであろう．現在の知識からみると，nabhrāj「雲」，navedas-「……に通じた」，nāsatyā「Aśvin 双神」，namuci (魔の名)，nakula- (英雄の名)，nakha-「つめ」，nakṣatra-「星」，nakra-「わに」，nāka-「蒼穹」には否定詞は認められない．na- がとり出せるのは，わずかに napuṁsaka- = na-(strī-) puṁsaka-「男性(女性)でない＝中性の」のみにすぎない．そして napāt- については，Kāśika の註によれば，na pāti iti napāt / pātiḥ śatrantaḥ /「napāt は na pāti '守らない' の意，-at を語末にもつ pā である」とあり，na + pā「守る」の分詞形が考えられていることがわかる．この解釈が Benfey, Lanmann らの近代の学者にうけいれられて，そこに napāt- は 'unbeschützt, ohnmächtig' という理解が生まれたのである．

この意味を「孫」あるいは「甥」と結びつけるためには，上に述べた「父を失った子」のような想定が必要である．これは Delbrück も指摘する通り，まったくの仮説であり，なんら文献的な支持がない．また形の上でも，'unbeschützt' という受動の意味は，Kāśika の説明からもえられない．従ってこの語源解釈は認められない (Ai. Gr. II/1 78, II/2 47)．さりとてこれ以外に，*nepōt- に対して適切な分析は考えられない．それならば，*nepot- を仮定したらどうであろうか．その場合には *ne-pot- 'non powerful'，即ち II 章 7 節で問題にした *pot-「主，能力のある」の否定形「家長たる pot- をもたない」がここに認められよう (P. Friedrich 1966A 26, Mezger 1960 302)．この分析は形式的には可能だが，意味上からはあまりに漠然としていて，やはり「孫」または「甥」と積極的に通じるところがない．この形を *ne-pot(i)- とみれば，むしろ「息子」になるだろう．もう一つの可能性は，「孫」と「祖父」の関係である．I章32節にみたように，ヨーロッパのいくつかの語派には，「祖父」(または「祖先」)を表す *an- の派生形に「孫」がみられる．そこで Szemerényi (1977 51) は *nepot- < *Hn-e-pot- ‘the master belonging to grandfather’ ‘(little) master grandfather’ と解釈している．この分析への疑問は，形式的には Hne- を Han- の形容詞とみる点，意味的にはやはり“孫”と ‘master’ の関係にある．既に古代のインド人は，この語を sūnú-「息子」などとともに ápatya-「後裔」(<apa-tya-, Ai. Gr. II/2 698) を表す15の語彙の一つに入れ，Nirukta (VIII 5) は napādity atyantarāyāḥ prajāyā nāmadheyam / nirṇatatamā bhavati「napāt とは直接でない後裔を表す語である．それは大いに後々まで繁栄していく」と説明している．上に述べたように，*nepōt- はもちろん，*nepot- という形の分析も，「孫」あるいは「甥」と直接結びつかない以上，われわれは古代インド人の atyanantarā prajā，即ち息子でない後裔という理解をこの形に認めることで満足せざるをえない．Meillet もこれを ‘le descendant, et en particulier, le petit-fils’ と規定している (1937 391; Ernout-Meillet 438; Beekes 1976 54 f.)．その語源解釈はいかにあろうとも，Skr. nápāt-, Ar. napāt, Lat. nepōs は，それぞれの言語において形態論的に非常に特異な形である．しかもその比較対応の分布は広い．これは既に歴史時代にはその手続きが忘れ去られてしまった，共通基語におけるなんらかの合成語の名残りである．

4. インド・イラン語派の中にあっても，この形が特異なものと感じられていたことは，その曲用に示されている．それは -t- の存在と親族名称であるというところから，この特異な形を避けて，既に RV において弱格に náptrā, náptre, náptuḥ, náptr̥bhiḥ のような náp-tar- を前提とする形があらわれてくる (Ai. Gr. III 198; Wackernagel 1953 234)．同じような現象はイラン語にもみられ，Av. naptārəm (=Skr. acc. náptāram) という形が指摘されている．つまり Skr. nápāt, (pl. dat.-abl.) nádbhyaḥ, Av. (pl. loc.) nafšu < *napt-su にみられる本来の -t- 語幹の中に，pitár- のような -tar- / -tr̥- 語幹が介入している (Ai. Gr. II/2 694)．そして女性形についても，Skr. naptī́- に対して náptrī- という形が作られている．

さてインド語派において，この形は親族名称の一つであったことは疑いないが，ラテン語のように「孫」であったか否かは問題である．古い讃歌集をみる限り，その用法は二つにわかれる．それは属格を伴った場合と，伴わない場合である．前者は明らかに sūnú-, putrá- の場合と共通している．apā́m (nápāt)「水の」，ūrjáḥ「活力の」(Agni)，diváḥ「天の」(Aśvins, Mitrāvarunā)，śávasah「力の」(Ṛbhus)，vimúcaḥ「解放の」(Pūṣan)，goṣánah「牛を得る」(Indra)，miháḥ「雨雲の」．一つの神格を表す apā́m nápāt のような概念はインド・イラン時代からの伝承であるから，その表現が非常に古いことは確かだが，この nápāt について「孫」の意味は不要である．ヴェーダ讃歌集からその用例をあげてみよう．

5. RV I 96. 3 (cd). ūrjáḥ putrám bharatáṁ sṛprádānuṁ devā́ agním dhārayan draviṇodā́m.「活力の息子を，バラタを，豊かな贈物をもつものを，神々はこの財宝をあたえるアグニを支える」．I 58. 8 (cd). ágne gṛṇántam ámhasa uruṣyórjo napāt pūrbhír ā́yasībhiḥ.「アグニよ，歌人を困厄より解放して，金属の防壁をもって(守れ)，活力の子よ」．Agni はこのように，ūrjáḥ putra- / napāt- とよびかけられ，その間に差はない．VIII 60. 2 では，Agni は sūno sahaso と直接よびかけられた後に，ūrjó nápātam と歌われている．そこでも内容上の区別は認められない．Geldner は sūnú- には 'Sohn' を，nápāt- にはこの場合 'Kind' をあてているが，Renou (1964B 75) はともに 'fils' と訳している．śávas-「力」の属格も，ときに sūnú- と (RV VIII 90. 2, Indra)，そしてまた nápāt- (VIII 25. 5, Mitrāvarunā, I 164. 14 etc. Ṛbhu の三神) とも関係する．もちろんこれらの表現においても，sūnú-, putrá- と nápāt- との間には差別はなく，先に述べたように，「力の子」はすべてその力を継承し具現していくものにほかならない．

divás putrā́「天の息子」(pl.) は IV 2. 15 では Aṅgiras たちを指すが，IV 44. 2 その他の個所で divó nápatā は Aśvin 双神について用いられている．またそれは III 38. 5 では Mitrāvaruṇā を指している．I 37. 11. tyáṁ cid ghā dīrghám pṛthúm mihó nápātam ámṛdhram / prá cyāvayanti yā́mabhiḥ //「彼ら(マルト風神)はその走行を通して，かの長く広く止むことなき雨雲の子を動かす」．この mihó nápātam は，いうまでもなく雨を意味している．それはまさに míh-「雨雲」の具現者である．道祖神 Pūṣan は，vimuco napāt「解放，休息の子」(I. 42. 1, VI 55. 1) とよびかけられている．いかにもこの神の力を表すにふさわしい形容である．

6. このように属格を伴う nápāt- は，sūnú-, putrá- の同じ表現とかわるところがない．しかもしばしば sūnú-「息子」と並べて用いられている．例えば I 58. 8, IV 37. 4,

VIII 25. 5はその典型であるが，I 37. 11 mihó nápātamでも，その前の10歌でsūnávo (rudrásya)がMarut風神群を指すに用いられている．もちろんこれらは比喩的な表現であるが，それでもsūnú-とともに想起されるということから，われわれはnápāt-に同じ「後裔」としての両者の深いつながりを想定することができよう．

このような属格を伴う表現で，それが神や抽象名詞でなくて人名の場合はどうであろうか．RV X 33. 7. ádhi putropamaśravo nápān mitrātither ihi / pitúṣ ṭe asmi venditā́.//「息子ウパマシュラヴァスよ，ミトラーティティの孫よ，想え，われは汝の父の歌人なり」．この場合には，pitár-, putrá-そしてnápāt-と，その関係はかなり明確にとらえられる．VIII 17. 13. yás te śr̥ṅgavr̥ṣo napāt prápapāt kuṇḍapā́yyaḥ / ny àsmin dadhra ā́ mánaḥ //「シュリンガヴリシュの孫よ，汝の曾孫クンダパーヤ(ソーマ)祭，それに彼(インドラ)は心を向けたり」．この固有名詞の内容と関係は明らかでない．Sāyaṇaの古註はśr̥ṅgavr̥ṣo napāt＝śr̥ṅgavr̥ṣo putraとし，Śr̥ṅgavr̥ṣをある聖仙の名とし，その息子としてIndra神が生まれたという伝説があるとしている．またkuṇḍapāyya-を「kuṇḍapāyinの後裔」として，śr̥ṅgavr̥ṣo napātと関係づけようとする解釈もある(Macdonell-Keith I 161, II 393)．いずれにしても，この文脈におけるnapātの内容の限定はむずかしい．

以上の属格を伴う場合に対して，この限定をもたず単独で用いられた場合，nápāt-は次ぎの例のようにputrá-と並置されていれば，その内容はかなりはっきりととらえられる．X 85. 42 (AV XIV 1. 22). ihaívá stam mā́ ví yauṣṭaṁ víśvam ā́yur vy àśnutam / krī́ḷantau putraír náptr̥bhir módamānau své gr̥hé //「両人はここにあれ，はなれるなかれ，寿命を完うせよ．子と孫と戯れ，おのれが家に楽しみつつ」．

この結婚の歌のように文脈上になんらかの指示があればよいが，これを欠いた場合にはnápāt-の内容は決めにくい．I章17節でとりあげたRV VI 20. 11は，pitár-という親族名称とともにありながらも具体的なバックがわからないために，細かい規定が許されない一例であった．次のRVの詩句でもnápāt-はpitár-と並置されている．X 10. 1. ó cit sákhāyaṁ sakhyā́ vavr̥tyāṁ tiráḥ purū́ cid arṇaváṁ jaganvā́n / pitúr nápātam ā́ dadhīta vedhā́ ádhi kṣámi prataráṁ dīdhyānaḥ //「われは友(ヤマ)を友情に返りきたらしめんと願う，たとえ彼は多くの(空間)，海をこえて去りていても，指導者は父のために孫を産むべきなり，地上において遠く(未来を)考えて」．これは有名なYamaとYamīの対話の歌の冒頭をかざるYamīの言葉である．さてこのpitúr nápātam ā́ dadhīta vedhā́ ……の解釈であるが，Sāyaṇaはpitúḥについて，āvayorbhaviṣyataḥ putrasya pitr̥bhūtasya tavārthāya「われら二人の将来の息子の父となれる汝のために」と註し，nápātamについてはapatyam「後裔」，vedháḥはPrajāpatiḥ神としている．Grassmann, Macdonell-Keith(I 435)はこのnápātamを‘Sohn, son’とみている．これに対してGeldnerは，cdについて‘Ein musterhafter Mann soll einen Enkel seines Vaters bekommen, ……’と訳し，‘Enkel’をとっている．Renou(1942 105)もその点は同様だがpitúḥの扱いは異なり，‘Lui le sage, qu'il donne un petit-fils à notre père, qu'il étende sa prévoyance sur la terre！’という訳を示している．U. Schneider(IIJ. 10 1967 3)は，‘…möge er, als Fürsorger, dem Vater einen Sohn [oder Enkel] zeugen, …’として，nápātamについて息子か孫，即ちSāyaṇaのいうapatyamを認めている．この文脈から判断すると，nápātamは息子から孫へいつまでも延びる後裔であり，それが望まれているとみてよいだろう．このように，nápāt-はsūnú-，putrá-と対比的に限定されて用いられた場合は別として，単独では「孫」よりはさらに広い「後裔」の意味を表わしている．用例は多くはないが，複数形においてはその意味がいっそう明瞭である．VI 50. 15(ab). evā́ nápāto máma tásya dhībhír bharádvājā abhy àrcanty arkaíḥ「かくてそのわれの後裔たるバラドヴァージャたちは，詩と讃歌をもって讃える」(Oldenberg 1967 581; Renou 1958A 86).

7.　RVにおけるnápāt-は，上に述べたように，属格を伴ってsūnú-やputrá-と同じ内容をもって用いられ，また単独で息子から孫をふくむ後裔の意味を表し，文脈的に限定された場合にのみ「孫」を表すことができた．さてこの形は，AVになるとsūnú-と同じようにかなり後退する．これはūrjó nápāt-型の属格の神名，あるいは抽象名詞とnápāt-という表現そのものがみられなくなったためでもあり，神話的世界の消滅に通じる．

AVにおけるnápāt-の10例のうち完全にRVの詩句の踏襲と思われるもの，それにapā́m nápāt-「水の子」という固定した神格の表現4例を除くと，このヴェーダに固有のものは雷を意味するparváto nápāt-「頂きの子」という，ヴェーダ文献中にも孤立的な表現が3例あるにすぎない．このほかに，合成語としてAgni神の自生を語るtánū-napāt-「自己の子，自生児」(Ai. Gr. II/1 262; Gonda 1957 57)が2例あるが，これはRVの伝統の中にある．

このほかには(f)naptī́-がI 28. 4に1例みられる．この形はRVに6例あり，うち4例は属格を伴い，「娘」あるいは「後裔」である．I 28. 4は魔女に対する呪文で，3の……tokám attu sā́「彼女はその子を食べてしまえ」をうけていう．(ab)putrám attu yātudhānī́ḥ svásāramutá naptyàm「魔女は息子を，姉妹を，naptī́ を食べてしまえ」．この場合 naptyàm を naptī́- の対格とみれば「(女の)子，娘」であろうし，あるいは Av. naptya- と同様に nápāt- の派生形として「子孫，後裔」ともとることができよう．

いずれにしても，このヴェーダ集の用例にはさして注目すべきものはなく，RV のそれの形骸のようなものが残っているにすぎない．しかしこれに代って，pitár-, putrá- と並ぶ一連の p- をもつ「孫」pautrá- が登場する．結局親族名称としては形も孤立的で内容も漠然とした古い nápāt- という語彙は神話的世界に留まり，日常生活の場では putrá- の派生形である paútra- が，「後裔」ではなくて「孫」として定着するに至った．

8. paútra- は putrá-「息子」の派生形である．これは，例えば Purukutsa という人名の父称形 Paurukutsi- とか，pitár- に対する paitra-「父祖に捧げられた」という派生と同じ，vr̥ddhi とよばれる語形成によっている．そしてなによりも，pitár-, putrá-, pitāmahá- という親族名称と形の上で関連している．

上にあげた pitár- と paitra- の例でもわかるように，サンスクリット文法のいう vr̥ddhi (延長階梯)による派生形は，本来ある名詞形から形容詞を作る手続きである．putrá- と paútra- の間にも当然そうした関係が予想される．次ぎの例は，形容詞としての paútra- の数少ない例である．AV XII 3. 14. ayám grā́vā pr̥thúbudhno vayodhā́ḥ pūtáḥ pavítrairápa hantu rákṣaḥ / ā́ roha cárma máhi śárma yacha mā́ dámpatī paútram aghám̐ ní gātām //「土台も広く生命をあたえるこのソーマしぼりの石が，浄め手に浄められて，魔を打ち払え．皮を着け，大いなる守護をあたえよ．夫妻が子供の禍いに陥ることなかれ」．因みに，この paútram aghám「子供の禍」という表現は，家庭祭において安産を願う夫が唱える詩句の中にも用いられている．

ここで AV から paútra-「孫」をふくむ詩句のいくつかをあげておこう．IX 5. 30. …pitáram putrám paútram pitāmahám というその典型的な一例については，既に I 章 11 節にふれた通りである．XI 7. 16. pitā́ janitúr úchiṣṭó 'soḥ paútraḥ pitāmaháḥ / sá kṣiyati víśvasyéśāno vŕ̥ṣā bhū́myām atighnyàḥ //「供物の残余，産みの親の父，生気の孫，祖父，それは一切を支配しつつ，この地上に力あふれる雄牛として住む」．XII 4. 38. yó vehátam̐ mányamāno 'mā ca pácate vaśā́m / ápyasya putrā́n paútrām̐śca yācáyate br̥haspátiḥ //「その雌牛は子を産まないと思って家でそれを料理してしまう者には，ブリハスパティ神がその子や孫にまで(祭官をしてその代償を払うように)せがましめる」．

これらの用例からも，paútra- は pitár-，putrá-，pitāmahá- という親族名称とともに想起され言及されることがわかる．特にそれは putrá- と強い結びつきを示している．これらの古いヴェーダ歌集を通じてわれわれは，「孫」という存在が必要な独自のコンテクストはどこにもあたえられていないということができる．それは主として「息子」との関連において初めて想起される，いわば影のような親族であった．

9. 新らしい paútra- が登場することによって，古い nápāt- はますます後退する．しかし先に示したように，この形は Pāṇini 時代まで生きていたことは事実である．AV と並ぶサンヒター文献の用例をみる限り，nápāt- は専ら apā́m nápāt- とか ūrjó nápāt- のようなきまった表現にしかあらわれず，その他はこれをふくむ RV の特定の詩句のくり返しが多い．これらの文献では「孫」に言及する必要がなく，また「後裔」としては ápatya-, prajā́- のような別の語彙がむしろ好んで用いられていたからであろう．そこで親族名称としては孤立的な形をもつ nápāt- は，RV の頃から使われていた斜格形の -tṛ- 語幹を主格にも拡大して náptar- を作り，これによって形式的にも他の親族名称の仲間入りをすることができた．その例をふくめてブラーフマナ時代の「孫」を示す散文を引用しよう．

Ait. Br. II 7. 4. yo vai bhāginam bhāgān nudate, cayate vainaṁ, sa yadi vainaṁ na cayate 'tha putram atha pautraṁ, cayate tv evainam iti.「分配にあずかるべき者をその分け前にあずからせない人に，その人は復讐する．もしその人に復讐しなければ，その息子，あるいは孫にする．さりながら結局はその人にこそ復讐するのであると」．VII 10. 2. niviṣṭe mṛtā patnī naṣṭā vāgnihotraṁ katham agnihotraṁ juhoti putrān pautrān naptṝn ity āhur.「(祭式が)始まったとき，その妻が死んだりいなくなったりしていたら，いかにして彼(施主)はアグニホートラ祭をなすか．息子，孫，後裔を(彼はもうける)と彼らはいう」．ここでも pautra- は putra- としっかりと結びつき，naptar- は孫をふくめた後裔を指すに用いられている．

他のブラーフマナの用例をみても，「孫」は「息子」とはなれることがない．Śat, Br. VI 1. 2. 13. …yó vaí putrā́ṇām rā́dhyate téna pitáraṁ pitāmaháṁ putráṁ paútram ā́cakṣate.「息子の中で成功している人があれば，その者に倣って父を，祖父を，息子を，孫をよぶ」．自分を中心にさかのぼれば，父，そして祖父が一つの限界であったと同様に，下がれば息子から孫が三代の区切りであった．この三代の限界は，インドのみならず広くどの世界にも感じられた(Ghurye 76 f.)．Pāṇini も IV I. 162. apatyaṁ pautrabhṛti gotram //「孫から始まる子孫を gotra という」と規定している．これは garga-, gārgi-, gārgya- のような父称に関係するが，またそれによって孫以下の子孫が一括してとらえられることを指示している．Manu の法典は次ぎのように教えている．IX 137. putreṇa lokāñ jayati pautreṇānantyam aśnute / atha putrasya pautreṇa bradhnasyāpnoti viṣṭapam //「息子により世界を征し，孫により無限界を得る．かくて息子の孫によって太陽の世界をものにする」．この putra-, pautra-, putrasya pautra- のつながりは，pitar-, pitāmaha-, prapitāmaha- のそれに照応し，また祖霊としてはI章6節以下に述べた近中遠の三界のピトリたちの関係にひとしい．この中で社会的に重要な位置を占めるのは pater familias としての pitar- と，次ぎにその座につく putra- であって，その他は，孫をふくめて公けにはなんら積極的な役割を演じない．祖父は父とともに初めて言及され，孫は息子を通じて初めて想起される存在なのである．

10. ここでわれわれは，古典期以後のインド語史における nápāt-, náptar-, そして paútra- という三つの形の変遷に注目しよう．まず náptar- に押された nápāt- であるが，これが Dardic 語群，とくに最近注目を浴びている Kafir 語群(Morgenstierne 1975 330 f.)に残っているということは興味深い．Turner (6954) によれば，それは方言によって nawá́, nâvá́, nəvɔ́, nəvák という形を示している．

もう一つインド語史にとって興味がもたれる事実をあげておこう．paútra- の出現によって，同じ意味を担った nápāt- は確かに後退した．ところが náptar- が確立して paútra- と競ったとき，口語層においてどちらが有力になったかというと，pitár-, putrá- などとの形の上のつながりをもつ paútra- (Turner 8416) が必ずしも有力ではなく，náptar- (Turner 6955b) が非常に根強かったという事実が，近代語の分布から推測される．まずパーリ語では náptar->nattar-「孫」はあるが，paútra- の系統の形はない．またその他のプラークリットでも，náptar- のほうには ṇattu-, (f) ṇattuā- を初め naptí>ṇattī- (Turner 6955a) など，さまざまな形が記録されているのに，paútra- のほうは potta-, (f) pottiā (<pautrī- 8417) がみられるにすぎない．近代インド語をみると，paútra- の系統は Panjābī pot, potrā, pottā, (f) potī, Hindī potā「息子の息子」(nātī「娘の息子」<náptar-) のほかは，いくつかの形が Dardic 派の言語群に残っている．そして Kashmir に putur^{u}, Sindhī に potro, Lahndā に pōtrā と，ガシュミールからインダス河に沿って下ってくる地域に分布が限られている．そして Marāṭhī, Kumaunī, Oriyā, Nepālī など，東部，南部

にかけては náptar- の系統が延びている．この分布の事実から，nápāt-, paútra-, náptar- の三つの語彙のインド語史における扱いについて，次ぎのような推定が許されよう．まずもっとも古い nápāt- は，インド・アーリア人がその地に侵入する頃には事実上その生命を失ってしまった．それに代って，内容的に「孫」に限定された形として，まず putrá- から paútra- が作られ，その使用範囲はインダス川沿いに南下してから中央に延びていった．そしてこれと並んで nápāt- に基づく náptar- が勢力をえて東に向って拡がり徐々に南部にも浸透していった．

これは後述する「姉妹」を表す Skr. svásar- と bhaginī- の近代インド語における分布とかなり類似した面をもっている．印欧語の古い伝統をもつ svásar- は，nápāt-, paútra- に似て Dardic, Kafir 語群を中心に残り，Lahndā, Sindhī, Panjābī の地域は bhaginī-, その他は bahiṇī- という新らしい形の系統をひく形で占められている．またこの paútra- と náptar- の分布は，Bloch (1963 31 f.) の研究になる近代インド語の代名詞的接尾辞，一種の enclitic pronoun のそれに通じるところもある．ただこのような近代語の方言地理学的な研究の基礎として，Turner の資料は必ずしも信頼しきれるものとはいえない．従ってこの点についての確実な資料の整備こそ，今後のインド語史解明の大きな課題といえよう．

当面の問題について一つの具体的な資料として，Aśoka 王の 14 章勅文の中の第 IV 章の中の一節 (Bloch 1950 99 f.; Schneider 34) をみることにしたい．現在 Sindhī の領域にある Girnar においては，次ぎのように記されている．……rājā dhaṁmacaraṇaṁ idaṁ. putrā ca potrā ca prapotrā ca devānaṁpriyassa priyadassino rāñño pravaddhayissaṁti idaṁ dhaṁmacaraṇaṁ āva sa(ṁ) vaṭṭakappā dhaṁmamhi sīlamhi tisṭaṁto dhaṁmaṁ anusāsissaṁti. 「……王はこの法を……．さらに天愛喜見王の息子たち，孫たち，曾孫たちも，劫の終りまでこの法の実行を増進せしめ，法と戒に住して法を教えるがよい」．ところが同じ文章をもつ他の碑文，北東部の Kālsī, Shāhbāzgarhī, Mānsehrā, それに南東部の Dhauli, さらに南の Errdaguḍi の碑文では，問題の個所は次ぎのようになっている．(Kālsī) puttā ca kaṁ nattāle cā panātikyā ca. (Shāhbāzgarhī) putra pi ca kaṁ nataro ca pranatika ca. (Mānsehrā) putra pi ca ka natare ca paṇatika. (Dhauli) puttā pi cu natti [panatti ca]. (Errdaguḍi) putā [ca kaṁ] natale ca [pa] nātikā ca. これからわかるように，Girnar だけが putra-, pautra-, prapautra- の系統に属し，他はすべて putra-, naptar-, pranaptar- の系統に属している．これに続く V 章勅文 (Bloch 1950 102; Schneider

37)でも，Girnar のみが pottā で，他は nattāle, nataro, natare, natt, natāle という形を示している．VI 章勅文(Bloch 1950 109; Schneider 48)では，G. putrā pottā ca prapotrā ca に対して，K. puttādale のみ，Sh. putra nataro, M. putra natare, Dh. puttā papottā, Er. putanatāle と記録されている．ところが XIII 章勅文(Bloch 1950 132; Schneider 79)では，G. は欠文だが，K. puttā papottā, Sh. と M. は putra papotra, Er. puta papotā である．形からいって，papottā, papotra, papotā は prapautra- を前提にするから，その意味は当然「曾孫」である．Hultzsch(49)は実際に 'great grandsons' と訳しているが，「息子」と「曾孫」では組み合せの点で理解できない．筆者は putra- prapautra- のような連続の例が他の碑文にあるか否かを知らないが，常識的にはこれは 'les fils et petit-fils' (Bloch), 'Meine Söhne und Enkel' (Alsdorf 501; Schneider 119) とみるのが自然であろう．しかしその場合，「孫」になぜ papottā のような形が選ばれたのか，また náptar- の系統の「孫」の語をもちながら，なぜこの勅文に限って pra-naptar- という古い伝統のある語を用いずに(pra-)pautra- の系統の合成語を使用するのか，疑問となる．natare, nataro などの náptar- 系統の語とともに，prapautra- に由来する papottā などが，合成語であるという意識もなく，puttā, putra「息子」と対比的に用いられたのであろうか．なお Girnar 碑文において IV 章には putrā ca potrā ca とあり，V 章には putrā pottā ca とあるが，これは pottā が中期インド語としては自然の形で，-tr- は Sanskritized form である(Pischel 201)．

11. われわれはインド語派における nápāt- と paútra- を中心に，「孫」について考察してきたが，ここでイラン語派についても簡単にふれておこう．Ved. apā́m nápāt-「水の子」と同じ apąm napāt- がアヴェスタにもみられるが，こうした用法以外に Av. napāt- に「孫」の意味が確立していたかどうか，ヴェーダ同様明らかでない(Bartholomae 1039)．Avesta 古層の用例としては，Yasna 46. 12. hyaṯ us ašā naptyaēšū nafšucā / tūrahyā(uz) jǝn fryānahyā aojyaēšū / ārmatōiš gaeθå frādō θwaxšaŋhā / aṯ īš vohū hǝm. aibī. mōist manaŋhā / aēibyō rafǝδrāi mazdå sastē ahurā /「トウラン人フルヤーナの賞讃すべき後裔たちの間に，敬虔な心にみちた世の人を栄えさせるものたちが天則によって出現したので，彼らを助けるべくアフラ・マズダーは善意を以て迎えるだろう」．この詩句にふくまれる個々の形の解釈については学者の間に異論がみられるが，問題を「後裔」を表す naptyaēšu nafšu に限ってみても，Insler(1975 85) 'children and grandchildren',

Duchesne-Guillemin (1948 216) 'petit-fils et descendants', Lommel (1971 134) 'Nachkommen und Enkeln', Reichelt (1911 200) 'grand-children and descendants', Humbach (1959 132) 'Neffen und Enkeln', と，両形の区別は明瞭でなく，この表現全体を「後裔」とみるのが無難である．naptya- は恐らく Skr. napāt- の弱格形を考慮すれば，*neptịo- と解することができよう．Skr. ápatya-「後裔」との関係づけは *n̥petịo- の想定によって魅力的だが，サンスクリットとしては 3 節でふれたように，nítya-「生まれながらの」などの形と平行的に -tya- という接尾辞を考慮して apa-tya- (apa-: Gr. apó, Lat. ab「……から」etc.) と分析すべきだろう．nafšu が napāt- の pl. loc であることはいうまでもない．このような東イラン語の状況にくらべて，西では OP. napāt-「孫」が確立している．それは Darius 王の碑文に puça-「息子」と並べてくり返し用いられている．

12. ここでわれわれは，イランに接する小アジアに眼を転じよう．ヒッタイト語文献では，ふつう「孫」は Ideogram の DUMU. DUMU「(息)子の(息)子」によって表わされている．その一例を，Muwattalliš とその家来である Alakšanduš との協約から引用しよう (J. Friedrich 1946 15) (80) [na]-aš-ma kat-ta DUMU-*KA* DUMU•DUMU[*MEŠ*]-*KA* ku-iš-ki u̯a-aq-qa-a-ri-i̯a-zi [nu *š*]*A* KUR [*URU*]U̯i-lu-ša (81) LUGAL-iz-na-tar ša-an-ha-an-zi [d]UTU[*ši*]-ma tu-uk [I]A-la-ak-ša-an-du-un ar-ha *Ú-UL*-pít pí-eš-še-na-mi.「あるいはまた汝の子，孫たちに対してだれかが反抗し，ウィルシャの主権を人々がとろうとするならば，われは王として汝アラクシャンドウスを決して廃棄することはしない」.

さてこの協約の文の少し前 69 以下に，次ぎのような言葉がある．……zi-ik [I]A-la-ak-ša-an-du-uš [d]UTU[*ši*] aš-šu-li pa-ah-si (70) kat-ta-ma am-me-el DUMU-*IA* DUMU•DUMU-*IA* ha-aš-ša ha-an-za-aš-ša pa-ah-ši……「汝アラクシャンドウスはこの王たるわたしを忠実に守れ．またそれからわが息子，わが孫，hašša hanzašša を守れ」．この hašša hanzašša という表現は，II 章 13 節でふれた attaš annaš「父と母」に似た対句で，上の例にみるように DUMU, DUMU. DUMU に続いていわれているところから，恐らくこれに類した親族関係を表しているように思われる．形式上からは Skr. mātárā-pitárā のような両数の合成語が予想される (Pedersen 1948 34; Sommer 1947 50)．しかしこの形には pl. nom. haššeš hanzaššeš がある以上，両数形という推定は認められない．

さてこの形の意味であるが，Götze は初め 'Kind und Kegel, voll-bürtige und nebenbürtige Kinder' という内容を考えた (1930 162; Sommer 1947 50)．しかし文献的にみ

ると，この意味は必ずしも適切ではない．例えば Tunnawi という人の言葉で伝えられる祭式の書に，次ぎのような一節がある (Götze 1938 22)．IV (12). *IŠ-TU* DUMU. NITA. MEŠ DUMU. SAL. MEŠ ha-aš-še-it ha-an-za-aš-ši-it [har-tu-wa-aš-(?) har-t]u-[u-w]a-[az ?](13) har-tu-u-wa-har-tu-wa-ti……「彼女はこれからの代々（？）その家を息子，娘，h. hanz.，後裔を以てみたせ」．ここでは h. hanz. に対して，文脈的に「孫，曾孫」が予想されよう．Götze も 'grandchildren (and) great grand-children' としている．そして J. Friedrich (1952 62) も 'Enkel und Urenkel' = Kammenhuber (1969 258) と，これを踏襲している．Laroche も haššа を 'petit-fils, -fille' と解している (1958 186)．

この形には語源的にも「子，子孫，後裔」のような内容が想定される．hašša- が動詞語根 haš(š)-「子をもうける，産む」(haššatar-「家庭」) と関係づけられることは疑いない (Pedersen 1945 53 f.; Kammenhuber 1969 189; Tischler 195 f.)．またその場合に Gr. tíktō「産む」と téknon「子」の関係が，比較されよう．しかしこの語根 haš(š)- は，他の諸派に対応をもたない．次ぎに hanzašša- であるが，Mezger (1939 188 f.) は，これを *han(t)-tya- 'one who is away (separated) from the kin' と解釈する．この語源説は，Hitt. hanti「別に，ほかに」を基にしている．そして意味的には Skr. apatya- < apa-tya- が比較される．この形のもう一つの解釈としては，前分には上と同じ要素 *hant- を予想し，後分に hašša- を想定する説がある．*hants-hašša- から -ha- の haplology によって hanzašša を導くものである．これは意味的には Skr. nápāt- に対する pra-ṇapāt-「曾孫」，Lat. nepōs と pro-nepōs に平行している．この解釈は本来 Milewski の説とされ，Pedersen (1948 84), Kronasser (1962–66 156 f.) も同調している．これを認めれば，hašša- に「孫」(<「子孫」．cf. Gr. ékgonos「子孫，子，孫」) の意味が当然予想されることになる．ところが戦後明らかにされた象形文字ヒッタイト語の資料によるルヴィア語の解明によって，Luw. ham(a)ša-「孫」が指摘されるに至った．しかしこの形の語源的分析は明らかでない．hastya (pl.) > hassa「骨」を参考に，これに h (a ?)naptya- を仮定して，*nepot- と関係づけようという Szemerényi (1977 49 f.) の提案は，音変化の上から認め難い．ただこれが「孫」であることは，文脈的に DUMU「(息)子」の後にあらわれていることで実証される (Meriggi 49 f.)．またここで Luw. hamšukkalla-「後裔」のような派生形も参考になろう．そして -šša- はこの言語の名詞の接尾辞の一つとすれば，hanzašša- は本来 *ham-(a)sa- > *hansa + šša- のように解され，Luw. ham(a)ša- と結びつけられることになる (Laroche 1958 186, 188 f.)．ただしその説に従えば，hanzašša- と hašša- との関係は切られることになる．従って筆者としては Milewski, Pedersen の解釈のほうをとりたい．

なおアナトリア群には，これらのほかに Lyk. ddedi, deddi「娘の息子」という形が指摘されている(Pedersen 1945 42 f.; Laroche 1958 189). この形は「祖父母」を表す形にみられたと同じ Lallwort に属するものであろう．

13. ギリシア語派には *nepot-「孫」はないが，他のいくつかの形と，記述的，合成的表現が共存している．まずホメーロスでは，I 章 5, 22 節にもふれた patròs patḗr「父の父」と平行的な paidòs paîs「子の子」(＝OE suna sunu, ONorse sonar-sonr) があげられる．Od. 19. 399: Autólukos d' elthȭn Ithákēs es píona dêmon / paîda néon gegaôta kikhḗsato thugatéros hês. / tòn rá hoi Eurúkleia phílois epì goúnasi thêke / pauoménōi dórpoio, épos t' éphat' ék t' onómazen･/ Autóluk', autòs nûn ónom' eúreo hótti ke thêai / paidòs paidì phílōi. poluárētos dé toí esti.「アウトリュコスがイタケーの豊かな地を訪れたとき，彼は娘の生まれたばかりの子をみた．エウリュクレイアは，食事が終ったときに彼の膝にその子をのせ，彼の名をよんでいった．‘アウトリュコス様，お孫さんにご自身で名をおつけ下さい．待ち望まれたお子です’」．これは既述のように Odusseus が生まれたときの場で，乳母 Eurukleia が彼の母の父 Autolukos への言葉である．

同じ表現は複数で「後裔」を表す．Il 20. 307. nûn dè dȅ Ainéiao bíē Trṓessin anáxei / kaì paídōn paîdes, toí ken metópisthe génōntai.「今や剛勇のアイネイアースと，その後に生まれてくる彼の後裔たちが，トロイ人を支配するだろう」．この paidòs paîs という表現は，ホメーロスでも悲劇でもあまり用いられていない．Sophocles, Aischylos にはまったく用例がないが，Euripides はときにこれを用いている．Heracl. 658. tís gár esth' hóde; hḗkonta paîda paidòs aggéllei séthen.「一体これはだれか．—あなたの孫がきたのを彼は知らせている」(Troiad. 702, Bacch. 1328, Androm. 584 etc.)．またこの表現は，Herodotos の散文にも実例をもっている (II 134, pl. IV 145)．因みにこの作家は，この表現と並んで paîs thugatéros「娘の息子」も使用しながら，一方では thugatridoûs という派生形を使っている (III 章 26 節)．しかし「孫，息子の息子」の意味の後述する Hom. huiōnós, あるいは huidoûs という派生形は使っていない．

14. ホメーロスは上述の paidòs paîs と並んで，Skr. putrá- と paútra- の関係に似た huiōnós という huiós「息子」からの派生形を 4 回使っている．これと同じ派生の手続き

を示す形は，他の印欧語にはみ当らない．この形の解釈としては，二つの可能性が考えられる．即ち，-ōno- をそのまま *-ōno- とみるか，*-ō[u]no- ととるか，という点である．後者の理解は，huiós と並ぶ huiús という形の -u- に支えられている．また後述する patrṓs「父の兄弟」(: Skr. pitr̥vya-, Lat. patruus) にみられる -u- の要素の存在も，これに関係づけられよう．現在では前者の説をとる学者 (Schmeja 24, 26) は少なく，むしろ *-ō(u)- 説が有力である (Schwyzer I 480; Chantraine 1933 207; W. Meid IF. 62 1955 276).

しかし前章5節で説明したように，ミュケーナイ文書とイラン語の形からみて，必ずしも Gr. huiús が huiós より古いとはいえない．従って huiōnós についても，強いてここに *-ōunos を仮定する必要はないように思われる．形としては Gr. Akrísios→Akrisiṓnē「アクリシオスの娘」，koinós「共通の」→koinōnós「仲間」と同じ派生を仮定することができる．しかし意味の上で，huiōnós と huiós の関係はどのように考えるべきだろうか．Schwyzer (I 491) はこれを diminutiva (「小さな息子」) とみている．ところが Lat. avis「鳥」と Gr. oiōnós「猛禽」から，後者を「大鳥」と解すれば，huiōnós も一種の ampliativa (「大きな息子」) となる (Delbrück 479; Benveniste 1969 268; Gates 20, 70)．しかし oiōnós の語源は，「鳥」以外に iós「矢」，さらには ōión「卵」とも関係づけられるから，これを「鳥」の ampliativa とみる必要はない (Schmeja 34, 35 f.)．Benveniste のいうように，近代語の grand-son とか petit-fils の前分には，ampliativa とか diminutiva といった特別の意味はほとんどないと考えれば，上にあげた -os→-ōnos, -ōnē の例から推して，huiōnós も 'eine Art von Sohn' (Delbrück) と解するのがよいであろう．最近 Szemerényi (1977 52) は，この形に *huio-unos 'son's son' の可能性を示唆しているが，この後分の仮定には疑問がある．

この形はホメーロス以後文献的には消滅し，アッティカ散文にもみられない．恐らく Ionic の古い伝承の中にあったのであろう (Benveniste 1969 268)．Liddell-Scott によれば，叙事詩以後の用例として Theocritos 以外は，Messenia, Delphi などの碑文と Plutarchos のそれが指摘されるにすぎない．筆者のみる限りでは，AD 70 年頃の Jerusalem のシナゴーグの碑文 (Pfohl Nr. 120) に huiós と並んで用いられている例があるが，これは次ぎにあげるホメーロスの用法の表現上の延長にすぎない．

そこで問題のホメーロスの用例についてふれておこう．Il. 2. 665. apeílēsan gár hoi álloi / huiées huiōnói te bíēs Hērakléeíēs.「力のすぐれたヘーラクレースの他の息子と孫たちがつめよった」．Il. 5. 630. hoi d' hóte dḕ skhedòn êsan ep' allḗloisin ióntes, /huiós th' huiōnós te Diòs nephelēgerétao,「雲をよぶゼウスの息子と孫とが互いに進みよって近づいたときに」. この2例, そして Od. 24. 515 行のそれも, みな huiós と huiōnós が連続して一行の初めを埋めている. そしてこの二つの形の強いつながりが, Skr. putrá- と paútra- の場合のように, 文脈をも制約している. しかし残る一例 Il. 13. 207 行のみは huiōnós が単独であらわれてくる. kaì tóte dè perì kêri Poseidáōn ekholṓthē / huiōnoîo pesóntos en ainêi dēïotêti,「そのときむごい闘いで倒れた孫のために, ポセイドーンは心に怒った」. ここで huiōnós といわれているのは, Poseidon の息子 Kteatos の息子 Amphimakhos だが, 古来註釈家の指摘する通り, 'The allusion is unusually obscure, as Poseidon was not named above……' (Leaf II 18). 従って Ebeling の引用する Friedländer の意見でも, 数行の脱落がここに予想される. 従ってこの孤立的な個所を除けば, huiōnós は固定的な表現にのみ用いられていたといえよう. その意味では, この形は叙事詩のために作られ, それとともに滅びた語彙であった.

15. アッティカ散文の時代になると, huidoûs「息子の息子」という形が新らしくあらわれる. これは Herodotos にみる thugatridoûs「娘の息子」と同じ手続きによる派生形である. その用例は Platon, Demosthenes, Xenophon などの作品に散見されるにすぎない. それでもこれらの形から, さらに huidê「息子の娘」, thugutridê「娘の娘」のような女性形も作られている. こうした差別的な語彙の登場は, 古典期のアテーナイの複雑化した家族関係に対応するものであった. Demosthenes の演説の一節に, 次ぎのような記述がある. XLIII 73. kaì autòs gár eimi toû génous toû Bousélou. Hábrōnos gàr toû Bousélou huiéos élaben tèn thugatridên Kallístratos, Euboulídou mèn huiòs ṓn, Bousélou d' huidoûs · kaì ek tês Hábrōnos thugatridês kaì ek Kallistrátou toû adelphidoû toû Hábrōnos egéneto hē mḗtēr hē hēmetéra.「そして実はこのわたしもブーセロスの一族の者である. というのは, エウブーリデースの息子で, ブーセロスの息子の息子カリストラトスは, ブーセロスの息子ハブローンの娘の娘を妻にした. そしてハブローンの娘の娘と, ハブローンの兄弟の息子カリストラトスとから, われらが母が生まれた」.

さてこれらの差別的な語彙が作られたことによって, paidòs paîs 型の記述的な表現は完全に消滅したかというと, そうではない. 例えばそれは, I 章 36 節に引用した Platon の Res Publica 461d にも説明的に……tà toútōn ékgona paídōn paîdas……のように使われている. この一節前の 461c にも,「女も男も子供をつくるに充分な年頃を過ぎたら,われわれは，彼らが好きな人と交ることを自由にさせておくだろう」と述べた後で，plḕn thugatrì kaì mētrì kaì taîs tôn thugatérōn paisì kaì taîs ánō mētrós, kaì gunaîkas aû plḕn hueî kaì patrì kaì toîs toútōn eis tò kátō kaì epì tò ánō,……「ただし男なら，娘，母，娘の娘，および母より上の女(祖母)は除く．また女なら，息子，父，およびそれらの下，上の男(息子の息子，祖父)を除く」という限定の中で，taîs tôn thugatérōn paisì という表現がみられる．さらに一例をあげるならば，Demosthenes XLIII 25. ……póteros oikeióterós estin kaì……. ho Polémōnos huiòs Hagnías kaì Euboulídēs ho Phulomákhēs huiòs kaì Philágrou, hḕ Theópompos hō Kharidémou huiós, Stratíou dè huidoûs; ……eíper kaì ho huiós oikeiótatós estin kai hē thugátēr, pálin ho huidoûs kaì ho ek tês thugatròs huiós, hoûtoi oikeióteroí eisi mâllon ḕ ho toû adelphidoû huiòs kaì ho ex hetérou ȍn oíkou.「どちらがより親しい身内か．……ポレモーンの息子ハグニアースとピュロマケとピラグロスの息子エウブーリデースか，あるいはカリデーモスの息子，ストラティオスの息子の息子テオポンポスか．もし息子も娘ももっとも親しい身内で，それから息子の息子と娘の息子がそうであるとしたら，この人たちは兄弟の息子の息子や他の家の出の人よりも親しい身内である」．これらの例で，「息子の息子」には huidoûs という単独の形が用いられているのに，「娘の息子」に対しては thugatridoûs ではなくて ho ek thugatròs huiós のような記述的表現がみられる．これは前章26節に示した Scharfe の研究による thugatridoûs 'Erbtochtersohn' という限定的内容を，側面から支持するものといえよう．

16. この人工的な huidoûs その他の差別的な四形は，Hom. huiōnós と同じように，ギリシア語の歴史の中に生き残らなかった．近代ギリシア語の「孫」は，統一的に éggonos である．この形が「孫」そのものを表す例は，Liddell-Scott によると古典期にはない．この形はホメーロス以来実例のある eg-gígnomai「生まれる，起る」という動詞に基づく形ではなくて，Liddell-Scott の指摘するように，ék-gonos にひとしい．

ékgonos は Il. 5. 813 Tudéos ékgonos「テューデウスの子＝ディオメーデース」，Il. 20. 206 Pēlêos ékgonos「ペーレウスの子＝アキレウス」にみるように，属格を伴う点からも huiós，あるいは paîs にひとしい．その pl. (m) ékgonoi, (n) ékgona は「後裔」である．この形は歴史時代に入っても広範囲に用いられている．前節にふれた Platon の Res publica 461d の pl. (n) ékgona も明らかに「……の子」であって，「孫」ではない．同じ 415

b では pl. (m) ekgónous という対格形がみられる. Leges 868d では ékgonon ḕ adelphòn……「子か兄弟を」と単数形が用いられているが, 次ぎの節で, 妻を怒って殺した夫, またはその逆の妻は三年その地をはなれ, 帰ってきても, toîs hautoû paisìn hierôn mḕ koinōnéitō……「自分の子供たちとともに祭りに参加してはならない」. 同じ浄めの法が兄弟. 姉妹たちの同じような行為についても, katháper eírētai toîs goneûsi kaì toîs ekgónois「親と子に対していわれていると同様」, 有効であると規定され, 親子に goneûsi と ekgónois が用いられている.

これがいつから「孫」という意味で定着したのか, 文献的には明らかでない. 意味の上で「子」から「孫」へ直接転じていったのではなくて, 恐らく複数形が「子孫, 後裔」という意味で多用されていたから, これを介して単数形が「孫」に傾いたのであろう. なぜなら「子, 息子」には huiós, paîs, téknon など, 同意語で, より直接的な語彙があったからである. この複数形の「子孫」の用例を碑文から引用しよう. Schwyzer (1923) Nr. 330. theoí. édoxe tâi pólei tôn Delphôn. epeidḕ Eur[u]tíōn Túkhōnos Tanagraîos hieromnamonēsas euergétas egéneto toû hieroû kaì tâs pólios tà díkaia prássōn, dedósthai autôi kaì ekgónois proxenían,……「神々. デルポイの町は定めた. タナグラの人テュコーンの子エウリュティオーンはデルポイ会議の代表として派遣され, 正しさを旨として神事にも町にも善行をなしたので, 彼とその子孫に客人待遇をあたえること……」. これに似た文は各地の碑文にくり返し認められる. そしてそこには……autoîs kaì ekgónois「彼ら自身とその子孫に」(Nr. 329), ……toîsin Aisépou paisìn kaì toîsin ekgónoisin……「アイセポスの子供たちとその子孫に」(Nr. 732) という表現がきまって用いられている. これらの例からもわかるように, この ékgonoi を単数形にかえれば, ただちに「孫」の意味がえられるであろう. Liddell-Scott が「孫」の例としてあげる Dittenberger Sylloge Nr. 900 (Panamara, Delphi) の碑文も, paîdes kaì ékgonoi kai ápgonoi と, paîs と並置された複数形を示している. 聖書文献の用例にも, 同じように tékna と連続した複数形がみられる. Ad Timotheus I 5. 4. ei dé tis khḗra tékna ḕ ékgona ékhei, manthanétōsan prôton tòn ídion oîkon eusebeîn kaì amoibàs apodidónai toîs progónois.「もしある寡婦が子か孫をもっていれば, 彼らは自分の家を敬い, 親たちに報いることを学ぶべし」. 因みにこの tékna ḕ ékgona をゴート語訳は, barna aiþþau barne barna「子と子の子」と paidòs paîs に倣った表現で表している. ラテン語訳は filios aut nepotes である.

古典期からヘレニズムにかけて, ékgonos (sg.)「孫」の実例がないのであろうか. ここで筆者の読んだ古典作品の中で明らかに「孫」と思われる唯一の例をあげておこう. Eur. Orestes 481. (Tundareos) Menélae, prosphthéggēi nin, anósion kára; / (Men.) tí gár; philou moi patrós estin ékgonos. / (Tu.) keínou gàr hóde péphuke, toioûtos gegṓs;「メネラーオスよ，あなたはこの非道な奴(オレステース)に声をかけたのか. ——どうして. 彼はわたしの父(アトレウス)の孫なのです. ——これがあの方から生まれたのか. こんな子に生まれたとは」. もちろんこの場合に，複数形と同様に ékgonos を漠然と「後裔」ととることも許されるが，「孫」のほうが適切である.

なお éggonos という -k- の同化した形も碑文中にしばしば指摘されるが，意味上に差はない. これが近代に通じる「孫」の形である.

17. ギリシア語派における「孫」の記述を終えるに当って，孤立した népodes という形についてふれておかねばならない. まずこれがあらわれるホメーロスの詩句をあげよう. Od. 4. 404. amphì dé min phôkai népodes kalês halosúdnēs / athróai heúdousin, poliês halòs exanadûsai, / pikròn apopneíousai halòs polubenthéos odmḗn.「彼の周りには美しい海の娘の népodes の海豹たちが，灰色の海からでてきて，深い海の鋭い臭気を放ちつつ，群がって眠っている」. ここで海の娘というのは，Poseidon の妃 Amphitrite か，あるいは Thetis をさしている.

この phôkai の形容詞と思われる népodes は，「孫」を表す Lat. nepōs の pl. nepōtes と形がいかにも類似している. 意味も pl.「後裔」として，文脈的に不都合ではない. 違いは子音 -t- だけである. 既に Eustathius のような古代の註釈家も詩人 Theocritos も，これを apógonoi「後裔」の意味に解していたのであるから，この -t- と -d- の差に納得のいく説明がえられれば，*nepot- の対応がまた一つ追加されることになる. この点について，簡単に -t-/-d- の Erweiterung を認める Specht (1947 232) のような考えは説明にならない. Wackernagel (1928 II 252) は *nepōs を想定し，これは本来は *nepot- に属していたが，形の上で孤立的であったために改めて *pod-「足」(Gr. poús, gen. pod-os) と結びつけられて，pl. népodes のように -d- をもつに至ったと解釈している.

この形を「足」と結びつけようとする考えも，古代以来認められる. つまり nē-pous = á-pous の複数形で，「足がない」の意味と解するのである. この場合には nē- は否定詞 ne- (Skr. na etc.) にひとしいとみるわけだが，ne- という形の否定詞がギリシア語では用いられていない点にこの解釈の難点がある. Wackernagel の説明は，伝統的な「足」との関係をふまえつつ，この難点を巧みに避けている．

-t- と -d- の違いについて，Fraenkel (1948-50 60) はまったく別の理解を示している．OCS. gospodĭ「神」という形の後分に，3節で *nepot-<*ne-pot- の分析で問題にした *pot(i)- が想定できるとすれば，この -d- は Skr.(pl. dat.-abl.) nádbhyaḥ<*napt-bhyas のような形からの -d- の類推的な拡大と考えられる．Gr. népodes の -d- もこれと同類であると．

この形に関するもう一つの解釈として，Gr. néō「泳ぐ」とpoús「足」の合成説がある．これも本来古代人の発想に基づくものである．これは意味の上では nēxípodes「泳ぎ足をもつ」を予想する巧みな理解だが，形の上で困難がある．K. Brugmann (IF. 20 1906-7 218) はこれを *nét-podes, または *nepé-podes の仮定から導こうとするが，この音変化は認め難い．結局上にあげたいくつかの語源説の中では，形と意味の上からみて Wackernagel のそれがもっとも適切なものと考えられる．従って Gr. népodes の *nepot- への帰属は不可能ではないということができよう (Beekes 1969 105 f.)．

なおこの népodes のほかに，*nepot- に関係があると思われる形として，Hesychios の辞書の中の neóptrai がある．その意味は huiôn thugatéres (pl.)「息子の娘」であるが，これを *nepótrai と解して *nepotḗr「息子の息子」の女性形とみる可能性が指摘されている．しかしこれは明らかに一つの仮説にとどまる (Benveniste 1969 234)．

ギリシア語として *nepot- に関係づけられる可能性のある形としては，後述する anépsios「いとこ」が形式的にもっとも確実で，この節にあげた二つの形は積極的に認めるにはいずれも問題があるといわなければならない．

18. インド，アナトリア，ギリシアに続いてラテン語と，その後のロマンス語の「孫」について考察してみよう．

Lat. nepōs (gen. nepōtis), (f) neptis は古典期までは「息子，娘の子，孫」であり，また「後裔，子孫」を表す．孫の意味は，fīlius と連続してあらわれるときに明瞭にとらえられる．Remains of old Latin IV (Loeb) の碑文の中からその実例をあげると，Nr. 6 (CIL I/2 11) L. Cornelius Cn. f. Cn. n. Scipio / Magna sapientia multasque virtutes aetate quom parva posidet hoc saxsum.……「Lucius Cornelius Scipio, Gnaeus の息子，Gnaeus の孫．若年ながらこの石は大いなる知恵と多大な徳を (magnam sapientiam と読む) もつ．……」．墓碑銘では，だれの fīlius「息子」かについては必ず言及されているが，

nepōs にまでそれが及ぶことは比較的少ない．その場合しばしば父と祖父が，上の例のように同じ praenomen をもっている．どのようなときに nepōs にまで言及されるのかは，その墓が建てられたときの事情，建造者，故人との関係など，さまざまな状況が予想される．

Lat. nepōs は文脈的にみて Skr. sūnú-, paútra-，あるいは Gr. huiōnós とは異なり，また avus「祖父」とも違って，「父，息子」を表す語彙と羅列されるようなことはない．いいかえれば，それははっきりと独立した文脈の中にあらわれる．そしてまた必要に応じて祖父の名と，その息子あるいは娘のいずれからの nepōs であるかが明示される．例えば，C. Sicinius igitur Q. Pompei illius, qui censor fuit, ex filia nepos,……「Gaius Sicinius は，監察官であったあの Quintus Pompeius の，娘の生んだ，孫で」(Cicero Brutus 76. 263)．Marcus Cato Nepos という人物について，この Nepos は cognomen ではなく，M. Cato の息子の息子，つまり「孫」であったからである，という説明を Gellius (XIII 20. 3) は次ぎのようにしている．Hic……est M. Cato, non cognomento Nepos, sed M. Catonis Censorii ex filio nepos, qui pater fuit M. Catonis, ……「この Marcus Cato は Nepos というが，それは cognomen (あだ名) ではなく，M. Cato の父であった．M. Cato Censorius の息子の子，孫だからで，……」．このように ex filio, filia「息子の，娘の (子)」という規定をつけ加えることは，もちろん nepōs がその双方の子をふくむ概念であったからだが，そのほかにローマ社会の複雑な事情も手伝っている．つまり孫といっても，その中間にさまざまな過程があったからである．上述の M. Cato Censorius についても，Gellius は同じ文の 6–7 節に述べている．Non unus autem, sed complures M. illius Catonis Censorii nepotes fuerunt, geniti non eodem patre; duos enim M. ille Cato, qui et orator et censor fuit, filios habuit, et matribus diversos et aetatibus longe dispares.「かの M. Cato Censorius には一人ではなくて，いく人かの孫がいた．それらは同じ父親から生まれた者ではないが．つまり，あの弁舌家で監察官であった M. Cato は腹違いで年のずっとはなれた二人の息子をもっていた」．そして以下に，この息子のことに始まる系譜を彼は長々と説明している．上級の社会人になるほど婚姻関係は複雑で，またそれが出世に影響する．従って作家もそれにはやはり深い関心をよせている．これらの表現はそうした意識のあらわれといえよう．

nepōs にしても pronepōs「曾孫」にしても，紀元後暫くの間は決してその用法に乱れをみせていない．例えば，Plinius はその書簡集 VIII 10 において，妻の祖父 (prosocer)

である Calpurnius Fabatus に宛てて，その neptis，つまり彼の妻が流産し，pronepos をみせられないことを詫びている．ところがこの書簡集にもしばしば登場し，Trajanus 帝に仕えていた Suetonius の筆になる皇帝伝の中の Caesar 83. 2 に，nepōs が「兄弟，または姉妹の息子，甥」という，後のロマンス語にみられる意味が指摘されるとされ，Lewis Short の辞書にもこの個所があげられている．これは Julius Caesar の遺書について述べている部分である．Sed novissimo testamento tres instituit heredes sororum nepotes, Gaium Octavium, ex dodrante, et Lucium Pinarium et Quintum Pedium ex quadrante reliquo.「けれども最後の遺書において，彼は三人の相続者をきめている．彼の姉妹の nepos たちで，G. Octavius は彼の財産の 4 分の 3 を，L. Pinarius と Q. Pedius は残りの 4 分の 1 をうけるようにと」．さてこの原文から nepotes に「甥」の意味をあたえなければならない理由はないように思われる．なぜなら，Octavius は Caesar の姉の Julia の娘 Atia と C. Octavius の間の子，つまり Julia の孫である．次ぎの L. Pinarius についても同様である．ただ Pedius だけは，この個所を基にして Caesar の孫とみる説と，息子とみる説があって明確でない．しかしいずれにしても，この Suetonius の記述を nepōs「甥」の証拠とすることには納得できない，因みに最近刊行が終った Oxford Latin Dictionary (1968–1982) は，この意味を nepōs にあげていない．Du Cange の Glossarium mediae et infirmiae latinitatis では，nepos に 'filius fratris et sororis'「兄弟と姉妹の息子」の意味が指摘されるが，これは Gregorius などキリスト教文献の用例である．そこではこの形に patruelis, consobrinus「いとこ」の意味もみられ，かなりの動揺があったことがうかがわれる．

19. Lat. nepōs, (f) neptis, nepota「孫」が，古典期以後ロマンス語の世界で，frātris / sororis fīlius / fīlia「兄弟，姉妹の息子，娘」という記述的表現で表されていた「甥，姪」の意味をとるようになったことは，多くの現代ロマンス語によって実証される (Meyer-Lübke 5891–3)．主なロマンス語における「孫」/「甥，姪」の形は次ぎの通りである．Fr. petit-fils, -fille / /neveu, nièce, Sp. nieto, nieta / sobrino, sobrina, It. (m. f.) nipote / (m. f.) nipote, Rum. nepot, nepoată / nepot, nepoată. これらの形からみると，ロマンス語は nepōs を「甥，(姪)」にかえたフランス語を中にして，nepōs「孫」をそのまま保持する西のイベリア半島と，これを「甥，(姪)」にまで拡大した東群と，3 つのグループにわけられる．*nepot- が「甥，姪」の意味を示すのはロマンス語に限らず，後述す

るゲルマン，ケルト，スラヴ語にもみられる現象である．そこでラテン語でも nepōs が早くから口語ではこの意味への動揺があったことが予想されるが，文献的には実証はむずかしい．今日のイタリア，ルーマニア語，それにゲルマン系のドイツ語の古層，そして Lit. nepuotis, Alb. nip では，「孫」と「甥，姪」を *nepot- の系統に属する形が兼ねている．フランス語でも，現在の neveu の形に「孫」の意味が 17 世紀まで残っていた (Bloch-Wartburg 409 f.)．petit-fils という形は 16 世紀の末に初めてあらわれている．従ってそれ以前には Lat. nepōs の語がここでも東グループのように「孫」と「甥」を兼ね，そこに多少の混乱があったと予想される (Bloch-Wartburg 456)．しかし上述のように，今日でもいくつかのロマンス語で同じような兼用状態が続いているということは，甥とか姪という概念は生活上どんな場面でも第三者的に「兄弟の息子，娘」のような表現によっていい表せるから，このような兼用がそれほど大きな支障にならなかったという証拠ともいえるだろう．その意味でも *nepot- に対して，3 節で述べた通り，「直接でない下の近親者」のような意味を仮定して，各語派がこれをどこかで固定してきたと考えるのが，比較対応の上からもっとも無理のない解釈である．

ロマンス語だけに限っていえば，Lat. nepōs「孫」の伝統をすっかり失ったのは，実はフランス語だけなのである．フランス語は，既述のように中世に grand-père という形を作った．そしてこれと対照的な「孫」に対して arrière-fils, sous-fils という形を作り，その挙句に今日の petit-fils が固定するに至った．その結果 Lat. nepōs の変化した neveu が「甥」のほうに定着したと考えられる (Maranda 1974 89)．英語の場合にも，OE. nefa は (m)「孫」と「甥」の両意をもっていた．ところが ME. の段階で改めてフランス語から neveu が借用され，一方では grand-père に倣って grand-father が成立，さらにこれに倣って grand-son が成立した．そこに初めて近代英語の grand-son と nephew の区別が確立したといわれる．

20. *nepot- の系統に由来する語彙を初め，Gr. huiōnós, Skr. paútra- のように「息子」を基にした形，それに Gr. paidòs paîs 型の記述的表現と，「孫」に関するさまざまの形をわれわれはとりあげてきた．このほかに I 章 32 節でふれた「祖父」に基づく派生形，即ち「小さな祖父」=「孫」と思われる形がある．OIr. aue, ORuss. vŭnukŭ, OHG. enencheli などがそれに属する．

これらのどの範疇にも属さない孤立した形としては，Arm. tʻoṙn, tʻoṙin があげられよう．Delbrück (479) はこの語源は不明としているが，現在多くの学者は Lit. taȓnas「召使い」，Skr. tarṇa-「動物の仔，仔牛」，さらに Gr. térēn「なめらかな」などとの対応を可能とみている (Pokorny 1070; Fraenkel 1060 f.; Solta 304 f.)．この説は形の上では無難だが，意味上からはあまり説得力がないため，無視されても止むをえないだろう (Mayrhofer I 483)．

このアルメニア語の形以外に，MHG. diehter という孤立した語彙がある．これには 3 章 9 節でふれた Skr. toká-「後裔」との対応が想定されている (Mayrhofer I 527; Pokorny 1085; Vasmer III 149)．しかしこの対応の分布は非常に限られているという理由から，Szemerényi (1977 52 f.) は Germ. *deuhtera-＜*dheugətero-，つまり *dhug(h)əter-「娘」の派生を予想し，Gr. thugatridoûs, Skr. dauhitra- と同じ「娘の子」を仮定している．この解釈は魅力的だが，その場合には語頭に *t-＞Germ. þ-＞MHG. d- でなく *dh-＞Germ. d-＞MHG. d- を認めなければならない．

第V章 「兄弟，姉妹」

1. 序. *bhrāter- と *su̯esor-.
2. *bhrāter- のアクセントの位置，語源解釈とその対応.
3. *bhrāter- を失った語派について.
4. Gr. adelpheós の解釈.
5. Gr. kasígnētos と Myc. kasikono, Hitt. katti- の関係.
6. adelpheós, kasígnētos, kásis の用例.
7. adelpheós, kasígnētos による *bhrāter- 代置の背景について.
8. 印欧語族と母系制.
9. ギリシアと母系制. 語彙の交代と社会制度.
10. ギリシアにおける *bhrāter の後退と E. Hermann の解釈.
11. ギリシア語派における語彙の交代に関する内的要因.
12. Skr. ságarbhya-, sánābhi- etc. について.
13. Gr. hómaimos, suggenḗs, súggonos etc. について.
14. Lat. frater と germanus>Sp. hermano の関係.
15. 兄，弟の表現とその用例(ギリシア).
16. 同(インド).
17. インド語派の資料からみた兄弟の二面性.
18. *su̯esor- の対応.
19. アナトリア語群における「姉妹」を表す語について.
20. Lit. sesuô, OCS. sestra, Got. swistar etc. について.
21. *su̯esor-<*su̯e-sor- の解釈.
22. *su̯e-sor- と *sor-「女」の仮定について.
23. Skr. bhaginī- について.
24. bhaginī- の分布と Aśoka 王碑文.
25. Skr. svásar- と姉妹の位置.
26. Skr. jāmí- について.

1. 「兄弟」「姉妹」を表す語彙は，*bhrāter- と *su̯esor- という二つの共通基語形で代表され，その対応は *pəter-「父」や *māter-「母」と同じように各語派に広く分布している. 英 brother, sister, 独 Bruder, Schwester, 仏 frère, sœur, 露 brat, sestra など多くの現代ヨーロッパ語の形も，その後裔である. 以下にわれわれはこれらの形を中心にまず「兄弟」を，そして「姉妹」について考察を進めていきたいと思う.

*bhrāter- と *su̯esor- は一見して明らかなように，*pəter- と *māter- のような形の上で対をなすものではなく，*sūnu-「息子」と *thug(h)əter-「娘」に似て，互いに関連をもたない．*bhrāter は *pəter- などと同じ *-ter- という接尾辞をもつ親族名称に属するが，*su̯esor- は後述するように，*su̯e-sor- と分析される合成語らしく，その点でもこの二つの形の差は大きい．これはまた，兄弟と姉妹の社会的な地位の違いを反映している．

2. *bhrāter- の対応の分布は印欧語のほぼ全域に及び，これを欠く語派はアナトリアとアルバニアの二派にすぎない．これほど広く対応がみ出される語彙は印欧語の中でも珍らしく，その意味でこの形はこの語族の一つのシンボルといえよう．その対応の主な形は次ぎの通りである(Pokorny 163 f.)．Skr. bhrā́tar-, Av., OP. brātar-, Gr. phrā́tēr「phrātría 一族のメンバー」, Lat. frāter, OIr. brāth(a)ir, Got. brōþar, OHG. bruoder, Lit. broterẽlis, brólis, OCS. bratrŭ, bratŭ, Toch. A pracar, B procer, Arm. ełbayr.

アクセントの位置は，インド，ギリシア語のそれやゴート語 -þ- などから判断して，当然 *bhrā́ter- が予想される(Ai. Gr. II/2 692)．とすれば，「父」を表す Skr. pitár-, Gr. patḗr, Got. fadar＜*pətér- とのアクセントの位置の違いはどのように考えるべきだろうか．Skr. svásar-, acc. svásāram＜*su̯esorem と pitár- の acc. pitáram＜*pətérem の差を，Brugmann の法則によって *-(t)ér- / *ˊ(t)or- の違いのあらわれと仮定すれば，Skr. bhrā́taram は当然 *bhrātáram であったと解釈される．従ってその歴史上のアクセントの位置は，*su̯ésor- に倣った類推によるものといわざるをえない(Ai. Gr. III 201)．もう一つの考え方としては，*bhrā́tor- から出発して，類推的に *bhrā́ter- に至る道である(Brugmann Gr. II/1 334)．この *bhrā́ter-, *bhrātér-, *bhrā́tor- の三つの仮定のうち，Brugmann の *bhrā́tor- は不要である．なぜなら，e/o の交替はアクセントの有無によるものではなく，*su̯esor- の -o- は Gr. a-pátōr「父のない，父でない」, homo-mḗtōr「同じ母の」と同じく，本来合成形に求められた o 階梯と考えられるからである(Kuryłowicz 1956 62, 1968 265)．ということは，*bhrāter- は形態論的になんの motivation も認められない一つの親族名称である．従って *pətér- の *pə- をなんらかの弱階梯とみることが許されるのならば，*bhrāter- には *bhrātér- よりも *bhrā́ter- の想定のほうが理論的要請に合致するものといえよう．

そこでこの形の語源解釈をふり返ってみると，Delbrück (462) 以来 *bhrā-ter の前分には「運ぶ，たえる」を表す語根 *bher- (Skr. bhárāmi, Gr. phérō, Lat. ferō, 英 bear etc.

Pokorny 128 f.)との関係が漠然と予想され，「兄弟」は「(姉妹を)支えるもの」と考えられてきた．この場合にわれわれは，*bher- に明らかに関係のある形として Skr. bhártar-「夫(支える者)」，bhāryā̀-「妻(支えらるべき者)」を知っている．しかし *bhr-ā- については，それ以上に立ちいった説明はきかれなかった．しかしこの盲点に対して，最近 Szemerényi はまったく従来と違った角度からこの形に接近し，*bhr-ātēr という分析を試みている(1977 24 f.)．その前分はこれまでの語根を想定するが，*āter には「火」の対応(Pokorny 69. Av. ātar-「火」，Lat. āter「黒い<燃えた」etc.)を組みいれる．そこで全体としてその形の原意は，'a person who tended the fire, looked after it'，であると解釈される．家のかまどの火は，その家の神をまつる重要な中心である．そしてその火の世話をするのは，一族の若い男たちであった．彼らは同じ年頃の乙女たちによってこの名でよばれていた．さらにこの合成形の成立の起源を求めるならば，これは *bher(e) āterm̥ 'tend the fire' という命令表現の変形に違いないと Szemerényi は推定している．この解釈は合成の過程の形成に疑問は残るけれども，これまで漠然と支持されてきた語源説に挑戦する新らしい試みとして注目に価いする．

ここで形式上問題になる対応形についても，簡単に説明を加えておこう．まず Lit. broterêlis だが，これは tĕvas「父」(II 章2節)に対するその縮小辞形 tev-êlis と同様，broter-êlis である．この種の形としては，ほかにも duktê, duktêlė「娘」，sesuô, sese-rêlė「姉妹」があるが，「兄弟」にはその原形がない(Senn 141)．その代りに broterêlis の短縮形と思われる brólis(Lett. brālis)がある(Fraenkel 59 f.; 1950 48)．しかしこれを *bhrāter- の愛称形 *bhrā- に -li- を加えた形とみる学者も多い(Delbrück 464 f.; Walde-Hofmann I 541 f.)．

Arm. ełbayr(gen. ełbawr)の e- は prothetic vowel, *bhr->rb-, -łb- は *-r-r>*-ł-r という dissimilated form である(Meillet 1936 46, 163; Solta 37; Godel 79)．

Toch. A pracar, B procer は，*ā>A a, B o の有力な証拠とされている(Thomas-Krause 55)．しかし A mācar, B mācer「母」のように *ā>ā を示す形も認められるから，pracar と procer にはなお説明が必要である．Windekens(25)によれば，これは 'conditionné par la position de *ā après r et devant c' とされている．ただし類例の有無は明らかでない．

3. これからわれわれは，この有力な語彙 *bhrāter- を失ったと思われる語派について，順次考えていきたいと思う.

まずAlb. vëllaであるが，古くは *bhrā-(ter)に結びつけようとする解釈があったが，Jokl(41 f.)はこれを *su̯e-loudhā 'Eigengeburt, eigene Geburt habend=Sippengenosse, Blutfreund'と分析しようとした．この兄弟の理解は，南スラヴ圏にみられる大家族制の下での，いとこなどをふくめた「兄弟」の名称の使用に基づいている．また前分の *su̯e-は *su̯e-sor-「姉妹」のそれに共通する要素である.

次ぎにアナトリア語群をみると，ここではヒッタイト語は「息子」と同様，Ideogramをそのまま使用し，ŠEŠ(=Akk. ahu)が記録されている．この語彙は，肉体的なつながりがなくとも，親しい仲間へのよびかけにも用いられた．例えば，有名なAhhijawa問題の重要な資料であるTavagalava書簡の中で，ヒッタイト王はこのAhhijawa王をくり返しŠEŠ-*IA*「わが兄弟」とよんでいる(Sommer 1932 2, 65 f.)．また相互行為を表すのに，ŠEŠ-aš ŠEŠ-an aušzi「兄弟が兄弟をみる，互いにみ合う」のようにŠEŠを用いるが，これはAkk. ahu ahaという同じ表現の模倣らしい(J. Friedrich 1960 133; Sommer 1932 174).

ヒッタイト語以外には，Lyk. nêniという形がLaroche(1958 192 f.)によって「兄弟」と推定されている．しかしLarocheの示す短い墓碑銘からは，この形に「おじ」「孫」なども可能である．しかし別の碑文からepñ-nêniという形が指摘され，これに「弟」(または「妹」)の意味がふさわしいこと，それにまたLuw. Maddu-nani(Gr. Phil-adelphós)のような人名の後分が「兄弟」ととれることなどから，恐らくLyk. nêni「兄弟」の推定は正しいと考えられる．最近G. Neumannは，後述の「姉妹」の項でとりあげる予定のHitt. nega-「姉妹」という形と，上にあげたアナトリア諸語の形を考慮し，さらにこれにHitt. anna-「母」を加えて，ヒッタイト文献でŠEŠで表されている形に *nana-を想定している(1974 279 f.)．その実証が期待される.

4. アルバニア，アナトリアと違ってギリシア語派は *bhrāter-を失ってはいない．しかしその形phrā́tērは，「一族(phrātría)のメンバー」の意味に限定され，「兄弟」を示さない．同時に *su̯esor-も「姉妹」から後退した．そしてこれらに代ってadelphós, adelpheósと，kasígnētosという形があらわれている.

まずAtt. adelphósという形について考えてみよう．この形はHom. adelpheósである．ミュケーナイ文書には指摘されていない．そこでadelpheósから出発するならば，その形の解釈にはギリシア語として三つの可能性が予想される．即ち，adelphe(i)ós, adelphe(u)ós, あるいは adelphe(s)ós である．Il. 5. 21 に adelpheioû ktaménoio とあるが，これは本来の -ei- を示すものではなくて，一種の metrical lengthning である (Chantraine 1948 I 7, 45)．adelphoí· hoi ek tês autês delphúos gegonótes. Delphùs gàr hē mḗtra légetai.「adelphoí (複数)．同じ子宮から生まれた者たち．というのは，子宮は delphús とよばれる」という Hesychios の記述からも，この形が delphús「子宮」と関係があることは，古代ギリシア人自身にも自覚されていた．従ってこの形は a-delpheós であり，a- には á-lokhos, á-koitis「床をともにする＝妻」にみる a-<*sm̥-「一つの」(Lat. sim-plex, 英 simple) を想定することができる．即ち *sm̥-gʷelbh- である (Pokorny 473, 903; Schwyzer I 261, 433)．そこで本来は「一つの腹をもつ，同腹の」という意味の，後分にアクセントをもついわゆる bahuvrīhi 型合成形を予想するか (Ai. Gr. II/1 299)，あるいは本来は álokhos と同様に前分にアクセントをもっていて，これが Gr. patḗr, genetḗr「父」などの男性の親族名称の型に倣って語末アクセントをとるに至ったか，いずれかの過程を経て成立した合成語であることは疑いない．これに対応する形としては，Skr. sá-garbhya- という同じ意味のヴェーダ語があり，古典期には sa-garbha-「妊娠した」という形も辞書に記録されている．また意味の上で共通する形をあげれば，Skr. sa-nābhi-「同腹の (兄弟)，父方の親族」(Manu V 72—apa-garbhá-, ápa-nābhi-「早産の」)，同じ意味で sodarya-, sodara-, samānodarya-，さらに Lat. co-uterinus がある (Ai. Gr. II/1 Nachtr. 79, II/1 106)．しかしこれらの形を考慮しても，adelpheós の語末の部分を解明することはできない．

さて問題の -eos であるが，上にあげた (f) delphús から考えると，当然 -euos が予想される (Schwyzer I 468 A2; Chantraine 1933 118)．しかし -u- 語幹の -eu-os>-eos という例は稀で，むしろ多くの -eos は -eios と交替している．khalkós「銅，青銅」の形容詞 khálkeios, khálkeos はその一例だが，これは材料の形容詞である．adelpheós をこれと同類のものと考えることは，意味上に難点がある．にも拘らず上にあげた Skr. ságarbhya- との比較によって，早くから -eios が 'Adj. zur Bezeichnung des Ursprungs wie die Stoffadjektiva' としてここにも認められてきた (F. Solmsen KZ. 32 1893 521)．最近では Risch (1945 22) が Lat. consanguineus「同血の」のような形から *delphéos を仮定，'aus delphús bestehend' という形容詞の意味でこの a-delpheós を説明しようとしている．この解釈に従えば，本来は phrā́tēr adelpheós「同腹の兄弟」のような表現から，その形容詞が独立し名詞化したことになる．この過程は後述する Sp. hermano「兄弟」<Lat.

germanus「実の」の成立のそれに比較されよう．この点はKretschmerが早くに同じ見解を発表している(1910 209; Delbrück 466)．

もう一つの解釈は -es-os>-eos である．これは *delphos(n) という -es / os- 語幹名詞の存在を前提とする(Frisk I 19; Chantraine 19; D. J. Georgacas Gl. 36 1957-8 106 f.)．この解釈の利点は，意味的にやや無理のある材料の形容詞 -eios の仮定を避け，先に述べた bahuvrīhi 型合成語として解しうること，delphús は gen. -úos から -u- 語幹よりも古く -s- 語幹が考えられること(Schwyzer I 516; Brugmann Gr. II/1 523, 534)，さらには Av. gərəbuš「動物の仔」との対応からこの -s- 語幹はギリシア語以外にも存在したと認められること，などである．ただし Skr. gárbha-, Av. garəwa-「子宮」は(m)-o- 語幹である(Mayrhofer I 329; Bartholomae 515)．-s- 語幹説の間接的な証明としてもう一つ加えるとすれば，Hesychios の辞書にラコニア方言としてあげられる adeliphḗr という形がある．これは *adelphḗs を前提とする．そして génos「生まれ」に対する sug-genḗs「同じ生まれの，親類の」と平行的にみれば，*a-delphḗs の後分には(n)*delphós という -s- 語幹の形が想定されるであろう．しかしそれならばなぜ *a-delphos- が -phes-os のように -o- 語幹の拡大をうけたか，ギリシア語としては類例に乏しく，説明がつかない．

-euos, -eios, -esos の三つの可能性のうちで，初めの -eu- の仮定は delphús をもつ点で強いが，-u- 語幹の thematic vowel による拡大，-euos>-eos という点に問題がある．Att. kenós<*kenu̯-os「空の」とHom. keneós, Cypros keneuwos を比較すると，後者は keneu-os を示している．これは -u- 語幹の thematization の実例であるが，この現象は稀である．それにくらべれば，-eios と -eos の交替は非常に多く，-eios は形容詞の接尾辞として確立しているという点で，adelpheós<*adelpheiós の仮定はまさっている．しかしこの接尾辞をもつ材料の形容詞という機能が，この合成語に適切でないという難点がある．これに対して第三の(n)-s- 語幹の仮定は，-us- 語幹ではなくて仮定的な，-es- の -o- 語幹化への理由づけに難がある．従ってこの三つの可能性のうち一つを選ぶことはなかなかむずかしい(Kretschmer 1910 202)．インド語派の形を参考にすると，この合成形の成立の萌芽は共通基語の時代にさかのぼるかもしれない．しかし後述するように kasígnētos と比較すると，これはホメーロスの用法からみてより新らしい段階で成立した形とも考えられる．後者の説をとれば，類似的には -eios>-eos の可能性が有力となる．

しかし形式的に考えれば，上に述べた三つの可能性ですべてがつくされたわけではない．例えば，Gr. télos「終り」と téleios, téleos「完全な」，kêdos「姻戚」と kḗdeios, kḗdeos

「親しい」のような(n)-es-語幹名詞とその形容詞 -eios＜*-esi̯os の関係から推せば，従来指摘されなかったけれどもここに *adelphes-i̯o- が想定されよう．Gr. homo-gástr-ios「同腹の」，homo-pátr-ios「同じ父の」，Skr. sá-garbh-ya- などを参考にすれば，adelpheós も -i̯o- 語幹である可能性が強く，しかも khálkeios タイプの形容詞を予想することは適当でないとすると，-r 語幹 ＋i̯o- と同様に -es- 語幹を -i̯o- によって形容詞化したこの *adelphes-i̯o- の仮定が，私見ではもっとも無理がないように思われる．

Hom. adelpheós と Att. adephós の関係は，文献的にも前者が古く，adelpheós の gen. adelphoû (＜-eoû), dat. adelphôi(＜-eôi)などの形から逆に nom. adelphós は容易にえられる．従って adelphós は二次的な形とされている．adelphós はまた adhelpheós の(f) adelpheḗ＞adelphḗ の男性形として作られたとも考えられよう．

5. ホメーロスでは adelpheós と並んで kasígnētos という形が「兄弟」に用いられている．これが kasí-gnētos と分析されることは疑いない．この形は歴史時代に入っても Cypros, Lesbos, Thessalia の方言にみられるほか，poetic word として悲劇など文学作品に用いられた．また前分の kásis は合成語から分離して，同じ意味の独立した語彙になっている．この後分が gígnomai「……になる」，gnōtós「親族，兄弟」など *ĝenə-「産む」(Pokorny 373 f.)に属する分詞形(＝Skr. jātá-「生まれた」)の一つであることは明らかであるが，前分の kasi- の解釈にはさまざまな説が提出されてきた(Frisk I 797 f.; Chantraine 503)．しかし最近の研究は，二つの新らしい形の指示によって kasi- の解明に貢献した．一つは Myc. Gr. ka-si-ko-no，他は Hitt. katti-「……のところに」という前置詞的要素である．

戦前の代表的な解釈は，Wackernagel のそれである(KZ. 33 1895 13 f.＝1953 692 f.)．Wackernagel はこの形と並んでホメーロスにみられる auto-kasígnētos(Il. 3. 238 etc.)を，kasígnētos より古いと考える．これは本来は，文の主語に立つ人と「自身 autós」とが「同腹の adelphós」の意味を表すための語であった．そこから「(自らと)同じ母から生まれた」兄弟を指すことになる．そこでこの形は *autokasi-gnētos と分析される．au- は autós「自身の，同じの」(＜au-tos 'von sich aus')の au-，-tokasi- は *-tekasi-＜*tekn̥ti- であり，これが autós の影響で -e-＞-o- に変化したのである．もちろんこの形は tekṓn, tekoûsa「父，母＜産む人」と関係している．そこで全体の理解は，au-「(自らと)同じ」-tokasi「産みの親＝母」-gnētos「(から)生まれた」となる．この形から auto- が autós

との関連でとり出されて，改めて auto-kasígnētos と分析され，さらに後分が独立したものが kasígnētos となる．この Wackernagel の理解は意味上からは説得力があったが，au-tokasi-gnētos の分析に大きな疑問が感じられた．また auto-kasígnētos を kasígnētos より古いとする見方にも問題があった．この点は今日では逆の説が正しく，auto- をもつ形は単独形の一種の metrical variant とみるべきだろう (Lejeune 1960 22)．

そこでこの形の解釈に，戦後解読されたミュケーナイ文書の ka-si-ko-no と，Hitt. katti- はどのように影響したであろうか．まず前者の kasikono であるが，この形のあらわれる文脈はほぼ一定していて，主格の人名の後に立つ．しかし PY An 128 文書では ke-re-te (＝Krêtes？「クレータ人」) ka-si-ko-no MAN 5 とある．また主格の人名の後に kasikono でなくて，pi-ri-je-te という形が数回あらわれている (Lejeune 1960 24 f.)．もし pirijete の -te を -tēr という nomen agentis の語尾と解すれば，kasikono にも同じような内容が予想される．そこで文脈的にみて，この二つの形はある職能か 'a class of crafts-men' を表すものではないかと推定された (Ventris-Chadwick 396; Palmer 336)．そして kasikono と kasígnētos との関係は，早くも Ventris-Chadwick によって予想された．「兄弟」は「(職人の) 仲間」に通じる．ただ pirijete という語は，その意味が明らかに規定されない．そして厳密な意味では，kasikono も同様である．因みに Chadwick-Baumbach はこの形をとりあげていない．しかしここで，kasi- という不可解な要素を Lejeune (1960 20 f.) に従って Hitt. katti- と比較し，これに「……とともに」という意味を想定するとき，kasikono のみならず kasígnētos の理解にも新らしい視野が開けてくる．Lejeune はこの観点から kasikono を *kasí-konos 'compagnon' (「ともに働く者」) と解している (1960 26)．Lejeune の後をうけた Pisani は，pirijete を *prijētêres (Skr. priyá-「親しい」— Mayrhofer II 378 f.) と解し，kasikono を kasígnētos に平行して *kasí-gonoi，または kási-gnoi (＝Skr. sa-jāta-「ともに生まれた，一族」) にひとしいと解釈する (1961 248)．両者の kasi- に対する見解には違いがあるが，意味の上では一致している．これによってまた逆にホメーロスの polloì dè kasígnētoi te étai te (Od. 15. 273 etc.) のような表現が，単に「多くの兄弟たちと仲間たち」というよりも，kasígnētoi により広い意味，つまり suggenês「ともに生まれた」いとこたちをもふくむ親族の意味をあてたほうが適当であるということも自然に了解される．つまり Hom. kasígnētos は，ミュケーナイ時代にもっていたと思われる，「兄弟」よりさらに広い意味の痕跡を残していると考えられる (Chantraine 1960 30; Lejeune 1960 20; Pisani 1961 249)．

そこでGr. kasi- とHitt. katti- の関係について，もう少しふれておくべきだろう．Hitt. katti- はkatta「下側」のsg. dat.-loc. の形が前置詞化したもので，常にkatti-m(m)i「わたしの下で，わたしとともに」のようにenclitic pronounとともに用いられる．そして一般に名詞を伴うことはない(J. Friedrich 1960 134)．さてこのHitt. kat-ta, kat-ta-a(n)と表記されている形は，*km̥t-m̥，または*kn̥t-m̥(O. Szemerényi KZ. 73 1955 65, Gn. 43 1971 673)を通じて，Gr. katá「……の下に」，OWelsh cant「……とともに」などの形との対応が与えられてきた(Pokorny 613; Frisk I 800; Chantraine 504 f.)．しかしこの対応は，ヒッタイト語のこの形を/kata(n)/と読むことを前提としている．もし/katta/であれば，この対応は成立しない．また先にあげたkat-ti- という形についても，これが既述のようにkatta- のsg. dat.-loc. として*km̥t-i, *kn̥t-iを前提とするとみれば，Hitt. katiは*kaziとあるべきである．従ってこの形は，Szemerényiの指摘する通り，katta-mi, katta-tiからのa-i>i-iの同化された形とみるのが正しいであろう．このように考えてくると，Gr. kasi- に対応すると思われたHitt. kati- という形の存在は，必ずしも確実なものとはいえなくなってくる．

Pisani(1961 246 f.)のkasígnētosをめぐる解釈は，Lejeuneのそれをふまえつつも，まずHitt. katta(n)とその対応形をこの問題から除外してしまう．そこでHitt. katti- のみが残ることになる．これをPisaniは*katiとみなし，Myc. kasi-(kono)と結びつけようとする．ここで*-ti>Hitt. -ziの変化はふれられていない．Pisaniがこの問題に提出する有力な証拠は，Arcadia-Cypros方言のkás=kaíという‘and’の意味の接続詞である．これを彼はAtt. kaíからでなく，*kasi ‘and’の仮定から導き，そして一方ではこれとMyc. kasi- を結びつけようとする．そしてこれらの形を‘eine Entlehnung aus der nicht-idg. Sprache’と説明している．

このPisaniの解釈はLejeuneのそれとともに，今まで不可解であったGr. kasi- の要素の解明に新らしい可能性を示唆したことは事実だが，ここでPisani説への疑問を附言するとすれば，まずPisaniのいうkasのvariant kát<*katiという形は，O. Massonによれば Cypros方言には実在しない(Gl. 41 1963 63 f.)．またこのkásの母音は長い．この点をPisaniはとりあげていない．従ってkā́s<kāti<kaì étiのような可能性も否定できない(W. Wyatt jr. Gl. 42 1964 170 f.; R. Gusmani Gl. 44 1966 22 f.)．この母音の長短の問題は別にしても，同じ意味のkásとkaíを分離するよりも，なんらかのつながりを予想するほうが自然である．その際には，potí(=prós)>Myc. posi, Arcadia-Cypros pósに対する poí という形の存在が参考になろう (Schwyzer II 508). これは *katí>kasí>kás に対する kaí にまったく平行している. この Delphoi, Locris などにみられる poí という孤立した形をどう説明すべきか明らかでないが, これは poì tón のような dental の音の前での例が多い (Buck 1955 108). この条件を考慮すると, potì tó… のような連続において poì tó が生まれたとして, それと平行的に katì tó>kaì tó を予想する Ruijgh の解釈は一考に価すると思う (1967 331 f.).

語源解釈は完璧を期することはできないとすれば, なおいくたの疑問をふくみつつもこれらの研究は, Gr. kasígnētos をミュケーナイ文書を通して小アジアに導く道を拓いたといえよう.

6. adelpheós と kasígnētos は, ホメーロスにおいてふつう「兄弟」を表すとされている. しかし上述のように, 語源的にいえば adelpheós は「同腹の(兄弟)」であるのに対して, kasígnētos のほうはもう少し広い意味での「ともに生まれた」者をさすに用いられていたらしい. そしてホメーロスの詩人はこのような差があったことを忘れつつあるが, それでも完全に失ってはいない (Chantraine 1960 27 f.; Gates 14 f.). この二つの語彙のあらわれる詩句を比較すると, そこには明瞭な違いがある. kasígnētos のほうがはるかに多用され, またその表現にはきまったいい廻しが認められる. その意味で, kasígnētos のほうがより古い層に属する語彙であったと推定される. また kasígnētos には複数形の使用が多いのに, adelpheós には Kronos 神の子について Il. 15. 187 の一例しかない. その場合 kasígnētos は étai とか hetaîroi という「身内, 仲間, 友」を表す語や, 他の親族名称と並べて用いられている. Chantraine の結論に従えば, adelpheós は狭義の「兄弟」に終始しているが, kasígnētos は主として Troia 方の王 Priamos とその子 Hektor を中心とする大家族に関係して用いられ, 'une fraternité qui peut être large, mais considérée comme légitime' を表している (1960 28). Benveniste は, ともに Zeùs Phrátrios に犠牲を捧げる Apatouría 祭を祝う phratría に属する apátores 一族が kasígnētoi であると説明している (1969 220 f.). それはともに祖霊を祭る一族のメンバーである. 既述の *bhrāter-「兄弟」を adelpheós に代えた背景にエーゲ海文明のもつ母系的な世界が予想されるとするならば, kasígnētos は多分に父系的な, 印欧語族の古い伝統をうかがわせる語彙ということもできよう.

以下に, 問題となるいくつかの用例にふれておきたい. まず Il. 11. 257 に ……kasígnēton kaì ópatron, 12. 371……kasígnētos kaì ópatros という，ópatros「同じ父をもつ」と並んだ kasígnētos の表現がある．前者は Koon という Antenor の息子の兄弟 Iphidamas をさすが，後者は有名な Telamon の息子 Aias の兄弟にあたる Teukros をさしている．ところが Teukros は Aias の実の兄弟ではなく，私生児だという伝承があり，Il. 8 巻 283 行以下にその記述がみられる．従って kasígnētos は ópatros「同じ父をもつ」と並んで「同じ腹の」ととりたいところであるけれども，それは許されず，‘caractère légitime’ (Chantraine) としての「兄弟」を表している．この語はときに homogástrios「同じ腹の(兄弟)」(Il. 24. 47) という形容詞を伴って用いられている．このように ópatros とか homogástrios という限定を伴うところに，kasígnētos のそれだけ幅広い内容をうかがうことができる．もっともこの点は adelpheós についても同様で，妾腹の子をふくめた「兄弟」に用いられ，必ずしも「同じ腹の」兄弟に限られる必要はなかったことは，Il. 13. 694 行以下の Medon に関する記述からも明らかである．

終りに kasígnētos が単なる「兄弟」の意味よりかなり幅広い内容で用いられていたという証拠として，Il. 15. 545 以下の数行をあげておこう．……Héktōr dè kasignḗtoisi kéleuse / pâsi mála, prôton d’ Hiketaonídēn erénipen, / íphthimon Melánippon.「ヘクトールはすべての兄弟たちに命令した．まずヒケターオーンの子の力強いメラニッポスを叱りつけた」．この Hiketaon は，Priamos の兄弟である Laomedon の子であるから，Melanippos は Hektor のいとこの子ということになる．なお歴史時代に入っても，kasígnētos は「親族」の意味で用いられていたことは，Herodotos の 2 例からも明らかである．特に I 171 では，Karia 人と Lydia 人と Mysia 人とは kasígnētoi であったので，ある神殿の使用にあずかったと述べたすぐ後で，これらの民族の元祖である Karós, Lydós, Mysós の三人は adelpheoí であったと説明し，この二つの語彙を使いわけている点は興味深い．

このように kasígnētos は，歴史時代に入ってもなおしばらくは詩語として adelphós と併用された．Sophocles は adelphós, (f)-ḗ よりもむしろ kasígnētos, -tē を愛好している．もちろん両者の間に意味の差はない．Eur. Phoen. 1442. hò d’ ên ét’ émpnous, pròs kasignḗtēn d’ idṑn / graîán te mētér’ eîpe Poluneíkēs táde. / Apōlómestha, mêter· oiktírō dè sè / kaí tḗnd’ adelphḕn kaì kasígnēton nekrón.「まだ息のある彼は，姉妹と年老いた母をみてこういった．母よ，われわれはもうだめだ．あなたも，この姉妹も，屍となった兄弟もわたしはあわれに思う」．悲劇にはこの二つの形のほかに，さらに kásis という

kasígnētos の前分が独立した形があらわれる．一例を引くと，Aisch. Sept. 674. arkhontí t' árkhōn kaì kasignḗtōi kásis, / ekhthròs sùn ekhthrôi stḗsomai.「わたしは将として将に，兄弟として兄弟に，敵として敵に向って立つ」．

この形はホメーロスにはみられない．従って当然 kasígnētos からとられた二次的な人工語のように思われる．しかし既述の Myc. kasi-, Hitt. katti- の存在を考慮すると，逆に非印欧語的な kasi- という要素をより正確にギリシア語化したものが kasígnētos であるとみることも不可能ではないだろう (Chantraine 1933 114)．Hesychios の辞書の記述では，この形は悲劇のみならず，スパルタで agélē とよばれる若者の集団出身の兄弟，いとこなどをさす名称に用いられていた (Leumann 1950 307 n79; Benveniste 1969 221)．この事実は，kásis が単なる poetic word ではなかったことを暗示している．

7.　われわれはギリシア語派の「兄弟」を表す語彙について検討してきたが，この言語が印欧語の *bhrāter- を完全に失ったわけではない．にも拘らず kasígnētos, adelpheós という合成語を作って「兄弟」を，そしてその女性形を「姉妹」にあてて，両者を統一的な形で表現しようとしている．これは印欧語の本来の伝統からの分離である．そこでこの推移はギリシア語を周るエーゲ海世界の特異性を物語るものとして，さまざまの解釈が加えられてきた．

この点について Meillet は，次ぎのように述べている (Meillet-Masson 69 f.)．アテナイの法律では，父は同じでも母が異なれば，兄弟と姉妹の間でも結婚することが許された．そこで同腹の兄弟のみが，本当の兄弟姉妹であるとみなされた．そこに adelphós のような語の発生と使用の原因があると．Meillet は kasígnētos については言及していないが，この説明はギリシアの歴史時代の実状に基づいている．ここでは近親婚が盛んに行われ，母が違っていれば自由に近親者が結婚を許された．Platon も結婚について所見を述べながら，遂に adelphós, adelphḗ「兄弟，姉妹」に言及し，彼らは互いに交わらないようにするだろうが，「もし籤がそう出て，ピュティアの神託もそれを認める場合には，法律が兄弟と姉妹を一緒にさせるだろう」と，近親婚を認めている (Res publica 461e)．Aristophanes も「雲」1371 行以下で，同じ事実をとりあげている．「ところがすぐにこの男は，エウリーピデースの，滅相もない，兄が同じ腹の姉妹をゆさぶったという話を歌った．そこでわたしもがまんがもはやできなくて，散々に悪口雑言を浴びせたわけだ」．これは Euripides の Aiolos という劇の中での，Aiolos の子 Makareus とその姉妹 Kanake との結婚の主題をさしている．homomḗtrian adelphḗn「同じ腹の姉妹を」という語からもわかる通り，ギリシアでもこのような結婚は不倫とされていたのである．

歴史時代にまで長くこうした近親婚が許されたということは，ギリシアにおいては特に母系的な傾向が強かったのではないか，という推測を可能にする．ギリシア人がその地に入って遭遇した土着の地中海族は，小アジアと同じように母系的な慣習をもっていた．これに影響されてギリシア人は，adelphós「同じ腹の」，kasígnētos「ともに生まれた」のような形によって「兄弟」をより限定的にとらえ，phrā́tēr を別の意味に転用したのである．このような解釈は一種の Substratum 基層説である．この見解はつとに Kretschmer によって提唱され(1910 210 f.)，戦後にも賛成者が絶えない(Hoffmann-Debrunner 1953 17; Benveniste 1969 212 f., 218 f.)．

8. 印欧語族は一般に父系的であるが，彼らが分裂して歴史時代に占める各地に侵入したとき，そこに母系的な土着の民族を発見した(Schrader-Nehring II 86 f.)．その言語的な影響のあらわれとも思われる現象について，われわれは既に II 章 13 節において言及したが，ここでもう一度印欧語族の中に指摘される母系的なものに注目してみよう．

父権を誇るインドにおいても，有名な Satyakāma の故事(Chand. Up. IV 4)にみるような，父の素姓を知らぬバラモンもいた．Kiṁ-gotro nv aham asmi「わたしはいかなるゴートラ(一族)の者なのか」という彼の問いに答えて母はいう．「わたしはお前がいかなるゴートラの者か，それを知らない」．Bahv ahaṁ carantī paricāriṇī yauvane tvām alabhe.「わたしは若いときあちこちに行き，働いているうちにお前をもうけたのです」．これは母系的なものが当時も許されていたことを物語っている．われわれは多くのサンスクリット文献の中から，父称と並んで母の名に因む metronymics を指摘することができる(Kane 239 f.; Ghurye 51; Jayal 147)．大文法家 Pāṇini も註釈家 Patañjali によって Dākṣī-putra「ダークシーの息子」と，母の名でよばれている(Mahābhāṣya I 75 l. 13)．

印欧語族はヨーロッパ各地において母系制に出合ってその影響をうけた(Schrader-Krahe 75 f., 96, 126; Feist 1924 100 f.)．Caesar の頃のゲルマン人の社会は，母系的な性格が強かった．父権が強くなるのは，ローマ文化の影響をうけた以後のことだといわれている(E. A. Thompson 17, 34)．Lat. avus「祖父」の派生形 avunculus「母の兄弟」(英 uncle, 仏 oncle etc.)を初め，これにつながるヨーロッパ群の語彙は，特に母方のおじを表している(I 章 27 節，VI 章 6 節)．この親族を重視する傾向は，この地域の母系的なもののあらわれとされてきた(Schmeja 30 f.). なぜなら，印欧語族が侵入する前のヨーロッパの各地にその痕跡が認められるからである．例えば，ケルト人の侵入したブリタニアの北部，スコットランドのPictī人(「塗られた」Caesar B. G. V 14)の相続は女系であった(N. Chadwick 93 f., 118)．大陸はともかく，島のケルト人の先住民の間では女性の力が特に有力であったことは，Weisweller(1940)の研究にくわしい．イベリア半島においても，Cantabrī人のいわゆるgunaikokratía「女政治」は有名である(Strabo III 4. 18). Vries(147 f.)によれば，ゲルマン人よりもケルト人において，いっそうこうした傾向が強く，またはっきりとあらわれているという．ただラテン人の間では，12銅表にみるような強力な父権が目立っていて，母系的な傾向があまり認められない．ローマに対して文化的に影響のあったエトルリアでも，母系制の支配についての確証はない．これは母系制の有力であった小アジアからのこの民族の伝来説(Herodotos I 173)と合致しないが，実際にはmetronymicsよりpatronymicsのほうがむしろ有力であるなど，エトルリアには父系的な色彩がこい(Pallotino 151 f.; Pfiffig 77)．従ってラテン人はこの地に入っても，真に母系的なものに接することはなかったのだろう．

先史時代にギリシア人がもっとも接触したと思われる小アジア世界では，どうであったのだろうか．ここでは周知の通りHerodotosらの古典作家の証言によって，Lydia, Lykia, Kariaなどに広く母系制の跡が指摘されている(Pauly-Wissowa-Kroll Suppl. VI 557 f. 1935)．にも拘らず，ヒッタイト世界では後述するように近親婚は禁止されている(Gurney 1952 101, 1973 237)．そこで近親婚と母系制の関連を重視するところから，ヒッタイト語族にははっきりとした母系制の影響が認められなかった．少なくともその「法律」からは，その事実を示す規定はみられない．

ところがII章13節にふれたAnitta文書(Neu 10 f.)にみるannuš attuš(pl. acc.)「母と父」の表現と並んで，1957年に発見されたHattušiliš I世の残した文書によって，この語族にも他の小アジア世界と同じように，古くは母系制が存在したに違いないと考えられるに至った．Gurney(1973 236)，Otten(1961 339)の記述するところによれば，この文書の冒頭にはHattušiliš王の系譜が述べられている．そこに，Tabarna「王」たる彼はTawannannašの兄弟の息子である，と記されている．これにはアッカド語の同じ内容の文書も残っているが，ここで問題になるのはTawannannašという女王の称号である．この称号は，たとえ夫たるTabarnaが死んでも不変である．これは，この地に土着のHatti人の間に有力であった母系的なものの名残りではないか，と考えられた．王権は夫たる王ではなく，女王の兄弟によって行使されるのが，こうした社会の特徴であった．この文書にいう Tawannannaš の兄弟の息子というのは，その意味で符合する．

これに関連して想起されるのは，III 章 24 節でふれたこの Hattušiliš I 世の遺書において，王が自分の姉妹の息子を養子にして王位後継者に立てようとしたことである．この点にも母系制的なものの跡が感じられた．またこの事実を裏書きするものとして，Telepinuš 王の規定した王位継承の掟がある (J. Friedrich 1946 57 f.)．その Kol. II 36 節以下は次ぎのように規定している．LUGAL-uš-ša-an ha-an-te-iz-zi-i̯a-aš-pít DUMU. LUGAL DUMU[RU] ki-ik-ki-it-ta-ru ták-ku DUMU. LUGAL (37) ha-an-te-iz-zi-iš NU. GÁL nu ku-iš ta-a-an pí-e-da-aš DUMU[RU] nu LUGAL-uš a-pa-a-aš (38) ki-ša-ru ma-a-an DUMU. LUGAL-ma DUMU. NITA NU. GÁL nu ku-iš DUMU-SAL ha-an-te-iz-zi-iš (39) nu-uš-ší-iš-ša-an [LÚ]an-ti-i̯a-an-ta-an ap-pa-an-du nu LUGAL-uš a-pa-a-aš ki-ša-ru.「先頭の（正妻の）王子こそ王とされるべし．先頭の王子がいない場合には，第二の者が嫡男の位置を占めたなら，その者が王子たるべし．もし王子たる息子がいない場合には，先頭の娘たるもの，それに夫をとるべし．そしてその者が王となるべし」．これはそれまでの母系相続による甥への王位継承の形式を，印欧語族流の父系の嫡男のそれに改める規定であった (Gurney 1973 II/1 667 f.; Otten 1961 368)．

これらの資料は直接母系制的なものに言及してはいないのだから，さらにこの事実を確証するためには Tawannannaš とよばれる称号を初めとする文献学的な研究が必要である．しかし周辺のアナトリア世界に広くこの傾向が指摘されている以上，古ヒッタイト帝国にもその影響が及んだとする推論は充分に可能であるといえよう．

9. 小アジアと密接に関係して一つの文化圏をなしていた地中海世界にも，母系的な慣習の存在が予想される．Hutchinson (235 f.) は，クレータ島の Gortyn の碑文の中の，父が奴隷でも母が自由人であれば，その子は自由人であるという規定を，歴史時代における母系的習慣を示すものとみている．そのほか生活に結びついた信仰の中にも，母や女性崇拝を認めることは容易である．さらにはホメーロスの描く Odusseus の妻 Penelopeia の立場，あるいは Alkinoos 王の妃 Arete の描写 (Od. 7. 73 f.) なども，これと関連づけられるかもしれない (Finley 103 f.)．また Hesiodos の作品においても，Theogonia の註釈を著した West は，神々と英雄の系譜が一般に母系中心になっている点に注目している (34 f.)．

このようにみるならば，母系的なものはギリシア世界にも存在していたことは疑いない．しかしそれがどの範囲に根強く，印欧語族の父系的なものの中に浸透していったかを具体的に実証することは極めてむずかしい．従って現在においても，こうした制度は‘a false premise’として，その仮定に反対する学者の主張も見逃すことはできない(Lacey 11)．われわれの当面の問題は，こうした先住民の社会的な慣習がギリシア語という言語にどの程度影響したか，そこに *bhrāter- に代る新らしい「兄弟」の語彙の登場のなんらかの理由が認められるか，ということであった．これは言語変化の説明における Substratum の影響の理論に似て，一つの説明として可能ではあるが，常に消極的なものにとどまり，直接的な解決をあたえるものではない．

また既述のように，母系制を問題にするのならば，印欧語族はほとんど至るところでこうした慣習に遭遇している．われわれは，H. Galton (121 f.) によって批判された原印欧語族の社会を母系的なものとみる Isačenko 説を認めるものではないが，一方ではアジアからヨーロッパまで，印欧語族の入ったほとんど至る所に母系的なものの痕跡が指摘されることも事実である．前節でふれなかったスラヴ世界においても，紀元前 2700–2100 年頃にわたるいわゆる Tripolye 文化は母系的であったといわれ，原東スラヴ語族はこれらとなんらかのつながりをもっていたと考えられる．その証拠に彼らは結婚を通じて，OCS. tĭstĭ「妻の父」のような印欧語としては語源不明の独自の語彙を土着の人々からうけいれている (P. Friedrich 1963 9)．母系的なものの影響を論じるならば，印欧語族の至るところでこれらと同じ問題がとりあげられなければならない．ギリシア語だけが *bhrāter- を代えたことに対して，先住民のあり方が積極的に考慮されるのは，納得できない．

10. kasígnētos, adelphós の登場に関する Meillet, Kretschmer につぐもう一つの見解は，E. Hermann のものである(1935 100 f.)．彼は Kretschmer の説に反対して，次ぎのような解釈をする．原印欧語族は父系的な大家族制をとっていた．そこでは *bhrāter- は兄弟のみならず，いとこをもふくめた名称であった．従って Gr. phrā́tēr もこのように広い意味をもっていたので，狭義の「兄弟」，つまり両親の子を示すために，新らしい語が必要になったのであると．*bhrāter- がこのように classificatory type の名称であったということは，ギリシア，スラヴ，ケルト，さらには後述するラテン語からもうかがうことができる (Szemerényi 1977 24)．また後述するように「いとこ」の名称は，多くの語派においてなんらかの意味で「兄弟」と関係している．Benveniste も *bhrāter- という形につ

いて Hermann と同じタイプを認め，descriptive と classificatory type の親族名称の区別にふれている (BSL. 46 1950 XX f.). また次ぎにとりあげる「姉妹」を表す *su̯esor- も，実例はともかく語源的には明らかに classificatory type であったと考えられる.

Hermann の主張によれば，この広い意味の「兄弟」を本来のそれに限定するために kasígnētos, adelphós のような形が必要になったのである. この解釈は先に述べた Substratum 説よりは説得力があるように思われる. さてこの Hermann 説に共通するのが，J. Gonda (1962) のそれである. その説明によれば，印欧語族は Polygamy の制度下にあった. そのために，このような正式の肉体的つながりを示す兄弟の名が必要になったのである. その制度の痕跡は広く各語派に指摘される (Schrader-Nehring II 196; Macdonell-Keith I 478; Delbrück 540 f.). 従ってこの Gonda の主張は，単なる仮説としてしりぞけることはできない. 古代インドでは RV (VII 18. 2, X 101. 11 etc.) 以来古典期まで，この習慣の跡は随所に認められる (Zimmer 324 f.; Renou 1950 90 f.; Jayal 94 f.). ホメーロスの Priamos 王は例外としても，ローマではこれが常識化し (Crook 101 f.)，ゲルマン世界についての歴史家 Tacitus (Germania XVIII) の言葉，蛮族の中で一人妻で満足しているのはゲルマニア人だけである，はいかにこの風習が当時広く行われていたかを物語っている (E. A. Thompson 59 n3). 小アジアのヒッタイト社会においても，ヨーロッパと事情はかわらない (Cavaignac 57).

11. さてこの Hermann の説に Kretschmer (Gl. 27 1939 25 f.) は反対し，その仮定からはギリシア語で apátōr, homopátrios「同じ父をもつ」のように父ではなくて，adelphós のように母に関係する表現が「兄弟」に選ばれたことに説明がつかないと批判している.

ギリシア語では「兄弟」のみならず「いとこ」についても他の語派のように *bhrāter- を用いず，*nepot-「孫」から anepsiós という形を作っている. この *bhrāter- > Gr. phrā́tēr の意味のずれ，kasígnētos, adelphós, anepsiós という新らしい形の登場が，ギリシア語形成の歴史の中で，どのように関係し，どのような過程を経て起ったかは明らかでない. けれども，母系的な Substratum とか大家族制といったいわば外的要因がそこに働いているとしたら，同じような条件の下にあったと思われる他の語派にも類似した現象が指摘されなければならない. ところがそうした事実，つまりこれらの語彙組織の移動が他の語派にあまりみられないということは，この問題をさらに別の角度，ギリシア語という言語の内から検討する必要を感じさせる.

そこでまず考えられることは，ギリシア語において phrā́tēr と対をなして均衡を保ってきた *su̯esor-「姉妹」が，音変化の結果 *heor となったことである．これに該当すると思われる形は Hesychios の辞書に，*heor でなくて éor という形で記録され，その意味は thugátēr「娘」，anepsiós「いとこ」，éores(pl.)は prosḗkontes, suggeneîs「親族」であると説明されているだけで，ギリシア語史の中に実例はない(Frisk I 530; Chantraine 355; Schwyzer I 226, 568)．それは，この形が eo- という極めて稀な母音の連続をもち，また他の親族名称と形式上の関連が感じられなくなったために，廃語になってしまったからに違いない．さて *bhrāter- を失わない語派は，その対である *su̯esor- を失っていない．そしてこの両者の均衡は，歴史時代にまで保ち続けられている．どちらか一方を失うと，他方も失われる危険がある．その事実はギリシアのみならず，アルバニア，アナトリア諸派の対応が示す通りである．そこでギリシア語において su̯esor- が後退したことで，phrā́tēr も孤立化した．その上さらにこの phrā́tēr は単なる「兄弟」より幅広い内容をもつところから，狭義の「兄弟」というより限定的な意味が生活上求められた場合に，これに本来形容詞であった kasígnētos「ともに生まれた」という新らしい合成語が流用された．と同時にこの形は，容易に女性形をうることができるから，それが失われた *su̯esor- の穴をうめ，再び両者の均衡は回復する．そこで孤立していた phrā́tēr はこの関係からはずれ，親族名称より広い概念である一族のメンバーを表すのに転用されていった．

ところが kasígnētos は，かつての phrā́tēr と同様に本来内容が広い．また一方では，地理的条件のために狭い社会で生活する人々にとっては，ある程度の近親婚は避けることができない．そこで実の兄弟，姉妹をより端的に示す必要が生じ，そのために á-lokhos, á-koitis「妻」などとともに作られた形容詞 adelpheós が名詞的に用いられるに至った．これは決して母系制の要求ではない．「同じ腹の」ということは，サンスクリットの同じ意味をもつ形の用法をみても，母方中心の考え方に発する表現ではなく，狭義の「兄弟，姉妹」を表すもっとも直接的な合成語である．そのためにこの形容詞が選ばれたのである．このようにして，ギリシア語における kasígnētos, adelpheós の使用が定着したと考えることはできないだろうか．これはもちろん筆者の一つの仮説だが，従来のように，これらの語彙の変遷を漠然とした言語外の要因に帰するよりは，ギリシア語の内的要因を考慮したより直接的な説明として有効であると思う.

12. ここでGr. adelphósと形式的，内容的に関係のある形について概観しておこう．それによってわれわれは，この表現がギリシア語のみならず，他の語派にも行われていたことを知ることができる．

まず形式も内容も直接関係のある形をあげるならば，先に4節にふれたサンスクリットのいくつかの合成語がある．ságarbhya-はヴェーダ文献にくり返しあらわれる詩句にふくまれている．Ait. Br. II 6. 12(Vāj. Saṁh. IV 20=VI. 9; Taitt. Br. III 6. 6. 1). anv enam mātā manyatām anu pitānu bhrātā sagarbhyo 'nu sakhā sayūthya iti.「母がそれを認めよ．父が，同じ腹の兄弟が，同じ群れの友が(認めよ)」．このbhrā́tar-の形容詞はŚat. Br.(III 7. 4. 5)にみられるほか，Pāṇiniも2つの規則でこれにふれている．IV 4. 114. sagarbha-sayūtha-sanutādyan //「(ヴェーダでは)sagarbha-, sayūtha-, sanuta-の後に -ya- が(用いられる)」．これはsagarbha+ya->sagarbhya-を示し，'bhave'(110)「……の中にある」の意味を表す接尾辞 -ya- を規定している．同じVI 3. 84は，ヴェーダ語ではsamāna-「共通の」の意味でsa-を代用するという規則である．この規定によってsagarbhya-と同じ意味の形容詞sodara-(Manu VIII 299 etc.)，その派生形sodarya-(Pāṇini IV 4. 109)は，samānódarya-(Pāṇini IV 3. 88, 4. 108)にひとしいことになる(Ai. Gr. II/1 77, 108)．

同様にPāṇiniはVI 3. 85によってsánābhi-=samānanābhi-を指示しているが，後者の実例はない．sá-nābhi-のnā́bhi-は「へそ」であるが，また車の「こしき」の意味をもつ．RV IX 89. 4. svásāra…jāmáyo…sánābhayo…「血族にして同じ腹の姉妹」は，指をさす表現である．古典期の用例として，Manuの一節をあげよう．IX 192. jananyāṁ saṁsthitāyāṁ tu samaṁ sarve sahodarāḥ /bhajeranmātṛkam riktham bhaginyaśca sanābhayaḥ //「しかし母が死んだならば，すべての同腹の兄弟と同腹の姉妹は，母の財産を平等にわけてうけとるべし」．同じ212では，sodaryā……bhrātaro……bhaginyaśca sanābhayaḥと，bhrātaro「兄弟」が挿入されている．このsánābhi-は「同じ腹の」という本来の意味から発展して，「肉親，親族」に早くから用いられている．AV I 30. 1ではanyánābhi-「他の腹の，親族でない者」と対比されている．この「親族」は同じ意味のbāndhava-と対比された場合，sanābhi-は父方，bāndhava-は母方のそれを表す(Manu V 72)．またsanābhya-という形がManu V 84に一回だけ，sapiṇḍa-「(サピンダ)親族」と同意に用いられている．

udára-「腹」，nā́bhi-「へそ」とほぼ同じ意味でサンスクリットにはyóni-「子宮，母胎」があり，その合成語の存在が予想される．それは samāná-yoni-(Śat. Br. V 3. 1. 8)で，Aśvin 双神について用いられている．またこれについては，Manu II 129 の asaṁbandhā ca yonitaḥ「血縁関係のない女」というフレーズの表現が参考になろう．これらインド語派の合成形と Gr. adelphós を対比するとその共通性は著しい．しかし，形は違ってもこれに類似した表現は他の印欧語にもみられるし，われわれも「はらから」のような形をもっている．従ってこのギリシア語とインド語派の一致を，ただちに共通基語にさかのぼるものとみなすことはできない(Mayrhofer III 414).

13. Skr. sodarya- に匹敵するギリシア語は Hom. homo-gástrios であろう．これについては既に 6 節にふれておいた．このほかに haîma「血」をふくむ合成形がある．「同じ血の，血族」を原意とする hómaimos, homaímōn, súnaimos である．これらは形容詞，あるいは名詞として専ら Herodotos，そして悲劇に用いられ，古典期の散文にはふつう使用されない．hómaimos ek miâs te kaì tåutoû patrós「一人の母と，そして同じ父から生まれた同じ血の兄弟」(Soph. Ant. 513)はその悲劇における一例である．同じ作品の直前 511 行に作者は Antigone に，oudèn gàr aiskhròn toùs homospIágkhnous sébein.「実の兄弟を敬うことは決して恥ずべきことではない」といわせているが，この homosplágkhnos も上述の homogástrios などと同じ内容をもつ，homo「同じ」と splágkhnon「内臓」の合成された poetic word である．またこの「血」の合成語をフレーズに表現して，詩人 Sophocles は toùs pròs haímatos「血をわけた者たちを」(Aj. 1305)とも綴っている．この haîma の合成語が，Lat. con-sanguineus という形に通じることはいうまでもない．この形も hómaimos などに似て本来は形容詞だが，Cicero などは「兄弟，姉妹」の意味で名詞として用い，さらに広い「親族」としても複数形で多用されるに至った.

ギリシア語には kasígnētos「ともに生まれた―兄弟」の伝統は，歴史時代まで生きている．まず sug-genḗs(génos「生まれ」)は「生まれつき」「ともに生まれた―親族」の意味で後々までかなり広く用いられているが，これと並んで悲劇には homo-genḗs，後には homó-gnētos という形も作られている．これらは「親族」から「兄弟」にまで限定されるが，これ以外に súg-gonos という形もある．これは内容的には sug-genḗs とほぼ同じである．「親族」の意味で Sophocles, Aischylos には少数の例がみられるにすぎないが，Euripides はこれを愛好し，「兄弟，姉妹」に多用している(Elec. 214. 1308, Or. 880 etc.)．なおこの súg-gonos のほかに，homó-sporos という合成形も「兄弟，姉妹」の意味で悲劇(Eur. Orestes 658 etc.)にあらわれる．これは spérma, speírō「種子，種子をまく」と関係し，II 章10節で指摘したように，これが(父)親を意味するところから出発した形である．「同じ親をもつ」というイメージから作られたもう一つの合成語として，孤立的な homo-genétōr がある．これは Liddell-Scott におちていたが，1968年版の Supplement に収められた．筆者は Eur. Phoen. 163 以外の用例を知らない．

これらの「出生，親をともにする」という合成形の基は，やはり II 章14節で問題にした homo-pátēr, -pátrios, -mḗtēr, -mḗtrios という「父，母」の合成形にあるように思われる．ここで注意しておきたいのは，ヒッタイト語において実の兄弟を表すのに，haš「産む」の分詞形 haššant- を用いることである．皇太子，長たる者への教えを説いた文の一節から，その用例をあげておこう(J. Friedrich 1946 27)．(22) [na-aš-m]a-aš-ma-aš ŠEŠ ^{d}UTU^{ši} ha-aš-ša-an-za (23) na-aš-ma DU[MU ?] ^{SAL}*NAP. TAR. TI* ku-iš-ki a-pa-a-at me-ma-i (24) am-mu-uq-qa-u̯a-za *Ú・UL* DUMU EN-*KA*^{3} nu-u̯a……「あるいは王の実の兄弟が，あるいは側室の息子のだれかが汝らにいうとする．わたしは汝の主の息子ではないと」．

14. われわれはこれまでに adelphós, kasígnētos による *bhrāter- の代置を通じて，ギリシア語派の印欧語中における特異な位置について考察し，またそれと類似した合成語にも言及してきた．いうまでもなくこれら多様な poetic words も古典期を過ぎると(m) adelphós, (f) adelphḗ に統一され，それがそのまま近代に及んでいる．

さてこのギリシア語派の特異性に似た現象がロマンス語の中にも認められる．Lat. frāter は It. fratello, Fr. frère, Rum. frate に完全に継承されているのに対し，スペイン語だけは hermano<Lat. germānus「実の(兄弟)」に代えている．一方 Lat. soror「姉妹」も，It. sorella, Fr. sœur, Rum. sora であるのに対して，Sp. hermana<Lat. germāna は hermano の女性形を用いている．Port. irmâo, irmâ もスペイン語と事情はかわらない．スペイン語はこのほか「甥，姪」についても，他のロマンス諸語が Lat. nepōs の形を継いでいるのに対して，Lat. sōbrīnus, -na>Sp. sobrino, -na という形を用い，「いとこ」についても Lat. consōbrīnus, (f) -na>It. cugino, -na, Fr. cousin, cousine に対して，Lat. prīmus, (f) -ma>Sp. primo, -ma を示している．その意味では，イベリア半島はこれらの親族名称について特異な位置にあったといえよう．語彙の代置，「兄弟」と「姉妹」を一つの形の男女性形で表す点など，Gr. adelphós と Sp. hermano はまったく類似した傾向を示している.

この代置の原因について，大方の意見は一致している．Lat. frāter が親しい人へのよびかけの言葉として直接の兄弟でない人にも多用され，特に古典期以後信仰の仲間へのキリスト教団における使用が，frāter と soror の代置を促したといわれる．イタリアでは，そのために縮小辞形 fratello, sorella が作られ，「兄弟，姉妹」を表すようになった．しかしそれは北部と中部のことで，南部では古くは frate が「兄弟」，fratello が「修道僧」であった．しかしイベリア半島における Lat. germānus, -na (Meyer-Lübke 3742) の広い使用が，こうした原因によると簡単にいい切ることにはなお問題がある．キリスト教の定着以前から，古典ラテン語の中に，そのような傾向がみられるからである．Elcock (164) はこれを 'a desire to emphasize the blood-relationship, the original words having become semantically compromised on account of their wide use as terms of adress' と述べている．そこで古典期における germānus の用法について考えてみよう.

Lat. frāter は古典期において「兄弟」のみならず，友人や恋人に，また複数形では同志とか仲間をさすにも用いられた．例えば，Varro de Ling. Lat. V 85. Fratres Arvales dicti qui sacra publica faciunt, propterea ut fruges ferant arva: a ferendo et arvis Fratres Arvales dicti.「Fratres Arvales というのは，耕地が実りをもたらすように公けの聖事をなす者たちのことで，ferre 'もたらす' と arva '耕地' から Fratres Arvales といわれる」．また frater は単独で用いられるとともに，しばしば geminī (pl.). patruēlis などの形容詞を伴って「双子」,「父方のいとこ」を表した．frater germanus「実の兄弟」もその一つである．そしてこのような場合に，frater を略して gemini のような形容詞だけでも同じ意味を表すことができた．文法家 Quintilianus の言葉を引こう．IX 4. 23-4. est et alius naturalis ordo, ut viros ac feminas, diem ac noctem, ortum et occasum dicas potius quam retrorsum. Quaedam ordine permutato fiunt supervacua, ut fratres gemini; nam si gemini praecesserint, fratres addere non est necesse.「viros ac feminas '男と女を', diem ac noctem '昼夜に', ortum et occasum '登りと沈みを' を逆にいうよりは，好んでこの(順序)であなたがいうように，また別の自然の順序というものがある．順序を逆にいれかえると，fratres gemini のように，あるものが不要になることがある．というのは，もし gemini が前にでたら，fratres をつけ加える必要はない」．この Quintilianus の説明や patruelis の単独の用法から推して，当然 germanus も frater, soror を伴わずに同じ意味に用いられたことが予想される．germanus という形容詞の主たる使用

範囲は，親族関係，特にこの兄弟姉妹を中心にしていたように思われる．そこでますます単独の用法が容易になる．古典期におけるその実例は決して少なくない．その germanus の内容は広く，父母をともにしている兄弟はもとより，その一方だけをともにしていても，これにふくまれた．Plautus Men. 1102. spes mihi est uos inuenturum fratres germanos duos / geminos, una matre natos et patre uno uno die.「一人の母から，一人の父から同じ日に生まれたあなた方二人の実の双子の兄弟をみつけるというのがわたしの希望です」．これは Menaechmus の双子の兄弟 Sosicles の奴隷である Messenio が Menaechmus にいう，文字通り germanus の説明の言葉といえよう．そこで次ぎに germanus が片親についていわれる例を C. Nepos の伝記からあげておこう．Cimon 1-2. habebat autem in matrimonio sororem germanam suam nomine Elpinicen, non magis amore quam more ductus. namque Atheniensibus licet eodem patre natas uxores ducere.「だが彼は自分の実の姉妹を妻にしていた．その名前はエルピニーケーだが，彼は慣習によりまた愛情にひかれて結婚したのである．なぜなら，アテナイ人の間では，同じ父から生まれた女を妻に迎えることは許されているからである」．これは7節に述べたギリシアにおける結婚の習慣，母親さえ違えば結婚の対象になるという事実を如実に物語っている．さて片親の例は，母だけについてもみられる．Vergilius Aen. 5. 412. haec germanus Eryx quondam tuus arma gerebat.「あなたの実の兄弟であるエリュクスがかつてこの武器をつけていた」．Eryx と Aeneas はともに母は Venus であるが，Eryx の父は Poseidon，あるいは Argonautes の Butes といわれ，Aeneas の父は Anchises だから，二人は明らかに異父兄弟である．

この Vergilius の詩句で，germanus は frater なしで用いられている．Terentius Adel. 957. nunc tu germanu's pariter animo et corpore.「今や君は身心ともに実の兄弟だ」．これは Demea が兄弟の Micio にいう台詞である．Ovidius の Fasti の中で，Dido の姉妹 Anna について歌われている．III 559. pellitur Anna domo lacrimansque sororia linquit / moenia: germanae iusta dat ante suae.「アンナは涙を流しながら家から追われ，姉妹の砦をあとにする．彼女は自分の亡き姉妹に然るべき供養をする」．

これらの例からも明らかな通り，既に古典期において germanus, -na は frater, soror を伴わずに「実の兄弟」を表すことができた．それは，父か母のいずれかをともにしていればよかった．当時の germanus という語に対するラテン人の感情を知るために，もう一度 Quintilianus の言葉を引用しよう．VIII 3. 29. Cimber hic fuit, a quo fratrem necatum hoc Ciceronis dicto notatum est, Germanum Cimber occidit.「それはキムベルという者であった．彼はキケロが Germanum Cimber occidit ‘キンベルがゲルマーヌス（＝実の兄弟）を殺した’ と記しているように，兄弟を殺した」．この Cicero の言葉というのは，彼の弁舌集 Philippica (XI 6. 14) にみられる話で，Cimber という，ゲルマン人の一族 Cimbrī の名に通じる名をもった男が，その実の兄弟である Philadelphos（ギリシア語で「自分の兄弟」＝Lat. germanus「ゲルマン人の；実の兄弟」）を殺したが，その男の父は Lysidicus（ギリシア語で「法破り」）という名であった，という一種のしゃれである．いかにも当時の germanus という語にまつわる実感を伝えている．

さらに興味ある一例として，Valleius Paterculus の Historiae Romanae II 67 にみる紀元前 43 年頃の兵隊たちの風刺の歌をあげておこう (Aebischer 1937 235)．Sulla に始まった proscriptio とよばれる追放などをふくむ処罰布告の連発を Antonius と Lepidus が再びくり返し，Antonius はおじを，Lepidus は兄弟を犠牲にした．そこで L. Munctius Plancus もその frater である Plancus Plotius をその数に入れてしまう．そこで Lepidus や Plancus の車に従った兵隊たち，それに市民たちの悪口として，次ぎのような言葉がはやった．De germanis, non de Gallis, duo triumphant consules.「ガリア人ではなく，実の兄弟（ゲルマン人）を敗って，この二人のコンスルは凱旋式をする」．

このように germanus は既に古典ラテン語の中で独立して用いられていたのだから，これは単にイベリア半島のみでなく，広くロマニア全域に口語ラテン語とともに流れこんだと考えられよう．Aebischer (1937) による北，中，南部イタリアのキリスト教文献の研究によれば，イタリアでも 10 世紀頃までは frater より germanus, -na が至るところで有力であった．あるナポリの文書では，verus germanus, uterini germani (pl.)「実の兄弟」のような表現がみられるほどであった．Dante でも (f) germana, suora を (m) fratello, frate と併用するなど，なおこの語彙の使用は消滅してはいなかったが，それでも 11–12 世紀から，再び frater が復活してきた．ガリアでも古くは germanus が用いられたが，ここでは早くから専ら frater の系統が有力になった．イタリアでは frater, soror の復活にも拘らず，これがしばしば教会関係の用語として用いられていたために，その縮小辞形 fratello と sorella が作られたのである．ところが南イタリアでは，この両者の関係は逆になっていた．スペインでは，ちょうどフランスと逆に frater が専ら宗教上の用語になったために，早くから用いられていた germanus が定着し，今日のような状態に至ったと考えられる．従って，イベリア半島が実はもっとも口語のラテン語の古い伝統に忠実であったともいえよう．他の地域ではその上に文語のラテン語から frater, soror が復活して，これが germanus の系統の語彙を再征服したというのが歴史的な事実である．

15. 「姉妹」の問題に移る前に，兄弟，姉妹をめぐる外的な事情に注目してみよう．まずその上下関係がある．印欧語は一般に brother, sister にみるように，上下関係を直接表わさない習慣があるといわれている．この習慣は，古代においてもかわらないように思われる．例えばギリシア人の場合，彼らもときにこの関係に言及する．ホメーロスでは Il. 11. 787 のように，単に年の上下について presbúteros「より年上の」といわれたり，最上級の presbútatos が「……の長」を表現するが，それらのコンテキストでは，兄弟の上下関係への意識はみられない．しかし Il. 15 巻の 204 行で，Erinues(復讐の女神たち)は年上の者に常に従うという風神 Iris の言葉がある．これは兄の Zeus への Poseidon の怒りをなだめるために，この神が口にした Poseidon への忠告である．Zeus は Poseidon に，戦いをやめて海に帰れといったから，海神はこの暴言に立腹した．しかし Iris は，怒りをおさえて presbutéroisi「年上の者に」従えという．兄 Zeus の力のすぐれたことは Il. 13. 355 にも詩人によって歌われているが，これはいずれの世界でも同じ自然の秩序である．

歴史時代に入っても，この兄弟の上下関係が問題になるような場面はほとんどみられない．後述するように，インドでは相続において長兄に専ら有利な立場が守られている．しかしギリシアでは養子は別として，実子であれば男子はみな平等に相続権をもっていた(Schrader-Nehring I 254 f.; Lacey 125)．これは大家族制の崩壊とともに，インドよりも一族の分化が進んだためであろうか．もっとも兄弟間の相続権の平等という考え方は，一部の地域を除いてメソポタミアでも同様であったといわれている(Schmökel 1961 147)．ローマでは遺書があれば，これに基づいて男女を問わず一人，あるいは複数の相続者が指名され，その人が財産のみならず，その家の宗教的な祭りなど一切の責任を負うことになっていた．従って父の遺産は分割されずに共有されたり，また分割されることもあった．もし遺書がなければ，potestas 権力をもっていた人の死によってその下から独立した人が自動的にその継承者となった．その場合には性別を問わず，平等の分配が行われた(Crook 118 f.)．

ホメーロス以後のギリシアで，兄弟の上下関係が問題になっている場合をみると，Herodotos の「歴史」では専ら王権の授受である．中でもペルシアの Darius 王の後継問題の指名をめぐる争い(VII 2)は，その典型であろう．V 41 以下ではスパルタの Kleomenes

をめぐる混乱の記事において，presbúteros の無能力さが批判されている．II 120 では，トロイの王 Priamos の死後の Hektor と Alexandros の兄弟の関係と，王位継承が論じられている．悲劇の中では，Sophocles の「コロノスのオイディポス王」の 1291 行以下で，logōi「理によって」ではなくて国をとり，王座にすわるべき geraíteros「兄」たる自分を追放した neṓteros「弟」Eteoklês の非道を父に訴える Polyneikes の言葉が，この問題に関してもっとも印象的である．

上にあげた比較級形 presbúteros と neṓteros は兄弟の elder, younger の区別に散文でも用いられるが，例えば次ぎのような場合に，なぜ Platon は neṓteron という語を入れたのか，判然としない．Protagoras 320a. ei dè boúlei, Kleinían, tòn Alkibiádou toutouî neṓteron adelphón, epitropeúōn ho autòs hoûtos anḕr Periklês, dediṑs perì autoû mḕ diaphtharêi dḕ hupò Alkibiádou, ……「もしお望みなら，クレイニアースという，ここにいるアルキビアデースの弟ですが，彼を同じこのペリクレースという人物が後見をしていて，アルキビアデースのために堕落させられるのではないかと心配して……」．ふつうは兄弟の上下関係はほとんど意識されていない．Platon も Apologia 33e で多くの人物を紹介しているが，兄弟については無造作に adelphós を連発している．

16. このようなギリシアの事情にくらべると，インドでは兄弟，姉妹の上下の差ははっきり意識されていたように思われる．一般生活においても長兄の権威が認められている．RV の次ぎの詩は，神話的な素材ながらその一端をうかがわせてくれる．X 11. 2. rápad gandharvī́r ápyā ca yóṣaṇā nadásya nādé pári pātu me mánaḥ / iṣṭásya mádhye áditir ní dhātu no bhrā́tā no jyeṣṭháḥ prathamó ví vocati //「水のニンフ，ガンダルヴァ女がささやきぬ．ほゆる(ソーマ)ものがほゆるとき，彼女はわが心をばくまなく守れ．望みを(果すための)ただ中に，アディティはわれらをおけ，われらが長兄(アグニ)が真先に(われらが望みを)決すべし」(Renou 1965 8)．

古典期にも長兄 bhrātā pūrvajaḥ は師，父母とともに敬われた (Manu II 225)．その代りに長兄は，父と同じように弟たちを bhrātṝn yavīyasaḥ，一族を守らなければならない (Manu IX 108)．この Manu の用いる pūrva-ja-「先の生まれの，兄，長兄」という合成語は，RV VII 53. 2, VIII 6. 41, X 14. 15, AV XVIII 2. 2 にみられるが，それは大古の聖仙や祖霊の形容である pūrva-jā́-の伝統をくむものである．同じく Manu (IX 117 etc.) にみられる anu-ja-「弟」は，恐らくこれにならった形であろう．

この長兄の権威は当然財産の相続権にまで及んでいる．長兄 jyeṣṭhaḥ は父の財産を残らず受けとることができる．そしてそれ以外の者は，彼に依存して生きていくべしと Manu (IX 105) は規定している．つまり彼は絶大な権利をもつとともに，一家を養う家長の義務を負うものである．一家の他の者は，同居しても別居してもよい (IX 111)．この長兄の相続権の強さは，それだけ一族の連帯感の強さを示すものであろう (Renou 1950 83; Macdonell-Keith I 351 f.; Kirfel 289 f.)．なお姉についても Manu は言及している．父の姉妹，母の姉妹，そして姉 jyāyasī は一家において母に次ぐ女性である (II 133)．

インドにおける兄弟の長幼の序の厳しさを物語るもう一つの事実として，結婚に関する規定がある．古代インドにおいては，兄が結婚しないのに弟が結婚することは罪に値すると考えられた．未婚のその兄は parivitta- とよばれ，既に AV XI 112. 3 を初め多くのヴェーダ文献に言及されている．それについては Delbrück (578 f.) にくわしく考究されているので，改めてくり返す必要はないであろう (Macdonell-Keith I 496 f.; Banerjea 37 f.)．Manu では彼は parivitti- とよばれ，その弟 parivettar- と区別され，ともに彼らは地獄におちると定められている．またこれと結婚する女，その親も同じ運命にあると考えられていた (Manu III 171–2, XI 61)．従ってこうした結婚を望む弟は，一度妻を兄に供してから結婚を果したといわれる (Jayal 50)．また姉をさしおいて妹と結婚する男 agredidhiṣu- も，強盗や無神論者と同様に扱われた．

このように，ギリシアとインドという印欧語族の代表的な世界においても，兄弟の上下関係についての意識はかなり違っている．このような違いがなにに起因するのか，なお広く古代印欧語族の全体について文献学的な研究が必要であろう．

17. 兄弟は二つの面をもっている．一つはその仲のよさ，親しさである．他の一つは逆の争い，仲違い，ライバルの仲である．インド語派の用例から，この二つの面をみてみよう．

インドでは，古代から近代まで bhrā́tar- が一貫して用いられ，「兄弟」に他の語が介入しない (Turner 9661)．RV では，神々は互いに兄弟である (I 161. 1, IV 1. 2, VI 55. 5, X 55. 1 etc.)．VI 59. 2 では Indra と Agni の二神が，母は違うが samānó……janitā́「同じ父」をもつ yamā́v「双子」の兄弟と歌われている．Marut 風神の群も互いに兄弟である (V 60. 5)．人間との関係においては，神々はその保護者としての父であるとともに，親しみのある兄弟であり友であってほしいと人々は願っている．X 186. 2. utá vāta pitā́si na utá bhrā́totá naḥ sákhā / sá no jīvátave kr̥dhi //「ヴァータ風神よ，汝はわれらが父であり，兄弟であり友である．われらを生あらしめ給え」．従って bhrātr̥tvám「兄弟であること」は āpitvám「仲間であること」と結びついている(VIII 20. 22)．兄弟は家にあっては父母につぐ存在である(Macdonell-Keith II 113)．ヴェーダの詩句の中でも，兄弟はしばしば父母とともに歌われている．RV VI 51. 5 (ab). dyaúṣ pítaḥ pŕ̥thivi mā́tar ádhrug ágne bhrātar vasavo mr̥ḷátā naḥ /「父なる天，偽りなき母なる大地，兄弟なるアグニ，ヴァス(神々)よ，われらに恵み深くあれ」．RV X 34. 4 (cd). pitā́ mātā́ bhrā́tara enam āhur ná jānīmo nayatā baddhám etám //「父，母，兄弟は彼についていう．われらは(彼を)知らず．しばって彼を連れ去れ」．AV VI 116. 3 (ab). yádīdáṁ mātúr yádi vā pitúrnaḥ pári bhrā́tuḥ putrā́c cétasa ena ā́gan /「われらが母より，父より，兄弟より，息子より，想いよりこの罪がきたるときには……」．

このように兄弟は両親に続く者であるから，両親亡き後は姉妹の保護者とならなければならない(Winternitz 1920 22; Jayal 55)．もし兄弟がなければ(abhrātár-)，姉妹は肌を売るなどの不幸に耐えなければならない．abhrātéva puṁsá eti pratīcī́……「兄弟なき乙女のように，彼女は男を迎える」という RV I 124. 7 の Uṣas 曙の歌の比喩は，その事実を暗示している(RV IV 5. 5, AV I 17. 1)．兄弟のあるところに生命の安全が期待される．格言にいう．Ind. Spr. 6678. saṁghātavān yathā veṇurnibiḍaḥ kaṇṭakair vr̥taḥ / na śakyate samucchettuṁ bhrātr̥saṁghātavāṁs tathā //「密生してとげにつつまれていれば，群がる葦も根こそぎにされることがないように，兄弟とともにある者は(安全である)」(同 6740, 7553)．

このように兄弟の愛は美しい．しかし兄弟は常に頼れる存在であるとは限らない．同じ腹から生まれた者でも，その素質は異なり，優劣もあり，親との関係も異なる．家長を主とした集団の中では，友である兄弟は互いにライバルということになる．khalepoì polémoioi gàr adelphôn「それというのも，兄弟の争いは辛いもの」という Plutarchos(Moralia 480d)の引く悲劇の言葉通り，その ékhthra「敵意」は毎日の生活に狂気をもたらし，人間の弁えを忘れさせてしまう(Moralia 481d)．Skr. bhrā́tar- の派生形 bhrā́tr̥vya- は，後述するように「いとこ」の意味よりも，むしろ早くから「敵」として用いられている．これは，兄弟と争いの深いつながりを示している．ローマでは，一方では quis amicior, quam frater fratri.「兄弟が兄弟に対する以上に，だれがより親しいものがあろうか」(Otto 146)のような言葉がありながら，また他方では人々はいう．fratrum inter se irae sunt acerbissimae.「兄弟の間の互いの怒りはもっともはげしい」. フランスの諺も同じ内容を言葉をかえて，Courroux de frères, courroux de diables d'enfer.

兄弟の仲違いは親しさの故に起ることが多い. RV VIII 1. 6. vásyān indrāsi me pitúr utá bhrā́tur ábhuñjataḥ / mātā́ ca me chadayathaḥ samā́ vaso vasutvanā́ya rā́dhase //「インドラよ，汝はわれにとって父にまさる．また報いることを知らぬ兄弟にまさる．汝と母はわれにとってひとしきものなり，よきものよ，富と幸いのために」. RV IV 3. 13. mā́ kásya yakṣáṁ sádam íd dhuró gā mā́ veśásya praminató mā́péḥ / mā́ bhrā́tur agne ánr̥jor r̥ṇáṁ ver mā́ sákhyur dákṣaṁ ripór bhujema //「だれか一門の者であれ，(われらの掟を)破る仲間であれ，その追求が復讐として常に来たることなかれ．アグニよ，不実なる兄弟の罪を(われらに)求めることなかれ．われらは友や敵の一撃をみまわれることのなきように願う」(Renou 1964B 7, 94). ここでいう「不実なる兄弟の罪」とは，恐らく先に引用した RV X 34 で歌われている賭博者の兄弟の場合に似たものであろうか．戒めの歌にいう．AV III 30. 3. mā́ bhrā́tā bhrā́taram dvikṣan mā́ svásāram utá svásā / samyáñcaḥ sávratā bhūtvā́ vā́caṁ vadata bhadráyā //「兄弟は兄弟を憎むなかれ，また姉妹は姉妹をば．心一つに誓いを守り，汝らは祝福とともに言葉を語れ」. Manu の法典は掟として，IV 180. mātāpitr̥bhyāṁ jāmībhir bhrātrā putreṇa bhāryayā / duhitrā dāsavargeṇa vivādaṁ na samācaret //「母と父，女の親族，兄弟，息子，妻，娘，奴隷と口論してはならない」. 終りに格言集から一例をあげておこう．Ind. Spr. 4791. mātā pitā bāndhavānāṁ variṣṭhau bhāryā jarā bījamātraṁ tu putraḥ / bhrātā śatruḥ klinnapāṇir vayasya ātmā hyekaḥ sukhaduḥkhasya bhoktā //「母と父は親族の中でもっともよい．妻は年(をあらわし)，息子は種子にすぎない．兄弟は敵，年来の友は(握手する)湿った手，一人自己のみが幸不幸を享受するものである」.

18. *bhrāter-「兄弟」について考察した後に，これと対をなす「姉妹」を表す形についていくつかの問題をとりあげてみたいと思う．*bhrāter- と同じように，印欧語の大部分の語派には *su̯esor- と再建される形の対応が分布している．その主な形は次ぎの通りである (Pokorny 1051). Skr. svásar-, Av. x̌aŋhar-, Lat. soror, OIr. siur, Welsh chwaer, Got. swistar, OHG. swester, Lit. sesuô (gen. seser̃s), OCS. sestra, Toch. A ṣar, B ṣer, Arm. k'oyr. この対応からみて，*su̯esor- を失っているのはアナトリア諸語，アルバニア語，バルト語の中のラトヴィア語にすぎない.

この中でギリシア語は，11節でふれたように éor という形が Hesychios の辞書に残っていて，わずかに *su̯esor- の痕跡をとどめている．しかしこれが「姉妹」として実際に用いられていたという証拠はなく，早くからそれは完全に adelphḗ によって統一されてしまっている．Alb. motrë についてはII章2節で述べたように，これは *māter-「母」に由来することは疑いない．ここでわれわれは，*bhrāter- を失った語派が，同時に *su̯esor- をも失っているという事実に注目したい．その例外であるバルト語派の Lett. māsa は，Lit. sesuô, OPruss. swestro をみる限り，バルト語派全体ではなく，このラトヴィア語だけが Lit. móša「夫の姉妹」，OPruss. moazo「おば」と関係のある Lallwort タイプの語彙を「姉妹」に転用した結果である (Fraenkel 1950 47)．この形も本来 *māter-「母」に通じるとすれば，その転用は Alb. motrë と比較されよう (Delbrück 465; Trautmann 171, 258)．

19. *su̯esor- という形について論じる前に，これを失ったアナトリア語群について述べておこう．まずヒッタイト語は，「兄弟」の ŠEŠ と並んで，「姉妹」にも Ideogram NIN が用いられている．そしてこれ以外に SAL＋KU (Akk. ahātu) もある．しかもヒッタイト語は，このシュメール語形を流用しながら，同時に neka, nega- という形を「姉妹」としてもっていた．この語にこの意味を想定することには，従来多少の疑問が感じられていた．J. Friedrich もその辞書 (1952 150) では，Götze によって推定されたこの意味を ‘unwahrscheinlich’ としてしりぞけている．従って彼はこの形をふくむと思われる合成語 annaneka- にも，‘Dirne, Hure’ の意味を予定している (1952 21, 1971 114)．これに対して Götze は，anna-「母」と neka-「姉妹」から ‘Schwester von derselben Mutter’ を予想，最近では J. Friedrich の辞書を改訂しつつある Kammenhuber が，これを半ば認めたかたちで ‘Schwester, oder Tochter (von derselben Mutter)’ (Friedrich-Kammenhuber 76) と解している．その実例として「法律」の II 77 (J. Friedrich 1971 82) をみると，ある人が annanekuš (pl. acc.) とその母とに性的な交渉をもっても，それぞれの場所が違えば支障なしという規定で，この文脈から annaneka- に「遊び女」ではなくて「母の姉妹」を仮定することは不可能ではない．3節にあげた G. Neumann の論文 (1974) も，この解釈に積極的に賛成している．Neumann は Hasusarniga (「王妃の姉妹」)，Saptamaniga (「第七の姉妹」) などの人名の -niga-, Luw. nani-「兄弟」などの形から Hitt. *nana-「兄弟」を推定し，この nega- は本来 *nanega- であったろうと述べている．

さてこの合成語からよりも，neka-, nega- という独立の形の用例から積極的に「姉妹」が認められることが望ましいが，現在ではその証明は既にえられたといってよいだろう．なぜならその実例が，Zalpa という町にまつわる古ヒッタイト語の物語の中にみられるからである．ある王妃が一年のうち 30 人の男の子を産んだので，これを汚物とともに箱のようなものにいれて川に流してしまう．川はそれを海に運び，Zalpuwa の地にもたらす．そこで神がその子らを育てている．一方王妃はまた 30 人の娘を産み，これを自分の手で育てた．その後ある時息子たちが母の下へもどってくるが，母は息子だとはわからないまま，これに娘をあたえようとした．Vs. 18. [ha-an-te-e] z-zi-aš DUMU[MEŠ] ni-ku-uš-mu-uš na-at-ta ga-ni-eš-šir ap-pí-iz-zi-i̯a-ša-aš-ša-an]x-uš-za ni-e-ku-šum-mu-uš da-aš-ke-e-u-e-n[i……「最初の息子たちは彼らの姉妹がわからなかった．しかし最後のそれが(いった)．われわれはわれわれの姉妹を自分のものにする積りは(ない)……」(Otten 1973 6 f., 35 f.).

なおルヴィア語には，nanašri- という形が記録されている．これは nani-「兄弟」に s(a)ra- という，後述する女性形の接尾辞のついた形である(Laroche 1958 193). Lyk. neri も恐らくこれとなんらかの関係が予想される．

20. このようにギリシア，アルバニア，アナトリアの諸言語は *bhrāter-「兄弟」とともに *su̯esor-「姉妹」を他の形に代え，またバルト語派に属するラトヴィア語も brâlis「兄弟」をもちながら *su̯esor- を失っている．その他の語派は su̯esor- を保持しているけれども，それらの形は必ずしも一様ではない．

まず Lit. sesuô, OCS. sestra には，インド，ゲルマン，ケルト語に実証される -u̯- の要素がない．この場合 OPruss. swestro はゲルマン語の形のなんらかの影響が予想されるので考慮外におけば，バルトとスラヴ両派にこの現象は共通している(Fraenkel 777 f.). 現在のスラヴ諸語の形にも -u̯- の跡はみられない．同じ語頭 *su̯- をもつ Skr. śváśura-「舅」に対応する Lit. šẽšuras, OCS. svek(ŭ)rŭ では，この両派は異なる扱いを示している．またその女性形 Skr. śvaśrū́- に対応する OCS. svekry でも，スラヴ語は sv- をもっている．従って「姉妹」における -v- の消失は，この形自体の中に条件が求められるべきであるが，それに対する明確な説明はあたえられていない(Vaillant I 86 f.; Bräuer I 173; Vasmer II 618).

この Lit. sesuô と OCS. sestra の二形は，-u̯- を示さない点では共通しているが，その他の点では違っている．Lit. sesuô は gen. seseȓs にみる通り，-r- 語幹を保っているが，OCS. sestra は -a-(f) 語幹になっている．この現象は Skr. (epic acc.) svasām のような形にもあらわれている (Ai. Gr. II/2 264, III 324)．またスラヴ語の形は -t- をもっている．この点は Got. swistar などのゲルマン語(英 sister，独 Schwester) と共通する．この -t- は明らかに二次的なものである．これは一つには *bhrāter- などの親族名称の -t- との形態論上の類似に起因するものであると同時に，他方では (-)mr- > (-)m-b-r- などと同じく (-)sr- > (-)s-t-r- という，しばしばみられる破裂音の挿入という現象とみなすことができる (Meillet-Vaillant 136; Thieme 1963 241 = 1971 506; Krahe 1966 110)．なおゲルマン語にも OSwed. swiri「母の姉妹の息子」，OE. swiria「姉妹の息子」という -t- のない派生形が指摘されている．

Toch. A ṣar，B ṣer には，Toch. *ṣäsar (ṣäser) > ṣṣar > ṣar が想定される (Thomas-Krause 54; Windekens 449)．このトカラ語の形にも -u̯- の跡は認められない．

またこの形には，Windekens (449) の指摘するように，Lat. soror, Gr. éor, Skr. (acc.) svásāram から想定される *-or でなくて *-ēr が考えられる (Krause 1955 10)．これは Got. swistar, ONorse systir などのゲルマン語と共通する特徴である (Krause 1953 89; Krahe 1966 66, 1967 38 f.)．

Arm. k'oyr はトカラ語とは異なり，*su̯- を支持するかのように思われる．なぜなら *su̯- > *hu̯- > k' という変化が予想され，Arm. k'un に対する Skr. svápna-「眠り」のような平行する対応が指摘されるからである (Meillet 1936 50, 204; Solta 62 f.; Godel 84)．

このように各語派の形を検討してみるならば，Ind.-Iran.-Celt.-Germ.-Arm. は -u̯- の要素をもつのに対して，Toch. (-Gr.) -Lat.-Balt.-Slav. の諸派はその痕跡を示さない．従って -u̯- の消失は，個々の語派の現象というより古く共通基語にさかのぼる動揺であったとも考えられる．

21. この *su̯esor- という形の分析については，例えば Brugmann (Gr. II/1 333) は，これを合成形であると明示してはいない．しかし古く A. Pott, J. Schmidt らによって，この形は *sva-str- と解釈され，後分は Skr. strí-「女」に比定された (Ai. Gr. III 200)．また Brugmann も Lat. uxor「妻」，Skr. (f) tisrá-「3」などにふくまれる接尾辞 *-ser- / -sr̥- / -sr- が，この形にも認められると考えていた．また一説には，*sva-sū-tar- という分析も提唱された．従ってこの形の合成語説は 19 世紀以来のものといえよう．

Meillet も Lat. uxor を *uk-sor- と分析し，この後分と Lat. soror の後分にふくまれる形とをひとしいとみなした(BSL. 32 1931 8 f.; Ernout-Meillet 637). Meillet はまた uxor の前分を Arm. amusin「夫，妻」<*am-(「……とともに」) us-ino- の -us-(<*euk- / uk- 'être habitué à, apprendre')と関係づけようとしている(Ernout-Meillet 758 f.; Solta 403 f.). この uxor の分析は意味上に難点があることは否定できないが，uk- を切りはなして -sor という要素をとり出すことには成功したといえよう．このようにして *su̯e-sor- はますます確実なものとなり，その結果 *su̯e-「自分の」(Pokorny 882 f.)を考慮して Meillet はこの形に 'le membre femelle du groupe' を想定した(1928 20).

その後 *sor-「女」の実証として，Benveniste は Av. hāirišī「女」<*sōr-əs-ī から hār- <*sōr- を指摘している(1934 104 f.; 1969 215). それに続いて 19 節にあげた Luw. -śri- に比定される Hitt. -šara- という女性の接尾辞も認められ，*sor- の存在はいっそう広い対応の分布によって支持されるに至った.

「姉妹」を「自己のグループの女」としてとらえるという考え方の例として，大林(78)の東南アジア諸語の親族名称の研究によれば，Nicobar 島民の姉妹は ankana-ni「自分の家庭の女性」とよばれ，女が兄弟をよぶときには，enkoina「自分の家庭の男性」という名称が用いられると記録されている．*su̯esor- にこのような概念が仮定されるとすれば，この語も *bhrāter- と同様に classificatory term として，実の姉妹から女のいとこたちをもふくめた総称であったことが予想されるが，これを裏付ける文献的な証拠はない．「姉妹」を「自己のグループの女」で表すことがどのような社会習慣に基づくものであるのか，筆者は解明の手段をもたないが，Benveniste は，これは族外婚における半族を強調した用語であろうと説明している(1969 214 f., 328 f.). P. Friedrich(1966 A 9)によれば，これに似た「姉妹」の表現は，コーカサス諸語にもみられるという.

この形がどのように分析されるにせよ，次ぎの点は忘れてはならないだろう．この形は *-ter- をもつ一次的な親族名称 *pəter-, *māter-, *bhrāter-, dhug(h)əter- などとは異なる特徴をもっているということである．それは Skr. pitā́, acc. pitáram に対して，svásā, acc. svásāram という曲用にもあらわれている．この長い -ā- は Skr. (pl.) tvat-pitāraḥ「汝を父としてもつ」, Gr. a-pátōr「父のない」などと同じように，e と交替する二次的な *-o- に由来すると考えるべきで，それは Lat. soror, Arm. k'oyr, Gr. éor の母音と一致する．この事実は，*su̯esor- が一見そのようにみえないが，実は合成などのいわゆる forme motivée であることを物語っている(Ai. Gr. III 200; Thumb-Hauschild I/2 78; Kuryłowicz 1956 62, 1968 265, 287).

22. *su̯esor- を上述のように *su̯e-sor- と分析することは，*sor-「女」の存在の指摘によって確実性を増したけれども，なおそこに疑問が感じられる．直接その独立した形がどこにも指摘されないからである．*sor- の存在を疑問視する Mayrhofer (1952) の ‘Gibt es ein idg. *sor-?’ と題する論文はその代表的なものだが，ここでその後の研究を考慮しながら，この形の問題をもう一度ふり返ってみよう．

まず Mayrhofer は，Skr. tisráḥ, cátasraḥ という数詞 3, 4 の女性形を，*tri-sr-, *kʷeto-sr- ではなくて *tris-r-, *kʷetos-r- と分析する．Lat. ternī「三つずつの」も *tersnoi<*tris-n-oi と解し，インド語派の形とあわせて，ここに tris- の -r/n- 語幹を想定する (Thumb-Hauschild I/2 158 f.)．この解釈の基礎にあるものは，「3」の語幹を *tri- でなく *tris- とみることで，その支えは Lat. ternī のような形にある (Leumann Gr. 142, 210)．しかし Lat. bīnī「2つずつの」<*duis-noi にも -s- は仮定されるのだから，これが「3」の形の基数形に本来のものであったとは考えられない．その語幹はやはり *trei- / tri- とみるべきで，Gr. treîs, (f) tría, Skr. trayá-, Lit. trejì などの形からも，*treis- とすべき -s- の要素は認められない．「4」についても同様である．従って，この仮定から出発して後述する Lat. uxor に Skr. ukṣán-「雄牛」との対応を認め，uks-r / n- 語幹を予定しつつ *sor- の存在を否定しようという試みには賛成できない．

第二に *su̯esor-<*su-ésor-「よき血をもつ」という分析がある．この第二要素は Skr. ásr̥k, (gen.) asnáḥ, Hitt. ešhar, Gr. éar, Lat. asser などの対応にみる「血」である (Pokorny 343)．これは戦後では Pisani (1954) によって積極的に主張され，合成形として Gr. hóm-aimos「同じ血の(兄弟)」がこれと比較された．しかしこの「血」の対応の語頭母音は *e- でなくて *a-，または *ā- である可能性があり (Szemerényi 1964 313 n1, 1977 36)，また意味の上で，「よき血をもつ」がただちに「姉妹」に転じるには，そのきっかけが不足している．またこの形以外にも *su̯eḱuro-「義父」などの *su̯e- をもつ親族名称が存在するから，*su̯esor- の前分にもやはり同じ形が想定されるべきだろう．

第三に，Lat. uxor を *uk-sor と分析せずに，*uksṓn「雄牛」(Skr. ukṣán-, Got. *aúhsa etc. —Pokorny 1118, Feist 66) と対応させようとする考え方がある．Walde-Hofmann (II 850) によれば，これも Pisani の解釈に始まる．この説は形式的にはよい．しかし意味上からは，Skr. ukṣán- を「種子を注ぎ実らせるもの」，即ち Skr. ukṣáti「注ぐ」という動詞と関係づけるのはよいとしても，uxor を ‘die Besprengte’ という受動の意味にとらせる理由は，形態論的に認め難い．

第四に，*sor- のもっとも直接的なあらわれとみられる Skr. strí-, Av. strī-「女」の問題がある (Mayrhofer III 522 f.)．Wackernagel-Debrunner (Ai. Gr. II/2 416) はこの形の分析について積極的にはなにもふれていないが，形式的にはこれを s-t-rī- と分析し，-t- の挿入を認めて *sor- / sr- をとり出すチャンスは充分にある．この strī- < *sr-ī- という解釈の弱点は，サンスクリットにおいては，他の言語にみられるような sr- > str- の類例がないということである．しかしこうした破裂音の挿入という現象は，Gr. anḗr「男」の gen. an-d-rós, anéros のように，本来偶発的で特定の語彙に限られているから，この点の指摘はそれほど大きな障害として *sor- の仮定を阻むものではない．もう一つの難点は，この形がインド・イラン語派にしかみられないということである．また形態論的にみれば，strí- は s-tr-ī- のように *-ter- / -tr- の接尾辞をもった形と分析される可能性がある．そこでこの s- は Bopp 以来 Brugmann まで，*sē(i)-「種子をまく」(Pokorny 889 f.) という語根に結びつけられてきた (Ai. Gr. II/2 671)．しかしこの解釈は，形の上で strí- < *sə-tr-ī- を前提とするから，strí- では *ə がゼロになるというところに困難がある．また意味上からも，この語根の仮定は受動でない限り決して「女」に明解な語源をあたえるものとはいえない．一部に女が畠を耕し種子まきをするということを予定してこの形を説明しようとする説もあったが，これも充分な説得力に乏しい (Meillet 1922 18)．その後さらに，「女」をすべて「溝」(*ster-, Pokorny 1028 f.) に結びつけようとする解釈も提出されたが，あまりに想像に頼りすぎる嫌いがあったために一般に認められなかった．因みに Pisani (1954) は上掲の ‘Skr. strí’ と題する論文において，この形を *su-trī- と分析し，Skr. sūte「産む」, suta-「息子」の一群の語彙と関係づけようとしている (Ai. Gr. II/2 671; Szemerényi 1964 398 f.; Gonda 1971 205)．これは筆者のみる限りでは，既に Saussure (Recueil 47) によってその可能性が指摘された考えである．いずれにしても，Pisani も strí- は s-(t)-rī- ではなく s-trí- に基づくという解釈から出発している．

最近では Thieme (KZ. 86 1972 27) が Skr. strí- を *sk-trī- とみて，語根 Skr. sac- (*sekʷ-, Pokorny 896 f.) に結びつけられる可能性を Pāṇini III 1. 133 の規定を介して指摘し，strí- ‘die zu folgen hat’ という意味づけをしている．また Eichner (1974) は別の観点からこの形の語源にふれ，Gr. steîra「子を産まない(牛など)」< *ster-i̯ə- (: Lat. sterilis, Got. stairtō etc.; Pokorny 1031; Frisk II 783; Chantraine 1047; Walde-Hofmann II 589 f.)

と結びつけようとしている.

これらの試みはすべて，上にあげた strí- から *sor-「女」を求めることに対するためらいに基づくものであるといえよう．しかしだからといって，その中の一つがすぐれて説得力をもっているとも思われない．従って，これらによって strí-＜*s-(t)-rī- がまったく否定されたことにはならない.

もう一つ *sor- の仮定には，これを支持する資料として21節にふれた Hitt. -šara-, Luw. -śri- の問題が残っている．Hitt. išha-「主」と išhaššara-「女主」，haššu-「王」と haššuššara-「王妃」，Luw. nani(i̯a)-「兄弟」と nanaśri(i̯a)-「姉妹」の対立は，この接尾辞が女性を表す，英語の -ess のような働きをもっていたことを示している．Sommer (1947 86) はこの要素が Kültepe 時代の女の人名 (Subeahsusar，男 Subeahsu) にみられるところから，Hitt. -šara- はこの原ハッティ語の接尾辞のヒッタイト語化した形だろうとみている．そして J. Friedrich (1960 41), Kronasser (1956A 109, 1962–66 109 f.), Kammenhuber (1969 269), Puhvel (1966 241 f.) も，この原住民の言語からの借用説に同調している．Kammenhuber はさらにこれについて，全体として 'einheitliche Suffix' の想定はできないと断定している (KZ. 77 1961 190 f.)．しかし一方では Sturtevant-Hahn (1951 67 f.)，あるいは Laroche (1966 304 f., BSL. 32/2 1957 26) のように，積極的にここに *sor- の仮定を支持する学者もあり，その可能性は否定できない.

Szemerényi (1966) の 'The alleged IE *sor-' は，主としてこの問題の考究にあてられている．その論点は *sor- と -šara- との関係の否定にある．彼はこの形そのものをも認めない．Luw. asrulahi 'womanly qualities' の asr- からみて，この接尾辞の形は -asar- と仮定さるべきだと彼は主張する．これは J. Friedrich の考えの踏襲だが，彼はここに *n̥s- 'to love' (Hitt. assiya-「いとしい」，assiyatar.「愛」etc. —J. Friedrich 1952 36) という語根を想定する．従って (-) asar-＜*n̥s-er- となり，その意味は 'love'＞'loved one' の変化を予想することで説明される．そして Gr. óar「妻」(Il.)，Av. hāirišī「女」がこの対応にふくまれる．われわれの当面する *su̯esor- について Szemerényi は，*su̯-esor- という Pisani 説よりは *su̯e-sor- の分析のほうがよいことを認めていた (1964 313 n1)．しかし *sor- に実証性が欠けること，「女」と *sū-「産む，生まれる」が関係づけられるところから，上述の Pisani の strí-＜*su-trī- の解釈に似て，ここに *su̯e-su-er を仮定し，これが *su̯esu̯er-＞su̯esu̯or-，さらに dissimilation によって *su̯esor- が発展し，この形から逆に *sor-「女」がとり出されるに至ったと彼は説明する (1964 335 f., 1966 221)．しかし

*sor- の仮定を避けるところから再建された *su̯e-su-er- と「姉妹」とが，意味の上でどのように関係づけられるのか，判然としない．

これらの弱点を意識してか，最近の研究において Szemerényi は基本的には旧来の解釈にもどっている．しかしそれは *su̯e-sor- ではなくて，*su̯-esor- ‘the woman (member) of the joint family’ である (1977 37 f.)．そしてこの前分の su̯- は，*sūnu-「息子」などの前分と同じ *sū-「産む，生まれる」という語根であり，その原意は ‘all that has been born, the kin, the clan——the joint family’ と仮定される．後分の -esor- は，先にあげた Hitt.-Luw. asar-, Gr. óar，それから数詞 (f) k^{w}et-esores「4」などから帰納される「女」である．この *su̯-esor- が後に *su̯e-sor- と誤って分節されたところから，*su̯e- ‘one’s own group’ がえられる．この Szemerényi の解釈は，*n̥s- を仮定する旧説に比して *su̯- の意味づけには疑問があるが，形の上では無理がない．われわれはこれまでの研究を総合して形式的に *su̯e-sor-，あるいは *su̯-esor- のいずれをとるにせよ，その分析の結果これが「自己の一族の女」を原意とする合成形であることを認めてよいだろう．

23. 既述のように，*su̯esor- は *bhrāter- とともに印欧語の各語派に広く分布し，今日までその形はほとんど失われていない．さらにまた，それらの語派においては *su̯esor- の後裔が統一的に用いられている．この点で事情を異にするのはインド語派である．ここでは sūnú-「息子」に対する putrá-，nápāt-「孫」に対する paútra- と同じように svásar- に対しても bhaginī- という新らしい形が生まれている．

この形がいつ頃から使われるようになったのか正確にはわからないが，Schulze (226 f.) の指摘によれば，ヴェーダ時代の後期と推定される．Schulze は Pāraskara Gr̥hyasūtra (III 10. 46) の mātula-bhagineyānām「母の兄弟と姉妹の息子の」という形をあげている．Nirukta (III 6) は RV III 31. 2 の jāmí- に対して，この語をあてて説明している．Pāṇini はこれに言及していない．Manu 法典以後叙事詩では，bhaginī- と svásar- はまったく同じ内容で多用されている．Manu からその用例を引こう．II 50. mātaraṁ vā svasāraṁ vā māturvā bhaginīṁ nijām / bhikṣeta bhikṣāṁ prathamaṁ yā cainaṁ nāvamānayet //「まず母，または姉妹，あるいは母の実の姉妹，(あるいは) その人を軽蔑しないような女性から施食を乞うべし」．XI 172. paitr̥ṣvaseyīṁ bhaginīṁ svasrīyāṁ mātur eva ca / mātuśca bhrātustanayāṁ gatvā cāndrāyaṇam caret //「父の姉妹の娘，姉妹，そして母の姉妹の娘，また母の兄弟の娘と交った者は月の定めによる食事の規制をなすべし」．この bhaginī- はふつうは「姉妹」をさすが，よびかけに用いるときには，他人の妻，あるいは親族でない婦人について用いられる．II 129. parapatnī tu yā strī syād asaṁbandhā ca yonitaḥ / tāṁ brūyād bhavatīty evaṁ subhage bhaginīti ca //「他人の妻で血縁関係のない女には bhavatī ‘あなた’ とか，subhage bhaginī ‘愛する姉妹よ’ というべし」．

この語の発生の過程はよくわからない．語源的にいえば，bhága-「幸い，財産」の所有を表す形容詞 bhagin- の女性形であることは疑いないが，それでは意味上の説明がつきにくい(Mayrhofer II 460)．「兄弟をもつ限りにおいて」とか，「これから結婚して」という前提を裏において初めて「幸福な女」になるというような推定が試みられてきたけれども，この理解も充分な説得力に乏しい(Macdonell-Keith II 93)．Gonda(1950–53 23 f.)は，子供などをよぶのに南洋では性器を表す語が用いられるということから，bhaga-「女陰」によって bhaginī- を説明しようとしているが，これも仮説の域をでない．古代インドでは娘は親にとって悩みの種であったのだから，これと bhága-「幸い」という語は通じないはずであるのに，「姉妹」についてその派生形を使ったのは一種の euphemism ではないだろうか．

24. さてこの svásar- と bhaginī- のその後のインド語史における変遷をみると，実際に口語層に広く用いられていたのは bhaginī- であった．その証拠に，svásar- は中期インド語にわずかに sasā という形を残すにすぎず，パーリ語にも単独形としてはみられない．ただ合成形 Skr. pituḥ-ṣvasar-「父の姉妹」，mātuḥ-ṣvasar-「母の姉妹」対する Pāli pitucchā, mātucchā があるにすぎない．近代語の分布からみると，興味深いことに Dardic, Kafir 語群に svásar- の系統の形が残っている(Morgenstierne 1950–53 27 f.; Turner 9349, 13913)．既に Schulze(227)によって指摘されているように，この近代語における分布は古く Aśoka 王碑文にもあらわれている．14 章勅文の V 章の一節は次ぎのような地域差を示している(Bloch 1950 104 f.; Schneider 41)．(Girnar) pāṭaliputte ca bāhiresu ca——(欠文)ye vā pi me aṁñe ñatikā savvatta vyāpatā te. (Kārṣī) hida bāhilesu cā nagalesu savvesu olodhanesu me e vāpi bhātinaṁ ca ne bhagininā e vā pi aṁne nātikye savvattā viyapaṭe. (Dhauli) hida ca bāhilesu ca nagalesu savvesu savvesu olodhanesu bhātīnaṁ me bhaginīnaṁ va aṁnesu vā nātisu savvatta viyapaṭā.「ここパータリプトラと外廓のすべての町で，彼らはわたしの兄弟，姉妹，あるいは他の親族の後宮でどこでも働いている」．欠文を示す Girnar と，問題の語の部分が明らかでない Errdaguḍi を除いてこれら

の碑文では，いずれも bhaginī- の系統の bhagininā, bhaginīnam が用いられている．これに対してインドのもっとも北西辺境部から出土した碑文では svásar- の系統に属する spas•na, spasuna という形がみられる．(Shāhbāzgarhi) ia bahireṣu ca nagareṣu savreṣu orodhanuṣe bhratuna ca me spas•na ca ye va pi aṁñe ñatika savatra viyapuṭa. (Mānsehrā) hida bahireṣu ca nagareṣu savreṣu orodhaneṣu bhat•na ca spasuna ca ye va pi añe ñatike savratra viyapaṭa.

Morgenstierne によれば，bhaginī- の系統はパーリ，Aśoka 王碑文，プラークリットを通じて主に近代の西部インド・アーリア語 Sindhī, Lahundā, Panjābī, それに東部の Oriyā に，bhaiṇī という形からの変化形として残っている．ところがそれ以外の東部の諸言語の形は，むしろ bahiṇī という形から出発している．例えば Hindī bahin はその典型である．この bahiṇī に対しては，当然予想される *baghiṇī という形は存在しない．そこで Morgenstierne は，これは bhaiṇī からその帯気性が後の音節に移ったとしか考えられないと述べている(30)．これに対して Turner (9349) は，*baghiṇī の存在は必ずしも否定できないとしている．因みに bhaginī- の派生形でもっとも広い分布をもつ bhāgineya-「姉妹の息子」(Turner 9433) の系統をひく近代語はすべて bh- を示し，帯気性の移動はない．bhag- に対して *bagh- を認めたほうが，近代語の多くの形を説明するには楽であることは事実だが，この点はなお文献学的な研究が必要である．この形に限っていえば，bh-g-→b-gh- の変化は Turner がふれているように，bhaga-「女陰」との形の上の関連を嫌った euphemism の現象であろうか．

なぜこのように bhaginī- が古い svásar- を抑えて愛好されるようになったのであろうか．その明確な理由はわからないが，既述の pitár-, putrá-, paútra- という語頭の音のつながりを考慮すると，bhrā́tar- に対する bhaginī- にも同じ傾向が認められよう．

25. 上述のように，bhaginī- はヴェーダ古層にはみられないし，イラン語にもない．従ってこれは明らかにインド語派の新造語である．これがあらわれる前には，「姉妹」を表すのにはまず svásar- があり，これに後述する jāmí- も併用されている．

RV では svásar- は直接の親族関係以外に，曙 uṣás- と夜 rā́trī- のような女性形の二つの語の密接な関係を表すのに比喩的に用いられたり (X 127. 3)，同じく「川，水」を表す (f) avánі-, áp- のいくつかが互いに「姉妹」であるといったり (I 62. 10, IX 82. 3 etc.)，あるいは女神について，それを神々の「姉妹」であるという表現に用いられたりしている

(II 32. 6; AV V 5. 1, VII 46. 1). これらの比喩的な表現の中で注目すべきものは，指についてのそれである．この比喩はRVのみでAVにはなく，AgniとSomaについていく度かくり返されている．例えば，III 29. 13 (cd). dáśa svásāro agrúvaḥ samīcī́ḥ púmāṁsaṁ jātám abhí sáṁ rabhante /「十人の未婚の姉妹が一つになって，生まれたばかりの男子を抱いている」. IX 1. 7–8, I 140. 8などをも参照すると，この詩句はAgni火神を抱く炎をさしていると解すべきか(Geldner)，あるいはその姉妹はAgniをつくる祭官の10本の指をさすとも解することができる(Renou 1964A 70)．いずれにしても，このdáśa svásāroが10本の指aṅgúlayaḥを暗示しているというインドの伝統的な解釈は正しいといえよう．同じ内容はRV IV 6. 8, IX 98. 6からも認められる．このように指をbhrā́tar-でなくてsvásar-として表現するのは，恐らくaṅgúli-「指」という女性名詞を考慮していたからであろう．ただしRVにはその単独の形の実例はなく，daśāngulá-(n)「十指の長さ」，svaṅgurí-「美しい指をもつ」という合成形がみられるにすぎない．aṅgúli-, angúri-という単独の形の実例はAV以後に属する．しかしその存在は当然それ以前にも予想されよう(Ai. Gr. II/2 488)．因みに，兄弟の仲を指にたとえるということは，インド以外にもみられる．PlutarchosもMoraliaの中の一節485f–486aに同じような比喩を用いている．

姉妹の家庭内における位置については，兄弟との関係において既に17節にも言及しておいた(Macdonell-Keith II 495 f.)．未婚の姉妹と(RV X 120. 9)子なき姉妹(Ind. Spr. 2234)は，親とともにとどまらなければならない．兄弟と違って他家に嫁ぐ運命にある姉妹は，特別の座をあたえられていない．Manu(II 226)によれば，父母，長兄はそれぞれPrajāpatiなど神の化身と考えられる．しかし姉妹については，Manuは無言である．強いていえば，dayāyā bhaginī mūrtir……「姉妹は同情の化身」とでもいうべきであろうか(Ind. Spr. 872)．17節にみたように，ManuはIV 180の規定で，口論してはならない相手の中にjāmibhir「女の親族とともに」という言葉で姉妹をふくめている．そのjāmayaḥとは，bhaginīsnuṣādyāḥ「姉妹，姑など」をさしているからである．しかしVIII 275の規定には，兄弟や子がありながら姉妹の名はない．mātaram pitaraṁ jāyāṁ bhrātaraṁ tanayaṁ gurum / ākṣārayacchataṁ dāpyaḥ panthānaṁ cādadadguroḥ //「母，父，妻，兄弟，息子，師をののしる者と，師に道をゆずらぬ者は百(パナ)の罰金が科せらるべし」．これが偶然でないとしたら，姉妹の位置は他の親族に比してかなり低かったというべきであろう．

26. インドでは先にふれたように，svásar-, bhaginī- のほかに，RV 以来 jāmí- という形が「姉妹」の意味にも使われている (Delbrück 463). これはいうまでもなく他の二語と異なり，端的に「姉妹」を表す語ではない．本来は兄弟，姉妹の関係，血のつながりを示す広い意味をもっていた．そして RV では，形容詞としても用いられ，また名詞としても男，女，中性に用いられている．

この形の意味を語源的に明らかにすることはむずかしい．まずこれが *ĝenə-「産む，生まれる」という語根に関係があり，jā- はその弱階梯であることが予想される (Ai. Gr. II/2 775). イラン語の対応形は Av. hu-zāmi-「安産」である．この合成語から想定される jāmi-「出生」から，出生を同じくする「兄弟，縁者」という意味への推移は必ずしも明瞭ではない (Mayrhofer I 430). もう一つの語源解釈は，Lat. geminus「双子の」との関係である (Ai. Gr. I 144; Burrow 1955 183). その場合には，Skr. vi-jắman-「対をなす」(RV VII 50. 2) という形も参考になろう．ところがサンスクリットには geminus と同じ意味をもつ yamá- という形があり，この両形は語頭の子音対応は例外的であるにも拘らず，語源的な関係が認められてきた (Walde-Hofmann I 586 f.; Ernout-Meillet 269; Mayrhofer III 8). これにもし jāmí- を加えるとなると，この三形の対応の説明はいっそうむずかしくなる．結局現在のところ，jāmí- の完全な語源解釈はあたえられないというべきだろう．

この語がインド人にもとらえにくい形であったことは，Nirukta III 6 (RV III 31. 2) と IV 20 (RV X 10. 10) の説明にもあらわれている．III 6 の説明では，まず jāmí- を bhaginī- といいかえてから，語根に jan-「産む，生まれる」，あるいは jam-「行く」を予定している．後者の意味は，姉妹は nirgamana-prāyā bhavati「ふつうは自分の家を出て」夫の家に行くところから想定されたものである．一説には jam-「食べる」からの派生，「食をともにする」の意味から説明しようとする伝承もある (Banerjea 21). IV 20 の説明は，jāmyatirekanāma bāliśasya vāsamānajātīyasya vopajanaḥ とある．「jāmi- は余剰の意．接尾辞 (-mi) は愚かもの，または出自の異なるものの意」と一応訳すことができるが，内容は判然としない．

そこで具体的な用例をみてみよう (Macdonell-Keith I 284 f.; Renou 1958B 49 f.). RV のそれについては上にあげた Renou にくわしい．まず jāmí- が svásar- と非常に近い意味をもっていたことは，svásar- について指の比喩があったと同じように，jāmí- が手の指を表す用例からも明らかである．次ぎの二つの歌を比較してみよう．RV IX 1. 7. tám īm áṇvīḥ samaryá ā́ gṛbhnánti yóṣaṇo dáśa / svásāraḥ pā́rye diví //「その彼を，織細なる十人の若き女子は，競走の場においてとらえる，(十人の)姉妹は決定の日において」. IX 26. 5. táṁ sā́nāv ádhi jāmáyo háriṁ hinvanty ádribhiḥ / haryatám bhū́ricakṣasam //「この栗毛色のものを，望ましく，また多眼のものを，姉妹たちは(ソーマしぼりの)石をもって(水濾の)背に流れるを促す」. ここでいう svásāraḥ と jāmáyaḥ は，ともにソーマをしぼる祭官の十本の指をさしている.

jāmí- はしばしば svásar- と併置されている．例えば，bhágasya svásā váruṇasya jāmír uṣáḥ「ウシャス曙はバガ幸いの神の姉妹，ヴァルナの姉妹」(RV I 123. 5)．この場合 jāmí- は svásar- の同意語である．次ぎに形容詞的な用法をあげると，ṛtásya yónav aśayad dámūnā jāmīnā́m agnír apási svásṝṇām /「天則の胎内にあって家神アグニはこの実の姉妹なる(水の)活動の中に休みたり」(RV III 1. 11 cd—I 185. 5)．これらの例から推して，jāmí- は svásar- に意味的に重なるとはいえ，svásar- は「姉妹」という親族関係を表すに対して，jāmí- は血のつながり，親族であることを示す点に中心があるように思われる (Renou 1957 57)．従ってそれは単独で名詞として用いられた場合には，「姉妹」(RV III 31. 2, IX 96. 22)のみならず，さらに広い身内をもふくむ概念となる．そしてこれは ájāmi-「jāmi- でない」に対立する．……jāmím ájāmim prá mṛṇīhi śátrūn「親族，親族でない者をとわず敵を粉砕せよ」(RV IV 4. 5—VI 44. 17).

AV においても，次ぎのような例では「姉妹」の意味は明瞭である．I. 17. 1. amū́ryā́ yánti yoṣíto hirā́ lóhitavāsasaḥ / abhrā́tara iva jāmáyas tiṣṭhantu hatávarcasaḥ //「かなたに行く女子たち，赤い衣をつけた血管は，兄弟なき姉妹の如く，力失せて止まるべし」. V 30. 5(ab). yátte mātā́ yátte pitā́ jāmír bhrā́tā ca sárjataḥ /「母が父が姉妹が兄弟が汝にあたえる(？)もの」. しかし次ぎの歌では，jāmí- はより広い概念にとられる. VI 120. 2. bhū́mir mātā́ditirno janítraṁ bhrā́tāntárikṣam abhíśastyā naḥ / dyaúr naḥ pitā́ pítryāchaṁ bhavāti jāmím ṛtvā́ mā́va patsi lokā́t //「大地はわれらが母，アディティは出生の地，虚空は呪いより(守る)われらが兄弟，われらが父なる天は，父祖の世界より繁栄をもたらせ．(亡き)親族のもとに至り，われはその世界よりおちることなかれ」.

さてこのように漠然とした内容をもつ jāmí- は，その後の歴史の中で使用がすたれたり，あるいは意味の固定する方向が各地で異なるという結果を示している．Turner (5200) によれば，Pkr. jāmi-「姉妹」以外は，この形の残存地域は主として Dardic 語群である．この点でも jāmí- は svásar- に類似している．意味も Kashmir zām (f)「夫の姉妹，妻の兄弟の妻」，Savi (Dardic) žamĭ「妻の兄弟，姉妹の夫」など多様であり，直接の「姉妹」の意味はみられない．これによってみる限り，名詞 jāmí- はやはり本来は兄弟，姉妹をふくめた自分と同じ世代の「親族」であって，「実の(兄弟)姉妹」に用いられることは限られていたといえよう．なお叙事詩にみる「息子の妻」の意は，恐らく jāmātar-「義理の息子」に対する形の上のつながりによる転用と考えられる．

第 VI 章 「伯叔父，伯叔母」

1. 序.
2. Skr. pitr̥vya-, Lat. patruus, Gr. pátrōs の対応について.
3. Gr. mētruiá, mḗtrōs, mētrôios の関係.
4. *pətru̯i̯o- のゲルマン，スラヴ語の対応について.
5. *māter- の派生形.
6. Lat. avus と avunculus の関係とその解釈.
7. avunculus をめぐる Benveniste の仮説について.
8. 古典世界における近親婚の実例.
9. ヒッタイト語族と近親婚.
10. 古代インドにおける近親婚.
11. avunculus と Szemerényi の解釈. Arm. k'eṙi について.
12. Lallwort タイプの語彙. Skr. māma-.
13. Gr. theîos とそのロマンス語への拡大.
14. Lat. amita とその変遷.
15. バルト，スラヴ，ゲルマン語派の Lallwort タイプの語彙.
16. Skr. pituḥ-ṣvasar-, mātuḥ-ṣvasar- etc. について.
17. 諸語派にみられる「おじ，おば」の表現の不統一と動揺.
18. インドにおける mātula-, ローマにおける patruus の位置.

***1*.** 伯叔父，伯叔母，つまり父母の兄弟姉妹，おじとおばを表す形は，性別以外に言語によっては父方と母方を区別する．古典ラテン語はその典型である．しかしその形は独自の形成をもたず，多くは *pəter-, *māter「父母」あるいは *au̯(o)-「祖父」からの派生形か，あるいは「父の兄弟，姉妹」のような合成的，記述的表現を用いている．またそれ以外に Lallwort タイプの形があらわれている．その意味ではおじとおばは，祖父母の場合に類似しているということができる．またそれらの形は各語派によって統一がない．一つの語派の中でも，インドのように父母の兄弟については pitr̥vya-, mātula- という派生形をもちながら，その姉妹については pitr̥- / mātr̥-ṣvasar- のような合成語を用いるなど，表現が一様でない．共通基語の時代の独立したこの親族名称の形はもとより，その存在についてもわれわれは確実な資料をもっていない．

2.　まずわれわれは派生形の検討から始めよう．「父の兄弟」を表す語彙には *pəter-「父」の派生形があって，多くの語派に用いられている．そしてその形は，*māter-「母」を基に作られた「母の兄弟」と対をなしている．これらの中で形式的にもっともはっきりしているのは Skr. pitr̥vya-「父の兄弟」で，これはそのまま再建すれば *pətr̥-u̯i̯o- となる (Mayrhofer II 278 f.)．この形に関する限り疑問はないが，これと同じ意味をもつ Lat. patruus に対応をあわせようとすると，その関係は微妙にくい違っている．ラテン語の形は *pətr-u-os を予定するからである (Leumann Gr. 303)．ここにはインド語派にみる -i̯o- 語幹の跡はない．しかし両者は -u- の要素をもつという点で共通している．

さてわれわれは，この対応に II 章 16–17 節でふれた Gr. pátrōs「父の兄弟」，mḗtrōs「母の兄弟」を加えることができる．mḗtrōs はホメーロス以来のものだが，pátrōs はホメーロスには用例がない．この -ōs という語末については，いくつかの解釈が可能である．hḗrōs「英雄」，hálōs「脱穀場」，gálōs「夫の姉妹」など -ōs をもつ形があるが，それらは語源的に明確な指示をあたえない．Brugmann は同じ意味をもつ Av. tūirya-<*(p)təru̯i̯a-, OHG. fatureo<Germ. *faður[u̯]i̯a-, OFries. mōdire「母の姉妹」<*mōdruu̯i̯ō から，*pətr̥u̯i̯o-, *mātruu̯i̯o- という基本的な関係を想定した (Gr. II/1 206)．しかし後に pátrōs については *pətr̥̄u̯i̯o- を予想している (KVG. 135)．確かに Gr. rō<*r̥̄ は可能だが，この形の接尾辞に -tr̥̄- を認める形態論的な根拠はない．従って現在では多くの学者が，上にあげたインド，イラン語の -u- を考慮して，-trōs<*-trōus を仮定しながらこれらの対応をまとめている (Schwyzer I 479 f.; Hirt IG. II 63; Meillet-Vendryes 489; Benveniste 1969 259; Schmeja 22, 24 f.)．この場合理論的には当然 *-ou- の仮定から出発することも可能である (Kuryłowicz 1968 217 f.)．しかしいずれにしても，同じ意味をもつ Skr. pitr̥vya-, Lat. patruus, Gr. pátrōs の派生手続きの差を一つの形の仮定から説明することは非常にむずかしい．

3.　そこでこれらの語に関係する各語派の形について考えてみよう．インドでは bhrā́tar-「兄弟」の派生形 bhrā́tr̥vya-「いとこ，敵」が pitr̥vya- と平行している．またこれには Av. brātruya- が対応する．文献的には bhrā́tr̥vya- のほうが古く，pitr̥vya- は Gr̥hya Sūtra と Pāṇini (IV 2. 36) 文法にみられるが，古いヴェーダ文献には実例がない．しかし先にあげた Av. tūirya- を <*(p) turya-<*(p) tru̯i̯o- と解すれば，少なくとも *pəter- と *bhrāter- の派生形に対して，インド・イラン語派は共通の *-u̯i̯o- をもっていたとみる

ことができる(Benveniste 1969 259; G. Schmidt 72 f.).

サンスクリットの形だけから考えると，mātula-「母の兄弟」，(dvai-)mātura-「二人の母の」のような形を参考にすれば pitr̥vya- を *pitur-ya- と解することも不可能ではない (E. Leumann KZ. 32 1893 306; Ai. Gr. II/2 919). しかし pitur- の形態論的な解釈がむずかしい上に，次ぎに述べる Gr. mētruiá「継母」のような形を考慮すると，*pitur-ya- の仮定は認められない．このインド語派の形に対して，Lat. patruus はまったく孤立的で，これに平行する親族名称はみられない．父の兄弟の子供を表す(frater) patruēlis も形態論的に孤立した形だが，これがわずかに patruus からの派生を思わせる形容詞である．

ギリシア語派をみると，ホメーロスには mḗtrōs が2例(Il. 2. 662, 16. 717)．それからこの形の派生形として mḗtēr「母」の形容詞 mētrôios「母の」がある．mḗtrōs「母の兄弟」に *-ōu- が予定されるのならば，この形容詞は *-ōu̯-i̯os となる．さてこの mḗtrōs に対立する pátrōs「父の兄弟」はホメーロスにはみられないが，その adj. patrôios「父の」だけが多用されている．これらの形容詞については，既に II 章16-17節で説明したが，これらの形から直接 -u- の実証はえられない．むしろこの要素は，Il. 5. 389, 13. 697, 15. 336 にみられる mētruiḗ「継母」にはっきりと認められる．これに対する patruiós「継父」は古典作家に実例がなく，明らかに後の類推形である．

ホメーロスに mḗtrōs, mētrôios，それに patrôios があって pátrōs がみられないという事実に対して，これはまったく偶然で，実はこれが早くから存在していて mḗtrōs をも作ったのではないか，という推論が一部にみられる(Benveniste 1969 230 f.; Gates 21 f.). しかし既に II 章に説明したように，patrôios は，古い印欧語の伝統をもつ pátrios「父の」に対して欠けていた，「母」の形容詞 mētrôios からの類推形と考えられる以上，ここに pátrōs の存在を前提とする必要はない．

それを裏書きするかのように，ホメーロスには pátrōs がなく，代りに patro-kasígnētos という記述的合成語が「父の兄弟」に用いられている．例えば Il. 21. 468.……aídeto gár ra / patrokasignḗtoio migḗmenai en paláméisi / tòn dè kasignḗtē mála neíkese, pótnia thērôn, /「なぜなら，(アポローンは)父の兄弟(ポセイドーン)と闘うことを恥じたからである．すると彼を姉妹である獣たちの女君(アルテミス)が責めた」. Od. 6. 329.……aídeto gár ra / patrokasígnēton • ho d' epizaphelôs menéainen / antithéōi Odusêï páros hèn gaîan hikésthai.「(アラーネーは)父の兄弟(ポセイドーン)に遠慮していた．神に似たオデュッセウスが国に帰るまでは，(ポセイドーンは)彼に激しく憤っていた」．このほかOd. 13. 342にもpatrokasígnētosはみられるが，そのあらわれるコンテキストはほぼ一定している．それはPoseidonをさし，これと争うことを避けるApollonやAtheneを描く場面に限られている．この神話的な背景との結びつきは，Hesiodos (Theogonia 501)にも生きている．この語彙がこのように一定の条件にのみ用いられているということは，それだけこの形がギリシア語の古い伝統に根ざしていたことを示している．因みに古典期には，kasígnētosの後退とともにこの合成語も消滅するが，代りにpatrádelphosという形がAtticaのみならずそれ以外の方言にも用いられている．しかしその用法は一定していて，……hoi patéres hēmôn êsan anepsioì ek patradélphōn「われわれの父たちは，互いに父の兄弟の子でいとこどうしであった」(Isaios XI 8)のようにek「……から」を伴う場合が多い．そして「おじ」を表す日常の語彙は，後述するように父方母方の区別のないtheîosという形であった．

これらの事実から推して，Skr. pitr̥vya-, Lat. patruusと平行してGr. pátrōs<*pə-trōusの存在をホメーロスの時代に認めることは疑問だといわざるをえない．しかしこの-u-の要素は，まったく別の形から証明される．それはAtticaで新らしい一族のメンバーを迎える祭りの名Apatoúriaで，この形は(f)sm̥-pətor-u̯i̯ə「同じ父の」と解釈される(Schwyzer I 344; Frisk I 119; Chantraine 96; Beekes 1976 53 f.)．この形については，*a-patro-woros>apatrouros>apatouros 'worshippers of the same father'というSzemerényi (Gn. 43 1971 656)の解釈があるが，前者のほうが形式的にも自然である．

さてこのApatoúriaと上にふれたmētruiā́「継母」を合わせて考えると，ギリシア語にもSkr. pitr̥vya-に対応する-u-をもった形の伝承があったと推定される．それは形態論的にみて，本来親族名称について所属を表す形容詞を作る手続きの一つであったのだろう．しかしこの孤立的な形は歴史とともに忘れられ，大家族の生活の中でときに必要な語彙である*patruios「父方の(兄弟)」はより明確なpatro-kasígnētosにおき代えられてしまった．しかしmētruiā́はたまたま「継母」に転用されてわずかに残っていた．そこでこの-u-をもった*mētruiosという形容詞の女性形は，完了形の能動分詞(m)eidṓs, (f) eiduîa「知っている」の型に倣って(m)mḗtrōsを作り，これがpatrokasígnētosの対として空いていた「母の兄弟」に用いられた．その際語末の母音の長短は，basileíā「王国」とbasíleia「女王」のような交替があるから，それほど支障なく交替することが許されよう．またこの完了形の分詞は，いうまでもなく本来は-s-語幹であるが，ミュケーナイ時代には既に-s-の痕跡はない．またこの頃には，後にみられるようなeidṓs, gen. eidótosのような-t-

の要素もまだあらわれていない(Ruijgh 1967 90; Puhvel 1964 174). 従ってそれは, Mínōs, gen. Mínōos「ミノス王」, hḗrōs, gen. hḗrōos「英雄」の格変化にひとしく, そこから mḗtrōs, gen. mḗtrōos の格変化は容易に説明される. このようにしてギリシア語は古い mētruiá を基に mḗtrōs を作り, さらにこれが adj. mētrôios を産み, これに倣って adj. patrôios, 最後にこれから pátrōs が逆に作られたのである. この過程は文献的な事実と, Skr. pitr̥vya-, Lat. patruus との対応関係を考慮して筆者が推定した一つの仮説にすぎない. しかし pátrōs の存在を初めから予定することは疑問である以上, われわれはこのような仮定を立てざるをえない. Wackernagel (1919 44A 2=1953 472) は mētruiā́ という形を次ぎのように説明する. これは本来 hekurós「舅」の基になったと考えられる *hekrús (Lat. socrus etc.) という, (f) -ū- 語幹形に倣った *mātrus という形であった. しかしこの語幹がギリシア語で後退したので, これは女性形のもっとも一般的な接尾辞 -iā をつけた mātruiā́ に変えられたのであろうと. この説明は確かに -u- の要素に対しては適切であろう. しかしそれでは, この形と Skr. pitr̥vya- の示す *-uio- という接尾辞的要素との明白な関係が否定されることになる. 従って, 筆者としてはこの対応のほうを重視したい.

それにしてもサンスクリットとラテン語の形の差の謎はとけず, その基語形も明らかでない. この点に関して Szemerényi (1977 56 f.) は興味ある仮説を展開している. そこではまず Lat. patruus が *patr-awos>*patrowos>*patruwos>patruus と,「父」と「祖父」の合成形として解釈される. 意味的には, 1章27節にみたように Lat. avus に示される「祖父」の対応は, その派生形に Lat. avunculus「母の兄弟」のような「おじ」の形をもっているから, 全体としてこの合成語が「父方のおじ」の意を表すと考えられている. さてこの仮定から Gr. pátrōs は, *-awo>-ō- によって簡単にえられる. Skr. pitr̥vya- は *pətr-aw-yo->*pətrwyo->*pətr̥wyo- である. Av. tūirya- の音変化には疑問があるが, Gr. mētruiā́ はどうであろうか. これはインド語派の形と同じ仮定から出発することは明らかだが, 同じ「継母」を表す Arm. mauru と OE. mōdrige「母の姉妹」の対応を考慮すると (f) *mātruwī が予定される. 問題の「継母」という意味のずれについては, 母が死んで父が母の姉妹を妻にしたという特別な状況から生じたと説明されている. この Szemerényi の新説は, 従来かなりのへだたりが感じられたギリシア, ラテン語の形を統一的にとらえる点で独創的であるが, インド, イラン語の形を導くには適切でない. また *au̯(o)- 'grandfather' に直接 'parent's brother' をも仮定することが許されるか否か, 一般親族名称の研究による支持が必要であろう．

4. これまでにふれたインド，イラン，ギリシア，ラテン語の形と関係のある他の語派の形をあげると，ゲルマン語の「父の兄弟」を表す OHG. fatureo, fatirro, fetiro, OE. fœdera<Germ. *faður(u̯)i̯an- があり，独 Vetter はその後裔である．語中の -u̯- は消失するので，その存在は比較による以外に明らかでない (Brugmann KVG. 108; Krahe 1966 115)．「いとこ」を表す独 Vetter にみる意味のずれは，後述するようにフランス語から Onkel, Tante の導入によって，ドイツ語がかつてもっていた父方母方と性別による「おじ，おば」の四分組織が失われたための転用であろう．

OCS. stryjĭ「父の兄弟」に代表されるスラヴ語の形については，既に II 章の初めにふれた通り，*pəter- / pter- の *pt->st- の仮定によって *ptrui̯o- を認めれば，-u- をもつ上述の対応にこれを加えることができる (Meillet-Vaillant 128; Vaillant I 82; K. Schmidt 75 f.)．しかし Vasmer (III 29), Fraenkel (926) ともにこの対応に消極的であるのは，*pt->st- の変化に疑問があること，またこの stryjĭ には Lit. strūjus「老人」, OIr. sruith「老いたる」という st- に無理のない別個の対応が可能だからである (Trautmann 290; Vendryes S-189; Pokorny 1037)．現状ではこれらの形にさらに違った語源説もみられるが，意味上からは*ptrui̯o- の仮定がもっとも適切であることはいうまでもない．

さてこれらの対応にふくまれる -u- の要素については，親族名称としては孤立的で，その機能を適確に規定することはむずかしい (Ai. Gr. II/2 809 'unklar')．Delbrück (501) は 'herkunftsbezeichnend' ではなくて，'determinierend' の意味をもつとし，'*pətruo- eine Art von Vater, der zweite Vater', 'mātrui̯ā die zweite Mutter, Stiefmutter oder Tante' としている．Benveniste (1969 262) はさらに積極的にこれを Skr. pūrva-「前の」, Gr. dexi(w)ós「右の」, lai(w)ós「左の」, Skr. sárva-「すべての」, Lat. saluus「無傷の」などにふくまれる -u̯o- という要素に比較し，基になる語とのある種の関係，親族名としては基礎になる語と近い関係，同族の関係を表すと規定している．比較の上からはふつう *-u̯o- は *-i̯o- と同列に扱われ，形容詞を作る接尾辞とされているが，それ以上の厳密な限定はしにくい (Hirt IG. III 280 f.; Meillet-Vendryes 387 f.)．その事実は，I 章 3 節に引用した Pāṇini 文法の規定とその註釈にもあらわれている．それだけに，この要素とこれをふくむ派生的な親族名称も，なんらかの意味で祖語の時代の記憶を伝えるものといえよう．

5. これまでは主として *pəter- の派生語をとりあげてきたが，ここで *māter- のそれについて検討しておこう．Gr. mḗtrōs については既に述べた通りだが，ゲルマン語には OE. mōdrige, mod(d)rie, OFries. mōdire, MLG. mōdder＜Germ. *mōdr(uu̯)i̯ōn「母の姉妹」という形が指摘されている(Krahe-Meid 1967 76)．同じ意味を表すOHG. muotera は muoter「母」に倣って改められた形とされている(Pokorny 701)．

ケルト語派の OWelsh modrep-ed＞modryb, OBret. motrep＞moereb「おば」は *mātr$_e$k^{w}ā と解され，Pokorny (701) は *mātr̥-ok^w-(「みる」)から「母のようにみえる」と解釈している．しかし Skr. mātr̥kā-「母，祖母」から考えると，これは *māter- の縮小辞形とみるほうがよい．もちろんこの両語派の形は語源的になんら関係はない(Lewis-Pedersen 45; Mayrhofer II 619 f.)．

Lat. mātertera「母の姉妹」は比較級などに多用される *-tero / a- を伴った形である(Benveniste 1948 118 'la presque mère')．親族名称にこのような接尾辞を加えることは，ラテン語以外の言語にもみられる．Skr. (RV) mātŕ̥-tama-「母にそっくりの」，*mātr̥-tarā-「継母」(Turner 10022) はその一例である．Welsh ewythr「母の兄弟」についても同様である(I 章 27 節)．

Skr. mātula-「母の兄弟」も，先に引用した Pāṇini (IV 2. 16) の規則の通り，サンスクリットとしては分析しにくい．これはブラーフマナ以後の形だから文献的には比較的新らしいことは確かだが，その分析については従来次ぎの二説がある(Mayrhofer II 620)．一つは mātura- (dvai-mātura-「二人の母の」——Pāṇini IV 1. 115) を予定し，-ur-＜*-r̥- を Prakritism とする説である．他は *mātr̥-la- の変化した形とみる説である．その研究の歴史は古いが，最近では Thumb-Hauschild (I/1 104), Wackernagel-Debrunner (Ai. Gr. I 220, II/2 138, 489) とも，この二つの可能性を認めている．-ula- という接尾辞の意味が明らかでないこと，mātura- の実証があることから，前説のほうが有利のようにみえるが，意味の転ずるきっかけがない．従って，-la- に一種の愛称的縮小辞の機能を認めるべきであろう．

6. *pəter-, *māter- の派生形に続いて，*au̯-(＜*Heu-H-) の派生形が注目される．これについては既に「祖父」を扱った I 章 27 節にふれた通りである．まず *au̯-i̯o- 語幹からは ORuss. ujĭ「母の兄弟」，OPruss. awis, さらに *av-ī-no-＞Lit. avýnas が指摘される．また *au̯-en- という -n- 語幹に基づく形としては，OHG, ōheim(＞Oheim)「母の兄弟」，

OE. ēam, OFries. ēm, ケルト語の Welsh ewythr, Bret. eontr が認められる．このゲルマン語の *awun-haima-(>Oheim)の語源は，古くは‘(母方の)祖父の家にいる’と解されていたが，R. Much は *awaz haimaz の合成した *awa-haima-「いとしき祖父」という解釈を提唱，Szemerényi (1977 54)はこれをうけて *awe haime という vocativus のフレーズから出発した形だろうとしている．このほかに *au̯-en- のもっとも代表的な形として，われわれは英 uncle, 独 Onkel などの基になった Lat. avunculus「母の兄弟」を知っている．また Alb. unk', ung(Mann)「おじ」もこれに属する(Jokl 28)．

このように *au̯-i- / -en- という異なる語幹が，バルト，スラヴ，ゲルマン，ケルト，イタリックとヨーロッパ群全域に分布して「母の兄弟」を表すという事実は注目に価する．Lat. patruus-amita (父方)，avunculus-mātertera (母方)，OHG. fetiro-basa (父方)，ōheim-muotera, muoma (母方)という父母の兄弟，姉妹を四分して表す組織は，それぞれの社会の要求によるものであった．ローマのような強力な官僚社会の中で身を立てるためには，おじ，おばといえども重要なコネクションであった(Weisgerber 1962 66 f., 1964 46; Wartburg 1970 156 f.)．その中で特にヨーロッパ語群に限って *au̯-o-「祖父」と同じ *au̯- の派生形が「母の兄弟」を表すという事実は，どのように説明されるべきであろうか．Gates (46)はこの形に「(母方の)祖父」と「母の兄弟」の意味を同時に想定する．この「(母方の)祖父」と「母の兄弟」，それに IV, VII 章に扱われる *nepot- の表す(m)「孫」と「甥」の関係を，Lounsbury (375)が Omaha III 型の親族名称組織にみる skewing rule に基づいて説明できることを指摘して以来，P. Friedrich, Gates などアメリカの学者によってその解釈は積極的に支持されてきた．この Omaha の規則というのは，女性の兄弟は一つ古い世代と，逆に男性の姉妹は一つ若い世代に移行する傾向をさすもので，これよって例えば母方のおじと祖父，甥と孫は形式的にひとしくなる．この事実が印欧語の中にも認められるところから，その祖語の親族名称組織もこの北アメリカ・インディアンのそれに近いものであったと推定されたのである．しかしこの事実は Gates (44)も認めるように，ギリシア，インド，イラン語派には指摘されない．これは既述の *au̯(o)-, *nepot- の分析とその意味からいって，当然の結論といわざるをえない．そしてこの解釈には，*au̯(o)- を共通基語の語彙とみて，その内容を「母方の祖父」に限定し，*nepot- を「孫」でなく「甥」として，しかもその内容を「姉妹の息子」に限定することを前提としている．しかしこうした限定は，後述するように文献の上からは認められない．また avus と avunculus の -o- と -n- 語幹の差を，*au̯- からの独自の発展とみるか，あるいは後者を前者からのなんらかの派生形とみるべきか，この問題もわれわれは無視することはできない.

Lat. avunculus は *au̯ontlos＜*au̯ontros を予想する．この -n- 語幹はバルト，スラヴ語の -i̯(o)- 語幹と対立する．さて *au̯-on-tro- の -tro- は，mātertera の *-ter(o)- の拡大形であるが，*-i̯o- 語幹も実はそれと同じ機能をもった接尾辞であることは，Lat. alter「二つのうちの一つの」と alius「他の」，あるいは Skr. pūrvyá-「先の」と Gr. próteros の対比からも明らかである．Lat. in-ter-ior「内の」と ex-ter-ior「外の」は，-ter- と -io- を重複して，内と外を対比させている．これらはともに一種の対立を表しているという Meillet (MSL. 9 1895–96 141 f.) の解釈は，父方と母方，男と女のような対立をふくむ形については有効であるが，avunculus の問題はむしろこの *-tro-＞*-tlo- の変化の仮定にある. *-tlo-＞Lat. -culu- は Lat. pōc(u)lum (Skr. pā́tram)「杯」などの対応によって充分保証されるけれども，*-tro-＞*-tlo- の段階の実証はない．-tr-＞-cr- は，アフリカの碑文にのみ指摘される変化である (Leumann Gr. 154)．従ってこの Meillet 説は形の上で認め難い.

そこでこの形を -culus という縮小辞形，つまり mater-cula, frater-culus などと同列にみるほうが無理がなく，多くの学者もこれに従っている (Leumann Gr. 307; Sommer 1948B 141; Walde-Hofmann I 88; Benveniste 1969 225)．それでは「母の兄弟」が avus「祖父」の派生，縮小辞形であるという理由がどこに求められるべきであろうか.

Delbrück (488) の引用する紀元後 2 世紀の Festus の説明によれば，‘quod aeque tertius a me ut avus est’「avus と同じように自分から第三番目の人であるから」，あるいは ‘quod avi locum obtineat et proximitate tueatur sororis filiam’「祖父に代って (avunculus は) 近親の故にその姉妹の娘を世話するから」であるという．これではいかにも説得力がないので，Delbrück (475, 482, 501, 504) は次ぎのように考えている．avus は父方母方の祖父についてともに用いられているが，本来は母方の祖父を表したものであろう．そこでその縮小辞形が母方のおじになるのである．この説は今問題の二つの形の関係を考える上で有効なほとんど唯一の解釈として，今日まで重視されてきた (Mezger 1960 297; Risch 1944A 120)．これは avunculus を初めとする上述のヨーロッパ諸派の対応形とその意味から，逆に avus の意味を推定したもので，Lat. avus 自体にはそのような限定がないことは，Delbrück 自身も認めていた．事実，母方の祖父を示したいときには，sic maternus avus dixerat「このように母方の祖父はいった」(Catullus 84. 6) のように maternus がそえられているし，父方のために paternus を伴った例もみられる．従って avus には，父方母方という意識は付帯していなかったのである．

7. このように母方のおじと祖父との言語上の密接な関係を，「母の父」と「母の兄弟」の仮定によって説明しようとする試みは，「母の父」の想定が事実に反するために失敗に終った．そこでこの場合にも，ヨーロッパの印欧語族が遭遇した非印欧語族の先住民のもつ母系制の影響が問題にされた (Schrader-Krahe 96 f.)．しかしこれは前章の Gr. adelphós, kasígnētos「兄弟」についても述べたように，言語変化における Substratum の仮定と同じで，その積極的な実証は非常にむずかしい．それよりも，印欧語族のおかれた父系的な社会の中でこの事実がとらえられなければならない．

最近 Lévi-Strauss (1963 39 f.) を初めとする多くの文化人類学者たちによって，いわゆる Avunculate の重要性が強調されている (Szemerényi 1977 184 f.)．父系制の下では，家長たる父とその兄弟は厳格である (18 節参照)．そこで母のやさしさを男性に求めるとしたら，それは母の兄弟しかない．つまり，そのおじは男性の母とみなされる．そこで祖父の名と母方のおじの名が同一であるという例が南東アフリカその他の地にみられるのも，それらに共通の親しみによるものと解せられる (Radcliffe-Brown 15 f., 69, 79; Beekes 1976 59 f.)．従って父系制の印欧語族にあっても，そうした事実があったことは想像できるし，またそれを示すと思われる母の兄弟の重要性を物語る古典作家の文章も少なくない (Benveniste 1969 230 f.)．ローマの歴史家 Tacitus の次ぎの一節は，なかでもよく知られている．Germania XX. sororum filiis idem apud avunculum qui apud patrem honor. quidam sanctiorem artioremque hunc nexum sanguinis arbitrantur et in accipiendis obsidibus magis exigunt, tamquam et animum firmius et domum latius teneant.「姉妹の息子たちには，父のもとにおけると同じ尊敬が，母方のおじのもとでもある．ある者たちは，この血縁関係を (父と息子のそれ) よりも神聖でより緊密なものと考え，人質をうけるときには，他の者よりもこれ (甥) を要求し，まさにこの人質が心をより固く，家をより広くとらえるかのようである」．この一文は，確かに当時のゲルマン部族の間における母方のおじの重要な一面を描いている．しかしその背後にどのような社会制度があったのか，その実証のためにはなお多くの例証が必要であろう．またもしこれがヨーロッパの全体に及ぶことであるならば，各語派について類似した事実が期待されるが，実際にはそのような資料はえられず，これまでのところ散発的な事実が指摘されているにすぎない．

これらの困難を考慮し，また古代社会に認められる売買婚的な風習を合わせ考えながら，

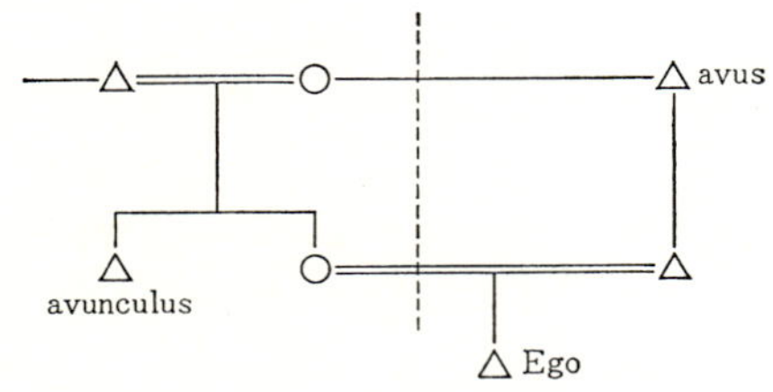

Benveniste は原印欧語族に半族制の族外婚制社会を想定し，これによって avus と avunculus に表される関係を解釈し直そうとした．そこでは祖父と母の兄弟とのつながりは，次ぎのような交叉いとこ婚の仮定によって説明される．ある男 Ego の祖父 avus がいる．その姉妹の息子が，その男の母の兄弟 avunculus に当るという結婚のあり方を考えるのである．この関係からいくと，avus は大おじ，即ち母方の祖母の兄弟ということになる．それを図示すれば，上のように描かれる (Benveniste 1969 228 f.)．この図で—は兄弟，姉妹を，＝は婚姻関係を表している．これによって，その父系社会においては，娘はその母の出たグループに嫁入りするという交叉いとこ婚の原則がみたされることになる (Fox 203 f.)．

この Benveniste の解釈は，それまでの単なる母系制の推定のような漠然とした仮定によるものではなくて，交叉いとこ婚という概念の導入による新らしい試みとして大いに評価されてよいと思う．しかしその結論については，どうしても疑問を投げざるをえない点がある．それは Homans-Schneider (80 f.) が Lévi-Strauss の学説の批判として提出した交叉いとこ婚に関する研究の結論と，Benveniste の解釈とのくい違いである．この結論は決して決定的なものではないが，一応の結果として，父系社会では，母の兄弟の娘との結婚が規則的であるという．この事実は上の図からはえられない．逆に父の姉妹の娘との結婚が予想されている．これは母系的な社会の慣習だといわれている (Beekes 1976 44)．

8. このような疑問と並んで，印欧語族のもつ古い資料に交叉いとこ婚の事実がみられないという問題がある (Szemerényi 1977 165 f.)．また，先にふれた印欧語と Omaha 型の親族名称の組織との比定を主張する学者たちは，後者に交叉いとこ婚が認められないから前者にもこの慣習はなかったと推定している (P. Friedrich 1966A 27 f.; Gates 43)．Lévi-Strauss (1969 471 f.) も，ヨーロッパの親族組織の構造を証明するために，印欧語族がかつて半族相互の交叉いとこ婚を行っていたと考える必要はないと述べている．

このような結論が簡単に許されるものかどうか，その判断は文化人類学の専門家に委ねるとして，ここではまず交叉いとこ婚をふくめた近親婚の跡を，古い印欧語社会の記録の中から探ってみたいと思う．古代においては，各部族の生活の範囲は比較的せまい．隣接するいくつかの家族がグループをなして暮していたと考えられる．例えば有名な P. Thieme (1938) の研究によって明らかにされたように，Skr. arí-「敵の」と ā́rya-「高貴な，アーリア人の」，あるいは Lat. hostis「敵」と Got. gasts「客」の対立，つまり，見知らぬ人はすべて敵であり，同時に客として迎えなければならないという社会体制が存在していた．その中で血のつながる一族，独 Sippe, Got. sibja が集会 (Skr. sabhā́) をして，これが一つの *vik̂- (Skr. viś-, Gr. oîkos etc.)「村，族」をなし，近隣 (Lat. vīcus) を形成していたのである (Schrader-Krahe 68, 106, 108)．広い意味で自分と同じ言葉を喋らない人たちは，Gr. bárbaros (英 barbarian)，Gr. áglōssos「言葉のない」(露 nemec「ドイツ人」<Slav. *němĭcĭ「異人」，—němŭ「おしの」) などとよばれて敵視されていた．こうした社会では，いやでもその集団の中で結婚が行われなければならない．Gates はインド以外の地では近親婚について否定的だが，ここで各地の事実を改めて検討してみたいと思う (Schrader-Nehring II 599 f.; Pauly-Wissowa IX/2 1246 f.)．

まずギリシア，ローマの古典世界から始めよう．ローマでは有名な Tacitus (Annales XII 6) の言葉が，直接この間の事情を説明している．Claudius 帝と姪の Agrippina との不倫な関係が結婚にまで進んでいったとき，人々の近親相姦に対する批難を恐れて，ある議員がこの結婚を正当化しようとして行った元老院での演説の中で，次ぎのような言葉がある．(conjugia) sobrinarum diu ignorata tempore addito percrebuisse「長い間知られていなかったいとこどうしの結婚が，年々頻繁になった」(Benveniste 1965 12 n1)．ここでは Lat. sobrinus と consobrinus という「いとこ」を表すと思われる二つの形の差に関する問題は後の章にゆずり，この Tacitus の言葉通りだとすれば，ローマでは古くはいとこどうしの結婚はあまり行われなかったということになる．既述のように，ローマでは父権は非常に強く，父母の兄弟の息子たちは，互いに frater (patruelis, matruelis) の名で兄弟と同列に扱われていた．従って一応は，このいとことの結婚などは考えられなかったとしても当然であろう．後の法律の規定では，first cousin の間の結婚は許されなかった (Crook 100)．しかし second cousin になれば，父方の同じ gens に属する者どうしでも，それは認められた．この事実は，P. Cornelius Scipio Nasica Corculum と P. Cornelius Scipio Africanus Major の娘の結婚の例によっても実証される (Ghurye 154)．法律的には，第二回ポエニ戦役以前は厳しい規制が近親婚について適用されていたといわれる．incestus(英 incest)という近親婚を表す語にしても，本来は in-castus「不浄」の意味であり，Vesta 神に仕える乙女が純潔を守るという義務を怠り，これを汚した場合をさす語であった．それは2世紀の間に12回とも，26回あったともいわれる．Suetonius によれば，Domitianus 帝はこれを厳しく罰した(Dom. VIII 3)．つまり，incestus という語は本来宗教的な意味あいをもっていた．しかしこの厳しさも Tacitus の時代には風紀の乱れから忘れられ，皇帝自らが，自分の母は Augustus が娘 Julia と関係して ex incesto 生まれたと公言したり(Suet. Caligula XXIII 1)，自らも姉妹に近づいたりした(同 XXVI 1)．従って incestus に関する法的な規制はともかくとして，実際には Cicero の頃でも first cousin の間の結婚が行われていたのである．それは Cicero の口から語られている．「彼は適齢の娘を残した．彼女は父の死後間もなく，consobrino suo 自分のいとこである A. アウリウス メリヌスと結婚した」(pro Cluentio V 11)．

Plutarchos はその Quaestiones Romanae 108章(Moralia 289d)において，なぜローマ人は「近親の女」と結婚しないのかという問いを出している．そしてその答えとして，彼らがその結婚によって起ってくるであろう，tà phúsei díkaia「本性上の正しさ」を破壊すると思われる不一致を恐れるからである，と述べている．Plutarchos がこのような問題を改めて口にしたのは，彼の生地ギリシアでは近親婚がかなり自由に行われていたからである．その事実はV章14節に Lat. germānus の用例として引用した Nepos の一節からも明らかである．また同じく前章7節にみた Platon，Aristophanes の言葉が示すように，アテーナイでは倫理的にはどうあろうとも，同腹の姉妹でなければ相手はだれでも結婚の対象となったのである(Dover 255)．二人の娘をもった父が，いとこにそのどちらも嫁入りさせなかったというので，悪意のある証拠だとみられたといわれる(Lacey 106)．古くさかのぼれば，この種の近親婚の例は容易に指摘される．Zeus と Hera，あるいは Oedipus 王のような場合は別としても，英雄時代には Diomedes，Alikinoos の場合，あるいは Aischylos の悲劇のテーマになった Danaos の50人の娘にその兄弟 Aigyptos の50人の息子が求婚した事件，あるいは Orestes と Hermione，Haimon と Antigone，Pylades と Elektra という悲劇のカップルは，いずれも互いにいとこどうしの関係にあった．地続きの大陸ではなくて，海浜とか山岳の地に各部族が局所的に集団をなして住むギリシア人にとって，このような近親婚はむしろ自然の要求であったというべきであろう．

Platon はいう．Leges 926a–b. Éstin hóte plousíou patrὸs adelphidoûs tȇn toû theíou thugatéra hekȍn ouk àn ethéloi lambánein, truphôn kaì epì meízosi gámois tȅn diánoian epékhōn・「金持の父の息子は，ぜいたくに暮し，より有利な結婚を考えて，甥としておじの娘を進んでもらおうとしないときがある」. 婦人共有を説く Platon は，「国家」の 461b 以下において肉親の結婚を禁じているが，同じ e では既述のように，籤か神託が許せば兄弟姉妹の結婚も止むをえないとして許している．理念に反したことでも為政者とか神託が認めるのなら，法もこれを許す．Aristophanes は Ecclesiazousai 635 行以下で，これを巧みに利用している．Xenophon (Memorabilia IV 4. 20) はあるソフィストの言葉として，親と子の交りも犯す者があるのだから，その禁止は神の掟ではない，といわせている (Dodds 1951 187, 200)．このように結婚の習慣がかなり自由であったからであろうが，Plutarchos も対比列伝の一節 (Alkibiades I) で，ソクラテスの頃のギリシアの有名人でも，母親の名もわからない人が多い，と述べている．しかしそのギリシア人が，夷狄のことにふれるとかなり手厳しい．例えば，Akhilleus の子 Neoptolemos の妻 Hermione は，トロイの女 Andromakhe に向って，「父は娘と，子は母と，乙女はその兄弟と交っている」(Eur. Androm. 174 f.) とかの地の悪習を罵っている．ところが Herodotos は，ペルシア人は少年と交る習慣をギリシア人から習ったとし，またペルシア王 Kambyses は実妹を妻にしたが，このようなことはそれまでペルシアになかったことであるという話しを伝えている (I 135, III 31)．

9. このギリシア世界に接する古代の小アジア世界でも，母，兄弟の妻，妻の母などの肉身，近親との間の関係は許せないとしながらも，ヒッタイト帝国の法律には，兄弟と姉妹，いとこどうしの結婚を禁ずるという条項はみられない．事実 Arnuwanda 王は，その姉妹を妻にしたという記録がある (J. Friedrich 1971 84 f.; Gurney 1952 101; Cavaignac 59 f.)．ここでヒッタイト文献から，直接この点にふれる一文をあげておこう．これはヒッタイト王 Šuppiluliumaš と Hajaša の Huqqanā との協約文の一節である (J. Friedrich 1930 153 f.)．*A. NA* KUR [URU]Ha-at-ti-ma-kán ša-a-ak-la-iš du-u[k-ka]-ri ŠEŠ-[*ŠU*] SAL+KU-*ZU* [SAL]a-a-an-ni-in-ni-i̯a-mi-in *Ú. UL* [da-a-i] *Ú. UL*-at a-a-ra ku-iš-ma-at i̯-e-zi a-pí-ni-iš-[šu-u-u̯a]-an ut-tar na-aš [URU]Ha-at-tu-ši *Ú-UL* hu-u-iš-šu-u-iz-zi a-ki-pa [nu-uš-š]a-an šu-me-in-za-an KUR-e dam-pu-u-pí ku-it an-da-at za[-lu-ga-nu]-an-ša ŠEŠ-*ŠU*-za SAL+KU-*ŠU* [SAL]a-a-an-ni-in-ni-i̯a-mi-in da-aš-ká[n-zi] [URU]Ha-at-tu-ši-ma-at *Ú*[. *UL* a]-a-ra.「だがハッティの国では，次ぎの慣習が重要である．兄弟が自分の姉妹，

従姉妹と関係してはならない．このことはよくない．しかしもしそうしたことをする人があれば，彼はハッティの国では生きていられずに死ぬ．さてあなた方は野蛮であるから，兄弟が自分の姉妹，従姉妹とよく関係するという慣習が残っているのである．しかしハッティの国では決してそれは許されない」．

この記述から Friedrich は，この地域が他の地中海民族と同様に同族結婚の風習をもっていたことがうかがえるとして，これをさらに母系制に結びつけようとする．そしてこれと対照的に Hatti がそうでないことを，印欧語族の父系制によるものと説明している．Šuppiluliumaš 王の治政は紀元前 14 世紀だから，この頃には前章 8 節で問題にした先住民による母系的なものの影響は消え，ヒッタイト民族は印欧語族本来の父系的な社会をとりもどしていたのであろう．この一文は，当時のこの帝国の民衆ではなくて，上層部の人々の倫理観を物語るものであろう．

10. 小アジアと並ぶ古代社会の東の一角をなすインドでは，非インド・アーリア系の語族の住む南部に交叉いとこ婚が今日もなお盛んであるといわれている (Yaleman 699 f.)．これはかなり古くからの慣習であったらしく，ある詩にも次ぎのように歌われている．Ind. Spr. 7563. duhitur mātulasyāpi vivāhe drāviḍe tathā / yasmin deśe ya ācāraḥ pāraṁparyād vidhīyate //「またドラヴィダ人の間では母の兄弟の娘との結婚も (罪にならない)．地方での慣習というものは，伝承によって決められている」．また Baudhāyana 法典 (I 2. 3) にも南部の慣習の一つとして，……mātulapitṛṣvasṛ-duhitṛgamanam「母の兄弟，父の姉妹の娘との交り」があげられている．これに対してアーリア系の人々の住む北部では，Manu (XI 172–3), Yājñavalkya (I 52 f.), Āpastamba (I 21. 8) 法典がこぞって同じゴートラに属する従姉妹などの親族との結婚を禁じている．

このような近親婚を忌避する傾向は，既に古くヴェーダ時代にさかのぼってみられる．RV X 巻 10 歌 Yama と Yamī の歌は近親相姦の罪を浄め，あるいは予防の呪法的祭式を予定したものといわれている．ここでは，そのような行為は同胞にあるまじき行いとされ (9d)，「姉妹を犯す者を人は悪漢とよぶ」(12b) と歌われている．しかし一方では，既述の RV I 71. 5 にみる Dyaus と Uṣas という父と娘の相姦を歌った神話は，後には Prajāpati とその娘 Sarasvatī の関係として伝えられて，後の文学にまで伝えられている (I 章 17 節——RV X 61. 5–8, Ait. Br. III 33, Kālidāsa Kumārasaṁbhava IV 41 etc.)．また RV X 162. 5 の歌も同じようなテーマを暗示している (AV VIII 6. 7——Macdonell-Keith

I 397, 481). ブラーフマナ文献の中にも，いとこをふくむ近親婚を思わせる記録が指摘されている (Weber 1868 75 f; Zimmer 323; Ghurye 90; Macdonell-Keith I 475). 従って上述の法典に規定されている厳しい結婚の掟はいわば公のものであって，実際にはいとこどうしの結婚も行われていたに違いない (Winternitz 1920 113 f.; Renou 1950 95 f.; Galton 131; Jayal 92 f.).

それを証明する事実として，Pali 文献中にみられる Gautama Buddha を初め，有名な Candragupta 王，あるいは Aśoka 王の姉妹の息子 Aggibrahmā と王の娘 Saṁghamittā の結婚などの交叉いとこ婚の例をあげることができる (Th. R. Trautmann 1973). Trautmann が指摘するセイロン王室の交叉，または平行いとこ婚は，インド南部の伝統と王室の維持という点から当然のことであった．ただ Śākya 族を初め多くの北部のアーリア人にこうした関係が認められるということは，多くの法典の言葉に反して，いとこどうしの結婚の慣習がかなり一般化していたとみることができる．上流階級はカーストの純粋性の保持に努力する一方，娘をなるべく早く然るべき相手に嫁入りさせなければならない．それがインドでは Kinderehe のような習慣になってあらわれている (Macdonell-Keith I 474 f.; Thieme 1963 170 f.＝1971 435 f.). この傾向はインドに限らずローマにもみられる (Crook 100). このような習慣があるということは，逆にいえば，娘の良縁がなかなかえられないという事情を物語っている．従って父方七等親のサピンダまでは結婚できないというような規定は，バラモン階級の理想にすぎないといえよう (Winternitz 1920 27 f.).

われわれはギリシア，ローマ，ヒッタイト，インドという古代社会について，近親婚，いとこどうしの婚姻の事実を記録的に検討してきた．ギリシアを除くと，どこでも公式にはその結婚は忌避されている．しかし実際には行われていたという証拠を，われわれはいくつかあげることができた．古代社会という比較的せまい集団での生活を考えると，これはむしろ当然のことかもしれない．ただそれが Benveniste の指摘するような，半族どうしの交叉いとこ婚という慣習化したものであったという事実を充分に証明するだけの資料をわれわれはもっていない．しかしその可能性は否定できないように思われる．今後この方面からの資料の再検討が期待される．

11. われわれはこれまでに Skr. pitr̥vya-, Lat. patruus など *pəter- の派生形とその対応，そして Gr. mḗtrōs, Skr. mātula- のような *māter- のそれをとりあげ，さらに *au̯-o- の派生形として主に Lat. avus と avunculus の関係を考察してきた．この点に関する

Benveniste の仮説は新らしい観点を導入する解釈として注目に価するが，いろいろな点で疑問があることも否定できない．この二つの形の関係は，「祖父」の縮小辞による「男性の母」への親しみの表現とみるのが，現状ではもっとも妥当な説明であろう．ただ多くの語派の「祖父」と「母の兄弟」を表す形の語幹の違いは，後者が前者を基にして派生したとみることを疑問とし，互いに独立の発展の跡を物語っているとも考えられる．Szemerényi は，Benveniste の解釈は現代の西欧人の感情には自然だが，数千年前の classificatory タイプの親族名称組織をもった人たちには認められないとして，その論証のためにマライ・ポリネシア語族から avus と avunculus に相当する名称をあげて，その関係を論じている (1977 163 f.)．彼はこの問題に関して Gates にみる文化人類学的な立場には批判的だが，上述の Lat. patruus＜*patr-awos の合成語説にみたように，結果的には Gates と同じく *au̯(o)- に「祖父」のほか「おじ」，特に「母の兄弟」を仮定しようとする考え方に傾いている (1977 155, 174)．これは上に述べた語幹の差を重視したときに避けられない帰結である．

上記以外の派生形の中で孤立しているのは Arm. k'eṙi「母の兄弟」である．この形については Delbrück (485) が語源不明として以来，Solta，Meillet，Pokorny はふれるところがない．しかし Benveniste は積極的にこれをとりあげ，*su̯esrii̯os 'celui de la sœur'，即ち k'oyr「姉妹」の派生形と解釈している (1969 231; Godel 77)．つまりこの名称は，ある人の母がそのおじの姉妹に当る関係を想定する．形としては，Skr. svasrīya-「姉妹の(子)」を比較することができよう．なお「母の兄弟」に「姉妹」の派生形を用いるのは，印欧語としてはこのアルメニア語の形しかない．

12. 派生形に続いて Lallwort タイプの語彙を考えてみよう．それらはいずれも唇音，または歯音を使用した形である．まず Skr. māma-(m)「おじ」であるが，この形は Pañcatantra などで vocativus として「おじ」以外にも親しい人へのよびかけに用いられている．語彙集では māmaka-(m)「母の兄弟」もみられ，Pkr. māma-「母の兄弟」，māmakā-「母の兄弟の妻」を通じて広く近代インド諸語に分布している (Turner 10055)．これはいうまでもなく *mā(ter)- との関係の意識される Lallwort である．インドでは非アーリア系のドラヴィダ語族にもこれとほとんど同じ形があるので，サンスクリットの形は本来はその借用語ではないかとみる説が有力である (Mayrhofer II 623; M. B. Emeneau Lg. 39 1963 104)．

このほかインドには Pkr. pupphā, pupphī 以後広く現代諸語に実証のある *phupphu-, *phupphī-, *phapphī-「父の姉妹」がある(Turner 9089).

13. ギリシア語には theîos「おじ」, theía, tēthís「おば」がある．本来これらの形は父方，母方の別をふくまない．従って特にそれを明記したいときには，ho pròs mētròs theîos「母方のおじ」(Isaios V 10)のようにいうか，ô patròs hómaime theîe (voc.)「おお，父と同腹のおじよ」(Eur. Orestes 674)のようにいう．これらの形は tḗthē「祖母」, tēthía「老女」などと関連する歯音による Lallwort とされている(Frisk I 658, II 890 f.; Chantraine 426 f; Pokorny 235). 文献的にみれば，theîos は Euripides に始まり，tēthís は Demosthenes 以後に属する．theía は theîos から作られた女性形で紀元後のものである．従ってこれだけの資料から判断すると，これらはアッティカ方言の形のように思われるが，潜在的には口語層にかなり早くからよびかけなどに用いられていたのであろう(Delbrück 502; Gates 22, 38 f.). theîos は本来 *thē-os か(Schwyzer I 193), あるいは *thē-eios(Frisk I 658)か明らかでない．Delbrück は *thḗïos を考えている．

この theîos はギリシア語史の中で，古典期から近代にまで生き続けている．この形は theós「神」の形容詞と同形である．「おじ」と「神の」との結びつきは明らかでないが，theós は Myc. te-o, adj. te-i-ja(ma-te-re)から考えると，「おじ」と同音語であった可能性が強い．にも拘らず，pátrōs, mḗtrōs「父，母の兄弟」を初め他の合成表現を駆逐して theîos「おじ」は，「神」の形容詞とともに近代に至っていると同時に，この形はロマンス語圏にも進出し，イタリアとイベリア半島を征服した．その進出は，ビザンチンの力に負うところが大きいといわれている．この間の事情については，Pisa の高等学院の年報に発表された P. Aebischer(1936)にくわしい．W. v. Wartburg の Zeits. f. rom. Ph. 57 1937 651–3(1970 103n)の書評とあわせて，簡単にその theîos の進出をめぐる事情を要約しておこう．

イタリアの大半の地域では，今日でも Lombardia, Piemont, Apulia の一部にみられる俗ラテン語の barbas「おじ」が有力であった(Meyer-Lübke 944). ところが 9 世紀になると，この barbas に対して Gr. theîos から入った thius という形がビザンチンのギリシア正教の勢力圏からナポリを中心に延びてくる．ローマとその南の細い海岸線を南イタリアに用いられていた thius は徐々に進出し，女性形の形が先行して北上し Toscana 地方でも 9 世紀には(f)amitana をしりぞけた．北イタリアでも 12 世紀までは barba と amita

が対をなして支配していたが，そこに thius>zio, (f) zia が出現する．そして amita は後退し barba だけが残る．zio, zia は Toscana を征服したことで文語に採用され，完全にイタリア語の語彙として定着するに至った．

結局俗ラテン語からロマンス語への歴史をみると，「おじ」では patruus は消滅，avunculus (>仏 oncle)，thius，barba (nus) などいくつかの形が争って，地域によって違った語彙が採用されるに至った．古典ラテン語の patruus「父の兄弟」と mātertera「母の姉妹」は，その派生の基になった「父，母」の形との接近のために非常に早くに後退した．そしてフランス語とルーマニア語は，「おじ」と「おば」に avunculus「母の兄弟」と amita「父の姉妹」を継承し，イタリア語とスペイン語はギリシア語から入った theîos> thius, thia を認めた．こうしてロマンス語は，「おじ」と「おば」について古典ラテン語のもっていた四つの区分を二つ，あるいは一つの形に統一していったのである．

14. ラテン語には Lallwort タイプの語彙として，amita「父の姉妹」があげられよう (Walde-Hofmann I 39; Ernout-Meillet 28; Pokorny 36)．この形は Cicero 以前に実証はない．けれどもこの am- という要素は Gr. ammá, ammás, ammía「母，乳母」，OHG. amma>Amme「乳母」，ONorse amma「乳母」，ひいては Skr. ambā「母」(II 章 22 節) のような形に広く認められる．この amita は早くから Lat. amicus「友」，amō「愛する」と関係づけられてきた．そしてその源はラテン人自身にある．Festus の註に amita dicta est quia a patre meo amata est.「わが父によって愛されたから，彼女は amita といわれた」．

この形は Fr. tante, Rum. matuşà に残り，また Alb. emtë もその借用語である (Jokl 15)．ただ借用形でも英 aunt, 独 Tante とフランス語の形をくらべると，t- の有無に差がある．Meyer-Lübke (424) によれば OFr. ante であるから，この t- は Prov. tanto に由来するらしく，本来は所有代名詞を伴った形に基づくものと考えられている．OED の説明でも，t'ante 'thy aunt'>tante であり，これには nante という形も並行し，方言形に用いられているという．英語でも mine aunt>my naunt という形が 13–17 世紀の方言にみられ，uncle に対しても nuncle が指摘されている．Bloch-Wartburg (594) によれば，tante は 13 世紀にみられ，それは 14 世紀まで生きていた ante の 'alteration enfantine' と説明されている．

15. ゲルマン語に注目すると，ゴート語にはここで関係する語彙がみ当らない．北ゲルマン語は ONorse fǫður-brōðir, mōður-systir「父の兄弟，母の姉妹」のような合成語をもっている．これに対して西ゲルマン語である独英語は，上述のフランス語からそれぞれ「おじ」,「おば」の借用を行う以前には，ラテン語に似た四区分をもっていた．OHG. fetiro-ōheim「おじ」, basa-muotera, muoma「おば」, OE. foedera-ēam, faðu-mōdrige がそれである．その中で OHG. basa>Base と muoma>Muhme は，この言語独自の Lallwort タイプの語彙である．Kluge-Mitzka (54) によれば，basa<*baswōn は V. Lat. barba(s)「おじ」との関係も考えられる．また Muhme は本来は広く女性の傍系親族をさす名称であったが，後に「父母の姉妹」を表すようになったと Grimm は説明している．

スラヴ語でも，「おじ」について父母方の区別が OCS. stryjĭ, ujĭ にみられたが，ゲルマン，ロマンス語と同様に，これも一つに統一される傾向がみられる．Russ. djadja はその典型であるが，これは「祖父」を表す OCS. dědŭ, Russ. ded と同じ Lallwort である (Vasmer I 387; P. Friedrich 1963 15)．これに対して西と南のスラヴ語では，今日でもなお stryĭ と ujĭ の区別が保たれているといわれている．djadja に対応するバルト語の形に，Lit. dė̃dė という形がある (Fraenkel 85)．しかしこれはスラヴ語からの借用とも考えられる．このほか Alb. džadža があるが，これは明らかにその借用語である (Delbrück 494)．

「おば」を表す形は，バルト，スラヴ語のほぼ全体にわたって性のみで統一されている．Lit. tetà (Fraenkel 1085), OCS. teta, Russ. tëtja, tetka (Vasmer III 102) などがそれであるが，これらは明らかに Lallwort タイプに属している．Russ. tëtka, Pol. ciotka にみる -ka- をもつ古い形は tetŭka であるが，これには svekry (: Skr. śvaśrū́-「姑」, Lat. socrus etc.) など一連の女性の親族名称にみられる -ū- 語幹の影響が認められる (Vaillant II 276)．

16. これまでにわれわれは「おじ，おば」を表す *pəter-, *māter-, *au̯(o)- の派生形，それに続いて「祖父母」の場合と同じような Lallwort タイプの形について述べてきた．これら以外に多くの語派が，祖父を父の父，孫を子の子と表現したと同じような記述的，合成的な手段を「おじ，おば」についても知っている．例えば前節にあげた北ゲルマン語の形，あるいは Skr. pitr̥-ṣvasar-「父の姉妹」, OIr. brāthir athar「父の兄弟」, siur māthar「母の姉妹」, Arm. haurełbayr「父の兄弟」. アイルランド語や古ノルド語のよう

に，すべてを合成的表現に頼っている言語もあれば，インド語派のように「おば」についてのみそれを用いる言語もあり，またアルメニア語のように「おじ」についてのみそれをもっている言語もあって，事情は一様ではない．また既述のようにゲルマン語とかケルト語では，語派の内部にも不統一がみられる．これらの表現を考慮しながら，いくつかの語派の事情をもう一度ふり返ってみたいと思う．

初めにインド・イラン語派であるが，インドでは pitr̥vya-, mātula- という派生形を「父，母の兄弟」にもちながら，その姉妹については合成的な表現を用いている．イラン語ではアヴェスタの新らしい層に(m) tūirya-, (f) -yā- があり，統一的な方向に移っている．古ペルシア語にはこれに対応する形はみられない．tūirya- を3節に述べたように *(p) tru̯i̯o- と考えて Skr. pitr̥vya- との対応を認めれば，そのインド・イラン語派における存在は確保される．ただイラン語派では t- の前の子音がおちるために，この形には同音語が多く，Bartholomae (656 f.) の辞書によると，この形の同形は三つ記録されている．中でも「4」の序数詞 tūirya- は重要である．これは RV turíya- に対応し，後の Skr. caturthá- に比して古く，Av. ā-xtūirīm「4度」によってもこれが *kʷetwer-「4」の弱階梯に由来することは明らかである (Ai. Gr. III 407)．これらの tūirya- をめぐる同音語の問題は，なお文献的に考究する必要があるように思われる．

ここでわれわれは再びインド語派にもどろう．ここでは既述のように，「おば」については単独の形がなく，pituḥ-ṣvasar-, mātuḥ-ṣvasar-「父，母の姉妹」という記述的な合成形だけが用いられている．この前分はいうまでもなく属格の形であるから，これはフレーズがそのまま合成されたものである (Pāṇini VIII 3. 85)．その場合の -svasar- の語頭 s- の cerebralization の有無については，Pāṇini VI 3. 24, VIII 3. 84 に指示されているから，その時代にはこの形が成立していたことは疑いない．この類の合成語についてヴェーダ文献をみると，mātula-「母の兄弟」に対して mātur-bhrātrá- という形が指摘される．これは Maitr. Saṁh. (I 6. 12) にみられるもので，文献的には mātula- より古いと考えられる．その形は，女神 Urvaśī から生まれた Āyus に関する神々の言葉の中にある．kíṁ ayáṁ devyā́ḥ putró devébhyo māturbhrātrébhya āhārṣīt「この女神の息子は，その母の兄弟たる神々になにをもたらしたか」．なおブラーフマナ散文には，合成された一語ではなく，mātur bhrātā という属格のフレーズのままの表現も用いられている (Jaim. Br. II 279, Caland 196)．さてこの mātur-bhrātrá- は -r- 語幹ではなくて母音語幹を示しているが，これが mātur-bhrātar- の 'bloss andre Schreibung' (Ai. Gr. II/1 114) とすれば，これは古典期の pituḥ-ṣvasar- と同型の合成形であることは疑いない(Ai. Gr. II/1 248, Nachtr. 77). またこの -tur- に関して *-tr̥- を予定しようとする説が Wackernagel 自身によって提唱されたことがあるけれども，属格を前分とする合成語はヴェーダ以来サンスクリットには数多くみられるのだから，mātur- は属格ととるべきである．

このようにみてくると，近代語にはその痕跡がみられないが，インド語史の古層においては「母の兄弟」についても「父母の姉妹」と並んで合成形が用いられていたと考えられる．それではなぜ mātula- が必要になったのか，その理由は明らかでないが，恐らく pitr̥vya-「父の兄弟」との均衡によるものであろう．しかし後に述べるように，mātula- は少なくともインド・アーリア語の全域に分布する語彙とはならなかった．

さて「父，母の姉妹」については，古典期には pituḥ-ṣvasar- と並んで pitr̥- / mātr̥-svasar- という形も認められている．またその形容詞は pitr̥svasrīya-(Pāṇini IV 1. 132), paitr̥- / mātr̥-ṣvaseya-(Pāṇini IV 1. 133, 134)である(Ai. Gr. II/1 248, II/2 505). これらの合成形の前後分は，Pāli pitucchā, mātucchā, およびその他の中期インド語の形をみると，ほとんど融合してしまって一語の観を呈している．これは Swed. faster<fọðir-systir, moster<mōðir-systir「父，母の姉妹」と同じ現象である．これらの中期インド語の形の -u- は，本来 -uḥ- か -r̥- のいずれに基づくか，明らかでない(Mayrhofer 1952 39).

この pituḥ-ṣvasar- と mātuḥ-ṣvasar- の系統をひく近代語の形の分布から判断すると，後者のほうが Hindī を初め広い範囲に生きていて根強い(Turner 10001). 一方の pituḥ-ṣvasar- は，Assamese, Bengalī, Oriyā と東部に限られているが，その理由は明らかでない(Turner 8177). また mātula- も Pāli mātula-, Pkr. māula- のような文語としては残っているが，現代の分布はパーリ語の流れをくむセイロンの Singhalese を除くと，北西部の Kafir をふくむ Dardic 語群にみられるほかは，中央部になく，南のドラヴィダ語と接する地域を東から西に Konkaṇī, Marāṭhī, Oriyā と帯状に残っているにすぎない(Turner 10009). このような分布は非常に興味深い現象のように思われる．この分布から判断すると，mātula- はインド語派のかなり古い層で成立した語彙であった．しかし実際にはあまり使用されず，早くに口語層からは後退してしまった．それがこのような周辺的な分布にあらわれていると推定されよう．なお Hindī 語には mātula- に由来する形はないが，*mātula-śvaśura-(m)「妻または夫の母の兄弟」に基づく形がみられる(Turner 10010).

pitr̥vya- はインド語史の中では早くに口語層から消滅していった．それに代ったのは pítr(i)ya- という，本来は pitár- の形容詞であった．これは II 章 15 節に述べたように非常に古い伝統をもつ形容詞の形であるが，mātár- の形容詞として新らしく作られた mātr̥ka- との均衡から後に生まれた paitr̥ka- におされて孤立し，不用になったために「父の兄弟」に転用されたと考えられる.

17. 印欧語全体からみると，ラテン語の patruus-amita(父方)，avunculus-matertera (母方)のように「おじ，おば」の四項をすべて異なる形でうめる組織は少ない. 四区分でもインドのように，「おじ」には二つの独立した形をあてながら，「おば」には合成的表現を用いるとか，リトアニア語や古いスラヴ語のように，「おじ」については古い形の二区分を維持しながら，「おば」には Lallwort を使う. このように「おじ，おば」については，印欧語全体に統一がない. そして一つの語派の中でも，形の交替がみられる. 例えばインドでは，Skr. pitr̥vya- は pitr(i)ya- に代えられ，mātula- も局部的にしか残らなかった. そしてまた I 章 4 節にふれた，Pāli culla-pitā のような形が作られ，また消えていった.

ゲルマン語では，西ゲルマン語は初めラテン語型の四分制を示している. その点では北群も同じだが，北群は既述のように派生形でなくて記述的，合成的表現しかもっていない. ケルト語でもアイルランド語の合成的四分制に対して，ウェールズ，ブルトン語は性別の二区分しか示さない. バルト語では，リトアニア語は女性については tetà 一つしか形をもたないが，ラトヴィア語は合成の四区別をもっている. このような不統一，表現の多様性と変化，区分の動揺は，おじやおばの位置が社会的にみて比較的軽く，その語彙の使用頻度も低かったことによるものであろうか. 近世初めにドイツ語は，フランス語から Onkel と Tante を輸入した. Karl 五世やドイツの多くの貴族はフランス文化を崇拝し，これが上流社会の公用語にもなり，フランス語しか知らない貴族すらいたといわれる. こうした状況の中で 16 世紀に，他の多くの語彙とともにこの二つの親族名称もドイツ語に借用され，古い表現にとって代ったのである (Eggers 195; Priebsch-Collinson 273). このように「おじ，おば」は，容易に借用交替が行われる語彙であった.

ギリシア語の場合にも，既述のようにホメーロスは pátrōs をもたず，patro-kasígnētos 「父の兄弟」を mḗtrōs「母の兄弟」に対比している. もちろん後になっても kasígnētos patrós「父の兄弟」(Eur. Or. 241 etc.), adelphòs mētrós「母の兄弟」(Eur. Bacch. 26 etc.) のようなフレーズも随時用いられている. そして女性にもこの表現を用いることができる. それはサンスクリットでも mātuś ca bhrātus tanayām「母の兄弟の娘を」(Manu XI 172), pitur bhaginī「父の姉妹」(Manu II 133)のように適宜記述的なフレーズを用いるのと同じことで，場合によってはこのほうが mḗtrōs という一語よりもさらに明確に内容を伝えることができる．にも拘らず，ギリシア語でも古典期の散文からは Lallwort タイプの theîos, theía があらわれ，「おじ，おば」の表現を一元的に統一してしまった．そしてこの形は，ロマンス語の地にも侵透していったのである．

トカラ語と小アジアの事情は，筆者に明らかでない．小アジアでは，端的に「おじ，おば」を表す形はみられないので，Hitt. atta-，ABU「父」，anna-「母」と ŠEŠ「兄弟」，SAL-KU「姉妹」との合成的な表現が用いられていたのであろうが，筆者は実例を知らない．

18. 父母の兄弟，姉妹が親族の中でどのような位置を占めていたのかを文献的に明らかにできるような資料は少ない．Delbrück (556 f., 586 f.) はインドの法典を通じて，pitr̥vya- と mātula- の位置を挨拶の順序と喪に服する期間の規定などから評価し，また叙事詩の資料をもこれに加えている．一例をあげると，Āpastamba 法典 I 14. 11 では，祭官と義父 śvaśura，それに pitr̥vya-mātula 父母の兄弟は自分より年が若くても立って迎え挨拶しなければならない，と規定されている．これとほぼ同じ内容の規定は Manu II 130 にもみられる．それらを総合すると，父や母の兄弟は父に準じ，その姉妹は母に準じるということになり，なんら特筆すべき点はみられない．Āśvalāyana Gr̥hya Sūtra I 24. 4 では上にあげた Āpastamba 法典と同じ順序で蜂蜜の飲物をさし出す相手を規定している．ところが同じ内容の規定と思われる Śānkhāyana Gr̥hya sūtra II 15 では，父母の兄弟はあげられていない．同じようなことは，前章 17 節にふれた Manu IV 179–180 の規定にもみられる．ここには争論してはならない相手が列挙されているが，母の兄弟の名があるのになぜか父の兄弟だけは除かれている．jñāti-saṁbandhi- (註 jñātayaḥ pitr̥pakṣāḥ)「父方の親族」の中にふくまれているからであろうか．

これらの資料は古代インドにおけるおじとおばのあり方について，あまり教えるところはないように思われる．Hopkins (141n) は，叙事詩やプラーナ文献における mātula- の重要性を強調している (原実　東洋学報 51 1968 288n)．そして同じ傾向は Manu の法典にもみられると述べている．例えば，戦場において助けを求めるときに真先に声をかけられるのは，父や兄弟を除くと母の兄弟である．彼はいわば‘the uncle par excellence’とよばれるにふさわしい立場にある．かつては父の兄弟が親族の代表であった．それがこのように後退し，代って母の兄弟が有力になってきた事情について，Hopkinsは次ぎのように説明している．'Whether this change is purely linguistic (mātula becomes uncle in general), or represents the growth of "divided families" (Manu IX 111), I cannot say. It would seem to imply that the mother's brother was in the home more than the father's brother, just as we see that Śakuni, the bosom-friend of Hastina's crown-prince and constant resident in his palace, was his mother's brother.' pitr̥vya-がかなり早くに後退したとしても，それはpitr(i)ya-によって補われたのだし，先に述べたmātula-の近代語の分布から考えても，ここでHopkinsがいうmātula-が'uncle in general'になったという可能性は考えられない．Delbrück (586 f.)はHopkinsのこの説明に対して，ラテン語におけるpatruusの後退とavunculusの維持の現象を比較しながらも，両者は異なった事情のもとにあったとする．というのは，ラテン語においてpatruusが後退したのは，paterとの形の衝突によるものだが，インドではそのようなことはなかった．従ってpitr̥vya-が消失してmātula-が「おじ」一般になったので，文献中にもmātula-の重要性が高まったのではなくて，恐らくその原因はHopkinsのいう後者のほうだろうと推定している．確かにII章13節に述べたような言語現象が古典期のインドにおける女性の地位の高上と関係があるとしたら，このmātula-の重要性もその社会生活の変化の一環と考えられるかもしれない．しかしそれにしても'the growth of divided families'がmātula-の優位に結びつけられる必然的な理由は，筆者にはどうも納得できない．言語現象と社会との関連の問題として，今後の研究を期待したい．

古代のギリシア，ローマにおいても，おじとおばの立場をはっきりととらえるための資料は乏しい．Benveniste (1969 230 f.)は先にあげたホメーロス Il. 2. 661, 16. 717，あるいはHerodotos IV 80の用例を，Tacitus Germania XX 5と同様にmḗtrōs「母の兄弟」の位置の重要性を暗示するものとしているが，筆者にはこれらのコンテキストからそれほど強い意味は感じられない．それよりもわずかな資料の中から比較的特徴的な性格を思わせるのは，ローマにおける父方のおじの存在であろう．その中からいくつかの例をあげてみよう．ここではpatruusがPlautus以来形容詞にも用いられている．Horatius Od. III 12. 1. miserarum est neque amori dare ludum neque dulci / mala vino lavere, aut exanimari metuentis / patruae verbera linguae.「恋の遊びができなかったり，不幸を甘い酒で洗いおとせず，父方のおじの舌の鞭を怖れて心を失うような乙女はあわれなり」．この言葉は，父の生存しているいないに拘らず，父方のおじが父代りに厳格であったからであろうか．同じ作家の Satir. II 3. 87.……sive ego prave / seu recte hoc volui, ne sis patruus mihi.「よしわたしが，それを望んだのが間違っていたにせよ正しかったにせよ，お前はわたしにとって父方のおじであることなかれ」. Budé 版 F. Villeneuve (1959) の註によれば，ローマの田舎では特に父の兄弟が子供たちの教育をみて，父が死ぬとその保護者になった．この詩句の中に当時の父方のおじの厳しい姿が暗示されている．Cicero pro Caelio XI 25. Dixit enim multa de luxurie, multa de libidine, multa de vitiis iuventutis, multa de moribus et, qui in reliqua vita mitis esset et in hac suavitate humanitatis, qua prope iam delectantur omnes, versari periucunde soleret, fuit in hac causa pertristis quidam patruus, censor, magister.「彼はぜいたく，遊び，若者の悪徳，風習について大いに語った．そして彼はふだんはおだやかで，その物腰のやわらかさからだれもがそれに魅了されていたし，喜んでいつもそう振舞っていたのだが，この法廷ではまことに悲しげな，父方のおじ，監察官，先生であった」. patruus と censor と magister，この Cicero の表現は，patruus の渋い顔つきをよく描き出している．このような父におとらぬ父方のおじの厳しさが，avunculus「母方のおじ」をいやが上にもやさしい存在にしてしまったのであろう．そこに avus「祖父」と avun-culus の密接なつながりが感じられる．

第 VII 章 「従兄弟，従姉妹」

1. 序.
2. *bhrāter- の派生形. Skr. bhrā́tr̥vya- と Pāṇini の解釈.
3. bhrā́tr̥vya- の解釈.
4. bhrā́tr̥vya- の用例と「敵」の意味について.
5. Gr. ex-ádelphos と *bhrāter- の派生，合成形.
6. ラテン語における「いとこ」の表現.
7. Lat. patruelis の用例.
8. Lat. consobrinus と sobrinus.
9. Lat. consobrinus と sobrinus の関係について.
10. Lat. consobrinus と sobrinus の用例. sobrinus の意味.
11. *nepot- の派生形. Gr. anepsiós について.
12. Hitt. anninnii̯ami- とその用例.
13. 「いとこ」の地位.

1. 「従兄弟，従姉妹」を表す形は実に多様である. 現在の英 cousin, 独 Vetter などをみる限り形の上でなんの motivation も感じられないが，これをさかのぼると，印欧語の「いとこ」を表すすべての形がなんらかの合成，派生の手続きを示している. 例えば Skr. *pituḥsvasr̥-putra- > Pāli pitucchāputta-「父の姉妹の息子」，Ir. macc brāthar athar「父の兄弟の息子」，OHG. ōheimes-sun「母の兄弟の息子」などは完全な記述的表現であり，合成の過程も一見して明らかだが，Gr. (m) anepsiós, Welsh (m) cefnder, (f) cyfnither (<*com-nepter-) のように既にその派生の手続きが忘れられつつある形もある.

「いとこ」を派生させる基になる形は，主に *bhrāter-「兄弟」，su̯esor-「姉妹」，それに *nepot-「孫」であるが，その派生の過程において対応の成立するものはみられない. この三つの形の中では *bhrāter- に関係するものがもっとも多い. また意味の上では，「従兄弟」と「甥」が一つの形で表わされたり，その間で意味が動揺している例が指摘される. 例えば Lit. brolėnas, Arm. ełbaur-ordi「兄弟の息子」(Delbrück 485, 507 f.) は兼用，Gr. anepsiós は「従兄弟」から「甥」へ転意している. 全体的にみて性別は明らかだが，父方母方の区別は上にあげた記述的表現を除いては意識されず，またときに英 cousin のように，性別すら無視されることもある. 「いとこ」は父母の兄弟，姉妹の子であるが，「おじ，おば」を表す語と関係する形は少ない．Lat. patruus「父の兄弟」に対する patruēlis, Skr. pitr̥ṣvasar-「母の姉妹」に対する pitr̥ṣvasrīya- はその一例である．

印欧語族の古層に予想される父系制の大家族のもとでは，少なくとも父母のほかに父の兄弟も一族としてともに生活し，その子らも互いに一つの共同体に属していたと考えられる．そうした状況の中で，「従兄弟」あるいは「従姉妹」を端的に表す語彙がなかったとしてもふしぎではない．彼らは互いに *bhrāter-, *su̯esor- としてとらえられていたのであろう．少なくとも比較対応による限り，「従兄弟」，「従姉妹」の形はなかったと考えられる（Risch 1944A 117 f.）．それが各語派にさまざまな表現をうんだのである．以下にその主な形について考察してみよう．

2. 「いとこ」を表す形は，*bhrāter-, *su̯esor- ともっとも深い関係がある．Lit. bró-lis, Lett. brālis「兄弟」には，「従兄弟」に (m) pùsbrolis「半兄弟」，(f) pùsseserė (Niedermann-Senn III 464) という合成形と並んで brolė̃nas, Lett. brōlēns という *-no- 語幹の派生形があり，Czech bratanec, (f) sestřenic などもこれに属する．これは Gr. huiós「息子」に対する huiōnós「孫」と同じ関係にあり，その手続きは後に述べる Lat. soror「姉妹」に対する (con-) sobrinus, (f)-na にも指摘される．

合成によらずに直接の派生と思われる形で問題のあるのは Skr. bhrấtr̥vya- である．これは語形成の上で，前章の初めにふれた pitr̥vya-「父の兄弟」と関係があることは疑いない．そこで pitr̥vya- の意味から推して，bhrấtr̥vya- は当然「兄弟に類する」ものを表す形と解釈されよう．ところが Pāṇini の理解は少し違っている．I 章 3 節にふれた IV 2. 36 の pitr̥vya-, mātula- に関する規定には bhrātr̥vya- はふくまれていない．そして IV 1. 143. svasuśchaḥ //「svasar- の後には -īya-（が後裔を表すのに用いられる）」によって svasrīya-「姉妹の息子」がえられるのに続いて，144 bhrāturvyacca // の規定がある．これは「bhratar- には -vya- も」許されるという規則だから，これによって bhrātrīya-「兄弟の息子」と同じ意味で bhrātr̥vya- が認められることになる．そして次ぎの 145 vyansapatne //「vya- は‘ライバル’の意味で（用いられる）」によって，改めてこの形にその意味があたえられている．Pāṇini が初めにあたえた「兄弟の息子」の意味は，イラン語派でこの形に対応すると思われる brātūirya-，または brātruya- のそれによって支持される．従って Pāṇini には，この形に「従兄弟」の意味は意識されていなかったのである．しかし前章において pitr̥vya- についても述べたように，これを Gr. mētruiấ との比較によって「父に類する」と解すれば，bhrātṛvya- に「従兄弟」は容易に仮定されよう．また「敵」の意味も「兄弟の息子，甥」では合わず，「従兄弟」でこそ通じる．しかしこのように考えると，Pāṇini の理解に反する結果になる．そこにこの形の解釈の問題があるといってよいだろう．

現在のインド・アーリア語の分布からみると，この形は Dardic の二語派に孤立的に残っているにすぎず，意味も「従兄弟」以外に「妻の姉妹の息子」と限定された例もみられる(Turner 9668)．従ってこの形は pitṛvya- と同じように恐らく口語層からは早くに消えてしまって，中部から東部へかけて分布するに至らなかったのである．因みにこれ以外に古典サンスクリットで「従兄弟，従姉妹」を表す語は，すべて合成語からの派生形である．pitṛṣvasar-「父の姉妹」から pitṛṣvasrīya-, paitṛṣvasrīya- (Pāṇini IV 1. 132), paitṛṣvaseya- (Pāṇini IV 1. 133), mātṛṣvasar-「母の姉妹」から mātṛṣvasrīya, mātṛṣvaseya- (Pāṇini IV 1. 134; Ai. Gr. II/2 438, 440, 505) のほか，近代語までその跡を残す mātula-「母の兄弟」の息子 mātuleya- がある(Turner 10014)．なおこれに加えて Turner は *pitriya-putra-「父の兄弟の息子」(8190), *pituḥsvasṛ-putra- > Pāli pitucchāputta-「父の姉妹の息子」(8178), *māma-putra-「母の兄弟の息子」(10057) をあげている．また bhrātar-, bhaginī- を用いた表現 paitṛṣvaseyo bhrātā「父の姉妹の息子」(Epic), paitṛṣvaseyī bhaginī「父の姉妹の娘」(Manu XI 172) が注目される(Delbrück 507).

3. ここで bhrā́tṛvya- という形について従来の主な解釈にふれ，またその用例をみることにしよう．この形を周って Wackernagel (1916 1 f. = 1953 459 f.) を初め，Mayrhofer (II 531), Macdonell-Keith (II 114 f.), Delbrück (506 f.), Benveniste (1969 259 f., 264 f.), Szemerényi (1977 62 f.) などが自説を展開してきた．形の分析については，pitṛvya- と同列に扱う以外に新らしい考え方を導入する余地はない．問題はそれに関連する意味であるが，Wackernagel は古典サンスクリットの「敵」の意味からも，原意は ‘Vetter’ だとする．しかしインド・イラン語派では，Pāṇini の解釈通りすべてを ‘Brudersssohn’ で理解できるとしている．この「従兄弟」から「甥」への転意は，Gr. anepsiós, あるいは独 Vetter の歴史などの実例があるから，容易に説明される．最近では Mayrhofer はこの Wackernagel 説に賛成している．これに対して Delbrück は，Böthlingk-Roth によってインドに「従兄弟」の意味を認めるが，本来は ‘Brudersssohn’ であったとみる．そして Macdonell-Keith, Benveniste, Turner (9688) はこれに同調している．それでは「兄弟の

息子」から「従兄弟」，つまり「父の兄弟の息子」へのずれは，どのように説明されるであろうか．この点を Benveniste は次ぎのように述べている．bhrā́tṛvya- は pitṛvya-「父の兄弟」に倣って作られた形であるが，「兄弟の兄弟」では意味をなさない．そこでこれはもう一つの近親関係の意味として，「兄弟の息子」をとった．このように世代をずらすことで，この形は二つの効用を発揮した．まず‘il servait à differencier le “fils du frère” du “fils de la sœur”, dénommé tout autrement (*nepōt-, indo-iranien napāt-)’．そしてまた‘il spécifiait la notion plus clairement que ne le faisait un autre dérivé, bhrātrīya- également “fils de frère” selon Pāṇini, et qui, faisant double emploi, a été évincé’．ところが napāt- が「兄弟の息子」と「姉妹の息子」について無差別に用いられるようになると，bhrā́tṛvya- は待機語彙となって，それから‘fils du frère du père’，‘presque frère’と解釈し直されたのである (1969 265)．

この Benveniste の説明によると，まず pitṛvya- に倣って bhrātṛvya- が作られたが，それは初めまったく不必要な形であったということになる．また Indo-Ir. nápāt- との意味上の重複が，bhrā́tṛvya- を「兄弟の息子」から「父の兄弟の息子」に移行させたという．この二つの疑点のうち，前者については説明の必要はないだろう．後者については，インド・イラン語の nápāt- には「兄弟，姉妹の息子」の意味はないのだから，この意味を問題にするのならば，もっと古い *nepōt- の段階にさかのぼらなければならないだろう．ところが bhrā́tṛvya- の成立は早くてインド・イラン語の時代である．従ってこの Benveniste の解釈は年代的に納得できない．また bhrātrīya- より，この -vya- をもった形のほうが‘specifiait la notion plus clairement’といわれる理由も明らかでない．インド語派としては，むしろ逆に考えるほうが自然ではないだろうか．「兄弟の息子」の近代語の分布は，bhrātrīya- の圧倒的な力を示している (Turner 9672)．

同じ「兄弟の息子」を原意とみる Delbrück は，その「従兄弟」への発展を両数，複数の用法に求めている．また同じ立場の Turner もその点について，‘the children of the house use their father's term for his brother's son, viz. their cousin’と附言している．いずれもあまり説得力のある説明とは思われない．pitṛvya- に対して独自の合成説を提唱した Szemerényi も，bhrā́tṛvya- に *bhrātṛya- ‘belonging to brother, brother's son’を想定し，その形の変化を pitṛvya- の影響とみている．しかしその類推の及ぶ理由は明らかでない．

4. 上述のようにこの形を周る問題は，-vya- という接尾辞が孤立的であるため，より古いと思われる pitr̥vya- との関係が語形成の上で明らかでないこと，Pāṇini とイラン語の形の示す「兄弟の息子」の意味と，古典サンスクリットのもつ「ライバル，敵」との意味のつながりが成り立たないことに起因しているように思われる．そしてまたこの形の親族名称としての内容が，実際の用例から明確にとらえられないところに，問題解決への最大の悩みがあるといえよう．

この形のもっとも古い用例は，RV abhrātr̥vyá- という合成形であるが，意味は明らかに「敵なき」である．VIII 21. 13. abhrātr̥vyó anā́ tvám ánāpir indra janúṣā sanā́d asi / yudhéd āpitvám ichase //「かくて汝は敵なく，出生とともに古来友なし．インドラよ，ただ戦いによりて汝は友情を求む」．bhrā́tr̥vya- という単独の形は AV にあらわれる．その中から他の親族名とも関係する例をあげよう．V 22. 12. tákman bhrā́trā balā́sena svásrā kā́sikayā sahá / pāmnā́ bhrā́tr̥vyeṇa sahá gácchāmúm áraṇam jánam //「熱病よ，兄弟たるバラーサ，姉妹たるカーシカー，bhrātr̥vya なるパーマンとともに，かの遠き人のところへ去れ」．この歌では兄弟，姉妹に続いているから，bhrātr̥vya- には ‘cousin’ (Whitney, Bloomfield) がふさわしいことは確かだが，絶対的とはいえない．Böthlingk-Roth は ‘Brudersssohn, Vetter’ の項にこの個所をあげている．強いていえば「敵」としてもそれほど不都合ではないだろう．XV 1. 8. nī́lenaivā́priyam bhrā́tr̥vyaṁ prórṇoti lohitena / dviṣántaṁ vidhyatī́ti brahmavādíno vadanti //「(かく知る者は)青色を以て実に敵意ある競走者を覆いかくし，赤色を以て彼を憎む者を貫くと，ブラフマンの論師たちはいう」．ここで Whitney は問題の形を ‘a hostile cousin’ と訳している．しかし同じ文脈の ápriya- を伴う VIII 10. 18, 33 では ‘unfriendly foe’, X 6. 1 durhā́rdo dviṣatáḥ (bhrā́tr̥vyasya……śíraḥ) ‘the head of the……cousin, of the evil-hearted hater’ と訳している．因みに Bloomfield は後者を ‘of the hostile rival’ とする．このような不統一の原因は，この形が親族名称としてではなくて，「ライバル」としても通じるからである．AV のこれら以外の用例はすべてその意味で理解され，また -kṣayana-, -cātana-(II. 18. 1)「ライバルの破滅，駆逐」，-han (X. 9. 1)「ライバルを打つ」という合成語も同様である．ここで他のサンヒター文献から，abhrātr̥vyá- と対になった表現をあげておこう．Maitr. Saṁh. I 2. 10.……aham tān valagān udvapāmi yān me bhrātr̥vyo yān abhrātr̥vyo nicakhāna ye……「われは敵が，また敵でない者がわがために掘ってひそめし呪いを掘りおこす……」．

ブラーフマナ散文には非常に多くの用例があるが，筆者のみる限りではすべてが「ライバル」である．祭式において自分に bhrā́tr̥vyo yájamānaḥ「対抗する施主」をうち負かすことが必要であり，それによって人は祭式を成就する．bhrātr̥vat「ライバルをもつ」者は，さまざまの供物を神に捧げることによって，その人の背後にいるライバルを遠ざけることができる．このようにして初めて自らは栄え，bhrā́tr̥vya- は滅びるのである．

これらの用例からわれわれは，bhrā́tr̥vya- という形はインド語派のもっとも古い段階から既に古典期にみる「ライバル，敵」の意味をもっていて，親族名称としてはほとんど機能していなかったということができる．ブラーフマナ文献に基づいて古代インドの社会を論じた Rau (1957 105) は，「敵」の意味を次ぎのように説明している．王の兄弟は，国においては王につぐ権力の者である．従って彼は王位の争いでは，王子，即ち彼の甥の最大の仇役となる．ここに bhrā́tr̥vya-「兄弟の息子，甥」の「ライバル」への変化が予想されると．この解釈は実に興味深いが，その意味は RV に既に指摘される以上，これが王権の争いに結びつけられる必要はないといえよう．「敵」の意味は「従兄弟」を介しての意味の発展ではなくて，V 章に述べた bhrātar-「兄弟」の一面の強調からインド語派において直接転用されたものと考えざるをえない．なぜなら，「従兄弟」の意味はインド・イラン語派においてほとんど実証されないからである．

bhrā́tar- という親族名称から二次的に作られた bhrā́tr̥vya- と，同じ接尾辞をもち，しかもより古いと思われる pitr̥vya- との間の，この不透明な関係を考える上で一つ注意すべきことは，インド語派において pitr̥vya-「父の兄弟」の息子を表す語がないという事実である．上にあげた *pitriya-putra- は，pitriya- という前分の使い方からみて明らかに新らしい．mātula- から mātuleya- を派生させるように，-ya- をもつ pitr̥vya- にさらに *-i̯o- を加えることは不可能ではないが，形式上当然避けられよう．従って本来 pitr̥vya- に倣って「兄弟の類の」あるいは「兄弟の(息子)」のような，bhrātar-「兄弟」に関係する親族名称として作られた bhrātr̥vya- には，インドにおいては特に「兄弟に類する」ものとして「pitr̥vya- の息子」，即ち *pitr̥-bhrātr̥vya-, pitár- 父の「兄弟」の子である「従兄弟」の関係が意識されていたのではないだろうか．しかしインドにおけるこの孤立的な pitr̥vya- の後退は非常に早く，歴史時代にはわずかに文語として古い伝統を維持するにすぎなかったから，これに伴って bhrātr̥vya- との関係も切れ，孤立したこの形は専ら兄弟の争いを強調した「ライバル」として使用されるに至ったと考えられる．「従兄弟」と「甥」との兼用の実例はさして珍らしくない以上，これまでのように bhrātr̥vya- にそのどちらかを原意として決める必要はなく，「兄弟」を基本に考えることがこの問題の解決につながる道ではないだろうか.

5. ここでこれまでにふれなかった「兄弟，姉妹」の語の合成，派生による「いとこ」を表す語彙について考えてみよう．まず合成形として Gr. (m. f) ex-ádelphos がある．ギリシア語には後述する Hom. anepsiós があったが，この形は古典期以後は「従兄弟」から「甥」になり，その代りに ex-ádelphos があらわれた．Liddell-Scott によると，この形は古代には小アジアのローマ時代の碑文，それに旧訳聖書の訳にわずかの用例がみられるにすぎない．しかしそれは今日まで生き続けている．なお同じ ek(s)- を用いた形には，eks-anépsios「いとこの息子」，ék-pappos 'great-great-grand-father' などがある (Schwyzer II 464)．Buck (118) は ex-ádelphos を ex adelphoû「兄弟から (の子)」と考えて，原意は「甥」だろうとしている．これは確かに paîdes ex adelphôn gnḗsioi「兄弟たちの実の子らが」(Demosthenes XLIII 51) のような実例があるが，ék-pappos (＝Lat. abavus) などの構成からみると，「はなれる」の意がふくまれているように思われる.

Lit. pùs-brolis, pùs-seserė は 'half-brother, -sister' の意味の合成語である．この形は Fraenkel の語源辞書にはとられていない．Buck (117) のあげるスラヴ語の OCS. bratučędŭ「兄弟の子」は「甥」と兼用であるが，Sadnik-Aizetmüller (1955 14) は 'Neffe' としている．この形の伝統は今日もスラヴ語の一部に生きているが，Delbrück (473) は，それらを 'Stief-bruder, Halb-bruder' と解釈している．なお Buck, Delbrück はふれていないが，Fraenkel の brólis「兄弟」の項には brotùžis という「従兄弟」を表す派生形がみられる．スラヴ語では，西スラヴ語にラテン系の借用語 kuzyn と並んでポーランド語は stryjeczny, wujeczney という「父の兄弟，母の兄弟」から作った形容詞と brat, siostra「兄弟，姉妹」を組み合わせる表現がみられるのに，ロシア語だけは dvojurodnyj brat / sestra という表現をとっている．Vasmer (I 332) によれば，この形容詞は古い dŭvoju rodu 'von zwei Geschlechtern' というフレーズを基に作られたものである．P. Friedrich (1963 11 f.) の記述では，ロシア語にもかつては西スラヴ語に似た ORuss. stryjnyj pervyj brat「父方の第一従兄弟」という表現がみられるという．なおこのように数詞の形容をもつ表現としては Ir. col ceathar 'relation four'，それに後述する Sp. primo<Lat. prímus 'first' がある．1, 2, 4 といずれもとらえ方が異なる点が興味深い.

ゲルマン語をみると，まず ONorse broeðungr, (f)-ga, systrungr, -ga がある．Buck はこの形を「兄弟，姉妹＋young」の合成としているが，これは誤っている．この後分は

OHG. kuning(>König), OE. cyning(>king), ONorse konungr にみられる -ung-, -ing- タイプに属する親族名，種族名を示す接尾辞である (Krahe-Meid 1967 203 f.). そしてこの接尾辞は Got. gadiliggs「従兄弟」にもみられる．この形は OE. ʒædeling「仲間」, OHG. gatuling「親族」に完全に対応する (Feist 178 f.). 語形成からみれば，これは独 Gatte に残る前分に，-ing- をつけた形で，独 Sippe と英 sibling の関係に似ている (Krahe-Meid 1967 198). 西ゲルマン語では，古くは英独語とも合成的，記述的表現に頼っていた．OHG. fetirun sun「父の兄弟の息子」, OE. foederan sunu などがそれである．これは Av. tūirya-puθra-, -duγδar-, あるいは Ir. macc brāthar athar と共通している．なおこのほかに後述する OE. suhtriga, suhterga「甥」が「従兄弟」と兼用されている．また語彙集には Lat. consobrini (pl.)＝OE. gesweoras のように，ラテン語の形を真似て作られた *su̯esor-「姉妹」を用いた合成形が記録されている (Delbrück 512).

6. ラテン語では前章に述べたように，父，母方のおじとおばが名称の上で一応区別されている．従って，その子供たちもそれに倣って区別されることになる．その関係は patruus「父の兄弟」—(frater) patruēlis, avunculus「母の兄弟」—mātruēlis, amita「父の姉妹」—(pl.) amitīnī, (f)-nae, mātertera「母の姉妹」—consōbrīnus, (f)-na である．しかしこの中で mātruēlis と amitīnī は法律用語で，古典文学に実例がない．avunculus には *avunculinus のような形はなく，patruēlis に倣った mātruēlis しかない．そこで実際に問題になるのは patruēlis と consōbrīnus の二形である．

Delbrück (509) に引用されているローマの法律書 (Digesta 38. 10) の説明によると，父が兄弟どうしの子は互いに (m) frātres patruēles, (f) sorōres patruēles とよばれる．親が兄弟と姉妹の関係にある者どうしは (m) amitīnī, (f) amitīnae という．親が姉妹であれば (m) consōbrīnī, (f) consōbrīnae といわれる．この説明の中に mātruēlis はふくまれていない．そして，patruēles, amitīnī, consōbrīnī に言及した後でこの法律書は，sed plerique hos omnes consobrinos vocant「しかしたいていの人は，これらすべての者を consobrini とよんでいる」と断っている．これは mātruēlis, amitīnī に加えて patruēlis も後退してしまったことを示している．

patruēlis という形は，Plautus 以来用いられているけれども，ラテン語としては非常に数少ない -ēlis という接尾辞をもつ孤立した patruus の派生形である (Leumann Gr. 350). そのために実際には古典期以後は消滅していった．その結果 consōbrīnus, -na が

「いとこ」の代表になったのである.

7. ここで patruelis の用例をふり返ってみよう. Cicero de Finibus V 1. 1. cum audissem Antiochum,……unaque nobiscum Q. frater et T. Pomponius Luciusque Cicero, frater noster cognatione patruelis, amore germanus,……「わたしがアンティオクスの講義をきいたとき, われわれと一緒に兄弟であるクイントゥスと T. ポンポニウス, それにルキウス キケロがいたが, 彼は生まれからいえば父方のいとこだが, 愛情からは実の兄弟であった.……」. 次ぎの例は frater が patruelis の意味で用いられていると思われる一文である. Cicero pro Caelio XXIV 60. quem quidem virum si nulla vis repentini sceleris sustulisset, quonam modo ille furenti fratri suo consularis restitisset, qui consul incipientem furere atque tonantem sua se manu interfecturum audiente senatu dixerit?「思わぬ罪の力がこの人を奪い去らなかったとしたら, どうしてこのコンスル級の人が, その狂える frater に反抗するようなことをしただろうか. その(frater)というのはコンスルのとき, 狂い出して騒ぐ彼を, 自分の手で殺してやると元老院がきく前でいったような者なのだ」. これは Clodia のいとこで夫である Q. Metellus Celer が捕えられて殺されたときのことを述べたものである. frater とは Celer の父の姉妹を母とする Clodius のことをさしている. 写本によっては, fratri suo の後に patrueli を加えているものもあり, Lewis-Short の辞書はそのテキストに依って, patruelis に「父の姉妹の息子」の意味を追加している. けれどもこの場合に patrueli の附加は無用で, frater だけでも従兄弟の関係を表したとみることができよう. Cicero の書簡の中にも, そうした使い方が指摘されるからである(ad Atticum I 5. 1 etc.). Ovidius の Metamorphoses XIII 31 と 41 の 2 行は Ajax が Achilleus についていった言葉の一節だが, そこでは frater と patruelis が使われている. Achilleus の父は Ajax の父の兄弟であるから, 二人は父方のいとこどうしである.

これらの用例をみると, patruelis は特に必要でない, 力の弱い語彙であったことが感じられる. その意味範囲はせまく, frater がそれをカバーできるものであった. そのために, この形は patruus とともに衰退した.

8. patruelis にくらべて consōbrīnus, -na は「従兄弟, 従姉妹」を代表する語彙としてロマンス語に生き, さらにゲルマン, スラヴ, そしてアルバニア(kušeri)語にも借用さ

れている．これは本来は frater, soror の形容詞として germanus「実の」，geminus「双子の」などと同列の位置にあったと考えられる．しかし実際には frater, soror を伴った用例はない．この形はそれだけ早く名詞化したといえよう．

consōbrīnus はいうまでもなく con-sōbrīnus である．そして sōbrīnus という形は別個に存在する．この形は *su̯esor->Lat. soror を基に *-īnos (Leumann Gr. 328)，あるいは *-einos (Wackernagel 1919 43=1953 471) を伴う派生形である．その soror との関係は，OCS. sestra「姉妹」とその adj. sestrinŭ，あるいは Lit. sesuô と seserynas「姉妹の息子」のそれに比較されよう．ラテン語としては pater と adj. patrius, soror と sorōrius (Plautus) に対する pater と paternus と平行的に soror と sōbrīnus をとらえることができる．patrius と paternus の関係においては，II 章 19 節に述べたように前者のほうが古いと推定される．従って sorōrius と sōbrīnus についても新旧の差は同様に考えられる．しかし sōbrīnus は *su̯esr-īno- と考えられるから，母音階梯からいっても pater-nus と完全に同列ではなく，上にあげたバルト，スラヴ語の形を参考にすると，かなり古い成立が予想される．paternus に倣えば当然 *sorōrīnus のような形が予想されるが，この形は古典文学に実例がない．

sōbrīnus は *su̯esrīnos>*sosrīnos を予想するならば，-sr->-þr->-fr->-br- のような音変化が想定される．*-sr- には Lat. dīruō「引きちぎる」<*dis-ruō のような変化もあり，この -sr->-zr- より -sr->-br- のほうが古いと考えられる．-br- を示す形は funēbris<*funesris「葬いの」，cerebrum<*keras-ro-「脳」のように孤立的な形にしかみられず，-sr->-zr- のほうが一般的だからである．従ってこの形の発生は比較的早く，イタリック語派の古層に及ぶものであろう (Niedermann 1953 61; Meillet-Vendryes 87; Leumann Gr. 206)．

9. このsobrinus と consobrinus の関係は，当然前者が基であると考えられるが，意味を考慮すると，必ずしもそのように断定できない面がある．

まず consobrinus, -na であるが，これは既述のように ex sororibus 親が姉妹関係にある子をいうと規定されている．しかし一説には，親が ex fratre et sorore 兄弟と姉妹の関係にある場合に用いられるといわれている．つまり，それは自分の父の姉妹の子，または母の兄弟の子をさすことになる．これは紀元後 4 世紀に Terentius の喜劇の註を著した文法家 Donatus の説明によるものだが，いずれにしても自分と同じ世代の「いとこ」

であることにかわりはない．ところがこれに対するsobrinusの規定をみると，その内容は少し混乱している．

上掲のDonatusは，sobrini sunt ex duabus sororibus「sobriniは二人の姉妹の子である」としながら，Terentius Andria 801行の註では，sobrini sunt consobrini liberi, quasi sororini.「sobriniはいわばsororiniで，consobrinusの子供たちである」と述べている．Festusの註にも，sobrinus est,……patris mei consobrini filius, et matris meae consobrinae filius.「sobrinusはわたしの父のconsobrinusの息子，そしてわたしの母のconsobrinaの息子である」という説明が記録されている(Ernout-Meillet 637)．これらの言葉から推して，sobrinusはconsobrinusと同世代をさすのか，その子を意味するのか，ラテン人自身にも動揺があったと考えられる．それは，この形の使用頻度が非常に低かったからであろう．因みにSp. sobrino, -naはその後裔であるが，意味は「甥，姪」である．用例については次節で検討することにして，まずこの二つの形の関係をどのように解釈したらよいか，いくつかの考え方をあげておきたい．

Delbrück (510 f.)は'eine wahrscheinliche Vermutung'として，次ぎのように述べている．理論的にはまずsobrinus 'der von einer Schwester abstammende'が仮定される．この形がいつ成立したかは明らかでないが，ともかくこれはfrater patruelis「父の兄弟の息子」に対して作られたものである．そして「従兄弟」の総括的な表現になったが，後にこれが6等親までの親族を表すように意味が拡大された．そこでラテン人は，この形にcon-をつけて4等親までの親族の名称を作ったのであると．このsobrinusの意味の拡大の証拠としてDelbrückはいくつかの法律書の記述をあげているが，それはまた紀元後6世紀Justinianus帝の下に編纂されたローマ法の書Digestaの一節(38. 10. 3)によってもうかがうことができる(Benveniste 1965 13)．sexto gradu sunt tritavus, trinepos etc., item qui ex fratribus patruelibus, aut consobrinis aut amitinis undique propagantur: qui proprie sobrini vocantur.「tritavus, trineposなどは6等親である．またfratres patruelis, consobrini, amitiniの子らもすべて同じである．彼らは正しくはsobriniとよばれる」．

このDelbrückのsobrinusからconsobrinusを導く解釈は，主に紀元後2世紀以後の法律文書によっている．文献的にみると，確かにsobrinusはPlautusにみられるが内容は明確でなく，consobrinusはややおくれてTerentiusに始まる形である．使用頻度は後者がはるかに高い．従ってsobrinusの上述のような意味の拡大はPlautusの頃ではなく，確立していた consobrinus「従兄弟」にひかれて古典期以後にその子に適用されたのではないか，という疑問を否定できない.

M. Leumann (1959 76 f.) の解釈は同じように sobrinus から出発するけれども，Delbrück とは違っている. Leumann は sobrini, -nae (filii, filiae) という複数の相互名称，即ち「姉妹の(息子，娘)」を前提とする. これは sobrinus という語形成からも自然であり，また現代スペイン語の sobrino, -na の意味とも一致する. さてこの「姉妹の(息子，娘)たち」は同じ世代にあるところから filii, filiae「息子，娘たち」をはずし，'und die Gleichheit der Stufe wurde durch das con- verdeutlicht. Damit wurde sobrini frei für die entfernteren Vettern.' この解釈は形の上からは無理がないが，consobrinus, -na のもつ「いとこ」の意味をどう解すべきかに対して説明がない. 親たちが「甥，姪」をさすに用いていた形を，その子らが互いに con- をつけて相互名称にして「いとこ」に転じたと考えるべきであろうか.

この Delbrück, Leumann の研究をふまえた Benveniste の第三の解釈は，前二者のそれの難点を巧みにカバーしようとしている (1965 10 f.). Benveniste も *su̯esor- の形容詞としての sobrinus から出発する. そして Leumann と同様に名詞として filius, filia を補って考えていく. しかしその形自体の使用はすたれてしまった. その間の事情は説明されていない. そしてラテン語の歴史としては，patruelis (父の兄弟)，amitini (父の姉妹) に対して consobrinus は，母の姉妹の子と同時に母の兄弟 avunculus の子をも兼ねた相互名称であった. それは複数形で 'co- (con) descendant (-ini) de sœur (*-sobr-)' と定義されている. そしてこの形から con- を除いたものが sobrini である. その意味は Festus のいうように本来は「consobrinus の子」であったが，後に広く後裔をさすように拡大されたのである. 即ちラテン語の歴史の中において，一度使用されなくなった sobrini が価値をかえて復活したわけである.

このように苦心した説明が必要になるのは，語源的には現代スペイン語の形のもつ「姉妹の(子)」を表す sobrinus という形が，ラテン語としてはその意味では用いられていない上に，その内容がはっきりととらえられないことに主な原因がある. また「いとこ」を表す con-sobrinus, -na にしても，sobrinus に予定される上述の意味に con-「ともに，同じの」を加えたままでは，両者の関係は説明できないという点も問題である. そこで次ぎにこの二つの形の実例をみて，その内容を検討してみたいと思う.

10. 初めにこの二つの語の用いられている有名な Cicero の一文をあげよう．de Offic. I 17. 54. nam cum sit hoc natura commune animantium, ut habeant libidinem procreandi, prima societas in ipso coniugio est, proxima in liberis, deinde una domus, communia omnia; id autem est principium urbis et quasi seminarium rei publicae. sequuntur fratrum coniunctiones, post consobrinorum sobrinorumque, qui cum una domo iam capi non possint, in alias domos tamquam in colonias exeunt. sequuntur conubia et affinitates, ex quibus etiam plures propinqui; quae propagatio et suboles origo est rerum publicarum.「なぜなら，子をつくる欲望は自然によって生あるものに共通しているが，第一の結合は夫婦そのものにある．次ぎは子供たちにあり，それから一つの家，一切の共有のものがある．そしてこれが町の始まりであり，国のいわば苗床なのである．それに続いて兄弟の結合，その後に従兄弟，そして，また従兄弟の結合がある．これらは既に一つの家でとらえられることなく，植民をするかのように，外へ向って他の家々に延びていく．その後に結婚と姻戚関係が続き，それからさらに多くの親類がある．この増殖と繁栄が国の起源である」．ここでは明らかに sobrinus は consobrinus に従属する概念である．

劇のように登場人物の具体的関係が明示されていない場合には，実際に consobrinus といわれている人物の関係を確かめようがない．例えば，Terentius の Hecyra 458 行では，「われらが consobrinus であるパニアはなにを遺産として残したのか」という台詞があるが，この死んだ人物の consobrinus の内容は，この劇の中からはとらえられない．これに対して歴史上の人物については，その親族関係は概してはっきりしている．例えば，Cicero pro Ligario IV 11. quid agis aliud?……ne cum optimis fratribus, ne cum hoc T. Broccho auunculo, ne cum eius filio consobrino suo, ne nobiscum uiuat, ne sit in patria?「君はほかに（リガリウスに）どうしようというのか．……最上の兄弟たちと，この母方のおじ T. ブロックスと，その息子である彼の従兄弟と，われわれと，彼が一緒にいられなくしようとするのか，祖国にいられなくしようと」．この場合は avunculus の語によって，consobrinus の内容が既に説明されている．Cicero はまた Brutus (LXXVI 264) の一節で C. V. Varro という学問のすぐれた人物にふれ，consobrinus meus「わたしの従兄弟」であるといっている．この Varro は Cicero の母の姉妹 Helvia の子だから，これも本来の consobrinus の名にふさわしい関係である．

しかし次ぎのような例もある．Suetonius の皇帝伝の Caligula 帝の篇 26 節に，著者は

Iuba 王の息子でこの皇帝の consobrinus である Ptolemaeus の名をあげたついでに，erat enim et is M. Antoni ex Selene filia nepos「というのは，彼も M. アントニウスの娘セレネーの子で，アントニウスの孫であったからである」と説明している．Caligula 帝は Germanicus と Agrippa の子で，父の Germanicus は Drusus と Antonia の子である．Antonia はいうまでもなく M. Antonius の娘である．従ってこの記述に従えば，Caligula と Ptolemaeus は，互いに祖母の姉妹の孫ということになり，本来の consobrinus「従兄弟」とはいえない関係にある．

このように consobrinus は直接の「従兄弟」を原則としながらも，ときにはさらに遠い親族の域にまで拡大して用いられた．これに対して問題の sobrinus はどうであろうか．初めに Plautus の用例を引こう．Poenulus 1068. nam mihi sobrina Ampsigura tua mater fuit; / pater tuos, is erat frater patruelis meus, /「というのは，わたしにとって sobrina にあたるアムプシグラはあなたの母でした．あなたの父，彼はわたしの父の兄弟の息子でした」．これは Agorastocles という若者の主人公にカルタゴの人 Hanno がいう台詞であるが，この劇の中から sobrina といわれている関係をさらにはっきりととらえることはできない．Terentius の喜劇にも Andria 801, Phormio 384 などにこの形がみられるが，やはり登場人物の人間関係からその内容は明らかでない．そこで次ぎに Tacitus の用例をあげよう．

Annales IV 52. at Romae commota principis domo, ut series futuri in Agrippinam exitii inciperet Claudia Pulchra sobrina eius postulatur accusante Domitio Afro.「ローマでは元首の家がぐらついて，アグリッピナを葬ろうとする一連の計画が始まり，彼女の sobrina C. プルクラが D. アフェルの訴えで告発される」．Agrippina の母 Julia は Octavianus (Augustus) と Scribonia の子である．この Octavianus の姉妹 Octavia の娘の娘が Claudia Pulchra である．従って，ここでいう sobrina は「また従姉妹」の関係である．VI 章 8 節にふれた同じ Annales XII 6 節，皇帝 Claudius と姪の Agrippina との不倫な交りを認めようとしたある元老院議員の言葉を引用してみよう．at enim nova nobis in fratrum filias coniugia: sed aliis gentibus sollemnia, neque lege ulla prohibita; et sobrinarum diu ignorata tempore addito percrebuisse.「なるほど兄弟の娘を妻にすることはわれわれにとって新らしいことである．しかし他の民族にはこうした慣例はあるし，いかなる法律によっても禁じられていない．そして(ローマでは)長い間知られていなかった sobrinae との結婚が，年々頻繁になった」．この場合話しの内容からいって in fratrum filias coniugia といわれているのだから，sobrinarum が consobrinus の娘との婚姻ではあまりに関係がはなれすぎて問題にならないし，またそれではこれが長い間知られていなかったという記述も納得できない．やはりもっと近い近親者の結婚が著者の念頭にあったとすれば，それは従姉妹ということになってくる．それではなぜ consobrinus が用いられなかったのかという疑問が残るが，あるいは皇帝とその姪の関係をぼかして，故意にやや漠然としたより遠い関係を示す sobrinus を用いたとも考えられる．同じ Tacitus が同じ史書の中で，上の例とは違った sobrinus の使い方をしている例をあげよう．XII 64. sed in praecipuo pavore Agrippina, vocem Claudii, quam temulentus iecerat, fatale sibi ut coniugum flagitia ferret, dein puniret, metuens, agere et celerare statuit, perdita prius Domitia Lepida muliebribus causis, quia Lepida minore Antonia genita, avunculo Augusto, Agrippinae sobrina prior ac Gnaei mariti eius soror, parem sibi claritudinem credebat.「だがアグリッピナがだれよりも恐怖にかられ，クラウディウスが泥酔してもらした，‘妻の恥ずべき所業に耐え，それから処罰するのが自分にとって宿命的だ’，という言葉を恐れてすばやく実行を決意した．まずドミティア　レピダが女心の故に倒された．レピダは小アントニアの娘で，アウグストゥスが母方のおじに当り，アグリッピナの sobrina prior であり，彼女の(初めの)夫グナエウスの姉妹であったので，彼女に劣らぬ立派な血筋をもっていると思っていたからである」．Domitia Lepida の母は小 Antoniaでなく大 Antonia であるから，Tacitus の記述はこの点で誤っている．そしてこの大 Antonia は，いうまでもなく M. Antonius と小 Octavia，つまり Augustus の姉妹との間の娘である．従って Lepida は Augustus の姪の娘であり，この点でも Tacitus は勘違いをしている．さてこの Lepida が Agrippina の sobrina prior であるという記述はどうであろうか．これは，Agrippina の父 Germanicus は Claudius Dursus と小 Antonia の子であり，小 Antonia は大 Antonia と同じ M. Antonius と Octavia の娘である．従って Agrippina から数えて Germanicus—小 Antonia—Octavia～M. Antonius—大 Antonia—D. Lepida，即ち五等親が Lepida になるから，前節に引用した Digesta 38. 10. 3 の規定通り，sobrina prior「前 sobrina＝五等親」ということになる (Benveniste 1965 14 f.; André 2 f.).

これらの例によって，sobrinus は少なくとも consobrinus より下の世代，その子供とか，六等親目の親族を意味し，決して語源通りの内容をもっていなかったことは明らかである．しかしそのような意味と使い方がラテン語の歴史の中でいつ頃どのようにして起ったのか，その過程は不明である．

筆者の推測では，sobrinus は paternus, fraternus などと同じ接尾辞をもつ形として早くに成立したが，それらと同じ機能をもつ soror の形容詞としては既に sorōrius があった．この形は pater と patrius の関係を考えると，sobrinus よりも古いとみるべきである．そこで sobrinus は形容詞から転じて，スペイン語にみる「姉妹の息子」，あるいはなんらかの姉妹に関係する親族にかかわる名称として生き残った．ところがラテン語は次章に述べるように，「甥，姪」を表すのにすべて fratris filius「兄弟の息子」のような記述的表現を用い，これを一語で表す工夫をしなかったので，sobrinus だけがそうした機能をもつことは許されず，ために この形は孤立化して忘れられていった．ところが一方で「いとこ」に対する表現が必要になり，patruus に patruelis, amita に amitinus などが作られると，avunculus にもこれが求められて sobrinus が思い出されたが，古いその語の意味のかすかな記憶のために，同世代を表す必要から con- がそえられた．そしてこれがやがて「いとこ」の代表になるや，sobrinus はその子，あるいはそれに類した近親関係に用いられるに至った．これが筆者の sobrinus と consobrinus の謎に対する一つの推理である．

なおその後のロマンス語の歴史をみると，sobrinus, -na はスペイン，ポルトガル語に本来の語源的な意味を守るかのように「甥，姪」で生きているが，そのほかにはイベリア半島に接するごくわずかの地域にその名残りをとどめるにすぎず，ロマンス語圏からは完全に消滅した (Meyer-Lübke 2165, 8050)．イベリア半島では sobrinus>Sp. sobrino「甥」, nepot-(em)>Sp. nieto「孫」，そして「従兄弟」は primus「第一の」>Sp. primo (Meyer-Lübke 6754) である．これは本来 primo hermano「第一の兄弟」の意味とされている．なおロマンス語の一部には，consobrinus と primus を結合した合成語もみられる (Meyer-Lübke 2165)．またスペイン語の古層には congermanus>cormano という形も記録されている (Entwistle 65)．イベリア半島で Lat. primus がこのように親族名称に転用されたのは，Lat. prīmārius「一級の」(>Fr. premier, Sp. primero) が primus に代って用いられ，primus が序数詞としては無用になっていたからである．イベリア半島以外のロマンス語をみると，Fr. cousin (英 cousin) と It. cugino は Lat. consobrinus の伝統を守っているが，Rum. vǎr<Lat. vērus「真実の」である．これは Sp. hermano「兄弟」<Lat. germānus「実の」と同じ過程を予想させる転意である．なお Alb. kušrî (Mann) はラテン系の言語からの借用形であろう．

11. これまでに扱ってきた形は主に *bhrāter-, *su̯esor- からの派生語であったが，われわれは「いとこ」を表すのになおIV章の冒頭にふれた *nepot- の派生形をいくつか知っている.

これにはまず Welsh cefnder, (f) cyfnither, Bret. kenderf, (f) keniterv < *com-nep-ter- というケルト語の形があげられる (Buck 118). しかしこれよりも重要な形は Gr. anepsiós, (f) anepsiá である. この形はホメーロス以来の伝承をもっているが，近代語では意味が「甥，姪」に移り，「いとこ」は既述のように ex-ádelphos に代えられている.

この形を a-nepsios と分析し，後分を *neptii̯o- と仮定すれば，それはIV章2節にふれた *nepot- の -i̯o- による派生形 Av. naptya-「後裔」, OCS. netĭjĭ「甥」と比定される. Szemerényi はこの後分を，(m)*-nepots > Gr. *-nepōs が，その (f)*-nepti̯ə, (gen.) neptiyās > Gr. *-nepsia, *-nepsiās > -nepsia, -nepsiās に倣って -nepsios を作ったのだろうとみている (1977 49). 前分の a- は単なる prothetic vowel か (Frisk I 106; Chantraine 87; Rix 1976 58; Lejeune 1972 149)，あるいは copulative *sm̥-「一つの，ともに」と解釈される (Schwyzer I 270, 433; Benveniste 1969 234). また H- の存在を仮定すれば，*Hnepot- から出発しなければならない (Beekes 1969 45). ただし Szemerényi (1977 49, IV章3節) のように *Hne- に独自の語源解釈を示す場合は別として，他の形からの形態論的な支持のない H- の仮定は意味がない. その点で前置母音説は無難だが，「孫」と「甥」と「いとこ」という意味の動揺の説明に対して無力である. *sm̥- の仮定は本来 Gr. ha- であるべきだが，á-lokhos, á-koitis「妻」, a-delphós「兄弟」などと同列にみれば，a- が許されるし，Lat. con-sobrinus の con- にも比較されよう. しかし álokhos などには *sm̥-「一つの，ともに」の意味が生きているが，anepsiós の場合は同じような理解が成立しにくい. Benveniste は *nepot- に対してヨーロッパ群にみられる「甥 < 父の姉妹の息子」を原意として仮定した上で，この形を ‘co-neveux, ceux qui sont entre eux dans un rapport de neveux’ の意味の相互名称から理解できると主張している (BSL. 46 1950 XXII, 1969 234). この説明で Benveniste は，anepsioí (pl.) を adelphôn huioí「兄弟の息子たち」と註した Hesychios の言葉をあげているが，この意味の実例は古典期にはないのだから，これを「いとこ」より古い，あるいはそれと併存していたと認めることはむずかしい. 恐らくこれは，近代語のもつ意味への移行の反映ではないだろうか. しかしいずれにせよ *nepot- に「いとこ」の原意は絶対にない以上，この形の意味はIV章3節に述べたような「息子」よりややはなれた後裔である「甥」か「孫」のいずれかから導かれなければな

らない．その場合には「甥」と「いとこ」の間の動揺は多くの言語の実例もあり，用語の世代上のずれによって比較的容易に理解できる．しかし「孫」から直接「いとこ」への転移はどのように考えるべきか問題である(Gates 23)．*Hne-pot-「孫」の合成説を主張するSzemerényiはBenvenisteの解釈に批判的だが，この点について有効な理解を示していない(1977 167 f.)．上述のさまざまな解釈を総合しても，われわれは形式と内容の両面から*nepot-との関係においてGr. anepsiósの完全な解明に達していないことを認めざるをえない．

ここでanepsiósの用例にふれておこう．まずホメーロスの例をあげよう．Il. 15. 422. Héktōr d' hōs enoḗsen anepsiòn ophthalmoîsin / en koníēisi pesónta neòs propároithe melaínēs, / Trōsí te kaì Lukíoisin ekékleto makròn aṹsas・「ヘクトールは黒い船の前で従兄弟が砂塵の中を眼前に倒れるのをみて，大声でトロイ人とリュキア人たちによびかけた」．ここでanepsiósとよばれているのは，Klytiosの子Kalytorである．KlytiosはHektorの父Priamosの兄弟だから，KalytorとHektorは父方の従兄弟である．同じ巻の553行以下でも，HektorはMelanipposに向って，「anepsiósが殺されたのにお前の心は動かないのか」と激励している．ここでも殺されたのはPriamosの兄弟Lamposの子Dropsであり，MelanipposはやはりPriamosの兄弟Hiketaonの子であるから，anepsiósはまさしくfirst cousinにほかならない．しかしこれが複数形で用いられた場合には，その内容はかなり漠然としてくる．étai kaì anepsioì amphìs eóntes「周りにいる身内や従兄弟たち」(Il. 9. 464)は，kasígnētoí te étai te「兄弟も身内も」(Il. 16 456 etc.)という表現と差がない．

悲劇においても，この形の「従兄弟」の意味はかわらない．例えば，AischylosはPrometheus vinctus 853行以下で，Danaosの50人の娘にその兄弟Aigyptosの同数の息子が求婚した事件にふれ，suggenê gámon anepsiōn「従兄弟たちとの血族結婚を」と表現している．Eur. IT. 918. (Iph.) ho d' estí g' Atréōs thugatrós, homogenȇs emós, / (Or.) anepsiós ge, mónos emoì saphȇs phílos.「この人はアトレウスの娘の子，わたしの血縁です．——従兄弟です，わたしのただ一人の真の友」．これはPyladesのことを述べた言葉だが，Atreusの娘とはAgamemnonの姉妹でPyladesの母Anaxibiaをさしている．従ってPyladesは，Agamemnonの子Orestesとは父方のいとこに当ることになる．

悲劇にはanepsiósのほかに，autádelphosに倣ったautanépsiosという形が用いられている．上にふれたDanaosの娘のことに関係して，Aisch. Suppl. 984，あるいはEur. Heracl. 987 では文字通り「自身の従兄弟」であるが，同じ作品の 207 行以下の Theseus と Herakles のつながりを説明している場面では，明らかに first cousin より遠い関係についてこの形が使われている．

古典期にも anepsiós は「従兄弟」であったことは，次ぎの Platon の一節からも明らかである．Charmides 154b. oîstha pou sú ge, éphē, all' oúpō en hēlikíāi ên prín se apiénai, Kharmídēn tòn toû Glaúkōnos toû hēmetérou theíou huòn, emòn dè anepsión. 「彼はいった．君はきっと知っているよ．でも君が出征する前には，彼はまだ年頃ではなかった．われわれのおじグラウコーンの息子，わたしの従兄弟のカルミデースだがね」．このほか Isaios など弁舌家の例は Delbrück (508) に示されている．anepsiós 自体には父方，母方の区別がないので，それを明示したいときには anepsiòs pròs patrós / mētrós と表現していた．Gates (22), W. E. Thompson (75 f.) によれば，anepsiós の用例は Demosthenes などにごくわずかの例外はあるが，一般に 'first cousin' に限定されていた．そしてこの伝統はコイネーの頃にもかわっていなかったように思われる．コロサイ人へのパウロの書簡 IV 10 の anepsiós の用例は，ラテン訳 consobrinus，ゴート語訳 gadiliggs からみても，明らかにその事実を示している．

12. ここで小アジアに注目することにしよう．印欧語のもつ古い親族名称の大半を失ったアナトリア群は，ここでも独自の形をもっている．それは Hitt. anninniı̯ami- である．これが Hitt. anna-「母」をふくんでいることは疑いない (Tischler 25; J. Friedrich-Kammenhuber 94)．恐らく anni-niyami- と分析されるのであろうが，後分の意味は明らかでない．この形は男女共通性形であるが，anna- という語を前分としているところから，母系的なものとの関係が予想される (Laroche 1958 187; Kammenhuber KZ. 77 1961 197 f.)．

前章 9 節に引用した Šuppiluliumaš 王の協約書の中にわれわれはこの語の一例をみたが，ここで Muwattalliš とその臣 Alakšanduš の協約書から他の例を示そう (J. Friedrich 1930 38＝1946 17)．(31) nam-ma-za-kán šu-me-eš-ša ku-i[-e-eš] 4 LUGAL^MEŠ ŠA(G) KUR KUR^MEŠ ^URUAr-za-u-u̯a (32) zi-ik ^IA-la-ak-ša-an-du [^ISUM-ma]-^dKAL ^IKu-pa-an-ta-[^d]KAL-aš (33) ^IU-ra-ha-ad-du-ša-aš-ša nu ^IKu-pa-an-ta- ^dKAL-aš MÁŠ LÚ *ŠA* LUGAL KUR ^URUAr-za-u-u̯a (34) *IŠ-tu* MÁŠ SAL^*TI*-ma-aš *ŠA* LUGAL KUR ^URUHa-at-ti *A. NA A. BI. I̯A*-ma-aš (35) ^IMur-ši-*ILIM*^*LIM* LUGAL GAL LUGAL KUR ^URUHa-at-ti DUMU SAL+KU-*ŠU A. NA* ^dUTU^ši-ma-aš (36) a-an-ni-in-ni-i̯a-mi-iš ÌR

MEŠ-*šu*-ma-aš-ši ku-i-e-(m)eš LÚMEŠ URUAr-za-u-u̯a-i̯a.「さらにまた汝らは，アルザワの諸国の四人の王たる者，汝アラクサンドゥ，SUM-ma-dKAL, Kupanta-dKAL-aš，そしてウラハドゥサス．そしてKupanta-dKAL-ašは父系としてはアルザワ国王の，母系としてはハッティ国王の筋にあたる．わが父ムルシリス，ハッティ国王に対し，彼はその姉妹の子であり，この王(われ)に対し従兄弟である．しかし彼の従臣たち，アルザワの人々，それは悪い者たちである」．

13. 印欧語族の古い社会において，「いとこ」が特にどのような役割を担っていたか，明らかでない．例えば相続権であるが，ギリシアではいとこの子までがその対象になった(Schrader-Nehring I 247 f.)．これについてDemosthenes(XLIII 51)の規定によれば，ある人が遺言もなく死んだとき，子供があれば当然相続人となるが，もしなければadelphoì……homopátores「同じ父をもつ兄弟」，それからpaîdes ex adelphôn gnḗsioi「兄弟の実の子」の順となる．そして父方は，pròs patròs mékhri anepsiôn paídōn「いとこの子まで」進み，そこから母方に移る．つまり息子(娘)，兄弟，甥，いとこ，いとこの子(anepsiadoûs, -ádēs, f. -adê)ということになる．娘しかいなければ，これが息子に代って相続人epíklēros となる．ギリシアでは，これらの親族グループをagkhísteia「近親」とよび，相続や埋葬のみならず，復讐などにも義務を負うものとされていた(Lacey 28 f.)．ローマにおいて，既述のようにsobrinusがconsobrinusの息子として規定されたのも，ギリシアに倣った法律的要求に基づくものであろうか．先祖の上限はSkr. prapitāmahá-, Gr. própappos, Lat. proavus「曾祖父」である．これをふくめていとこの子までを考えると，ちょうど七等親ということになる．

この考え方は，祖霊への「供物をともにする」インドのsapiṇḍa- という親族の概念に類似している．Manu V 60. sapiṇḍatā tu puruṣe saptame vinivartate / samānodakabhāvastu janmanāmnor avedane //「だがサピンダ親族は七等親で終る．サマーノーダカ親族は(共通の)生まれや名前の知られざる人で終る」．Manuではsapiṇḍa- 族より遠い親族をよぶのにsakulya-，即ち「同じ家の」という名称も用いられている(IX 187; Renou 1950 83 f.)．しかしインドでは，ギリシア，ローマにくらべて「いとこ」への言及は少ない．相続の順序も，サピンダの近い人から(Manu IX 187)のような規定で終っている(Macdonell-Keith I 351 f., II 486)．

第 VIII 章 「甥，　姪」

1. 「甥，姪」を表す形は，「いとこ」に劣らず各語派に統一がなく多様である．そこでは英 nephew, niece, 独 Neffe, Nichte のように男女の性別のみを表すものと，Skr. bhrā́tar-「兄弟」の派生語 bhrātrīya-, (f)-yā-「兄弟の息子，娘」, bhaginī-「姉妹」のそれである bhāgineya-, -yā-「姉妹の息子，娘」のように，兄弟，姉妹の区別をも表すことができる形とがある．その派生の基になる形としては，IV 章の初めにふれた *nepot-「孫」のほか，*bhrāter-「兄弟」, *su̯esor-「姉妹」, それに *sūnu-「息子」がある．またそれ以外に，Lat. fratris filius「兄弟の息子」Swed. bror-son に代表される合成的記述的表現が指摘される．このような表現の多様さの下では，共通基語のこの親族名称のあり方を推測することもできない．

2. われわれはまず IV 章 2 節以下で「孫」を表す代表的な形としてとりあげた *nepot-を，ここでもう一度問題にしなければならない．この *nepot- の対応形はインド・イラン(Skr. nápāt, Av. napāt-)，イタリック(Lat. nepōs)，バルト(OLit. nepuotis)，アルバニア(Alb. nip)，ゲルマン(OHG. nevo)の諸派において，その女性形 *nepti-(Skr. naptí-, Av. naptī-, Lat. neptis, Lit. neptê̂, OHG. nift)とともに「孫」(または「後裔」)を表している．ところが Lat. nepōs, neptis に対する Fr. neveu, nièce からも明らかなように，イベリア半島を除くロマンス語では同じ形が「甥，姪」に推移している．そしてイタリア(nipote)，ルーマニア語(nepot, f. nepoată)では，これと「孫」とが一つの形で

兼用されている．そのほか上にあげたリトアニア，アルバニア語の形も同様に，「孫」と「甥，姪」を表すことができる．西ゲルマン語では，英独語の形はこうした意味の動揺から後者に定着する傾向を示している．この対応に属していて「孫」でなく「甥，姪」のみを表す主な形はケルト語派の OIr. nia, (f) necht, MWelsh nei, (f) nith，それにスラヴ語派の CS. netĭjĭ, (f) nestera である．このような *nepot-, *nepti- の対応を概観すると，anepsiós「従兄弟」しかもたないギリシア語を除いて，インド・イラン語派と古代のイタリック語派では「孫」であるが，ヨーロッパの諸派はそれに「甥，姪」をもち，両意に兼用，または後者を選ぶ傾向にあるということができる．

3.　このような「孫」と「甥，姪」の分布をどのように解釈したらよいだろうか．どちらか一方を古いとみるとしたら，どちらを選ぶべきであろうか．この二つの概念の結びつきのために，再び VI 章 6 節以下にふれた Lat. avus とその派生形 avunculus etc. の関係が問題にされてきた．即ち，*nepot- である Ego は avus「祖父」からみれば「孫」，avunculus「母の兄弟」からみれば「甥」という関係である．

この問題について，まず Delbrück (504) の見解を引用しよう．‘Man kann offenbar ein Wort, welches Enkel und Neffe bedeutet, nicht erklären, ohne dabei ein Wort zu berücksichtigen, welches Grossvater bedeutete und dann Wörter für Oheim aus sich erzeuzt hat, welches gar……in älterer Zeit Grossvater und Oheim zugleich bedeutete. Ich nehme also an, dass die Bezeichnung *nepōtes von dem *avos ausging. Ist dieser der mutterliche Grossvater, so sind die *nepōtes ihm gegenüber Enkel, ist er der Oheim, so sind sie ihm gegenüber Neffen.’ この説明は，*nepōtes を avus と avunculus の両面から規定し，それぞれとの関係において「孫」と「甥」をうることができる．もちろんこの場合には，既述のように avus に「母方の祖父」という仮定をふまえている．

この考え方は次ぎの Benveniste の解釈からもうかがうことができる (1969 233 f.). ‘Quant à la dualité de sens “neveu” et “petit-fils”, l’explication en est donnée par le rapport homologue entre le nom d’ “oncle” et celui du “grand-père”. De même que *auus*, en lignée paternelle “frère de la mère de la mère” produit le diminutif *auunculus* pour “frère de la mère”, de même et corrélativement, le nom du petit-fils peut désigner en même temps celui qui est le neveu du frère de la mère. Les deux changements sont symétriques; le fils de la fille de la sœur reçoit le même nom que le fils de la sœur. Toutefois la tendance de plus en plus rigoureusement patrilinéaire de la parenté indo-européenne fait souvant prévaloire la signification agnatique: "fils du fils".' この Benveniste の見解は，VI 章 7 節に述べたその Lat. avus と avunculus の関係に基づいている．即ち，avus「祖父＝母の母の兄弟」，avunculus「母の兄弟」から，逆に avus の「姉妹の娘の息子」＝「孫」Ego「甥」＝avunculus の「姉妹の息子」となるのである．この解釈に必要な条件は，「甥」*nepot- は単なる「兄弟，姉妹の息子」ではなくて，「姉妹の息子」に限定されていることである．この点を Benveniste は次ぎのように論証する．ブルターニュのラテン語の碑文における Lat. nepos の意味に関する J. Loth の 1922 年の研究によれば，nepos は「姉妹の息子」であるという．そして同じ意味は Ir. nia，Welsh nei というケルト語の形にも指摘される．アイルランドでは，「兄弟の息子」は記述的 mac brathar と表現されるから，その差別は明瞭である．そのほかに「姉妹の息子」の重要性を示す事実として，Ogam 碑文にみられる母系の記述，あるいは Livius (V 34) の述べるガリアの王 Ambigatus の二人の姉妹の息子たちへ下した部族分散の命令，Herodotos (IV 147) の語るスパルタにおける母方のおじの保護者としての位置，などが Benveniste によって指摘されている．

Benveniste は「孫」と「甥」のどちらを原意ととるかについては，後者に傾いている．「甥」の意味での *nepot- は，しばしば une valeur affective をふくむもので，'le neveu est un enfant gâté, dissipé, dépensier' と述べているが，この「甥」の価値が，母方のおじとの関係にも通じ，また「孫」にもつながることになる．父と息子ではなく，一つ間隔をへだてた「孫」と「甥」の位置は，厳格でなくて優しさのある解放された関係の象徴となる．

この Benveniste の *nepot「甥」<「姉妹の息子」の意味は，avus と avunculus の関係からの当然の帰結であるが，上にあげた事実の中でケルト語派の Ir. nia etc. はその意味を支持する (Gates 46; Thurneysen 207; Vendryes N-15)．しかしラテン語のための資料として Benveniste の引く J. Loth の論文の主旨は，Benveniste のいうようなものではなくて，'it discusses two or three inscriptions from England (!) where nepos means either nephew or grandson (!).' (Beekes 1976 55 n8)．筆者のみる限りでは，*nepot- の系統に属する語彙が特に「姉妹の息子」を表すのは，Serb-Croat. nĕćak, OPol. nieć (＝siostrzeniec) だけである (Vasmer II 215 f.)．従って言語資料の上から *nepot- にこの限定された内容を積極的に証明しようとしても，それはむずかしい．avunculus をもつラテ

ン語においても，nepos「甥」は古典期の文献には指摘されない．Beekes によれば恐らく2世紀の後半ぐらい，文献的に確実にその意味のあらわれるのは4世紀初めである (1976 49 f.). その初期には確かに「姉妹の息子」が有力であるとされているが，これはロマンス語への推移の過程を物語るもので，共通基語の問題ではない．

このようにみてくると，Benveniste の解釈はここでも avus と avunculus の場合に似て，充分に成功したとは思えない．さてこの Benveniste に批判的な Beekes の説明も，この点であまりすっきりとしてはいない．彼は 'nephew' ではなくて Skr. nápāt- のもつ 'offspring' の意味を *nepot- の原意とする．そして 'the representatives of *nepōts got the meaning "nephew" independently' (1976 55) と考えているが，その後に次ぎのように述べている．'If we assume that *nepōts could be used for "nephew" already in PIE, this would fit in very well with the general meaning "offspring" attested in Sanskrit; it would explain Lat. nepos "spendthrift" from the affectionate relation with MoBr, which is PIE date (see below); Gr. anepsiós could contain *nept(io)- "nephew". Against this interpretation pleads: the absence of the meaning "nephew" in Indo-Iranian, the same in Latin and the growth of this meaning which seems visible here. The latter difficulty could be resolved by assuming that the inherited use as "nephew" was lost and much later developed again, a complicated but not at all impossible construction.' この 'not too certain' で，しかも文字通り 'complicated' 結論は，*nepot- に対して「孫」も「甥」も「後裔」もつくされているけれども，それだけにこれに満足できる人は少ないであろう．すべての可能性が同一の平面に並べられていて，選択による論証がみられないからである．われわれとしては IV 章の初めに述べたように，*nepot- は「息子」とか「兄弟」のような直接の関係でない，一つの間隔をへだてた年下の親族を表す語彙であり，各語派において「孫」または「甥」あるいはその双方が選ばれ，またその間の転移も比較的容易に行われたと考えたい．

4. スラヴ語派では *neptii̯o- (Gr. anepsiós「従兄弟」, Av. naptiya-「後裔」) >CS. netĭjĭ と，これに -tera- をそえたと思われる nestera によって「甥，姪」が表わされている．そしてこの形の系統は広く西，南スラヴ語に分布しているが，東でも ORuss. netii, neti, (f) nestera が記録されている (Vasmer II 214 f.; Meillet-Vaillant 128). しかしロシア語は後にこの形を用いなくなっている．(f) nestera は *nept(t)era- のような形の直接変化し

たものではなくて，sestra「姉妹」の類推形とみるべきであろう．*nept(t)era- から考えると，*-pt- > -st- を予定しなければならないが，男性形にはこの変化がみられないからである (Vaillant I 82, II 172)．*-pt- > -st- を認め，netĭjĭ を *nesti に対する *matĭ「母」の類推形とみる説 (G. Schmidt 78) は，sestra と nestera の関係にくらべ説得力が弱い．

これらのスラヴ語の形と既述のケルト語の形には，-p- のあった痕跡は認められない．これに対してゲルマン語の形は，全体的に -p- を保っている．ONorse nefi, OHG. nevo (> Neffe)，OE. nefa, (f) ONorse nift, OHG. nift (> Nichte), OE. nift などがそれであるが，-p- を失った語派は (f) *nept- > *nett- > net- を一般化したのである．この -p- の同化を前提にすれば，Got. niþjis「親族」もこの対応に関係することになる (Feist 376 f.; Meillet-Vaillant 128)．しかし他のゲルマン語の形からみて，このゴート語の形は孤立しているので，この対応から除外すべきであろう．

5. *nepot- とその派生形を検討した後で，*bhrāter-，*su̯esor- の派生形にふれておこう．バルト語派の Lit. brolė̃nas, seserė́čia のような「従兄弟，従姉妹」との兼用形を除けば，ここでもっとも代表的な形は Skr. bhrātrīya-「兄弟の息子」，svasrī́ya-「姉妹の息子」であろう (Ai. Gr. II/2 438)．前者は古いヴェーダ文献に用例がないが，後者は Taitt. Saṁh. (II 5. 1. 1) のほかサンヒター文献から用いられている (Mocdonell-Keith II 496)．また前章 2 節に示した通り，Pāṇini も IV 1. 143 の規定でこれに言及している．また bhrātrīya- は，次ぎの IV. 1. 144 によって bhrātr̥vya- と同じ意味で規定されている．この形は Av. brātruya-，brātūirya- に意味上では一致するが，このイラン語の形は形式的には Skr. bhrātr̥vya- に対応する．Skr. bhrātrīya- は，古典期には bhrātreya-，あるいは bhrātr̥-putra- (Turner 9664) という合成形と併用されている．pituḥ-ṣvasar-「父の姉妹」に倣った bhrātuḥ-putra- という形は，文法家の作った人為的な形である．また詩人はこれらのほかに，anuja-tanaya- (Daṇḍin) のような合成語も使っている．これらすべての中でもっとも有力な形は bhrātrīya- で，その系統は広く近代語に分布している (Turner 9672)．現代の分布をみると，bhrātr̥-putra- という合成形が Dardic 語群にのみ残っているのは興味深い．因みに bhrātrīya- という形は形容詞から作られた親族名称であるが，bhrā́tar- の本来の形容詞である pitár-「父」，adj. pítr(i)ya- に平行した bhrāt-rya- という形はほとんど近代語に残っていない (Turner 9673)．またこれに相当する svá-sar- の形容詞形もみられない．

さて bhrātrīya- に対するものは svasrī́ya-, (f)-yā- (Turner 13918) に違いないのだが，これはインド語史において早くに後退してしまったらしい．なぜなら，ここでも svásar- に対する bhaginī- (V 章 23 節参照) の派生形 bhāgineya-, (f)-neyī- (Turner 9433) が進出してくるからである．そして svasrī́ya- の系統は，わずかに Kafir 語群をふくむ Dardic 語派に残るにすぎない．bhrātr̥-putra- に対する *svasr̥-putra-「姉妹の息子」についても同様である (Turner 13914)．bhāgineya- の系統がパーリ語を初め中期インド語を通じて全インドに分布しているところから判断すると，svásar- の派生形と合成形は早くにその使用がすたれてしまったと考えられる．

古代インドでは bhrātrīya- は自分の子供と同じ生活に入っていたためか，特に注意される存在ではなかったが，他家に嫁いだ svasrīya- については，祖霊祭に饗応すべき外戚として次ぎのような Manu の一節がある．III 148. mātāmahaṁ mātulaṁ ca svasrīyaṁ śvaśuram gurum / dauhitraṁ viṭpatiṁ bandhum r̥tvigyājyau ca bhajayet //「母方の祖父，母方のおじ，姉妹の息子，義父，師，娘の子，娘の夫，親族，時祭僧，行祭者に食事を供すべし」．

6.　ギリシアでは既述のように *bhrāter-, *su̯esor- に代って adelphós, (f)-ḗ があるから，「甥，姪」にもその派生形 adelphidéos>adelphidoûs, (f)-dê が作られている (Chantraine 1933 363)．これはホメーロスには用例がなく，thugatridoûs「娘の息子」とともに Herodotos に初めてみられる．ただしその 5 例のうち IV 76 と VI 94 では写本によっては adelpheós を示すものがあり，adelphidéos の読みが確立しているとはいえない．I 65 と IV 173 では，ともにおじが甥の後見役をつとめている．この形はアッティカの散文喜劇にも受け継がれた．IV 章 15 節に引用した Demosthenes の演説 XLIII 25. 73 は，その一例をふくんでいる．もちろんこの形は，インドと同じように adelphoû paîs「兄弟の子」とか ex adelphoû, adelphês「兄弟，姉妹からの(子)」という記述的な表現と併用されている (Delbrück 488)．そうした状態が続いたからであろうか．adelphidoûs という形は「孫」を表す huidoûs などとともにギリシア語の中から消滅し，その位置を exádelphos「従兄弟」に追われた古い anepsiós がうめることになるのである．

7.　スラヴ語でも，4 節にあげた netĭjĭ, nestera の系統の語彙のほかに，*bhrāter- (>OCS. bratrŭ, bratŭ) の派生形が「甥，姪」に用いられている．Sadnik-Aizetmüller

(1963–, 433)によってその形をみると，OBulg. bratanŭ>bratanec, ORuss. bratanŭ> bratán, brataničĭ, (f) bratana, Serb-Croat. bratánac, (f) bràtanica, OPol. bratanec> bratanek, (f) bratanica etc. のように南東西の全方言に分布している．そしてこれらの形は，Lit. brolėnas, Lat. consobrinus と同じ *-no- 接尾辞を共通して示している．これらの形は本来「兄弟の息子」を意味したものに違いない．事実上にあげたいくつかの形はその限定をもっていたが，遂にそれを失って単なる性別のみを表すに至った．スラヴ語はこの派生形以外に，合成形の「兄弟の子」をもっている．それは前章5節にふれたOCS. bratučędŭ, (f)-čęda である．この系統の語彙は Russ. bratučado, (f) bratučada, Bulg. bratovčed, (f) bratovčedka, OCzech. bratrobijec のように，かつてはかなり広い範囲に使用されていた．

スラヴ語はこの *bhrāter- 以外に，*sūnu-(>OCS. synŭ)「息子」に基づく派生形をもっている．この点は他の語派にみられない，スラヴ語の特徴ともいえよう．同類の形としては，わずかにバルト語に Lit. sūnė̃nas「兄弟，姉妹の息子」が指摘されるにすぎない (Fraenkel 941 f.)．この synŭ に基づく形は CS. synovĭcĭ, (f) synovica, Pol. synowiec, (f) synowica, Russ. synovec, (f) synoveca etc. であるが，そのもっとも古い形は OSerb. synovĭ であろうといわれている (Vaillant II 157)．これは synŭ の adj. *synovŭ から派生した所有の adj. synovĭnjĭ から -i- 語幹としてとり出された形である．そしてこの -i- の要素は -iko->-cĭ という拡大をうけたために，これに吸収された．Vaillant によれば，この形の原意は 'fils d'un des fils' である．事実その意味は Sloven. sinộvec などの形になお指摘されるという．この原意は，その派生の手続き，Gr. huiōnós「孫」，あるいは *nepot- の「孫」と「甥」の意味の分離動揺から考えて，充分納得できよう．これらの形を総合すると，スラヴ語では *nepot- に基づく形はほとんど忘れられた代りに，bratrŭ, synŭ によるはっきりとした motivation をもった形が求められたということができる．

スラヴ語中で孤立しているのは現在のロシア語である．そこでは「従兄弟」を dvojurodnyj brat という特別な表現で表すのに似て，「甥，姪」にも plemjannik, (f)-ica という形が用いられている．これはもちろん plemja「種族」の派生形であるが，Vasmer (II 368 f.) はこの形をその項にとりあげていない．しかし現在ではこの形が古い bratanič, bratana「兄弟の息子，娘」, sestrič, sestrenica「姉妹の息子，娘」に代って「甥，姪」の総称になっている (P. Friedrich 1963 11 f.)．なぜこのような交替が行われたのか，また「種族」の意味をもつ語が選ばれたのか，筆者には明らかでない．

8.　Skr. bhrātr̥-putra- のような合成的，記述的表現については，既にインド，ギリシア語派の形について簡単にふれておいた．スラヴ語の OCS. bratučędŭ などもこれに属するが，Arm. ełbaur-ordi, kʻeṙ-ordi「兄弟，姉妹の子」もこれに平行した表現である (Delbrück 485)．ゲルマン語では北，西方言に同じタイプの語彙が認められる．Dan. broder-søn「兄弟の息子」，søster-datter「姉妹の娘」，あるいは MHG. bruder-son「兄弟の息子」などがそれである．ドイツ語では現在でも Brudersohn のような形がすたれてはいない．北ゲルマン語は，「孫」や「祖父」についても合成的記述的表現を好む傾向がみられる．

ラテン語でも「甥，姪」を一語で表す形がなく，fratris filius「兄弟の息子」，sororis filia「姉妹の娘」のように表現するよりなかった．そこでロマンス語はこれを嫌って，イタリア，ルーマニア語は nepōs を「孫」と兼用させ，スペイン語は sobrinus をこれにあてるなど，不統一な結果を呈するに至った．

また fratris filius とまでいわなくとも，Gr. ex adelphoû に倣って (natus) ex fratre という表現でもこの関係を表すことができた．また Catone avunculo genita「カトーの姪」(Tacitus) という表現もみられる．

甥や姪の登場する場面をみると，彼らのおじとの密接な関係がうかがわれる．例えば，Plinius の書簡集 I 14 は友人 Mauricus に宛てたものだが，これはその友人が fratris filia 姪の婿探しを依頼したことに対する返信である．同じ作品の II 18 では，Mauricus がその fratris liberis「兄弟の子供たち」に家庭教師を探してくれと頼んだことへの返事である．父亡き後は，おじがその子らを世話する習慣であった．Cicero は弟の Quintus が Sardinia にいたとき，その息子を自宅によんで自分の子供と一緒に教育している (Ad Quintum II 4. 2)．逆に Quintus は姪，つまり Cicero の娘 Tullia をあずかっていたが，ある手紙にはその婚約のことが話題になっている．Atticus 宛の手紙の中でも，Quintus の子，つまり Cicero の甥であり同時に Atticus の sororis filius「姉妹の息子」である Quintus について，自分の政変にまき込まれないようにと Cicero は心配している (III 23)．彼はこの甥に好意的だったが，結果は二人が政治的に対立することになってしまっている (XI 10 etc.)．

9.　ヒッタイト語でも，ラテン語と同様に記述的表現によって「甥，姪」が表されている．それは Ideogram の DUMU, DUMU. SAL「息子，娘」と ŠEŠ, SAL＋KU「兄弟，

姉妹」の連続によるものである．その一例は前章12節に引用したMuwattalliš とAlakšanduš の協約書の中に，DUMU SAL+KU-*ŠU*「彼の姉妹の息子」という表現であらわれている．ここでHattušiliš I世の遺書から，さらに一例を追加しよう(Sommer-Falkenstein 2 f., 38). II 9. nu ku-it nam-ma-az DUMU(−) SAL+KU*TL* *ŠU* [*Ú* • *UL* ku-iš-ki ša-al-la-nu-zi LUGAL-aš ut-tar]……「さてそれでなにか(いうべきか). だれであれ，その姉妹の子を養子として迎え育てるようなことをするな．王の言葉に……」.

ヒッタイト語以外にアナトリアでは，Lyk. tuhes「甥」という形が指摘されている(Pedersen 1945 53; Laroche 1958 189). この形はまったく孤立的で，語源も不明である．

もう一つ語源の明らかでないOE. suhterga「甥」についてふれておこう．この形には「従兄弟」の意味もあり，さらに「孫」もあげられているが(Pokorny 914), 文献学的にいずれが原意か筆者には明らかではない．この形はsuhteriaとも記録されているから，後分は*-teri̯o-であろう(Krahe-Meid 1967 179). しかしその前分の解釈は一定しない．Schrader-Nehring (II 10)はKlugeに依って*suktr, *swehtr-を予想，これを*su̯o-「自分の」(Pokorny 882)に結びつけて'Angehöriger'と解釈している．これに対してPokorny (914)は，*sūnu-「息子」と同じ*seu-「産む」という語根の存在を認め，*dhug(h)əter-「娘」の形の影響をうけて変形したのだろうと推定している．Walde-Hofmann (II 622)はLat. sūcus「液」の項にこの形をあげ，*sugter- 'Säugling'を仮定する．このうち*su̯o-, *seu-を予定する説は-h-の要素の説明に難があり，また上の三説とも意味上のつながりがしっくりしない．この点で最近のG. Schmidt (80 f.)の解釈は興味深い．彼によれば，この形は*suhter-<*su-hterと分析され，su-は「良い」(Pokorny 1037 f.)とみなされる．そしてII章8節にみたAv. ptar-というəのない形，それにGr. eu-pátōr「良き父をもつ」=Av. hu-ptar-という合成語などを考慮して，全体としてこの形は*su-(p)Htru(u̯)i̯o-'einen guten Vaterbruder (als Vater) habend' (>Vetter, Neffe)と説明される．しかしこの大胆な解釈も従来の難点を克服しえたとはいえないだろう．

第IX章 「義理の娘」

1. これまでにわれわれは祖父母，父母，息子・娘，孫，兄弟・姉妹，おじ・おば，いとこ，甥・姪について考察を進めてきたが，これからは婚姻による関係を表す語彙の比較対応を中心にとりあげていきたいと思う．それらをみると，「義理の娘」即ち「息子の妻」「嫁」を中心に，舅，姑，あるいは夫の兄弟など，その嫁の立場からみた夫の親族に比較的整然とした対応が成立する．これは印欧語族のもつ父系的な家族制度のあらわれと考えられる．そこでまず初めに「義理の娘」を表す形から検討していこう．

2. *snusó-(?)と再建される共通基語の形は，Skr. snuṣā́-, Gr. nuós, Arm. nu (gen. nuoy), Lat. nurus, OHG. snur(a)>Schnur, OE. snoru, ONorse snor, Got. schuos(Feist 414), CS. snŭcha, それに不確実ながら Alb. nuse「花嫁」という多くの対応によって支えられている(Pokorny 978)．イラン語派については，その古層に対応が指摘されないが，中期から近代語(Pers. suna)にこれに属する語彙が認められる．従ってこれを欠くのはケルト，バルト，トカラ，それにアナトリアの諸派である．そしてこの基語形に由来する近代語の形も，数多く分布している．例えばロマンス語では It. nuora, Sp. nuera, Rum. nora, ゲルマン語では独 Schnur, スラヴ語では Russ. snocha などである．従ってこの

語彙の伝統は古く，しかも根強い．

しかしこれらの対応をみると，その語幹は一定していない．まず女性形を作る -ā- 語幹に属するものとして，Skr. snuṣā́-, CS. snŭcha, OE. snoru, ONorse snor がある．OHG. snur(a) は，-n-, -i- 語幹のほか，後述するように -u- 語幹とみる説もあって明らかでない．Alb. nuse も同様である．Lat. nurus は (f) -u- 語幹だが，上にあげたロマンス語の形は *nora という -a- 語幹を予定する．口語層では孤立的な (f) -u- 語幹よりも，類推的な -a- 語幹が用いられていたと考えられる．

さてこの -ā- 語幹のほかに，Gr. (f)nuós, Arm. nu は -o- 語幹，そして Lat. nurus は -u- 語幹を示している．つまりこの対応は三つの異なる語幹をもっている．

3. このうちどの語幹を共通基語のものとみるべきであろうか．この問題に対して従来有力な説は -o- 語幹である．女性の -o- 語幹はギリシア，ラテン語にみられるが，それは Gr. theós「神」のように，冠詞 (m) ho, (f) hē をつければ両性に共通して使える形を除くと，多くは合成語の場合である．従って *snuso- に (f) -o- 語幹を認めることは，逆にこの特異な形を共通基語に許す最大の根拠になるであろう．一般に -o- 語幹は男性だから，その中にあって孤立的に女性を守り通したとしたら，この形は極めて貴重なものといわなければならない．それではこれに類する女性形を数多くの対応の中から選ぶとすれば，有名な Gr. phēgós「槲」, Lat. fāgus「ぶな」etc. があげられよう．しかしこの女性 -o- 語幹は，木は女性，その実は中性というギリシア，ラテン語の名詞の定まった組織の中でとらえられる現象の一例である．従ってこれらの形が，祖語の -o- 女性語幹の存在を証明する積極的証拠とは認められない．ギリシア語には，なお (f) parthénos「乙女」がここで問題になるだろう．しかしこの名詞は語源が明らかでなく，非印欧語起源説が有力である (Frisk II 474 f.; A. Pfiffig Sprache 8 1962 145 f.)．もし印欧語とみるならば，語形成上恐らく合成語であろう (G. Klingenschmitt 273 f. *pr̥-steno- 'die Bürste hervor habend'; J. Otrębski KZ. 81 1967 222 f.)．合成形容詞は -o- 語幹を男女性共通に用いるから，その女性名詞化を予定すれば (Gr. amphípolos「まわりにいる」→f.「召使い，下女」) これも (f) -o- 語幹の存在の証拠にはならない．

このようにみてくると，Gr. nuós の示す -o- 語幹を祖語に認めることはむずかしい．Arm. nu (gen. nuoy) についても同様である．これは -o- 語幹だが，この言語は性を失っているから，女性形であったということは証明できない (Meillet 1936 74; Solta 194 f.)．

*snuso- を本来合成形であったとみることは，形式的に充分可能である．もしそうであれば，これに(f)-o- 語幹名詞を想定する必要はない．さりとてこの形が単独でその存在を証明すると考えるには，あまりにも孤立している．

この形が(f)*snuso- と再建された理由は，上にふれた Gr. nuós, Arm. nu という形自体にあるのではなくて，実はもっと別のところにあったと筆者は考えたい．この形に *-o- を初めに想定したのは，H. Pedersen (1893) である．Pedersen がもっとも常識的な(f) *snusā- という -ā- 語幹を否定して *-o- という異常な女性語幹を選んだのは，これ以外の形からもそれの支持があるからという理由によるものではなくて，もし *-ā- を想定すれば，これが(f)-o- 語幹に転じたということへの説明がつかないからであった．それはもっとも一般的なものから，もっとも異常なものへの転移を意味するからである．これに反して(f)*-o- を認めれば，インドやスラヴ語派にみられる -ā- 語幹への転移はまったく容易に説明できよう．それでは Lat. nurus だけの示す -u- 語幹はどうかといえば，これも Lat. socrus「姑」の対応(Skr. śvaśrū́, OCS. svekry etc.)からみて，その影響によることは明らかである．結局この形に *snuso- という女性形が想定されたのは，他の語幹から出発しては Gr. nuós, Arm. nu という -o- 語幹が説明できないという，消極的ではあるが動かし難い理由によるものであった．しかしその反面，そのように異例な形が共通基語に存在したという保証はどこにも指摘されないという事実が伏せられている．

にも拘らずこの *snuso- の仮定は Meillet (1922 116 f., 1937 282), Wackernagel (1928 II 22 f.), Hirt (IG. III 323), Schwyzer (I 457) など多くの学者によって認められている．そしてこれがまた，共通基語における女性の -o- 語幹名詞の存在を保証してきた．ただ注意すべきことは，しばしばこの問題に関して引用される Brugmann の説明である．Brugmann (1907, Gr. II/2 96) はこの形を盾にして，簡単に(f)*-o- 語幹を基語に認めようとしない．この形を彼は語源的に *senēu-, *senōu- から解釈しようとする．即ち *snusó- を *sneu- > Skr. snā́van-「帯，腱」, Gr. neûron「腱」, OCS. snuliti「つむぐ」などの対応 (Pokorny 977) と結びつけ，ここに本来(m)'verwandtschaftliche Verbindung, Verwandtschaftsbund' を想定する．従って Gr. nuós のような女性形は，ラテン語の形とともに新らしいと考えられている．そして別の機会に Brugmann は，この形が(f)*-o- 語幹の存在の証明にはならないと述べている (KVG. 356 n)．「親族のきずな」という広い意味をもった(m)-o- 語幹の名詞が「嫁」に用いられた結果，そこに女性への転換がおこり，その結果ギリシアなどでは -o- 語幹はそのまま残ったが，インドやスラヴ語派では語幹自体も女性形に一般的な -ā- へ転移していった．そしてラテン語では，socrus の影響で -u- 語幹へかわったのである．これらの過程は，Brugmann によれば‘einzelsprachlich’と考えられている．ギリシア語派で -o- がそのまま残ったのは，parthénos「乙女」のような比較的意味の近い形や，amphípolos「下女」のような合成語の女性形の力によるとみれば，容易に説明がつく．そしてこれにより，(f) *-o- 語幹という極めて特異な形をこの対応の故に想定する必要性はなくなる．Brugmann の (m) *snuso- に対する意味「親族のきずな」は，「息子の妻」である「嫁」への転化を予想するにはやや抽象にすぎる嫌いはあるにしても，その他の点ではこの Brugmann の解釈は今日もなお注目に価いする．

4. 既述のように Skr. snuṣā́-, Gr. nuós, Lat. nurus の対応の示す三つの異なる語幹のうち，*-ā- は他の語幹への転換が説明しにくいので，共通基語に仮定することはできない．*-u- 語幹はラテン語にみられるが，これは類推によって処理されるから，Pedersen 以来問題にされなかった．

ところが最近 Szemerényi によって，改めてこの可能性が見直されるに至った (1964 318 f., 1977 68 f.)．Szemerényi は従来の解釈で不問に付されてきた *snuso- の後分の形を考慮して，*snu-su- という語源解釈から出発しようとする．この分析は後にふれるとして，ここに -u- 語幹を仮定する理由として，まず Gr. nuós は huiús>huiós「息子」と同じ変化によって説明されること，Arm. nu の -o- 語幹の解釈は必ずしも明確ではないこと，OHG. snur は -u- 語幹であること，をあげている．この語幹の問題に限って考えるならば，-u- 語幹の仮定から，Gr. huiús>huiós に倣って *snu-su->Gr. nuós への移行を説明しようとすることには疑問があると思う．なぜなら，-u- 語幹の仮定はよいとしても，これが合成語以外に例の少ない女性の -o- 語幹にかえられるということは，語幹の転換はあっても男性であることにかわりのない「息子」の場合と同列には考えられないからである．huiús>huiós は，より一般的な (m) -o- 語幹への類推が働いた結果であり，-u-u>-u-o の dissimilation としても認められよう．これに対して *snusu->snuso- は，女性名詞としてはいわば逆の方向に進んだことになる．また *snusú- ならば，*nusú->*nuú->Gr. *nū́- となることが予定される．これは sûs. (gen.) suós「豚」から考えて，ギリシア語にとって存在しえない形ではない．従って語幹の説明に関する限り，Szemerényi の *snusu- の仮定は充分な説得力に欠けているといわざるをえない．

Szemerényi の -u- 語幹の主張は，前節に述べた -o- 語幹の仮定とは異なり，語幹そのものの問題ではなくて，この形の語源解釈にかかっている．この形が合成語であるという明確な証拠があるわけではないが，*sŭ̄nu-「息子」との関係が早くから予想されていた (Delbrück 535)．しかし *sūnu-，または *sunu- が *snu- と交替するということは理論的にありえないから，その点で「息子」は *snusu- の前分とは形式上結びつけられない．また *snu- をとり出すとき，後分の扱いが問題になる．Pedersen も上掲論文において，もし *sŭ̄nu- とこの形を関係づければ，*snuso- という形は *sŭ̄nu- の sg. gen. と考えられるから，*ĝnā-「女，妻」を補って「息子の妻」から出発すべきかと述べている．しかし既述のように，sŭ̄nu- から *snu- を導くことはできない．従ってこの Pedersen の説明は一つの仮説にとどまるものであった．これに対して前節にふれた *sneu- の想定に拠る Brugmann の解釈はそうした困難を排除することができる．

Specht (1947 92 f.) は Pedersen の *snusó- を踏襲しながらも，これを *sŭ̄nu- と関係づけることは音変化の上から無理があるとして，*senéu- を予想し，Skr. sanóti「勝ちとる」から考えて *snu-s-ó- は ‘die durch den Kauf oder Raub Erworbene’ と解釈した．これは古代における売買婚，略奪婚の風習による「嫁」の理解である．そして -s- の要素は，*su̯e-s-or- の -s- と同じで，家庭や住居などの語にみられる共通の要素だとしている．Specht はまったくふれていないけれども，この Skr. snuṣā́- と sanóti との関連を予想する解釈は，既に古代インドにみられる．Nirukta XII 9 (RV X 86. 13)．……snuṣā sādhusādinīti vā / sādhusāninīti vā / svapatyam tatsanotīti vā /「snuṣā はきちんと坐る女，あるいはうまく勝ちとる女，あるいは子孫を勝ちとるの意」．この Skr. sanóti に予定される語根 *sen- の対応は，ほとんどインド・イラン語派にのみ限られている (Pokorny 906; Mayrhofer III 427 f.)．またその語根に *sn- という形も実証されていない．意味の上からも，*snuso- に Specht の仮定するような受身の意味をあたえることは，形態論的に裏付けがない．これらの点を考慮すれば，この古代インドの卑俗語源に発する Specht の理解は，*snuso- の解明に有効ではなかった．

そこで Szemerényi は，これらの旧説を考慮しながら，もう一度 *sŭ̄nu- との関係をとりあげようとする．即ち，*sūnu-sū́- > *sunu-sú- > *snusú- ‘the *sūs of the son, the woman who brings forth offspring, the wife’ (1964 332) の想定である．この場合の -sŭ̄- という後分は，いうまでもなく *sŭ̄nu-「息子」の語源解釈において問題になった語根 *sŭ̄-「産む，生まれる」そのものであるから，この場合 -u- 語幹は必然的に要請されることになる．この理解は上にあげた古代インド人の解釈にも通じる点があり，意味の上では合理的であるが，形の上で *sŭ́nu-＞*sunu-＞*snu- という syncope の理由が明確に規定されていないことは，やはり問題である．一般に sn- は，*sen- のゼロ階梯にしかありえない．また後分の -sŭ́- の -u- の長短であるが，これは Szemerényi も認めるように，Skr. a-sū́-「不妊の(女)」，pra-sū́-「子を産む(母)」など一般に長い．これらの難点を考慮すると，この「息子の妻，嫁」の対応を「息子」と結びつけようとする試みは魅力的ではあるが，形の上ではどうしても無理があることは否定できない．筆者としては，先にあげた Brugmann の理解，即ち *snu-so-(m) のほうをとりたい．

5.　ここでもう一度 Brugmann が問題にした *sneu- という形について考えてみよう．*snu-so- という再建を通じてその関係が求められた Skr. snā́van-, Gr. neûron, Lat. neō「つむぐ」, nervus「腱」etc. の対応の解釈は，必ずしも簡単に割り切れるものではない．Skr. snā́van-(n)「帯，腱」は，これと同じ意味の snā́yu-(f) という形をもち，イラン語の Av. snāvarə, adj. snāuya-「腱をそなえた」の対応を考慮すると，*snē-u̯- / -i̯- がまずとり出される (Mayrhofer III 533 f.; Ai. Gr. II/2 903)．この長母音をふくむ形としては，ほかにも Lat. neō＜*snē-i̯ō, Gr. nḗthō「つぐむ」があり，また母音 ō をもつ Got. snorjo「かご」も加えられよう (Walde-Hofmann II 159 f.; Frisk II 311 f.; Feist 441)．ところがこれに Gr. neûron「腱」, néō「つぐむ」を加えようとすると，再建は複雑になってくる．この -eu- は *snē-u̯- から出発すれば，その弱階梯としか解釈できないから，*snəu-C- に帰せられることになる．この場合 *ə＞Gr. a が予想されるのと，このような長二重母音の弱階梯はあまり例証がないから，この再建形は理論的には正しいとしても，実証性に欠けている．その証拠に，従来この対応の中で，Gr. neûron の扱いはあまり明確に示されていない．例えば，Benveniste (1935 21, 111) はこの対応に OHG. snuor＞Schnur「ひも」，あるいは Lat. nervus (＜*snē-u̯ro-) を加え，全体を *snē-u̯er-/-u̯en- という Heteroclitica でまとめている (Frisk II 308; Chantraine 747)．しかし Gr. neûron は *sne-u̯ro- と解されて，-ē- との関係は明らかにされていない．Schwyzer (I 279), Lejeune (1972 219) はともに，naûs「船」の pl. dat. *nāusí＞Att. nausí と同様に，これを語中音節での長二重母音の二重母音化とみなしている．即ち，*snēuron (Av. snāvarə) ＞neûron である．筆者としては，これらの対応形を総括的に扱うためには *sn-eə-(＞Skr. snā́van- etc.), *sn-eu-(＞Gr. neûron etc.), *sn-er-(＞Lat. nervus) のように，*sen- / *sn- に三つの異なる接尾辞を想定することが，形の上ではもっとも無理がないと思う．Beekes は E. Laroche の解

に従って，この対応に Hitt. išhunāi-「(弓を)張る」，(n)išhunau-「腱，弦」を加え，さらに s- を movable とみて *(s)HneH₁- という複雑な再建を試みている(1969 86 f.; J. Friedrich 1966 16 f., Tischler 392.)．この再建はヒッタイト語の形に依っていることはいうまでもないが，s- を movable と考える説には賛成できない．なぜなら，Gr. eúnnētos「美しく織られた」のような形から，この語根にもギリシア語における sn->nn- により s- の存在は実証されるからである(Lejeune 1972 119)．ラテン語では *sn->n- は規則的で，この連続は語頭には許されない(Leumann Gr. 190)．Arm. neard「筋」も同じ傾向を示しているが，その他の対応形は Toch. B ṣñaura「神経」をふくめていずれも sn- をもっている(Solta 193)．従って，この語根に *sn- を想定することは可能である．

さて上に述べたように，この対応から *sen-u- / *sn-eu- / *sn-u- の交替がえられるとすれば，この語幹の拡大形と思われる *sn-eu-bh->Lat. nūbō「結婚する」，nuptiae「結婚式」，ORuss. snubiti「求婚する」との関係が浮かび上ってくる(Walde-Hofmann II 183 f.; Ernout-Meillet 449)．そしてさらにこの対応は *sn-u-bh- の想定によって，意味的に parthénos と対立する Gr. númphē「花嫁」にまで拡大される可能性が考えられよう(Frisk II 325 f.; Chantraine 758 f.)．Szemerényi は当面の問題である *snu-su- とこの *sn-eu -bh- を関係づけることには反対であるが，Gr. númphē と Lat. nūbō との対応については W. S. Allen の解釈に反対して，これを認めるほうに傾いている(1964 325, 326 n2)．そしてさらに先にふれた *snu-su->*nu-u->Gr. *nū- の変化を予定すると，númphāmi<*nûn phāmi 'I declare (her) my daughter-in-law' から，逆に númphē という名詞形が作られたが，あるいは *(s)nu(s)u-phā->*nūphā- がコイネーにみられるような affective gemination によって *nupphā となって，これが númphē を生んだのではないか，という二つの可能性を númphē の成立に指摘しながら，*snusu- との関係をそこにとり入れている．

これらの語源解釈を通してわれわれは，「息子の妻」となった「嫁」は「親族のきずな」であると同時に「花嫁」に結びつけられることを知った．Brugmann は第一の点について，親族名称と「結ぶ」との関係を示す他の例として，Skr. bándhu-「親族」，Gr. pentherós「妻の父」(英 bind)，Skr. syālá-, OCS. šurĭ「妻の兄弟」(Skr. syū́man-「帯」)，Lit. laigônas「妻の兄弟」(Lat. ligāre「しばる」)，Gr. súzugos, Lat. conjux「妻」(Lat. jungo「結ぶ」)などをあげている．しかしそれだけでは，なお抽象にすぎるかもしれないし，事実そのような理由によって Brugmann の説はしりぞけられてきた．そこで第二の「花嫁」との関係，Lat. nūbō, nuptiae, Gr. númphē, ORuss. snubiti に対応を拡大することによって，Brugmann の解釈を改めて支持する可能性が検討されなければならない．なぜなら，後述するようにいくつかの語派において，「花嫁」と「嫁」との語彙は明らかに共通しているからである．このようにみてくると，*snuso- の仮定において問題として残るのは，後分の -so- である．Brugmann はこの接尾辞を Skr. útsa-「泉」(: Got. wato「水」etc.), Skr. vatsá-「仔牛」(: Gr. étos「年」)などにみられる *-so- と同列に考えている(Gr. II/1 538 f.)．現在の段階では，残念ながらこの要素については，Skr. dāsá-「非アーリア人」, lakṣá-「印し」などの場合と同じように，motivation の不明な接尾辞といわざるをえない(Ai. Gr. II/2 924)．

6. これからわれわれは，この語彙をめぐる各語派の事情を概観したいと思う．

まずインド語派についてみるならば，Skr. snuṣā́- の歴史は古く，RV に sú-snuṣa-「よき嫁をもつ」という合成形容詞としてあらわれている．単独の形は後述するように，AV に初めてみられる．RV X 86. 13. vṛ́ṣākapāyi révati súputra ā́d u súsnuṣe / ghásat ta índra ukṣáṇaḥ priyáṁ kācitkaráṁ havír víśvasmād índra úttaraḥ //「ヴリシャーカパーイーよ，豊かな者よ，よき息子をもつ者よ，そしてまたよき嫁をもつ者よ．インドラは汝の牡牛を食らうべし，いささか(彼を)満足せしめるいとしき供物を，インドラはすべてのものに優れたり」．これは猿猴 Vṛṣākapi がその妻に語る言葉である．ここで明らかなように，snuṣā́- は親からみた putrá-「息子」の妻である．そのあり方については後にふれるとして，この語彙はヴェーダ古層から古典期を経て近代に及んでいる．Pāṇini はこの形に直接ふれていない．中期インド語では，Pāli suṇisā, suṇhā にみられるように，snuṣā́- は語頭の -n- が転置されて *sunṣā, あるいは *suṣnā という形になり，これが近代諸語の基になっている(Ai. Gr. I 276 f., Nachtr. 155)．近代においても Dardic から Hindī, Marāṭhī と，その分布はかなり広く，また意味の変化もみられない(Turner 13801)．これは，この語の頻度の高さというよりも，やはり生活の上での重要さを示すものといえよう．

それではこの形がインド語史の中でまったく「息子の妻，嫁」の意味を独占し続けたのかというと，そうではない．「息子」，「孫」，「姉妹」についてみたと同じように，ここでも印欧語として古い伝統をもつ snuṣā́- と並んで，vadhū́- という形がある．これはいうまでもなく，「花嫁，若妻」を表し，その -ū- 語幹は，この語の成立の過程において古い「姑」を表す形 śvaśrū́- の影響をうけたことをうかがわせる(Ai. Gr. II/2 496; Mayrhofer III 136 f.; Delbrück 414)．この形の属すると思われる語根そのものはケルト，スラヴ，ヒッタイト語派にも指摘されるが，vadhū́- に直接対応する名詞は Av. vaδū-(f)「女，妻」だけで，これはインド・イラン語派に独自の語彙と考えられる．Skr. vadhū́- は結婚式を扱う Gr̥hya Sūtra 文献では「花嫁」の意味で用いられているが，また一方では RV 以来 jāyā́-, jánī- と並んで「女，妻」というイラン語派と同じやや広い意味で用いられている (RV VIII 26. 13). RV の Sāyaṇa の註釈でも X 107. 9 では strī-, V 37. 3 では (indrasya) patnī-, III 52. 3, 62. 8, X 27. 12 の vadhūyú-「花嫁を求める」という合成語に対して strīkāma- と，vadhū́- はいずれも「女，妻」の語で説明されている．

vadhū́- は本来若い結婚後の一時期を考慮した「花嫁」の名称であったが，それが拡大されて夫からみた「妻」，夫の両親からみた「息子の妻，義理の娘」となり，そこで snuṣā́- と交錯することになる．その後 vadhū́- はさらに男，雄に対する女，雌 (mr̥ga-vadhū-「雌鹿」) を表すことで動物にも適用されたためにいっそうその使用は広まり，近代語においてもそれら多様な意味でインド全域に分布している (Turner 11250). 中でも「義理の娘，嫁」の意味がもっとも有力になり，一義的な「花嫁」を圧している．

7. インドからギリシアに眼を転じると，ここでも snuṣā́- と vadhū́- の関係が，nuós と númphē の間にみられる．ホメーロスの時代にはまだ生きていた nuós という女性の -o- 語幹の形は，古典期には詩語になり，実際生活の上からは後退してしまった．従って劇にも散文にも，用例がみられない．そこでこれに代ったのが númphē「花嫁」で，その「義理の娘，嫁」としての用法は近代にまで続いている．

ここで新約聖書の一例をあげよう．Matth. X 35. êlthon gàr dikhásai ánthrōpon katà toû patròs autoû kaì thugatéra katà tês mētròs autês kaì númphēn katà tês pentherâs autês, kaì ekhthroì toû anthrṓpou hoi oikiakoì autoû.「なぜならわたしは，人をその父から，娘を母から，そして嫁をその姑からはなすためにきた．そして彼の家人がその人の敵なのである」．因みにラテン語訳は veni enim separare……filiam adversus matrem suam, et nurum adversus socrum suam……とあり，númphēn に対して nurum があてられている．またゴート語訳はこれに bruþ (独 Braut，英 bride) wiþra swaihron izos を，教会スラヴ語訳は nevěstǫ (nevesta「花嫁，嫁」) na svekrŭve svojǫ を用いている．

8. ギリシア語に次いで Alb. nuse であるが，これも本来は「花嫁」の意味と考えられる ('bride-to-be, bride, future daughter-in-law' Mann). この形については，*snuso-

に基づく *snusi̯ē- を予定する説が Pedersen 以来有力であった(Jokl 14; Walde-Hofmann II 190). しかし一方では Meyer 以来 Lat. nuptiae の借用説があり, Szemerényi (1964 319n) もこれに同調している. いずれにしても, 意味上からは Gr. númphē に似た事情が予想されている.

バルト語とスラヴ語にも類似した現象がみられる. バルト語には *snuso- の対応形はない. そして Lit. marti̇̀ という形がこれに代っている(Trautmann 170; Fraenkel 412). これは恐らく Lat. marītus「結婚の」, Got. marzus「結婚式」などと関係のある形である(Walde-Hofmann II 41; Ernout-Meillet 387). Fraenkel によれば, この形の原意はやはり 'junge Frau, solange sie noch keine Kinder hat.' であり, まだ母にならない結婚した若い女性である. また Lett. vedekle も, 本来は「花嫁」であり, Skr. vadhū́- との対応が想定される(Pokorny 1115 f.).

スラヴ語には *snusā- に基づく CS. snŭcha の伝統が, 後まで広く生きている(Vasmer II 682 f.). しかしこれと並んで, 先の聖書訳でみた nevěsta という形がある. この形の系統は, 現代のスラヴ語においても「花嫁」と「嫁」を表しているが, ロシア語だけは区別して, 後者の意味を nevestka という -ka をつけた形で表している(Vasmer II 205 f.; P. Friedrich 1966A 13, 1966B 39; Jucquois 221 f.). さてこの nevěsta という形の語源には, いくつかの可能性が指摘されている. Meillet-Vaillant (500) はこの形をスラヴ語派の中で作られたとしているが, Vasmer によると次ぎの四つの解釈が考えられる. (1) *u̯id-「知る」という語根との関係から 'Unbekannte' とみる(Schrader-Nehring II 374 f.; Sadnik-Aizetmüller 1955 274). (2) *u̯edh- (Skr. vadhū́-) と関係づけて, ne- とともに「未婚の」(Lit. nevêdes「未婚の」), あるいは *nevověsta 'Neuvermählte' と解する. (3) Skr. naviṣṭha-「もっとも新らしい」などにみる *neu̯o- の最上級とみる(Vaillant II 591, RES. 11 1931 9). (4) nevě-sta 'in neuer Situation' を予想する.

これらの解釈のうち, -ě- の扱いから(2)は不当, 意味上からは(1)(4)より(3)がよりふさわしいように思われる. いずれをとるにしても, スラヴ語でも他の語派と同じように, 「花嫁」「息子の妻, 義理の娘」が一つの語彙に組みこまれていることは明らかである.

ゲルマン語では既述のように *snusā- に対応する OHG. snura＞Schnur などが印欧語の古い伝統を伝えているが, 現在ではこれらの形は後退し, 代って次章で問題にされる本来は「姑」を表す OHG. swigar＞Schwieger の拡大的使用による合成形として独 Schwieger-tochter, Dan. svigerdatter などが作られ, また違ったタイプの形として英 daughter-in-law がある．ゲルマン語では，北と西に古くは *snusā- の系統の語が生きていたのに，なぜかゴート語にはその痕跡がない．先にみたように，Matth. X 35 の númphēn の訳は bruþ(acc. sg)である．これは númphē に「花嫁」の意味が本来あるのだから，これも「花嫁」を原意とする bruþ を訳語としたことは不自然ではない．ゴート語文献には，この形は一例しかないが，bruþ-faþs 'numphíos'「花聟」(独 Bräutigam)という合成語があるから，bruþ の意味は明らかである．ONorse brūðr, OE. brȳd>bride, OHG. brūt>Braut など他のゲルマン語の形も「花嫁」の意味を証明している．この一連の語はゲルマン語以外に確実な対応が認められないので，その語源的解明は不可能である(Feist 110; Kluge-Mitzka 97)．しかしここでも「花嫁」が「息子の妻」を兼ねていたという事実をわれわれは知っている．それは Fr. belle-fille によって今は追われてしまった 12 世紀頃の Fr. bru「嫁」によって証明される．記録によれば，3 世紀にはギリシア語やラテン語の碑文にその意味で broûtis という形があらわれている(Kluge-Mitzka)．これらはゲルマン語からの借用形と考えられる．即ち，かなり早い時期にゲルマン語からの借用が当時のギリシア，ラテン語に起って，これがガリアに定着し，そしてフランス語にまで入っていった．ここではなぜか，他のロマンス語にみられる Lat. nurus, nura の伝統が失われていたからである(Elcock 31, 62; Meyer-Lübke 6000)．

このようにみてくると，父母からみた「息子の妻」である「嫁」は，結婚した当初の母とならない女を表す「花嫁」の語の拡大的使用によって補われるという現象は，印欧語の多くの語派に共通した現象である．従って，先に述べたように，Lat. nūbō, Gr. númphē などと *snuso- とはなんらかの関係があると考えることは誤りではないだろう．それは *snu-so-, *sneu-bh- の想定を支持する．

9. ケルト語派には，上に論じた形のいずれにも対応する形がなく孤立的である．Welsh gwaudd, Bret. gouhez という形が指摘されているが，語源は明らかでない．Pokorny もこれをとりあげていないが，Buck(125)は Pedersen の解釈として *upo-siyu- を想定し，Skr. si-「結ぶ」という語根(Mayrhofer III 549)と関係づけている．古アイルランド語の形は明らかでないが，Ir. bain-cliamhain 'female- [relation by marriage]' という合成語がある．この形の後分は 'son-in-law' である．このほか Welsh merch yng nghyfraith は merch を mab にかえた表現とともに，英語の daughter / son-in-law の模倣であり，また Bret. merc'h-kaer も Fr. bell-fille の模倣とされている．

トカラ語における「息子の妻」の表現は明らかでないが，ヒッタイト語では Ideogram ^{SAL}É. GE_4 (^{SAL}É. GE_4. A)＝Akk. kallātu によって表される．この形はやはり「花嫁」との兼用の語彙である (J. Friedrich 1952 270)．なお Lyk. χahba という形があるが，これは「義理の息子」と兼用である．くわしくは XI 章 10 節にゆずりたい．

10. 各語派の形を検討した後に，用例を参考にしながら「息子の妻」，つまり「嫁」の家庭における位置などを考えてみたいと思う．

息子の妻である嫁は，将来は姑に代ってその家の母 mater familias になるべき女である．従っていずれは夫とともに女の主としてその親族を支配する人であり，結婚のときからそのように望まれている (RV X 85. 46)．けれども，実際にはまだ夫の母に従う者である．ラテン語では nurus は mater と並べていわれることが多い．Vergilius Aen. 11. 215. hic matres miseraeque nurus, hic cara sororum / pectora maerentum, puerique parentibus orbi, / dirum exsecrantur bellum Turnique hymenaeos. /「ここには母とあわれな嫁が，ここには嘆く姉妹のいとしき胸が，そして親を奪われた子供らが，辛い戦いとトゥルヌスの婚儀を呪っている」. Ovidius Met. III 529. turba ruit, mixtaeque viris matresque nurusque / vulgusque proceresque ignota ad sacra feruntur. /「雑踏がおそい，男たちに交って母も嫁も，民衆も指導者も新たな祭りに急ぐ」.

さて嫁にとってもっとも面倒な問題は，いうまでもなく夫の両親，とりわけ姑との関係である．姑がこれを意識するのは，嫁と同じ世代にある自分の娘との対比に始まる．ホメーロスの nuós は，いつも thugátēr「娘」とともに並べられている．疾風の Iris が Zeus の使いとして Priamos の館につくと，Il. 24. 166. thugatéres d' anà dṓmat' idè nuoì ōdúronto /「館の中で，みよ，娘たちと嫁たちが泣き悲しんでいた」. 同じような文脈を，われわれは Il. 22. 59 行以下，あるいは Od. 3. 451 行にもみることができる．ホメーロスには，Priamos 王が息子の Hektor の妻 Helena に語りかける場面がある．それは phílon tékos, hízeu emeîo「いとしい子よ，わたしのそばに坐るがよい」(Il. 3. 162) と，彼女は tékos「子」でよびかけられている．ところが逆のよびかけには，phíle hekuré「いとしき舅さま」(Il. 3. 172) と，hekurós「舅」が用いられている．悲劇では，嫁の Andromakhe が姑の Hekabe を ô mêter andrós「夫の母よ」(Eur. Troiad. 610) とよびかける例もみられる．これらの言葉の中にも，嫁の立場がうかがわれる．

嫁と姑の仲については，ローマの喜劇作者 Terentius に Hecyra「姑」というギリシア語を題名にした作品がある．そのII場3幕で，Lachesの妻Sostrataの独白の場がある．少数の不とどきな女のために，男どもがすべての女を一様に咎めだてするのはよくない．わたしは夫がいうようなことはしていない，という自己弁護に続いて，彼女はいっている．277. sed non facile est expurgatu: ita animum induxerunt socrus / omnis esse iniquas: haud pol mequidem: nam numquam secus / habui illam ac si ex me esset gnata, nec qui hoc mi eveniat scio; / nisi pol filium multimodis iam exspecto ut redeat domum. /「しかしその申し開きは容易ではない．それほどまでに，彼らはすべての姑は意地悪だと思いこんでしまっているのだ．でもわたしは決してそんなことはない．それというのも，わたしはあの女を本当に自分の娘のように扱った．だからこれでどうなるものやら，わからない．息子が家に帰るのをなんとかして待つほかには仕様がない」．177行以下のLachesの老奴隷の言葉によると，初めのいく日かは，姑と嫁の二人の関係はうまくいっていたが，そのうちに嫁がSostrataをodisse coepit「憎み始めた」．上に引用した台詞は，このことへの彼女の弁護であろう．同じ劇の中で，息子に愛人ができたのも知らずに，息子の嫁が不機嫌であるのをその姑，つまり自分の妻のせいだと思ってSostrataをなじる舅Lachesの有名な言葉は，真実をついている．199. utin omnes mulieres eadem aeque studeant nolintque omnia / neque declinatam quicquam ab aliarum ingenio ullam reperias. / itaque adeo uno animo omnes socrus oderunt nurus.「まったくすべての女たちは，なにもかも同じものを同じように求め，そして嫌うのだし，ほかの女とは違った心情の女など，およそあなたはみつけ出せまい．それほどに心を一つにして，すべての姑は嫁を憎んでいるのだ」．Charistiaとよばれた2月末にローマで行われた家族の饗宴に集まる人々を描いて，詩人Ovidiusは歌っている．Fasti II 623. innocui veniant: procul hinc, procul impius esto / frater et in partus mater acerba suos, / cui pater est vivax, qui matris digerit annos, / quae premit invisam socrus iniqua nurum. /「心浄き人々はくるがよい．不敬なる兄弟，わが子に辛くあたる母，あまりに長生きしている父をもつ人，母の年を説明する人，嫁を嫌って憎しみ苦しめる姑はこの場から遠ざかれ」．

11. われわれは前節において嫁と母，娘，そして姑という関係をみてきた．しかし嫁は夫の父，つまり舅とも密接なつながりをもっている．古代インドの文献では，嫁の姑に対する関係よりも，むしろ舅とのそれを示す例が目につく．RVとAVの二つの讃歌集を通じてsnuṣā́-の唯一の用例からみてみよう．AV VIII 6. 24. yé sū́ryāt parisárpanti snuṣéva śváśurādádhi / bajáśca téṣāṁ piṅgáśca hṛ́dayé 'dhi ní vidhyatām //「舅からはなれる嫁の如く，太陽から這うようにしてはなれ去るもの(魔)，そのものたちの心にバジャとピンガの草は突き入れ」. これは八か月の妊婦に行われる安産の魔除けの儀のときに歌われる詩句で，この植物は赤と黄のからし菜らしく，一種のお守りであろう．さて問題は snuṣéva śváśurādádhi という比喩の意味である．これは次ぎのブラーフマナの一節にもあらわれている．Ait. Br. III 22. 7. senā vā Indrasya priyā jāyā vāvatā Prāsahā nāma. Ko nāma Prajāpatiḥ śvaśuras, tad yāsya kāme senā jayet. tasyā ardhāt tiṣṭhaṁs tṛnam ubhayataḥ parichidyetarāṁ senām abhy asyet: Prāsahe kas tvā paśyatīti. tad yathaivādaḥ snuṣā śvaśurāl lajjamānā nilīyamānaity, evam eva sā senā bhajyamānā nilīyamānaiti yatraivaṁ vidvāṁs tṛṇam ubhayataḥ parichedyetarāṁ senām abhy asyati.「インドラのいとしき妻にして援助者はその軍隊でプラーサハーという．彼女の舅プラジャーパティは ka という．そこで彼の願いによってその軍隊が勝つべしと願うとき，彼はその軍隊の側に立って草の葉を両方から切り，それを一方の軍隊に投げるべし．“プラーサハーよ，ka がお前をみている”，といって．さてこの世でも嫁が舅から恥じらいながら身をかくすと同じように，かく知って人が草の葉を両方から切って一方の軍隊に投げるとき，その軍隊は破られて退く」(Delbrück 514 f.; Ghurye 46 f.; Macdonell-Keith II 488 f.). 舅にみつめられた嫁は恥じらいながら身をかくすというこの描写は，この両者の間の一種のタブーの関係を表している．そしてこの関係は大きな祭式を規定した Śrauta Sūtra においては snuṣāśvaśurīyā (iṣṭi)「嫁と舅の(儀)」といわれる祭儀として定められている (Ai. Gr. II/2 438). Āśvalāyaṇa Śrauta Sūtra II 11. 7. snuṣāśvaśurīyayā 'bhicaran yajeta /「snuṣāśvaśurīyā の儀によって(敵を殺さんと)意図して祭りをなすべし」という規定の後で，テキストはいう．indraḥ sūro atarad rajāṁsi snuṣā sapatnā śvaśuro 'ham asmi / aham śatrūñjayāmi jarhṛṣāṇo 'ham vājaṁ jayāmi vājasatau / indraḥ sūraḥ prathamo viśvakarmā marutvāṁ astu gaṇavān sajātaiḥ mama snuṣā śvaśurasya praśiṣṭau sapatnā vācaṁ manasā upāsatām /「インドラ神は宇宙を征服した．嫁は敵，われは舅である．われは敵を打ち負かす．喜んでわれは戦いにおいて戦利をうる．インドラ神は第一の，一切の働きをなす者，マルタとともに，(神の)群を伴い，一族とともにあれ．わが嫁は，敵ながら舅の命には心からその言葉に従うべし」. これらの資料をみる限り，嫁は舅の敵であり，それに打ち破られる対象として描かれている．そして嫁は常に舅の命令に従い，征服されるべきものである．この厳しい両者の関係は，Delbrück (514 f.) も引用する Maitr. Saṁh. II 4. 2においては別の面から語られている．これはまたKāṭh. Saṁh. XII 12にもほぼ同文でみられる．「プラジャパティの自己の半分は賢さ，他の半分は愚かさであった．彼は賢さを前に，愚かさを後にした．愚かさはソーマ，それから彼はバラモンをつくった．……愚かさは酒，それから彼は王族をつくった」と述べた後で，次ぎのようにいわれている．snuṣā́ ca śváśuraś ca súrāṁ pītvā́ vilā́lapata āsate, mā́lvyaṁ hí tát.「嫁も舅も酒を飲めばともにくだをまいている．これは愚かさだからである」．日常は常に厳格な間柄にみえる嫁と舅とが，酒によって乱れた関係におちるときがあったことを，この一文は示している．後の法典にもいう．Baudh. Dh. S. II 2. 4. 11. mātulapitṛṣvasā bhaginī bhagineyī snuṣā mātulānī sakhivadhūr ityagamyāḥ //「母の兄弟の姉妹，父の姉妹，姉妹，姉妹の娘，息子の妻，母の兄弟の妻，友人の妻は交ってはならない」．嫁は夫の両親に従わねばならないが，舅は嫁と関係してはならない．叙事詩にも貞淑な嫁の奉仕はしばしば描かれている(Jayal 103 f., 120 f.)．しかしこの嫁と舅との厳しいタブーの関係を裏返せば，そこにはなにか両者の淫らな交渉がひそんでいる．

それはスラヴ社会ではsnochačestvoとよばれる習慣であった．これについては，Schrader-Nehring(II 377 f.)，Schrader-Krahe(87 f.)がNestor年代記などの資料を基に考証し，またT. R. Dordevic(RES. 4 1924 109 f.)はロシアのみならず，南スラヴ地域においてもこの習慣が認められることを実証した．またE. Hermann(1934 39)は，これがイラン系のオセット語文献にも認められることを指摘している．またローマにおいても，舅による嫁の誘惑は弁説家たちの好んで論ずるテーマであったという．P. Friedrich(1964 152 f.)はロシア社会におけるこの習慣について，大家族で舅と嫁が同じ屋根の下に生活し，しかもその夫はしばしば仕事のために留守がちであるという事情のために，このような要求が生まれてくることを指摘している．さらにいうならば，これもpater familiasの権力の一つのあらわれとみることができよう．

12. 終りに「息子の妻」が「兄弟の妻」の意味にも用いられるという事実についてふれておきたい．8節にあげたLit. martìという形はLett. màršaに対応するが，このラトヴィア語の形は「兄弟の妻」を意味する．Meillet-Vaillant(495)によれば，CS. snŭchaも「兄弟の妻」を表すことができるし，Russ. nevestkaも同様である(P. Friedrich 1964 155)．しかしスラヴ語以外の語派で*snuso-，または*snusā-が「兄弟の妻」を兼ねているという明確な事実はない．P. Friedrich(1966A 12)はこの共通基語における「兄弟の

妻」の名称の欠如を，Goodenough (213) のいう親族名称組織における ‘zero lexeme’ の概念で説明している．このように *snuso- にこの意味を想定することはその対応からみるとむずかしいが，この形と対照的位置を占める「婿，娘の夫」を表す形の一つである Gr. gambrós (Skr. jā́mātar-, Lat. gener) には，この意味のほかにホメーロスで「姉妹の夫」，さらに悲劇では「妻の父」をさす用例も指摘される．そこでこの事実をふまえて Gates (24 f.) は次ぎのように推定する．Gr. nuós には「兄弟の妻」の実例は従来確証はされていないが，ギリシア語以外の諸言語でも，gambrós と対比的に「息子の妻」は「兄弟の妻」を兼ねていた可能性があると．上にあげたバルト，スラヴ語の形はその一例である．ギリシア語だけについて考えるならば，確かに gambrós と nuós は対をなしている．それは例えば，nuós が既述のように númphē「花嫁」の意に用いられているのと並行して，gambrós が numphíos「花婿」の意味で Sappho や Theocritos によって用いられているという事実からも明らかである．そこで Gates は，nuós とは númphē gegamēménē toîs toû gémantos oikeíois「夫の親族と結婚した花嫁」であるという古註から，まず nuós を嫁にきた女性の総称とみなした後で，ホメーロス Il. 3. 49 の用例に「兄弟の妻」を想定できるとする．これは Hektor が，Akhilleus をみて恐れ退く Alexandros への恥ずかしめの言葉である．46 行から引用すると，ê toiósde eòn en pontopóroisi néessi / pónton epiplṓsas, hetárous eríēras ageíras, / mikhtheìs allodapoîsi gunaîk’ eueide’ anêges / ex apíēs gaíēs, nuòn andrôn aikhmētáōn, / patrí te sôi méga pêma póleï te pantí te dḗmōi. / dusmenésin mèn khárma, katēpheíēn dè soì autôi; /「そんな男でありながら，海を渡る船で海を渡り，忠実な仲間を集め，外国の人々と交って，はるかな土地から猛き武士たちの花嫁である美女をお前は連れてきたのか．お前の父にも町にも，すべての人々に大きな禍い，敵にとっては大きな喜び，お前自身にとっては恥」．

さてこの美女が Alexandros Paris の連れてきた Helena であることは疑いないが，andrôn aikhmētáōn「猛き武士たちの」という複数属格形がなにをさしているのだろうか．Delbrück (520) は，ここで Hektor は特に Agamemnon のことを考えているのだろうと述べ，nuós の拡大的用法を認めている．Gates もこれに同調して，ここに nuós「兄弟の妻」(Agamemnon の兄弟 Menelaos の妻 Helena) を仮定しようとする．もしここで「嫁，息子の妻」を予定すると，andrôn aikhmētáōn は Helena の舅 Atreus になり，それはここではふさわしくない．そこで Liddell-Scott の辞書は，この nuós を ‘daughter-by-marriage of the race of which her husband is a son’ としている．これは恐らく性の差はあっても，huîes Akhaiôn「アカイア人の子ら」のような表現に通じるものを考えての解であろう．そしてこの解釈は，Menelaosの同胞としてHelenaのために戦うギリシア兵にとっては，彼女はいわば全ギリシア兵のnuósであるというギリシアの註釈家の説明に近い．単数形のnuónに複数形のandrôn aikhmētáōnがかかっているというところに，このフレーズの比喩的な意味が暗示されているとみて，このnuósに「兄弟の妻」の意味を想定しようとするGatesの主張には賛成できない．因みにLeafとWillcockのこの個所の註をあげるならば，Leafは'andrôn pl. because Helen is regarded as having married into the nation'として，nuósについては上に引いたApollonios Sophistesの古註をあげている．またWillcockは，'nuón "daughter-in-law". The wife married into the family and race of her husband, and the Achaian princes were therefore committed to defend and avenge Menelaos' wife; trans. "related by marriage to"'と述べ，Liddell-Scottの解を踏襲している．

このように，ホメーロスの一例によってGr. nuósにも「兄弟の妻」を予定しようとするGatesの試みは，成功したとは考えられない．Gatesはギリシア語派だけでは不充分であるとみてか，Russ. nevestkaと同様にインド語派のvadhū́-にもこの現象が指摘されるとして，そのために叙事詩Mahābhārata I 204. 16(Poona版，I 7726)をあげている．そしてこの論証の後に続けてGatesはいう．このギリシア，スラヴ，インドというOmaha型からくずれた親族名称の体系を示す三語派が，共通してこのように同じ傾向を示しているけれども，それはnuós, nevestka, vadhū́-のように互いに異なる語彙で表されている．従って，これは各語派の独立のinnovationと考えざるをえない．このように述べた後で，なに語かは明示しないまま，非印欧語の資料からみて，こうした現象は借用されるから，このinnovationはこれらの語派の相互影響によるものかもしれないという，極めて漠然とした推測をGatesは下している．

そこでGates(50, 74)が問題にするエピックの一節を検討してみよう．Gatesはこの原文を示していない．MBh. I 204. 15. sarvair etair madair mattāv anyonyam bhrūkuṭi-kṛtau / madakāmasamāviṣṭau parasparam athocatuḥ // mama bhāryā tava gururiti sundo 'bhyabhāṣata / mama bhāryā tava vadhūr upasundo 'bhyabhāṣata // naiṣā tava mamaiṣeti tatra tau manyur aviśat / tasyā hetor gade bhīme tāv ubhāv apy agṛhnāt-ām //「すべてのこの喜びに酔いしれて二人は互いに流し眼をおくられて，喜びと愛欲にかられ，そこで語り合った．わたしの妻はお前には師である，とスンダがいった．わたし

の妻はあなたには vadhū である，とウパスンダがいった．彼女はわたしのもので，お前のものではない，と考えたこの二人を，怒りの心が襲った．彼女のためにこの二人はともに恐ろしい言葉を口にした」．これは Sunda と Upasunda という二人の兄弟が，Apsaras である Tilottamā に恋して彼女に近づくとき，彼女は二人に流し眼をおくったという場面である．Gates がこの個所を特にあげたのは，Böthlingk-Roth の大辞典が ‘die Frau eines jüngeren Verwandten (z. B. der jüngeren Bruders, der Neffen)’ の意味を附して vadhū́- の項にここを指摘しているからに違いない．確かにこの用例からは，「わたしの妻はあなた(兄)にとっては兄弟の妻 vadhū- である」と解すれば，この詩句はよく理解されよう．しかしここで簡単に vadhū́- にこうした意味を仮定する前に，vadhū́- と部分的な同意語である snuṣā́- を用いた次ぎの Manu 法典の一句が考慮さるべきであろう．IX 57. bhrāturjyeṣṭhasya bhāryā yā gurupatnyanujasya sā / yavīyasastu yā bhāryā snuṣā jyeṣṭhasya sā smṛtā //「兄の妻は弟にとっては師の妻であり，弟の妻は兄にとっては snuṣā であると(賢者によって)いわれている」．この Manu の言葉の jyeṣṭhasya「兄の」，yavīyasas「弟の」を，それぞれに mama「わたしの」，tava「お前の」に代えれば，上掲の Mahābhārata の詩句がえられる．ここで，弟の妻は兄にとって snuṣā「息子の妻」であるということは，兄を父の立場にあるとみれば容易に了解される．インドの古註にも，guru- を父とみるとある．Manu はこれに続く 58 の規定で，jyeṣṭha 兄が yavīyaso bhāryā 弟の妻に近づいたり，また弟が agrajastrī 兄の妻に近づけば堕姓すると述べている．そしてさらに次ぎの規定で，夫から子がえられない妻が子をうるために義兄弟と交ってもよいと断っている．57 の規定は他の法典にはみられないが，これらの Manu の言葉を考えると，57 の snuṣā, gurupatnī は決して関係してはならない女性のことで，内容的には snuṣāvat-「嫁のような」の意である．そしてこれは，IX 63 の規定からも明らかである．従ってこの場合の snuṣā は比喩的な意味であり，本来の snuṣā-「嫁」のままの意味で理解することができる．そこで先にあげたエピックの vadhū- も，この Manu の言葉と同様に比喩的に解すべきである．因みに，Manu は「兄(弟)の妻」を bhrātur bhāryā (II 132) という記述的表現で表している．Bühler (1886 lxxix f.) によれば，Mahābhārata I, XII, XIII 巻の作者は現在の通りのテキストではないにせよ，この法典を知っていたと考えられる (Winternitz-中野 1973 119 f.)．Manu とこの大叙事詩の詩句の先後関係を決定的に断定することはむずかしいけれども，この場合 snuṣā- と vadhū- という語彙の使い方からみても，Manu のテキストが古いと考えられる．従って，この叙事詩の vadhū́- の用例は，

「兄弟の妻」を証明するには有効とはいえない．Gatesの論証は，インド語派についても誤りといわざるをえない．

筆者はもちろんvadhū́-の古典文学における用例をこの観点からくわしく検討したわけではないので，vadhū́-に「兄弟の妻」としての使用が絶対になかったとはいえない．しかしその意味ではほとんど用いられていなかったということは，近代語の諸方言の意味からも推定できよう．先にあげたTurnerのvadhū́-の項から「兄弟の妻」が認められるのは，Kumaunīなど二つの小方言にすぎない．そして，この形を利用して「兄(弟)の妻」を表したいときには，Pkr. vahuṇṇī->Marāṭhī vahinīのように，そのための派生形が作られているのである(Bloch 1970 81, 310, 393)．

確かにvadhū́-について，「兄弟の妻」をもふくめた親族の妻の意味での一項をBöthlingk-Rothももうけていたことは，既に述べた通りである．そこには上にふれたMahābhārataの一節のほか，まずRāmāyaṇa I 71. 20があげられている．kanīyān eṣa me bhrātā ahaṁ jyeṣṭho mahāmune / dadāmi paramaprīto vadhvau te munipuṁgava //「これはわが弟，わたしは兄，大賢者よ．わたしはあなたに大喜びで二人の嫁をあげよう，すぐれた賢者よ」．これはJanaka王のDaśaratha王への言葉で，自分の娘SītāとŪrmilāをそれぞれRāmaとLakṣmanaにあたえようという内容であるから，このvadhvauは，インドの古註にsnuṣauとある通り，Daśarathaからみれば文字通り「嫁」ということになる．またKālidāsaのRaghuvaṁśa I 65があげられているが，筆者としてはこれも先のMahābhārataの例に似て，比喩的にとるのがよいと思う．これは，Manu王とその妃Magadha国の王女が二人で森に入り，Vasiṣṭha仙に会い，そこで王が子に恵まれないことを訴える場面である．従ってvadhvām tavaitasyām「あなたのこのvadhūに」という言葉は，実際には王が自分の妃のことを，相手の立場から述べた表現である．つまり，guru「師」は父であるから，この高僧を自分の父にみたてての言葉と考えるべきではないだろうか．王は72行では，tāta(II章21節参照)と親しくこの苦行者によびかけている．従って，この場合にvadhvāmをBöthlingk-Rothの指示するような意味でとる必要はなく，やはり比喩的な表現とみるべきである．このvadhū́-の意味については，なお多くの用例とその文脈の検討が必要であるが，いずれにしてもGatesのような安易な推論は避けられなければならない．

第X章 「義父，義母」

1. 序. 夫と妻の両親の区別.
2. *su̯ek̂uro-, *su̯ek̂rū- の対応とその分布.
3. satəm 語群の対応形の音変化について.
4. *su̯ek̂uro- と *su̯ek̂rū- の差とその解釈.
5. Skr. śváśura- と śvaśrū́- の用例と，夫と妻の両親の区別.
6. Lat. socer と socrus の用例. socer と gener.
7. Gr. hekurós と hekurá, pentherós と gambrós.
8. スラヴ語における夫と妻の両親の区別.
9. バルト，アルメニア，ヒッタイト語の形について.
10. 派生形 Skr. śvāśura- etc. の対応と解釈.
11. Fr. beau-père, bell-mère について.

1. 前章でとりあげた *snuso-「義理の娘」の逆の立場にあるのが夫の父母，即ち「舅，姑」である. *snuso- は嫁いだ夫の家に入ると，夫の両親をよぶ名称が必要になる. しかしそれと同時に，その嫁の実の両親がいる. それは夫からみれば，義理の父母である. 先にも述べたように，印欧語族は父系的な大家族制の下にあって，義理の父母の表現は，専ら嫁入りしてきた息子の妻からみた夫の両親に限られていたのではないか，という推定がくり返し主張されてきた (Schrader-Nehring II 373). 後述する Skr. śváśura-, (f) śvaśrū́-, Gr. hekurós, (f) hekurá, Lat. socer, (f) socrus などの対応形は印欧語のほとんどすべての地域に広く分布し，*su̯ek̂uro-, (f) *su̯ek̂rū- と再建されるが，その形の語源分析が 'head of the family'，あるいはそれに類する意味をもつとすれば，これはやはり嫁の立場からみた夫の父，pater familias の呼称であったと考えざるをえない (Szemerényi 1977 67).

しかし多くの語派をみると，夫と妻の区別なく，義理の父母として統一的に一つの形で表現する傾向が著しい. 夫と妻の双方の両親を語彙の上ではっきりと区別しているのは，ギリシア語とスラヴ語である. とはいえギリシア語でも，その区別は古代に限られている. そしてかつてあった hekurós「夫の父」と pentherós「妻の父」の区別は，既にコイネーの段階において pentherós に統一されて今日に及んでいる. 従って一方では，共通基語においては「義理の父母」に夫と妻の立場はなかった，という Gates (47 f.) のような見解が認められる．このような区別を考慮しながら，各語派の形とその対応を検討してみよう．

2. 夫(妻)の両親を表す語の対応は，*snuso- のそれに劣らず広範囲に分布している．その主な対応をあげるならば，次ぎの通りである．Skr. (m) śváśura-, (f) śvaśrū́-, Av. (m) xᵛasura-, Gr. (m) hekurós, (f) hekurā́, Lat. (m) socer, (f) socrus (>It. suocero, suocera, Sp. suegro, suegra, Rum. socru, socra), Got. (m) swaihra, (f) swaihrō, OHG. (m) swehur, (f) swigar (>Schwäher, Schwieger), Lit. (m) šẽšuras, Welsh (m) chwegrwn, (f) chwegr, OCS. (m) svekrŭ, (f) svekry, Arm. (m) skesrayr, (f) skesur, Alb. (m) vjehërr, (f) vjeherrë (Pokorny 1043 f.).

この対応は *pəter-「父」, *māter-「母」, *bhrāter-「兄弟」, *dhug(h)əter-「娘」のそれに匹敵するほど広い分布を示し，また正確である．これを欠くのは，わずかにトカラ語とアナトリア語群にすぎない．従ってこの語彙が，*snuso- と並んで祖語に属していたことは疑いない．またこの形は今日まで多くの語派で失われていない．例えばインドでは，śváśura-, śvaśrū́- の系統をひく形が，中期インド語を通じて近代の全インド・アーリア語に分布している (Turner 12753, 12759)．しかも「義理の父母」という意味も一定している．この語彙を失ったのはギリシア語，ケルト語それにゲルマン語とバルト語の一部である．イラン語は古代ペルシア語にはみられないが，近代ペルシア語には husur という形が残っている．こうした事実は，この語彙の重要性を示すものであり，印欧語族に古く根ざした形であるといってよいだろう．しかしこの対応を細かくみていくと，そこには各語派での差が認められる．

3. もしこれらの対応から (m) *su̯eḱuro-, (f) *su̯eḱrū- が再建されるとすれば，この形から歴史上の諸言語の形をふり返ると，いろいろの変化が予想される．Skr. śváśura-, śvaśrū́- では，*svaś->śvaś- の同化作用が認められる．これに対してイラン語の Av. xᵛasura- は同化を示さない．Arm. skesrayr は (f) skesur+ayr‘人(男)’と考えられるから，(f) skesur から出発しなければならない (Delbrück 518; Solta 57, 121)．そしてこの形にも，インド語派と同じような同化作用が予想されてきた．というのは，同じ語頭子音の連続をもつ *su̯esor->Arm. k‘oyr であるから，この形の sk- はそのままでは説明できない．*su̯eḱ->*k‘es- をあたえるからである．そこでこの sk- を解釈するために，Meillet (1936

51)は Skr. śván-「犬」, Lat. canis etc. の対応に Arm. skund「小犬」の対応を認め，これが *k̂u̯on- を予定するところから推して，Arm. skesur に *su̯ek̂->*k̂u̯ek̂- の同化を予想しながらこの sk- を説明しようとした (Godel 84; Pokorny 632 f.). これは一見インド語派と同じ *s-k̂- の間の同化作用を予定しているけれども，両者の間には時期的な差があるように思われる．インド語派では *s-k̂->*s-ś->ś-ś- という同化の過程を経ている．これはイラン語の形から判断して，インド語派内部の現象と考えられる．つまりこの同化は，*su̯ek̂->*k̂u̯ek̂->Skr. śvaś- ではないし，またそう考える必要もない．これに対して Arm. skesur については，上述の解釈に従えば，その同化は *k̂>Arm. s 以前に起ったとみなければならない．その意味で，この二つの語派の形は，まったく別個の発展の結果とみるべきであろう．

また Meillet のこの解釈自体にも，疑問がないわけではない．印欧語の「犬」に対応するアルメニア語の形は，*k̂u̯on- / *k̂un->Arm. šun と考えられるが，*su̯->k‘, *k̂>s からみて，この š- は説明しにくい．この形と先にあげた skund との関係は明らかでない (Meillet 1936 30, 78; Solta 56). この点を考慮して Szemerényi は，skund を *k̂u̯on- の対応からはずすことで skesur との関係を否定する (1964 294 f.). そこでこの形の sk- を，Arm. oskr「骨」<*ostu̯r- を支えにして，*stu̯- から導びこうとする．そこで (m)*su̯ek̂uro->*sk̂u̯ek̂uro->*stu̯ek̂uro- という複雑な変化を想定することによって skesur に到達する．これは Meillet 説の疑問を克服するとはいえ，二重の大胆な仮定を重ねることで別の疑問を残す結果となっている．

時期的な差はあれ，同化説がより有力であるということは，この対応に属する他の語派の形からもうかがうことができる．それは *su̯ek̂(u)- という形の s-k̂- が不安定で，そのままの音変化を示さず，相互に影響し合っている事実が認められるからである．例えば，Lit. šė̃šuras は *seš- からの同化形で，この点でインド語派に共通するが，*su̯- の -u̯- の要素が消失している．ところがスラヴ語の対応は sv- であり，バルト語派と異なる．この点は既述の「姉妹」を表す Lit. sesuô と OCS. sestra の場合とも違っている．また OCS. svekrŭ をみると *k̂ は s でなく，k としてあらわれている．これは，この語派のみに *s-k̂- の関係で異化作用が働いたとみるか (Meillet-Vaillant 28; Schulze 60 n5)，あるいは *-k̂u̯->*-kʷ->Slav. -k- のような二次的な変化を予定しなければ説明できない (Vaillant I 36). いずれにしても，インド，アルメニア，バルト，スラヴという k̂>s, ś をもつ satəm 東群に共通の動揺があることは注目すべきであろう．

この東群における音変化とともに，この対応全体にわたる特徴としては，(m)と(f)の形の関係があげられよう．女性形をみると，インドとスラヴ語派は -ū- 語幹をもち，Lat. socrus もこれに類する．それに対してギリシア，アルメニア両派は，女性形にもっとも多い -ā- 語幹を示している．そして Got. swaihrō も -n- 語幹にかわっているが，本来は *swaihrā を前提とする．一方男性形は，Gr. hekurós のように規則的な -o- 語幹をもつ語派が多い．インド，イラン，ギリシア，ラテン，バルト，スラヴ，それにゲルマンの諸派は明らかにこれをもつ．また Alb. vjehërr も *-su̯->Alb. -h- を認めるならば，*su̯esuro- を予定する(Jokl 46 f.)．これらの形を総合して，より不規則な形を重視するという観点からみれば，(m)-o- 語幹に対して(f)-ū- 語幹という関係が予想される．ところが，このような男女性形の語幹の組合せは一般に例がない．それがこの形の大きな特徴となっている．

4. もう一つの問題として，(m)と(f)の形の間に微妙な違いがあるという点を指摘したい．それは例えば Skr. śváśura- と śvaśrū́-, OCS. svek(ŭ)rŭ と svekry, Lat. socer と socrus, OHG. swehur と swigar のような両形の対比からも明らかに認められよう．インド語派の形のアクセントの位置が古いことは，古高地ドイツ語にみる Verner の法則のあらわれによっても実証される．Gr. hekurós のアクセントの位置は，pentherós「妻の父」, anepsiós「従兄弟」のそれと同型で，なんらかの類推が作用したと考えられる(Ai. Gr. III 88; Schwyzer I 381; Kuryłowicz 1952 235)．Burrow(1955 148)は，ギリシア語のアクセントを基本に考えようとするが，これは認められない(P. Thieme Lg. 31 1955 435)．これらの対応を基に祖語の形を再建すれば，(m)*su̯éḱuro-, (f) *su̯eḱrū́- となる．

さてこの形の第二音節の -ḱuro- と -ḱrū- は，一般の母音交替では説明できない．従来は Arm. (m)skesrayr<*skesur(f)-ayr，あるいは Welsh (f)chwegr, (m) chwegrwn，さらにはドイツ語の Schwieger=Schwieger-mutter→Schwieger-vater にみるように，女性形が基になって男性形が作られたと考える説が有力であった．そしてその原因としては，「嫁」に対する「姑」の重要性が一段と強調された(Ernout-Meillet 631; Benveniste 1969 249 f.)．従って Gr. hekurá でも *hekrús を前提とし，これが hekurá という規則的な女性形にかえられ，さらに hekurós を生んだと推定された(Schwyzer II 30 n5)．しかし hekurá を作る段階で -u- という母音が導入されるためには，それをもつ男性形がなんらかの意味で存在していたと考えざるをえない．従っていかに女性形の優位が強調されても，上に述べた -ḱuro- と -ḱrū- の交替は説明できない．そこでこの形全体の語源解釈が問題

になってくるのである.

この男女性の形の関係をどのように説明すべきか，また -k̑uro- と -k̑rū- の違いが母音交替ではないとすれば，それはなにに基づくのか．こうした問題に関して，いくつかの説をふり返ってみよう．まず Wackernagel (KZ. 28 1887 136＝1953 618) は，(m) *su̯ek̑urós, (f) -rá́ から出発しようとする．そして (f) -ū- 語幹形を，(f) voc. su̯ék̑ura が metathesis によって *su̯ék̑rua になり，これが *su̯ek̑rū になったと説明する．この男性形を基本におく解釈は，metathesis，それに -k̑rua＞-k̑rū という無理な音変化を予定しているため，Wackernagel 自身も後に棄てざるをえなかった (Ai. Gr. III 348)．しかし男性形を基にするというこの考え方は，Meillet にも認められる (1937 286)．Meillet は (f) *su̯ek̑rū-＜*su̯ek̑ru̯ə- を，(m) *su̯ek̑uro- の -ur- の metathesis による -ru- に (f) *-ā- の弱階梯 -ə- の結合した結果とみている．この男性形中心の考え方に対して，Kretschmer (KZ. 31 1892 446 f.) は女性形 *su̯ek̑rūs を認め，まずその (m) su̯ek̑rus を仮定する．そしてこの形が (m) -o- 語幹の影響から *su̯ek̑ruos となり，さらに metathesis によって *su̯ek̑uros になったと説明する．もし (m) *su̯ek̑uro- から出発すれば，(f) *su̯ek̑urā，または *su̯ek̑urī となるべきで，*su̯ek̑rū- はえられないからである．また F. Specht (KZ. 65 1938 193) も同じように (f) *su̯ek̑rū́s から出発し，Gr. (f) oizū́s「悲しみ」とその adj. oizurós という語形成から，(m) *su̯ék̑uros＞*su̯ek̑uro- を導びこうとする．

これらの解釈は，-k̑uro- と -k̑rū- の関係を metathesis によって初めて結びつけている．そして女性形から考える説にとっては，Specht なども強調するように，大家族の中での嫁と姑の仕事の上の関係が重視されている．これに対して男性形を基本とする説に利点がないわけではない．それは *su̯ek̑uro- を su̯e-k̑uro- と分析することで，前分は V 章にみた *su̯esor-「姉妹」のそれと同じ要素が指摘され，後分は Gr. kū́rios「力ある，主」，á-kūros「無効の」，Skr. śū́ra-「力ある，勇者」などとの語源的関係が予想されてくるからである (Pokorny 593; Frisk II 54 f.; Chantraine 601 f.; Mayrhofer III 365 f.)．即ち，*su̯e-k̑uro「自己のグループの主」である．嫁入りした息子の妻からみて，舅はその一族の主であるという解釈は魅力的である．それがこの形を男性形中心にみるという考え方を支持する．そして，もしこの解釈が正しければ，それは女性形中心の嫁と姑のつながりの想定に劣らず真実性を感じさせるものがあるといえよう．

それではこの (m) *su̯ek̑uro- と (f) *su̯ek̑rū- 以外に第三の可能性はないであろうか．Szemerényi (1964 294 f., 1977 64 f.) の最近のこの形に関する考証は，その第三の解釈を提示している．そこではまず女性形優位の立場が否定される．Arm. skesrayr は(f)skesur＋ayr として二次的に作られた形ではなく，skesur では主格に関する限り男女性形が同音語になるために，ayr ではなくて hayr「父」をそえて作られた合成形，即ち独 Schwieger(＝Schwieger-mutter)-Vater と同一の形と理解される．また Welsh chwegrwn も(f)chwegr を基にした形ではなく，*su̯ek̑ru-no-<*su̯ek̑uro-no- と説明される．またスラヴ語についても，男性形は文献的には 14 世紀までみられないが，これも ORuss. svekorŭ から予想される *svekŭrŭ を Lit. šẽšuras と同様に本来の形とみて，(f)svekry に倣った(m)svekrŭ を原型と認めない．そしてまた，この svekŭrŭ, svekry の s-k- の関係を dissimilation とする Meillet 説を疑問とし，*su̯esry が *su̯esr「姉妹」(>*su̯estr-)との同音を避けるために，kry「血」とのつながりをもって svekry にかえられた結果だと彼は説明している．この Szemerényi の解釈はかなり大胆な仮定をふくむものとはいえ，(m)su̯ek̑uro- と(f)*su̯ek̑rū- との差を，手を加えずにそのまま認めようとする立場が守られている．しかし Szemerényi もここに留まることは許されない．そこでこの両形を生かしながら進むために，最終的には男性形に *su̯ek̑uru- を仮定する(1964 310)．これは Kretschmer の考え方の延長である．この(m)-u- 語幹の想定は，(m)-i- に対する(f)-ī- 語幹と並行して，*su̯ek̑rū- の(f)-ū- 語幹から要請されたものであった．この推定は理論的には可能である．というのは，(f)-ū- は(m)-u- に *-ā- の弱階梯 *-ə- を加えた形であり，また確かに Skr. vadhū́-「花嫁」, agrū́-「未婚の女」を初め -ū- 語幹の女性名詞は数多く指摘されるからである．しかし実際に(m)-u-, (f)-ū- という対をなす名詞の対応形は，Szemerényi 自身も認めるように，存在しない．古代語の形容詞をみても，-u- 語幹は(m)(f)に共通して用いられ，(f)-ū- に交替することはない．従って *su̯ek̑uru- の存在は，一つの理論的な仮定にとどまるものである．

さてこの -u- 語幹から -k̑uro- への移行は，Gr. huiús>huiós の例に倣って，(m)-o- 語幹と dissimilation によって容易に説明されよう．それでは(f)su̯ek̑rū- は発生的にどのように考えられるであろうか．ここで参考になるのが，既に Meillet も指摘している数詞「4」の交替形，*k^{w}etu̯er- / *k^{w}etu̯r̥- / *k^{w}etru-(Lat. quadru-pes「四足の」) / *k^{w}etur-(Skr. acc. catúraḥ)である(Ai. Gr. III 347 f.)．これと平行して当面の形を考えると，*su̯ek̑u̯er- / *su̯ek̑u̯r̥- / *su̯ek̑ru- / *su̯ek̑ur- となる．しかしこの交替の中から(f)*su̯ek̑rū- を直接導き出すことはできない．そこで Szemerényi は上述のように *-ə- を考慮して，*su̯ek̑u̯r̥-ə->*su̯ek̑u̯r̥̄->*su̯ek̑rū- という変化を仮定する(1964 304)．これは metathesis

というやや安易な説明を避けてはいるが，*-u̯rə->-rū- は類例に乏しく実証性の薄い変化であり，Szemerényi 自身もこれを認めている．またこの仮定において，*su̯eḱu̯r̥ə- ではなく *su̯eḱurə- という音節構成も可能であるが，この点は無視されている．

さてこのようにしてえられた(m)*su̯eḱuru-, (f) su̯eḱrū- の関係をみると，いうまでもなく前者の(m)-u- 語幹は，(f)-ū-<*-u̯r̥ə- の成立後に *su̯eḱur- を基に(m)-u- / (f)-ū- の関係から逆に形成されたと考えざるをえない．しかし Szemerényi の説明では，(m)-u- が基本であるとも述べられていて，この二つの形の成立の関係に対する著者の真意は必ずしも明らかでない．しかしこの点はしばらくおいて，この形の語源解釈をみることにしよう．

Szemerényi はこの形を *su̯e-ḱuru- と分析する．そこで当然上にふれた Gr. kū́rios との対応が問題になってくる．しかし著者は ḱuro- 'master' の意味は考えられないとして，この語源説に否定的である．私見では，この語源解釈は充分とはいえないまでも，簡単にしりぞけられるほど形も意味も不適切であるとは思えない．Szemerényi の真意は，この対応に -u- 語幹の形がみられないところにあるのではないだろうか．その証拠に，彼はこれに代って *ḱerəs-「頭」(Pokorny 574 f.)との関係を提案するが，これには Gr. kórus「かぶと」，koruphḗ「頂」のように，-u- 語幹の形がはっきりと指摘されるのである．この語源を想定したところで再建形は *su̯e-ḱurus ではなくて，もう一歩進んだ *su̯é-ḱorus 'head of the extended family' とならざるをえない．従って当然この二つの形は同化という音変化で結ばれ，さらに歴史上の形にもっとも近い *su̯eḱuros へは異化作用を通じて到達することになる．即ち，その過程は *-ḱoru->*-ḱuru->*-ḱuro- である．この男性形を基に考えると，女性形も *su̯eḱorū́s となり，さらに *su̯eḱurū́s>*su̯eḱrū́s によっても現実の形に近づくことができる(1964 317)．

この Szemerényi の解釈は，従来の metathesis を予定した説明とは異なり，(m)-u- 語幹という第三の可能性を設定したところに新らしい視野が求められている．しかしその説明の手順にはあまりに仮定的な面が強く，再建形と現実の形との間の音変化の過程も複雑にすぎ，反って説得力を欠いている．私見ではもし理論だけに拠るのであれば，Szemerényi の *su̯eḱoru- の仮定を生かして，この形から *su̯eḱrū- を導くことは，*doru-「木」(Skr. dā́ru-，英 tree etc.)>Gr. (n) dóru / (f) drûs，語根 *teri-「こする」に属する Gr. teírō<*ter-i̯ō, Lat. terō / trībō, Lat. p. p. p. trītus などの交替形に倣えば容易である(Kuryłowicz 1956 128, 1968 216 f., 276)．この型によれば，metathesis も *ə も仮定せずに，男性形を基礎に女性形をうることができるし，またその類例も乏しくはない．しかし

(m)-u- 語幹を，対応の欠如を無視して設定するところに，この仮定の大きな弱点があるといわざるをえない．

以上われわれは，(m)*su̯ek̑uro-, (f) su̯ek̑rū- のいずれかを基に考える二つの立場と，Szemerényi による *su̯ek̑uru- という第三の仮定を検討してきた．それぞれの立場に，他の形を説明するための困難が認められるけれども，私見では語源的な分析と対応からみて，(f)*su̯ek̑rū- の語幹に問題は残るけれども，*su̯e-k̑uro- から出発するのがもっとも無理がないように思われる．-ū- という比較的数の少ない女性形を，嫁と姑の関係に結びつけて語形成の上にまで優先させなければならないほど重視する必然性は，この場合認められない．嫁と姑など「義理の父母」を周る事情を考慮しながら，以下にその語彙のあらわれる資料をみることにしたい．同時に夫と妻の両親の区別についても考えてみよう．

5. 古代インドでは，花嫁が婚家に入るときに，バラモンたちが彼女のために沐浴の水を用意する．そして花嫁は夫とともに Aryaman の火の周りをまわる．AV XIV 1. 39 (cd). aryamṇó agním páry etu pūṣan prátīkṣante śvaśuro deváraś ca //「(彼女は)アルヤマンの火をまわれ，プーシャンよ．舅と義理の兄弟たちが待っている」(Thieme 1957 14 f.)．こうして śváśura- と snuṣā́- の関係が初めて成立する．

さて婚家に入った嫁は，夫の両親や兄弟姉妹とともに日日を送らなければならない．それについて詩人は歌っている．RV X 85. 46. samrā́jñī śváśure bhava samrā́jñī śvaśrvā́m bhava / nánāndari samrā́jñī bhava samrā́jñī ádhi devṛ̥ṣu //「舅に全権ある者となれ．姑に全権ある者となれ．夫の姉妹に全権ある者となれ，夫の兄弟に全権ある者となれ」．これは将来その家の mater familias となる者としての心がけを示したものであろう．しかし夫の両親のいる間は，嫁としてこれに仕えなければならない．AV XIV 2. 26–27. sumaṅgalī́ pratáraṇī gṛ̥hā́ṇām suśévā pātye śváśurāya śaṁbhū́ḥ / syonā́ śvaśrvaí prá gṛ̥hā́nviśemā́n // syonā́ bhava śváśurebhyaḥ syonā́ pátye gṛ̥hébhyaḥ / syonā́syaí sárvasyai viśé syonā́ puṣṭā́yaiṣāṁ bhava //「吉兆をもって家を拡め，夫によく仕え舅を助け，姑に快よく汝はこれらの家に入れ，舅に快よきものとなれ，夫に家に快よく，すべてのこの一族の人々に快よく，彼らの繁栄のために快よきものとなれ」．ここで śváśurebhyaḥ (pl. dat.) を Whitney は単純に ‘fathers-in-law’ としているが，この複数は pitáraḥ「父とその兄弟」(Manu II 151) と同様に，「舅とその親族」と解すべきだろう (Ai. Gr. II/2 51 ‘der Schwiegervater und seine Familie’)．J. Gonda (IIJ. 8 1964 12) はこれを ‘the father-in-law and his relatives (brothers) of the same age' と訳している．これが複数で舅と姑，夫の両親を表すものではないことは，次ぎの Pāṇini の規定からも明らかである．Pāṇini I 2. 71. śvaśuraśca śvaśrvā //「śvaśura- が śvaśrū- とともにあるときもまた (śvaśura- と śvaśrū- がともに並べられるか，前者のみが残る——śvaśurau または śvaśrū-śvaśurau「義理の両親」)」．

これらの詩句では，śváśura- も śvaśrū́- もともに夫の両親をさしている．しかし有名な賭博者の歌では，次ぎのように歌われている．RV X 34. 3. dvéṣṭi śvaśrū́r ápa jāyā́ ruṇaddhi ná nāthitó vindate marḍitā́ram / áśvasyeva járato vásnyasya nā́hám̐ vindāmi kitavásya bhógam //「姑は憎み妻は排斥する．援助を求めても彼は憐れみを施す人をみ出せず．売りに出された老馬の如く，われは賭博者に用なし(と人はいう)」．この śvaśrū́r は，妻の母，賭博者の義母ととれる．古くは Sāyaṇa を初め，Delbrück (516)，Geldner，そして Renou (1942 84) もその理解に従っている．Geldner は本文を 'Die Schwiegermutter ist mir feind' と訳し，その註に 'wenn er von der zur Mutter geflüchteten Frau Geld haben will' と断っている．この 'Mutter' は当然妻の実家の母である．この理解に反対の意見を強く主張しているのは，P. Thieme である．彼は śváśura-, śvaśrū́- は常に「夫の父母」であるという．この一節についても，'the gambler designates his own mother from the standpoint of his wife, because she sides, unnaturally, with his daughter-in-law against his own son.' と説明している (1957 14 n5)．この立場はその後辻 (330 n5)，そして Renou (1967 131) に認められている．このように Thieme によって「夫の父母」の意味が強調されるのも，一つにはヴェーダ文献において，この二つの形がはっきりと「妻の父母」を表す用例がみられないからであろう．筆者の知る限りでは，この RV の例を除いて「妻の父母」の可能性を示す用例はない (IX 章 11 節)．

ところが古典サンスクリットでは，これらの語彙は夫婦いずれの父母をもさすことができる．例えば，Manu II 130–131. mātulām̐śca pitṛvyām̐śca śvaśurān ṛtvijo gurūn / asāvahamiti brūyāt pratyutthāya yavīyasaḥ // mātṛṣvasā mātulānī śvaśrūr atha pitṛṣvasā / sam̐pūjyā gurupatnīvat samāstā gurubhāryayā //「母方のおじも父方のおじも義父も，時祭僧，師も，彼らが自分より若くとも，立って'わたしは某である'というべし．母の姉妹，母の兄弟の妻，義母，それに父の姉妹は師の妻の如く敬われるべし．彼女らは師の妻にひとしい」．ここでは śvaśurān, śvaśrūr は，妻の父母を意味している．Ind. Spr. 777. asāre khalu sam̐sāre sāram̐ śvaśuramandiram / haro himālaye śete viṣṇuḥ śete mahodadhau // 「まことに空しき輪廻の世には，義父の家こそ最良なり．シヴァは(妻ドゥルガーの父)ヒマラヤに休み，ヴィシュヌは(妻ラクシュミーの父)大海に休む」.

インドにおいては，śváśura- も śvaśrū́- もヴェーダ時代には妻の側からの夫の両親のよび名であった可能性が強い．しかし古典期には既にこの限定はなく，他の形とともに夫婦に共通した語彙となっている．

6. インドに続いてわれわれは，ローマに移ろう．ここでは歴史の初めから，socer と socrus はともに夫婦の両親いずれにも使用されている．そのいくつかの例をあげておこう．Horatius Od. III 11. 37. 'surge' quae dixit iuveni marito, / 'surge, ne longus tibi somnus, unde / non times, detur; socerum scelestas / falle sorores, / quae velut nactae vitulos leaenae / singulos eheu lacerant…… 「起きて，と彼女は若い夫にいった．起きて，思わぬところから永い眠りがあなたにあたえられないように．舅やいじわるな姉妹たちの知らぬ間になさい．あの人たちは仔牛をみつけたら，雌獅子のように一匹ずつひき裂いてしまうのですから」．この socerum 形は，夫の父をさしている．Terentius Hecyra 770. noster socer, video, venit: puero nutricem adducit.「おや，われらが義父どのがくる．子供にお守りを連れてくる」．これは Laches が，息子の妻の父 Phidippus のことをさしていう台詞だから，socer は妻の父である．同じような用例は Plautus (Trinummus 1151) にも認められる．Terentius の Hecyra でも，前章 10 節に引用した 277 行以下の Sostrata の台詞の中では socrus は「姑」であるが，同じ作品の 748 行に「だれがそういうのですか」といって，娼婦である自分と Pamphilus の関係を口にする人のことをたずねる Bacchis に対して，Pamphilus の父 Laches は socrus と答えている．その後の対話からみると，これは Pamphilus の妻 Philumena の母 Myrrina をさしている．

ラテン語において眼につくのは，socer が文脈上で gener「婿」と併置されていることである．形の上の相互の影響は明らかでないが，この二つの形の関係はかなり密接である (Hermann 1935 102)．Vergilius Aen. 6. 828. heu quantum inter se bellum. si lumina vitae / attigerint, quantas acies stragemque ciebunt, / aggeribus socer Alpinis atque arce Monoeci / descendens, gener adversis instructus Eois. / 「生命の光にふれると，彼らは互いになんと大きな戦いを，またどれほどの戦列と殺戮を起したことか．義父はアルプスの砦を出てモノエクスの高みを下り，これに対抗して婿は東方諸国の軍を揃えてかまえた」．この socer は Caesar, gener は Caesar の娘 Julia の夫 Pompeius である．

Ovidius は固い鉄の時代の悲惨さを次ぎのように歌っている. Met. I 144. ……non hospes ab hospite tutus, / non socer a genero, fratrum quoque gratia rara est, / inminet exitio vir coniugis, illa mariti, / lurida terribiles miscent aconita novercae, / filius ante diem patrios inquirit in annos.「客は主人から安全でなく，義父は婿から(安全でない). 兄弟にも情愛は稀である. 夫は妻の死を願い，妻は夫の(死を願う). 恐ろしい継母は青ざめた猛毒を混ぜ，息子は日至らざるに父の齢を調べる」. 終りに Cicero の一文を引こう. 彼は柔弱なことをいましめ，俳優でも下着をつけ，体を露出しなかったと述べた後にいう. de Offic. I 35. 129. nostro quidem more cum parentibus puberes filii, cum soceris generi non lavantur.「われわれの習慣としても，年頃の息子は父と，婿は義父とともに入浴しない」.

このsocer と gener の関係が，ローマにおいて socrus と nurus，つまり姑と嫁のそれとともに，実際生活の上でのなにか重要なつながりを反映するものかどうかは，容易に判断することはできない. ただラテン語の socer, socrus は，妻に限らず夫の側からの呼称としても用いられていたことは明らかである.

7. インド，ローマに続いて，われわれはギリシアに注目すると，ここでは初め夫と妻の両親は名称の上で区別されている. ホメーロスでは，前章10節にあげた Il. 3. 172 にみるように，妻からみた夫の父は hekurós とよばれ，また母は hekurḗ である. Il. 22. 451, 24. 770 では Andromakhe の姑 Hekabe が hekurḗ で表されている. これに対して，夫が妻の父をいうときには petherós という形を用いる. その女性形 petherá の用例は，ホメーロスにはない. これは偶然か，韻律上の制約によるものか，明らかでない. このホメーロスの区別が歴史時代のいつ頃まで生きていたのかは正確には不明だが，少なくとも hekurós, hekurá の二形はホメーロス以後実際には消滅してしまった. 次ぎに pentherós の一例をあげよう. Il. 6. 168. pémpe dé min Lukíēnde, póren d' hó ge sḗmata lugrá, / grápsas en pínaki ptuktôi thumophthóra pollá, / deîxai ēnṓgein hôi pentherôi, óphr' apóloito. /「彼は彼(ベレロポンテース)をリュキアに送り，おぞましい印しをわたした. 折り重ねた板に彼は死をもたらす多くのことを刻み，彼を殺そうとしてそれを義父に示すように命じた」. これは177行以下の ……gambroîo pára Proítoio……「婿のプロイトスから」という言葉で明らかなように，Proitos から妻 Antia の父であるリュキア王へ宛てた文書の一件である.

このpentherósとgambrós「婿」の関係は，Lat. socerとgenerのそれに似て，形の上の類似とともに，文脈的にも密接である．その用例は，歴史時代においても散見される．例えば，殺害を犯した者の追求の法(Demosthenes XLIII 57)において，entòs anepsiótē-tcs「従兄弟までの等級の親族の中で」，sundiókein dè kaì anepsioùs kaì anepsiôn paîdas kaì gambroùs kaì pentheroùs kaì phrateras「従兄弟も従兄弟の子も婿も義父もフラーテールのメンバーたちも，ともに追放すること」が告げられている(Delbrück 521)．

さてpentherósはhekurósを失っても，しばらくはホメーロスの名残りを保っている．Herodotosもこの形を使っているが，そこでは「妻の父」の意味が認められる．IV 164. eíkhe dè gunaîka suggenéa heōutoû, thugatéra dè tôn Barkaíōn toû basiléos, tôi oúnoma ên Alázeir· parà toûton apiknéetai, kaì min Barkaîoí te ándres kaì tôn ek Kurḗnēs phugádōn tinès katamathóntes agorázonta kteínousi, pròs dè kaì tòn pentheròn autoû Alázeira.「彼は自分の親類の者で，アラゼイルという名のバルケ人の王の娘を妻にもっていた．彼はこの人のところにきていたが，バルケ人とキュレーネーからの亡命者たちが，アゴラを歩いている彼をみてとって殺した．そしてさらにその義父アラゼイルをも(殺した)」．このほかVII 165の使い方はその典型であるが，一方では次ぎのような例もあることに注意したい．VII 61. kaì árkhonta pareíkhonto Otánea, tòn Amḗstrios patéra tês Xérxeō gunaikós.「彼らはクセルクセースの妻のアメーストリオスの父オタネースを指揮者にしていた」．ここではAmḗstriosという名前の挿入が，このような「妻の父」という記述的表現をとらせた一因であろうが，そうでなくともこの表現が古典期にも用いられていたことは事実である(Demosthenes XXXVI 15. ……tôi te tês heautoû gunaikòs patrì……「自分の妻の父に」)．

悲劇においても，pentherós「妻の父」は確かに認められるが，その他の用例をみると，この語の意味は必ずしも一定していない．この事実はLiddell-Scottにも指摘され，'connection by marriage'という広い幅で規定されている．例えばEuripides Electra 1284行以下でDioskouroiの言葉に，Pyladesは新妻Electraを伴って家に帰れ，という台詞に続けて1286行にkaì tòn lógōi sòn pentheròn komizétō / Phōkéōn es aîan……「そして名義上お前のpentherósをポーキスの地に連れていけ」とある．この場合にpentherósはミュケーナイの農夫で義父ではなく，義理の兄弟の関係にある者をさしている．このような漠然とした内容とは別に，pentherósはまたgambrós「婿」の意味でSophoclesに用いられていたことは，既に古代作家の指摘するところである(Schrader 1904–5 16)．

このpentherósの意味の動揺に呼応するかのように，gambrósの用法にも不安定な点が認められる．Eur. Hippol. 634. ékhei d' anágkēn, hṓste kēdeúsas kaloîs / gambroîsi khaírōn sṓizetai pikròn lékhos, / ḕ khrēstà léktra, pentheroùs d' anōpheleîs / labṑn piézei tågathôi to dustukhés.「よい姻戚関係を結んで喜んでいると嫌な妻に悩まされ，妻がよければろくでもない姻戚をひきうける始末，幸運で不運を抑えるという，この運命を彼は免れない」．ここではpentherósもgambrósもともに，「婿」とか「義父」と限定されず，より広い姻戚関係'in laws'を指している．この634-7行は早くから専門家の間で他の劇からのinterpolationとみなされているので，この用法がEuripidesのものとは断定できないが，当時のこの二つの語彙の意味の動揺を示す一資料であることにかわりはない(Barrett 1964 279 f.)．もう一例をEuripidesのAndromakheからあげよう．639. all' ekkomízou paîda, kúdion brotoîs / pénēta khrēstòn ḕ kakòn kaì ploúsion / gambròn pepâsthai kaì phílon・sù d' oudèn eî. /「さあ娘を連れていけ．姻戚や友人にするには，金があっても悪人よりは，貧乏でも善良な人のほうがよい．お前は無にひとしい」．これはPeleusのMenelaosへの台詞である．娘というのは，Peleusの孫Neoptolemosの妻で，Menelaosの娘Hermioneをさしている．PeleusがMenelaosと同じ立場に立って話しているとすれば，この場合にgambrósは狭義にはpentherósともとれる．しかし前例と同様に広義にとることもできるし，そのほうがより自然であるように思われる．

gambrósについては次章に改めてとりあげるが，いずれにしてもこのようなpentherósとgambrósの関係，その意味の動揺の原因の解明は，むずかしい問題である．語源的にみれば，pentherósは明らかにSkr. bándhu-「親族」，Lit. bêndras「仲間」などと同じく語根*bhendh-「結ぶ」(Pokorny 127; 英bind etc.)に属する派生形*bhendh-ero-である．そしてSkr. bándhu-を参考にすれば，Gr. *pénthusに対するpentherósの関係が想定されよう(Leumann 1950 115)．従ってこの形は，本来は「親族，縁者」のような，かなり広い意味から出発したと推定される(Schwyzer I 482A 1; Benveniste 1935 179; Frisk I 504; Chantraine 880)．これに対してgambrósの語源は，次章に述べるように，あまり判然としない．しかしもしGr. gámos「結婚」，gaméō「結婚する」という形と関係があるとすれば，これも本来は「姻戚」を表すように思われる．また一方で，これとSkr. jámātar-, Lat. gener, Lit. žentasなど「娘の夫，婿」を表す対応との間になんらかの関係が予想される．もしこの推定が正しければ，hekurós, hekurá，それにnuósの祖語以来の伝統は疑いないのだから，これにgambrósを加えた一連の親族名称が，結婚による

「義父，妻の父」の名称を求めて，本来広い意味をもっていたpentherósをこれに適用したと考えられる．これがホメーロスの頃の状況である．ところがこの時代が去ると，hekurósとhekuráはなぜかほとんど忘れられてしまった．そこで差別する対の語彙を失ったpentherósは，かつて受けた限定をすてて，一方では失われたhekurósの領域をもカバーし，他方では本来のより広い意味での使用をも許すことになった．それに伴って，これと形式的にも文脈的にも密接なつながりをもつgambrósにも動揺が起り，両者がときにとり違えられるような結果も生じたのであろう．つまり，hekurós, hekuráをもっていたホメーロスと，これをもたないその後の時代の差がpentherósの内容の動揺の大きな原因であったと推定される．

さてpentherósは既述のようにhekurósを失ってその領域を兼ねることになり，他の多くの言語と同様に，夫婦の両親を互いに同じ名称でよぶという統一的傾向を示し，そのまま近代に流れこむことになる．前章7節にあげたマタイ伝X 35におけるpentheráの用法は，コイネーにおけるそうした傾向をはっきりと示している．なおその例を聖書からあげておこう．Matth. VIII 14. kaì elthȍn ho Iēsoûs eis tȅn oikían Pétrou eîden tȅn pentheràn autoû beblēménēn kaì puréssousan.「そしてイエスはペテロの家にいって，彼の義母が熱病にうたれ倒れているのをみた」．ラテン語訳は，もちろんここでも……socrum eius iacentem et febricitantemとある．ゴート語訳も……swaihron is ligandein ⟨jah⟩ in heitomである．これに対して教会スラヴ語訳は，Matth. X. 35ではpentherâsに対してsvekrŭveとしながら，ここでは……vidě tŭštǫ ego ležǫštǫ ogne mĭ žegomǫと，svekry「夫の母」でなくてtĭšta「妻の母」(ŭとĭの混同は珍らしくない)を区別して用いている．同様にMarc. I 30でもpentheráにtĭštaが，Joh. XVIII 13ではpentherósにtĭstĭがあてられている．

8. この聖書の訳からもわかるように，夫と妻の父母の名称を区別するのは，ギリシア語のほかにスラヴ語がある．ギリシア語は古典期以後その区別を失っていった．これに対してスラヴ語は，古代教会スラヴ語の段階で(svekrŭ)，svekryとtĭstĭ，tĭštaの区別をもち，しかもその区別はスラヴ語全体に及び，さらにRuss. svëkor, svekrovĭとtestĭ, tëščaにみるように，現在にまで及んでいる(P. Friedrich 1963 9)．この夫からみた妻の父母を表す形は，OPruss. tisties「義父」と関係があることは疑いないが，その他の語派の対応は指摘されない(Vasmer III 100, 102)．その語源は明らかでないが，一種の愛称形

ではないかと考えられる．しかし Vaillant (II 147) は，これは (f) svĭstĭ「妻の姉妹」にパラレルな形があるから，ともに恐らく 'une déformation hypocoristique du nom de la sœur, ancien *su̯esr-' だろうと説明している．この推定は，語頭の sv- と tĭ- の差にふれていないので説得力に乏しい．

われわれは *su̯eḱuro-，*su̯eḱrū- の対応を中心に，インド，ローマ，ギリシアについて「義理の父母」の表現とその用例を考察してきた．資料的にみて夫と妻の父母の区別が意識されていたのはギリシア，スラヴ，それにインドの古層も加えられる可能性をもっている．その他の語派は既に統一的な傾向を示している．しかし既述のように *su̯e-ḱuro- の語源的解釈を尊重すると，やはりこの形は本来は嫁入りしてきた妻の立場からみた夫の父母をさす語彙であったと考えたい．これに対して夫の側からの妻の両親の名称は，必要ならば合成的記述的表現で足りたわけである．しかし生活様式の変化とともに，ほとんどの地域でこの区別は失われ，統一的な傾向を示すに至った．

9. ここで今までにふれられなかったいくつかの語派の形について考えておこう．スラヴ語に接するバルト語派では，Lit. šẽšuras < *su̯eḱuro- があるが，その女性形は指摘されていない．そしてこの形は廃語になり，代って夫と妻に共通の (m) úošvis, (f) úošvė, (pl.) vuošviai という形が用いられ，そのほかに anýta「(妻からみた) 義母」がある (I 章 30 節)．úošvis の語源は明らかでない (Fraenkel 1168)．uoš- < *uoḱs- から，Lat. uxor「妻」との関係を予想する説 (Walde-Hofmann II 850)，*ōkuo-「早い」から (f) ōku̯ī-「義母」< 'la rapide, la diligeante' を予想する Vaillant 説 (II 158) などがあるが，最近 Szemerényi は，*su̯eḱuro- の vocativus *ōsu̯e (ḱure) が基になって，これが *ōšviyos > úošvis となったのではないかと推定している (1977 66)．Lett. (m) tēvuocis, (f) mātice は明らかに têvs「父」，mâte「母」からの派生形である．

アルメニア語には，夫の側からみた妻の父母のための二つの形がある (Delbrück 518)．aner と zok'anč̣ である．aner は恐らく上にあげた Lit. anýta と同様に，*(H)an- と関係づけられよう (Pokorny 37; Walde-Hofmann I 55)．zok'anč̣ の語源は明らかでないが，Meillet は妻の家族の名称は一般に印欧基語のものではないという一例にこの形をあげている (1936 144)．

トカラ語とヒッタイト語には *su̯eḱuro-，*su̯eḱrū- の痕跡は認められない．またケルト語の中でアイルランド語は，athair cēile, māthair cēile「義父，母」にみる限り印欧語の古い伝統を失っている．

ヒッタイト語はここでもまたAkk [LÚ]*E. MU*‘義父’を利用している．ただしこの形はJ. Friedrichの辞書にはとられていない．Ahhijava問題で有名なTavagalava書簡から，その一例をあげるにとどめたい(Sommer 1932 4, 82f.)．62. ……na-an *A. NA A. UA. TE*[MEŠ] ku-e-da-aš har-ku-un / [na-a]t [I]at-pa-aš-ša iš-ta-ma-aš-ki-it [I]a-u̯a-i̯a-na-aš-ša / [iš-]ta-ma-aš-kír nu-uš-ma-ša-aš [LÚ]*E. MI. ŠU. NU* ku-it / [nu-u?-]u̯a me-mi-an ku-u̯a-at ša-an-na-an-zi /「さてわたし(ヒッタイト王)が彼(ピヤマルドゥ)に対して批難をなしたが，それをアトパーとアヴァヤナも聞いた．それなのに，彼は彼らの義父なのだから，なぜ相変らずこのことを彼らは黙っているのだろうか」．

10. 終りにいくつかの派生語と合成語などで，この章に関係のある形を検討しておこう．Skr. śváśura-, śvaśrū́- にはいくつかの派生語がある．その adj. śvaśurīya-(Turner 12758)のほか，まず śvaśurya- があげられる(Turner 12757)．これは「後裔」を表す接尾辞 -ya- を伴った形として，Pāṇini(IV 1. 137)にも指摘されている．そこでこの形は「義父の子」，つまり「夫または妻の兄弟」を表す．この形の古典サンスクリットにおける使用は少なかったらしく，近代語にはなんの痕跡も残っていない．これ以外にTurnerによれば，śvaśurya- と同じ意味で vr̥ddhi をもつ śvāśura-(12767) という形が，近代にまでかなり有力な語彙として生きている．また *śvāśuriya- > śvāśurya-(12757)がある．さらには -i- 語幹で「義父の孫」を表す śvāśuri-(12768) という形も記録されている．この形は近代においては，わずかにDardic語群に残るにすぎない．しかしこの形と先にあげた śvaśurya- については，P. Thieme(ZDMG. 106 1956 153 f. = 1971 158 f.)によって，Patañjali がその Mahābhāṣya において言及していることが指摘されている．同書 II 243 l. 7–8. śvaśurasyāpatyam śvaśuryaḥ / śvaśuryasyāpatyam śvāśuriḥ / śvāśurer yūnaś chattrāḥ śvāśurāḥ /「śvaśura-‘義父’の子が śvaśurya- である．śvaśurya- の子が śvāśuri- である．若い śvāśuri- の生徒が śvāśura-(pl.)である」．

さてこの śvāśura- という形は Kathāsaritsāgara にみられるが，語形成からみれば本来は śvaśura- の adj. ‘dem Schwäher gehörig’ である(Ai. Gr. II/2 105)．śvaśurya- のかげにかくれたこの形が，「義父の(子)＝夫，妻の兄弟」を表したことは，近代語の Kashmir hahar「妻の兄弟」，Sinhalese hūrā「妻，夫の兄弟」によっても証明されよう．ただしこの二つ以外の śvāśura- の系統の近代語の形は，いずれも śvaśura- の形容詞に基づくものである(Turner 1960 106 f.).

この *su̯ēk̑uro- を想定させる形の対応として，われわれは西ゲルマン語の OFries. swāger, OHG. swāgur「義兄弟」>Schwager などの形をあげることができる(Schulze 63 f.; Ai. Gr. II/2 134; Kuryłowicz 1968 303; Leumann 1959 366). ゴート語と北ゲルマン語には，借用形は別として本来の対応形はない. W. Schulze (60 f. = KZ. 40 1907 400 f.) の研究以来この vr̥ddhi の形は，対応は少ないが共通基語のものであるという可能性も考えられてきた. しかし vr̥ddhi による派生はインド語派では特徴的だが，他の語派では一般にあまり用いられないから，これらの形は各々別個に発展したとみなすことも決して誤りではない (Hirt IG. II. 50 f.; Szemerényi 1964 312 n6). またインド語派には，後述するようにヴェーダ語に devár-「夫の兄弟」, syālá-「妻の兄弟」という形があり，西ゲルマン語にも OE. tācor, OHG. zeihhur「夫の兄弟」という Skr. devár- と対応の予想される語彙が存在している. Skr. śvāśura- は明らかにこのヴェーダ語の形よりは文献的に新らしく，従って後世の派生語とみるべきであろう. なおこのゲルマン語の形についても，O. Schrader (1904–5 25 f.) は Slav. svojakŭ, svak '*der Heiratsverwandte' からの借用説を主張している. しかしこの Schrader 説は一般に認められていない (Schulze 66).

Gates (48, 74) はこの *su̯ēk̑uro- の対応を共通基語のものとみた上で，「妻の兄弟」に限った内容を想定しようとする. その根拠は，彼が問題にする Omaha 型の親族名称組織には「夫の父母」と「妻の父母」の区別がなく，*su̯ek̑uro- を一応「夫の父」とみると，「夫の父」=「妻の兄弟」という事実があるからである. それに加えて，先にあげた Skr. devár-, Gr. dāḗr etc. の「夫の兄弟」の対応がいくつかの語派でまとまる可能性があるのに，「妻の兄弟」の対応は認められないという事情も考慮されているように思われる. この解釈は一つの類型的試論にすぎず，*svēk̑uro-「妻の兄弟」は文献的にはなんら実証されない.

11. ロマンス語の中でフランス語だけが Lat. socer, socrus をすてて beau-père, belle-mère という合成語を作り，「義父」と「継父」をまとめた点は特徴的である. 俗ラテン語では，Lat. socrus の -u- 語幹は，socra, socera のように -a- 語幹に移行した. socra の変化した形が，Sp. suegra, Port. sogra, Rum. socra など現代のイベリア半島，サルディニア，ルーマニアに生きている. socera の系統は中部から北部のイタリアに残った. これに対して古フランス語では，suire という形が記録されているが，14 世紀頃に Fr.

belle-mère, Prov. bello-maire が進出して，suire は消滅する．この合成形はいうまでもなく beau-père, -fils, belle-fille など一連の統一的な表現の追求のあらわれである．ラテン語ではこれらが socer, socrus, gener, nurus のように，ばらばらの形に依って表されていたからである．古フランス語においては Lat. socer＞le suire, socrus→socra＞la suire と男女性が同音語になったので，père, mère に倣ってここにも差別化が求められた．14 世紀に貴族たちの社会での儀式の決まり文句などの中に，このような新らしい名称，bels sire, bele dame, mere, bels amis があらわれてくるが，イタリアにはこのような現象はあまりみられないという (Rohlfs 145, 310)．現在まで専らこのような合成表現を愛好しているのは，ロマンス語の中ではフランス語しかない．その意味では，同じ 14 世紀からみられる英語の in law による表現，あるいはドイツ語における Schwieger (vater, mutter) の拡大的使用による合成表現とフランス語は共通した傾向を示している．

第 XI 章 「義理の息子」

1. 「義理の息子」, いいかえれば「娘の夫」「婿」を表す語の共通基語における存在は *snuso-, *snusā-「息子の妻」, *su̯eḱuro- *su̯eḱrū-「義父, 義母」の対応ほど確実に証明されない. 確かに一連の関係があるかのようにみえる形が, 各語派にかなり広く分布している. しかし形式的には, その対応は完全な一致を示していない. 以下にその対応の扱いを中心に, 各語派の事情を考察していこう.

2. まず問題となる対応に関係すると思われる各語派の形をあげると, Skr. jā́mātar-, Av. zāmātar-, Gr. gambrós, Lat. gener, Lit. žentas, Lett. znuôts, OCS. zętĭ, Alb. dhĕndĕr. ゲルマン, ケルト, アルメニア, それにトカラ, アナトリア諸派はこれに参加しない. 特に前 3 語派のどの方言も無関係であるということは, 先にみた「嫁」や「舅, 姑」の場合と非常に違っている.

この対応について Delbrück (536) は, 全体として関係があるらしいことは認めながらも, 次ぎのように述べている. 'Ein Nachweis ist aber nicht zu liefern, und es kann daher, bis die Wissenschalt weiter gekommen sein wird, eine Angabe der ursprünglichen Bedeutung des Wortes nicht gewagt werden. Ist meine Annahme richtig, so wäre also anzunehmen, daß ein Wort für Eidam in der Urzeit vorhanden war.' その後ほぼ一世紀が過ぎ, Delbrück が 'bis die Wissenschaft weiter gekommen sein wird.' といった時期も到来した. しかしこの対応の解明にわれわれは成功したとはいえない. Frisk (I 287) は Gr. gambrós を中心にこの対応について, 'Die schwankende Formengebung der betreffenden Wörter verrät volkstümlichen Ursprung und volksetymologische Umbildungen' と述べているが, これはその扱いのむずかしいことを物語っている.

この対応は一見して, まず二つのグループに分けられる. 一つはバルト, スラヴ, それにアルバニア, もう一つはインド, イラン, ギリシアである. ラテン語の形は -n- からみれば前者, -er からみれば後者に属するであろう. Pokorny (369 f., 374) は Lat. gener を後者に入れてこの二群を分離し, 前者を *ĝenə-「産む, 生まれる」, 後者を *ĝem(e)- 「結婚する」という二つの語根に配している. 前者に関していえば, Lit. žentas, Lett. znuôts, それに OCS. zętĭ (Russ. zjatĭ) の対応は疑いない. バルト語の -to- とスラヴ語の -ti- の語幹の差は, Lett. znuôtis (方言形) の -ti-, 及びこの形と語源的に関係が予想される Gr. gnōtós「親族」と Skr. jñāti- の対応を参考にすれば, 容易に了解されよう (Vaillant II 146; Vasmer I 466 f.; Fraenkel 1301; Trautmann 370).

Alb. dhëndër は, Lat. gener に似た形に -n-r- > -ndr- (Gr. anḗr, gen. an-d-r-os) の変化を予定する. あるいはまた既述の Lat. gener と socer, Gr. gambrós と ventherós の関係を考慮して, 本来 *ĝenti-, または *ĝento- であった形に「義父」を表す Alb. vjehërr (X 章 3 節) が影響した結果とも考えられる (Jokl 46, 48). いずれにしても, この形は *ĝen- を予定するから, その点ではバルト, スラヴ語群に近い. Lat. gener も同様である.

3. さて Lat. gener は, gen. gener-ī だから母音語幹のタイプであるが, 本来は Gr. gambrós と同様に -r- 語幹で, その thematization が予想される. 即ち gam-b-r (-os) であり, -b- は二次的な挿入音であることはいうまでもない. この点で, ギリシア, ラテン語の両形は一致している. しかし Gr. -m- と Lat. -n- の差は, 音変化では説明できない. これに対してはっきりと -m- を示すのが, インド, イラン語派である. しかしその語根部の母音階梯は gambrós と一致しないようにみえる. 結局この対応は Lat. gener を中間にして, バルト, スラヴ, アルバニアと, ギリシア, インド, イランが立つという状態にある. Chantraine は Lat. gen- を尊重して, これを前群におくが, 既述の Pokorny, それに最近では Benveniste (1969 256) はこれを後群に入れている. 後者をとる場合には, なんらか

の意味で -m->-n- を予想しなければならないが，その場合 Lat. genus「生まれ」，gens「一族」，genitor「親」などの形の類推的影響が予想されている．しかしこの説明は，両者の関係があまり漠然としていて，その間に類推の及ぶ可能性が形の上からも意味の上からもみ当らないから，説得力に乏しい．従ってこのラテン語の形の所属は疑問である．

4. Skr. jā́mātar- と Av. zāmātar- は完全に一致するから，これがインド・イラン共通時代に確立していたことは疑いない．インドでは，この形そのものは失われることなく多くの近代語に伝えられているが，意味は「娘の夫」とともに「姉妹の夫」を共有している (Turner 5198)．イランでも，この形は近代ペルシア語に dāmād として残っている．これらに関係してなおアヴェスタには zāmaoya- という形があって，Bartholomae (1689) 以来 Skr. pitr̥vya-「父の兄弟」に似て *zāma-vya-「義理の息子の兄弟」と解釈されて，これらの形の基礎に *jāma- がとり出された (Ai. Gr. II/2 693 f.; Mayrhofer I 430)．しかしこの zāmaoya- の意味は zāmātar- と同じであることが，最近 Szemerényi によって指摘されている (1977 70)．

さてこの *jāma- から *jāma-tar- をえたとしても，Skr. jā́mātar-, Av. zāmātar- の -mā- はどのように考えられるであろうか．この長い -ā- を導くためには，*jāmar- の nom. *jāmā に -tar- が加えられたと Mayrhofer (I 430), Wackernagel-Debrunner (Ai. Gr. II/2 693) は説明している．しかしこのような語形成の手続きは，I 章で Skr. pitāmahá-「祖父」についてくわしく検討したように，まったく例外的な二次的合成語にしかみられない上に，-ar- 語幹をさらに -tar- 語幹で拡大するということは一般にありえない．従って，この推定は支持できない．またこの形を jā-mātar- と分析して，mātár-「母」との関係を求めようとする試みも形式的には可能だが，「母」と「婿」とのつながりが説明できない．これは既に Nirukta VI 9 に示された，古代インドの Volksetymologie である．

サンスクリットの中でこの形と関係がありそうに思われるのは，jāmí- であろう．これはV章 26 節にも述べたように，「姉妹」をふくめた「女の親族」，古典期には「義理の娘」の意味にも用いられ，当時のインド人にも jā́mātar- とのつながりが感じられていたと考えられる．jāmí- の語源解釈は必ずしも一定しないが，もしこれが語根 *ĝenə-「産む，生まれる」に属するとすれば，jāmí- < *ĝn̥ə-mi- に倣って jā́mātar- も理論的には jā-mā-tar- と分析されよう．そこではやはり -mā- の部分の解釈に問題が残ってくる．これを Gr. mnḗmē「記憶」，gnṓmē「知識」のような女性抽象名詞の接尾辞とみることは不可能では

ないが，インド語派には *-mē- はほとんど用いられていないし，これに -tar- を加えるという語形成も類例がない (Ai. Gr. II/2 772). またサンスクリットでは，-man- 語幹の主格 -mā が(f)-mā- に転ずるという例もある(sīmán-「頭頂」，sīmā-)．しかしこれは古典期の現象で，ヴェーダ語には例がない (Ai. Gr. II/2 767)

5. Skr. jā́mātar-, Av. zāmātar- はこのように解きにくい問題をふくんだ形であるが，これに Gr. gambrós を組み合わせようとすると，事情はいっそう複雑になってくる．この形を上述のように gam-b-r-os とみれば，予想される語根部は *gam(ə)- または *gem(ə)-/gm̥(ə)- となる．そこでギリシア語としては，gaméō「結婚する」，gámos「結婚」との関係が切りはなせないものとなる．これにもしインド，イラン語の形を比定するとしても，その対応から再建される語根部の形はかわらないであろう．その結果は，バルト，スラヴ，アルバニア諸語の対応から予想される *ĝen(ə)- とは必然的に分離されてくる．

そこでもしこれらの形を総合して一つの再建形にもちこもうとすると，極めてあいまいなものしかえられない．Brugmann はこれに語根 *ĝenə- と *ĝn̥ə-m-，*ĝn̥-m- を仮定する (Gr. I 405, II/1 335)．まず *ĝenə- に *-to- または *-ti- を加えて，バルト，スラヴ語の形は説明される．Lat. gener もこの形に由来するとみればよい．そして Skr. jā́mātar- と Gr. gambrós を *ĝn̥ə-m- と *ĝn̥-m- に配するわけだが，Brugmann はその階梯の差，Skr. -mā- などの問題については説明しないから，これらの形は再建のための再建に終っている．Brugmann 自身もこれについて，‘ganz unsicher ist die Vermutung’ と断っている．*ĝemə-(>Skr. *jami-) という再建形の想定によってこれらの対応を一括できるとする Szemerényi も，これらの点についてはくわしい説明をあたえていない(1977 69 f.). その仮説に立てば，Gr. gambrós は *gəmeros>*gameros>*gamros であり，*gəmeros は *gemə- の metathesis を予定しなければならない(71)．現状では，ラテン語を仲介にして当面の対応を上述のように二分して扱うことが，対応の上からもより安全であるといわざるをえない．

6. ここでなおこの対応をめぐるいくつかの解釈をとりあげてみよう．

Gr. gambrós の Skr. jā́mātar-, Av. zāmātar- との対応を認めた場合，ともに形態論的にそれ以上分析できないとして，*ĝem(ə)-，*ĝam(ə)- の再建だけで終ったのでは，結局この対応は放置されたにひとしい．そこでもう一歩これに立ち入ろうとするには，いずれかの形を，対応を考慮しながら解釈しなおす必要がある．その一つの試みとしてP. v. Bradke (IF. 4 1894 87 f.) の仮説をあげておこう．彼は jấmātar- を *jamitar-(<*ĝemə-) とみる．そしてこの jā- は，(f)jâ-「後裔」との関係が意識されて ja->jā- になった．また問題の -mā- は，Skr. bhrấtar-「兄弟」，mātár-「母」のような長い -ā- にひかれて -mi-> -mā- となったものである．そして -tar- も実は二次的なものと考えられる．著者の頭の中では Gr. gambrós が *jamitar- に近づけられ，*jamitar- はさらに *jamiro-<*ĝemə-ro-，そしてさらにこれと交替する *ĝm̥ə-ro->Skr. jārá-「求婚者」が結びつけられてくる．Lat. gener も *gemero- によって，これに加えられる．そして意味の上では，「娘の夫」はその「求婚者」であるということで無理なく理解できる．この Bradke の考えに似た立場で，E. Leumann も Skr. jārá- と Gr. gambrós の関係を追求している (KZ. 32 1893 307).

このBradkeの解釈は一見魅力的であるけれども，jấmātar- に対する *jamitar-< *ĝemə-ro- の仮定は，jā-mā-tar- の三つの部分にいずれも類推的変化を予定しなければならないという大きな弱点をもっている．また jārá-<*ĝm̥ə-ro- に対しては，Skr. dāmtá-，Gr. dmētoś「抑えられた」のように *-m̥ə-C->Skr. -ām-, Gr. -mā-(>-mē-) を考慮しなければならない (Kuryłowicz 1956 196, 199; Hirt IG. II 127). また jārá- の語源解釈としては，これを Skr. jráyas-「動き，広がり」，Av. zrayō「海」，OP. draya-「海」と関係づけ，Indo-Ir. zar- 'to move' から，jārá- 'he who comes to' と解する H. W. Bailey (TPS. 1953 35) の説のほうが説得力に富む (Mayrhofer I 431，449 f.; Szemerényi 1964 181; Renou 1957 57). これらの点を考慮すると，Bradke, Leumann の説は現在では受けいれられない．

次ぎに gambrós を Skr. jấmātar- からはなして，ギリシア語の中で成立した形とみる E. Hermann の解釈にふれておきたい (1918 219 f.; 1934 61). Hermann はまず Skr. jārá- を Gr. boúlomai「欲する」に比定し，*gʷel(ə)- の仮定によってこれを gambrós とは無関係とした後，gambrós. gámos, gaméō という一連の形を *ĝem- とみて，これらをギリシア語の中で処理しようとする．*gámos, gaméō は形態論的に孤立しているために，明確な語源解釈があたえられていない (Frisk I 287 f.; Chantraine 209). しかしホメーロス (Il. 8. 43 etc.) に génto '彼はつかんだ' という孤立した動詞形がある．また gémō という動詞形がある．その意味は，荷物などで船が「一杯である，荷をのせている」ことを表す．従ってこれは直接 génto とは結びつかないが，一応関係づけられるとみれば，génto<*(e)-gem -s-to(Aor.)，または *e-gem-to(Ipf.) と解釈される (Schwyzer I 751; Chantraine 1948 I

297, 384). Hermann はこれを gaméō, gámos と結びつけようとして,「つかむ」を「手をつかむ」, 即ち Skr. pāṇi-grahaṇa-「手をとること(結婚式で新郎が新婦の)」＝Lat. mancipatio から説明しようとする. gémō と gaméō の関係は意味上に差があり, そのために Frisk (I 296, 297)を初め多くの学者はその結びつきに消極的だが, 最近では Szemerényi (1964 186 f.)も génto の解釈をめぐってこの語源解釈をとりあげている. gambrós と gamós の解明のために, 今後検討すべき課題であろう.

もう一つの問題として, バルト, スラヴ語の対応に認められる *ĝenə- という語根の意味がある. 即ち, これが「産む, 生まれる」(Pokorny 373 f.) か,「認める, 知る」(376 f.) のいずれに属するとみるべきか, という問題である. バルト語派では Lit. žentas に対して Lett. znuôts があり, 母音階梯は前者が *ĝen(ə)-, 後者は *ĝnō- と推定される. そこでこれらの形は, Gr. gnōtós, Skr. jñātí-「親族」と比較されている. そしてさらに Gr. kasí-gnētos「兄弟」, あるいは Got. *knōþs, OHG. knōt, knuot「種族」を加えることで, ここに「産む, 生まれる」のほうの語根との結びつきが一般に予想されてきた. しかしこの説にも疑問がないわけではない. まずバルト, スラヴ語派には, この意味の *ĝenə- という語根は動詞としては用いられていない. 例えば, この意味を表す Lit. gimdyti は *g^{w}em- (Lat. veniō, Gr. baínō「来る」etc.) に属し, Slav. roditi も *ĝenə- とは無関係である. これに対して同じ強階梯の形をもつ語根「知る」は, Lit. žinoti, pažìnti, OCS. znati を初め多くの形に指摘される. この語根は多くの形において語頭に *ĝn-, 即ち第一音節にゼロ階梯を示すことが, 印欧語全体に共通の現実である(Skr. jñā́-, Gr. gignṓskō, Lat. nōscō, 英 know etc.). 従って Lett. znuôts もこれに類する形とみることができる. Gr. gnōtós には二種類の形があり, ともにホメーロスに用例がある. 一つは「親族」であり, 他は明らかに gignṓskō「知る」の受動分詞形である. 従って gnōtós「親族」も同じ意味をもつ Skr. jñātí- も, ともに「知る」に属する可能性は否定できない(Mayrhofer I 446). 例えば, Skr. prá-jñāti- は「正しい道の認識」であり, 意味上から明らかに jñā-「知る」に属している. 確かに Lit. žentas, OCS. zętĭ の母音 e は, バルト, スラヴ語の「知る」に関係のある形にみられないけれども, この母音階梯はこの語根にも理論的には充分にありうる. 従ってこれらの形も「知る」に関係づけられるのではないだろうか. W. Schulze (KZ. 63 1936 113) は Skr. jā́mātar- に直接言及していないけれども, Gr. gnōtós, Skr. jñātí- について, これを Chand. Up. VI 15. 1 の文例 (puruṣam upatāpinaṁ jñātayaḥ paryupāsate / jānāsi mām / jānāsi māmiti /「死にそうな人のまわりに親族が坐っている．わたしがわかるか，わたしがわかるか(と問う)」)から「知る」の語根に結びつけ，さらにLit. žentasもその母音はLit. ženklas「印し」によるものとしている(Ai. Gr. II/2 693). 筆者の知る限りで，この「娘の夫」の対応を「知る」に関係づけることに賛成しているのはFraenkel (1301)である．

「産む」を支持する人々にとって，この意味と「娘の夫，婿」との結びつけられるきっかけが適切に説明された例は少ない．Hermann (1918 217 f.)はLat. generをgignere「産む」と関係づけ，Exogamie社会における「娘の夫」は‘Sohneserzeuger für den Schwiegervater’であると述べている．これは4節にふれたNiruktaの解にも通じる．しかしこの解釈は，これら*ĝen(ə)-に基づく対応形を娘の両親からみたその夫の意味でなく，‘Erbtochtermann’と解する前提の上に立っている．しかしこのような限定は，文献的にはどの語派にも指摘されない．意味上からは，「娘の夫」は「知己，親族」のほうがより適切である．筆者としては，この問題に関する限り「知る」の語根説をとりたい．

7.　比較対応の解釈に続いて，それらの形の用例をいくつかの語派について検討してみよう．まずインド語派におけるjā́mātar-の用例をあげるならば，RVに3例あるのみで，AVにはない (Macdonell-Keith I 284). RV VIII 26. 21, 22ではVāyu (風)神がTvaṣṭar (工巧神)のjā́mātar-であるとよばれているが，これに関する神話的背景は明らかでない．Vāyuの妻の名もわからないし，Sāyaṇaもこれについてなにも説明していない．しかしVIII 2. 20はjā́mātar-のあり方を暗示するものがある．mó ṣv àdyá darhā́ṇāvān sāyáṁ karad āré asmát / aśrīrá iva jā́mātā //「汝(インドラ)は今日，不興のうちにわれらからはなれて夜を過すことなかれ．品行の悪い婿のように」．aśrīrá iva jā́mātāについてSāyaṇaは註している．guṇair vihīnah kutsito jāmātāsakṛd āhūyamāno 'pyā sāyaṁkālaṁ vilambate / tadvat tvaṁ kālavilambaṁ mā kṛthā ityarthaḥ //「徳に欠けて罵られた婿が，しばしば招かれたのに夜までぐずぐずしている．そのようにお前はぐずぐずすることのないように，との意味である」．またGeldnerは訳文の註に附記していう．‘Wie ein Schwiegersohn, der sich gegen den Schwiegervater nicht schön oder nobel benimmt, bez. nicht bei ihm einkehren will.’ jā́mātar-を形容するaśrīrá-というRV固有の語彙の意味は，必ずしも明確ではない．それは肉体的にも精神的にも‘unlieblich, hässlich’ (Böthlingk-Roth)の意味と考えられる．Oldenberg (1967 833 n2)はśrī́-「美しさ，幸福」という形の意味を考究しながらも，このaśrīrá-についての分析を避けている．し

かし 'unnobel' を否定して, '…einen Schwiegersohn, der wegen hässlicher Erscheinung (oder seiner wenig glänzenden Lebenslage…) im Hause des Schwiegervaters unbeliebt ist' と説明している. Hopkins (JAOS. 15 1893 255) は I 章 18 節にふれたこの前の詩句 VIII 2. 19 とこれを関係づけ, 19(c). mahā́n…yúvajāniḥ を 'a rich bridegroom' とみて, この aśrīrá-…jā́mātā 'a poor son-in-law' に対比している. 金持の婿は, 妻の家に富をもたらす. 従って貧しい婿は不快なものであるという理解である.

この jā́mātar- と並んで RV I 109. 2 に一回だけ ví-jāmātar- という形がみられる. Delbrück (517) はその意味を不明とし, Wackernagel も 'unbekannt' としている (Ai. Gr. II/1 216). その詩をあげると, áśravaṁ hi bhūridā́vattarā vāṁ víjāmātur utá vā ghā syālā́t / áthā sómasya práyatī yuvábhyām índrāgnī stómaṁ janayāmi návyam // 「汝ら (インドラとアグニ) は vijāmātar にも, また義兄弟 (妻の兄弟) にもまさる授与者たちときけり. 故にわれは汝らにソーマを捧げることによって, インドラとアグニよ, 新らしき讃辞を作らん」. Geldner はこの víjāmātar- を 'ein unechter Tochtermann' とし, Nirukta VI 9 と Sāyaṇa によって, 不徳の故に妻を買わねばならない婿をさすと註している. Nirukta の言葉を引けば, vijāmāteti śaśvad dāksinājāḥ krītāpatimācakṣate / asusamāpta iva varo 'bhipretaḥ / 「vijāmātar- とは, 常に南部の人が買われた女の夫をいう. いわば完全ではない婿と考えられる」. この説明によれば, vijāmātar- という形は南部のデカン地方の語彙であったらしい (Renou Ai. Gr. Intr. gén. 22). この解釈にみられる asusamāpta 「完全でない」 の意味は, vi- という接頭辞にこめられていることはいうまでもない. Geldner は vi-mātar- 「継母」 を参考にあげている. しかしこの詩句全体を考えると, 文脈上 víjāmātar- にそのような悪い意味が必要とも思えない. また vi- は, RV X 69. 12 にみる víjāmí- 「血のつながる」 では, 特に jāmí- との差は感じられず, 単なるその variant である. そこで víjāmātar- を jā́mātar- と同意とみることも充分可能であり, 上にふれた Hopkins, Grassmann, そして最近では Renou (1965 51, 83, 122) もこの見解を示している. この詩句の中でも syālá- という親族名称が後に続いていること, また víjāmātar- 「悪しき婿」 に限って妻をうるためにその親に物をあたえるということも不適当であるから, víjāmātar- は jā́mātar- にひとしいとみるほうがこのコンテキストには合致する. しかしこの形は一例しかないため, その他の例証を求めることはできない.

jā́mātar- の用例はヴェーダでも古典文学でも少ない. Pāṇini はこれにふれていない. 法典の教えるところによると, 娘の夫に対する娘の父の関係は, 父母の兄弟や師に対すると同じくらい敬意のこもったものであったように思われる．それは前章5節に śvaśura-「妻の父」の例として引用した Manu II 130 の言葉からもうかがうことができる．しかし両者の関係は，あまり親しいものではなかったのであろう．Baudh. Dh. S. II 3. 6. 37. ṛṣividvannṛpāḥ prāptāḥ kriyārambhe varartvijau / mātulaśvaśurau pūjyau saṁvatsaragatāgatāv iti //「聖仙，学者，王は到着のときには（いつでも），花婿と時祭僧は儀式の初めに，母方のおじと義父は（前の訪問から）一年たってきたときには，敬わるべし」．この前の規則 36 においても，同じ人々は kālavibhāgaśaḥ「時に応じて」蜜を混ぜた飲物で歓待されるようにと規定されている．こうした規定から察すると，娘の父は娘の嫁ぎ先には稀にしかあらわれないという習慣があったのであろうか．

VIII 章 5 節に引用した Manu (III 148) の祖霊祭で饗応をうける人たちのリストの中に，viṭpati- という語が用いられていて，筆者は「娘の夫」と訳しておいた．Manu の古註には，viṭ duhitā tasyāḥ patir viṭpatir jāmātā「viṭ は娘，その夫が viṭpatir，即ち jāmātā である」と述べられている．これに対応すると思われる Yājñavalkyā 法典 I 220 では，はっきりと jā́mātar- が用いられている．この viṭpati- は Böthlingk-Roth によれば，(1) Herr des Volkes, (2) Haupt der Vaiśya, (3) Schwiegersohn という 3 つの意味があたえられているが，前 2 つの意味が原意であることはいうまでもない．この形は古い viśpáti- 'Hausherr, Gemeindeherr' (RV I 37. 8 etc.) の sandhi variant だが，既に Taittirīya Brāhmaṇa において víṭpati- というアクセントの前分にある語としてあらわれている (Ai. Gr. I 327, II/1 249, 265). viś-「一族」の pati-「主」が古典期に「娘の夫」の意味で用いられるようになったのは，娘の親からみて娘の嫁いだ先の一族の長である夫への敬意のあらわれであろうか．

さてインドでは jā́mātar- の意味は近代に至るまでほとんど動いていないけれども，「娘の夫」のほかに「姉妹の夫」の意味もみられる．それは多くの Dardic 語群と，ヨーロッパのジプシーの言語の形にあらわれている．古典サンスクリットにおけるこの意味の用例をふくむ個所としては，Rāmāyaṇa VII 24. 30 と 34 が指摘されている．この巻はいわばこの大エピックの後日物語の巻で，24 章では Rāvaṇa が Laṅkā の町にもどり，そこで姉妹に会う．彼女は，兄弟に向い，戦いで Rāvaṇa に殺された自分の夫，つまり Rāvaṇa の jāmātar- のことを嘆き，Rāvaṇa はそれがまさか jāmātar- とは知らなかった，と弁解する場面である．29–30. so 'pi tvayā hatas tāta ripuṇā bhrātṛgandhinā / tvayāsmi nihatā hatas svayameva hi bandhunā // rājan vaidhavyaśabdam ca bhokṣyāmi tvatkṛtaṁ hyaham / nanu nāma tvayā rakṣyo jāmātā samareṣvapi //「彼もあなたに打たれたのです．あなた，兄弟に似た敵によって．王よ，わたしはあなたによって破滅させられたのです．まさしく身内自らの手で．王よ，そしてまことにこのわたしは，あなたのためにやもめの座という言葉を味わうことになるのです．戦いにおいてもあなたには，jāmātar は決して容赦さるべきものではないのですか」．これは明らかに「姉妹の夫」にほかならない．筆者はこの意味の用例をほかに知らないが，近代語においてそれが Dardic 語群に集中しているということは注目すべき現象である．ということは，これが本来は jāmí- に似た，広く「女の親族」を表す語彙を基にして，それの夫をさす語彙として派生的に作られた形であることを暗示している．

終りに「義理の息子，娘の夫」の悪い面を語った詩句を Indische Sprüche からあげよう．2408. jāmātā kṛṣṇasarpaśca durjanaḥ pāvakas tathā / upakārair na gṛhyante pañcamo bhāgineyakaḥ //「義理の息子，黒い蛇，悪人，そして火，それに五番目に姉妹の息子は，いくらつくしてもとらえられるものではない」．7437. atithir bālakaścaiva strījano nṛpatistathā / ete vittaṁ no jānanti jāmātā caiva pañcamaḥ //「客と子供，女と王，それに五番目として義理の息子は，財産なるものを知らない」．

8. 前節にみたインド語派の jā́mātar- の意味の動揺は，他の語派の形にも認められる．例えばスラヴ語派 Russ. zjatĭ は「娘の夫，姉妹の夫，夫の姉妹の夫」を兼ねている (Schrader 1904–5 18 f.; P. Friedrich 1964 156 f., 1966B 39).

Gr. gambrós の古典期における意味については，pentherós との関係において前章 7 節に説明したが，ここでもう一度ホメーロスにおける gambrós の意味を，その用例から考えてみよう．「娘の夫」を表す一例をあげるならば，Il. 13. 427. énth' Aisuḗtao diotrephéos phílon huión, / hḗrō' Alkáthoon, gambròs d' ên 'Agkhísao, / presbutátēn d' ṓpuie thugatrôn, Hippodámeian, /「こにでゼウスの養い子アイシュエーテースのいとし子である勇士アルカントオス，彼はアンキーセースの娘の夫で，長女のヒッポダメイアを妻にしていた」．gambrós は先に指摘したように pentherós「妻の父」(Od. 8. 582) のほか，複数形で paîdes「子供たち」(Il. 24. 331)，huieîs「息子たち」(Od. 3. 387)，それに thugátēr「娘」(Od. 19. 406) と対をなし並べて用いられている．これらの場合にも，その意味は「婿，娘の夫」として理解される．ところが次ぎのような表現がある．Il. 5. 473. phês pou áter laôn pólin hexémen ēd' epikoúrōn / oîos, sùn gambroîsi kasignḗtoisí te soîsi.「軍兵も味方もなしにただ一人，お前の兄弟と義理の兄弟とだけでこの町をもちこたえられるというのか」. これは Sarpedon が Hektor への罵りの言葉だが，gambroîsi は kasignḗtoisi「兄弟と」と併置されている．上掲の対句表現から推すとこの gambroîsi には「義理の兄弟」，即ち同世代の「姉妹の夫」たちを考えるのがもっともふさわしいであろう．次ぎの例も同様である．Il. 13. 463. Aineía, Trṓōn boulēphóre, nûn se mála khrḕ / gambrôi amunémenai, eí pér tí se kêdos hikánei. / all' hépeu, Alkathóōi epamúnomen, hós se páros ge / gambròs eȍn éthrepse dómois eni tutthòn eónta. /「トロイ人の評定者アイネーアースよ，もし身内のことが気にかかるのなら，今こそ義理の兄弟をお前は守らなければならない．さあくるがよい，アルカトオスを守ろう．彼はお前の義兄弟であり，館にいてまだ幼いお前を育てたのだ」. これは Deiphobos の言葉であるが，Alkathoos は Aineas の友人であり，彼の姉妹 Hippodameia の夫であることは，上掲の 427 行以下に示されているから，ここでもわれわれは gambrós が「義理の兄弟」，「姉妹の夫」を表していることを確認する．

このような gambrós の使い方は，歴史時代にも指摘される．Herodotos はこの形をふつうは「娘の夫」(II 98, V 30 etc.)に用いているけれども，I 73 では Kyaxares の子 Astyages は Kroisos の gambrós である，と述べている．これは Astyages が Kroisos の姉妹 Aryenis の夫であったからで，gambrós はここでも「義兄弟，姉妹の夫」である．VII 189 でも同じような用法がみられる．

悲劇においても gambrós は一般に thugatròs pósis「娘の夫」(Eur. Or. 470) を表している (Eur. IA. 986, Androm. 739, Phoen. 427 etc.). ところが次ぎの Sophocles の「オイディプス王」69 行以下のこの王の台詞を読むと，Kreon，即ち彼の妻の兄弟が gambrós とよばれている．…paîda gàr Menoikéōs / Kréont', emautoû gambróon, es tà Puthikà / épempsa Phoíbou dṓmath',……「メノイケウスの子クレオン，わたしの義理の兄弟をわたしはポイボスのデルポイの宮に送った」. このように悲劇においても，ホメーロスや Herodotos と同じ gambrós の幅広い意味が生きている．そしてこの形は，さらに広い一般の「姻戚」関係をも表すことができた．その用例のいくつかは，X 章 7 節に示されている．

古典期にも gambrós にはこのように意味の幅があって，娘とか姉妹という近親女性の夫を表していたこと，近代語においてもそれらの意味が「花婿」とともに生きていることなどから推して，この形は 6 節にふれたように Hom. génto「彼はつかんだ」，gámos「結婚」，gaméō「結婚する」と語源的にも関係をもち，本来は近親の女性の結婚によって結ばれた姻戚関係を表す名称であったと考えられる．またその推定は，この形と Skr. jā́mātar- を形式的に完全な一致はみられないにしても，意味の上でしっかりと関係づけるに充分な可能性を示唆している．

9. Lat. gener についても前章 6 節に socer との関係から簡単にふれておいたが，この形も一般に「婿，娘の夫」であることは既に示した用例から明らかであろう．ここで改めてその例をあげておこう．Terentius Andr. 570. principio amico filium restitueris, / tibi gererum firmum et filiae invenies virum.「まず初めに，君は友人のために息子を作りなおしてくれたことになる．君は自分のためにはしっかりした婿を，娘には夫をみつけるだろう」．これは Simo が友人の Chremes の娘と自分の息子を結婚させようとする場面であり，この gener はまったく正常な使い方を示している．しかし次ぎの台詞では少しくかわった表現がみられる．Plautus Cistell. 753. istic quidem edepol mei uiri habitat gener.「ここにはわたしの主人の婿さん（になる）人が住んでいる」．ここで婿とよばれているのは，娘 Selenium の愛人 Alcesimarchus である．この gener の用法自体に問題はないが，母親の Phanestrata がなぜわざわざ mei uiri …gener「わたしの主人の gener」といったのであろうか．gener は本来娘の父が用いる語で，母親は避けるというような事情を予想すべきであろうか．とすれば socer と gener の密接な関係がここにも浮かび上ってくるわけだが，その資料的な証明はむずかしい (Hermann 1935 102 f.).

さて Lat. gener にも，上述のような一般的な用法のほかに，もう少し拡大された意味で用いられた跡が指摘されている．後の法律書は別としても，C. Nepos は Pausanias 篇 1 でこれを「姉妹の夫」に適用している．それは Mardonius を Xerxes 王の gener とよんでいる場面だが，Mardonius は Darius の娘を妻にしているから Xerxes とは「義兄弟」，Xerxes 王とは「姉妹の夫」に当ることになる．また Tacitus(Annales V 6) は，gener を progener「孫娘の夫」の意味で用いている．このような例外的ともいうべき用法が古典ラテン語にどの程度許されていたか明らかでないが，Lat. gener の系統をひく後のロマンス語の Fr. gendre, Sp. yerno, It. genero, Rum. ginere などの意味をみても動揺はなく，ギリシア語のような意味の幅を Lat. gener に想定することはできない (Meyer-Lübke 3730; Wartburg 1922–68 Bd. IV 96)．従って古典期における「娘の夫」以外の用法が作家の偶然の筆の運びか，あるいは口語層にあった意味の動揺のあらわれか，不明である．

10. われわれはこれまでに，インド，ギリシア，ローマの三派について，それぞれ jámātar-, gambrós, gener の用例を中心に「義理の息子，娘の夫，婿」について考えてきた．固定的な Lat. gener は別として，Skr. jámātar- と Gr. gambrós の示す意味の揺れについては共通の傾向がみられる．そしてこの事実とこれらに関係すると思われる Skr. jāmí-, Gr. gámos などを合わせて考慮すると，これらの形の対応は未解決の要素をふくんでいるけれども，そこには 'Heiratsverwandter' (Schrader 1904–5 12 f.), 'consanguineous affinity, Male' (Gates 24, 49, 74) のような意味をもった共通の語彙の存在が予想される．P. Friedrich (1966A 14) は，「娘の夫」と「姉妹の夫」はいわゆる skewing rule によって説明できるから同一の語であったとして，前者を原意と推定している．

ここでわれわれは 2 節以下に問題にしてきた対応をはなれて，残ったいくつかの語派の形について考えておきたいと思う．まずアナトリア語群では，ヒッタイト語は後にふれる antii̯ant- という形のほかに，Akk. [LÚ]*HATANU*, *HADANU* 'Schwager, Schwiegersohn' が用いられている (J. Friedrich 1952 307). ここでも「義理の息子」つまり「娘の夫」が「姉妹の夫」をふくむ「義理の兄弟」と一つの形で表わされている．次ぎの一例は Muršiliš 王の年代記第 4 年の一節である (Götze 1933 72). Rs IV 39. …nu-u̯a-at-ta *A-BU-I̯A* ša-ra-a da-a aš (40) nu-u̯a-du-za [LÚ]*HA-TA-NU* i-i̯a-at nu-u̯a-at-ta [SAL]Mu-u-u̯a-at-tin a-pí-el DUMU. SAL-*ZU* (41) SAL+KU-*I̯A A-NA* DAM-*U*[T]-*TI-ŠU* pí-aš-ta.「そしてわたしの父は (逃げてきた) お前をひきうけた．そしてお前を婿にした．そして自分の娘，わたしの姉妹ムワッティを結婚のためにお前にあたえた」.

ヒッタイト語は，このアッカド語の形と並んで antii̯ant-, または andaii̯ant- という語を使用している (Laroche 1958 186). J. Friedrich (1952 23) はその意味を，'eingeheirateter Schwiegersohn, (junger Ehemann, der ohne eigenen Hausstand in das Haus der Schwiegereltern eintritt, türk içgüvey)' と説明している．そしてこの形は，anda ii̯ant- 'hineingegangen' (Akk. errēbu) と語源的に解釈されている (Kammenhuber 1969 258; Tischler 35). ii̯ant- は *ei-「行く」の分詞形 (Gr. ión, Skr. yánt- etc.) であるが，その意味について Laroche は 'il suggère que le mari de la fille est une pièce rapportée, et que c'est elle qui incarne la continuité familiale' と述べている．これは単なる「娘の夫，義理の息子」ではなくて，文字通り「入り婿」である．その事実は次ぎの「法律」の文例からもうかがうことができる (J. Friedrich 1971 26). Gesetz I 36. ták-ku ÌR-iš *A-NA*

IBILA *EL. LIM* ku-ú-ša-ta píd-d〔a-iz-〕zi / na-an ᴸᵁ́an-ti-i̯a-an-ta-an e-ip-zi na-an-kán pa-ra-a 〔Ú. U〕L ku-iš-ki tar-na-i /「もし奴隷が自由人の若者に対して花嫁料を払って彼を入り婿として手に入れるならば，だれも彼をとりあげることはできない」．次ぎの一文は，Telepinuš 王の憲章からの引用である(J. Friedrich 1946 60). Kol. II(36) LUGAL-uš-ša-an ha-an-te-iz-zi-i̯a-aš-pít DUMU. LUGAL DUMU^RU ki-ik-ki-it-ta-ru ták-ku DUMU. LUGAL (37) ha-an-te-iz-zi-iš NU. GÁL nu ku-iš ta-a-an pí-e-da-aš DUMU^RU nu LUGAL-uš a-pa-a-aš (38) ki-ša-ru ma-a-an DUMU. LUGAL-ma DUMU. NITA NU. GÁL nu ku-iš DUMU. SAL ha-an-te-iz-zi-iš (39) nu-uš-ši-iš-ša-an ᴸᵁ́an-ti-i̯a-an-ta-an ap-pa-a-an-du nu LUGAL-uš a-pa-a-aš ki-ša-ru.「第一王子のみが王となるべし．もし第一の王子がいなければ，第二の(側室の)息子が王となれ．もししかし王子がいなければ，第一の娘なるもの，そのもののために婿をとれ．そして彼が王となれ」．

小アジアではヒッタイト語以外に Lyk. χahba という形が問題になる．この形は IX 章 9 節にふれたように男女兼用で，「義理の息子，娘」の双方に用いられる．「義理の娘，嫁」の意味を表すことは，kbatra「娘」との同格におかれた文例から確証されている(Gusmani 1962 77 f.). Pedersen (1945 53 f.) はこの形を *hasu̯as とみて，Hitt. haš-‘子をもうける’という動詞の語根との関係を認める．そしてその派生形 haššatar「家族」，hašša-「孫」などから *hašu̯ar- という名詞形を想定し，その属格で Gerundiv の機能をもつ *hašu̯as を導く．そこでこのリュキア語の形の原意は，‘Mann des Erzeugens’ であると推定している．この語源解釈は，6 節にあげた Lat. gener と名詞 gignere (＝Hitt. haš-) の関係に平行するものであろう(Kronasser 1956A 93). この場合に Pedersen は初めから「義理の息子」を基本においているが，Gusmani はこの語源解釈を認めながらも，むしろ「義理の娘」から出発するほうが原意に合うとしている．その場合には，Szemerényi の *snusu-「義理の娘」<*sūnu-sú-「息子を産む女」という解釈が想起されよう(IX 章 4 節参照)．意味の上からは後者の説をとりたい．

11. Delbrück (518) は Hübschmann に依って Arm. hor，そして p‘esay「花婿」という形をあげているが，Solta を初めこの形に言及した研究を筆者は知らない．

ケルト語はここでも他の語派から孤立している．Buck (122) のあげる Ir. cliamain ‘relation by marriage’ のような総括的な名称は別として，MWelsh daw, dawf, OCorn. dof, MBret. deuff という形がここで問題になる(Delbrück 596). これらの形は Gr.

daíomai「分ける」, dêmos「民衆」, ケルト語では OIr. dám「従者」などとの対応に比定されている(Pokorny 176; Frisk I 381; Chantraine 274). もしこの *dā- / də-「分ける」という語根との関係を認めるならば,「(縁, 婚姻関係を)分ける」という想定から,「義理の息子」への変化を考えなければならないだろう. しかしこの過程はやや漠然としていて実証性に欠けている. Pedersen (1948 51 f.)は, さらにこの対応に Hitt. damai-「他の, 第二の」を加えることを提案している. しかしこれも当面の対応の解釈になんらかの積極的な解明をもたらすとは思えない.

ところがここに「分ける」という意味が関係するもう一つの形がある. それは古いドイツ語の「娘婿」を表す Eidam である (Kluge-Mitzka 155). これは西ゲルマン語の語彙で, 古くは OHG. eidem, OFries. āthom, OE. āðum (<*aiþuma) という形があるが, これらは Gr. aínumai「つかむ」, aîsa「分け前, 運命」, Av. aēta-「分け前」, Osc. (gen. sg.) aeteis「部分」などと語源的に結びつけられる可能性をもっている. E. Hermann (1918 216 f.)はこのゲルマン語の対応を *aitəmos と解釈して上掲の Gr. aîsa などと関係づけ, その原意を, Erbtochter が Gr. epíklēros (III 章 26 節) とよばれるように, その夫 Erbtochtermann は 'der Teilende', または 'der das Erbe hat' であると説明している. この Hermann 説は,「分ける」という意味と「娘婿」を結ぶためにその娘を相続権をもった娘と限定したこと, ゲルマン語の対応が孤立的であること, などの理由から一般に認められていない (Pokorny 10; Frisk I 44; Chantraine 38).

ゲルマン語にはこれ以外に Got. megs という形がある. これは ONorse māgr, OHG. māg, OE. mǣg という, いずれも「親族」を表すゲルマン語の対応が認められたが, 他の印欧語との関係は明らかでない(Feist 352; Pokorny 707). その用例は一回しか認められず, Gr. gambrós の訳語にあてられている.

第XII章 「義理の兄弟，姉妹」

1. 序.
2. Skr. devár-, Gr. dāḗr, Lat. lēvir etc.「夫の兄弟」の対応と解釈.
3. Skr. devár- の用例.
4. Gr. dāḗr, Lat. lēvir について.
5. 古代社会における Levirat の習慣と Skr. niyoga- の規定.
6. ヒッタイト語文献にみる Levirat の規定.「寡婦」の対応.
7. Gr. gálōs, Lat. glōs etc.「夫の姉妹」の対応.
8. その対応の分析と語源解釈.
9. Gr. gálōs の用例.
10. Skr. nánǎndar-「夫の姉妹」とその用例.
11. Skr. yātar-, Gr. einatéres etc.「夫の兄弟の妻」の対応.
12. その対応の分析.
13. Skr. yātar-, Gr. einatéres について.
14. Skr. syālá-, Slav. šurinŭ「妻の兄弟」について.
15. その対応の解釈について.
16. Skr. syālá- と近代語の分布.
17. Skr. syālá- の用例. Skr. syālva- について.
18. Gr. aélioi, eilíones, Lit. sváinis etc. の *su̯e- をふくむ形について.
19. Skr. bhāma-「姉妹の夫」について.

1. 「義理の兄弟，姉妹」が表すものは，夫婦それぞれの側からの関係が考えられる．例えば，夫の兄弟，その妻，夫の姉妹，その夫，妻の兄弟，その妻，妻の姉妹，その夫など，その関係は多様だが，それらは常に合成的，記述的に表現することができる．それでは印欧語において，これらのうちのどの表現に対応が認められるかといえば，それは夫の兄弟，姉妹，夫の兄弟の妻のように，妻の側からみた夫の兄弟の関係を表す名称が主で，夫からみた妻の側の関係の名称の対応は確実性を欠いている．これは印欧語族の父系的大家族制度の名残りであり，その社会の必要性のあらわれであると説明されてきた．しかもそれらの古い語彙は，ほとんどの語派で消滅し，全体的に性別のみの統一的な表現にまとめられる傾向を示している．以下にわれわれは，対応の成り立つ形から順次検討を加えていきたいと思う．

2. まず初めに「夫の兄弟」を表すと思われる形をとりあげてみよう．その対応形は次ぎの通りである．Skr. devár-, Gr. dāḗr, Lat. lēvir, OHG. zeihhur, OE. tācor, Lit. dieverìs, Lett. diêveris, OCS. děverĭ, Arm. taigr (Pokorny 179). この形の派生形はどの語派にもほとんど認められず，まったく孤立している．原意は妻からみた「夫の兄弟」らしいが，多くの語派において「義理の兄弟」に拡大されている．アナトリア，トカラ，アルバニア，それにケルト語を除く諸派に分布し，意味もかなり安定しているから，この語彙は共通基語のものであったと考えられる．インドでは RV 以来 devár- という形が記録され，その変化のタイプは pitár- など一連の古い親族名称に特有の型を示している (Ai. Gr. II/2 501). バルト，スラヴ語派の形は -r- 語幹でなく -i- 語幹に移っているが，その格変化は Lit. (sg. gen.) dievêrs のように，古い特徴を失っていない (Vaillant II 259). しかし上述のようにこれらの形は孤立的であったために，ギリシア，ラテン，バルト，ゲルマンの諸派では，この系統の形は歴史の中でそのまま伝承されることなく消滅してしまった．しかしそれでも後述するようにインド，スラヴ (Russ. deverĭ etc.; Vasmer I 333), アルメニア語派では，この形の伝統が保たれている．

さてこれらの対応の原形はどのように再建されるであろうか．Skr. devár-, それに Gr. dāḗr には「オリーヴ」を表す Gr. eláā<*elaiwā, Lat. olīva の対応を考慮すると，*daiu̯er- がえられる (Schwyzer I 266). これを基に Lat. lēvir をみれば，そこには *d-> l- が予想される．この変化は，lingua / dingua「舌」のような類例によって支持される．それにしてもこのラテン語の形は ‘lautlich stark entstelltes Erbwort, das *daever lauten sollte’ であり，-vir には vir「男，夫」の影響による変形が考えられる (Leumann Gr. 68). また Lit. dieverìs の ie<*ei である．Fraenkel (1954 347 f.) によれば，この形は Lit. diêvas, Lett. dìevs「神」とその派生形との ‘volksetymologische Anknüpfung’ による表現であるという．しかしその Anknüpfung の生じる原因は明らかでない．これらの形を総合し，Gr. dāḗr の母音を依りどころに *daiu̯er- の再建形を確認できるとすれば，これは母音 *a をもつ数少ない基語の語彙の一つとなる (Kuryłowicz 1956 191).

さてもう一つの考え方として，Gr. dāḗr を *dāiwer- とみることも可能だから，Lat. lēvir<*lēiu̯er- (Lat. rēs<*rēis) と並んでここに *-ai- でなく *-āi-, または *-ēi- を想定することも許されよう．W. Lehmann (1952 50; Szemerényi 1977 87) はこの立場を支持する．その再建形は *deHi̯u̯->Gr. dā (iw)-, Lat. lē(i)v- であり，OHG. zeihhur, OE. tācor にみる Germ. k を H の変化とみなして，*deHi̯u̯->*daHu̯->*dak- を仮定する．ただし

この場合に -i̯- の扱いは明確でない．Skr. devár- は当然弱階梯の *dₑHi̯u̯- > *daiv- と説明される．このゲルマン語の *k はそれまで音法則的に説明がつかなかったから，Lehmann のこの H による解釈は一つの試みであった(Brugmann Gr. II/1 332)．しかし Arm. taigr は明らかに *-u̯- > -g- の変化を示している(Meillet 1936 50; Solta 58 f.)．従ってゲルマン語においても，*-u̯- > *-g- > -k- の変化を予想することができる(Krahe-Meid 1967 77)．この変化を認めれば，Specht のように(1947 170, 217)この形に -u̯-, -g- という違った接尾辞を想定する必要はない．

この *daiu̯er- を語源的にさらに分析する手懸りはないが，恐らく *dai-u̯er- であろう(Ai. Gr. II/2 919; Saussure Recueil 206)．しかし孤立した *-ai- は分析を拒否する．かつては Skr. div-「(賽で)遊ぶ」と関係づけられ，'Spielgefährte der Kinder seines Bruders' という意味づけが行われた(Delbrück 535; Mayrhofer II 47 f.)．しかしこれはもちろん Volksetymologie の域を出ない．現状ではこの形の分析をわれわれは諦めざるをえない(Benveniste 1969 251)．なお Chantraine (1933 219 f.) は，Gr. anḗr (=Lat. vir)「男」との結びつきの可能性を示唆している．

3. 前節にみた対応形の実例はどの語派においても極めて少ない．インド語派においては，devár- は RV に既にあらわれている(Macdonell-Keith I 378 f.)．その典型的な一例は婚姻の歌 X 85. 46 であるが，これは既に X 章 5 節に引用した．この歌には devár- のみならず，śváśura-, śvaśrū́-, nánāndar- と，夫の両親，兄弟，姉妹のすべてが並べられて，嫁の立場が強調されている．この夫の家の親族が並列されたコンテキストは，ホメーロスの次ぎの一節にみる，Helena の嘆きの言葉に似ている．Il. 24. 768. all' eí tís me kaì állos enì megároisin eníptoi / daérōn ḕ galóōn ḕ einatérōn eupéplōn, / ḕ hekurḗ —hekuròs dè patḕr hȭs ḗpios aieí —/ allà sù tòn epéessi paraiphámenos katérukes, / sêi t' aganophrosúnēi kaì soîs aganoîs epéessi. /「いいえ，もしだれかこの館で夫の兄弟や姉妹，美しい衣の兄弟の妻，あるいは姑が——舅は父のようにいつもやさしいので——わたしを責めると，あなたはそのやさしい心とやさしい言葉によってその人をなだめ，とどめたのです」．

5節にとりあげる RV X 40. 2における devár- の用例を除くと，このヴェーダ歌集で問題となるのは devr̥̄-kāma- という合成語である．これは X 85. 44 において，写本は devákāmā「神を愛する」とあるのに代えて推定された形である(Delbrück 516)．その原文は，先に述べた46歌と同じく花嫁の心懸けを歌ったものである．ágharacakṣur ápatighny edhi śivā́ paśúbhyaḥ sumánāḥ suvárcāḥ / vīrasū́r devákāmā syonā́ śáṁ no bhava dvipáde śáṁ cátuṣpade //「不吉の眼差をもたず，夫をあやめることなかれ．家畜をいたわり，好意をもち光彩に富み，男子を産み，神を愛し，心地よく，われらが二足のものに幸福を，四足のものに幸福をもたらせ」．この詩句そのものから考えると，devákāmā を devṛ́kāmā 'Schwägerliebend' (Böthlingk-Roth) に代えるべき理由はみ当らない．Sāyaṇa, Grassmann, Geldner, 辻(244)ともこの変更を採用していない．またこの部分の variation と思われる AV XIV 2. 17(c), 18(c)でも，写本は devṛ- と deva- の双方の形をもつが，Whitney の註によれば，deva- のほうが多い．従ってこの動揺から RV のテキストを訂正する理由は認められない．なおこの AV XIV 2. 18 には ápatighnī「夫をあやめない」とともに ádevṛghnī「夫の兄弟をあやめない」という合成語が用いられている．この言葉は上にあげた RV の訳の ágharacakṣur「不吉な眼差をもたず」の表現からも察せられるように，不吉なことを阻止しようとする願いである．そこで ápatighnī とともに ádevṛghnī とまで特にいわれる理由はなにか，とらえにくい．なおこのヴェーダ詩集には，花嫁が婚礼のとき舅と deváras が待つ夫の家に入って火の周りをまわる場面をとらえた歌があるが，この XIV 1. 39 も既に X 章5節にあげられている．

このdevár- という形は徐々に後退し，acc. devárам などの形から -a- 語幹に移行する．この devara- は中期インド語では(f)de(v)araṇī を伴って，後にふれる syālá-「妻の兄弟」とともに後の近代インド語全体に広く分布する形の基礎となっている(Ai. Gr. III 320; Turner 6546)．その形の一例をスートラ文献と Manu から引用しよう．Āśval. Gṛh. S. IV 2. 18. tām utthāpayed devaraḥ patisthānīyo 'ntevāsī jaraddāso vodīrṣvanāryabhijīvalokam iti //「(夫の死に際して彼女の)夫の兄弟は夫の代りとして，または(夫の)弟子か老いた召使いが，vodīr …… (RV X 18. 8) の句を誦して彼女を立たせるべし」．Manu III 55. pitṛbhir bhrātṛbhiś caitāḥ patibhir devarais tathā / pūjyā bhūṣayitavyāśca bahukalyāṇamīpsubhiḥ //「(結婚する)この女たちは，その多幸を望む父，兄弟，夫，また夫の兄弟たちによって敬われ，飾られるべし」．

4. ギリシア，ローマでは dāḗr, lēvir ともに，言語史の中から早くに消えていった．ギリシアでは dāḗr は，einatéres (pl.)「夫の兄弟の妻」と並んでホメーロス以後生命を失った．ホメーロスでは前節にあげた Il. 24. 769 をふくめて数例が指摘される．Il. 3. 180.

dāȅr aût' emòs éske kunṓpidos, eí pot' éēn ge. /「まことに彼は恥知らずなこのわたしの夫の兄弟でした」. これは Helena が Agamemnon のことを舅 Priamos に説明している言葉である. Il. 6. 344. dâer emeîo kunòs kakomēkhánou okruoéssēs, /「悪巧みの恐ろしい犬であるこのわたしの夫の兄弟よ」. これは同じく Helena が Hektor によびかける言葉である. Helena は Il. 24. 762 行では, daérōn polù phíltate pántōn「すべての夫の兄弟の中でとりわけていとしい人よ」と Hektor をよんでいる. このように dāḗr はすべて Helena の言葉, 特に Hektor をさす場面に関係している. 唯一の例外は Il. 14. 156 行で, 女神 Hera と Poseidon との関係の描写に用いられている.

この形はホメーロス以後悲劇にも散文にもあらわれない. Schwyzer (I 568) によれば, 当時のテキストの読みで Menandros の喜劇 Dyskolos (Edmonds 版) 135 行にみられるとされているが, これは現在のテキストでは 240 行で, Dâ' (=Dâe)「ダーオスよ」の誤りである. また小アジアの Phrygia, Lydia 出土の碑文にもその用例が指摘されているが, これもホメーロスの模倣とされている (Gates 72). 従って dāḗr は, ホメーロス以後忘れられた語彙の一つである. Delbrück (520) の述べているように,「夫の兄弟」は文字通り ho toû andròs adelphós というフレーズによって表現される. また gambrós の流用もあったから, この形の消失はそれほど支障をきたさなかったのである. なお Delbrück のあげる andrádelphos という合成語は, Liddell-Scott によると後期の註釈と辞典にしか実例がない.

Gr. dāḗr と同じように Lat. lēvir にもわずかの用例しかない. それは文学作品でなく, 法律書とか Festus の註解に指摘されるにすぎない. lēvir を知らずとも, maritī, virī frater というフレーズによって同じ概念は容易に表現された. そこでロマンス語をみると, ここでは Fr. beau-frère を除いて,「義理の兄弟」は It. cognato, Sp. cuñado, Rum. cumnat etc. である. これは Lat. cognātus, -ta (Meyer-Lübke 2029) に基づく形である. このラテン語の形は,「血のつながりのある (親族)」人とか, さらには「関係のある」物や動植物について広く用いられた形容詞である. それが「義理の兄弟, 姉妹」の意味に限定されたわけだが, そのような使い方は古典ラテン語にはみられない. このような特定の限定のきっかけがなにによるのか, 明らかでないが, この意味は単にロマンス語のみならず, 近代ギリシア語の kounatos (Buck 123), Alb. kunát (Jokl 15, 226; Delbrück 527) という借用語にもはっきりと認められる.

5. 古代社会において夫の兄弟が重要な役割を果すのは，いわゆる Leviratehe とよばれる習慣においてであろう．そこでいくつかの言語の資料によって，この習慣をふり返ってみよう (Schrader-Nehring II 661 f., 691 f.).

RV に次ぎのような歌がある．X 40. 2. kúha svid doṣā́ kúha vástor aśvínā kúhābhipitváṁ karataḥ kúhoṣatuḥ / kó vāṁ śayutrā́ vidháveva devóram máryam ná yóṣā kṛṇute sadhástha ā́ //「アシュヴィン双神は夕べには一体どこに，朝にはどこに，どこに立ちより，またどこで夜を過したか．だれが汝らを床に迎えるのか，寡婦が夫の兄弟を(迎える)如くに．(だれが汝らを)逢引きの場におくのか，乙女が若者になすが如くに」(Renou 1967 71). われわれはこの歌の vidháveva devóram という比喩の言葉の中に，当時の Levirat の習慣の跡を認めることができる．それはまた葬送の歌 X 18. 8 にもあらわれている．夫が死んで妻が殉死することなく，火葬の薪の上で亡夫の傍らに横になり，助け起されて亡夫の弟と再婚する(辻 251)．その歌はいう．úd īrṣva nāry abhí jīvalokáṁ gatā́suṁ etám úpa śeṣa éhi / hastagrābhásya didhiṣós tavedám pátyur janitvám abhí sáṁ babhūtha //「起て，妻よ，生存者の世界に向って．汝は息絶えたこの者の傍らに横たわる．来たれ．汝の手を握り求婚する夫と，ここに(改めて)婚姻の関係に入れり」(AV XVIII 3. 2; Benveniste 1969 242). 先にあげた RV X 40. 2 を引く Nirukta III 15 は，devár- という語について註している．devaraḥ kasmāt / dvitīyo vara ucyate /「なぜ devara- の語があるのか．第二の夫がそういわれるのである」．ただこの Nirukta の説明の部分は多くの写本に欠けているため，後世の挿入とみなす学者もある．それはともあれ，X 40. 2 の devár- が，内容的には X 18. 8 では didhiṣú- によって表されているように思われる．didhiṣú- は (f) didhiṣū́-「再婚の婦人」，agre-didhiṣu- (m)「初婚で寡婦と結婚した男」などの形からもわかる通り，本来は語根 dhā-「おく」の desiderativus である．P. Thieme はこの語根のこのような使い方を，ホメーロスの Il. 19. 297. …allà m' éphaskes Akhillêos theíoio / kouridíēn álokhon thḗsein…「だがあなたはわたしを神の如きアキレウスの正妻にするだろうといった」と比較している(1963 218 f.＝1971 483 f.). この形の原意は「(結婚を)しようと欲する人」であるが，それが限定的に再婚の男女について用いられるに至ったものと考えられる．即ち didhiṣú- とは 'Gatte einer zum zweiten Mal verheirateten Frau' (Oldenberg 1917 573), あるいは 'eine Frau, die bereits verheiratet war, zu seiner eigenen Gattin nehmen wollend' (Thieme 1963 219＝1971 484; Mayrhofer II 41) である.

さてこのようなヴェーダ時代における寡婦と亡夫の弟との再婚は，後には niyoga とよばれる慣習に発展し，インドに広く行われるようになった (Winternitz 1920 48 f., 93 f., 104; Renou 1950 99 f.; Jayal 156 f.). それは文字通りいえば，「定め」であり 'assignation' (Renou) である. この niyoga は Levirat より広い概念である. Levirat は，死んだ兄弟の未亡人との結婚をいうが，niyoga は息子のいない人の妻，または寡婦が家系を守るために息子をもうけようとして，もっとも近い親族，特に夫の兄弟と行う行為である. 従ってその兄弟は決して pati-「夫」ではない. 寡婦の場合には，pati- はやはり死んだ夫以外にはない (Manu V 162; Thieme 1963 191 n1＝1971 456). このような目的がある以上，niyoga は愛欲の問題ではない. Manu IX 147. yā niyuktānyataḥ putraṁ devarād vāpy-avāpnuyāt / taṁ kāmajam arikthīyaṁ vr̥thotpannaṁ pracakṣate //「(niyoga に)定められた女が，夫の兄弟か，あるいはその他の者によって息子をうるならば，もしその子が愛欲から生まれた者なら遺産を継承できず，無益に生まれた者といわれる」.

この niyoga の規定は Gautama 法典 XVIII 4-8 を初め各種法典にみられるが，Manu も IX 59 の規定で，devarādvā sapiṇḍādvā「夫の兄弟かサピンダ親族により」この慣習に従って婦人は子をうることができると述べている. 従って niyoga は一度は認められているように思われるが，これに続く IX 64 では，次ぎのように規定されている. nānya-smin vidhavā nārī niyoktavyā dvijātibhih / anyasmin hi niyuñjānā dharmaṁ hanyuḥ sanātanam //「再生族によって寡婦は(夫)以外の男との niyoga に定められてはならない. なぜならば，(夫)以外の男に(その女を)定める者は永遠に法を犯すことになろう」. そして 65 では，婚姻の聖典のどこにも niyoga はふれられていないとして，66 においてこれを paśudharma「獣法」とよんでしりぞけている. Manu の心には次ぎのようなモラルがあったからであろう. V 160. mr̥te bhartari sādhvī strī brahmacarye vyavasthitā / svargaṁ gacchaty aputrāpi yathā te brahma cāriṇaḥ //「徳ある婦人は夫の死後は梵行に住し，たとえ息子はいなくとも梵行者と同じように天界に行く」(＝Ind. Spr. 4948). この niyoga に対する否定的な態度は，他の法典にもみうけられる. 夫婦の固い結婚の誓いが破れたら，その二人は地獄におちると述べた後で，Āpastambha 法典 (II 10. 27. 7) は，niyoga によってえられた子よりも法の規定を守った結果の報いのほうがまさっている，と結んでいる. 因みに，この夫への忠誠の理想を追求してであろうか，叙事詩 Rāmāyaṇa には niyoga の習慣を示す実例は指摘されないといわれている (Jayal 167).

なおインドでは niyoga のほかに，処女 (akṣatayoni-) の寡婦がいて，その再婚が punarbhū というカテゴリーで論じられている．これは少女結婚(nagnikā)の風習があったためである(Manu IX 176 etc.; Thieme 1963 180 f.＝1971 445 f.).

6. このLevirat の習慣は，ヒッタイト語族の間にも存在していた．その法律は教えている．Gesetz II (J. Friedrich 1971 84), (78) ták-ku LÚ-aš SAL-ni a-ki LÚ-aš HA. LA-*ŠU* DAM-*ZU* da-a-i /(破損)/(破損)〈*Ú. UL?*〉ha-ra-tar / (79) ták-ku LÚ-iš SAL-an har-zi ta LÚ-iš a-ki DAM-*ZU* ŠE〔Š-*Š*〕*U* da-a-i ta-an *A•BU•ŠU* da-a-i m [(-a-a-a)] n ta [(-a-a)] n *A•BU•ŠU*-i̯a a-ki SAL-na-an-na ku-in har-ta I? ŠEŠ-*ŠU* da-a-i *Ú•UL* ha-ra-tar.「女にとって男(夫)が死ぬならば，彼の妻はその男の(遺産)分をうけとる．……妨げなし．男が女をもち，その男が死ぬならば，彼の妻を彼の兄弟がとる．それから彼の父が彼女をとる．それからまた彼の父も死に，そして彼がもっていた女を彼の兄弟がとるならば，なんら妨げなし」．Gurney (1952 101)によれば，これはヘブライの習慣に似ている．例えばわれわれは，創世紀 XXXVIII 8以下にみられる Juda の，その息子 Onan への言葉にもその習慣をみることができる．彼の兄が死んだので，その妻のところへ行って結婚するようにと父は教えている．これはまたアッシリアの法律にも指摘されている(Schmökel 1961 142). パレスチナでも，家の財産を守るために Levirat の習慣が守られていたといわれている．われわれは新約聖書の一節にも，モーゼの言葉としてこの風習を認めることができる．Matth. XXII 24. Mōusês eîpen· eán tis apothánēi mḕ ékhōn tékna, epigambreúsei ho adelphòs autoû tḕn gunaîka autoû kai anastḗsei spérma tôi adelphôi autoû.「モーゼはいった．子供をもたずに人が死んだならば，彼の兄弟が彼の妻と結婚し，彼の兄弟のためにその種子を起すがよい」．なおここで epigambreúō という動詞が用いられているが，この形は旧約聖書訳にも用例がみられ，親でも子でもある人を「姻戚関係にする」ことを表している．前章5節以下に述べた Gr. gambrós の用例とその意味をふり返って，興味ある動詞形である．このマタイ伝の個所と同じ内容のルカ伝 XX 28，マルコ伝 XII 19では，平凡にこの動詞の代りに lambánō「とる」が用いられている．

ギリシアでは，インドの niyoga に似た規定はなかったし，Levirat の習慣もなかったようである．Odusseus の妻 Penelopeia の場合にみられるように，当時でも寡婦の再婚はその相手とともに，その女の意志に任されていたからである(Lacey 108). しかしそれでも歴史時代において，習慣ではないにしろ Levirat の事実がなかったとはいえない．その一例として，Plutarchos が兄弟の仲を論じた Moralia (489d-f) の一節をあげておこう．

紀元前2世紀のPergamonの王Eumenesは，Macedoniaの王Perseusの伏兵に襲われた．彼が死んだと思った人たちの報らせをきいて，彼の兄弟Attalosが王になり，彼の妃Stratonikeを妻にした．ところがEumenesは無事に帰国し，Attalosは再び退位して，妻と王位をもとにもどしたという．

ローマでもLeviratの習慣は認められない．ギリシアとローマでは早くから大家族制が崩壊し，また生活も戦いと移住などに忙しく定住的でなかったから，このような習慣を守ってまで家を維持する必要を人々が感じなかったからであろうか．ゲルマン人については，その婦人の貞節さはTacitus(Germania XIX)によって大いに強調されている．しかし彼は，夫の死後のゲルマン婦人について語ってはいない．一方女性の力の強かったケルト人の世界では，このような習慣は考えられないであろう(Dillon-Chadwick 1967 194 f.).

E. Hermann(1934 48 f.)は印欧語族のLeviratの事実を各語派について検討した結果，インド，イラン，アナトリア，アルバニア，バルト，アルメニアの諸派にその痕跡を認め，これは恐らく印欧語族に古くからあった習慣のあらわれであろうと推論している．しかしその論証はすべて二次的な資料によっている上，事例はいずれもわずかしか示されていないので，その実状をこれによって把握することはできない．この習慣は上述のように非印欧語族にも広く認められるのだから，後から侵入した印欧語族が各地の先住民のこの習慣に従ったとも考えられる．

一般にある習慣がある民族，語族の古来のものであるという証明は，それが独自のものでない限り，なかなかむずかしいことではないかと思う．ただ言語学的にみて，印欧語の場合に次ぎの事実はここで注意されてよい．それは「寡婦」(英widow，独Witwe)を表す対応である．Skr. vidhávā-, Av. viϑavā, Gr. ēítheos<*ēwithewos, Lat. vidua, OIr. fedb, Got. widuwo, OHG. wituwa(>Witwe), OPruss. widdewu, OCS. vídova, Alb. e-ve，それにHitt. [SAL]udatiをもわれわれはこれに加えられよう(J. Friedrich 1952 237). この中でGr. ēítheosだけが(m)「若者」の意味で(f)parthénos「乙女」に対し，別にkhḗra「寡婦」という形をもつが，他のすべての形は「寡婦」を表している．このGr. ēítheosは形にも意味にも疑問はあるが，他の対応形は*u̯idheu̯ā-，*u̯idhuu̯ā-に帰せられる(Pokorny 1127 f.; Chantraine 408; Schrader-Nehring II 661 f.). この形はさらに*u̯eidh-「空である，欠けている」，あるいは*u̯i-dheə-「分ける」に語源的に関係づけられる可能性をもっている(Szemerényi 1977 86). とすれば，「寡婦」は夫を「欠いた」，守護者の「ない」女性と説明されよう(Hermann 1918 208 f.; Walde-Hofmann II 785). 確かにわれわれは，この対応形が形の上からはなんらかの意味で合成的，二次的なものと考えざるをえない．しかしそのようなことを考慮せずに，このままの形と意味を共通基語のものとして認めることが可能なほど，この対応は統一と広い分布を示している(Ernout-Meillet 734 f.; Frisk I 625 f.; Mayrhofer III 211, 1968 103 f.). 既にこの形が祖語において「寡婦」として確立していたとすれば，夫を失った女性の存在が早くから社会的に意識されていたといえよう．そしてその意識の裏に，Levirat のような習慣を予想することはあながち誤りではないだろう．

7. 「夫の兄弟」に続いて「夫の姉妹」を表す対応をとりあげてみよう．その対応形は次ぎの通りである．Gr. gálōs, galóōs, Lat. glōs, Slav. *zŭlŭva，あるいは *zŭly (Russ. zolovka, Pol. zełwa, etc.—Meillet-Vaillant 78, Vasmer I 460), Arm. tal である (Pokorny 367 f.). これらの対応は一致して「夫の姉妹」を想定することを認める．これに Phryg. gélaros という Hesychios の辞書のあたえる形を追加しようとする説があるが，疑問である．なぜならば，そのためには gélaros を gélawos の誤りとみるか，あるいは他の形の影響で -wos が -ros にかわったと考えねばならないであろう．またこの言語では，*g>k であるべきだから，g- はその対応を疑問にする (Haas 1966 161).

Gr. gálōs は hḗrōs「英雄」などと同じタイプに属するかのようにみえるが，ホメーロスの sg. dat. galóōi, pl. gen. galóōn は -o- 語幹を示している (Chantraine 1948 I 197). ただその pl. nom. galóōi は，本来 -ooi か -ōoi の代用か，明らかでない (Schwyzer I 480). Lat. glōs, sg. gen. glōris は flōs, flōris「花」と同型だが，この nom. -s はギリシア語の形からみれば，格語尾の -s で -s- 語幹を示すものではないように思われる．VI 章 2 節以下にふれた Gr. pátrōs, mḗtrōs の -ōs<-*ōu- とみる従来の解釈に従えば，Gr. gálōs, Lat. glōs にも *ĝelōu- が予定されるであろう．そして Slav. *zŭlŭva もこれを支持する．この (f)-va は本来 *zŭly, gen. zŭlŭve のように，-u- の要素の存在を前提とするからである (Bräuer I 176; Vaillant II 275). なお Szemerényi は，Lat. glōs に対してギリシア語からの借用の可能性を指摘している (1977, 89 f).

8. この形の語源的な分析については，Delbrück はこれを不明とした (535). Schmeja (23 f.) は Gr. pátrōs, mḗtrōs とともにこの形をとりあげ，語根*gol- (*gel-, Pokorny 402) の対応に結びつけようとする．これに属する形のいくつかをあげれば，Gr. gṓleos「(動

物のいる）ほら穴」，Arm. kałał「ほら穴」，Lit. guõlis「寝所」，guĨti「寝る」である(Trautmann 93 f.; E. Fraenkel KZ. 71 1954 40; Solta 310). Schmejaはこの対応を基にして，Gr. gálōs etc. の原意を 'Schwester der Lagergenossen＝des Mannes' としている.

この語源解釈については，既述のGr. pátrōsなどに共通する*-ōu-の仮定を除いても，次ぎの点が指摘されよう．Arm. talは，Meilletによれば*calがtaigr「夫の兄弟」の影響でt-をもつに至ったと解せられる(1936 144; Solta 58 f.). しかし最近のWinter(1966 204)の指摘するところでは，Arm. art「野」に対するLat. ager, Arm. acem「導く」に対するLat. agōのように，アルメニア語の中には方言差を思わせるt/cの交替が認められる．この場合のtalもそのあらわれとすれば，ここにはArm. *calの存在も当然許されよう．この形とSlav. *zŭlŭvaには語頭に口蓋化がみられるから，そこに*ĝ-が想定される．これに対して上掲のGr. gṓleos etc. の対応には，Lit. guõlisなどのg-, それに*e階梯の形が認められないという点も考慮されて，*g-が仮定されている．このsatəm群における差の説明は，Schmejaによってあたえられてない．もし*g-をたてるのならば，Slav. z-は前章の初めにふれたOCS. zętĭ「夫の兄弟」などによる類推的変化を考えざるをえない(Szemerényi 1977 91).

またGr. gṓleosの対応における動詞形は，バルト語派のLit. guĨti, Lett. guĨtに限られているが，このgu-は*duō>Lit. dù「2」，*k̑uōn>Lit. šuô「犬」から考えると，Fraenkelの指摘する通り，*gu̯ol-でなければならない．そこでSchmejaは*gol-/ *gu̯ol-を互いにvariantとして認める．しかしこのような交替形は，一般には認められない．Frisk(I 336), Chantraine(244)がGr. gṓleosの項にこのバルト語の形をあげていないのも，この理由からではないかと思われる．従ってさらに当面のgálōs etc. の対応にまで一括してこれを拡大することは，形式的にも疑問がある．意味上からは恐らくGr. lékhetai「寝る」とálokhos「妻<床をともにする」に似た関係が考慮されているのであろうが，そこに予定される 'Lagergenossen＝Mann' の '-genossen' の意味の出所が形の上で明らかでないところにも，Schmejaの解釈の難点がある.

この対応の分析のむずかしさは，*ĝ₍ₑ₎lou̯-(Hermann 1918 222), *ĝ₍ₑ₎lōu-(Hirt IG. II 64), *ĝalōu̯- (Gates 55), *ĝəlou̯- (P. Friedrich 1966A 10)という再建形の違いにもあらわれている．またその意味づけも，*ĝl-の部分の強階梯の形が指摘されない限り展開する手段がない．Anttila(83)はCowgillの私信として，先にあげたHesychiosのgélarosを基本形*gelau̯o-とみて，その同化からgal(a)-を導く可能性を示唆している．しかしこのプリュギア語の形をこの対応の積極的な拠りどころとするのは，上述のように危険な面があって賛成できない．

まったく別の角度からのこの形の語源研究として，Szemerényi は H. Eichner の研究をうけて，Skr. gíri-「ねずみ」，Gr. galéē「いたち」，Lat. glīs などの対応 (Pokorny 367) と当面の問題の形を結びつけようとする．そこで Szemerényi は *gl̥H-i-, *gl̥əu̯os- の再建形から，'…the meaning "marten" is primary which was, probably by the male relatives of her age-group or her clan, transferred to a young woman; hence also the primary application to a man's (=husband's) sister, and the secondary application to a male relatives(=brother's) wife.' と推定し，その傍証として，Hung. hölgy 'lady' ＜'marten' をあげている (1977 90 f.).

これは行きづまりの状態にあるこの対応の語源解釈に新らしい観点を導入する興味深い提案であるが，ここで戦後のもう一つの解釈にもふれておこう．従来の説はすべてこの対応の再建形に -u̯- の要素を仮定している．例えば Kuryłowicz (1956 122, 1968 217) はこの対応に *ĝlṓ(u)s, acc. ĝlóu̯m̥, gen. ĝl̥u̯és という格変化を想定して，歴史上の形を説明しようとしている．ここに想定される -u̯- の実証は，スラヴ語の形にしか認められない．しかし Slav. *zŭlŭva に基づく多くのこの語派の -u̯- をもつ形は，OCS. svekry＜*svekrū-「姑」の影響と考えて，スラヴ語の中で成立したとみることも不可能ではない (Fraenkel 1954 351). そこでこの要素は本来なかったとすれば，Gr. gálōs, Lat. glōs から *ĝléH₃-s- という -s- 語幹が予想される．M. Vey (BSL. 51 1955 87 f.) はこの想定から，これを Gr. geláw「笑う」，galḗnē「なぎ」＜*gelas-nā と関係づけようとする．そこで -o- 語幹の Gr. gálōs は，*gl̥H₃-s-os と再建される．そしてこの形は 'terme d'affection souvent à désigner une jeune femme (une femme de la même génération) parentée par alliance' であり，原意は 'riante' と推定される．この解釈は意味上からは説得力に乏しいが，-s- 語幹の想定は IX 章にみた *snu-s-o-「義理の娘」との平行関係を予想させる点に注目したい．

9.　この対応に属する語彙を文献的にみると，スラヴ語ではその用例は比較的新らしく 15 世紀といわれる．しかしその系統の形は現代にまで広く分布している(Vaillant II 275). Lat. glōs は lēvir「夫の兄弟」と同様に法律書や文法家の著作にみられるにすぎず，ロマンス語にはまったく痕跡がない．しかしある語彙集には，その用例は Plautus にあると記録されているし，またある註には，この形は「夫の姉妹」以外に「兄弟の妻」にも用

いられたとあり，義理の姉妹間の相互名称であったらしい(Delbrück 526; Benveniste 1969 251). ある古代ギリシア人の説明の言葉をかりれば，Helenaに対するKassandraのような夫の姉妹と，Kassandraに対するHelenaのような兄弟の妻とが互いにgálōsとよばれたのである(Chantraine 208).

ここでGr. gálōsの用例と，そのあらわれる文脈を考察してみよう．この形はホメーロスに5例，イーリアスに限られている．その後の歴史時代には用例がみられない．恐らくdāḗr「夫の兄弟」とともにその使用がすたれてしまったのであろう．Il. 3. 121. Îris d' aûth' Helénēi leukōlénōi ággelos êlthen, / eidoménē galóōi Antēnorídao dámarti, /「さてイーリスは白い腕のヘレナのところに使者としてきた．彼女の夫の姉妹にあたるアンテーノールの子(ヘリカーオーン)の妻(ラーオディケー)の姿をとって」. Il. 6. 377. pêi ébē Andromákhē leukṓlenos ek megároio; / ēé pēi es galóōn ȅ einatérōn eupéplōn, / ê es Athēnaíēs exoikhetai, éntha.…「白い腕のアンドロマケーは館からどこにいったのか，わたしの姉妹のところか，あるいは美しい衣をきた兄弟の妻たちのところか，それともアテーネーの社へいったのか……」. この場合，Hektorは妻のAndromakheの立場からみてgalóōn, einatérōnといっていると解せられる．この後の383行で女中が同じ言葉を使ってHektorに答えているところからも，同じ使い方が認められる．またこのgalóōiとeinatéres，夫の姉妹と兄弟の妻たち，という連続した表現は，22巻473行以下のAndromakheが夫の引きずられていくのをみて倒れた場面の描写にもみられる．そしてさらに既に3節に引用した24巻768行も同じ傾向を示している．

このようにみてくると，gálōsはホメーロスにおいて多くeinatéres「(夫の)兄弟の妻」とともに想起される語彙であり，またその連続のきまった型の詩節の中に生きていたために忘れ去られなかったともいえよう．さて上にあげた3巻121行以下の例では，Helenaの夫Parisの姉妹LaodikeはAntenorの息子Helikaonの妻で，その家に嫁いでいる．印欧語族は古く父系的な大家族制度の中にあったとすると，他家に嫁いだ姉妹が特別の名称でよばれる必要はないのではないか．Hermannはこのような疑問の下に，この語彙を本来は未婚の姉妹，つまり夫と同居している義理の姉妹に限ることを提唱している(1918 222). この説に従えば，既婚，未婚ということがこの語彙の内容の大きな条件となるが，現状では適切な資料が乏しいため，このHermannの推測を確証することはできない．

10. ここでGr. gálōsの対応とはまったく無関係ながら，同じ「夫の姉妹」を表すイ

ンド語派の形 nánǎndar- についてふれておこう．この形は X 章 5 節に引用した RV X 85. 46 に Skr. devár-「夫の兄弟」と併置された用例に始まり，パーリ語をふくむ中期インド語を経て多くの近代語に維持されている(Turner 6946; Macdonell-Keith I 434). devár- とともにこの語彙が近代にまで広く定着して用いられているということは，スラヴ語と共通した現象である．他の多くの印欧語は，これらの古い語彙を失って，より広い意味をもつ形が記述的表現を代用するに至っている．

この形には別に nandā-, nandinī- という形もインドの語彙集に記録されている．これらがインド語派の中で作られた形であることは疑いないが，その発生の過程は明らかでない．Wackernagel-Debrunner は nár-「人，夫」との関係を予想しているが，意味からも形の上からもそれは確証されない(Ai. Gr. II/2 501). Pokorny (754)，Mayrhofer (II 131) は Skr. naná「母」のような Lallwort 形の重複 *nanānā が svásār-「姉妹」からの類推をうけて作りかえられた形だろうと考えている．もう一つの可能性は，ドラヴィダ語からの借用説である．しかしもっともサンスクリットの語感に合致した理解は，nand-「喜ばす，喜ぶ」という語根とのつながりであろう(Ai. Gr. II/2 501). それによれば，nánandar- は na-nandar- ‘one who is not pleased’ (Ghurye 49) と分析される．それは妻からみた「夫の姉妹」の一面をとらえてくる．古いブラーフマナ文献に，次ぎのような一節がある．Ait. Br. III 37. 3–5. devānām eva patnīḥ pūrvāḥ śamsed. eṣa ha vā etat patnīṣu reto dadhāti yad agnir gārhapatyo, ’gninaivāsu tad gārhapatyena patnīṣu pratyakṣād reto dadhāti prajātyai prajāyate prajayā paśubhir ya evaṁ veda. tasmāt samānodaryā svasānnyodaryayai jāyāya anujīvinī jīvati.「彼は神々の妻たちをこそ先に讃えるべきである．Gārhapatya のアグニ(家長の火)なるものは，妻たちの中にその種子をおく．明らかに彼は子孫のために，Gārhapatya のアグニとともに種子をこの妻たちの中におく．かく知る者は子孫と家畜とともに繁栄する．故に同腹なれど姉妹は他腹なる妻に従って生きるものである」.

いわゆる小姑は姑とともに，嫁いできた妻にとって家庭の中でもっとも面倒な存在である．etadarthaṁ ca nindanti kanyānāṁ janma bāndhavāḥ / śvaśrū-nanandr̥-saṁtrāsam asaubhāgyādiduṣitam //「それ故に親族は娘の誕生を悪くいう．姑や小姑の怖ろしさと，不幸などに苦しめられることになるのだから」(Kathāsaritsāgara XXIX 92). Schrader-Krahe (99) は，ロシア民謡の一節として，次ぎのような描写を伝えている．‘Der Schwiegervater befiehlt ihr Getreide zu dreschen und zu trocknen, die Schwiegermutter,

Leinwand anzuzetteln, Wasser im kalten Winter zu holen, aus dem Keller den grünlichen Wein zu bringen, der Schwager, das gute Pferd zu satteln, die Schwägerin, ihr die röhrenförmige Haarflechte zu flechten.' このような言葉をきくと，nanandar- という表現は Volksetymologie だとしても，「夫の姉妹」というものの真実を伝えているように思われる．因みにスラヴ語でも，*zŭlŭva, *zŭly は OCS zŭlŭ(Russ. zlo), Lit. žula- などの「悪い」という形容詞と形の上でかなり接近している(Vasmer I 457). そのために，本来は (f) *zŭla のような形であったものが，svekry に倣って *zuly (gen. zŭlŭve), あるいはさらに *zŭlŭva にかえられたとも考えられるのである(M. Vey BSL. 51 1955 87; P. Friedrich 1966A 10; Gates 55).

11. 「夫の兄弟」，「夫の姉妹」に続いて，われわれは「夫の兄弟の妻」を表す対応について考えてみよう．その主な対応形をあげるならば，Skr. yātar-, Gr. (Hom. pl.) einatéres, enátēr, Lat. (pl.) janitrīcēs, Lit. jentė, (gen.) jenters, Lett. ìetere, CS. jatry, Russ. jatrovĭ etc. である．そしてこれに Phryg. (acc.) ianatera，さらに不確実ながら Arm. ner が加えられる可能性がある(Pokorny 505 f.).

Lat. janitrīcēs は lēvir，glōs と同じように文学作品に用例がないが，法律書の説明によれば Gr. einatéres にひとしく，二人の兄弟の妻の相互名称であった．上にあげた対応の中で Phryg. ianatera は形の上で問題はないが (Haas 1966 165), Arm. ner の扱いには疑問がある．これは H. Pedersen (KZ. 39 1906 457) が *eineter / *iner>Arm. ner と解釈したところから注目されるようになった形であるが，後述するようにこの対応に *ein-/in- の交替を考えることは誤りであろう．それからまた，アルメニア語はギリシア語に似て語頭の prothetic vowel を好む傾向があるにも拘らず，n- にそれがみられない点も特徴的である．従ってこの対応は確実とはいえないが (Solta 193 f.), その点について Meillet (BSL. 30/2 1930 90) は，女の言葉にはこのような 'alterations inexplicables' がしばしばみうけられるとして，この形を上記の対応にくみいれている．

12. このアルメニア語の対応を許せば，分布も 7 節にあげた「夫の姉妹」の対応より広く，この語彙も祖語のものであったという可能性も充分に考えられる．しかしこの形の基語形は必ずしも明らかではない．まず Gr. einatéres であるが，この語はホメーロスのみで歴史時代の文学作品に用例がない．しかし後世の Lydia の碑文に acc. enatéra, dat.

enatrí という形が指摘されている(Schwyzer I 568). この形と他の言語の対応形を比較すると, Hom. einatéres は *enatéres という四つの短音節の連続を避けるために作られた形で, ei- は作詩上の延長と考えられる(Chantraine 1948 I 99; Kuryłowicz 1956 279). ギリシア語派の本来の形は *i̯enátēr とすれば, ホメーロスの形には予想される spiritus asper も欠けている. Lat. janitrīcēs の -trix は genetrix「母親」, nūtrix「乳母」にみる女性形の接尾辞の類推的拡大であり, 本来は *i̯aniter- が予想される(Leumann Gr. 60; Wackernagel 1928 II 12). これらと Skr. yātar-, Lit. (gen.) jenters などを総合すると, 再建形は *i̯enə-ter- とその弱階梯 *i̯ₑnə-ter-, *i̯n̥ə-ter- (*i̯n̥̄-ter-) となる(Kuryłowicz 1968 33). Gr. *i̯enátēr, Lit. jentė は強階梯の形に, Skr. yātar- は *i̯n̥ə-ter- に, Lat. janitrix, Phryg. ianatera はともに *i̯ₑnə-ter- に帰せられよう. 母音の階梯で問題があるのはスラヴ語の形である. 比較的新らしい CS. jatry と東 Lit. inte との対応を認めれば, インド語派と同じ弱階梯形が予定される(Mayrhofer III 15 f.). しかし他のバルト語の形を参考にすると *jętry が想定され, -y は svekry の類推と考えれば, これは当然強階梯に由来することになる(Delbrück 533; Meillet-Vaillant 62; Bräuer I 176; Trautmann 107 f.; Vasmer III 499 f.). Ernout-Meillet (304 f.) は Slav. *jētry と再建し, その vocalisme は不明としている. *jętry は推定形であるから問題にならないが, jatry という形はそれ自体では母音階梯の再建に無力である.

さてこの *i̯enə-ter- という再建形になんらかの意味づけをあたえることは現状では不可能である (Delbrück 535; Benveniste 1969 251; Szemerényi 1977 92). しかし逆にいえば, それはこの語彙の古さを物語るものであり, 対応にみる階梯の差がそれを実証している.

13. この対応形の用例は極めて少ない. 既述のようにラテン語の形は文学にはみられず, Skr. yātar- もヴェーダ文献には用いられていない. Böthlingk-Roth によれば二大叙事詩にも用例が指摘されていないが, Pāṇini VI 3. 25 の Kāśika 註に dvandva 合成語の例として yātānanāndarau「夫の兄弟の妻と夫の姉妹」という形があげられているから, 恐らく 10 節でふれた nanǎndar- と対をなしてインド語史の中に生きていたのであろう. このようにサンスクリットとしては文献的に新らしく, 用例も限られているにも拘らず, nanǎndar- と同様に, この形は Pkr. jāuyā- のほか, Assamese, Bengālī, Hindī, Marāṭhī など一部の有力な近代インド語にしっかりと定着している(Turner 10453; Bloch 1970 64, 118). これは devár-, devara-「夫の兄弟」の女性形としてみれば当然の結果ともいえ

よう．また古代イラン語の形はみられないが，Pashto yōr を初め近代イラン語にもこの対応に属すると思われる形が認められている(G. Schmidt 40 n36).

ここでこの対応中もっとも古い Hom. einatéres の用例にふれておこう．これはイーリアスに 4 例みられるが，そのうち galóōn, galóōi と併置された pl. gen. と pl. nom. の用例(6. 378, 383, 22. 473)については 9 節にみた通りである．また daérōn è galóōn è einatérōn eupéplōn という 24 巻 769 行，Helena の Hektor への嘆きの言葉についても既に 3 節にわれわれは引用した．9 節にも述べた通り，einatéres は常に galóōi と対をなして一行を形成していた．そしてこれらの語彙は，叙事詩とともに消滅していった．Priamos 王の館のように多くの「夫の兄弟の妻」が生活していた大家族が滅び，家庭の個別化が進むとともに，daḗr, gáloōs, einatéres のような微妙な区別の表現は無用になって忘れられてしまった．そして後述するように，より一般的な kēdestḗs「姻戚」，prosḗkōn「親族」などでそれらが表わされるようになる(Finley 89).

14. われわれは「夫の兄弟」,「夫の姉妹」, それに「夫の兄弟の妻」という三つの比較対応をとりあげたが，ここでなお残るいくつかの個別的な形について考察しておこう．まず Skr. syālá-, CS. šurinŭ, šurĭ, ORuss. šurinŭ>Russ. šurin, Bulg. šúrej etc. という，インドとスラヴ語派に限られた対応がある(Pokorny 915). ここで初めてわれわれは，妻の側からでなくて夫からみた「妻の兄弟」を表す語彙をみることができる．しかしこの二つの語派の形が真に対応すると認められるためには，さまざまな仮定を考慮しなければならない (Mayrhofer III 551 f.; Vasmer III 437 f.; Delbrück 517).

まず語根部の母音として，Skr. -ā- に対する Slav. -u- を満足させるためには *-ēu- のような長二重母音を予定しなければならない．Pokorny は共通基語形を *si̯ē(u)ro-, *si̯əur(i̯o)- と再建している．インド語派では(acc.)*gāum>Skr. gām「牛」にみるように *-ēu- の -u- は子音の前でおちるとすれば，この場合に Skr. *syā(u)la- は理論的に可能である(Ai. Gr. I 106, Nachtr. 58). 次ぎに問題になるのは，Skr. -l- と Slav. -r- の差である．もし *-ro- を基語に認めると，RV syālá- (I 109. 2) に *-r->-l- を前提としなければならない．インド語派では miśrá-「湿った」と -miśla-, śukrá-「明るい」と śukla- のような交替は確かに認められる．またインド・イラン語派が，古くは一般に l よりも r を好む傾向があったことは周知の事実である．しかし *r>Skr. l の変化は少なく，特に RV ではその発生の条件は極めて限られている(Ai. Gr. I 219 f.). 従ってこの形に対して無条件にその変化を認めることは疑問である．親族名称に限ってみるならば，ambā-, ambālā-, ambālī-「母」，mātár-, mātula-「母の兄弟」，あるいはbándhu-「親族」，bandhula-「私生児」のような -la- を接尾辞とする形があるが，これらはいずれもインド語派の中で二次的に作られた形である．*-ēu- という非常に少ない長二重母音の仮定と，*-r->Skr. -l- というこれも類例のわずかな変化を前提とするこの *si̯ēuro- の対応の仮定は，その意味でも極めて消極的なものといわざるをえない．

15. もしこの対応を *si̯ēuro- でまとめるとすれば，その場合にこの形はどのように分析されるであろうか．Mayrhofer (III 552) は -uro- を，*su̯ek̑uro-「舅」にみるそれとパラレルにみている．しかしその指摘は，Skr. syālá- には有効とは思われない．従って，やはり *si̯ēu-ro- と分析することになる．その場合形式的には *sei-/*si-「結ぶ」に *-ēu- の拡大が予想される (Pokorny 891 f.)．あるいはその語根は Hitt. išhii̯a-「結ぶ」，išhamina-「帯，紐」，Gr. himá̄s「皮帯」などの形を考慮すれば，むしろ *seH-i- / *sH-ei- と考えるべきであろう (Kronasser 1956A 87; Mayrhofer III 550; Frisk I 724 f.)．とすれば，当面の形は *sHi̯eHuro- と再建されなければならないだろう．

これらの難点を考慮してか，J. Schindler (Sprache 15 1969 165) は syālá- の長母音を本来のものとみずに，X 章 10 節にふれた su̯ék̑uro- の vr̥ddhi formation である su̯ēk̑uró- (Skr. śvāśura-, OHG. swāgur>Schwager) と同様に，*si̯éHuro- に基づく *si̯ēHuro- に由来すると推定している．しかしこの二つの形は -eHu-，-ēHu- ともに -ēu- となり，実際に区別する規準がないこと，*su̯ēk̑uro- の場合のように意味上の説明がつかないなどの弱点があり，この対応を確保するために役立たない．一方 Szemerényi (1977 94) は，Skr. syona-「快い」<*su-yōna- から推して，syālá- にも *s(u)yēlo- の可能性を示唆しているが，その意味づけをあたえていない．その場合にこの形はスラヴ語の形 (*sū-ro-, *su-ro- 'connected with the wife'?) と切りはなされる．

16. 一般に「妻の兄弟」は，Lat. uxoris frater のように，合成的記述的に表すことができる．しかしそれほど厳密さが必要でないときには，近代の諸言語にみられるように，夫の兄弟とか姉妹の夫などとともに「義理の兄弟」として一括される．上述のように，インドとスラヴ語派の形の対応も充分に成立しない以上，祖語に「妻の兄弟」を端的に表す語彙はなかったと考えられる．P. Friedrich (1966A 17) と Gates (48) は，Omaha の親族

名称組織の原則によって「妻の父」と「妻の兄弟」とはひとしいから，印欧語でもそれに似た関係が求められるとして，X章10節にあげた *su̯ek̑uro- と *su̯ēk̑uro- をその痕跡とみなしている．しかしこの推定は既述のように，文献的に証明することはむずかしい．

さて他の語派が「妻の兄弟」を表すのに独立の形をもたないのに対して，インドとスラヴの両派が互いに無関係とはいえ，その語彙を近代にまで保持していることは注目すべきことだろう．インドでは devár-(a)-，nánăndar-，yātar-，スラヴでは deverĭ，*zŭlŭva-，jatry と，妻の側からみた夫の兄弟，姉妹，夫の兄弟の妻を表す語がなんらかの形で生きているが，それと平行してこの二つの語派の社会には「妻の兄弟」を表す語彙も生きている．Russ. šurin に代表される形は，南，西スラヴ語圏に及んでいるし，インドでも syālá-，syālaka- の系統の語彙はインド・アーリア語に広く分布している．まず syālá- に対して(f) syālī-，syālikā-「妻の(姉)妹」が作られ，それらは中期インド語を経て近代に及んでいる(Turner 13871)．また合成語も syāla-putra-「syāla- の息子」を初めさまざまの形があり，中には *kṣulla-syāla-「妻の弟」のような形の存在も予定される(Turner 13872–5, 3733)．このようなインドとスラヴ両派の言語上の特性は，どのような社会的要求に基づくものであろうか．

17. Skr. syālá- の用例は極めて少ない．RV に一回のみ，AV にはない．víjāmātar- と併置された RV I 109. 2 の用例は前章7節にみた通りである．古代のインド人もこの形の分析に困難を感じていたことは，この RV の詩節に関係する Nirukta の言葉からもうかがうことができる．VI 9. syāla āsannaḥ saṁyogeneti naidānāḥ / syāllājānāvapatīti vā / lājā lājateḥ / syaṁ śūrpaṁ syateḥ / śūrpamaśanapavanam / śṛṇāter vā /「syāla- とは近親の故に近づく(故にそういわれる)と語源学者はいう．あるいはまた穀物をふるう籠から，いった穀粒をまく，とも(解されている)．いった穀粒は lāj- ‘いる’という語根の(派生形である)．sya- 穀物をふるう籠は śūrpa- (と同意)であり，語根 so (syati) ‘破壊する’の(派生形である)．śūrpa- とは穀粒のふるいで，語根は śṝ (śṛṇāti) ‘粉砕する’の(派生形である)」．同じ説明は RV I 109. 2 の Sāyaṇa の註釈にもみられる．ここで syāl-lājān āvapati といっているのは，結婚式のとき妻の兄弟 syālá- をふくめた兄弟たちが新郎新婦に米粒などを頭になげることをさしている．もちろんこの Nirukta の理解は Volksetymologie にほかならないが，当時この形が分析不能のものであったことをよく示している．因みに，この Nirukta の syaṁ śūrpaṁ syateḥ という言葉をふまえたかと思わ

れるような Rāmāyaṇa の一節を引いておこう．VII 23. 18 (Bombay 版)．śūrpaṇakhyāś ca bhartāram asinā prācchinat tadā / śyālaṁ ca balavantaṁ ca vidyujjihvaṁ balotkaṭaṁ // jihvayā saṁlikhantaṁ ca rākṣasaṁ samare tadā / taṁ vijitya muhūrtena jaghne daityāṁ catuḥśatam //「そのとき彼(ラーヴァナ)は，シュールパナキーの夫を剣で斬った．そして力の強い雷光を舌として力にあふれたその妻の兄弟をも(斬った)．そしてその戦いでまた舌をもってなめる魔をうち負かし，ただちに 104 のディティの子の魔をうった」．ここで śūrpa-ṇakhī「ふるいのような指の爪をもつ」という名前の女は，Rāvaṇa の姉妹で，Rāma に恋心を抱いたが Rāma にいれられなかったために怒ってその妻 Sītā を殺そうとしたが，Lakṣmaṇa にうたれた魔女である．この詩節で śūrpaṇakhyāś…śyālaṁ…と，Nirukta の説明を想起させるような śyāla- の使い方をしていることは興味深い．

古典サンスクリット文学における syāla-, śyāla- について，Delbrück は Böthlingk の言葉と次ぎの Ind. Spr. の訳文を引用している(517)．ある女が不釣合いな結婚をすると，その女の兄弟である syāla- はその姉妹の夫を通じて金や名誉を手にするので無駄使いをする．劇の中でも，王の義理の兄弟は常に無智で夢想的な愚者である．Ind. Spr. 1896. kṛṣikā rūpanāśāya arthanāśāya vājinaḥ / syālako gṛhanāśāya sarvanāśāya pāvakaḥ //「畑仕事は美しさを滅し，馬は財を滅し，妻の兄弟は家を滅し，火は一切を滅す」．確かに Mṛcchakathikā に登場する Pālaka 王の義兄 Saṁsthānaka のような下品な人物は，この諺にいうように家に破滅をもたらすであろう．しかし常に syāla- がそのような存在であるとは限らない．例えば，Kālidāsa の Śakuntalā において，第 6 幕の初めに登場する王の śyāla- (=syāla-) は nāgarika-，つまり警視総監である．また Mālavikāgnimitra にも Vīrasena という，生まれは卑しいが Agnimitra 王の śyāla-，妃の兄弟で軍隊の指揮官がいる．彼は王の pitṛvya-putra- いとこに当る Mādhavasena が Vidarbha 王に捕えられたときに，その妹の Mālavikā を捕え，自分の姉妹である王妃にプレゼントしている．

終りに syālá- に関係があると思われる syālva- という形にふれておこう．これのあらわれるテキストをあげるならば，Jaim. Br. II 409–410 (Caland 221 l. 9). tad yatra vai kṣatreṇāraṇyenaiti, yo vai tatra taṁ dasyur jānāti, yad yat syālvaṁ vā madhu vā bhavati, tenāsmā āvir bhavaty, …「そこでもし人が兵士とともに森を通って行くとき，そこで非アーリア人がその人を認めたなら，その者は syālvam か，あるいは甘いものをなんでももって彼のところにあらわれてくる」．Caland は 228 頁の註では，syālvam の意味を不明としているが，madhu に近いものとして 'Freundlichkeit' と推定している．他の用例については明らかでないが，この文脈に関する限り Caland の推定する内容が適切であり，syālá- となんらかの関係が予想される(Mayrhofer III 552).

18. これまでにわれわれが扱った語彙は，多少とも対応がまとまる形であったが，「義理の兄弟，姉妹」に関係してなお孤立的な語彙が各語派に指摘される．それらについて，以下に検討を加えていきたいと思う．

まず Gr.(pl.)aélioi であるが，これは Hesychios のあげる形で実例はない．またローマ時代に語彙集を編んだ Julius Pollux のあげる，eilíones という形がある．意味は「妻の姉妹の夫」であり，複数形はその相互名称であることを示している．eilíones の ei- は *elíones の作詩上の延長と推定される．また aélioi の a- は，adelphós などにみる a- (< *sm̥-)，あるいは OHG. ge-swīo「義理の兄弟」の ge- と同じ要素と考えられる．そこで eilíones も aélioi もともに *elio(n)- を前提としていることになる．さてこの形の対応として，ONorse (pl.)svilar「姉妹の夫」が指摘されている(Pokorny 1046; Frisk I 24; Chantraine 24; Delbrück 522, 539)．これを認めるならば，そこに *su̯elo-, *su̯elii̯o(n)- が再建される．そこでこのような形が，先に 11 節でふれた Skr. yātar-, Gr. einatéres etc. の対応形の逆の関係，つまり夫が兄弟どうしの妻に対して，妻が姉妹どうしの夫の相互名称として共通基語に存在したと一部の学者は考えている(Schrader 1904–5 20; Hermann 1918 221 f.)．しかしこの形は，分布も限られ用例にも乏しいので，その推定は疑わしい．しかしこの形の語源解釈は確実とはいえないまでも，これを *su̯e-lo-, *su̯e-lii̯o(n)- と分析すれば *su̯e- という要素がとり出される(Szemerényi 1977 93 f.)．これは V 章の後半で扱った *su̯e-sor-「姉妹」，あるいは X 章で問題にした *su̯e-k̑uro-「舅」と共通するものである．そしてこの要素はさらに以下にみる形にも認められる．

バルト語派では 2 節にあげた Lit. dieverìs, Lett. diêveris「夫の兄弟」という形は後退し，それに代って義理の兄弟，姉妹関係を広くカバーする語として Lit. (m) sváinis, (f) sváinė, Lett. (m) svaînis, (f) svaîne という形がみられる(Delbrück 530 f.)．Fraenkel (947 f.) によれば，これらの形は Lit. sváinis ‘Mann der Schwester der Frau, Schwager’, sváine ‘Schwester der Frau, Schwägerin, Frau des Bruders’, Lett. svaînis ‘Bruder der Frau, Mann der Schwester der Frau, Schwager’, svaîne ‘Schwester der Frau’ であるから，本来は妻の姉妹とその夫を表すための語彙であったと推定される．それが意味の上で徐々に拡大して Lit. dieverìs などの後退を促したか，あるいは後退に伴ってその

穴をうめるに至ったものであろう．これらを一括してみれば，*su̯oini̯o- が想定される (Pokorny 884; Trautmann 294 f.). これには上にあげた OHG. (ge-)swīo「義理の兄弟」も関係づけられるから，われわれはここにも *su̯o-i-(OCS. svojĭ, Russ. svoj etc.「自分の」——Skr. sva-, Lat. suus etc.) という要素を認めることができる．

スラヴ語派にも Slav. *svěstĭ, *svĭstĭ>ORuss. svěstĭ, svĭstĭ, Russ. svestĭ, Serb-Croat. svâst「義理の姉妹，妻の姉妹」という形が指摘される (Delbrück 534; Vasmer II 590 f.). これも明らかに *su̯e-i- と関係するが，バルト語の形とは一致しない．Schrader (1904–5 22 f.) は，バルト語の形はスラヴ語のそれに基づいて作られたという可能性を考えているが，このスラヴ語の形は OCS. tĭstĭ「妻の父」と平行しているから，両派はそれぞれ独立の形成とみることができよう (Vaillant II 147). スラヴ語にはこの形のほかに，ORuss. svojakŭ>svojak, Bulg. svoják, Sloven. svoják, Pol. swak など一連の対応があり，'Schwager, Schwestermann' (Vasmer II 597) を表す．これは既に X 章 10 節に述べたように，OHG. swāgur>Schwager とは無関係の形であり，明らかに上掲のバルト語派の形と結びつけられるものである．P. Friedrich (1963 16, 1964 156 f.) によれば．1850 年頃ロシア語では svojak は 11 節にふれた jatrov と対をなす形で，「夫の兄弟の妻」に対する「妻の姉妹の夫」を表すものであった．その後両者は「妻の兄弟の妻」,「夫の姉妹の夫」にそれぞれ拡大的に使用され，それからさらに広い範囲に適用されるに至った．

このように *su̯e-sor-, *su̯e-k̑uro-, -krū- に始まる一連の *su̯e- *su̯o- をふくむ親族名称は，他家に嫁ぐ *su̯e-sor- のほかはすべて姻威関係にある者をさしている．ここに *su̯e-「自分の(グループの)」を仮定すれば，これらの形は比較的無理なく説明される．それにくらべると，この節でとりあげたギリシア，バルト，スラヴ，ゲルマン，それにに Arm. k‘eni「妻の姉妹」<*k‘eani<*su̯ei̯en-/ *su̯ei̯n- (Brugmann Gr. I 269; Solta 343) は意味の上からは充分な説明が加えられない．またこれらの *su̯e-(i)- をふくむ派生形が親族名称として共通基語のものであったのかどうかも明らかでない．Benveniste (1969 330 f.) はこれら一連の *su̯e- をふくむ形を，半族の parenté consanguine でなくて，parenté d'alliance を表すものと解釈している．また Mezger (1948 99) は *su̯e- とその派生形を扱った論文の中でこれらの形にふれ，すべてを妻の側からの *seu̯e- 'away' という観点によって作った表現と説明している．この二つの理解はあまりにかけはなれていて比較にならないが，*su̯e- そのものの意味は対応の上からほぼ明らかである以上，それが上記のような特定の語彙に用いられる動機が漠然としているところに，これらの形の解釈がまとま

らない原因があると考えられる．上にあげたバルト，スラヴ語の *su̯e- をふくむ形は，本来は妻の姉妹の関係から出発していると考えられるが，このような選択がなぜ行われたのか，説明できない．

19. 終りに Skr. bhāma-「姉妹の夫」という孤立した形についてふれておこう．Böthlingk-Roth によれば，この形は語彙集以外には Bhāgavata Purāṇa にみられる．Mayrhofer (II 496) は，これは Pkr. bhāu, Marāṭhi bhāū, bhāī「兄弟」のような語に基づく形ではないか，とみている．ここで劇に用いられている bhāvuka-「兄弟」<bhrātr̥ka- (Pāli bhātuka-, Pkr. bhāu-) という形も参考になる (Mayrhofer II 497). M. B. Emeneau (Lg. 39 1963 101) によれば，これに関係のある形として Pkr. bhāa-, bhāua-「姉の夫」という形もあり，ドラヴィダ語にも吸収されている．なおこの Skr. bhāma- の系統の語彙としては Kashmir bema という形が残っている (Turner 9455). また *bhāmakajāni-「夫の兄弟の妻」>baṅgyanī という形も Dardic 語群に記録されている (Turner 9456).

トカラ語の形は明らかでないが，ヒッタイト語は前章10節に示したように，Akk. [LÚ]HATANU が「義理の息子」と「義理の兄弟」を兼用している．またケルト語では，印欧語の古い伝統は失われ，Ir. cliamain ‘relation by marriage’ をすべての男性の義理の姻戚関係に使用するという，もっとも統一的な傾向がみうけられる (Buck 124).

第XIII章 「継父母，継子」

1. 序.
2. Hitt. annaụanna-「継母」とその用例.
3. Skr. vi-mātar-「継母」について.
4. Arm. yauray, hawru「継父」, mawru「継母」について.
5. Gr. mētruiá「継母」とその対応について.
6. Gr. mētruiá の用例と prógonos「継子」について.
7. Lat. vītricus「継父」, noverca「継母」etc. について.
8. Lat. vītricus, noverca, prīvīgnus「継子」の語源解釈.
9. その用例と「継母」について.
10. バルト，スラヴ，ケルト，ゲルマン諸派の形.

1. われわれは「祖父母」から始めて「義理の兄弟，姉妹」まで，比較対応を中心にその様相を考察してきた．これから扱おうとする「継父母」と「継子」には，対応の成立するような形はなく，各語派は独自の形を用いている．しかし前者については，なんらかの意味で「父母」と関係のある形が選ばれている．以下に各語派の形を用例とともにみることにしよう．

2. 初めにアナトリアに注目すると，ここでは anna-「母」の合成形が「継母」に用いられている．Hitt. anna-ụanna-「継母」=Luw. anna-ụanni- と Luw. tata-ụanni-「継父」(Luw. tati-「父」)である．予想される Hitt. *atta-(「父」)ụanna-「継父」という形は認められない．これは VII 章 12 節にふれた anninniịami-「いとこ」, annaneka-「売春婦」と同じ anna-「母」を前分とする合成語の一つである(Kammenhuber KZ. 77 1961 197, 1969 258; J. Friedrich-Kammenhuber 80).

この形はヒッタイト法典 II 76 節に記録され，Hrozny 以来この意味が推定されてきた．ただし後分については，-ụanna-ではなくて -ụalana- という読みが可能で，Sommer (1932 51n) もこれをあげている．しかし J. Friedrich (1952 21) は -ụanna- をとり，Kammenhuber もこれに従っている．Friedrich (1971 82) のテキストから原文を引用しよう．II 76. ták-ku LÚ-aš SALan-na-ụa-an-na-aš-ša kat-ta ụa-aš-ta-i *Ú-UL* ha-ra-tar ták-ku ad-d[(a-)]

aš-ši-iš-ša TI-an-za hu-u-ur-ki-il.「もしある男がその継母と罪を犯すならば，それになんの支障もない．そして彼の父が生存中であるならば，それは嫌悪すべきことである」．これは母，娘，息子との近親相姦を禁じた後の条文である．

3. 次ぎにインド語派をみると，vi-mātar-「継母」という形が指摘される(XI 章 7 節) これはヴェーダ文献にはみられず，また近代にもその名残りすらもない．従って古典サンスクリットでも，ごく限られた範囲にしか使用されていなかったのであろう．Böthlingk-Roth の辞書にも文学作品の用例はあげられていないで，Manu IX 118 に対する Kullūka-bhaṭṭa の註釈におけるその使用が指摘されている．これは遺産相続の規定の一つで，姉妹など未婚の娘に対しては兄弟が各自その 4 分の 1 をあたえよ，というものである．そこで問題の註釈を引用すれば，…ātmīyadātmīyād bhāgāccaturthabhāgaṁ pr̥thakanyābhyo anūdhābhyo bhāginībhyo yā yasya sodaryā bhaginē sa tasya eva saṁskārārtham iti evaṁ dadyuḥ / sodaryābhāve vimātr̥jair utkr̥ṣṭair apakr̥ṣṭair api saṁskāryaiva /「各自が各自の分からそれぞれ 4 分の 1 を kanyābhyo 乙女に，即ち未婚の姉妹に，各々の同腹の姉妹に，それぞれの定めによってあたえるべし．同腹の者がいなければ，継母の子により，それが身分の高い低いを問わず，その乙女は定めの通りなされるべし」．そのほかには，Pāṇini 文法の註釈に関係する形がある．Pāṇini IV 1. 120 は，ā, ī で終る女性形の父称に用いられる -eyá- という接尾辞(Suparṇī-→Suparṇeya-)を規定しているが，これに対する Patañjali の Mahābhaṣya(II 258, l. 7, 8) に vaimātreya- という形があげられている (Ai. Gr. II/2 505)．これは明らかに vimātar-, vimātra- に基づく形容詞「異母の」であり，bhrātar-「兄弟」を補わずとも「異母兄弟」をさす．

vimātar- と並んで，これを別の角度から表した形に dvaimātura-「二人(実と継)母をもつ(息子)」という形容詞がある．これは Pāṇini IV 1. 115 の規定によって，-mātar- が数詞を前分にもつとき，-mātura- に代えられ後裔を表す場合の一例で，Kāśika など註釈家によってあげられている．またこの形は，Pāṇini VI 3. 47 の Kāśika 註にも引かれている (Ai. Gr. II/2 126, 132)．

「継父」について Delbrück (469) は tāta yavīyān(「若い父」)をあげているが，一説には mātuḥ patiḥ「母の夫」という極めて記述的な表現もみられる．ただし出典は明らかでない．

インドでは継母の継子いじめのような悪例は，叙事詩にも少ないとされている(Jayal

152). 例えば，Mahābhārata における Pāṇḍu の妃 Kuntī の，同じ妃 Mādrī の子 Sahadeva に対する態度はその理想とされているが，一方では Kaikeyī のような逆の悪い例も指摘されている.

4. アルメニア語には yauray, hawru「継父」, mawru「継母」という形がある (Delbrück 470 f.; Solta 46, 50 f.). この中で hawru は hayr「父」を基に，mawru に倣った新らしい形とみなされている. yauray の y- は，hing「5」と yisum「50」の関係 (=Gr. pénte—pentḗkonta) に似て，*p>Arm. h への過程に散見される y と考えられる (Meillet 1936 30). yauray と mawru は早くから VI 章のはじめにとりあげた *pətr̥u̯i̯o-, *mātru̯i̯ā- と比定され，Lat. patruus「父の兄弟」, Gr. mētruiá「継母」などとの対応, -u- による語形成の一致が認められている. 特に後者の「継母」という意味上の一致は著しい. なお「継子」を表す urǰu という形は，語源的に説明がつかない.

5. 次ぎにわれわれはギリシア語派に移ろう. この語派の中で当面の問題に関係のあるもっとも古い形は，Hom. mētruiḗ「継母」(Att. mētruiá) である. この形の対である (m)mētruiós「継父」は，明らかにこの女性形から作られた新造語である (Chantraine 1946–47 240 f.; Schwyzer I 479 n8). しかしこの対をなす二語は，そのまま現代に及んでいる. そのほか mētruiós からさらに作られたと思われる patruios「継父」という形が, Lydia 出土の碑文に用いられている (Beekes 1976 56 f.). また epipátōr「継父」は，I 章 34 節にふれた epi- を伴う合成親族名称の一つで，人為的な形である. そのほか Plutarchos の用いる patrōós「継父」は，mḗtrōs と mētruiá の関係に倣って pátrōs から作られた形であろう. これらの形の中でもっとも古く基本的な mētruiá については，pátrōs, mḗtrōs を論じた VI 章 3 節で既に言及したように，Skr. pitr̥vya-, Lat. patruus, あるいは OE. modrige, それに前節にふれた Arm. mawru などとともに，*māter- / *mātr̥- が -u̯- による拡大をうけた語幹の女性形と考えられる (Brugmann Gr. II/1 206). この *mātru(u̯)iá という形は，ギリシア，アルメニアの二派では「継母」だが，同じ語形成をもつ形がインドその他の語派では「おじ，おば」即ち「父母の兄弟，姉妹」を表している. この差について Hermann (1934 50) は，次ぎのように説明している. これはギリシア，アルメニアの Levirat の習慣のあらわれである. ある女が夫を亡くすと，息子がいなければ夫の兄弟と結婚して子をもうける. そこに生まれた子は，死んだ夫の子となる. つまり,

実の父は「おじ」であり，それは同時に「継父」にひとしい．そこでこの一つの形が，この二つの意味に分化している．この理解は意味上からは一応納得できるが，「継父」はよいとして，「継母」についてはどう考えるべきか，示されていない．ギリシア語派にLeviratの習慣の有無とあわせて，このHermann説は説得力に乏しい．やはりこの形は，「母に類する」ものから出発すべきであろう．

このHermannの説に対立するものとして，P. Friedrich(1963 4)のそれがある．彼によれば，女性形にはOE. modrigeにみるように「母の姉妹」の意味が認められる．そこでこれと「継母」との関係を，FriedrichはSororat, 即ちLeviratと逆に，死んだ妻の姉妹との結婚によって説明できるとする．このHermannの裏返しの解釈に対しても，印欧語族にこのような事実があったという確証はないのだから，それは一つの推定にとどまるものといわざるをえない．

6.　ここで簡単にmētruiắの用例をふり返ってみよう．まずホメーロスをみると，その3例のうち2例は同じ一行である．Il. 5. 388. kaí nú ken énth' apóloito Arēs âtos polémoio, / ei mḕ mētruiḗ, perikallȇs Ēeriboia, / Herméai exḗggeilen.…「そしてもしもすぐれて美しい継母のエーエリボイアがヘルメースに知らせなければ，戦さに飽くなきアレースはそこで倒れるところであった」．これはArtemisにいい寄ったEphialtesとその双子の兄弟であるOtosによって，Aresがしばられて13か月青銅の壺の中でいましめられていたときのことをさしている．この二人はAloeusの妻IphimedeiaとPoseidonの子であるが，その後母がAloẹusと結婚した．そしてIphimedeiaが死んだので，彼はEriboeaと再婚した．従って彼女はmētruiắとよばれている．もう一例はIl. 13. 697であるが，これは15. 336とひとしい．13. 694, ḗtoi ho mèn nóthos huiòs Oilêos theíoio / éske Médōn, Aíantos adelpheós· autàr énaien / en Phulákēi, gaíēs ápo patrídos, ándra kataktás, / gnōtòn mētruiês Eriṓpidos, hȇn ékh' Oileús. /「メドーンは神の如きオイーレウスの妾の子で，アイアースの兄弟であった．しかしオイーレウスの妻で継母エリオーピスの親族を殺したので，故郷をでてピュラケーに住んでいた」．

これらの例からは，mētruiắのもつ性格も，コンテキストの上の特徴もうかがうことはできないが，次ぎのHesiodosの一節では，mētruiắはmḗtērと対比され，その様相の一端をうかがわせている．Erga 824. állos d' alloíēn aineî, paûroi dè ísasin. / állote mētruiȇ pélei hēmérē, állote mḗtēr. / táōn eudaímōn te kaì ólbios, hòs táde pánta /

eidȏs ergázētai anaítios athanátoisin, / órnithas krínōn kaì huperbasías aleeínōn. /「それぞれの人がそれぞれ違った(日)をよしとするが，わずかの人が(そのわけを)知っているにすぎない．日はあるときは継母，またあるときは実の母である．これらすべてを知って不死の神々に対して咎められることなく，鳥占いをして，そして則をこえることを避けて仕事に努める人は，中でも幸福で仕合せな人である」．もし自分が死んで，phthoneîn gár phasi mētruiàs téknois「子供たちに妬み深いといわれる継母」(Eur. Ion 1025)がきたら子供たちはどうなるのだろうかという実の母の気持を，Alcestis は Admetos に切々と訴えている．Eur. Alc. 302.…toús de gàr phileîs / oukh hêsson ḕ 'gȍ paîdas, eíper eû phroneîs· / toútous anáskhou despótas emôn dómōn, / kaì mḕ 'pigḗmēis toîsde mētruiàn téknois, / hḗtis kakíōn oûs' emoû gunḕ phthónōi / toîs soîsi kȧmoîs paisì kheîra prosbaleî. / mḕ dêta dráseis taûtá g', aitoûmaí s' egṓ. / ekhthrà gàr hē 'pioûsa mētruià téknois / toîs prósth', ekhídnēs oudèn ēpiōtéra. /「あなたはよい分別をもつ故に，わたしに劣らずこの子らを愛している．この子たちをわが館の主にして下さい．そしてこの子たちに継母となる女をもらわないように，その女はわたしに劣り，妬みからあなたとわたしの子に手をかけるでしょう．どうかそのようなことをしないで下さい．お願いです．入ってきた継母は前からいる子供たちに憎しみをもち，そのはげしさは毒蛇にも劣らぬものですから」．Aischylos は Prometheus 726 行においてこの語を比喩的に用い，恐ろしい Salmydessos の魔の窟を ekhthróxenos naútaisi mētruià neôn「船人たちを迎えるに憎しみをもつ船の継母」と形容している．

Platon は妻が死んだときの心得として mētruiá に言及し，次ぎのように述べている．Leges 930b. eàn dè teleutâi gunḕ kataleípousa paîdas thēleías te kaì árrenas, sumbouleutikòs àn eíē nómos ho tithémenos, ouk anagkastikós, tréphein toùs óntas paîdas mḕ mētruiàn epagómenon. mḕ dè óntōn, ex anágkēs gameîn, mékhriper àn hikanoùs gennḗsēi paîdas tôi te oíkōi kaì têi pólei.「もし妻が女の子と男の子を残して死んだならば，定められた法は強制的でなく忠告的なものであるが，残された子らは継母を迎えずに養育するのがよいだろう．もし子供がいなければどうしても結婚して，家と国に充分な子供をもうけるようにすべきである」．

ここで注意すべきことは，prógonos という語の ‘stepson, stepdaughter’ の意味での用法である．これは Euripides Ion 1329–30 にもみられる．progonoîs dámartes dusmeneîs aeí pote. / hēmeîs dè mētruiaîs ge páskhontes kakôs. /「継子には常に悪意をもつのが世

の妻である．われわれがひどい目にあえば，継母どもに対して(悪意でのぞむだけだ)」．また Isaios(XII 5)の一節を引用すると，mētruià gàr hē toútou mḗtēr egegénēto taîs hēmetérais adelphaìs, eiōthasi dé pōs hōs epì tò polù diaphéresthai allḗlais haí te mētruiai kaì hai prógonoi.「実は彼の母は，われわれの姉妹には継母になったのであるが，よくあるように継母と継子(先妻の娘)は互いに差別し合う習慣がある」．この prógonos という形は本来は 'early-born'，そしてさらに複数で 'forefather, ancestor' の意味でホメーロス以来劇にも散文にも広く用いられている．そして単数では「祖父」をも表すことができる(Eur. Hel. 15 etc.)．従って「継子」の意味は上にあげた Euripides の例が初めてで，もっとも古いとされている(Owen 161)．これは恐らく mētruiá の対として prógonos が「先の(結婚から)生まれた」の意味をとったものであろう．この使い方は古典期以後ヘレニズム時代に定着したらしく，新約聖書にはこの意味での用例はないが，ローマ時代の作家にはしばしば用いられ，近代語に及んでいる．

7. ギリシアに続いてわれわれは，もう一つの古典世界であるローマに進みたいと思う．ここでは「継父母」と「継子」について二組みの形が用意されている．前者に対しては (m) vītricus, (f) noverca と (m) patrāster, (f) mātrāster，後者に対しては (m) prīvīgnus, (f)-na, 及び (m) filiāster, (f)-stra である．一見して明らかなように，後の二組は pater, māter, fīlius, fīlia に -aster, -astra (mātrāster<*mātrastra)を添えた派生形である．これらの形のロマンス語の分布をみると，まず vītricus は Rum. vitreg, vitrega のほかごく少数の形に残っているにすぎない(Meyer-Lübke 9400)．prīvīgnus の系統は完全に消滅して，ロマンス語に名残りがない．ただ It. patrigno「継父」，matrigna「継母」という形は，prīvīgnus の語末の部分を pater, mater に接続したもので興味深い．noverca は，Alb. (m) ñerk, (f) njerkë に借用語として生きている(Meyer-Lübke 5970; Delbrück 471 f.)．これらの形から判断すると，バルカン半島では noverca から (m) novercus という形も作られていたのであろう．結局この vītricus, noverca, prīvīgnus という三つの，意味上からほとんど motivation が感じられない形は，民衆の語彙としては早くに忘れ去られていったのである．そこでロマンス語に残るのは，古典期の文学作品には用例がなくて，ごくわずかの碑文にみられるにすぎない patrāster, mātrāster, filiāster, filiāstra という形である．即ち，Lat. patrāster>Fr. parâtre, Sp. padrastro etc. (Meyer-Lübke 6296)，Lat. *mātrāstra>Fr. marâtre, Sp. madrastra etc. (Meyer-

Lübke 5415b; Bloch-Wartburg 371) で，西のガリアからイベリア半島全域にこの語の分布は広まっている．そしてイタリアから東のルーマニアにかけては，上述のようにこの系統の語彙はみられない．一方 filiāster は (f) filiāstra とともに，Rum. fiastru, -tra, It. figliastro, -tra, Fr. fillâtre, Sp. hijastro, -tra etc. のように，ロマンス語全域に早くから定着していたことを示している(Meyer-Lübke 3297). このようなロマンス語の状態をみると，イタリア語が上述のように -gno の語尾を「継父母」に示しながら，「継子」には filiāster の系統の語彙を採用している点と，フランス語が後に beau-père, -fils, belle-mère, -fille という合成語を全面的に使用するようになったことが注目されよう．フランス語も本来は parâtre, marâtre, fillâtre という形をもっていたが，これが pejorative な意味をとって「悪い父母」に傾いた(Maranda 63 f.). そこでこれに代って 14 世紀頃から beau-, belle- を前分とする形があらわれ，これが「義理の父母，子」と「継父母，子」を兼ねるに至った．これはロマンス語の中でも特徴的な現象で，合成語の使用はゲルマン語に共通する傾向を示している．G. Gougenheim (152) によれば，parâtre etc. の形は本来は決して悪い意味をもたず，Chanson de Roland では Roland の母の第二の夫が parâtre とよばれている．しかし現在では marâtre は 'mère dénaturée' についてのみ用いられるという．

8.　ここで前節にみたラテン語の形の語源解釈にふれておこう．まず vītricus「継父」であるが，Delbrück (471) はイタリック語派での 'Sonderbildung' であろうと述べ，Walde-Hofmann (II 305), Ernout-Meillet (742) は語源不明としている．形式上は vidua「寡婦」との関係も予想されたが，そのためにはこの二つの形ははなれすぎている．そこで 3 節にみた Skr. vi-mātar- から考えて，vī-tricus という分析が試みられた．その場合に，後分 -tricus の解釈として二つの可能性がある．一つは pater と関係づけるか，あるいは *-tero- を想定するかである．前説に従えば，この形は本来 *vi-ptricus 'an Stelle des Vaters' となる．この解釈は 19 世紀以来のもので(W. Prellwitz BB. 23 1897 69 n2), Leumann も Lat. Gr. の旧版(1926–28 153)ではこれを認め，Sommer (1948B 250) もこれを採用している．しかし Leumann も新版(337)では，後述する noverca とともに 'morphologisch ungeklärtes' の語として，前説を変更している．さてこの分析における vi- の要素は，機能的には後にふれるバルト，スラヴ語派の Lit. patė̃vis, Bulg. pa-storok「継父」などにみる *pō- に比較されよう．この Skr. vi-mātar- と平行的に解された *vi-ptricus> vitricus の想定は，意味の上からは適切である．また *-ptr- > -tr- の変化の仮定

は，Lat. proprius「本来の」<*pro-ptrius 'von der propátores ererbt(先祖伝来の)' (Schulze 72 n2)と比較すれば，不可能ではない．にも拘らずこの解釈が積極的に認め難いのは，Lat. vī- にあるように思われる．i の長短を別にしても，vi- という要素はサンスクリットでは実に多くの合成語の前分に認められ，その機能もかなりはっきりととらえられる．これに対してラテン語の場合には，Skr. vi- と同じ要素は記述的にはもちろん，歴史的にもその中に指摘することはむずかしい．従って Skr. vi-mātar- という純粋にインド語派の中で成立した形があるからといって，同じ可能性を安易にラテン語の中にもちこむことは非常に危険だといわなければならない．

そこでもう一つの語源解釈 *vi-tero- の場合を考えてみよう．これは Brugmann の提唱によるもので，Lat. vītricus を Skr. vítara-「さらに続く(道)」，Av. vītara-「さらに続く，後の」，Got. wiþra「…に対して」，OHG, widar>wider, ONorse viđr に比定しようとするものである．*vi-tero- はいうまでもなく *vi- と，比較級などに用いられる *-tero- (Benveniste 1948 115 f.) という接尾辞の合成語である．前分の vi- は一般に母音は短いが，イラン語の形だけは長い (Pokorny 1175 f.; Mayrhofer III 199; Feist 570)．しかしこの Lat. vī- は，ラテン語の中で vīgintī '20' (Gr. éikosi, 方言形 wíkati)の vī<*du̯ī- と同じ要素とみることもできる(Leumann Gr. 490). Brugmann はこの母音 i の長短にはふれずに上記の対応を予想して，Lat. vītricus に 'der entferntere Vater, alter parens' の原意を認め，形としては OHG. ent(i)rig 'み知らぬ' (独 ander)と比較している (Gr. I 99, II/1 324, 489). noverca「継母」の形も mater「母」とは無関係だから，vītricus も pater「父」をふくむ必要はないとすれば，Brugmann の説のほうが形式的には無理がないといえよう．

次ぎに noverca「継母」であるが，これも vītricus と同じ -ca をもっている．ラテン語では -ove-, -ovi- は *movitus>mōtus のように -ō-, または -ū- となる．従ってこの形は，ovis「羊」，novitās「新しさ」とともに，この音変化の例外である(Leumann Gr. 133). novitās が *nōtās，あるいは *nūtās とならなかったのは，novus「新らしい」との形の上のつながりが損われるためであったと考えられる．とすれば，noverca にもなんらかの意味で novus との関係が予想される．M. Bréal(MSL. 6 1885–9 341)は，これは *māterca, *mātrica「実の母でない母」のような形に倣って子供が作った形で，novus から推して 'la nouvelle épouse du père' が想定されると述べている．この解釈には *māterca, *mātrica のような仮定が前提にふくまれている(Walde-Hofmann II 180 f.; Ernout-Meillet 447). そこでもう一つの -erca の部分の解釈として，A. C. Juret(BSL. 21 1918–20 98; Specht 1947 350)は noverca<*novero-cā<*nevaro-cā とみて，これを古い -r- 語幹の Gr. nearós「若い，新らしい」と比較している．いずれにせよ vītricus と同様に，-erca の部分がラテン語の内部で充分に解明されないので，novus との関係は疑いないにしても，厳密な意味では 'ungeklärt' (Leumann Gr. 337) といわざるをえない．

vītricus，noverca に続いて prīvīgnus，-na「継子」について考えてみよう(Walde-Hofmann II 364; Ernout-Meillet 536)．これは両親のいずれかの実子をさす名称である．この形について，Ernout-Meillet の引くある古註によれば，prius genitus「先に生まれた」という解釈が附されている．これは既述の Gr. prógonos にひとしい．prīvīgnus は benī-gnus「親切な」に倣って解せば prīvī-gnus であり，前分は prīvus「…を欠いた，孤立した」である(Leumann Gr. 113, 277)．prīvus は *prei-u̯os 'celui-qui est en avant> celui qui est isolé des autres' (Ernout-Meillet 536) と分析される．従ってわれわれもラテン人の意識に倣って，prīvīgnus 'celui qui est né à part des autres' (Ernout-Meillet) と解釈することが正しいと思う．prīvus には，(pl.) prīvī という形が古くに (pl.) singulī「一つ一つの」と同意で用いられている．そしてこの singulus は*sem-ĝnos> *sen-glos と説明される(Leumann Gr. 494)．ここにも *-ĝno-(Gr. neo-gnós「新生の」)という形が合成語の後分に指摘される．prīvīgnus も恐らくその成立の初めは singulus と同じような意味をもったことであろう．しかし singulus によって押されて無用となり，Gr. prógonos を範として「継子」の意味で定着し，忘却を免れたのであろう．

終りに patrāster など，-āster をもつ形についてふれておこう．この要素を Delbrück (471) は 'deteriorativ' の意味を表すとしている．これが 'kümmerlich, minderwertig' のような pejorative な意味をふくむことは通説となっているが，その起源は必ずしも明らかでない(Leumann Gr. 319)．古くに Fr. Stolz(KZ. 38 1905 425(は，*patrāvester という patruus にみる -u- 語幹をこの形にも予想しようとする説に反対したが，その後 H. Ehrlich(KZ. 40 1907 374 f.)は，mālō「より好む」<*māvolō からみて，patrāster<*patrāvoster の可能性を検討し，さらにこれに *pətr̥̄-u̯es-ter- を想定した．これに対して，Brugmann の解釈はまったく別個の方向からのこの形への接近である(Gr. II/1 195, 346)．彼は pater に対して *patrāre 'sich als Vater beweisen, den Vater vorstellen' という動詞形を仮定し，それから派生した名詞形として patrāster 'der den Vater macht, vorstellt' を考えようとする．これは forma「形」に対する formāster「しゃれ者」の関

係に比せられている．問題は，どのような形が基礎になって -āster という接尾辞が形成されたかという点にある．その点が明らかにならない限り，patrāster などの形の真の解明もえられない．この接尾辞が文語層になく，専ら民衆の言葉の中に生きてきた形だけに，その起源の探究は容易ではない．Brugmann はこの接尾辞と lūstrum「浄め」などの *-stro- も関係があるとみているが，この形自体その形成の過程は決して明らかでない (Leumann Gr. 313).

9. ここで前節にみたラテン語のいくつかの語彙について，その用例をあげておこう．ローマでは離婚，再婚は自由に行われたから，継父母と継子との関係は珍らしくはなかった．皇帝 Marcus Aurelius は妻の死後正式な結婚をしなかった．それは子供たちに継母を迎えることを，彼が望まなかったからだといわれている (Crook 102 f.). patraster, matraster という形は，継父母にまつわる悪いニュアンスを持っているが，vitricus にはそのような感じはなく，いわば公式の名称であったように思われる．例えば Cicero は，友人 Brutus の母 Servilia が夫の死後再婚した Decimus Silanus を，はっきりと tuus vitricus「君の継父は」とよんでいる (Brutus LXVIII 240). 実母と継父が同時に言及されるときには，mater が先にいわれる．Plinius の書簡 IX 13. 16 (matre eius et vitrico), Suetonius の Tiberius 伝 VII 1 にその実例がみられる．ここでは Tacitus の Annales から，privignus と vitricus に関係する一節をあげるにとどめたい．III 29. ac tamen initia fastigii Caesaribus erant magisque in oculis vetus mos, et privignis cum vitrico levior necessitudo quam avo adversum nepotem.「けれども当時カエサル家は最高の座についた初めであった．そして昔の習慣が今より重視されていた．そして継父と継子には，祖父と孫の関係ほど密接なつながりはなかった」．これは Tiberius が，甥の Germanicus の長男である Nero を法定年齢より 5 年も若く元老院に対して推薦したときのことである．彼は当然批難されたが，それに対して彼は自分も Augustus によって同じ恩恵をうけたことを述べた．その Tiberius の言葉に対する Tacitus の考えが，上の一節になっている．ここで継父と継子というのは，直接には Tiberius とその vitricus である Augustus をさしている．

その用例から判断すると，vitricus には暗いイメージは感じられない．これに対して noverca には，いわゆる継母のもつ悪い面がはっきりとうかがわれる．まずその題材として，ギリシア悲劇に因む Hippolytos と Phaidra の関係が，noverca のいくつかの用例を提供する．Cicero de Offic. III 94. cui (Theseō) cum tres optationes Neptunus dedisset, optavit interitum Hippolyti filii, cum is patri suspectus esset de noverca.「テーセウスにネプテューンが三つの願いを許したとき，彼は息子ヒッポリュトスの死を願った．息子がその継母パイドラとの間について疑われていたので」．同じ主題を Vergilius は Aen. 7. 765 行以下に，Hippolytos は arte novercae「継母の策により」父の課した罰を死を以て償った，と歌っている．

6 節に示したギリシア文学の場合と同様に，noverca は実の母，産みの親 parens と対比される．Quintilianus (XII 1. 2), Plinius (H. N. VII 1) はともに，自然が人間にとって母か継母かという問題にふれているが，ここでは後者を引用しよう．principium iure tribuetur homini, cuius causa videtur cuncta alia genuisse natura magna, saeva mercede contra tanta sua munera, ut non sit satis aestimare, parens melior homini an tristior noverca fuerit.「第一等は当然人間にあたえられよう．そのために偉大な自然は他のすべてのものをつくったように思われる．自然が人間にとってよりよき母か，あるいはより悲しい継母であるのか，充分に判断しかねるほど自然は自分のすべての奉仕に対して苛酷な償いを求めるのだが」．noverca は母という資格と，一方ではこれと矛盾する継子への苛酷さという両面をもった存在である．noverca は常に gravis「重圧の」，injusta「不公平な」，scelerata「罪深い」，terribilis「恐ろしい」，そして saeva「苛酷な」ものとして語られている．この noverca にまつわる悪いイメージは，次ぎのような格言めいた表現にもなっている．Plautus Pseudolus 313. nam istuc quod nunc lamentare, non esse argentum tibi, / apud novercam querere.「それというのも，そこであなたは今や金がないと嘆いているが，それは継母に憐みを乞うていることです」．この apud novercam queri「継母に訴える」という表現は後には「無駄なことをする」という諺になった．そのほか Quid ut noverca me intueris?「どうしてわたしを継母のようにみるのか」(Horatius) のような表現も，novercalibus oculis intuerī「継母の眼でみる」というフレーズとなっている．まさに継母は，deinóteron oudèn állo mētruiâs kakón.「継母にまさる恐ろしい悪はほかにない」(Menandros) という存在であった．

このような noverca のあり方は，privignus の用例からもうかがうことができる．Sallustus の Catilina (XV 2) によれば，Catilina は容姿以外になにもとりえのないある女と恋におちた．しかし彼女は timens privignum adulta aetate「そのかなり成長した継子を恐れて」，彼との結婚をためらっていた．そこで彼は息子を殺して，この罪深い結婚のために家を空にした，といわれている．このように，noverca のために死ななければならなかった子供たちは珍らしくはない．Juvenalis(Satir VI 133 f.)は，愛の妙薬と呪文，それに継子のために調理され，あたえられた毒について語っている．ゲルマン人のような原始的な民族の質素な暮しと固い道義心とを，ローマの文人はしばしば賞めている．それは逆に，当時のローマ人の堕落ぶりを嘆きいましめることにほかならない．Horatius はその「歌集」III 24. 17 行以下で，スキタイ人の生活にふれ，その習慣を讃えている．illic matre carentibus privignis mulier temperat innocens, nec dotata regit virum coniunx …「そこでは母のない継子たちを女はやさしくいたわり，持参金つきの妻が夫を支配することなく，…」．スキタイ人たちの間でこのように確固としたモラルが守られていたとは，Herodotos その他の古代史家の叙述からはとても想像することはできない．これは詩人の胸中にある理想である．

10. 小アジアからインド，ギリシア，ローマにおける「継父母」と「継子」の表現を検討した後で，われわれは残るいくつかのヨーロッパ語派の形について考えてみたいと思う．ケルト語派では，Lat. vitricus と註されている OIr. altru, それに Lat. noverca に相当する OIr. (f) altruan, OBret. eltroguen という形が記録されている(Delbrück 472)．これらの形は OIr. altram「養育」，Welsh athraw「教師」などと同じ語根 *al- に属し (OIr. al-「養う」，Lat. alō, Got. alan etc.)，その派生形 *altro- と再建される(Pokorny 27; Lewis-Pedersen 47; Vendryes A-57)．従って本来は「養父母」である．

Buck(128 f.)はこのほかに，Ir. lessathair, lesmāthair, lesmac, lessingen「継父母，継子 m. f.」という形をあげている．これは Lat. patrāster と同様に，「父，母，息子，娘」を表す語を後分とする合成形で，less- は 'side' であるから，英 step-father の型に接近している．これと同じ合成形はウェールズ語にも指摘される．

ゲルマン語では現代英独語の stepfather, Stiefvater タイプの形は，既に ONorse stjūpfaðir, OE. stēopfader, OHG. stiuffater などにみられる．ただしゴート語にはその存在は不明である．Buck によれば，これは本来 OE. stēopcild, stēopbarn「孤子」に発した形とされている．この合成形の前分は，OE. ā-stīpan, OHG. ar-, bi-stiufan「奪う」，ONorse stūfr などにみる動詞の名詞形である(Pokorny 1034; Walde-Hofmann II 608 f.; Kluge-Mitzka 749)．従ってとらえ方としては，Lat. privignus の前分 privus にひとしい．

終りにバルト，スラヴ語派をみると，スラヴ語のCS. otčimŭ, otĭčuchŭ「継父」, maštecha「継母」などの「父，母」の語の派生形のほかに，この二つの語派に共通の形が認められる(Delbrück, 472). 即ち，Lit. patévis, pâmotė, pasūnis, pódukra「継父母，継子m. f.」, Lett. patēvs, pamâte, padēls, pameita, さらに「継子」の意味でスラヴ語にCS. (m) pastorŭkŭ, (f) pastorŭkaと関係する形が広く分布している(Vasmer II 322). またロシア語だけには(m) pasynok, (f) padčericaという形が用いられている(Vasmer II 323, 300; P. Friedrich 1964 160). これらの形の前分pa-は明らかに「後，下で」を表す前置詞要素であり，これらの形がバルト，スラヴ語派で形成されたことを示している(Vasmer II 297 f.; Fraenkel 635). Lit. pasūnis, pódukra, Lett, padēls, pameita, Russ. pasynok, padčericaは，pa-と「息子」「娘」との合成語であることは明らかだが，スラヴ語派のpastorŭkŭ, -kaの後分についてはその解釈に問題がある．かつてMeilletは，この形に(f) *padŭktorŭka>*padŭtorŭka>*padtorŭka>pastorŭkaという変化を仮定し，この形が音変化のためにdŭšti「娘」との関係が感じられなくなったときに，(m) pastorŭkŭが逆に作られたと考えた(MSL. 13 1903–5 28). そしてVasmerもこの説に賛成している．これに対してM. Vey (66)は，*pt->Slav. st-に関係してこの形にふれ，*pō-p(ə)tor-を想定している．もちろんこの際には，8節にふれたLat. vitricus<*vi-ptricusが考慮されている．このように「父」を後分に仮定すると，原意は「継父」となる．それはpastorok, pastrokという形で，ブルガリア語の一部に実証されるという．スラヴ語には*pəter-「父」の痕跡は直接認められないが，VeyはVI章4節にふれたOCS. stryjĭ「父の兄弟」とともに，この形を上のように解釈することによって，ここに*pəter-の名残りを指摘しうると考えている．それでは「継父」から「継子」への意味の推移はどのように説明されるであろうか．Veyは，この形が形容詞化してbahuvrīhiタイプの合成語となり，そこから‘celui, celle qui a un beau-père=beau-fils, belle-fille’となったと推定する．最近ではVaillant(II 259)がこのVey説を採用している．これらMeillet, Veyの二説のほかに，Vasmerも指摘し，Trautmann (207)が認める解釈として，Lit. pâstaras「最後の」, Lat. posterus「後の」etc. との対応説がある．これは古くZubaty, Endzelinらの考えに発するものらしいが，形はともかく意味の推移が説明しにくい．形と意味の両面から考えると，Meillet説がもっとも無難ではないだろうか．

第XIV章「親　　族」

1. 序.
2. Skr. bándhu-.
3. Skr. sambandhin-, bāndhava-, jñātí- について.
4. Manu 法典にみるこれらの語彙の使い分けについて.
5. Gr. gnōtós, pēós とその用例.
6. Gr. étēs とその用例.
7. Gr. kēdestḗs と kêdos, kḗde(i)os.
8. Gr. prosḗkōn とその用例.
9. Gr. anagkaîos とその用例.
10. Gr. suggenḗs と Skr. sajātá-.
11. Gr. suggenḗs と oikeîos.
12. 新約聖書における Gr. suggenḗs とその訳語について.
13. Lat. propinquus, necessarius とその用例.
14. Lat. cognātus とその用例.
15. Lat. agnātus とその用例.
16. Lat. affīnis, consanguineus とその用例.
17. Hitt. gaena- etc. について.

1.　われわれはこれまでに直系，傍形の親族を表す名称について考察してきた．そこで本章では，「親族」の表現をとりあげてみたいと思う．これについてはDelbrückはまったくふれていない．Buck (132 f.), Schrader-Nehring (I 284 f.) には簡単な記述がみられるが，それは「親族」を表す語彙の多様性を記述するものではない．もちろんそれらの形の比較から共通基語の「親族」の形とその内容を推測することはむずかしい．それは「親族」のとらえ方が各語派によって相違しているからである．親族には父方，母方のそれに加えて，結婚によるつながりもふくまれている．その「親族」がどのような意識に基づいて表現されているかを，各語派の形と用例について検討してみよう．

2.　まずインド語派をみると，ここではいくつかの形が「親族」に用いられている．中でも古い表現は bándhu- と jñātí- で，ともに RV 以来の用例をもつ．初めに bándhu- であるが，これが Gr.antherós「妻の父」と語源的に関係することについては，既に X

章7節に述べた(Mayrhofer II 408; Macdonell-Keith II 59). しかしこの二つの形は語幹を異にし, -u- 語幹はインド語派に独自のものである. Thieme(1938 103)によれば, Av. xᵛaētu-「家族」を参考にすれば, Skr. bándhu- も -u- 語幹ではなくて -tu- 語幹であり, 抽象名詞としての「親族」が本来予想されるべきであるという(Ai. Gr. II/2 664). この推定は充分に可能だが, その場合にインド語派では *bendh-tu-＞*banddhu- の変化は免れない点に, この仮定の難点がある.

そこでわれわれは, この形の用例をふり返ってみよう. この語は「親族」という以上に, 本来はより抽象的な「きずな」を表す. RV I 164. 33. dyaúr me pitā́ janitā́ nā́bhir átra bándhur me mātā́ pr̥thiví mahī́yám / uttānáyoś camvòr yónir antár átrā pitā́ duhitúr gárbham ā́dhāt //「天はわが父, 生みの親, そこにわが臍がある. この大いなる大地はわが母, (臍の)きずななり. 広く拡がるこの二つの器(天地)の中にわが胎あり. そこにおいて父は娘の子を作れり」. これはI章17節でふれたI 71. 5にみるDyausとUṣasの近親相姦のテーマであるが, この場合のbándhu- は明らかに臍の緒のきずな, 'lien (ombrical)' をさしている(Renou 1967 37; RV IV 44. 5, V 73. 4). このイメージは, RV VIII 73. 12 (ab). samānáṁ vāṁ sajātyàṁ samānó bándhur aśvinā /「アシュヴィン双神よ, 汝らには同じ生まれ, 同じきずながある」に通じる. そこで詩人はこの双神とのsákhyā pítr̥yāṇi「父祖伝来の友情」(VII 72. 2)を強調し, またその神が詩人たちとsám asmé bándhum éyathuḥ「われらときずなを結んだ」(V 73. 4)とくり返し歌っている. RVではbándhu- をふくむ合成語は非常に多い. 例えば, bandhu-pŕ̥ch-「親族のことを尋ねる」(III 54. 16), pr̥ṣṭa-bandhu-「望まれた親族をもつ」(III 20. 3, voc.), bandhu-kṣít-「親族の下に住む」(I 132. 3), mr̥tyu-bándhu-「死のきずなをもつ」(VIII 18. 22, X 95. 18), dvi-bándhu-「二重のきずなをもつ」(VIII 21. 4, 人名)などにみるように, bándhu- は前後分いずれにも立ち, 本来の抽象的なニュアンスを失っていない.

中でも興味深いのはsu-bándhu-「よき親族(をもつ)」である. この形はRVには7回あらわれ, diváḥ subándhur janúṣā pr̥thivyā́ḥ「(アグニは)生まれながらに天と地の親しきもの」(III 1. 3)のように上述の意味で用いられるほか, X 59. 8, X 60. 7では詩人(?)の名として, その霊のyamaの世界からの再生が扱われている(Macdonell-Keith II 456). そしてこの形はインドのみならず, Amarna書簡の中にはパレスチナのプリンスの名として指摘されている. 即ちŠu-ba-an-du, Šu-ba-an-diであるが, この名の王家の具体的な事情はわかっていない(Mayrhofer 1966 21, 1974 29; Kammenhuber 1968 163). いわゆる

Mitanni文書を中心とする小アジアの文献には，Artatama-(=Skr. ṛtádhāman-), Birid-ašu̯a-(=Skr. *prīta-aśva-), Indaruta-(=Skr. Indrota-) など数多くのインド(・イラン)系の人名が認められるから，このSubandhu-もその一つとして認められよう．従ってこの合成語の成立は非常に古く，その成立はインド・イラン共通基語時代にさかのぼるものと考えられる．

さてRVに続くAVにもbándhu-の使用は活発で，合成語も多い．しかしそれらは多くRVの詩句の踏襲であり，いずれも「きずな，縁」で解することができる．例えば，このヴェーダ集に新らしくあらわれる形としてpitṛ-bandhú-, mātṛ-bandhú-「父，母の縁」(XII 5. 43) があるが，この形に特異な点はまったく認められない．結局この二つのヴェーダを通じて，bándhu-は狭義の「親族」という限定された内容をもたず，より抽象的で広い「きずな」を表し，ときにそれが具体的に「親族」とも「友，仲間」ともなっている．

それが古典期に入ると，bándhu-はいわゆる「親族」という具体的な意味で用いられている．しかしそのさし示す範囲は必ずしも明確ではない．ここでManuの法典から，その用例をあげよう．IX 110. yo jyeṣṭho jyeṣṭhavṛttiḥ syānmāteva sa piteva saḥ / ajyeṣṭhavṛttiryastu syātsa saṁpūjyastu bandhuvat //「長兄が長兄らしく振舞えば，彼は母の如く父の如く(敬われる)．しかし長兄らしく振舞わないときには，彼はそれでも親族の如く敬われるべし」．このbandhuvatを古註はmātulādibandhuvat「母の兄弟などの親族の如く」と説明している．VIII章5節に引用した，祖霊祭に訪れてくる人々に対するIII 148の規定にもbandhu-がふくまれているが，そこではbandhu-はmātṛṣvasṛputrādiḥ「母の姉妹の息子など」と註されている．この規定にあげられているmātāmaha-「母の父」，mātula-「母の兄弟」などの親族名から推して，その他のbandhu-といえば註のような内容が予想されるのが当然であろう．つまりbandhu-は，「ゴートラを同じくする」一族全部をふくめた概念であったと考えられる．

3. このようにbándhu-は「きずな」の原意を失わず，その内容の幅は広い．そこでもう少し「親族」を区分して限定的に表現しようとすると，この形だけでは不充分である．サンスクリットには，bándhu-以外にもいくつかの「親族」に関係する語彙が認められる．まずbándhu-と同じ語根の派生，合成形としてsam-bandha-「関係(がある)」がある．これは親族名称としては一般に単独では用いられず，限定を伴ってasambandhā…yonitaḥ「血縁関係のない女」(Manu II 129), yaunāṁśca sambandhān「姻戚の関係を」(II 40,

III 157)のように用いられる．従ってこれは，bándhu- の一種の強調形といえよう．そしてこの形の派生形として，われわれは sambandhin- という形をもっている．これは本来「sambandha- をもつ」の意味で，なんらかの親族関係を表すことが予想される．その使用は後述するように単独ではなく，一般に他の「親族」を表す語彙と並べて用いられ，「親族」といっても結婚による関係か，母方のそれに傾いている．

もう一つ bándhu- に関係する形として bāndhava- という母音語幹の vṛddhi を伴う語がある．これも sambandhin- に似て，他の「親族」を表す形と併置されて用いられるが，単独でも使用されている．Manu V 101. asapiṇḍaṁ dvijaṁ pretaṁ vipro nirhṛtya bandhuvat / viśudhyati trirātreṇa māturāptāṁśca bāndhavān //「サピンダ親族でないバラモン族の屍体を親族のように運び出したバラモンは，三夜の後に浄められる，母の近親者を(運び出して)も」．因みに māturāptāṁś… に対する古註は sannikṛṣtān sahodara-bhrātṛbhaginyādīn bāndhavān…「近い，同腹の兄弟，姉妹などの親族を」とある．同じ法典の V 70 の規定では，三歳未満の者に対する水浄めの儀は bāndhavair「親族によって」なされてはならない，といわれている．これらの用法からも明らかなように，bāndhava- の内容は漠然としていて，特に限定されたものではない．

これらの bándhu- の派生，合成形にもまして「親族」を表す重要な語彙は jñātí- である．この形は当然 jñā-ti- と分析され，本来 -ti- をもつ抽象名詞である．ただしその前分 jñā- が「産む，生まれる」か「知る」か，いずれの語根に基づくかについては，既に XI 章 6 節に述べたように，後者に属するとみるべきである(Ai. Gr. II/2 637)．

この jñātí- も bándhu- と同じように，RV 以来の用例をもっている(Macdonell-Keith I 291)．それをみると jñātí- は bándhu- と異なり，初めから「親族，縁者」という具体的な意味を示している．RV VII 55. 5(＝AV IV 5. 6). sástu mātā́ sástu pitā́ sástu śvā sástu viśpátiḥ / sasántu sárve jñātáyaḥ sástv ayám abhíto jánaḥ //「母は眠れ，父は眠れ，犬は眠れ，部族長は眠れ，すべての親族は眠れ，この周囲の人々は眠れ」．この場合の jñātáyaḥ は，強いていえば同じ家にいる父方の親族に限られるであろうが，特にそうした区別が意識されていたとは考えられない．その意味ではこれは bándhu- にひとしく，Sāyaṇa もその語をもって註している．上にあげた例を除くと，RV では jñātí- の 3 例が X 巻(66. 14, 85. 28, 117. 9)に集中している．その中で内容的にわれわれに近いものは，次ぎの結婚の歌の一例であろう．X 85. 28 (＝AV XIV 1. 26). nīlalohitám bhavati hṛtyā́saktír vy àjyate / édhante asyā jñātáyaḥ pátir bandhéṣu badhyate //「それは青黒く赤く，呪法としての汚染は印されたり，彼女の親族は栄え，夫は夫婦のきずなにしばられたり」. これは結婚初夜の花嫁の衣服の汚れに関する歌であるが，この jñātáyaḥ も特にその内容に限定をもたない. AV には jñātí- は3例あるが，うち2例は RV の詩歌と同一であり，残る XII 5. 44 は文脈上ここでは問題にならない. なお AV には jñāti-mukhá-「知己の顔をした」という合成語があり，dásyu-「非アーリア人」の形容として用いられている.

jñātí- はブラーフマナ散文からスートラ文献にかけて広く用いられている(Rau 51). しかしそれらの例をみても bándhu- と同様に，特定の内容的な限定は感じられない. Śat. Br. II 5. 2. 20. sá yánná pratijā́nīta jñātíbhyo hāsyaí tadáhitam syā́t.「(妻が姦通したときに)もし彼女が告白しないならば，それはその親族にとっても不幸となるべし」. Āśvalāyana Gṛh. S. IV 4. 17 以下には死者の喪のことが述べられているが，22 の規定には (trirātram 21). jñātau cāsapiṇḍe //「サピンダでない親族(の死後も3夜)」とある. ここで jñātí- には，サピンダでない親族もあったことがわかる. 従ってその概念はかなりの幅をもっていたといえよう.

さてこの jñātí- は Pāṇini にも知られている. VI 2. 133. nācārya-rāja-ṛtvik-saṁyukta-jñātyākhyebhyaḥ//「師，王，時祭僧，saṁyukta，jñāti を意味する語を前分とする(tat-puruṣa 合成語では，後方の putra- の語頭音節は 132 の規定に反してアクセントをとら)ない」. これは例えば jñāti-pútra- でなくて，jñāti-putrá-「親族の息子」(VI 1. 223) となるということを教える規則であるが，ここで saṁyukta- を Böthlingk, Renou はそれぞれ 'Angehöriger; parent [du côté de la femme]' とし，jñāti- を 'Blutverwandter; consanguin' と訳している. Renou 訳のこの限定は Kāśika 註の，saṁyuktāḥ strīsambandhinaḥ śyālādayaḥ「samyukta- pl. とは妻の親族で śyāla- 妻の兄弟など」，jñātayo mātṛpitṛsambandhino bāndhavāḥ「jñāti- pl. とは母，父につながる親族」に依ったものである. これによると，jñātí- は両親につながる血縁の者をさすことになる.

次ぎに Manu 法典のこの形の用例をみると，ここでは後述するように，sambandhin-, bāndhava- など他の関係する形と併置され，内容的に区別されて用いられている場合と，単独であらわれる場合とがある. 後者の例をあげると，III 31. jñātibhyo draviṇam dattvā kanyāyai caiva śaktitaḥ / kanyāpradānaṁ svācchandyādāsuro dharma ucyate //「(求婚者が)その能力によって富を親族と乙女にあたえ，自分の意志でその乙女をうけるとき，それはアスラ法とよばれる」. この例では，jñātibhyo は註釈が述べるように

pitrādibhyaḥ「父などの人たち」が予想され，その乙女の血縁の者をさしている. VIII 371. bhartāraṁ laṅghayedyā tu strī jñātiguṇadarpitā / tāṁ śvabhiḥ khādayedrājā saṁsthāne bahusaṁsthite //「だが妻が親族や自分の美点を自慢して夫をふみにじるようなことをするとせよ. 王は大勢の人の集まる集会の場で彼女を犬に噛み殺させるべし」. ここでも prabaladhanikapitrādibandhavadarpeṇa「財産家である父などの親族を自慢して」という註釈家の言葉が示すように，この jñāti- は妻の実家の父などの身内をさしていることはいうまでもない. このようにみてくると，jñāti- は古典期には同じ親族でも自分の父方のそれ，つまり姻戚でない血縁の人たちを予想した内容で用いられる傾向があったように思われる. 確かに Manu においても IV 239 のように，極めて漠然とした内容の用例も指摘される. しかし jñāti- が父方の親族をさすということは，次ぎにあげる他の「親族」を表す語彙との対比的な使い方からもうかがうことができるのである.

4. Manu 法典をみると，jñāti- が bandhu-, bāndhava-, sambandhin- のいずれとも並べて用いられている. 初めに bandhu- との連続の例をあげると，II 184. guroḥ kule na bhikṣeta na jñātikulabandhuṣu / alābhe tvanyagehānāṁ pūrvaṁ pūrvaṁ vivarjayet //「師の家族，jñāti の家族と bandhu に托鉢をしてはならない. しかしその他の家がえられない際には，先にあげた順に避けるべし」. この jñātikulabandhuṣu を古註は，sapiṇḍeṣu bandhuṣu mātulādiṣu「サピンダ親族と母の兄弟などの親族に」と説明している. それに従えば，この二つの合成語は自分の家，即ち父の家と母のそれとに関係している. Yājñavalkya 法典 I 82 にも同じ連続がみられるが，文脈的にこの Manu の規定と同じ内容が予想される.

次ぎに jñāti- と bāndhava- の連続する規定をあげよう. III 264. prakṣālya hastāv ācamya jñātiprāyaṁ prakalpayet / jñātibhyaḥ satkṛtaṁ dattvā bāndhavān api bhojayet //「手を洗い口をすすいで後に jñāti のために(食事を)用意せよ. 丁寧に jñāti にあたえた後に bāndhava にも食事を供すべし」. 古註はこの jñāti- の内容にふれていないが，bāndhavān を mātṛpakṣān「母方の人々を」と説明している. ここでもわれわれは，上述の jñāti- と bandhu- と同じ関係を考えることができよう. 王が打ち殺すべき盗人の仲間や親族を規定した IX 269 にも，jñāti- と bāndhava- の同じような用法が認められる.

さらにわれわれは，jñāti- と sambandhin- の併置された例をもっている. II 132. bhrāturbhāryopasaṁgrāhyā savarṇā 'hanyahanyapi / viproṣya tūpasaṁgrāhyā jñātisambandhiyoṣitaḥ //「兄弟の妻で同じカーストに属するならば，毎日接足の礼をなすべし．しかし jñāti と sambandhin の妻には，旅から帰ったときに接足礼をすべし」．ここでも古註は，jñātayaḥ pitṛpakṣāḥ pitṛvyādayaḥ, sambandhino mātṛpakṣāḥ śvaśurādayaśca「jñāti は父方の人々で父の兄弟など，sambandhin は母方の人々と義理の父など」と述べている．mātṛpakṣāḥ と śvaśurādayas とは別個の概念であるから，sambandhin- は jñāti- に対して，母方の親族と妻のそれなどの姻戚をふくめた内容が考えられる．IX 239 の規定にも，同じ連続が同じ内容で用いられている．

上にあげた jñāti- と bandhu-, bāndhava-, sambandhin- の組合せの例から，jñāti- は父方の親族をさすということができる．これらの例に加えて，さらに jñāti- と sambandhin-, bāndhava- の連続する規定をあげよう．IV 179. ṛtvikpurohitācāryair mātulātithisaṁśritaiḥ / bālavṛddhāturair vaidyair jñātisaṁbandhibāndhavaiḥ /「時祭僧，司祭官，師と，母の兄弟，客，従者と，幼子，老人，病人，学者と，jñāti, sambandhin, bāndhava と(口論してはならない)」．これは V 章 17 節に引用した 180 の規定と連続するものだが，古註を参照すると，jñātayaḥ pitṛpakṣāḥ / saṁbandhino jāmātṛśyālakādayaḥ / bāndhavā mātṛpakṣāḥ /「jñāti は父方の人々，sambandhin は義理の息子，妻の兄弟など，bāndhava は母方の人々である」と説明されている．このように三つの「親族」が並べられて合成語をなしている例は，この法典の中にも一例しかない．従ってこの区別が，どの程度はっきりと一般に意識されていたかは明らかでない．因みにこの Manu の規定と同じ内容をもつ Yājñavalkya 法典 I 157–8 をみると，この合成語に相当する表現は bāndhavaiḥ と sanābhibhiḥ「同腹の者と」である．この二語が対をなす例は Manu(V 72)にもみられるが，それは血族とその他の親族をさすものである．

上にふれた以外の組合せとして，jñāti- を除いた sambandhin- と bāndhava- の場合が考えられる．その例は，2 節で言及した Manu III 148 と同じ内容を述べた Yājñavalkya 法典 I 220 にみられる．これは既述のように祖霊祭に集る親族のリストであるから，svasrīya-「姉妹の息子」, jāmātar-「義理の息子」, śvaśura-「義理の父」, mātula-「母の兄弟」という外戚の名が列挙されている．そしてその後で Manu の bandhu- の代りに，sambandhi-bāndhavāḥ といわれている．この二語は文脈上「姻戚」と「母方の親族」とみるのが自然であろう．それはまた，上にあげた IV 179 の場合の理解とも一致する．Manu IV 183 にもこの二語が連続しているが，神の世界に関係する規定のため，その内容は適確にとらえにくい．

このようにManuを中心とする法典においては，jñāti-, sambandhin-, bāndhava-の区別が意識されていたように思われる．ただその意識が，同意語を区別しようとする自然のものか，あるいは人為的な著者の意向に基づくものかは明らかでない．後世のインド・アーリア語の歴史をみると，後者の可能性が強い．というのは，これらの語彙は，いずれもサンスクリット以外のところでは後退する傾向がみられるからである．まずbandhu-(Turner 9144)は，Pāli bandhu-, Pkr. baṁdhu-以外口語としては現代では北西部にわずかに残るにすぎない．またbāndhava-(Turner 9208)も同様である．近代にまで有力な形はjñātí-の系統をひく*jñātra-だけである(Turner 5279). jñātí- (5276)そのものはパーリ語とAśoka王碑文など文語以外にはほとんど消滅してしまった．sambandhin-はサンスクリット以外には形がなく，Turnerにも項目がない．

5. ギリシア語派に移ると，まずホメーロスではgnōtós, pēós, étēsの三つの形が「親族」に関係してくる(Gates 26 f.)．しかし歴史時代になるとgnōtósとpēósは後退し，étēsは「市民」の意味にかわってわずかに残っているにすぎない．その代りに後述するように，新らしい語彙がいくつもあらわれてくる．歴史時代のアテーナイでは，第一いとこの子供までがagkhísteiaとよばれる親族で，埋葬や復讐の義務を負うことになっていた．ホメーロスでは，このような明確な規定はなく，その親族の範囲は漠然としている．

まずgnōtósであるが，この形については既にV章5節でkasí-gnētos「兄弟」の分析の際にもふれたように，-gnētosの交替形とみれば「産む，生まれる」の語根*ĝenə₁-と関係づけられる．しかしgnō-は，gignṓskō, Lat. (g)nōscōなど母音ōをもつ「知る」という語根と深いつながりを思わせ，Skr. jñātí-もそれを支持するところから，XI章6節に述べたように*ĝenə₃-「知る」との関係がより強く意識される．

この形のホメーロスにおける用例はすべてイーリアスに限られ，7例を記録する．(f) gnōtḗは15. 350 gnōtoí te gnōtaí te「男女の親族」の1例である．その他の6例のうち，22巻234行のHektorの言葉に用いられたgnōtōn (pl. gen.)は明らかに「兄弟」をさしている．次ぎの場合にも「兄弟」をふくめた身近の肉身が，gnōtósによって表されている．AiasはAntenorの子Arkhelokhosを倒し，Pouludamasに向って叫ぶ．allà kasígnētos Antḗnoros hippodámoio, / ḕ páis • autôi gàr geneȅn ágkhista eṓikei.「いや彼は馬を馴らすアンテーノールの兄弟か息子だ．生まれは彼に近い者にみえたから」(14. 473–4)と叫ぶ．これに対して，打たれた兄弟の屍体にまたがりながら戦うAkamasはPromakhosを打ち，兄弟の復讐をする．その叫ぶ言葉の中に，…tō kaí tís t' eúkhetai anȇr / gnōtòn enì megároisin arês alktêra lipésthai.「そこでだれもが，館には自分の死の復讐をしてくれる身内の者を残そうと祈る」(14. 484-5). これは上に述べたagkhísteiaの倫理の表明である．17巻35行の例にも，文脈的に上の場合と同じ内容が予想される．槍の勇者EuphorbosがMenelaosに向って，…teíseis / gnōtòv emón, tòn épephnes, …「お前が殺したわたしの身内(＝兄弟)の償いをさせてやる」．前章6節に引用した13巻697(＝15巻336)の用例でも，Medonの殺した継母Eriopisのgnōtósは，彼女の肉親であろう．ためにMedonは故郷の地から身をかくしたのである．あと残る一例3巻174では，HelenaのPriamosへの嘆きの言葉の中で，故郷に残してきたgnōtoúsへの想いが述べられている．これも同じ館に住む肉親の人たちをさすものである．

これらの用例から推して，gnōtósは比較的近い親族をさす語彙であったということができよう．その意味では，狭義に「父方の親族」を表すjñātí-に通じる．この形はホメーロス以後用いられず，アッティカの散文，劇にもみられない．その理由は明らかでないが，一つの原因としては，gignṓskō「知る」の受動分詞gnōtós「知られたる」が同音語として存在したからであろう．

gnōtósに続いてわれわれは，pēós (Dor. pāós) という形を知っている．これも歴史時代には詩語としてのみわずかに記憶されていた，いわばホメーロスの語彙である．その語源は明らかでない．古くはF. Froehde(BB. 8 1884 164)によって，極めて簡単にLat. pāri-cīda, parri-cīda「親(族)殺し」の前分とこの形との関係が示唆された．それは*pāso-を前提とするが，Lat. pāri-に対するparri-はこの*pāso- からは説明しにくい．もう一つの問題は，この形の意味にある．それはまず「親殺し，親族殺し」であることは疑いない．音変化の上からは認められないにしても，ラテン人はこの前分をpater「父」と結びつけて考えていたほどである(Niedermann 1953 147; Leumann Gr. 180, 280). Quintilianus (VIII 6. 35)は，母，あるいは兄弟の殺害者もparricīdaであると述べている．Ernout-Meillet(483)の引用するLex Pompeiaでは，その殺害の対象は父母からおじ，おばに及んでいる．ところがFestusの引くNuma Pompiliusの規定では，その範囲はさらに拡がり，外人と奴隷以外のすべてのhominem liberum「自由人」殺しがparricīdasであるといわれている．

このようにみると，par(r)icīdaの前分とGr. pēósとを比定することは，形のみならず意味上にも問題があるといわなければならない(Frisk II 530; Chantraine 897). そこでこれらの点を考慮して，Wackernagel は Lat. par(r)i-cīda の前分を *parso- と解し，これを Skr. pū́ruṣa-「人」<*pūrṣa- と比定し，*pr̥̄so- という基語形でこの対応を説明しようとした．これは本来，Ph. Meylan のこのラテン語の形の研究の批判として書かれた論文である(Gn. 6 1930 449 f.＝1953 1302 f.)．Meylan はこの形の前分を，実証はないが Gr. pḗra「袋」と対応する Lat. parix，または parex の与格とみて，罪人を袋に入れて Tiber 川に投げこむことから par(r)i-cīda を説明しようとした．これに対する Wackernagel の説は，明らかにこの形の原意を Gr. androphónos「人殺し」とみるところから出発している．従って，これが Gr. pēós と切りはなされるのは当然の結果である．この解釈はその後 Debrunner にも継承されているが(Ai. Gr. I 56, Nachtr. 33, II/2 491, 923), Skr. púruṣa- の語源については従来定説がなく，Lat. par(r)i- との対応も積極的に認められていない(Mayrhofer II 312 f.).

この Wackernagel の説に近いものとして，A. Juret の解釈をあげることができる(REL. 15. 1937 82). Juret は par(r)i- を homi-cīdo「人殺し」の前分と比較し，homin- から推して par(r)in- の可能性を予想する．そして *par-entes- の仮定から，これを Hitt. parna-「家」, Lat. paries「家壁」と比定しようとする．その結果 par(r)i-cīda の原意は 'meurtrier d'un membre de sa maison' であると説明している．そしてここでも pēós との関係はまったく除外されている．

このように Gr. pēós と Lat. par(r)i-cīda の対応については，学界の大勢は否定的であったにも拘らず，Benveniste は最近再びこの関係をとりあげている(1969 II 155 f.)．Benveniste は Gr. pēós を 'parent par alliance' と規定する．そして先にあげた hominem liberum を 'leur sens plein' にとって，parricīdas は自由人の殺害者であり，それはまた 'meurtrier d'un parent par alliance' とみなされる，と説明している．ラテン人も par(r)icīda という語に，明らかに「親(族)殺し」の意味を認めていたのだから，この Benveniste の理解は意味上からは旧説の再検討として受けいれられるが，その場合に pāri-cīda を古いとみることによって初めて pēós との対応が成立するという形の上の前提があることを忘れてはならない．

ここでわれわれは pēós のホメーロスにおける用例に注目しよう．その内容を比較的はっきりと伝える例として，Od. 8. 581 行以下を引用しよう．ê tís toi kaì pēòs apéphthito Iliόthi prò / esthlòs eṓn, gambròs ḕ pentherós, hoí te málista / kḗdistoi teléthousi meth' haîmá te kaì génos autôn; /「だれかあなたの親族ですぐれた人が，イーリオスの前で死

んだのか，婿か義父か．同じ血と生まれのつながりについでもっともいとしい人たちが」．ここでは gambròs ḕestheros pentherós「婿か義父か」という説明の言葉が示す通り，pēós は ‘la parenté d’alliance à l’interieur de la tribu’(Benveniste)を指示している．Il. 3. 162. deûro pároith’ elthoûsa, phílon tékos, hízeu emeîo, / óphra ídêi próterón te pósin pēoús te phílous te /「いとしい娘よ，こちらにきてわたしのそばに坐るがよい．前にいる夫や，親族や友だちがみえるように」．これは Priamos が嫁の Helena に語りかける言葉の一節で，Helena にとって pēoí は，自分の夫の家族である．それは Helena にとって姻戚にあたる人々である．

Od. 10 巻 438 行以下において，妹 Ktimene の夫といわれる Eurulokhos の言葉に立腹した Odusseus が長剣を抜き，kaì pēôi per eónti mála skhedón (441)「まったく近い親族であったが」彼の首を打とうとする場面がある．ここでも pēós は義理の兄弟をさしている．同じ作品の中で，pēós の複数形の用例が指摘される．23. 118. kaì gár tís th’ héna phôta katakteínas enì dḗmôi, / hôi mḕ polloì éōsin aossētêres opíssō, / pheúgei pēoús te prolipṑn kaì patrída gaîan. /「事実だれかが国の中で一人の人でも殺したならば，その人に敵討ちをするような者が大勢いないときでも，彼は親族と故郷を後に逃げることになる」．このような追放の際には，親や妻子は連れていくことができた．従って pēós は，それ以外の toùs pórrōthen suggeneîs「遠くの親族」，一緒にいない親族をさすと考えられる (Gates 71)．とすれば，この場合にも姻戚の人々が pēoús によって表されているといえよう．ホメーロス以外の用例として，Hesiodos Erga 344, ei gár toi kaì khrêm’ egkhṓrion állo génētai, / geítones ázōstoi ékion, zṓsanto dè pēoí. /「というのは，もしなにごとかがその地に起ったならば，親族たちは帯をしめるなどしているのに，隣人は帯もしめずにかけつけてくれる」．ここでも pēoí の意味するところは明らかである．これらの用例から，Hom. pēós は gnōtós と異なり，結婚による「親族」を表す語彙であったということができよう．

6. gnōtós, pēós に続いて，étēs という形について考えてみよう．この形は Gr. oikétēs「奴隷」，gamétēs「夫」などと同じ -tēs をもち，恐らく *su̯etās に基づくと推定される (Chantraine 1933 312)．従ってこれも，*su̯esor-, *su̯eḱūro- などとともに，*su̯e- をふくむ語彙の一つである．語源的にいえば，「自己のグループの一員」ということになる (Pokorny 883; Frisk I 581 f.; Chantraine 382)．同じ -t- の接尾辞をもつ形は，ORuss.

svatŭ「親族，仲人」(<*su̯ōto-), Lit. svêčias「客」(<*su̯eti̯o-) など，バルト，スラヴ語派に対応が認められる (Vasmer II 586 f.; Fraenkel 950). Gr. étēs の é- は psilosis の現象である．その意味で，Gr. hetaîros「友，仲間」との語源的関係は疑わしい．étēs はホメーロス以後も悲劇や詩に用いられているが，意味は変化して，公職にある人に対する個人としての「市民」を表す．古典期のアッティカ散文には用例がないところから推して，これも主として叙事詩の語彙であったといえよう．

さてこの形のホメーロスの用例であるが，Benveniste (1969 331 f.) は，hetaîros が親族関係外での戦いなどにおける「友，仲間」であるのに対して，étēs は (pl.) 'alliés en général' と規定されると述べている．語源的にいえば上述のように 'kinsman living in ego's household' (Gates 28 f., 71) といえるが，gnōtós, pēós にくらべるとその内容はあまり明確ではない．Il. 6. 237. Héktōr d' hōs Skaiás te púlas kaì phēgòn híkanen, / amph' ára min Trṓōn álokhoi théon ēdè thúgatres / eirómenai paîdás te kasignḗtous te étas te / kaì pósias.「ヘクトールがスカイア門と樫の木のところにつくと，彼の周りにはトロイ人たちの妻や娘が，息子や兄弟や身内の者や夫のことを尋ねようと走ってきた」. Sarpedon の死を予告する Hera の言葉にも，étai が kasígnētoi と並べて用いられている．彼の魂は死と眠りによって Lykia の地に運ばれていき，そこで彼の kasignētoí te étai te「兄弟と身内が」彼を葬るであろうと歌われている (Il. 16. 456–7). また Od. 15 巻 272 行以下の，予言者 Polupheides の子 Theoklumenos の Telemakhos への言葉の中にも，まったく同じ表現がみられる．これらの 3 例から，étai は kasígnētoi と対をなしていたことがわかる．そこでは étai は兄弟よりも遠い関係の親族，知己をさしている．Il. 9. 464. … étai kaì anepsioì…「身内と従兄弟が」という表現も，内容的には kasígnētoi との連続とさしたる違いはないようにみえるが，étai はさらに次ぎのような対表現をもっている．Il. 7. 293. …agathòn kaì nuktì pithésthai, / hōs sú t' euphrḗnēis pántas parà nēusìn Akhaioús, / soús te málista étas kaì hetaírous, hoí toi éasin. /「夜にも従うがよい．お前は船のそばで居合わせるすべてのアカイア人，とりわけお前の身内や仲間を喜ばせるがよい」. これらの表現を通じてわれわれは，kasígnētos, anepsiós, étēs, hetaîros の順で近親の関係を考えることができよう．そしてまたときに，geítones ēdè étai「隣人や身内が」(Od. 4. 16) という表現も指摘される．

ホメーロスにおける gnōtós, pēós, そして étēs の用例をみた結果，われわれはこれらがいずれも「親族」と関係しながらも，互いに区別して用いられていることを知った．

gnōtós は兄弟などをふくむ近親であり，pēós は結婚による姻戚である．そして étēs はさらに漠然とした身内の人たちをさす語彙であった．これらの語彙はホメーロス以後その使用がすたれてしまったが，これに代って新らしい表現が歴史時代にあらわれてくる．

7.　そこでまず初めにアッティカ方言を中心に広く用いられた kēdestḗs という形をとりあげてみよう (Delbrück 523 f.)．この形はいうまでもなく，kêdos という中性名詞の派生形である．kêdos は，その対応形と思われる Osc. cadeis (gen.)「悪意」，MIr. caiss「憎しみ」，Got. hatis「憎しみ」などからもわかるように，ある対象への懸念，感情の動揺を表す抽象名詞である (Pokorny 517; Frisk I 836 f.; Chantraine 523; Feist 247)．ホメーロスの kêdos は「心配，悲しみ」，さらにはその最大の対象となる遺体の「埋葬」を意味する．それと同時に，そうした配慮は生きている人が対象であれば，当然肉親とか近い親族に向けられるであろう．XI 章 8 節に引用した Il. 13. 463 行以下の原文をもう一度あげておこう．Aineía, Trṓōn boulēphóre, nûn se mála khrḕ / gambrôi amunémenai, eí pér tí se kêdos hikánei. /この一行は，「懸念，悲しみ」を表す kêdos が，同時にその対象である ‘connexion by marriage’ (Liddell-Scott) をも表すに至る推移を暗示している．次ぎの悲劇の一節は，兄に追放された Iokaste の子 Poluneikes について母が語る台詞である．Eur. Phoen. 74. …epeì d’ epì zugoîs / kathézet’ arkhês, ou methístatai thrónōn, / phugáda d’ apōtheî têsde Poluneíkē khthonós. / hò d’ Árgos elthṓn, kêdos Adrástou labṓn, / pollḕn athroísas aspid’ Argeíōn ágei. /「しかし彼が権力の座につくと，王座をはなれようとせず，ポリュネイケースをこの国から追放者として追い出してしまった．そこで彼はアルゴスにいき，アドラストス王の配慮をうけ，楯をもつアルゴス人の大軍を集め率いることになった」．この言葉の中で kêdos…labṓn というのは，追放者が xénos「客」としての厚遇をうけたことであり，それは同時に彼がこの王の婿となったことを意味している．同じ作品の 700 行以下で，彼の兄弟である Eteokles が，Poluneikes と会って話したが和解できなかったと述べると，それに答えて Kreon はいっている．703. ḗkousa meîzon autòn ḕ Thḗbas phroneîn, / kḗdei t’ Adrástou kaì stratôi pepoithóta.「彼はアドラストスへの配慮と軍隊を頼みにして，テーバイより自分のことを大切に思っているとわたしはきいた」．ここでも kêdei…Adrástou というのは，言いかえれば，その王の婿たることの関係にほかならない．ホメーロスの語彙ではないが，kêdos と同じ意味をもつ (n)kḗdeuma という形が後に作られている．この形についても，次ぎのような例がある．Euripides の Orestes 470 行で，Tyndareos は Menelaos のことを thugatròs tês emês … pósin「わが娘の夫」といっているが，477 行では，ô khaîre kaì sú, Menéleōs, kḗdeum' emón.「お前もごきげんよう，メネラーオス，わが婿どの」と，kḗdeuma を用いてよびかけている．

この kêdos の adj. kḗde(i)os は，そうした配慮の対象になる「いとしい」ものについて用いられる．例えば，Akhilleus の Agamemnon への言葉に，Il. 23. 159. …táde d' amphì ponēsómeth' hoîsi málista / kḗdeós esti nékus.「これは，死者にもっとも親しかったわれわれが引き受けよう」．この kḗde(i)os の最上級(hòs moi kḗdistos hetárōn ên kednótatós te「わたしにとって仲間の中でもっともいとしい，信頼していた者」Od. 10. 225) の形が kḗdistos である．その代表的な一例を，われわれは 5 節の pēós の説明のために引用した Od. 8. 583 にみることができる．

そこで問題の kēdestḗs は，kêdos とその adj. kḗde(i)os, kḗdistos を基にした名詞であり，「懸念の対象となる人」をさしている．それは兄弟のように近い肉親ではなくて，婚姻によって結ばれた両家の人たちの相互名称となった．例えば，Aristophanes の Thesmophoriazusae 72 行以下で，Mnesilokhos は Euripides に向って，なぜため息をついたりするのかときいてから，(74) ou khrên se krúptein ónta kēdestḕn emón. /「わたしの身内であるあなたがかくしたりすべきではない」といっている．二人は年齢はともかく，舅と婿の関係にあると伝えられている．次ぎにあげる Isaíos の一節では，義理の息子，義理の兄弟について kēdestḗs が用いられている．VI 27. ho d' Euktḗmōn hústeron khrónōi pròs toùs kēdestàs eîpen hóti boúloito tà pròs tòn huón hoi pepragména grápsas katathésthai. kaì ho men Phanóstratos ekpleîn émelle triērarkhôn metà Timothéou, kaì hē naûs autôi exṓrmei Mounukhíasi, kaì ho kēdestḕs Khairéas parṑn sunapéstellen autón.「エウクテーモーンは少し後になって身内たちにいった．息子 (Philoktemon) に対してとり決めていたことをわたしは書いて保管しておこうとしたと．そしてパノストラトス(婿)はティーモテオスとともに三段櫂船を指揮して出航しようとしていた．そしてその船はムーニュキアイの港に碇泊していた．そしてその身内 (Euktemon の婿である Phanostratos の妻の姉妹の夫)であるカイレアースがそこにいって，彼を見送った」．

ギリシア語は叙事詩の時代とともに，daḗr，gálōs，einatéres などの個別的な親族名称を失っていった．そして生き残った pentherós，gambrós にも，既述のように意味の動揺が認められる．そのような混用の時期に，姻戚関係を広くカバーできる kēdestḗs が作られたのである．しかしこの形も，後にあげる聖書の用例からもわかる通り，その時代までには後退してしまった．13 節以下にふれるラテン語の「親族」を表す名称をみると，その表現には多分にギリシア語の名称との関係が予想されるが，kēdestḗs のようなとらえ方の「親族」に相当するラテン語の名称はない．その意味では，この語彙はギリシア語に独自のものであったといえよう．

8.　kēdestḗs に続いて「親族」を表す第二の語彙として，prosḗkōn という形をとりあげてみよう．これはいうまでもなく pros-ḗkō の現在分詞形である．この動詞は本来の「近づく」の意味から，比喩的に「近づきがある．……に属する，関係がある」を表す．一例をあげると，Soph. Elec. 909. tôi gàr prosḗkei plḗn g' emoû kaì soû tóde;「わたしとあなた以外に，このことがだれに関係があるでしょうか」．これは Khrusothemis が姉の Elektra に向って，父の墓に供えものをした人は自分でも姉でもないとすれば，それはだれか，Oretes に違いないという推測を述べる台詞の一節である．

このような意味をもった動詞の分詞形が名詞化して，「親族，身寄り」を表すことになる．Herodotos は，…hóti tò anékathen toîsi en Koríntʰōi Kupselídēisi ên prosḗkōn「彼は祖先がコリントスにおいてキュプセロス家と親類であったから」(VI 128) のように，この形を単独で，限定詞を附けずにくり返し用いている．しかし prosḗkōn という語には，本来はどのような点で「近づき」があるのか，限定が必要であったように思われる．それは，類似した意味をもつ adj. eggús「近い」の用法からもうかがうことができる．それには，pháskontes eggútata génous eînai「もっとも生まれが近い身寄りだといって」(Aischylos Suppl. 388)，あるいは hósōi / mou eggutérō estè génei「あなた方が生まれがわたしに近いというところから」(Platon Apologia 30a) のように，génos「生まれ」の属格とか与格の形が内容の限定に用いられている．これによって eggús は prosḗkōn に接近するが，それ自体が独立して prosḗkōn のように親族関係を表すまでには至らなかった．それは prosḗkontes autôi eggutérō génous hēmôn「彼にはわれわれよりも近い親族が」(Isaios III 72) という，prosḗkōn と eggús génous の併用的な表現からもうかがうことができる．

さてこのような eggús の用法は，そのまま動詞 (pros)-ḗkō，そして分詞 prosḗkōn にも指摘される．Euripides は，génous mèn hḗkeis hôde toîsde.「あなたはこの者たちとこのように生まれは近い」(Heracl. 213)のように hḗkō を prosḗkō と同じ意味で génous の限定を伴って用いているが，Aristophanes には génei を伴う次ぎのような例がみられる．Ranae 697. pròs dè toútois eikòs humâs, hoì meth' humôn pollà dḕ / khoi patéres enaumákhēsan kaì prosḗkousin génei, / tḕn mían taútēn pareînaí xumphoràn aitouménois. / allà tês orgês anéntes ô sophṓtatoi phúsei, pántas anthrṓpous hekóntes suggeneîs ktēsṓmetha / kȧpitímous kaì polítas, hóstis àn xunnaumakhêi. / 「さらにまた，あなた方とともにその父たちもしばしば海戦を戦ってきた，この実の身寄りの人たちにも，あのたった一つの過ちを求めに応じてあなた方は許してやるがよい．賢い人たちよ，怒りをやめてすべての人たちを，海で戦った人はだれでも，親族に，市の有権者に，市民に喜んでしようではないか」．ここでは prosḗkousin が génei によって限定され，さらに後述する suggeneîs「親族」によって，さらにはっきりと説明されている．Aristophanes の作品からもう一例を引こう．Pax 615. (Trugaios) taûta toínun, mà tòn Apóllōn, 'gṑ 'pepúsmēn oudenós, / oúd' hópōs autêi prosḗkoi Pheidías ēkēkóē. / (Khoros) oúd' égōge plḗn ge nuní. taût' ár' euprósōpos ên, / oûsa suggenḕs ekeínou. polla g' hēmâs lanthánei. / 「アポロンにかけて，わたしはこのことはだれからも聞かなかった．ペイディアースがかの女(神)と関係があるとも聞いたことはない．わたしだって，今までは聞かなかったことだ．だから美しいのだ，あの人の親族だから．われわれは多くのことを知らずにいるものだ」．616 行の prosḗkoi だけからは，いろいろの関係が予想される．しかしそれは génos の限定を伴っていることは，コロスの sug-genḗs という言葉によって明らかになる．Platon Leges 873e–874a. eàn dè ápsukhón ti psukhês ánthrōpon sterḗsēi, plḕn hósa keraunòs ḕ ti parà theoû toioûton bélos ión, tôn dè állōn hósa tinòs prospesóntos ḕ autò empesòn kteínēi tiná, dikastḕn mèn autôi kathizétō tôn geitónōn tòn eggútata ho prosḗkōn génei, aphosioúmenos hupèr hautoû te kaì hupèr tês suggeneías hólēs, tò dè ophlòn exorízein, katháper errḗthē tò tôn zṓiōn génos.「雷とか，あるいはそれに似て神から送られてきた矢がおそうような場合，また自分が倒れたり，あるいはそのものが倒れてきてある人を殺すという場合を除いて，無生物が人間から命を奪うならば，その人の実の身寄りの者は隣人の中でもっとも近い人を裁判官にすえるべし．自らのため，そして親族すべてのために罪を浄め，動物類について述べられた通りに，罪を規定するために」．

このような génous, génei を伴った prosḗkōn は，また onómati「名のみの」それに対立する. Platon Symposion 179b–c. toútou dè kaì hē Pelíou thugátēr Álkēstis hikanḕn marturían parékhetai hupèr toûde toû lógou eis toùs Héllēnas, ethelḗsasa mónē hupèr toû hautês andròs apothaneîn, óntōn autôi patrós te kaì mētrós, hoùs ekeínē tosoûton huperebáleto têi philíai dia tòn érōta, hṓste apodeîxai autoùs allotríous óntas tôi hueî kaì onómati mónon prosḗkontas, kaì toût' ergasaménē tò érgon hoútō kalòn édoxen ergásasthai ou mónon anthrṓpois allà kaì theoîs, hṓste … 「ペリアースの娘アルケースティスがこの話しのためにギリシア人にその(殉死の)充分な証拠を提供している. 夫の父母がいるのに, 彼女は自分の夫のために一人で死ぬことを望んだ. 彼女はその恋心のゆえに愛情において両親にまさっていた. その結果, 両親は息子にとって実は他人であり, 名のみの身寄りであることを彼女は明らかにした. しかもこの行為を彼女はなしとげたが, それは人間のみならず神々にも実に立派に思われたので, …」.

このprosḗkōnによって指示される「親族」の範囲は漠然としている. それは親, 兄弟に始まっていとこなどまで, かなり広く身寄りの人々をふくんでいたのであろう. Platon Apologia 33d. ei dè mḕ autoì ḗthelon, tôn oikeíōn tinàs tôn ekeínōn, patéras kaì adelphoùs kaì állous toùs prosḗkontas, eíper hup' emoû ti kakòn epepónthesan autôn hoi oikeîoi, nûn memnêsthai kaì timōreîsthai. 「もし自分の家の者たちがわたしによってなにか害をうけたのであれば, 自分では望まないのなら, その家の人のだれか, 父, 兄弟, そしてその他の親族が, 今やそれを想起して復讐すべきである」. この文章から考えると, prosḗkōnは復讐の義務を負うた親族の範囲を意味しているといえよう. この語彙は古典期を過ぎると後退し, sug-genḗsという形式的にもgénos「生まれ」をふくむ明確な同意語に圧倒されてしまった. しかしこの形は, 後にふれるLat. propinquusという「親族」を表す形にその名残りをとどめている. このラテン語の形の基はpropinquō「近づく」という動詞だから, これとGr. prosḗkōとの関係は明らかであり, propinquusの「親族」への転用のきっかけは, prosḗkōnにあったと考えられる.

9. 「姻戚」を表すkēdestḗs, 広く近親者をさすことのできるprosḗkōnに続いて, われわれはanagkaîosという形について考えてみたいと思う. これはいうまでもなくanágkē「必然」の形容詞である. この形の語源解釈は一定せず, 最近ではセム語との関係もとりあげられている(Frisk I 101; Chantraine 82 f.; R. Anttila Sprache 18 1972 34 f.).

さてこのanagkaîosの'related by blood'(Liddell-Scott)の意味での使用は, 専らア

ッティカの悲劇，散文にみられる．この形容詞は一般に人間関係以外の場で使用される．従ってそれが人間の「必然的な」つながりを表す場合には，なんらかの意味でコンテキストによりそれが明示されることになる．Eur. Alc. 530. (Herakles) tís phílōn ho katthanṓn; / (Admetos) gunḗ. gunaikòs artíōs memnḗmetha. / (Herakles) othneîos ḕ soì suggenès gegôsá tis; / (Admetos) othneîos, állōs d' ên anagkaía dómois. /「死んだのはだれか親しい人か．女です．今もちょうどその女のことを話していたところです．異国の人か，あるいはあなたの身内の人か．異国の人だが，この家とは固く結ばれた人でした」．ここでは suggenḗs の語からも，死んだ妻 Alkestis のことをさす anagkaía の内容は明瞭である．次ぎの例でも，anagkaîos は suggéneia を伴っている．Demosthenes XLIV 26. kaì gàr tôi Arkhiádēi, hoû ên hē ousía tò ex arkhês, eggutátō génei esmèn kaì tôi eispoiētôi Leōkrátei· toû mèn gàr ho patḕr epanelēluthṑs eis toùs Eleusiníous oukéti tḕn katà tòn nómon oikeíotēta élipen hautôi, hēmeîs dé, par' hoîs ên en tôi génei, tḕn anagkaiotátēn suggéneian eíkhomen, óntes anepsiadoî ekeínōi.「事実その財産の本来の所有者であったアルキアテースと養子のレオークラトスとわれわれは，生まれからいってもっとも近い関係にある．というのは，彼の父はエレウシスの人々のもとにもどってきたが，もはや法的に身内なるものを自らのために残さなかったが，一方彼の一族たるわれわれは，彼の従兄弟の子として，切っても切れない親族の関係にあったからである」．

これらの例でみる限り，anagkaîos は prosḗkōn と同様にかなり広い範囲の親族をふくみ，その限界は判然としない．そしてこの語彙も，親族関係への使用においては古典期以後すたれてしまった．新約聖書には行者伝(X 24)に，toùs suggeneîs autoû kaì toùs anagkaíous phílous「彼の親族と身近の友を」という例がみられるにすぎない．しかし Cicero にみる Lat. necessarius という形容詞の近い親族関係への適用をみると，ここにも anagkaîos の影響がうかがわれる．

10. ギリシア語の中でもっとも広く，また現代にまで「親族」の名称として用いられている形は suggenḗs である．これは sun-「ともに」と génos「生まれ」の合成派生形であるが，*sug-génos という形は存在しない．その代りに súg-gonos という形が用いられている．しかしこれは suggenḗs の詩語で，悲劇や詩にのみ用例をもつ人工語である．この名詞形は sug-géneia「親族関係」である．suggenḗs という形容詞は，「生まれとともに，

生まれつきの」という意味と，「生まれをともにする」の二つの意味を表すことができる．「親族」の意味はもちろんこの後者からの発展であるが，もう一つの可能性は，「生まれをともにする＝兄弟，姉妹」である．V 章で説明した kasígnētos「兄弟」，あるいは上にあげた súg-gonos の「兄弟」の意味での用法はそのあらわれである．

suggenḗs「親族(の)」は後にふれる Lat. cognātus と語形成の上で比較される．また Skr. sa-jātá- も同様に対比されよう．ただ -gnātus, -jāta- はともに完了分詞形であるから，その点で -genēs とは異なる．これらの形はいずれも *ĝenə-「産む，生まれる」という語根を基にしている点で共通するが，それらは個々の語派の内部で作られた形と考えられる．なぜなら，既述の Gr. prosḗkōn と Lat. propinquus, Gr. anagkaîos と necessarius の関係から推して，Gr. suggenḗs と Lat. cognātus にもなんらかの影響が予想されるし，また Skr. sajātá- については次ぎのような事情が考慮されるからである．この形は 2 節以下にふれた Skr. bándhu-, jñātí- などと同様に，その用例は RV に始まる．それは X 103. 6 (sajātā…sakhāyo「一族の者よ，友よ」) と I 109. 1 (jñāsá…sajātā́n「知己と一族の者を」) の 2 例であるが，この二巻はともにこのヴェーダ集の中で最新層に属する．一方 AV では 10 例以上を数えるが，その意味は単なる「親族」ではなくて，ある神に帰依する一族，仲間をさすなど，意味上に拡大が認められる (AV VI 73. 1–3, XI 1. 7 etc.; Banerjea 61 f.)．また敵に対する呪文の歌である I 19. 3 の一行を，それと平行する RV VI 75. 19 と比較すると，その間に次ぎのような異動が認められる．AV I 19. 3 (ab). yó naḥ svó yó áraṇaḥ sajātá utá níṣṭyo yó asmā́n abhidā́sati /「われらが自己の(グループの人)にせよ，見知らぬ人にせよ，一族の者にせよ，外部の人にせよ，われらを襲う者は……」. RV VI 75.19 (ab). yó naḥ svó áraṇo yáś ca níṣṭyo jíghāṁsati /「自己の(グループの人)にせよ，見知らぬ人にせよ，外部の人にせよ，われらを殺そうとする者は……」. この二行をみると，AV には sajātá が加えられている．それは svó…áraṇaḥ に対する sajātá…níṣṭyo の対比によるもので，同じ連続は AV III 3. 6 にも認められる．níṣṭya- は古典期には「カースト外の」人，即ち非インド・アーリア系の賤民をさす (Mayrhofer II 169). 従ってこれと対をなす sajātá- は bándhu-, jñātí- で表される「親族」というより，さらに広い「同胞」に近い概念をもった形と考えられる．また Böthlingk-Roth の辞書によれば，この語は専らヴェーダ語に属し，古典サンスクリットにはほとんど用いられていない．Turner (13086–7) はこれと *sajātya- という形を記録しているが，その系統の形は近代語にわずか 1 例ずつしか認められない．従ってこの sajātá- は，ヴェーダ語新層において形成され，しばらく使用されて後退したものと考えられる．その形成は，sá-garbhya- sánābhi- など V 章 12 節にふれた一連の sa- をもつ合成語に倣ったものである(Ai. Gr. II/1 74).

11. ここでわれわれは再び Gr. suggenḗs の問題にもどることにしよう．この形は散文では Herodotos に始まり，悲劇にも多用されている．文脈の上から，suggenḗs，または suggéneia の関係が具体的にとらえられる場合をいくつかあげてみよう．Eur. Or. 732. tí táde; pôs ékheis; tí prásseis, phíltath' hēlíkōn emoì / kaì phílōn kaì suggeneías; pánta gàr tád' eî sú moi. /「これはなんだ，どうしたのだ，なにをするのか．同年の仲間の中で，また友人の中で，そして親族の中でとりわけいとしい君．君こそわたしにとって，これらのすべてなのだから」．これは Pylades の Orestes への言葉であるが，二人は従兄弟どうしの間柄だといわれている．また同じ作家の IA. 491 行以下においては，犠牲にされようとする姪の Iphigeneia を Menelaos は，その suggéneia たることを思って悲しんでいる．Eur. Heracl. 987. éidē ge soì mèn autanépsios gegṓs, / tôi sôi dè paidì suggenès Hērakléei.「わたしはお前とはいとこどうしであり，お前の子のヘーラクレースの親族であるということは知っていた」．これは Perseus の子 Steneros の子 Eurystheus が，Perseus の子 Elektryon の娘 Alkmene(Herakles の母)にいった言葉である．従って suggenḗs は，正確にいえばいとこの子をさしている．同じ作品の 6 行では，この語がおじについて用いられている．

Isaios(VIII 30)によれば，hoi met' ekeínou phúntes「その人とともに生まれた人たち」が suggeneîs とよばれ，hoi ex ekeínou gegonótes「その人から生まれた人たち」が ékgonoi である．つまり suggenḗs は，本来親子のような関係については用いられなかったのであろう．先にあげた用例をみても，親子とか兄弟という肉親の関係よりも，ややはなれたおじと甥，姪，いとこなどの関係を考慮して suggenḗs が用いられている．ということは，この形はごく近い肉親と，かなり広い概念である oikeîos「家の人，一族」の中間の間柄の総称であったといえよう．その oikeîos との関係は，次ぎの例から推測することができる．Herodotos III 119. epeíte dè exémathe hōs ou sùn keínoisi eíē taûta pepoiēkṓs, élabe autón te tòn Intaphrénea kaì toùs paîdas autoû kaì toùs oikēíous pántas, elpídas pollàs ékhōn metà tôn suggenéōn min epibouleúein hoi epanástasin, sullabṑn dé spheas édēse tḕn epì thanátōi.「そこで彼は，インタプレネースがそのことをかの人々と一緒にやったのではないと知ると，彼はインタプレネース自身とその息子たち，さらにその家のすべての者を捕えた．彼が親族とともに自分に謀反を企てることを充分に予測して，かの者たちを捕え死刑囚として監禁した」．Platon Leges 775a. perì dè tôn hestiáseōn, phílous mèn khrễ kaì phílas mễ pleíous pénte hekatérōn sugkaleîn, suggenôn dè kaì oikeíōn hōsaútōs tosoútous állous hekatérōn.「結婚の宴については，友人の男女はそれぞれ5人以上はよぶべきではないし，同様に親族と一族もそれぞれ同じ数だけをよぶべきである」．これらの使い方をみると，suggenḗs と oikeîos は近親と遠縁のような点で区別されていたように思われる．しかしこの二つの形は，ときに内容的に重なりあっている．Eur. Androm. 985. tò suggenès gàr deinón, én te toîs kakoîs / ouk éstin oudèn kreîsson oikeíou phílou.「なぜなら，親族であるということはふしぎなもの，不幸の中で一族の親しい人ほどよいものはない」．これは Orestes が昔の恋人であり，いとこでもある Hermione を Neoptolemos の館から連れ出そうと彼女に図る台詞の終りの言葉である．

12. ここで新約聖書における suggenḗs の用例をみることにしよう．既述のようにこの頃になると，上にふれた「親族」を表すいくつかのギリシア語の形はどれも後退し，suggenḗs が専らこれにあてられてくる．まずその実例をあげ，さらにその訳文を参照することにしたい．Luc. I 58. têi de Elisábet eplḗsthē ho khrónos toû tekeîn autḗn, kaì egénnēsen huón. kaì ḗkousan hoi períoikoi kaì hoi suggeneîs autês hóti emegáluen kúrios tò éleos autoû met' autês, kaì sunékhairen autêi.「そしてエリザベトに出産の時が近づいた．そして彼女は男の子を産んだ．そして彼女の隣人や親族たちは，主が彼女に憐み深くあったときいて彼女とともに喜んだ」．この hoi períoikoi kaì hoi suggeneîs に対するラテン語訳は vicini et cognati であり，suggeneîs に cognati があてられている．またそのゴート語訳は bisitands jah ganiþjos とあり，VIII章4節にふれた(ga-)niþjis が用いられている．また教会スラヴ語訳は okrŭstŭ živǫštei i roždenĭe とあり，suggeneîs に roždenĭe(Russ. pl. rodnye)を用いている．この形は OCS. rodŭ「種族」(Russ. rod)の中性の派生形であり，Lett. rads にもこの派生形と同じ意味が指摘される(Vasmer II 527 f.: Pokorny 1167).

この Gr. suggenḗs に対する他の三つの言語の訳語は概して一定しているが，ゴート語には ganiþjis と niþjis という二つの形が用いられている．例えば上の例以外にも，Marc. VI 4, Luc. II 44 では ganiþjis がみられるのに，Luc. XIV 12. …mēdè toùs adelphoús sou mēdè toùs suggeneîs sou mēdè geítonas plousíous を，Wulfila は nih bruþruns þeinans nih niþjans þeinans nih garazanans gabeigans「汝の兄弟も親族も金持の隣人も」と訳している．ここで同じ pl. suggeneîs になぜ ga- のない形が必要であるのか，明らかでない．sg. suggenés に対する例としては，Joh. XVIII 26 では niþjis が，また Luc. I 36 でも (f) suggenís に対して (f) niþjo が使われている．もしこの二つの形に内容上の差がないとすれば，この動揺の原因はどこにあるのだろうか．私見では，本来存在していた niþjis に，sug-genés の sun- が意識されて ga- がそえられた形が作られ，同じ意味で用いられた結果が，このような動揺となってあらわれたのではないかと考えられる．確かにゴート語において，Gr. sun-，または meta-，Lat. con- を意識して作られた ga- を伴う合成名詞は決して数多いとはいえない．けれども gabaurgja「同市民」(Gr. sumpolítēs), gafrauds「会議」(Gr. sunédrion), gaman「仲間」(Gr. métokhos), gaqumþs「会議」(Gr. sunédrion, sunagōgḗ), garūni「助言」(Gr. sumboúlion) というギリシア語を基にした ga- をもつ形，あるいは gajuka「仲間」(Lat. coniux), gamains「共通の」(Lat. commūnis) というラテン語を意識した形をみれば，niþjis から ga-niþjis が sun- にひかれて作られた可能性は充分に予想できるのではないだろうか．

さらにこの語彙に関係していうならば，Gr. suggeneía の訳には (ga-)niþjis の抽象名詞形がないために，Wulfila は kuni「種族」(＝Gr. génos, phulḗ) を流用している．それは Luc. I 61 の一例である．イエスの名付けに関して母がヨハネとつけるというと，周りの人が kaì eîpan pròs autḕn hóti oudeís estin ek tês suggeneías sou hòs kaleîtai⟨tôi onómati toútōi⟩.「あなたの親族の人でだれもその名でよばれる者はいないと，彼らは彼女にいった」．この ek tês suggeneías をラテン語は in cognatione tua と直訳しているが，Got. …in kunja þeinamma である．因みにスラヴ語訳は同じ roždenje を用いている．このスラヴ語の形は本来抽象名詞であるから，この suggéneia の訳としてはまったく問題はない．

スラヴ語訳で苦心がみられるのは，suggéneia, suggenés の (pl.) suggeneîs の場合ではなくて，(sg.) suggenés の訳出である．roždenje のように抽象名詞を複数形の訳に collectiva として用いることは珍らしくはないが，これを個別的な suggenés の訳にも使うことは，suggéneia との関係を考えると容易に許されない．そこで例えば上掲の Joh. XVIII 26. suggenḕs ṑn …「親族として」に対しては，…ovŭ ǫžika sy…という訳が示されている．Luc. I 36 についても同様である．この形は独 eng などと語源的に関係をもつOCS. ǫzŭkŭ, -ka, -ko「狭い」の意味の形容詞の名詞化した形で，数少ない(m)-a-名詞の一つである(Leskien 1955 79; Pokorny 42). この訳語については，Buckの辞書も記録していない. Leskien (1955 78), Sadnik-Aizetmüller(1955 12, 216)はさらに，bližika 'Verwandter' という形を指摘しているが，ǫzikaとの区別は明らかでない. この形は表現の上からは上述のGr. eggús, prosḗkōnに比較され，形としてはOCS. blizŭ adv.「近い」, adj. bližĭnĭと関係し，Russ. blizkij「近い」など多くの近代語にも通じる形である(Pokorny 16: Vasmer I 92; Walde-Hofmann I 517; Ernout-Meillet 240).

13. インド，ギリシアからラテン世界に移ると，ここでも「親族」を表すいくつかの語彙をわれわれは知っている. affīnis, agnātus, cognātus, consanguineus, necessārius, そしてpropinquusである. これらの形の成立，使用などを考える上で，われわれはギリシア語の類似した語彙とその表現の存在を無視することはできない. 例えばeggús, prosékōnとpropinquus, anagkaîosとnecessariusはあまりにも近い関係にあり，またsuggenḗsとcognatusも語源的に密接に結ばれ，語形成も類似している. 従って，これらのラテン語の形はギリシア語の形からの一種のloan-translationであると考えられる.

そこでまずpropinquusをとりあげてみよう. この形は空間的，時間的に「近い」ことを表し，さらには比喩的に「似ている」の意味にも用いられる. 従ってそれを親族関係に使用することも一つの転用であるが，その際にGr. eggús, prosḗkōnというほとんど同じ意味をもった形の用法がきっかけをあたえたように思われる. 用例はCiceroを中心にしてそれ以後の時代の作品にみられ，それ以前にはない. しかもその多くはCiceroの作品で占められているということは，necessariusと同じ事情にある. CiceroはVII章10節に引用した「義務について」I 17. 54においてまず市民について述べた後，colligatio societatis propinquorum「親族たちの交りの結びつき」にふれている. そこには夫婦，親子，きょうだい，いとこ，またいとこなどがあり，さらに結婚によってその関係はetiam plures propinqui「なおさらに多くの親族たち」に拡がっていく. このCiceroの一節の文章をみる限り，propinquusにふくまれる「親族」の範囲はごく近い肉親から遠い姻戚にまで及んでいる.

また文脈的にみると，Gr. prosḗkōnにgéneiなどの限定，あるいはsuggenḗsのような他の「親族」を表す名称が続いてあげられていたのと同じように，propinquusも単独で使用されるよりも，他の類似した意味をもった語彙と並べて用いられることが多い. それによってその propinquus は，人間関係における「近い」つながりを表すことが明示される．例えば，Sallustius は Gr. génei と同じ genere propinqui (Jug. X 3) という表現を使っている．そのままでは propinquus を「親族」の意味に用いない Vergilius にも，次ぎのような一例がある．Aen. 2. 86. ille me comitem et consanguinitate propinquum / pauper in arma pater primus huc misit ab annis.「かの貧困な父は血の通った身寄りであるわたしを彼の伴として，ここに若年ながら武器をとるべく送りこんだ」.

propinquus et amicus「親族と友人」(Cic. de Offic. I 18. 59), gnatis carisque propinquis「子供たちと親しい身寄りに」(Hor. Satir. I 1. 83) のような，他の人間関係を示す名詞との併列のほかに，Cicero は好んで他の「親族」を表す語彙をつらねた表現を用いている．Cicero de C. Plancio XII 29. …primum cum parente, quem veretur ut deum, …… quid dicam cum patruo, cum affinibus? cum propinquis? cum hoc C. Saturnino, ornatissimo viro? 「初めに彼が神のように尊敬している父親との(関係)，…… 彼の父の兄弟との(関係について)わたしはなにをいうことがあろうか．その親族，その身寄りの人たち，この欠けるところのない人 C. サトゥルニヌスとの(関係について)」．この Cicero の affinibus … propinquis と逆の順序を示す一節が Suetonius の Caesar 伝の冒頭の一節にみられる．これは Caesar が Sulla の追求を買収によって逃れたときのことである．I 2. donec virgines Vestales perque Mamercum Aemilium et Aurelium Cottam propinquos et adfines suos veniam impetravit.「遂に彼は，ヴェスタに仕える乙女たちとマメルクス　アエミリウスとアウレリウス　コッタという彼の身寄りと親族たちを通じて許された」．Tacitus はゲルマン人の相続についてふれながら，次ぎのように述べている．Germania XX. si liberi non sunt, proximus gradus in possessione fratres, patrui, avunculi, quanto plus propinquorum, quanto maior adfinium numerus tanto gratiosior senectus; nec ulla orbitatis pretia.「子供がいないならば，財産所有の次ぎの段階は兄弟，父の兄弟，母の兄弟の順である．身寄りが多いほど，親族の数が多いほど，老人はそれだけ尊重される．子供がないということは，なんらの報いもない」．このように affinis と propinquus は連続しながらも，順序は一定しない．ということは，propinquus の内容，affīnis (16 節) との差はそれほどはっきりと意識されずに，この二つの対句的表現で一般的な親族関係を表していたと考えてよいだろう．

propinquus はまた cognatus とも併置されることがある．例えば Cicero に，cum Ameriae Sex. Rosci domus, uxor liberique essent, cum tot propinqui cognatique optime convenientes, ……「S. ロスキウスにはアメリアに家も妻も子供もあったし，実に多くの親類縁者たちもきわめて仲がよかったので……」(pro S. Rosc. Am. XXXIV 96) という一節がある．この場合に，propinqui と cognati との間に特に意味上の差があるとは考えられない．Cicero はまた，Murena の propinqua et necessaria「近親の(女性)」(pro L. Murena XXXV 74) で Vesta に仕える乙女が彼に観劇の際によい席をゆずってくれたことを語っている．この表現も，親族としての親しい間柄を表すものにすぎない．なお Cicero は，このような propinquus の用法に伴って，これと対をなす longinquus「遠い，長い」をも親族の関係に転用している(pro Mil. XXVIII 76)．この二つの語彙は，ラテン語の中で -inquus をもつただ二つの形であり，Plautus 以来記録された対語だからである(Leumann Gr. 340)．

ここで Gr. anagkaîos に倣ったと思われる necessārius についてもふれておこう．これはいうまでもなく necesse「必然の」の派生的形容詞であるが，これを人間関係の親しい結びつきに転用しているのは Cicero で，他の作家にはあまりその用例はみられない．この形は Festus などの古註によって，cognati, affines (pl.)「親族」の同意語とされているが，実際にはそれよりも単に親しい間柄をさすにとどまる．例えば Cicero (ad Fam. XIII 29. 1) は L. Munatius Plancus への手紙の初めに，in iis necessariis, qui tibi a patre relicti sunt, me tibi esse vel coniunctissimum …「わたしはあなたにとって，あなたの父があなたに残したごく親しい人々の中の一人であり，格別の結びつきがある」ことを信じている，と述べている．また同じ書簡集の同じ巻の 72 の P. Servilius への手紙の冒頭に，彼がかつて金を借りたことのある Caerellia という金持ちの女性の財産のことにふれているが，彼はこの女性を necessariae meae「わが親しい友の」とよんでいる．また Atticus への書簡集の中に，Cornelius Balbus と Gaius Oppius の二人が Cicero に宛てた手紙が収められている(IX 7 a)．その中で Caesar と Pompeius の戦いにふれ，Cicero は cum utrique sis maxime necessarius「あなたは二人のどちらにも大変親しいので」武器をとるべきではない，と述べている．これらの用例において，necessarius といわれた人たちはいずれも Cicero の親族ではなく，単なる親しい友人，知己であるにすぎない．従ってこの necessarius は，Gr. anagkaîos に倣ってときには親族にも用いられたにせよ，主としてそれ以上の広い人間関係に適用されたということができよう．そしてこの使い方は，propinquus のそれとともに，古典ラテン語とともに消滅してしまった．つまり，これらの語彙の「親族」あるいは「親しい人」への転用は，ギリシア語に通じた Cicero と一部の文人の中でのみ生きていたのである.

14.　次ぎにわれわれは cognātus をとりあげてみよう. この形は, 既に 10 節にみた通り, Skr. sajātá- とまったく同じ語形成を示していて,「ともに生まれた, 同じ生まれの」を表している. Gr. suggenḗs とは語形成の手続きの上で違いがあるが, それだけに cognatus の形成にこのギリシア語の形がなんらかのヒントをあたえたのではないかと考えられる.

この語彙は,「親族」を表す形の中でも affinis とともに Plautus 以来の用例をもち, 古典期にはもっとも多用されている. まずその喜劇から実例を引こう. Poenulus 1256. uos meae estis ambae filiae et hic est cognatus uoster, / huiusce fratris filius, Agorastocles.「お前たち二人はわたしの娘だし, この男はお前たちの親戚で, このわたしの兄弟の息子のアゴラストクレースだ」. これは Hanno の台詞だが, Agorastocles は 1209 行で Hanno を patrue「父方のおじよ」とよびかけているところからも, この cognatus はいとこどうしの関係をさしている. 次ぎに Terentius の喜劇の用例をみると, Andria 926, Hecyra 592 ではその内容は漠然としている. Adel. 947. Hegio, est his cognatus proxumus. / adfinis nobis, pauper: bene nos aliquid facere illi decet. /「ヘギオです, 彼らのごく近い身内で, われわれの親戚ですが, 貧乏でね. なにかしてやらなくてはなるまい」. この cognatus と adfinis を並べた言葉は Demea の台詞だが, Hegio はその Demea と Micio という二人の兄弟の友人であり, Micio の隣人の未亡人 Sostrata の死んだ夫の友人である. しかしここでもそれ以上に彼らの姻戚関係はわからない.

古い喜劇における cognātus の用例は少なくないが, 上にみたように, そこからこの形の指示する具体的な親族の範囲を正確にあとづけることはむずかしい. 恐らくそれは Gr. suggenḗs に似て, 父方母方の血をわけた親族に広く用いられたのであろう. もしその内容が差別的に意識されていたのではないかと思われる場合をあげるとすれば, それは上にみたような affinis と連続した文脈においてであろう. これは affinis が後述するように, 主として婚姻による関係に用いられる傾向があったから, それ以外の関係を cognatus が表すに至ったものである. 以下に Cicero からその実例を引用しよう. 後者の例は, Gr. suggéneia に相当する名詞形 cognātio と affīnitās の連続している場合である. Red. Quir. III 6. non enim pro meo reditu, ut pro P. Popilii, nobilissimi hominis, adolescentes filii et multi praeterea cognati atque adfines deprecati sunt.「なぜならわたしの復帰のためには，非常に身分の高かったP.ポピリウスのそれのように，若い息子たちや多くの身内や親戚が間に入って頼んでくれたわけではなかった」. de Fin. V 23. 65. in omni autem honesto de quo loquimur nihil est tam illustre nec quod latius pateat quam coniunctio inter homines hominum et quasi quaedam societas et communicatio utilitatum et ipsa caritas generis humani, quae nata a primo satu, quod a procreatoribus nati diliguntur et tota domus coniugio et stirpe coniungitur, serpit sensim foras, cognationibus primum, tum affinitatibus, deinde amicitis, post vicinitatibus, tum civibus et iis qui publice socii atque amici sunt, deinde totius complexu gentis humanae.「だからわれわれが述べているすべての道義のことにおいて，これほど輝かしく，また広く及ぶものはないものとして，人間どうしの間の結びつきがある．それからまた，なんらかの交り，役立つことの伝え合い，そして人類の愛そのものがある．それはまず出生から生まれる．即ち，子は親によって愛され，家全体が結婚とその家系によって結ばれる．それは徐々に家の外に拡がっていき，まず身内，それから親戚，次いで友情，その後に隣人愛，それから市民，そしてさらには公けに仲間であり友である人たち，それから全人類のからみ合うことをもって結ばれるのである」. ここでは cognatio, affinitas, amicitia の順で人間関係の親密さが表されている．因みにこの連続の表現は，Plautus 以来の伝統である．Plautus Trin. 702. … profugiens patriam deseres, / cognātos, adfinitatem, amicos factis nuptiis. /「結婚がすんだなら，この祖国も，身内も親戚も友だちも君はすてるのだ」. このように表現された場合には，cognatio と affinitas の間にごく近い肉親と姻戚というような，なんらかの差別を想定することができる(Ernout-Meillet 430). しかしその差は厳密なものではない．

cognatio だけでは親族の近い関係を示すのに充分でないと感じられたためであろうか，propinqua「近い」をそえた表現がみられる．例えば，Suetonius は，Gnaeus Domitius が cum ad Cassium Brutumque se propinqua sibi cognatione iunctos contulisset.「自分に近い親族関係にあるカッシウスとブルートゥスに組したとき」(Nero III)の事情を説明している．この表現は Cicero, Livius にもみられるが，これは cognatio の概念があまり広いものであったためであろう．前節にみた Cicero の propinqui cognatique という表現と表裏をなすものとして興味深い．

cognatus は既述のように，新約聖書では Gr. suggenḗs の訳語として常に用いられている．そしてこの形は，「親族」を表すラテン語の語彙としては珍らしく，親族名称としてロマンス語に生きている．しかしその意味は「義理の兄弟」にかわっている(XII 章 4 節)．

15. cognātus と並んで -gnātus を後分とする形に agnātus がある．その動詞形は a(d)-gnascor で，その意味は ‘be born in addition to’(Lewis-Short)である．agnātus はその完了分詞形だが，その意味は「父方の近親者」をもさすに至った．この近親関係を表す抽象名詞が agnātio である．

われわれはまず初めに，もっとも語源的な意味を表す用例から検討してみよう．Cicero de Orat. I 57. 241. num quis eo testamento, quod paterfamilias ante fecit, quam ei filius natus esset, hereditatem petit? nemo; quia constat, agnascendo rumpī testamentum.「息子が生まれるより前に家長が作った遺書によって，相続を主張する人がいるだろうか．いない．なぜなら，後から子供が生まれることによって，その遺書は破棄されることがきめられているからである」．次ぎに agnatus という分詞形をこの意味で用いた Tacitus の一文をあげよう．これはゲルマン婦人の貞節にふれた Germania XIX の終りの部分である．numerum liberorum finire aut quemquam ex adgnatis necare flagitium habetur, plusque ibi boni mores valent quam alibi bonae leges.「子供の数を制限したり，相続者以外の子供なら殺してしまうようなことは恥ずべきことと考えられている．他の地における立派な法律よりも，この地では立派な習慣がより大きな力をもっている」．これらの例で明らかなように，agnascor，agnatus は，父親が遺書を作り相続のことをきめた後に「加えて生まれた」子供，あるいは養子をさすものであった．

この形はラテン語の歴史の中ではかなり早くから用いられていた．Cicero が de Inv. II 50. 148 において引用する 12 銅表の規定は，次ぎのように述べている．V 4. si intestato moritur, cui suus heres nec escit, adgnatus proximus familiam habeto.「遺書を残さずに，また自分の相続者もなく人が死ぬならば，もっとも近い adgnatus がその人の家をもつべし」．この場合 adgnatus は proximus の語に示されるように，本来の動詞形の意味からずれて，「父方の近親者」になっている．12 銅表の規定はさらに続けていう．V 5. si adgnatus nec escit, gentiles familiam habento.「もし adgnatus もいなければ，その人の gens 一族の人たちがその家をもつべし」．7. si furiosus escit, adgnatum gentiliumque in eo pecuniaque eius potestas esto.「もし人が気が狂っていれば，その人と財産の支配権は，その adgnatus たちか一族の人々に属すべし」．父方の近親の男性は，女性の財産の保護にも当った．V 2 の規定には，mulieris quae in agnatorum tutela erat res「父方の近親の人たちの保護の下にあった女性の財産」にふれている.

agnatio はこの関係を表す抽象名詞である. これは当然 gens, 即ち一族のメンバーたることを示す gentilitas にふくまれるものである. Cicero の名で伝えられる ad Herrennium I 13. 23 には, lex 法として次ぎのような文章が示されている. paterfamilias uti super familia pecuniave sua legaverit, ita ius esto.「家長がその家, あるいは財産について指定する通りに法はあるべし」. その後に, 上にあげた 12 銅表 V 4 とほぼ同じ内容の規定がある. そして Malleolus という人物の母殺しの件が記述される. その際に, 弁護人が獄中で本人の遺書を書き, 刑の執行後に彼の弟が「adgnatio の法によって」相続権を主張するというケースを扱っている. adgnatio はいわば, 父方の近親者の相続の権利のために作られた用語といえよう. Varro も de Lingua Latina VIII 4 において, ut in hominibus quaedam sunt agnationes ac gentilitates, sic in verbis.「人々の間に agnatio, gentilitas (父方の近親, 一族たること) があるように, 言葉にもそれがある」と述べ, Aemilius という人の子孫は Aemilius の名でよばれる一族をなす, と説明している.

このように agnatio は父方の親族たることを表す用語であるから, cognatio よりはせまい概念である. cognatio, cognatus は語源的にどうであれ, ラテン語としては父方母方の双方をふくむ広い親族関係を表すからである. agnatus, agnatio は, 古典ラテン語とともに一度は滅びた. 今日英語などにみる agnate, agnation の語は, 後の歴史における借用に基づく形である.

16. cognātus, agnātus に続いて, 既にいく度か言及した affīnis という形について, 改めて考えてみよう. これは形容詞としても男性の名詞としても姻戚関係を表す形とされ, さらに affīnitās という抽象名詞をもっている. 本来は ad-finis「境を接する, 隣の」関係を表す語彙であったと考えられる (Schrader-Krahe 92).

この語彙が肉親のような近い関係でなくて, 結婚による姻戚関係を表すということは, ラテン人には意識されていた. 法律書の規定では, viri et uxoris cognati「夫と妻の親族たち」, つまり socer, socrus, gener, nurus「義父, 義母, 義理の息子, 義理の娘」などが adfines (pl.) とよばれる親族である. その意味でこれは Gr. kēdestḗs に通じる. 喜劇の用例をみても, そうした内容は明らかに認められる. 例えば, Plautus Aulularia 473. sed Megadorus meus adfinis eccum incedit a foro.「ほら, わが親類のメガドールスが市場から帰ってくる」. これは Euclio の台詞だが, Megadorus は金持ちの彼にその娘を嫁にしたいと申し入れている仲にある．Terentius Heaut. 935. (Menedemus) quid hoc quod rogo, ut illa nubat nostro? nisi quid est / quod magis vis. (Chremes) immo et gener et adfines placent. /「彼女がわが(息子)と結婚するというわたしの願いはどうでしょうか．なにかもっとあなたが望むところがあるのでなければ．いやいや，婿殿もこの縁も結構です」．これは Menedemus の息子と Chremes の娘との結婚の話題である．

これらの例からもわかるように，affinis は結婚の関係に終始している．その内容は古典期の散文からもうかがうことができる．a(d)finitas という抽象名詞の一例をあげるならば，Cicero ad Atticum II 17. quid enim ista repentina adfinitatis coniunctio, quid ager Campanus, quid effusio pecuniae significant? 「一体その突然の結婚の結びつきはどんな意味があるのか，カンパニアの地，この金の浪費ぶりはなんたることか」．ここで repentina adfinitatis coniunctio というのは，Caesar の娘と Pompeius の結婚をさしている．

われわれは 13 節において propinquus の用例の中にそれが affinis，あるいは cognatus と並置されている場合をみた．それらは結局 Cicero の好む対句的表現の構成に一つの役割を果してはいるが，各々の語は互いに差別して用いられているとは考えられない．ここでは affinitas の用例として，それが propinquitas と並べられている Cicero の文例を再びみることにしよう．pro Cn. Plancio XI 27. qui est quidem cum illo maximis vinculis et propinquitatis et affinitatis coniunctus, sed ita magnis amoris, ut illae necessitudinis causae leves esse videantur.「その人は身内，親戚というこの上なく大きなきずなで彼と結ばれているが，さらにその切っても切れない深い関係が軽くみえるほど大きな愛情のきずなによって(彼と結ばれている)」．pro P. Quinctio VI 25–26. iussit bona proscribi eius, quicum familiaritas fuerat, societas erat, affinitas liberis istius vivis divelli nullo modo poterat. Qua ex re intellegi facile potuit nullum esse officium tam sanctum atque sollemne, quod non avaritia comminuere ac violare soleat. Etenim si veritate amicitia, fide societas, pietate propinquitas colitur, necesse est iste, qui amicum, socium, affinem fama ac fortunis spoliare conatus est, vanum se et perfidiosum et impium esse fateatur.「親しい関係があり，交際があり，その人の子供らが生きていれば親戚関係はどうしても切られるものではなかったのに，彼はその人の財産没収を命令した．このことから，物欲によって減じられず，また犯されることのないような神聖にして厳粛な義務というものはないのだということが容易に了解された．というのは，も

し真実によって友情が，信頼によって交りが，義務感によって親族関係が培われるとすれば，友人，仲間，親族の名声，財産を奪おうと試みた者は，自ら不信な裏切り者であり，不敬な者であることを認めざるをえない」．前者の例では，propinquitas と affinitas が，引用した文の前節にふれられている frater patruelis et socer「父方の従兄弟で義父」という関係を抽象的に，修辞的に代弁している．そして後者の例では，familiaritas, societas, affinitas, それから amicitia, societas, propinquitas, さらには amicus, socius, affinis という互いに関連する三つの概念が三度くり返され，わずかずつ異なる形によって表現されている．このような場合には，propinquitas と affinitas はやはり厳密に区別された概念ではなくて，一般的な親族関係の表現として用いられていることは明らかである．終りに Caesar の同じような用法を示す一節を示そう．B. G. II 4. 4. de numero eorum omnia se habere explorata Remi dicebant, propterea quod, propinquitatibus adfinitatibusque coniuncti, quantam quisque multitudinem in communi Belgarum concilio ad id bellum pollicitus sit cognoverint.「彼らの兵の数について，われわれはあらゆることを調べてある，とレミ族の者たちはいった．そして，身内や親戚の関係によって結ばれているので，ベルガエ人の共同会議において，各々がこの戦争のためにどれほどの人数を提供することを約束したかも知っているといった」．

このように affinis, affinitas は古典ラテン語において広く用いられたが，ふしぎなことに Vergilius は使用していない．そしてこの形も cognatus と同じように古典期以後は後退し，ロマンス語には生き残らなかった．従って，ラテン語の propinquus, necessarius, cognatus, affinis という「親族」を表す形はいずれも古典ラテン語とともに消失したのである．ロマンス語をみると，本来は「生みの親(父，母)」を表した parens が，ルーマニア語以外では広く「親族」として用いられている．結局これらギリシア語からの翻訳借用の臭いのする語彙は，口語層には定着しなかったのであろう．

以上に扱った語彙のほかに，consanguineus という合成語が，やはり「親族」を表すとされている．この形は V 章 13 節に指摘した Gr. hómaimos, homaímōn, súnaimos という haîma「血」(＝Lat. sanguis)をふくむ合成語に倣って作られたラテン語である．従って単数では，本来「同じ血の」兄弟，姉妹を表す．しかしそれがさらに一般化した意味で，特に複数形で親族，同族に拡大して用いられる．従ってその内容は，狭義の「親族」というよりも，さらに広い「同族，同胞」をさすことができる．例えば，Plautus Poenulus 1036. maledicere huïc temperabis, si sapis. / meis consanguineis nolo te iniuste loqui.

/ Carthagini ego sum gnatus, ut tu sis sciens. /「お前はおとなしく，この人に悪口をいうのはやめるがよい．わたしの同胞にお前がひどいことをいうのはがまんができない．おわかりの通り，わたしはカルタゴ生まれだ」．これはカルタゴの青年 Agorastocles が，自分のおじ Hanno に悪口をいう召使いの Milphio をたしなめる場面である．さらに古典期の散文からも一例をあげよう．Caesar B. G. I 33. 2. in primis quod Aeduos, fratres consanguineosque saepe numero a senatu appellatos, in servitute atque in dicione videbat Germanorum teneri eorumque obsides esse apud Ariovistum ac Sequanos intellegebat.「第一に，ローマ元老院により既にいく度も，(ローマの)兄弟とか同胞とよばれてきたアエドゥイ族が，ゲルマン人に仕え支配されているのを彼はみた．そして彼らの人質がアリオウィストスとセクアニ族の下にいるのを知った」．

この形も他の「親族」を表す語彙と同じように，一度は消失した．現代の英仏語で用いられている consanguin, consanguineous などの形は，中世に改めてラテン語から借用された形に基づくものである．

17. われわれはインドからギリシア，そしてローマと，「親族」を表すいろいろの形について考察してきた．またギリシア語の聖書資料をみた際に，ゴート語と教会スラヴ語の形についてもふれておいた．そこでこれら以外の領域の語彙について，ここで考えてみよう．

まずアナトリアでは，Hitt. kaena-, gaena-, kaenant- という形がある(J. Friedrich 1952 94)．語源は明らかでない(Tischler 459 f.)．わずかに XI 章 2 節以下にふれた Gr. gambrós「義理の息子」の対応との関係が予想されるにすぎない (Frisk I 287)．その用例を Šuppiluliumaš と Hajaša の Huqqanā との協約文から示そう．IV 25–27 (J. Friedrich 1930 163)．nu-mu〔ma-a〕-an *I•NA* EGIR UD. KAM šu-me-eš LÚ^{MEŠ} ^{URU}Ha-i̯a-ša aš-š〔u-li〕 pa-ah-ha-aš-〔te〕-ni am-mu-ga šu-me-eš LÚ^{MEŠ} ^{URU}Ha-i̯a-ša ^{I}Ma-ri-i̯a-an LÚ^{MEŠ} ga-e-ni-eš *ŠA* KUR ^{URU}Ha-i̯a-ša aš-šu-li pa-ah-ha-aš-hi.「もし将来において汝らハヤサの国の人々がわたしを友好的に守るならば，わたしは汝らハヤサの国の人々，マリヤ，(そして)ハヤサの国の親族の人々を友好的に守る」．さらにもう一例をあげるならば，The Proclamation of Telepinus (Sturtevant-Bechtel 1935 182 f.) I 2–4. 〔ka〕-ru-ú ^{I}La-ba-ar-na-aš LUGAL•GAL e-eš-ta na-pa〔DUMU ME〕š-*ŠU* 〔ŠEŠ•ME〕Š-*ŠU* $^{\text{Lu•MEŠ}}$ga-e-na-aš-še-eš-ša LÚ-MEŠ ha-aš-ša-an-na-aš-ša-aš Ù ERÍN. MEŠ-*ŠU* ta-ru-up-pa-an-te-eš e-še-ir.「かつてラバルナが大王であった．それから彼の息子たち，彼の兄弟たち，親族たち，その家族の者たち，そして軍隊が一つに集められていた」. J.S. Weitenberg は，Hitt. kuša- という語の研究(1975)の中で gaena- にもふれ，ヒッタイト語文献においてこの形は常に肉親の人の後にあげられていると説明している．因みにこの kuša- という形も，これまで「親族」を表すと解されてきたが(J. Friedrich 1952 120), Weitenberg はこれを gaena- よりも限定的な「姻戚」の意味にとることを提唱している．

gaena- と並んでヒッタイト語文献では，Ideogram MÁŠ「家族，一族」に所属を表す前置詞 Akk. *ŠA* をそえた *ŠA* MÁŠ という表現も「親族」を表すに用いられている(J. Friedrich 1952 285, 1960 123). この MÁŠ は Hitt. haššatar, 即ち語根 haš(š)-「子をもうける，産む」の派生的抽象名詞にひとしいとされている(Sommer 1932 136 f.). その用例を Muwattalliš 王と Alakšanduš との協約文から引用しよう(J. Friedrich 1946 15). A I (78) ma-a-an tu-uk-ma ¹A-la-ak-ša-an-du-un ŠEŠ-*KA* na-aš-ma *ŠA* MÁŠ-*KA* ku-iš-ki u̯a-aq-qa-a-ri-i̯a-zi (80)〔na〕-aš-ma kat-ta DUMU-*KA* DUMU•DUMU[MEŠ]-*KA* ku-iš-ki ……ar-ha *Ú-UL*-pít pí-eš-še-i̯a-mi.「もし汝アラクサンドゥスに，汝の兄弟，あるいはまた汝の親族がだれでも反抗するならば，あるいはまた……」(IV 章 12 節).

トカラ語にも「親族」を表す語として，Toch. A, B ṣñaṣṣe という形が記録されている．Pedersen (1941 96, 132) によれば，この形は全人称に共通の所有形容詞 A ṣñi, B ṣañ に接尾辞 B -ṣṣe (A -ṣi) をそえたものと説明される．本来は B 方言で作られた形であろう．また前分の A ṣñi, B ṣañ は印欧語の再帰代名詞 *su̯e- と語源的に関係する(Windekens 457).

イラン語派では Av. nāfya-「一族」という形が記録されている(Bartholomae 1062). これは「へそ」から転じて「親族，関係，家族」を意味する nāfa- (Skr. nā́bhi-「へそ」) の派生形であり，形式的には Skr. nábhya-(n)「車のこしき」が比較されるが，親族名称としては既述の Skr. sá-nābhi-「同腹の」などの合成語が参考となろう．

ケルト語派で注意すべき形は OIr. coibnest(a)e である．これは coibne「親族関係」の形容詞である(Thurneysen 166, 220; Lewis-Pedersen 13). 即ち，fine「種族，家族」をふくむ合成形 *con-venestu- に基づく形と解せられる(Pokorny 1147).

バルト語派の Lit. giminaĩtis は，giminė̃「親族関係，家族」とともに gim̃ti, gemù「生まれる」に基づく形であり，この語根は Skr. gácchati, Gr. baínō, Lat. venio, Got. qiman などとともに「来る」(*gʷem-) の対応形に属する(Pokorny 464 f.; Fraenkel 151).「親族」を表すこのバルト語の形は，先にみた OCS. roždenje の rodŭ「親族，生まれ」の

派生形とは無関係である．しかしこの語派に属するLett. radsは，12節に述べたように OCS. rodŭと完全に一致する．またLit. gim̃tiとgiminaĩtisの関係は，Lett. radīt「子をもうける」(OCS. roditi)とradsのそれとまったく平行している．なおリトアニア語には gimnaĩtisのほかに，gentìsという姻戚をふくめた「親族」を表す形がある(F. Specht KZ. 62 1934-5 251 f.)．Pokorny(374)はこの形のg-を上にふれたgim̃tiの影響とみて，*ĝenə-「産む，生まれる」に関係づけている．Fraenkel(147)も同様である．

Alb. afërmeのa-は前置詞要素であり，fërは「近い」を表す(Jokl 266)．-fërの語源解釈は明らかでないが，語形成の上からはLat. propinquusが参考になる．

第XV章 「夫，　妻」

1.　われわれはこれまでに直系傍系の親族名称について，印欧語の各語派の形を検討してきたが，終りに「夫」と「妻」を表す語彙についても考えてみたいと思う．古くはどの語派をみても，英語の husband と wife のように，端的にそれを指示する形は少ない．それよりも「男」「女」を表す形が，「夫」「妻」に兼用で用いられることが多い．そして，一つの語派でいくつかの形がその表現にあてられることもある．ここではそれらの語彙とその相互の関係，さらには夫と妻という概念のとらえ方などについて，インド，ギリシアを中心に考察を進めよう．

2.　まず初めにヒッタイト語をみると，ここでは「夫」に対しては「男」と同じ Ideogram LÚ が用いられるが,「妻」については DAM という形があてられ, SAL「女」と区別される. XII 章 6 節に引用した Gesetz II 78–79 は, その SAL と DAM の区別をよく表している. この法典では,「夫」と「妻」に関する限り, 上に述べた形の用法は一定しているが, 他のテキストでは,「女」と「妻」の区別に倣って,「夫」に対して特に Akk. *MU•TU* (*MU•DU*)「夫」が用いられている例がある. Hattušiliš III 世の自伝の一節に (J. Friedrich 1946 13), IV (8) … nu a-pí-e-da-ni me-e-hu-ni ^{d}*IŠTAR* GAŠAN-*IA* (9) *A•NA* DAM-*IA* Ù-at *A•NA* ^{LÚ}*MU. DI. KA*-u̯a am-mu-uk (10) pí-ra-an hu-u-i-i̯a-mi「そのときわが神はわが妻の夢にあらわれた. 'わたしは汝の夫を助ける'」. これらの表記の背後にある実際のヒッタイト語の形は明らかでない.

ここで参考のために, この言語の「結婚する」「結婚」の表現についても簡単にふれておこう. そのためには Lat. uxorem ducere, Gr. gunaîka ágesthai「妻を連れてくる」に似た表現がここでも予想されるからである (Schrader-Krahe 79). Gesetz I 31 節 (J. Friedrich 1971 26) からその一例をあげると, na-an-za *A. NA* DAM-*ŠU* da-a-i nu-za É-ir *Ù* DUMU^{MEŠ} i-en-zi「そして彼は彼女を彼の妻にとり, そして彼らは家と子供たちをつくる」. この文にみる限り, ヒッタイト語は「結婚する」に対して DAM dā-「妻をとる」という表現を用いている. もう一例を再び Hattušiliš III 世の自伝から引用しよう (J. Friedrich 1946 11). III (1). nu-za DUMU. SAL ^{I}Pí-en-ti-ip-šar-ri ^{LÚ}SANGA ^{SAL}Pu-du-hé-pa-an (2) *IŠ•TU* INIM DINGIR^{LIM} DAM-an-ni da-ah-hu-un nu ha-an-da-a-u-en (3)〔nu-un-n〕a-aš DINGIR^{LUM} *ŠA* ^{LÚ}*MU. DI* DA〔M-aš-ša〕a-aš-ši-i̯a-tar pí-eš-ta (4) nu-un-na-aš DUMU. NITA^{MEŠ} DUMU. SAL^{MEŠ} i-i̯a-u-e-en「そしてわたしは神の言葉により, 祭官ペンティプサリの娘プドヘパを妻にした. そしてわれわれは家庭をきずいた. そして神はわれわれに, 夫と妻の愛をあたえた. そしてわれわれは, 自分たちの息子と娘をもうけた」.

一般に多くの印欧語は,「結婚する」という行為を上述のように「妻を連れてくる」という表現によって表す. そしてその動詞には, *u̯edh-(Pokorny 1115 f.) が多くの語派で用いられている. ヒッタイト語もこの対応に属する uwate- という動詞をもっているが, それと同時に, これに近い意味をもった nāi, ne-「導く」という動詞をもっている. これは Skr. náyati, Av. nayeiti と完全に一致する形である (Mayrhofer II 137; Pokorny 760). 多くの語派はこの二つの接近した意味をもつ語根を動詞として共有することなく, 一方を失う傾向を示しているが, ヒッタイト語はイラン語派とともに, その共存を許している．Benvenisteは Hitt. nai- 'diriger, tourner, acheminer', uwate- 'conduire soi-même quelqu'un, se faire suivre de …' と想定してその差を説明した後で，次ぎのように述べている(1962 40). 'Tout au long de cette analyse de procès lexicaux, nous rencontrons, comme une des particularités et probablement comme un des facteurs de la distribution dialectale et du changement historique, l'emploi de "conduire" dans l'acception de "conduire chez soi la femme épousée". Un point demeure dans l'ombre: nous ne savons si le hittite a connu aussi cette expression du "marriage", et s'il a eu un dérivé correspondant ou analogue à indo-ir. vadhū. Ce vocabulaire des parentés et des alliances reste en grande partie inconnu, ou masqué par les ideogrammes.' ヒッタイト語は「導く」の意味をもったこの二つの動詞をもっていたにも拘らず，これを結婚の表現に用いず，dā- 'take' をこれにあてていたことは，上の例から明らかである．この点について，Benvenisteはなにもふれていない．

因みに「結婚」を表す語も，Ideogram DAMとAkk. *uttu*の合成語DAM-*UTTU* 'Stellung einer Gattin>Ehe' である(J. Friedrich 1952 267). その一例は，XI章10節に引用したMuršiliš王年代記第4年の中の一節に示されている．

3.　アナトリアに続いてインド語派に注目すると，そこにはいくつかの語彙が「夫」と「妻」のために用いられている．その主なものをあげれば，「夫」には páti-, bhártar-, 「妻」には pátnī-, jāyā́-, strī́-, jáni-, それに nā́rī- などが指摘される．これらの形の用法をみながら，以下にその特徴，関係を考えていくことにしたい．

初めに「夫」の代表として páti- をとりあげてみよう．この形については，既にII章7節とIV章3節にふれたが，その対応はケルト，アルメニアを除く印欧語のほぼ全域に及ぶところから，共通基語におけるこの形の存在は疑う余地がない．また Skr. pátnī, Gr. pótnia, Lit. (vieš-)patni という特異な女性形の一致も極めて特徴的である．しかしこの形をさらに分析しようとすると，その解釈にはいくつかの可能性が予想される．即ち，*po-ti-, *pot-i-, そして *p-ot-i- である．初めの *po-ti- という分析は非常に早くから考えられていたもので，その狙いは *po- を *peə$_3$-「守る」(Pokorny 839)と関係づけようとするところにある(Delbrück 436 f.; Burrow 1955 168). この解釈は語根の意味の上からは無理がないが，-ti- という抽象名詞の接尾辞を認めなければならないところに問題がある(Ai. Gr. II/2 637). また *poti- は，理論的には *pə$_3$-ti- からも *pə$_3$-oti- からも導かれるが，形態論的にみてその決定はむずかしい．そこで第二の *pot-i- の可能性を考えるならば，この場合にもまた孤立的な(m)-i- 語幹を認めざるをえない(Ai. Gr. II/2 306)，しかし *pot- は，(f)Skr. pátnī-, Gr. pótnia，合成形 Gr. des-pótēs「主」，あるいは Lat. potens「…力のある」などの形によって支持される．

第三の可能性として，Szemerényi の *p-ot-i- という新らしい解釈がある(1964 337 f.)．その主張は Benveniste への批判から出発している．Benveniste は Word X 1954 139 f.(=1966 301 f.; 1969 88 f.)において，*pot-(i)- が従来「主」を原意とされてきたことに反対し，バルト語派の Lit. pàts，あるいは Hitt. -pat という小詞から予想される「…自身 ipse」を基礎とすべきであると主張した．その解釈に従えば，「夫」は「妻の ipse」であり，Got. bruþ-faþs「花婿」は「花嫁の ipse」と解される．Skr. dám-pati-, Av. dəng-pati-, Gr. des-pótēs「家長，主」も同様に「家の ipse」である．これに対する Szemerényi の批判は，主として Hitt. -pat の扱いに向けられている．この形はかつて Pedersen(1948 76 f.)によってこの *poti- の対応に組み入れられた．しかしその文献学的な研究から判断すると，この形は決して「自身」のような意味からは説明できず，J. Friedrich(1960 150 f.)が指摘するように，'eben, auch, nur, …' など一種の強調の小詞と考えられる．従ってこれは，*poti- とは切りはなされなければならないと Szemerényi は主張する．そしてまた Lit. pàts の「自身」の用法には，Russ. že の表現の影響が認められる．これらの論証によって Benveniste の解釈をしりぞけた後に，Szemerényi は *poti- に *op-ot-i-< *H_3ep-ot-i-という分析を試み，Lat. ops「力，富」，Hitt. happin-, happinant-「富める」との対応の可能性を指摘している．この Szemerényi の試案は *poti- に対する新らしい分析として興味深いが，*H_3ep- の仮定よりは *pot-(i)-「力ある，主」を想定する従来の第二の解釈のほうが自然であり無理がない．

その場合問題は -i- の要素の解釈にある．その解決の一つの道は，女性形の Skr. pátnī-, Gr. pótnia, Av. -paθnī-, Lit. (vieš-)patni にあるように思われる．確かに Gr. pósis に対する pótnia の関係は，形式的に孤立しているが，インド語派では páti- と pátnī- の対比を基礎として，例えば(m) ásita-, (f) ásiknī-「黒い」，(m) palitá-, (f) páliknī-「灰色の」などの対をなす形容詞の形が認められる．この女性形 *pot-n-i̯ə- に共通して認められる -n- の要素は，(m) páti- の -i- とともに -i-/-n- 語幹の交替としてとらえられよう(Ai. Gr. II/2 307, 592)．そしてこの関係は，Skr. nom. ásthi「骨」，gen. asth-n-áḥ の交替に比較されるものである．これについて Benveniste(1935 178)は次ぎのように説明している．'le

-n- du gén. asthnáḥ et le -n- du fem. pátnī ne font qu'un. Génitif et féminin sont des modalités de la notion générale d'appartenance que l'adjectif exprime; or le génitif en *-en- et le féminin en *-en- sont des variétés, précisées par des désinences, de l'adjectif en *-en-.' Benveniste の *pot-(i)- の解釈に批判的な Szemerényi も，この点では同じような結論に達している(1964 389). 即ち，Skr. pátnī- などの女性形は *pot-nī- <*poti-nī- であり，これは本来 *poti-no-「poti- を備えた」という形容詞の女性形である. そこで *poti- に本来 Skr. ásthi- と同じ -i-/-n- の交替する語幹を想定するとすれば，私見ではそれは (n)*poti- から出発しなければならない. その男性への転移は，Gr. (n)*manti「予言」を前提とする(m) mántis「予言者」(Benveniste 1935 83)と同様に，中性の抽象名詞の人格化と考えられる.

4. 上述のように，Skr. páti- は本来「力ある(主)」を基礎として，それが「家長」となり，また「妻」に対する「夫」をも兼ねるに至った. それは Gr. pósis の用法からも明らかである. ギリシアでも直接夫婦を表す形はなかった(Finley 147). インドでは，この語が「夫」をも表すようになると，「主」との区別が意識され，それはこの形の格変化の上にもあらわれてくる.「主」に対する sg. gen. páteḥ に対して，「夫」のそれは pátyuḥ である. この -uḥ の語尾は，pitár-「父」などの親族名称に特有のものである. この事実は，páti-「夫」が親族名称の一つにみなされていたことを示している(Ai. Gr. III 142).

またこの区別は，その表現の上にもあらわれている(Delbrück 411 f.; Macdonell-Keith I 474 f.). 一般に「主」はなにものかの「主」であるから，ṛtásya「天則の」, bhúvanasya「有類の」など属格の限定詞を伴う. これは(f) pátnī- についても同様である. これに対して「夫，妻」の意味ではこのような限定は必要でないから，páti-, pátnī- は単独で用いられる. 例えば，夫の情人をおさえる歌 RV X 145 には，sapátnīm me párā dhama pátim me kévalaṁ kuru「わが恋仇をかなたに吹きとばせ，夫をわれひとりの者とせよ」(2 cd)と歌われている. また主婦が主導権をにぎる歌の一つには，RV X 159. 3. máma putrā́ḥ śatruháṇó 'tho me duhitā́ virā́ṭ / utā́hám asmi saṁjayā́ pátyau me ślóka uttamáḥ //「わが息子たちは敵を打つ者，またわが娘は支配者なり. またこのわれは征服者，夫にありてわが呼び声は至上のものなり」. RV にはこのような páti- の用例が約40あるが，筆者のみる限りでは VII 26. 3 (jā́nīr iva pátir……「夫が妻たちを……する如く」)と IV 3. 2 (jāyéva pátya……「妻が夫に対する如く」)を除くと，すべてが I 巻と X 巻というこの歌集の中では新層に属している．これがもし偶然でないとすれば，páti-「夫」の用法はインド語派の中で成立したとも考えられる．しかし一方では，イラン語派の古層に属する結婚の歌 Yasna 53. 4 に明らかに「夫」の用例が指摘されるから，恐らく「夫」の意味はインド・イランの共通時代にさかのぼるものであろう．

páti-「夫」に平行して pátnī-「妻」の RV における用例をあげると，まず Índra-patnī-「インドラ神の妻」(X 86. 9 etc.)，devá-patnī-「神の妻」(I 152. 2 etc.) はその典型であろう (Ai. Gr. II/1 264). 結婚の歌 X 85. 38 は，結婚前に女子はソーマなどの神々に属しているという信仰をふまえて，次ぎのように歌っている．(cd). púnaḥ pátibhyo jāyā́ṁ dā́ agne prajáyā sahá //「アグニよ，その子孫とともに(彼女を)妻として夫に返しあたえよ」．ここでは「妻」を表すのに，後にふれる jāyā́- が用いられているが，これをうけて 39 歌はいう．púnaḥ pátnīm agnír adād ā́yuṣā sahá várcasā / dīrghā́yur asyā yaḥ pátir jī́vāti śarádaḥ śatám //「アグニは妻を，長寿と光彩とともに返しあたえた．彼女の夫なる者は長寿をえて，百年の間生きるべし」．ここでは jāyā́- に代って pátnī- が同じ内容の表現に用いられている．

páti- と pátnī- が並べて用いられている一例をあげると，I 62. 11 (cd). pátiṁ ná pátnīr uṣatī́r uśántaṁ spr̥śánti tvā śavasāvan manīṣā́ḥ //「力強き(インドラ)よ，詩想は汝を愛撫する．恋する妻たちが恋する夫にする如く」．Delbrück (410) はこの例を特に 'eine Beziehung auf den geschlechtlichen Verkehr von Mann und Weib' の強調された歌としている．AV の結婚の歌 XIV 1 にも同じような併置の例がみられる．49. deváste savitā́ hástaṁ gr̥hṇātu sómo rā́jā suprajásam kr̥ṇotu / agníḥ subhágāṁ jātávedāḥ pátye pátnīṁ jarádaṣṭiṁ kr̥ṇotu //「サヴィトリ神は汝の手をとれ．ソーマ王は彼を豊かな後裔をもつ者とせよ．アグニ・ジャータヴェーダスは夫のために妻を長寿ある者とせよ」．

また pátnī- は，後述する jáni-「女，妻」を伴って用いられる．先にあげた I 62. 11 の前の 10 歌は，(cd). purū́ sahásrā jánayo ná pátnīr duvasyánti svásāro áhrayāṇam //「多くの幾千の姉妹たちは(その神に)仕える，妻たる女が恥ずかしがらぬ(夫に)する如く」．RV I 186. 7 (cd). tám īṁ gíro jánayo ná pátnīḥ surabhiṣṭamaṁ narā́ṁ nasanta //「讃歌は彼(インドラ)を恋し近づく．妻たる女たちが男たちの中でもっとも美しく薫る(夫)に対する如くに」．pátnī- は家長たる夫 páti- をもつ女であるから，この janayo……pátnīḥ という表現は 'Weiber, welche Herrinnen sind' (Delbrück 410)，あるいは 'vermählte Frauen' (Geldner RV I 62. 10)，'femmes épousées' (Renou 1969 26) を表している．

このようにpátnī-は「妻」の意味に用いられたが，それはjāyā́-などとは異なり，あくまでもpáti-の妻であった．そのことは，神話的な背景が後退したブラーフマナ時代におけるこの形の意味，「祭式をする夫páti-の妻」にあらわれている．これは正妻であり，公の立場にある主婦である．Winternitz(1920 6)は，jāyā́-が‘diejenige, in welcher die Geburt stattfindet’であるのに対して，pátnī-は‘Opfergehilfin des Mannes’であると説明している．áyajño vā́ eṣá yò 'patnīkaḥ「patnīなきもの，それは祭式ではない」(Taitt. Br. III 3. 3. 1; Schrader-Nehring II 141). Delbrück(412)は，このpátnī-とjāyā́-の違いを示す適切な例としてŚat. Br. I 9. 2. 14をあげている．yátra vā́ adáḥ prastaréṇa ýajamānaṁ svagākaróti——pátim vā́ ánu jāyā́——tád evàsyā́pi pátnī svagā́kr̥tā bhavati.「彼がそこで草束を捧げて施主を祝福するとき，そのpátnīも祝福される．妻jāyā́は夫pátimに従うものである」．

この事実に関連して，Pāṇiniは注目すべき規則を示している．IV 1. 33. patyurno yajñasaṁyoge //「祭式への(妻の)参加を表すために，(女性形が問題となるときには-ī-が有効であるが)pati-の-i-はその際nに代えられる」．これによってわれわれは，pati-の(f)patnī-がyajña-と関係していることを教えられる．このスートラに対してKāśikaはいう．…katham vr̥ṣalasya patnī, upamānād bhaviṣyati.「では奴隷のpatnīというのはなぜか，類推によってそのように用いられるのであろう」．この註釈の言葉からもわかるように，後の古典サンスクリットではpatnī-という形に対するPāṇiniの「祭式への参加」という限定は忘れられてしまった．これは恐らく祭式そのものの社会的後退によるものであろう．

Manu法典をみても，patnī-は祭式と関係した規定に用いられている．例えば，III 121. sāyaṁ tvannasya siddhasya patnyamantraṁ balim haret / vaiśvadevaṁ hi nāmaitatsāyaṁ prātarvidhīyate //「しかし夕方に妻は讃歌を唱えずに調理した食物を供すべし．一切神の名をもつ祭儀は朝夕になすよう規定されているからである」．III 262. pativratā dharmapatnī pitr̥pūjanatatparā / madhyamaṁ tu tataḥ piṇḍamadyātsamyaksutārthinī //「夫に貞節をつくし，祖霊への供養を専らにする妻は，息子を望むならば正しくその真中の団子を食べるべし」．しかし一方では，patnī-は他の「妻」を表す語とまったく同列に扱われている．「師の妻」は当然バラモンの師の妻だから，Pāṇiniのいうpatnī-の名にふさわしくgurupatnī-(II 211)とよばれる．ところがこの合成語の後分をみると，-bhāryā-(II 131), -yoṣita-(II 210), -dāra-(II 217), -aṅganā-(XI 54)と「妻」を表すさまざまな形が自由に使われている．その意味では，Manuの作者にとってPāṇiniの規則の限定がどの程度まで意識されていたのか，はなはだ疑わしい．

pátnī- という印欧語の最古層に属すると思われる形は，このようにインドでは他の同意語にかこまれていた．そして，その特徴である祭式との関係も，祭式そのものの後退によって無意味なものとなっていった．その証拠に，この形はパーリ語にはなく，近代語にも痕跡を残していない．ただPkr. pattīだけがわずかにその名残りをとどめるにすぎない(Turner 7742)．これはpatnī- が祭式と関係のある比較的上層の人々の語彙であったためであろう．ところでこの形について興味あることは，pátnī- は消滅したにも拘らず，sa-pátnī- という合成語の系統が近代にまで広く分布しているという事実である(Turner 13130; Bloch 1970 404)．この形はRV X 145. 2にみたように，「夫をともにする女」，つまり妻の「恋仇」である(Ai. Gr. II/1 90)．Pāṇiniも IV 1. 35でこの形に言及しているが，時代とともに形も変化し，近代においてはまったく独立の‘co-wife’を表す語彙になっている．なおこのsa-pátnī- に対応するイラン語としてはAv. ha-paθnī- があるから，この形の成立は非常に古いといえよう．因みにこれと対をなすRV (m) sapátna-(X 166. 1, AV I 19. 4 etc.) はパーリ語には指摘されるが，近代語にはその伝承はない．

pátnī- と対をなすpáti- は，「主」と「夫」の意味をそのまま保持しながら中期インド語に至り，近代では主に「夫」に使われている(Turner 7727)．しかしその分布は北西部から西部にかたより，中央部から南部にはみられない．この地域ではbhártar- の系統がHindī語を中心に有力になって，páti- をおさえたからである．また合成語をみると，bhaginī-pati-「姉妹の夫」という形だけが近代の主たる地域に広く分布している(Turner 9350)．

5. pátnī- に続いてわれわれは，páti-「夫」と対比される「妻」として jāyá- をとりあげてみよう．この形はイラン語派にも対応がない，インド独自の形である(Mayrhofer I 431)．jā- は明らかに jáyate「生まれる」と同じ語根 jan- <*ĝenə₁-「産む，生まれる」に属する．ところでインド語派にはこのほかに「女，妻」を表す形として jáni-, jāni- (bhádra-jāni-「美しい妻をもつ」)がある．前者はAv. ǰaini-「女」に対応し，後者もAv. ǰə̨ni-「女」, Got. qēns「妻」に対応する(Mayrhofer I 416, 429; Ai. Gr. II/1 100 f.)．因みにPāṇiniも -jāni- について，jāyá- との関係から次ぎのような規則をあたえている．V 4. 134. jāyāyā niṅ //「(bahuvrīhi合成語の後分では) -ni- が jāyā の語末に代置される」．

jáni- と -jāni- の関係は，後者を合成語における延長階梯とみることによって説明されるが，これらを jāyā́- と同じ語根の派生形とみることには疑問がある．確かに jáni- はこの語根の nomen agentis である janitár-「父」(Gr. genetḗr, Lat. genitor) と完全な一致を示している．従ってこれを *ĝenə$_1$- に結びつけることは不可能ではないが，その場合にこの形は接尾辞のないこの語根そのものと解釈される．それよりもこの形を *g^{w}enā-「女」の対応と関係づけるほうが，形の上からも意味の上からも説明し易い．その対応をみると，RV に孤立的な Skr. gnā́-「女神，神の妻」は意味の上でやや限定的だが，その他の語派の形は Av. gənā, γnā を初め Gr. gunḗ, OIr. ben, OCS. žena, Got. qinō, Arm. kin, Toch. A śäṁ, B śana など，みな「女，妻」を表す (Pokorny 473 f.; Mayrhofer I 351; Vasmer I 418)．そこで jáni- と gnā́- の関係は，本来 *g^{w}énə- と *g$^{w}_{e}$néə- の交替のあらわれと解釈されよう (Pedersen 1926 29; F. B. J. Kuiper IIJ. 18 1976 248; Ai. Gr. II/2 307 §193, III 113; Kuryłowicz 1968 222)．しかしもう一つの可能性として，jáni- を Gr. gunḗ の不規則な gen. *g$^{w}_{e}$nHei- > Gr. gunai(kos) にみる -i- 語幹とみることもできる (Ai. Gr. II/2 307; Szemerényi 1977 74 f.)．理論的にはこの二つの解釈はどちらも許されるが，*-ə- > Indo-Iran. i が直接語幹を形成することは極めて稀であり，また -i- 語幹は OCS. ženiti sę「結婚する」，ženixŭ「花婿」などの支持もあるから，筆者としては後者をえらびたい．

このようにみてくると，Skr. jāyā́- は一見 jáni-, gnā́- との関係が予想されるけれども，実は本来別個の語彙であることが明らかになる．これはインド語派において jā́yate, jātá- などと同じ jā- に，kanyā̀-「乙女」などにみる (f)-yā- を附して作られた形である．ここで古くブラーフマナ散文 (Ait. Br. VII 13. 10) にさかのぼる，jāyā́- に関するインド流の語源解釈の一例を示そう．Ind. Spr. 4572. bhāryām patiḥ sampraviśya sa yasmāj jāyate punaḥ / jāyāyās taddhi jāyātvaṁ paurāṇāḥ kavayo viduḥ //「夫は妻と交って再生するが故に，古えの賢者たちはそこに jāyā の jāyā たる所以を知っている」．

さてこの jāyā- は pátnī- と異なり，単純に「妻」を表す語彙であった．Purūravas と Urvaśī の対話篇 RV X 95 の冒頭の Purūravas の言葉に，これがよびかけに用いられた一例がみられる．1(ab). hayé jā́ye mánasā tiṣṭha ghore vácāṁsi miśrā́ kr̥ṇavāvahai nú /「ああ妻よ，心をこめて，つれなき人よ，止まれ，互いに言葉を交わそう」．このほか jāyā́- の用例は RV に約 40 を数え，その大半は páti-「夫」と並んで I, X 巻に集中している．ブラーフマナ時代に作られた jāyā-patí「夫婦」という合成語でもわかるように，

páti- との関係は文脈上からも極めて密接である(Ai. Gr. II/1 167). 結婚の歌 X 85 からその例をあげよう. 22(cd). anyā́m icha prapharvyàṁ sáṁ jāyā́m pátyā sr̥ja //「他の淫奔なる娘を求めよ. 妻をして夫とともならしめよ」. 29(cd). kr̥tyaíṣā́ padvátī bhūtvy ā́ jāyā́ viśate pátim //「その呪法は足をえて, 妻として夫に入る」. 賭博者の嘆きの歌として知られる X 34 の歌でも, ánuvratām ápa jāyā́m arodham「われは貞淑な妻を離別した」(2)のように,「妻」には常に jāyā́- が用いられている. これによっても jāyā́- が, 既に当時の日常の語彙であったことがうかがわれる. 次ぎの比喩的な表現からも, この語彙の卑近さが知られよう. RV I 124. 7(cd). jāyéva pátya uṣatī́ suvā́sā uṣā́ hasréva ní riṇīte ápsaḥ //「美しい服を着て恋い慕う妻の夫に対する如く, 曙の女神ウシャスは娼婦のようにその胸をあらわにする」. AV からも páti- と並ぶ一節を引こう. III 30. 2. ánuvrataḥ pitúḥ putró mātrā́ bhavatu sáṁmanāḥ / jāyā́ pátye mádhumatīm vā́caṁ vadatu śantivā́m //「息子は父に貞節を守り, 母と協調せよ, 妻は夫に蜜の如く, またおだやかな言葉を語れ」.

6. jāyā́- という語彙を考える上で, strī́- との対比が参考になる. strī́- については既に V 章 22 節にふれたが, その分析がいかにあろうとも, Av. strī とともにインド・イラン語派の「女」を表す形であったことは疑いない. そしてこの形は, 後の strī-puṁs-, -puṁsáu, -pumā́ṁsau など「女と男」を表す合成語が示すように, páti- の関連ではなくて, 専ら púṁs-「男」との結びつきが著しい(Ai. Gr. II/2 114, 252). この関係は後述するように既に AV において明確にあらわれているが, これはインド語派の中で成立したものと考えられる. なぜならば, puṁs- という形はこの語派に独自のもので, その語源も明らかでないこと(Mayrhofer II 307), イラン語派では Av. strī- は nar-, nairya-「男」と並記されているからである(Bartholomae 1609). これが strī́- の対語にされた場合には, 人間のみならず広く男女の性別をさすに用いられた(Delbrück 416; Macdonell-Keith I 538).

従って jāyā́- は常に páti-「夫」の対語であるが, strī́- は限定のない「女」である. 再び賭博者の歌から jāyā́- と strī́- をふくむ一節をあげよう. X 34. 11(ab). stríyam dr̥ṣṭvā́ya kitavám tatāpa anyéṣāṁ jāyā́m súkr̥taṁ ca yónim /「女をみて, 賭博者は心苦しむ. 他人の妻とよく整えられた住まいを(みて)」. これは財宝をとろうとして彼が他人の家に盗みに近づいたときの描写であるが, stríyam は明らかに彼とは無縁な一人の女であり, jāyā́m は他人のものでも「妻」である. RV では strī́- の用例は jāyā́- にくらべてはるかに少なく11例だが，そのうち3例が púṁs- との対比を示している．I章6節に引用したI 164. 16 (AV IX 9. 15)はその典型であるが，その他にV 61. 6, VII 104. 24(AV VIII 4. 24)がこれに属する．この傾向はAVになると一層はっきりとあらわれてくる．このテキストでは strí- は複数形を合わせて25例をもつが，そのうち14例が púṁs- と併置されている．

ところが同時にAVにおいては，strí- は páti- とも関係してくる．Delbrück(417)はこの事実を指摘し，XII 2. 39 (striyā́…pátiḥ「ある女の夫」) と Ait. Br. III 22. 1をあげているが，ここではAVから他の一例をあげておこう．VIII 6. 16(cd). áva bheṣaja pādaya yá imā́ṁ saṁvívṛtsatyápatiḥ svapatíṁ stríyam //「薬よ，夫でもないのに，この夫ある女に近づかんとする者を倒せ」．これは妊娠した女の魔除けの歌である．もう一例を Maitr. Saṁh. から引用しよう(Thieme 1963 208＝1971 473). I 10. 11. ṛtáṁ vaí satyám yajñó, 'nṛtam strí, ánṛtaṁ vā́ eṣā́ karoti yā́ pátyuḥ krītā́ saty áthānyaíś cárati.「真に祭式は真実であり，真言である．女は非真実である．買われて夫のものとなりながら他の者と交る女は真に非真実をなす」．

jāyā́- と strí- という二つの語彙に限っていえば，時代が進むに従って jāyā́- はむしろ後退し，代って後述する dāra- という形があらわれてくる．しかし勿論 jāyā́- も strí- も古典文学で用いられている．Pāṇini も strí- を女性形を表す文法用語として多用する一方，jāyā́- にもV. 4. 134の規則で言及している．ただ strí- がますます「女」から狭義の jāyā́- の領域に侵入し，そこで本来の差別は見失われてしまう．Manu VIII 389 (ab). na mātā na pitā na strī na putras tyāgam arhati /「母，父，妻，息子は捨ててはならない」．VIII 275(ab). mātaram pitaraṁ jāyāṁ bhrātaraṁ tanayaṁ gurum /(V章25節)．この二例は親族名称の並べられたほぼ同一のコンテキストだが，strī- と jāyā- は内容的にまったくひとしい．同じく「妻」を表す bhāryā- の同意語として strī- を用いた次ぎのような規定がある．IX 58. jyeṣṭho yavīyaso bhāryāṁ yavīyān vāgrajastriyam / patitau bhavato gatvā niyuktāvapyanāpadi //「不幸な場合でなければ，たとえ掟てに従っていても，兄が弟の妻に，あるいは弟が兄の妻に関係したならば彼らは堕姓する」．

このような strī-「妻」の使い方から，当然その対である puṁs- も単なる「男」以上に，「夫」の領域にも適用されるようになる．それは Manu においては，夫婦のモラルに関係した場面にあらわれてくる(Thieme 1963 211＝1971 476)．IX 101–102. anyonyasyāvyabhīcāro bhavedāmaraṇāntikaḥ / eṣa dharmaḥ samāsena jñeyaḥ strīpuṁsayoḥ paraḥ //

tathā nityaṁ yateyātāṁ strīpuṁsau tu kṛtakriyau / yathā nābhicaretāṁ tau viyuktāv-itaretaram //「死ぬまで互いに信頼し合うべし．要するにこれが男女(夫婦)の最高の法と知るべし．結婚をすませた男女(夫婦)は，それぞれに分かれて振舞わぬように，常に努力すべし」．III 61. yadi hi strī na rocate pumāṁsa na pramodayet / apramodāt punaḥ puṁsaḥ prajanaṁ na pravartate //「なぜならば，女(妻)が美しく輝かなければ男(夫)を喜ばせず，男(夫)が喜ばなければ，子供は生まれないからである」．

このように strī́- が進出し，ほかに dāra-，bhāryā- などの同意語もあらわれたため，jāyā́- は口語層からは後退したと考えられる．確かにこの形は中期インド語には認められるけれども，その近代語の分布をみると，「妻」の意味をとどめているのは Lahundā 語のみで，Hindī を初めいくつかの言語では「母」として残っているが，大半の地域では痕跡も残さず消失しているからである(Turner 5205)．一方 strī́- の近代語の分布をみると，Sinhalese 以外はすべてが Kafir-Dardic 語群に属し，わずかに北部の Pahārī がそれに加えられるにすぎない(Turner 13734)．それ以外は *trī に基づく形として Hindī 語に triyā，tryā「女，妻」がこの形の系統を伝えている．このような分布から判断すると，strī́- という語彙も非常に古い歴史をもつにも拘らず，口語層にはあまり定着しなかったといえよう．その証拠に，早くから対をなしていた púṁs- という形も完全に消滅してしまっている．このように jāyā́- も strī́- もインド語史の中では文語以外にあまり勢力のない語彙になってしまったが，ふしぎなことに bhrātur-jāyā- という「兄弟の妻」を表す合成語だけが，古典サンスクリットではほとんど用いられない人工的な形であるにも拘らず，プラークリットを経てインド全域に分布している(Turner 9610)．これは 4 節にふれた bhaginī-pati-「姉妹の夫」と類似した現象とみなされようが，このような合成語による表現の必要がインド社会のなにに起因しているのか，明らかでない．

7. われわれはこれまでに páti- と関係する女性形として pátnī-，jāyā́-，そして strī́- をとりあげてきた．それらに続いてここでは jáni- について考えてみよう．この形は前節に述べたように，インド・イラン共通時代にさかのぼることができる．イラン語派では Yasna 53. 6 にみるように，ǰaini- は nar-「男」に対比される．インドでは，RV において páti- と対比された数例が散見される．まず Yama と Yamī の対話の歌から，その一例をあげよう．X 10. 3 (cd). ní te máno mánasi dhāyy asmé jányuḥ pátis tanvàm ā́ viviśyāḥ //「汝の意はわれらが意に従うべし．汝は夫として妻の身体に入るべし」．X 40. 10

(cd). vāmám pitṛ́bhyo yá idáṁ sameriré máyaḥ pátibhyo jánayaḥ pariṣváje //「これ(結婚のきずな)をつくりし父祖たちにとってそれはいとしきこと，抱擁において妻は夫にとって喜びなり」. この表現は比喩にも用いられ，pári ṣvajante jánayo yáthā pátim……「妻たちが夫を(抱く)如く，それら(詩句)は(インドラを)抱く」(RV X 43. 1)と歌われている. 次ぎにあげる比喩的表現は，4節に引用した pátiṁ ná pátnīr……(I 62. 11)の pátnī- を jáni- に代えたにすぎない. I 71. 1 (ab). úpa prá jinvann uśatī́r uśántam pátiṁ ná nítyam jánayaḥ sánīḷāḥ /「ともに住む妻が常に夫になす如く，恋する(指)は恋する(アグニ)ものの心をそそる」. 因みにこれらの表現をみると，jánayo yáthā pátim のように，女性が複数形で páti- が単数で表されている. これは単なる表現上のことにすぎないのか，あるいはなにか社会的事実を反映しているのか，という疑問に対して Delbrück(413)は，これは当時の一夫多妻制のあらわれであろうと述べ，Zimmer(323; Macdonell-Keith I 478)もその存在を認めながら，これらの用例を指摘している.

AV には jáni- は7例あるが，そのうち4例は RV の表現の踏襲にすぎない. むしろそれらの例よりも，-kāma- を伴う合成形をふくむ女の愛を歌った一節が興味深い. II 30. 5 (ab). éyamagatpátikāmā jánikāmo 'hamāgamam /「夫を求めるこの女は来たれり. 妻を求めるわれは来たれり」.

jáni- は語源的にいえば「女」から出発しながら，多くのその意味をもった形と同様に，páti- との対比によって「妻」にも用いられるに至った. しかし pátnī-, strī́- にくらべ女性形としての特徴に欠けていると感じられたためか，jánī- という形が作られ，既に RV (IV 52. 1)に用いられている. しかしこの形も定着せずに終ってしまった. 古典期に入ると jáni- の使用は非常に少なくなる. Turner(5103)によると，Pāli janikā「母」という形があげられているが，Rhys-Davids の辞書にはその項目はない. しかし近代語をみると，Hindī janī「女」を初めその分布はかなり広い. しかしそれは北部の地域には残っていない.

8. ここで直接「妻」をさす形ではないが，páti- と jáni- との関連から gnā́- について簡単にふれておこう. この形はヴェーダ語，特に RV のもので，古典期には死語となっている. しかし既述のように Av. gənā-, γnā-「女，妻」のほか，Gr. gunḗ など「女」を表す多くの語派の形と対応する. イラン語派については，III 章5節にふれた Yašt 10. 116 の huyāγna-「夫と妻」の後分は，そのよい一例である(Bartholomae 525). RV gnā́- は

「女神，神の妻」を表し，複数形で用いられる．páti- との関係では，まず gnā́s-páti-「神の妻たちの主」という合成語があり，RV II 38. 10 で Narāsámsa (＝Agni) の形容となっている (Ai. Gr. II/1 246)．またこの形の (f) gnā́s-pátnī-「神の妻たちの女主」の pl. instr. の形が IV 34. 7 にみられる．単独の gnā́- の用例は，devápatnī-「神の妻」を伴ったり (I 61. 8 etc.)，Tvaṣṭar 神と関係する (VII 35. 6 etc.) 以外に，男女の関係として次ぎのような例がある．VI 68. 4 (ab). gnā́ś ca yán náraś ca vāvr̥dhánta víśve devā́so narā́ṁ svágūrtāḥ /「一切神の女も男も，人々の中で自讃して強力になりしときに」．この形のすべての例が，神々を主題とする場面に限られている．AV には VII 49. 2, XIX 10. 6 の 2 例があるが，いずれも RV の歌の踏襲にすぎない．

gnā́- という形が既にヴェーダ時代において極めて孤立した語彙であったことを示す資料として，X 95. 7.……āsata gnā́……nadyàḥ……「女神たちと川たちがいた」を註する Nirukta X 47 をあげることができる．それは gnā gamanād āpaḥ / devapatnayo vā /「gamana‘行くこと’から gnā (といわれる)，即ち水，あるいは神々の妻たち」とある．ここでは gnā́- は gamana から説明されている．III 21. menā gnā iti strīṇām / striyaḥ styāyater apatrapaṇakarmaṇaḥ / menā mānayantyenāḥ / gnā gacchantyenāḥ /「menā と gnā は strī‘女’の (同意語) である．strī は語根 styai，恥ずかしがるの意．menā は，人々が彼女らを尊敬するの意．gnā は，人々が彼女のところへ行くの意」．ここでも gnā́- は gam-「行く」という語根に関係づけられている．この解釈は今日ではまったく誤りであることはいうまでもないが，このようなこじつけの理解しかできなかったのは，当時この形と意味の関係がいかに孤立的であったかを物語っている．

9. pátnī-, jāyā́-, strī́-, jáni-，そして gnā́- に続いて，さらに páti- に関係する語彙として nā́rī̆- があげられる．この形は (m) nár-, nára- の女性形で，一人前の「男」と「女」を表す．イラン語の形を参考にしても，この形は本来 nā́rī- であるが，nā́ri- という短い -i- をもつ形が，pl. -bhyaḥ, -ṣu という格語尾の前にみられる (Renou 1952 218)．(m) nár-, nára- は Gr. anḗr, Arm. ayr, Osc. nerum (pl. gen.), Welsh ner, Alb. njer と，比較的南に位置する語派に対応が指摘される (Pokorny 765; Mayrhofer II 148 f.)．しかしその女性形は，インドとイラン語派の Av. nāirī- に限られている．従って男性形は印欧語としてかなり古いが，女性形はこの二派の共通時代の産物と考えられる．この女性形の nā- という延長階梯は，恐らく Indra- に対するその妻 Indrāṇī-, Bhava- に対する Bhavānī- と

同様の手続きによるものであろう. Wackernagel-Debrunner (Ai. Gr. II/2 416) はこれを Lit. várna「烏」と (f) var̃nas, ドイツ語の Huhn と Hahn の関係に比較する一方, Pāṇini IV 4. 49 vārttika 1 を通して nár(a)- に対する *nār(a)- という男性形の存在を想定しようとしている (126). しかしこのような二次的な派生形は認め難い.

ここで nā́rī- の用例を páti- との関係を考慮しながら考察してみよう. RV I 73. 3. devó ná yáḥ pṛthivī́m viśvádhāyā upakṣéti hitámitro ná rā́jā / puraḥsádaḥ śarmasádo ná vīrā́ anavadyā́ pátijuṣṭeva nā́rī //「一切を培う神として大地に住し, よき協約をもつ王の如く, 砦を守る勇士の如く前衛に座し, 夫にいとしき妻の如く咎めるところなし」(Renou 1964A 19, 92). RV におけるこの形の唯一の vocativus (X 18. 8) の用例をもつ葬送の歌 X 18. 7 では, imā́ nā́rīr avidhavā́ḥ supátnīr「良き夫をもち, 寡婦でないこれらの妻たちは」と歌われている. そして同じ歌の中で, nā́rīr は jánayaḥ といいかえられている. 次ぎにあげる眠りの歌では, nā́rī- が strī- と並べられ, ともに「女」を表している. VII 55. 8. proṣṭheśayā́ vahyeśayā́ nā́rīr yā́s talpaśī́varīḥ / stríyo yā́ḥ púṇyagandhās tā́ḥ sárvāḥ svāpayāmasi //「長椅子に横たわり, 吊り台に横たわり, 寝床に横たわる婦人, 芳香を放つ婦人, われらはこれらすべてを眠らせる」.

nā́rī- は本来 (m) nár(a)- と対をなす形である. この男性形は, Av. nar- と並んで詩人とか, 施主のような祭式を行う男, あるいは勇士をさし, ヴェーダから近代まで長い伝統をもつ語彙であるが, 古典期以後には単なる男の人をさすに用いられている (Turner 6970). Nirukta V 1 (RV VIII 26. 16) はこの形を nṛt-「踊る」と解釈しているが, これはもとより Volksetymologie にすぎない. さてこの形が (f) nārī- と並置されると, その関係は strī́- と púms- のそれにひとしくなる. RV I 43. 6. śáṁ naḥ karaty árvate sugám meṣā́ya meṣye / nṛ́bhyo nā́ribhyo gáve //「(ルドラは) われらが駿馬に幸いを, 牡羊と雌羊によき歩みを, 男にも女にも牛にもなせ」.

AV では RV の 15 例に対して, nā́rī はほぼ倍近い数の用例をもっている. その中にはもちろん páti- と関係する文脈も数例指摘されるが (II 36. 3, XIV 1. 55, XVIII 3. 1), このテキストで RV と異なる点をあげるならば, 次ぎの 3 点である. 一つは, vocativus の用例が 8 回あるということ (XI 1. 13 etc.), 次ぎには iyám, imā́m という指示代名詞を伴う例が多いこと (XIV 1. 53 etc.), さらには putrá-「息子」と関係する例がみられることである (III 23. 5, V 20. 5, 25. 10). その場合には, この形は「女」から「母」になる. V 25. 10. dhā́taḥ śréṣṭhena rūpénāsyā́ nā́ryā gavīnyóḥ / púmāṁsam putrámā́ dhehi daśamé māsí sū́tave //「ダートリ神よ，すぐれて美しい形をもってこの女の鼠蹊部に，十か月にして生まれるべき男の子をおけ」.

古典期になっても nārī- は，主として本来の「女」の意味で用いられる．Manu の法典では，これが「妻」に限定された用例はみられない．4節にあげた guru-「師」の合成語には，後分に「女」を表す形が「妻」の意味で入るが，nārī- はない．nara- と対比された場合にも，ヴェーダと同様にそれは男と女の表現である．II 213. svabhāva eṣa nārīṇāṁ narāṇām iha dūṣaṇam / ato 'rthānna pramādyanti pramadāsu vipaścitaḥ //「この世で男の堕落するのは，女の本性による．その故に智者は婦人たちの中にありながら，それにふけることをしない」．この nārī- は Pāli nārī-, Pkr. ṇārī を経て Hindī nār を初め多くの近代インド・アーリア語に「女」を表す語彙として分布している(Turner 7078)．インド・イラン語の歴史を通じて，「男，女」を表す形としてもっとも長い伝統をもつ形が，この nar(a)- と nārī- であったといえよう．

10. インド語派は上に述べたいくつかの形以外にも，「女」に関係する語彙をもっている．それは直接に「妻」を指示するものではないが，ときに páti- と同じ詩句にあらわれ，「妻」に近づくことがある．その形は yóṣan-，yoṣā́-，yóṣaṇā-，yoṣít- である(Delbrück 418; Macdonell-Keith II 485)．RV にみられるこれらの4語幹のうち，yóṣaṇā- は明らかに yóṣan- の(f)-ā- による拡大形である．また yóṣā- は yóṣan- の nom. yóṣā からの(f)-ā-語幹への転移と考えられる．残る yóṣan- と yoṣít- の二つの形のうち，後者は yákṛt-「肝臓」(Gr. hêpar, Lat. iecur; Mayrhofer III 1) と同じ -t- をもち，また rohít-「雌の赤馬」，harít-「雌の栗毛馬」などの女性名詞と -it- を共通にする(Ai. Gr. II/2 321)．これと yóṣan- の -n- 語幹との間には，相互に派生関係は考えられない．また他の語派との対応が一つも認められない以上，インド語派の内部でこの二つの語幹形が yoṣ- を基に作られたのであろう．そのうち -it- については上述のような類型が認められたが，yósan- の -n- 語幹は vṛ́ṣan-「男」との対比によるものとみる説が有力であった(Ai. Gr. II/2 177, 922)．しかし vṛ́ṣan- との関係は，Delbrück によればブラーフマナ文献時代のことで，それ以前には認められない．それよりも，Mayrhofer の指摘する yúvan-「若い，若者」との関係がここで注目に価する(III 23, 27)．なぜなら yúvan- とは語幹の -n- のみならず，yu(v)- /yo-ṣ- にも交替が予想され，また後述するように意味上からも関係づけられるからである．

この形は本来は単なる「女」でも「妻」でもなく，結婚できるような「乙女」を意味した．RV I 115. 2では，太陽神Sūryaはmáryo ná yóṣām「若者が乙女の後を追う如く」輝く曙の女神ウシャスの後に従っていく，と歌われている．AVの結婚の歌から，もう一例を引こう．XIV 2. 37. sám pitarāvṛ̥tviye sṛ̥jethāṁ mātā́ pitā́ ca rétaso bhavāthaḥ / márya iva yóṣām ádhi rohayaināṁ prajā́ṁ kṛ̥ṇvāthāmihá puṣyataṁ rayím //「月経の後に，両親よ，一つに合せよ，種子の母と父となれ．若者が乙女になす如く，汝は彼女の上にあがれ．汝ら二人は子孫をもうけよ．ここに富を培え」(J. Gonda IIJ. VIII 1964 14 f.)．このようにyóṣā-，yóṣan(ā)-，yoṣít-は本来「妻」でないことは明らかであるが，ときに他の「女」を表す語彙と同様に，páti-と関係することがある．AV XII 3. 29. údyodhantyabhí valganti taptā́ḥ phénamasyanti bahulā́ṁśca bindū́n / yóṣeva dṛ̥ṣṭvā pátimṛ̥tviyā yaítaístaṇḍulaír bhavatā sámāpaḥ //「それらは熱せられて争い，踊り，泡と多くの滴をふきだす．水よ，時機よき婦人が夫をみたる如く，この米粒と一体となれ」．ここではyóṣāがこれからpáti-の妻となる乙女をさすと解されよう．同じヴェーダの結婚の歌XIV 1. 56では，結婚して新らしい生活に入るyóṣā-の‘the change of the hair-dress’(J. Gonda IIJ. VIII 1964 7)が歌われているが，そこでもyóṣā-とjāyā́-「妻」が区別して用いられている．

上に述べたように，ブラーフマナ文献ではyóṣā- etc.がvṛ́ṣan-と対比的に用いられる傾向がみられる．これは恐らくそれまでに既に使われていたpúṁs-とstrī́-，あるいはnár(a)-とnā́rī-という対立表現に倣って，ともに-n-語幹であるyóṣan-とvṛ́ṣan-が結びつけられたものと考えられる．古典期に入るとこの形の本来の意味は薄れて，一般の「女」を表す語彙と同列になり，pati-の対語としても自由に用いられるようになる．先の4節にあげたguru-の合成語guru-yoṣit-「師の妻」は，その「妻」への拡大的な使用をよく表している．Manuの規定から，類似した用例をあげるならば，IX 77. saṁvatsaram pratīkṣeta dviṣantīṁ yoṣitam patiḥ / ūrdhvam saṁvatsarāt tvenāṁ dāyaṁ hṛ̥tvā na saṁvaset //「夫は自分を憎む妻を一年間忍ぶべし．しかし一年以上になれば，その財産を奪って共住すべきではない」．IX 133では，adharmika-「不法者」やtaskara-「盗賊」と同様にparasya……yoṣitam「他人の妻に」近づくなと教えられている．その理由を説いた次ぎの規定には，paradāra-upasevanam「他人の妻に近づくことは」長寿の妨げであるといわれている．この記述からも，yoṣit-とdāra-が同じ「妻」の意味に用いられていることは明らかである．

この語彙はPāṇini文典にはとりあげられていないし，近代語にもほとんどその痕跡はない(Turner 10536)．このような後退は，上述のような意味の拡大に伴う多くの同意語との争いに，女性形として -ā- 語幹以外の yoṣan-, yoṣit- という形はいかにも不適当であり，形式的にも孤立していたことによるものであろう．

11. インド語派の「妻」に関係する語彙のうち，pátnī- と jāyā́- 以外の strī́-, nā́rī-, yóṣan- はいずれも本来は「(若い)女」を表すが，それが páti- との関係において「妻」に転ずる機会をあたえられた．この節では páti- と並んで「夫」を表す古い語彙である bhártar- と，その対の形である bhāryà-「妻」について検討したいと思う．bhártar- は bhartár-「支え手，守護者」とともに，語根 *bher-「運ぶ，支える」(Pokorny 128 f.) から作られた nomen agentis である (Mayrhofer II 480; Ai. Gr. II/2 416, 670, 684)．この動詞の本来の機能をもった bhartár- は，Av. -barətar- (Bartholomae 1809) からも恐らくインド・イラン語時代にさかのぼる形であろうが，bhártar-「夫」の使用はインド語派に属する．そして bhāry-à「支えらるべき女＝妻」は，「支える男＝夫」の対語としてブラーフマナ文献に初めてあらわれてくる (Delbrück 415; Macdonell-Keith II 102; Ai. Gr. II/2 796; Thieme 1963 201 f.＝1971 466 f.)．そしてこの形は，古典期の形である bhṛ̥-tya-「家来」と語根部の母音階梯によって区別される．

文献的にみると，bhártar- の「夫」の意味がいつ頃確立したかは必ずしも明らかでないが，その最古の用例としてわれわれは次ぎの RV における唯一の例である，風神 Marut の歌をあげることができる．V 58. 7. práthiṣṭa yā́man pr̥thivī́ cid eṣām bhárteva gárbhaṁ svám íc chávo dhuḥ / vā́tān hy áśvān dhury ā̀yuyujré varṣáṁ svédaṁ cakrire rudríyāsaḥ //「彼らの行く道に大地は広がる，夫がその子種を (妻にいれるが) 如く，彼らは自らの力を (大地に) いれる．彼らは風を馬としてながえにしばった．ルドラの息子たちはその汗を雨とした」．ここで問題の bhárteva gárbham……に対しては，Geldner, Renou (1962 35), K. Hoffmann (1967 138) とも「夫が (妻に)」と解釈しているが，その理解は既に古く Sāyaṇa によって明示されている．さてこの garbham dhā-「子種をおく」という表現は RV に珍らしくなく，その主語に親族名称を伴っている (I 164. 33 pitā́, X. 83. 3 pitáro)．従ってこの場合にも bhártā「夫」の理解は誤りではない．これに対して Delbrück (415 n1) は，AV V 5. 2 に一回だけみられる bhartrī́-「母」(Ai. Gr. II/2 416, 671) から考えて，この bhártā に「父」の可能性もあるとし，Macdonell-Keith (II 99) もこれに同調している．

AV には bhártar- は 1 例もない．そして RV (X 22. 3) に 1 例のみられる bhartár- が 2

回用いられている．XI 7. 15. upahávyam viṣūvántaṁ yé ca yajñā́ gúhā hitā́ḥ / bíbharti bhartā́ víśvasyochiṣṭo janitúḥ pitā́ //「(そのソーマ祭は)upahavya(とよばれ)，一年続く祭式の中間の日の祭り，それに秘密におかれた祭式がある．一切を支えるもの，生みの父の父，ucchiṣṭa(祭式の残余のもの)が支える」(Bloomfield 228)．これは bhar- の一種の Wortspiel である．他の1例 XVIII 2. 30 でも，bhartā́ は janasya「人の」という限定を伴っている．これらの用例から，AV の bhartár- は「支え手」であって bhártar-「夫」とは明らかに無関係である，結局この二つのヴェーダ歌集を通じて，bhártar-「夫」を示すと思われる例は一回しかない．

一方 bhāryà- はいうまでもなく bhāryà-, bhā́rya- の女性形である．bhartár- と bhāryà- の関係は，ブラーフマナ文献においては一般に「主君」とそれに「支えらるべき家臣」としてあらわれている(Rau 35 f.)．従って bhāryà-「妻」は，この(m)bhāryà- の女性形として意味がさらに狭められた結果である．Böthlingk-Roth の指示するブラーフマナ散文から，その一例をあげよう．Ait. Br. VII 1. 2. dakṣinau pādau gr̥hapater vratapradasya, savyau pādau gr̥hapater bhāryāyai vratapradasya……「右足は家長に乳をさし出す人のもの，左足は家長の妻に乳をさし出す人のものである」．ウパニシャッドの最古層に属する Br̥had Āraṇyaka Up. IV 章5節の冒頭(=Śat. Br. XIV 7. 3. 1)は，Yājñavalkya 仙の二人の妻にふれているが，ここでは bhārye という両数形が用いられている．従ってほぼこの時期には，この形の「妻」としての意味が定着していたと考えられる．

古典期になると，bhartar- は pati- と，bhāryā- は他の「妻」を表す語の同意語として多用される．従って bhāryā- は jāyā- と同じように，pati- との合成語 bhāryā-pati- を作ることができる(Ai. Gr. II/1 167)．この形が両数の bhāryā-patī をもっていたことは，Pāṇini II 2. 31 の gaṇapātha に示されている．次ぎに Manu の法典から，pati- と bhartar- が同じ詩節に用いられた例をあげよう．III 174. paradāreṣu jāyete dvau sutau kuṇḍagolakau /patyau jīvati kuṇḍaḥ syānmr̥te bhartari golakaḥ //「クンダ，ゴーカラといわれる二人の息子は，他人の妻に生まれた者をいう．夫の生きている間はクンダ，夫の死後はゴーカラである」．bhartar- と bhāryā- が対比されている規定としては，III 60. saṁtuṣṭo bhāryayā bhartā bhartrā bhāryā tathaiva ca / yasminneva kule nityaṁ kalyāṇaṁ tatra vai dhruvam //「夫は妻に満足し，同様に妻は夫に満足する．この家族にこそ，そこに常に確たる幸福がある」．

bhāryā- はまた pati-(X 95)とも nara-「夫」(IX 74)とも対比的に用いられる．もちろん単独でも多用されるが,「兄弟の妻」に関しては,専らこの形が好まれている. III 173. bhrātur mṛtasya bhāryāyāṁ yo 'nurajyeta kāmataḥ / dharmeṇāpi niyuktāyāṁ sa jñeyo didhiṣūpatiḥ //「死んだ兄弟の妻に愛欲によって恋をする者は,彼女が法によって定められた女であっても,彼は再婚女の夫と知るべし」(XII 章 5 節). IX 120. yavīyān jyeṣṭha-bhāryāyāṁ putramutpādayedyadi / samastatra vibhāgaḥ syāditi dharmo vyavasthitaḥ //「弟が長兄の妻に息子を産ませたならば,そのときには分配は平等であるべしと,法は定められている」.

現代語の分布からみると,bhártar- の系統は中期インド語から近代の Hindī を初め Sindhī, Kumaunī, Assamese, Bihārī, Bengālī と,かなり有力な語彙として生きている (Turner 9402). このうち Sindhī, Kumaunī, Assamese では páti- の系統の語彙が共存している. 一方 bhāryā̀- は,近代では Marāṭhī に詩語として残るにすぎない(Turner 9471; Bloch 1970 119, 372). この事実は,やはり bhāryā̀- という女性形は bhártar- から人工的に作られた語彙で,専ら文語に属していたことを示している.

12. インド語派にはこれまでにみてきた語彙のほかに,なお dāra-「妻」という男性の孤立的な形がある. これは既述のようにスートラの時代からあらわれ, jāyā́- に代って多用されるようになる. このような男性の -a- 語幹の形がどうして女性の「妻」を表すようになったのか,発生の事情は明らかでない. 確かに印欧語には IX 章にみた *snusó-「嫁」のような女性を表す *-o- 語幹の形が存在したが,インド語派ではこれも snuṣā́- と -ā- 語幹にかえられている. その意味では dāra- は非常に特異な形である.

この形の語源は確実な対応もなく,明らかでない(Mayrhofer II 36). Pāṇini III 3. 20 の規定に対する vārttika 4 は, dar-「こわれる」(dṛṇāti, darti) という語根の使役形 dāra-yati の nomen agentis として,この dāra- をあげている. その説明に従えば, dārāḥ (pl.) は dārayanti bhrātṝn「兄弟をこわす」,即ち,妻はそれまでの兄弟の仲をこわす者である (Ai. Gr. II/2 63). もとよりこの解釈は Volksetymologie の域をでないが,当時のこの形への理解を物語るものとして興味深い. 近代の学者の解釈は,大別して二つにわかれる. その一つは上にあげた Mahābhāṣya の理解につながるものであり,もう一つは「家」と関係があるのではないか,という考え方である. 例えば P. Thieme (ZDMG. 91 1937 108 A 5=1971 298) は,これは口語で「家」に類した意味をもつ形,即ち Skr. dvāra-「戸」との関係を予想している. また一部には, Gr. dámar「妻」との関係を想定して,これを

Lat. domus「家」などと結びつけようとする試みもあるが，音対応の上からその解釈は認められない(Szemerényi 1964 321 n2)．そこでどうしても，前者のインドの伝承に因んだ解釈に拠らざるをえない．その場合に問題になる古い形としては，AV á-dāra-sṛt-「裂目に入らない」，udāra-dārá-「腹痛」がある．これらの -dāra- は，いずれも先にあげた語根 dar- に関係する意味を示している(Ai. Gr. II/2 265)．

dāra- は一般に複数形で用いられる．またしばしば合成形を作る．例えば dāra-kāla-「結婚の時期」，dārādhigamana-，dāra-karman-「結婚」，あるいは putra-dāra-「息子と妻」，guru-dāra-「師の妻」．dāraṁ，dārān kar- という表現は，男の側からみた「結婚する」を表す．一例をあげれば，Āpast. Dh. S. II 9. 22. 7. vidyām samāpya dāraṁ kṛtvāgnīn ādhāya karmāṇyārabhate somāvarārdhyāni yāni śrūyante //「学業を終え，結婚をし，聖火を設け，ソーマ祭を終りとする伝承のままの祭りを始める」．複数形の用例は非常に多い．Manu VII 213. apadarthaṁ dhanaṁ rakṣeddārānrakṣed dhanairapi /「もしもの時のために財宝を保存すべし．財宝とともにまた妻を守るべし」．これに対して単数形の例は少ないが，その例を示そう．Āpast. Dh. S. II 2. 5. 10. dāre prajāyāṁ copasparśanabhāṣā viśrambhapūrvāḥ parivarjayet //「妻と子に信頼をこめた愛撫と言葉は避けるべし」．BAUp. VI 4. 12. atha yasya jāyāyai jāraḥ syāt, taṁ ced dviṣyāt, āmapātre 'gnim upasamādhāya,……iti. sa vā eṣa nirindriyo visukṛto 'smāl lokāt praiti, yam evaṁ-vid brāhmaṇaḥ śapati, tasmāt evaṁ-vit śrotriyasya dāreṇa nopahāsaṁ icchet, uta hy evaṁ-vit paro bhavati.「さて妻に愛人がいて，その人を憎むならば，焼いてない器に火を設け，……といって．このように知ってバラモンが呪いをかける者は，五根を失い善行もなくこの世を去る．故にかく知る者は学識のあるバラモンの妻と戯れようと望むべからず．なぜなら，かく知る者はすぐれた者であるから」．終りに，家庭において dāra- の責任とされる事柄に関する Manu の規定をあげておこう．IX 28. apatyaṁ dharmakāryāṇi śuśrūṣā ratiruttamā / dārādhīnastathā svargaḥ pitṛṇām ātmanaś ca ha //「子孫，宗教的義務，従順，最高の夫婦の喜び，そしてまた祖霊と自己の天上の祝福は，妻にかかっている」．

この形の近代語への流れを Turner (6293) についてみると，dāra- のほかに dārikā- 'girl, harlot' という派生形があり，わずかに近代にまで残っている．また dāraka- 'boy, son, child' という dārikā- から作られたと思われる形がある(6294)．

13. dāra- のほかに孤立的な形として aṅganā- がある．これはヴェーダ文献にはなく，古典サンスクリットの形である．本来は「女」であるが，ときに「妻」に用いられる．語源的には，アウストロ・アジア系の言語からの借用形と推定されている(Mayrhofer I 20 f.)．

4節に示した guru-aṅganā-「師の妻」は「妻」の一例だが，なお Manu には次ぎのような用例がある．IX 45. etāvāneva puruṣo yajjāyātmā prajeti ha / viprāḥ prāhustathā caitadyo bhartā sā smṛtāṅganā //「妻，自己，子より成る者こそ実に大いなるプルシア(人)であると(ヴェーダはいう)．また詩人たちはいった，夫なる者は妻であると」．ここでは jāyā と aṅganā が bhartā に対置されている．

この形は Pāli aṅganā-, Pkr. aṁgaṇā- 以外に近代には Sinhalese に aṅguna- 'woman, wife' が指摘されるにすぎない(Turner 119)．

なお「女」から「妻」へ転用される語彙として，mahilā- という形がある．もちろんこれは古典期のもので，Hitopadeśa に実例が認められる．この形の成立の過程は明らかでない．古くは Got. mawi「乙女」の -l- による拡大形 mawilo との比較が問題にされたけれども，この対応は形式的にも意味的にも認められない(Mayrhofer II 612 f.; Ai. Gr. II/2 363)．インド語派の中では AV mahílukā-「雌牛」，あるいは RV máhiṣī-「王妃」がこの形となんらかの関係をもつかのように思われるが，形の上の差は否定できない．恐らく口語層に基づく形であろう．同じ形がパーリ，プラークリットにみられるほか，Aśoka 王碑文(Bloch 1950 114)に mahiḍāyo「妻」としてあらわれている．また近代語においても，Hindī, Marāṭhī などにおいて「女，妻」を表す語にこの系統は生きている(Turner 9962)．

mahilā- とともに近代語の分布からみて注目されるのは，svāmín- という形であろう．これはヴェーダ古層には認められないが，Pāṇini の時代には既に用いられていた．V 2. 126. svāminnaiśvarye「svāmin- は所有の意味で(用いられる)」．即ち svāmin- は，財産，奴隷などの所有「主」である．この形はインド語派の中で，*svā-vin- の dissimilation によって作られたものと推定されている(Ai. Gr. II/2 776; Mayrhofer III 569)．その使用は古典サンスクリットのみならず，中期インド語を経て近代に及んでいるが，それは単なる「所有者，主」から転じて「妻の所有者，夫」を兼ねるに至った．近代語の多くの形は，この両意を示している(Turner 13930; Bloch 1970 404)．

14. インド語派に続いてギリシア語派をみると，ここでも夫と妻についてさまざまの語彙が用いられている．しかし本来それらを端的に表す形はなかった．そこでまずその表現のために，先に9節と8節にふれた，一人前の男女をさす anḗr と gunḗ が流用されている．この二つの形を「夫婦」へ使用することはギリシア語としてはもっとも古く，また同時にもっとも長い伝統をもっている．さてホメーロスをみると，ギリシア人は anḗr, gunḗ のほかに，より直接的な表現を工夫している．3節に述べた Skr. páti- に対応する Gr. pósis は印欧語の古い伝統を誇る形であるが，これに対をなす(f) Skr. pátnī- の対応形 Gr. pótnia は，「妻」としてはやや不適当な内容をもっていた．そこで「正妻」としては álokhos という合成語が作られている．この a- の使用は，V章にふれた adelphós「兄弟」のそれにひとしい．さらに同じタイプの合成語として，(m) akoítēs と (f) ákoitis, (m) parakoítēs と (f) parákoitis があり，そのほかに孤立した形として「妻」の側に dámar, óar (V章22節) がある．しかしこれらの語彙はいずれも詩語で，歴史時代に入るとその使用はすたれてしまった．

ギリシア語の「夫」と「妻」に関する表現については，P. Chantraine (1946–47) の論文の前半がこれにあてられている．そこでここではそれらの説明をふまえながら考察を進めたいと思う (Delbrück 420 f.; Gates 16 f.).

上にあげた語彙の中で，ホメーロス中もっとも使用頻度の高いものは，いうまでもなく anḗr と gunḗ である．前者は人，あるいは男の原意で数百例をもつが，「夫」を表すことは少なく，わずかに17回にすぎない．また後者については263例中，「妻」は58回である (Gates 19, 69, 70)．この数字からもわかるように，ホメーロスでこの二語が「夫，妻」を表す場面は比較的少ない．しかし用法の上で他の同意語と異なる点は，vocativus に使用されることであろう．その意味でこの二つの形が，口語層に定着した語彙であったことがうかがわれる．いまその用例をあげるならば，Andromakhe が夫 Hektor の屍体に向ってよびかける言葉に，Il. 24. 725. âner, ap' aiônos néos ṓleo, kàd dé me khḗrēn / leípeis en megároisi・「夫よ，あなたは若くして亡くなり，館にわたしを寡婦として残している」. 生前彼女は夫にこういっている．Il. 6. 429. Héktor, atàr sú moí essi patḕr kaì pótnia mḗtēr / ēdè kasígnētos, sù dé moi thaleròs parakoítēs. /「ヘクトールよ，あなたはわたしにとって父であり母上であり，また兄弟である．そしてまたあなたこそ，わたしにとってういういしい夫なのです」. この言葉に続けて，彼女は出陣する夫に哀願する．all' áge nûn eléaire kaì autoû mímn' epì púrgōi, / mḕ paîd' orphanikòn thḗēis khḗrēn te gunaîka. / 「さあ，哀れんで，この塔にとどまって下さい．子供を孤児に，妻を寡婦にしてしまわないように」．この言葉に答えて，Hektor はよびかけている．Il. 6. 441. ê kaì emoì táde pánta mélei, gúnai・「わたしにとってもそうしたすべてのことが気がかりだ，妻よ」．また Od. 23 巻では，夫婦の寝台の秘密の印しを示した夫の言葉に泣いた Penelopeia に，Odusseus はいく度か gúnai 「妻よ」(248, 254, 350, 361) とよびかけている．もちろんこの gúnai は，他人の妻に対しても自由に用いられた．例えば，Od. 19 巻では Penelopeia は Odusseus をまだ xeîne 「客人よ」(560) とよびかけているが，これに対して Odusseus は自分の妻を ô gúnai (555) とか，さらにくわしく ô gúnai aidoíē Laertiádeō Oduseôs 「ラーエルテースの子オデュッセウスの妻よ」(583) とよんでいる．つまり，一人前の男女 anḗr, gunḗ であれば，ふつうその人々は自己のであれ他人のであれ，夫であり妻であったし，またそうよばれる習しであった．さらに一例をあげると，Od. 19. 208. hṓs tês tḗketo kalà parḗia dákru kheoúsēs, / klaioúsēs heòn ándra parḗmenon, autàr Odusseùs /thumôi mèn goóōsan heḕn eléaire gunaîka, / 「そのように，彼女は傍に坐っている自分の夫を悲しんで，美しい頰は流れる涙にぬれた．だがオデュッセウスは嘆き悲しむ自分の妻を心で憐れと思ったが……」．

15. このように anḗr と gunḗ を夫と妻の関係に用いるとき，その指示がやや漠然としている憾みがある．そこでもう少し限定的な気持を表したいと思うと，これらの語彙では不充分なところが感じられたからであろう．代りに pósis と álokhos があてられてくる．pósis は既述のように，本来は「主」である．しかしそうした支配，所有の内容を表すためには despótēs 「家長」という合成語があるために，pósis は妻の主，即ち「夫」の指示に傾いてくる．またその (f) pótnia は，Skr. pátnī- のもっていたと同じ宗教的な価値を失わず，公的な女の長としての立場を表す語彙として，一般の「妻」の意味とはややはなれる傾向をもっていた．そのために álokhos 「床をともにする＝(正)妻」のような語彙が求められるに至った (Frisk II 111; Chantraine 634; Porzig 1954A 170)．前節にふれた Od. 23 巻の Odusseus と Penelopeia の喜びの場面から，pósis と álokhos の一例を引こう．231. hṓs pháto, tôi d' éti mâllon huph' hímeron ôrse góoio・/ klaîe d' ékhōn álokhon thumaréa, kednà iduîan. /……239. hṑs ára têi aspastòs éēn pósis eisoroṓsēi, / deirês d' oú pō pámpan aphieto pḗkhee leukṓ. / 「こういうと彼にはなおさらに涙がつのって，いとしい大切な貞淑な妻を抱いて泣いた．……そのように，みつめる彼女には愛する夫が

そこにいたので，彼女は白い腕をその頭から決してはなそうとしなかった」.

pósis はある場合には anḗr とまったく差別なく，同じ形容詞を伴って用いられる．Il. 3. 140 では，女神 Iris は Helena の心に，andrós te protérou kaì ásteos ēdè tokḗōn「前の夫と故郷の町と両親への」想いを投げいれた，と歌われているが，その巻の終り近く，今度は Helena が Alexandros をなじっていう言葉に同じ pósis の表現がみられる．428. ḗluthes ek polémoi'・hōs ṓpheles autoth' olésthai・/ andrì dameìs kraterôi, hòs emòs próteros pósis êen. /「あなたは戦いからもどった．わたしの前の夫であった力強い人に敗れて，あそこで死んでしまえばよかったのに」．ここでは anḗr と pósis が同じ人物について同時に用いられているが，próteros に pósis が選ばれている．このほか，正式に結婚した夫を表す表現にも，kourídios anḗr (Od. 19. 265 etc.) / pósis (Il. 5 414 etc.) の双方が許されている (Thieme 1963 216 f.＝1971 481 f.)．しかし anḗr は，pósis にみるような émos「わたしの」(Il. 5. 71 etc.), sós「あなたの」(Od. 10. 115)，phílos「(わが) いとしい」(Od. 18. 204 etc.) という所有を表す形容詞をとることがない．これは，この二つの語彙の内容的な差を示すものではないだろうか．

álokhos は「床をともにする」の原意からもわかるように，pallakḗ, pallakís「妾」に対する「正妻」である．それは例えば，Agamemnon と Klutaimnestra (Il. 1. 114), Zeus と Hera (Il. 1. 546) のような関係である．従って pósis と álokhos は，社会的に認められた夫と妻の正式の資格を表すものである．従ってこの二つの語彙は，当然並置される．Il. 6. 482. hȍs eipȍn alókhoio phílēs en khersìn éthēke / paîd' heón・hē d' ára min kēṓdei déxato kólpōi / dakruóen gelásasa・pósis d' eléēse noḗsas, /「こういって愛する妻の手にわが子を (ヘクトールは) 渡した．彼女はかぐわしい懐に泣き笑いしながらそれをうけとった．夫はそれに気付いて憐れを感じ，……」．しかし pósis はときに gunḗ とも組み合わされる．Od. 8. 521.……autàr Odusseùs / tḗketo, dákru d' édeuen hupò blephároisi pareiás, hōs dè gunȅ klaíēisi phílon pósin amphipesoûsa, /……「そこでオデュッセウスはこらえきれず，涙はまぶたより流れおち頬をぬらした，いとしい夫にすがりついて妻が泣くように」.

ホメーロス以後の歴史時代に入ると，本来詩語であった álokhos はもちろん，pósis についてもその使用は後退する．Herodotos はすべての「夫」と「妻」を anḗr と gunḗ で表している．そしてこれらの詩語が用いられる場は主に叙事詩の伝統を汲む悲劇に限られてくる．ここではときにホメーロスにない用法も認められる．例えば，vocativus は「妻」

については gunḗ であるが，「夫」については anḗr でなく pósis が使われることがある (Eur. Alc. 323, Hel. 670 etc.)．また「あなたの夫」というような表現において，sòs pósis のほかに，anḗr を用いた例が Sophocles に指摘される (Trach. 739)．悲劇以外の作品では，どうしても狭い意味での「夫」が必要と思われるときに，古典期にも pósis が使用されている．Aristophanes の喜劇の 3 例 (Thesmoph. 866. 891, 913) は悲劇からの引用と，そのパロディであるためにこの場合に問題とならないが，anḗr では不都合な場合の pósis「夫」の表現とは，次ぎのような場合である．初めに悲劇の例をあげると，Soph. Trach. 550. taût' oûn phoboûmai, mḕ pósis mèn Hēraklês / emòs kalêtai, tês neōtéras d' anḗr. / all' ou gár, hṓsper eîpon, orgaínein kalòn / gunaîka noûn ékhousan.「ただわたしは，ヘーラクレースがわたしの夫でありながら，若い女の男(愛人)とよばれるのではないかと心配です．しかし先にいったように，憤ることは心ある女のよくするところではありません」(Chantraine 1946–47 221)．この Deianeira の台詞では，pósis と anḗr がはっきり区別されている．さらに散文から一例を引こう．Aristoteles Politica 38 1335b. perì dè tês pròs állēn ḕ pròs állon, éstō mèn haplôs mḕ kalòn haptómenon phaínesthai mēdamêi mēdamôs, hótan ⟨anḕr⟩ êi kaì prosagoreuthêi pósis・「妻以外の女や夫以外の男との(交り)については，彼が夫(または妻)であり，そうよばれているときにはいつでも，手をふれていると思われることは絶対によくないことであるべし」．著者は 26 行以下で anḗr と gunḗ を結婚に適した「男」と「女」について用いているから，この pósis の限定は当然である．同じ作品の 1253b 4 行以下でも，家の最小のメンバーに関して Aristoteles は，despótēs kaì doûlos「主人と奴隷」に続いて pósis kaì álokhos「夫と妻」，それから patḕr kaì tékna「父と子」をあげている．この場合にも，pósis kaì álokhos は anḗr kaì gunḗ よりさらに明確に「夫と妻」を伝えている．しかしこれは特別の場合で，一般には anḗr と gunḗ によって「夫」と「妻」は統一されていった．

16. anḗr と gunḗ, pósis と álokhos のほかにホメーロスのもつ二組の「夫」と「妻」を表す形，akoítēs と ákoitis, parakoítēs と parákoitis についても簡単にふれておこう．これらの詩的合成語の後分は，いずれも keîmai「横たわる」，koîtos, koítē「眠り，床」などと語源的に関係のある形である (Frisk I 34 f., 809; Chantraine 48, 509 f.; Pokorny 539 f.)．前分の a- は，álokhos のような Grassmann の法則の適用をうけた形の類推で，*sm̥- > *ha- が h- を失った結果である (Chantraine 1948 I 185)．あるいは，spiritus asper

をもたないイオニア方言の形に由来するとも考えられる(C. J. Ruijgh Lingua 25 1970 305 f.).

Chantraineによれば, これらの形はpósis, álokhosのように社会的な地位としての夫と妻の表現ではなくて, より具体的で情緒的な観点からその関係をとらえたものである(1946–47 225 f.). 確かにその用例から, そうした内容をわれわれはうかがうことができる. 例えば, 14節に引用したIl. 6. 430のAndromakheの夫Hektorへのthaleròs parakoítēsという表現, あるいはIl. 14. 346(ê ra, kaì agkàs émarpte Krónou paîs hȇn parákoitin・「こういうと, クロノスの子はその妻を腕にかきよせた」)以下のZeusとHeraの愛欲の場などは, その適例といえよう. その意味で次ぎにあげるAkhilleusのOdusseusへの長い台詞の一節には, álokhosとákoitisが並置されていて興味深い. Il. 9. 393. ȇn gàr dḗ me saôsi theoì kaì oíkad' híkōmai, / Pēleús thḗn moi épeita gunaîká ge mássetai autós. / pollaì Akhaiídes eisìn an' Helláda te Phthíēn te, / koûrai aristḗōn, hoí te ptolíethra rúontai, / táōn hḗn k' ethélōmi phílēn poiḗsom' ákoitin. / énth' dé moi mála pollòn epéssuto thumòs agḗnōr / gḗmanta mnēstȇn álokhon, eikuîan ákoitin, / ktḗmasi térpesthai tà gérōn ektḗsato Pēleús˙ / 「神々がわたしを守り, そしてわたしが家に帰れば, ペーレウスが自らわたしに妻を探してくれよう. ヘラスとプティエー中に城を守る王侯たちの娘である多くのアカイアの女たちがいるが, その中でわたしは望む女を妻にするだろう. そこでわたしの誇り高い心が大いにいく度も動いた. 正式な妻をめとり, 心に適う妻をもって, 老いたるペーレウスが手に入れた財産を楽しもうと」. ここではgunḗ, ákoitis, álokhosが用いられているが, 細かいニュアンスはともかく, 実質上の差はほとんど感じられない.

Gates(17)は, (par-)ákoitisという形は, 夫の死んだ妻についてはふつう用いられないという点を用法上の制約としてあげている. 例えば, Hektorの生存中は, Andromakheはálokhos, ákoitisとよばれているが, その死後は彼女はálokhosとのみよばれている(Il. 22. 437 etc.). しかしこの制約には例外があることは, Gates自身が認めている(69). また夫の生死によって「妻」の表現を変更するということも, 納得できない.

筆者のみるところでは, ChantraineやGatesの指摘するところのこれらの特徴は, それほど重要なものとは考えられない. 次ぎのような点を考慮すると, むしろ, (par-)ákoitisとgunḗ, álokhosとの差はないにひとしい. 男性形のakoítēs, parakoítēsについていえば, ホメーロスにおいて前者は3例, 後者は2例しかないのだから, 圧倒的に頻度の高い女性形を中心にその用例に当ると，まず属格の限定を伴う場合として，ô gúnai aidoíē Laertiádeō Oduséos「ラーエルテースの子オデュッセウスの妻よ」(Od. 19. 583) に平行して，われわれは iphthímē álokhos Diomḗdeos hippodámoio「馬を馴らすディオメーデースの秀れた妻」(Il. 5. 415)，tḕn Tundaréou parákoitin「テュンダレオスの妻」(Od. 11. 298)，Amphitrúōnos ákoitin「アムピトリュオーンの妻」(Od. 11 266) をあげることができる．また「妻をめとる，結婚する」という表現はふつう gunaîka ágesthai (Od. 14. 211 etc.) であるが，これについてもわれわれは，ákoitin ágesthai (Il. 18. 87)，ákoitin poieín (Il. 9. 397, 24. 537)，あるいは ákoitin títhesthai (Od. 21. 316) という平行した表現を指摘することができる．従ってこれらの用法から判断する限り，gunḗ, álokhos と ákoitis, parákoitis に明確な差別は認められない．

それではどのような点に ákoitis, parákoitis の特徴があるといえるだろうか．一つの点は，これらは anḗr と関係するが，pósis とは関係しないということである (Od. 18. 144.……kaì atimázontas ákoitin / andrós, hòn……「……という人の妻を軽蔑して」)．しかしこの点はそれほど注目に価しない．むしろ akoítēs, parakoítēs という男性形をふくめた四つの形に共通する特徴は，Od. 23. 92 を除いてすべての例が行末の…… ∪∪ / – ∪̲ / にあるという事実である．その点 ákoitis, parakoítēs については先に引用した Il. 9. 393 f., 6. 429 f. に明らかであるから，ここでは akoítēs と parákoitis について一例をあげるにとどめたい．Od. 21. 87.……hêi te kaì állōs / keîtai en álgesi thumós, epeì phílon ṓles' akoítēn. /「いとしい夫をなくして，そうでなくともあの(奥方の)心は苦しみの中にあるのだ」．Il. 4. 59. kaí me presbutátēn téketo Krónos agkulomḗtēs, / amphóteron, geneêi te kaì hóuneka sḕ parákoitis / kéklēmai,……「生まれとともにあなたの妻とよばれている双方のことから，策に巧みなクロノスがわたしを長女として生み，……」．さて約 40 例の中の唯一の例外を示す Od. 23 巻の 90 行以下は，Odusseus と Penelopeia の心からの再会の場面である．ho d' ára pròs kíona makrḕn / êsto kátō horóōn, potidégmenos ei tí min eípoi / iphthímē parákoitis, epeì íden ophthalmoîsin. /「彼は力強い妻が眼でみたら自分になにかいうのではないかと期待して，うつむいて太柱のそばに坐っていた」．これに比較されるコンテキストとしては，上掲の Diomedes の妻 Aigialeia のことを述べた Il. 5. 415 iphthímē álokhos，それから Il. 19. 116. iphthímēn álokhon Sthenélou Persēiádao「ペルセウスの子ステネロスの秀れた妻を」があげられよう．そのほか，iphthímē basíleia「秀れた女王」，あるいは thugatér' iphthímēi「秀れた娘に」という表現も参考になるだろう．

これらの用例から判断すると，iphthímē(n)は行の始めに立つ傾向が強い．そしてそれに続く第2脚の ∪∪ と第三脚の頭の －(∪) が álokhos，または parákoitis でうめられている．Od. 23. 92 の iphthímē parákoitis…… の parákoitis の例外的な位置は，このような iphthímē(n) álokhos の示す語順に従ったものといえよう．

ほとんど常に行末に立つこれらの語彙について，ホメーロスは一定の詩的表現をもっていない．従って，あるきまった定句が基になって，こうした位置が好まれるようになったとは考えられない．そこで推測されることは，行末に álokhos ∪∪∪ を内容的に必要とするとき，韻律上それが許されない．そこで ákoitis，さらに parákoitis という ∪－∪，∪∪－∪ という形が工夫され，さらにこれから -tēs をもつ男性形が作られたのではないだろうか．その形成のためには á-lokhos が範となって，前分の a-，そして後分にも koîtos, koítē「眠り，床」を選ばせたのであろう．なおこれらの形は歴史時代には一般の語彙としては忘れられてしまったが，悲劇ではなおコロスの詩句の行末をうめている(Soph. Trach. 525, Eur. Elec. 166 etc.)．

17.　上にあげたいくつかの形以外にホメーロスは，「妻」としてなお dámar と óar という二つの形をもっている．前者は5回，後者は2回の用例をもつ．dámar の語源的解明は，充分に成功していない．古くは Schulze(364; Benveniste 1969 296)の提唱する，*dom-「家」(Gr. dómos; Pokorny 198 f.)と Gr. ararískō「合わせる」の ar- との合成による「家を整える，支配する(女)」という解釈が有力であったが，ararískō の意味，合成の形式からみてこの説は認められない(Frisk I 345 f.; Chantraine 250)．しかしこの形は「家」となんらかの関係が予想される．戦後のミュケーナイ文書のギリシア語研究は，そこに damate, dumate という二つの形を指摘したが，いずれもコンテキストからみて dámar とは結びつかない．それでも Ruijgh(1967 384 f.)はこれらの形に関連して dámar に言及し，やはり dómos との関係から ‘qui a soin de la maison’ という原意を想定している．しかしこの ‘qui a soin de’ の意味を導く手懸りは明らかでない．もう一つの語源解釈は Gr. dámnēmi「抑える」に代表される語根 *demə-(Pokorny 199 f.)との関係である．その場合には dámar は Lat. dominus「主人」と r/n の交替する語幹を示すかの如くみえる(Benveniste 1935 30)．しかしこの説に従うとき，「妻」は「抑える(女)」か「抑えられた(女)」か，いずれにしても意味上に難点はかくせない．そこで最近 Szemerényi(1977 78 f.)は，この形を *dm̥-mart- と分析し，前分は「家」(Gr. dápedon「ゆか」<*dm̥-pédom)

に，後分は Skr. márya-「若者，愛人」, Lit. marì「花嫁」, Gr. meîrax「少年，少女」などの対応(Pokorny 738 f.)に関係づけ，‘Woman of the house, housewife’という極めて大胆な解釈を試みている．

ホメーロスの dámar は，常に hē Promákhoio dámar Alegēnorídao「アレゲーノールの子プロマコスの妻」(Il. 14. 503)のように，夫の名の限定を伴った「正妻」である．その点では álokhos や ákoitis などと選ぶところがない．この形は叙事詩の用例は5回だが，他の同意語と異なり，悲劇ではかなり多用されている．そして Stevens(1971 87 f.)の指摘する通り，確かにホメーロスにみる「正妻」の用法を維持しているが，ときにその範囲を逸脱した使い方を示している．例えば，Eur. Androm. 3. Priámou túrannou hestían aphikómēn / dámar dotheîsa paidopoiòs Héktori, /「わたしはヘクトールの子をもうけるために妻としてあたえられ，プリアモス王の館にきた」では，dámar は明らかに正妻である．ところが Aischylos には次ぎのような例がある．Prom. vinct. 833. huph’ ôn sù lamprôs koủdèn ainiktēríōs / prosēgoreúthēs hē Diòs kleínē dámar / méllous’ ésesthai……「それ(樫の木)によってお前ははっきりと，謎めいたようにではなく，ゼウスの有名な妻にお前がなるだろうと告げられた」．この Prometheus の Io への言葉においては，Hera のことを考慮すると dámar は正妻とはいえない．また Sophocles も Trachiniae において，Deianeira ではなくて Iole について，使者をして次ぎのようにいわせている．427.……ouk epṓmotos légōn / dámart’ éphaskes Hēraklei taútēn ágein;「誓って，この女をヘーラクレース殿の下へ妻として連れていく，とお前はいく度もいったではないか」．このような用法から，dámar は悲劇において，もっとも意味の幅のある gunḗ にひとしくなっている．ところがまた古典期の散文において，この形が pallakḗ「妾」との対比から「正妻」の意味で弁論家に用いられた例が，Lysias (I 30, 31), Demosthenes (XXIII 53, XLVI 18)に指摘されている．これは恐らく gunḗ では不充分と感じられたために，特別に古語を意図して利用したものであろう．なお Aristophanes (Thesmoph. 912)にこの形の1例がみられるが，これは明らかに悲劇のパロディである．

dámar と並んでさらに孤立した形として，ホメーロスは óar をもっている．これは Il. 5. 486 (ṓressi), 9. 327 (oárōn)の2例しかなく，歴史時代には死滅している．この形の分析については，既にV章22節に述べたように，*o-sr̥- によって *su̯esor- (*su̯e-sor-, *su̯-esor-)の後分の対応に関係づけられる可能性が指摘されている(Frisk II 343 f.; Chantraine 771)．しかし韻律上この形の語頭に想定される digamma の音を考慮すると，この語源解釈は疑問になる(Gates 69). 一方 Gr. oarízō「親しく話す」, oaristús「お喋り」などのホメーロスの形は，明らかに óar と関係があるかのようにみえるから，そこからは óar に *'trauliche Gesellschaft (erin)' (Frisk) が予想されよう. しかしそれでは「妻」との結びつきが，充分に説明できない. このように，óar の解明は完全とはいえない.

上にあげたホメーロスの「夫」と「妻」の語彙の中で，anḗr と gunḗ を除く詩語は歴史時代になると後退していく. しかし逆に悲劇を中心に，いくつかの新らしい人工的な形も生まれている. それは álokhos, ákoitis に倣って eunḗ「床」を基に派生した(m) eunétēs, (f) eunétis, (m)(f) eunētḗr, eunḗtōr, súneunos, (f) eunḗteira である. このほか特異な合成語としては，aeírō「つなぐ」という動詞の語根を用いた(m)(f) sunā́oros, sunḗoros という形も指摘される(Chantraine 1946–47 227 f., 232; Delbrück 424).

18. 上述のように，ギリシア語では歴史とともに他の形は整理され，anḗr と gunḗ というもっとも幅の広い基本的な形が「夫」と「妻」に統一的に用いられるようになる. ここで新約聖書の用例を，他の言語の訳文とともにみることにしよう. 初めにマタイ伝から2つの文をあげると，V 28.……hóti pâs ho blépōn gunaîka pròs tò epithumêsai [autḕn] ḗdē emoíkheusen autḕn en têi kardíai autoû.「欲望のために女をみる者はすべて，その心の中で彼女と既に姦淫せり」. V 31. erréthē dè hóti hòs àn apolúsēi tḕn gunaîka autoû, dótō autêi apostásion.「自分の妻を離縁する者は，その女に離縁状をあたえるべし，といわれた」. ここでギリシア語の原文は，「女」と「妻」についてともに gunḗ を用いている. これに対してラテン語訳は，mulier と uxor を使いわけている. 同様にゴート語訳も，qino と qens をあてている. 前者は Gr. gunḗ, OCS. žena (*gʷenā) などに対応し，後者はその形の延長階梯を使った派生形である. qens に相当する形は他の語派にはみられないから，恐らくこれはゴート語の中で工夫されたものであろう. それにしても，ギリシア語のテキストに従えば，Wulfila にとってこの使いわけはそれほど必要ではなかったと考えられよう. 因みに Luther は，この場合にともに Weib を用いている. また教会スラヴ語訳も，ギリシア語に忠実に，žena しか示さない.

次ぎに上述の文と類似した内容をもつルカ伝の一節をあげよう. XVI 18. pâs ho apolúōn tḕn gunaîka autoû kaì gamôn hetéran moikheúei, kaì pâs ho apoleluménēn apò andròs gamôn moikheúei.「自分の妻を離縁して他の女と結婚するすべての者は姦淫し，また夫から離縁された女と結婚するすべての者は姦淫する」. この文章における Gr. gunḗ と

anḗr に対してラテン語訳は uxor と vir を，スラヴ語訳は žena と mǫžĭ を用いている．しかしゴート語訳は，その関係を明示しない．hʷazuh sa afletands qen seina jah liugands anþara horinoþ, jah hʷazuh saei afleitana liugaiþ, horinoþ. ここでは Gr. apò andròs が訳されていない．これは Wulfila が故意にギリシア語の原文からはなれたのか，あるいはそのテキストがこれを欠いていたのか，いずれかの理由によるものと考えられる．因みに Luther は，問題の語彙を Weib と Mann と訳している．

ここで Gr. anḗr に対するゴート語訳について簡単にふれておくと，manna, aba, wair の三つの形があてられている．manna は Gr. ánthrōpos「人」の訳にも用いられるが，anḗr について使われるときは，anḕr hamartōlós「罪ある人」(Luc. V 8. 'ein sündiger Mensch' Luther) のように形容詞を伴ったり，あるいは単独で kaì idoù anḕr apò toû ókhlou ebóēsen légōn「そして見よ，民衆の中からある男が大声でいった」(Luc. IX 38, 'ein Man' Luther) のように，不定の男をさしている．そしてこれを否定詞と組み合わせると，Gr. oudeís「だれも……しない」の訳語として ni manna となる．しかし manna「夫」の例はない．その意味では，語源的に関係のある OCS. mǫžĭ (Russ. muž), あるいは OHG. mann＞Mann とは異なる (Feist 344 f.; Vasmer II 169 f.; Pokorny 700). ゴート語において，Gr. anḗr「夫」を表す形は aba であるとされている．筆者のみる限りでは，aba という形の用例は四福音書にはなく，コリント人へのパウロの書簡にみられる．XI 3. thélō dè humâs eidénai hóti pantòs andròs hē kephalḕ ho Khristós estin, kephalḕ dè gunaikòs ho anḕr. kephalḕ dè toû Khristoû ho theós.「わたしはお前たちが承知していることを望む．キリストはすべての男の頭である．男は女の頭である．神がキリストの頭であると」．これに対するゴート語訳は，wiljauþ-þan izwis witan þatei allaize abne haubiþ Xristus ist; iþ haubiþ qinons aba; iþ haubiþ Xristus guþ. このテキストにおける anḗr と gunḗ の関係は，特に「夫」と「妻」に限定される必要はないように思われる．Wulfila も gunḗ には，qens でなくて qino をあてているし，ラテン語訳も vir と uxor でなくて，mulier を用いている．この節に続く数節にも anḗr と gunḗ の関係がとりあげられているが，その部分はゴート語のテキストが欠けているので，aba の用法を確かめることはできないが，次ぎにあげるエペソス人への書簡の一節では，その意味が比較的はっきりととらえられる．V 22. hai gunaîkes toîs idíois andrásin hupotassésthōsan hōs tôi kuríōi. (23). hóti anḗr estin kephalḕ tês gunaikós, hōs kaì ho Khristòs kephalḕ tês ekklēsías, kaì autós estin sōtḕr toû sṓmatos.「女(妻)たちは，主に対する如く，自分の夫に従うべし. 男(夫)は女(妻)の頭だからである. キリストも教会の頭であり, そして自らも肉体の救い手であるように」. これに対するWulfilaの訳を示せば, qenes seinaim abnam ufhrausjaina swaswe fraujin; unte wair ist haubiþ qenais swaswe jah Xristus haubiþ aikklesjons, jah is ist nasjands leikis. ここではまずqensのpl. qenesをabaのpl. dat. abnamに対比しているから, 訳者はここに夫と妻の関係を予想していたと考えられる. ところがそれに続く一節は, 上掲のコリント人への書簡XI 3とほぼ同じ内容をもっているにも拘らず, anḗrにはwair, gunaikósにはqenaisが訳語としてあてられている. wairはIII章3節にもふれたように, 多くの語派に対応をもつ「男, 勇者」を表す印欧語の重要な語彙の一つであるが, ゴート語ではGr. anḗrの訳語として, mannaと同じように用いられている(Pokorny 1177 f.; Feist 544). それにしてもこの場合のように, 同じコンテキストが想定される表現で, 一方にはabaとqino, 他方にはwairとqensが選ばれた理由は明らかでない. ただ少なくともanḗrの訳語の一つであるabaを, manna, あるいはwairと区別して'Ehemann' (Feist)とする根拠は, 上の例にみる限り積極的には認められない. 因みに, このエペソス人への書簡のラテン語訳は, すべてvirとmulierで, uxorは用いられていない. これは先のコリント人への書簡の訳と一貫している. abaの語源がどうあろうとも(Feist 1; Pokorny 2), いくつかの語彙と並んでこのような形が用いられるに至った経過をわれわれは知ることはできない.

このように聖書文献をみると, 広くは男女とともに狭義には夫婦をさすにも用いられたGr. anḗrとgunḗに対して, スラヴ語は忠実にmǫžĭとženaをあてているが, ラテン語はvirとmulierを広義に, より限定的にはvirとuxorを用いて, この二組を使いわけている. つまりラテン語は, gunḗの内容を区別している. これに対してゴート語は, anḗrについてmannaとwair, それにabaをもち, gunḗについてもqinoとqensを区別する. 前者の区別はあいまいな点をふくんでいるが, 後者のそれはLat. mulierとuxorに倣っている. ドイツ語はanḗrとgunḗの関係を, 古くはそのままMannと中性名詞のWeib(英wife)で表すことができた. 近代のドイツ語のFrauは, 本来はHerrに対する語で, 既婚未婚を問わず上流の女性への敬称に用いられた語彙であった. その使用の拡大が, かつてのWeibの位置を占めるに至ったために, Weibの使用が逆にすたれる結果を招いたのである.

19. 前節においてわれわれは, 聖書の訳文を通じてラテン語の事情にもふれるところ

があったが，ここで改めてその問題をとりあげてみたいと思う．まずラテン語では，Gr. anḗr, Skr. nár(a)- など *ner- に対応する形は，Nero（人名）のような固有名詞にしか残っていない．しかしこれはイタリック語派全体の現象ではなく，オスク，ウムブリア語には ner- という形が認められる．恐らくラテン語では，vir がこの形をも吸収してしまったのであろう．両者の基本的な差は，Dumézil (175 f.) によれば，*ner- のほうが戦士階級の語彙に属し，*vĭr- はその下の，いわば一般市民階級の単なる男性を表す形であった．それが歴史の変遷に伴って印欧語族のこうした古い階層が崩れるに従って，差別があいまいになり，混同が起った結果，一方が失われるという結果を招いたのであろう．ラテン語ではこの vir が，一方では広く人間一般をさす homo と関係して Gr. anḗr と ánthrōpos のそれに比較され，他方では Gr. gunḗ に相当する Lat. mulier「女」，あるいは femina「女」と対をなして用いられた (Meillet 1921 272 f.; Ernout-Meillet 738 f.)．この vir と homo の関係は，他のイタリック語派の言語では別の形で表現される．即ち，オスク語では ner と homo により，ウムブリア語では ner と vir によっている．これらの言語資料はラテン語にくらべて限定があるとはいえ，イタリック語派の三方言がそれぞれに Gr. anḗr と ánthrōpos の関係を互いに異なる語彙で表現していることは興味深い (Ernout 1965 90 f.)．ラテン語における vir, homo, mulier の古い用例として，B. C. 186 年の有名な Bacchus 秘祭の規制の一節を引用しよう (Ernout Recueil 59)．19. Homines plous V oinvorsei virei atque mulieres sacra ne quisquam fecise velet, neve inter ibei virei plous duobus, mulieribus plous tribus arfuise velent, nisei de pr. urbani senatuosque sententiad, utei suprad scriptum est.「男と女，合わせて 5 人以上の人が集り，だれかが祭りをしようと思うべからず．2 人以上の男，3 人以上の女がそれに列席しようと思うべからず，上に定められたように，もし軍執政官か元老院の決議によるのでなければ」．

このように vir は男として，mulier あるいは femina に関係するのみならず，Gr. anḗr と同様に「夫」として uxor「妻」とも対をなしている．その事実は前節にみた聖書訳からも明らかである．ところが，これが文学作品でなくて墓碑銘のような資料になると，vir の使用は極めて少ない (Delbrück 430)．その原因としては，この語彙は homo にくらべ比較的上層の社会のものであったこと，さらにはこの形が，主格は一音節で -ir に終り，しかも -us の変化のタイプに属するという特異さがあげられよう．それが民衆からこの形を遠ざけたのである．それと同時に，この形の対をなす uxor も口語層からは消えていった．vir の後裔としては，わずかに virtūs「徳」がロマンス語に残るにすぎない．

これに対して vir を駆逐した marītus という形は，Plautus 以来ロマンス語に至るまで長い歴史を誇っている(Meyer-Lübke 5363)．これは uxor がある男の妻を示すのに対して，ある女の「夫」，結婚した男を表す．形式的には，cornū「角」に対する cornūtus「角をもつ」，auris「耳」に対する aurītus「耳をもつ」と同じ語形成が考えられる．そこで語源的には marītus「mari- をもつ」から，*marī̆- の対応が求められなければならない(Benveniste 1969 246 f.)．これについては 19 世紀以来，17 節でふれた Skr. márya-「若者，愛人」，Gr. meîrax「少年，少女」との関係が有力視されてきた．Thieme (1963 240 f. = 1971 505 f.) はここに *mériə-, gen. $m_e$ri̯ā́s「乙女」を仮定しようとする．しかし一方で，多くの学者がこの語源解釈に否定的であるか(Frisk II 195 f.; Walde-Hofmann II 40 f.; Ernout-Meillet 387 f.)，あるいはこれを無視している(Mayrhofer II 596 f.; Chantraine 678)．例えば Ernout-Meillet は，marī-tus という分析も 'arbitraire' としてしりぞけている．その場合には，バルト語派に martì「花嫁」のような形があるから，Lat. marītus<*martītus「花嫁をもつ」という可能性も考慮に価する(Wackernagel IF. 31 1912–3 255 f. = 1953 1232 f.)．しかしこれらはすべて，形式的には *mer- / *mr̥- という語根に帰せられよう．

marītus には形の上のみでなく，意味の面にも問題がある．というのは，この形は形容詞として木などについて用いられ，「対となる相手をもつ」という意味を表す．従ってこれは本来人間関係ではなくて，Ernout-Meillet の指摘するように，農業上の用語であったとも考えられるからである(Thieme 1963 225 f. = 1971 490 f.)．ただその用例は少なく，また比喩的な使い方を考慮すれば，ただちにこれが原意であったと断定することはむずかしいが，少なくとも marītus が単に妻に対する夫をさすのではなくて，caelebs「独り身の，対を欠く」の反対の表現であったことは明らかである(Schrader-Krahe 101)．Plautus からその一例を引こう．Mercator 1017. annos gnatus sexaginta qui erit, si quem scibimus / si maritum siue hercle adeo caelibem scortarier, / cum eo nos hic lege agemus.「60 歳になった者はだれであれ，既婚か，あるいは不幸にも独身でも，女遊びをしたことをわれわれが知ったなら，次ぎのような掟てによってわれわれはその人を罰するであろう」．同じ作家の Epidicus という作品において，妻を亡くした Periphanes が友人に対して，妻がいた頃その妻からうけた苦労を口にしたとき，友人が pulchre edepol dos pecuniast「だが，持参金はすばらしかったのでは」(180) というと，彼は答えて，quae quidem pol non maritast.「その金だけで，妻つきでなければよかった」．このような例は，形容詞としてのmaritusの本来の姿をよく伝えているように思われる．maritusがこのような内容をふくんでいる以上，一般の「夫」の表現としてはPlautusもvirに頼らざるをえなかった．例えば，Amphitruo 502行では，Amphitruoに変装したJuppiterの出かけるのを見送る妻のAlcumenaは，mi uir「わが夫よ」とよびかけ，522行ではJuppiterが彼女にmea uxor「わが妻よ」とよびかけている．このように，maritusとvirはまったく違った性格をもつ語彙であったが，遂にはvirの後退とともに，maritusが「夫」としてその領域をうめるに至ったのである．この形が単なる‘accouplé’(Ernout-Meillet)から出発したのか，あるいは(m)‘durch eine Ehefrau characterisiert’(Thieme)であったのかは，ラテン語の資料からはきめ難い．

20. ラテン語では先にみたように，mulierとuxorによって「女」と「妻」が区別されていた．そしてこのほかに，fēminaという形が，人間と動物の女性を表すに用いられた．これらの語彙についてはWartburg(1970 116 f.)の簡明な記述と，最近ではJ. N. Adams(1972)の資料的にくわしい研究があるので，再びそれらをくり返すことはひかえて，ここではそれらの語彙の流れを概観するにとどめたい．

まずこれらの形の語源解釈にふれておこう．初めにfēminaであるが，これは*thēmé-nē，つまり*dhē(i)-「乳を吸う」という語根の中動態の女性分詞形である(Pokorny 241; Walde-Hofmann I 476 f.; Ernout-Meillet 224)．従ってこの形は，III章13節に述べたLat. fīlius「息子」と関係づけられよう．一方mulierの語源は明らかでない(Walde-Hofmann II 122; Ernout-Meillet 418 f.)．まったく形式的にみれば，*mel(ə)-「粉にする，砕く」(Skr. mr̥ṇā́ti, Lat. molō, Got. malan, OCS. meljǫ etc.; Pokorny 716 f.)という語根との関係が予想されるが，このPokornyの解釈は意味の上からも，また形全体としても，認められない．もしmulierを女性形としてそのまま再建すれば，*ml̥i̯esīが想定される(Leumann Gr. 55; Sommer 1948B 46 f., 454)．これを*ml̥-i̯es-īと分析すれば，Lat. mollis「軟かな，やさしい」の比較級と解することができる．この解釈は現在ではもっとも無難だが，「女」がなぜmollisの比較をとるのか，という疑問は残ってしまう．

uxorについては，既にV章21節以下で*su̯e-sor-「姉妹」の分析の際に*uk-sor-の可能性を指摘しておいた．この場合，前分uk-の対応は求めにくい．最近ではBenveniste(1969 247 f.)もMeillet説をうけて，これを*euk-「習う，慣れる」(Skr. úcyati「気に入る」，OCS. učiti「教える」，Arm. usanim「習う」etc.; Pokorny 347)に関係づけようとする．即ち，uxor ‘la femme habituelle, l’être féminin auquel on est habitué’ である．この解釈の背後には，Arm. usanim をふくむ am-usin「夫，妻」(‘conjoint avec lequel a lieu la vie commune’ Benveniste)が支えとなっていることはいうまでもない．しかしこの形は，「夫」と「妻」を兼ねていること，また ‘la femme habituelle’ という「妻」の理解，この二点から Meillet-Benveniste 説は充分な説得力を欠いている．因みに，Szemerényi は Arm. amusin について *samo-u̯iś-in- ‘living in one and the same wiś-house’ という新らしい分析を提示している(1977 41)．uxor<*uk-sor- に対するもう一つの可能性は *uks-or である．しかしこの分析による一つの解釈 ‘die Besprengte’ の仮定についても，既に V 章において指摘した通り認め難い．また Lit. uošvis, Lett. uôsvis「妻の父」<*ouk(s)-u̯i̯o- との関係についても，X 章 9 節に言及した．最近では Benveniste(1969 248)もこの関係を考慮しているが，これも一つの可能性にすぎない．結局 uxor という形については明確な語源解釈はあたえられない．

これらのラテン語の形の差別をそのまま保持しているロマンス語はない．スペイン語は Lat. femina-mulier に対して hembra-mujer をもち，ラテン語との間に差がないようにみえるけれども，mujer は Lat. uxor をも兼ねている．その意味では mujer はフランス語の femme と同格である(Meyer-Lübke 5730)．フランス語では，femina はその派生形 femella を通じて femelle になり，その代りに mulier と uxor が femina>femme によって表されている．つまり三つの形が一つに統一されたことになる(Meyer-Lübke 3239)．イタリア語では三つの形の内容の差は維持されているけれども，uxor が mulier>moglier, mulier は domina>donna に代えられている．全体としては，uxor が口語層から後退したことがこのような移動の原因ではないかと思われる．

上にあげた Adams の研究によれば，femina と mulier をともに「女」に用いた場合，初めは前者のほうが尊敬される位置にある女に，後者は一般にレベルの低い女について用いられる傾向があった．しかし古典期には，この両者の違いは消えて，ともに中性的な「女」を表す語になっていった．そこで例えば詩では femina がより好まれているが，Vulgata 以前の聖書の訳では mulier が専ら用いられている．さて問題の「妻」については，Adams(249 f.)によれば，実際の口語では vir と uxor が後退し，maritus と mulier が対をなして用いられることが多かった．この傾向は，Gr. gunḗ の影響によるものと Adams はみている．この mulier「妻」の進出は，ロマンス語の事実が証明しているが，フランス語では mulier>OFr. moillier と uxor>oissor が中世にも残っていたのに，これらが femina＞femme に代えられている．しかし一方では，ガリアの6世紀以後の文献において，femina が圧倒的に優勢になるという事実が認められる．ここでも口語層と文語層の動きが，いっそうはっきりと究明されなければならないだろう．因みに古典作家では，Livius は30巻以後に femina を多用する傾向が認められる．Quintilianus, Tacitus はともに mulier よりも femina を好んで用いているという．こうした femina の進出を古典ラテン語の一般的傾向とみれば，それはフランス語によって継承されたといえよう．これに対してイタリア語，スペイン語のように mulier を uxor に代用するのは，基にあったラテン語の口語層の動きのあらわれと考えられる．Adams の論文はラテン語の事実の指摘にとどまり，ロマンス語における分布の差に言及するところがないが，この観点からの問題の解明はこれからの研究の一課題である．

なおラテン語には，femina, mulier, uxor のほかに「妻」として conjux という形がある．これは明らかに Gr. sú-zux, sú-zugos「仲間」,(f)「妻」に比較される合成語である．もちろんこれらは日常語ではなくて詩語であり，ロマンス語にその痕跡は認められない (Delbrück 427 f.)．またロマンス語には It. (m) sposo, (f) sposa, Fr. époux, épouse, Sp. esposo, esposa のように，Lat. spondēre「(結婚の)約束をする」の完了分詞形に由来する夫と妻の直接の表現が分布している．

21. これまでにみてきたギリシア語とラテン語の形に関連して，他の語派の「夫」と「妻」の表現をあげると，まず Lat. vir と語源を同じくする語として Lit. výras, OIr. fer がある．また Gr. pósis には Lit. pàts, Toch. A pats, B petso (sg. acc.) があり，Gr. gunḗ には OIr. ben, Toch. A śäṁ, B śana がある．Alb. śok, (f) śoke と Rum. soţ, (f) soţie というバルカン半島の二つの言語の形は，ともに Lat. socius, (f) socia「仲間」からの借用語である (Delbrück 430 f.)．

なおケルト語には，OIr. sétig「妻」という形がある．Szemerényi はこれについて，Pisani による *sm̥-tego- '(living under the) same roof' をしりぞけて，OIr. techid "逃げる", intech "道" から *tek- "走る" をふくむ合成形 *sm̥-tok-ī 'Mitläuferin, Gefährtin' という新らしい解釈を提示している (1977 84)．

アルメニア語は，Gr. anḗr と gunḗ にまったくひとしく，同じ語源をもつ ayr と kin をもっている (Solta 121, 169)．またトカラ語は「夫」については上にあげた形以外に A oṅk, B eṅkwe,「妻」には A kuli, B kl(y)iye, klīye という形をもっている (Windekens 70, 91).

結　　び

われわれは15章にわたって印欧語の親族名称を表す語彙をめぐるさまざまな問題を扱ってきたが，ここで印欧語全体の立場からもう一度それらをふり返ってみたいと思う．

まずI章でとりあげた「祖父母」については，これを表す各語派の形をみる限り，共通基語における「祖父母」の形を推定することはむずかしい．なぜなら，Skr. pitāmahá- と Av. nyāka-, Lit. tĕvas senàsis と OCS. dědŭ, Gr. páppos と Lat. avus など，「祖父」を表す形はまったく異なり，対応がまとまらないからである．しかしその中で，Hitt. ḫuḫḫa- のその対応への参加は疑問であるけれども，Lat. avus と Arm. haw，さらに Got. awo「祖母」から想定される *au̯-o- / -i- / -en- の存在は，Lat. avunculus, Lit. avýnas など一連の「母の兄弟」を表す形によっていっそう強く支持されている．しかしその分布は，主としてヨーロッパに限られている．その形の示す母音 a と分布の範囲からみて，これは祖語のものというより，H. Krahe が河川名研究によって仮定した狭義の古ヨーロッパ語群の語彙に属していたとみるべきであろう．またこの母音をもった特定の語彙が，イタリック，ゲルマン，ケルトを中心とするヨーロッパの語派に限ってみられることも，既に H. Kuhn の ‘Ablaut, a und Altertumskunde’ (KZ. 71 1954 129–161) と題する研究によって明らかにされている．しかし一方では，Arm. han, OHG. ana, Hitt. ḫanna- のような「祖母」を表す形の示す母音 a を考慮すると，これらは結局 Meillet のいう mot familier の層に基づくもので，本来は Gr. páppos などと同じ類のものである可能性が強い．そしてこのように，「祖父」は一種の Lallwort か，あるいは「父」をふくむ grand-father 型の合成語でしか表わされていないというところに，父の座を退いた祖父の家庭や社会において占める位置が象徴されている．Skr. (pl.) pitúḥ pitáraḥ「父の父」は pū́rve pitáraḥ「古き父」として，孫へその名をゆずることによって，ようやくその存在を一族の後裔に伝える者にすぎなかった．

これに対してII章でみた *pəter- に表わされる「父」は，印欧語族の父系的社会を支配し，同時に pater familias として一族の中心をなすものである．しかしその形は，*māter-「母」との密接な関係を考えると，*ə の対応の問題はあるにしても，本来はやはりパパ，ママ型の幼児語に基づくものであろう．それが *-ter- を伴って公式の父の厳粛な位置を表すのに対して，これとは別にｔの音をふくむ Hitt. atta-, Gott. atta, OCS. otĭcĭ のような愛称語形が用いられている．多くの語派において，「父」にはこの二重の表現が必要であった．「母」には，このような二重性がみられない．また所有を表す「父の」という形容詞 *pətri(i̯)os はあっても，これに対する「母の」それはなかった．これは，祖語の時代からの父権の強さを物語っている．

III 章における「息子」と「娘」の語彙をみると，かなり違った傾向が認められる．「娘」については，ケルト語を除くほとんどすべての語派で祖語の *dhugHter- が失われていない．そしてこの形は，小アジアの Lyk. kbatra にまで及んでいる．これに対して「息子」を表す *sŭ̄nu-, *sui̯u-, *sui̯o- という形は，親族名称としてはまったく孤立的であるにも拘らず，イタリック，ケルト，アルバニア，バルトの一部で失われてはいるが，その他の語派ではその伝統を失っていない．しかし「娘」と異なる点は，これを失った地域をもふくめて，インド，イラン，ギリシアなどでは，この形と平行して *pau̯- に代表される語彙の使用が早くから拡大し，古い *sŭ̄nu- etc. を嫌う傾向があらわれていることである．これは恐らく「父」の場合に似て，「息子」にはやがて家長となるべき「……の息子」という公の資格と，もう一つは父母からみた「息子」，つまり「子」との二面があったからであろう．Lat. fīlius, gnātus, Lett. dēls なども，本来はいわば「息子」の愛情をこめたとらえ方に基づいた表現といえよう．

IV 章にみた「孫」については，その原意はともかく，*nepōt- という，恐らく本来は合成語と思われる極めて特異な形が，その女性形とともに共通基語に属していたことは疑いない．アナトリア，アルメニア，トカラの三語派以外はすべての語派が，この形に関係しているからである．しかしこの形の意味は，その対応や現代のロマンス語の状態にあらわれているように，「孫」と「甥」の間を動揺している．われわれは，その原意をこのどちらかに決めなければならない．しかしラテン語からロマンス語への歴史にも示されるように，この二つの意味は一つの形が兼ねることができるのだから，そのような幅をもった形として *nepōt- を認めるべきだろう．文献的にみると，古く「孫」は「息子」とともにのみ想起されるにすぎず，「甥」をふくめて「息子」よりさらにはなれた一連の「後裔」としてとらえられる存在にすぎなかった．

V 章に扱った *bhrāter-「兄弟」と *su̯esor-「姉妹」の二つの語彙は，印欧語の親族名称の中でももっとも根強く，これを失っているのはアナトリア語群とアルバニアの二語派にすぎない．しかもこの二つの形は，語形成の上からは大きく相違し，*bhrāter- は *pəter, *māter- などと共通の *-ter- をもつ典型的な親族名称であるのに対して，*su̯esor- は本来 *su̯e-sor (あるいは *su̯-esor-) と分析される合成語であったと考えられる．にも拘らずこの二つの形の関係は非常に密接で，ギリシア語にみるように，*su̯esor- が音変化の結果この種の語彙の特徴を失って後退したからであろうか，*bhrāter- > phrā́tēr も本来の「兄弟」の座を adelpheós, kasígnētos という新らしい合成語にゆずっている．一方のみを失っているのは，バルト語の一部に限られている．これらはともに単なる「兄弟，姉妹」よりも，「いとこ」をもふくめた classificatory term であったとも考えられる．Lat. frāter の用法などに，その痕跡が認められる．*su̯esor- には直接その用例を示すことはできないが，その形の示す「自己のグループに属する女」というとらえ方にも，その名残りがあるといえよう．またこの *su̯e-「自己の」という要素は，他の女性に関係する親族名称にも指摘される．これは，印欧語族のもっていた各家族集団単位による社会構成の反映と考えられる．

VI 章にみた「伯叔父，伯叔母」を表す語彙は，実に多様である．そこにはまず「父，母」などの形からの派生形，それから「父の兄弟」のような記述的な合成形，そして Lallwort タイプの語彙がみられる．もし印欧語族が父系的な大家族集団の生活を営んでいたとしたら，父母の兄弟，姉妹の四つの名称の中でもっとも必要なものは，父と父の兄弟との区別であろう．その意味で，Skr. pitr̥vya-, Av. tūirya-, Gr. *patruios (mētruiá「継母」), Lat. patruus, OHG. fatureo の示す *pəter- からの同じ派生の手続きをもつ「父の兄弟」の対応は，多少の疑問をふくみながらも，祖語の時代の一つの語彙の存在を伝える名残りと考えられる．もう一つの問題となる形として，I 章にみた *au̯-(o)-「祖父」をふくむ -i-, -en- 語幹の「母の兄弟」を表すヨーロッパ群の対応がある．これらの形の相互の関係については，Benveniste に代表される新らしい視点からのアプローチにもみられるように，なおいくつかの疑問が残されている．もしこれらの異なる語幹の形が *au̯- からの「祖父」と「母の兄弟」への互いに独自の発展だとすれば，ヨーロッパ群において *nepōt- と対照的に，父よりもさらに一つはなれた親族の呼称として *au̯- が共通に存在したという可能性も予想される．しかしその場合にも，「母の兄弟」への限定の要因がどこにあるのかの解明が必要であろう．「おじ，おば」については父方と母方，性別の四つの区別がありうる．事実ラテン語やゲルマン語の古層にはそのシステムがみられるが，これはむしろ例外的なもので，多くの語派は性別のみによる二形への統一の傾向を示している．そして，本来合成形であった形も，Pāli pitucchā (*Skr. pitr̥-ṣvasā), Swed. faster < fǫðir- systir「父の姉妹」のように，完全に前後分が融合して一語になっている．

VII 章「従兄弟，従姉妹」，VIII 章「甥，姪」の表現は，いずれも実にさまざまで，語派ごとにその差はいちじるしい．またGr. anepsiós「従兄弟」>「甥」，Lat. nepōs「孫」>Fr. neveu「甥」への変化にみられるように，一つの語派の中でも意味が転移している．こうした事情から共通基語におけるこれらの親族の名称とそのあり方を明確にとらえることは極めてむずかしい．恐らく一つの家族の中にふくまれ生活している「従兄弟，従姉妹」については「兄弟，姉妹」の語彙が適用され，「甥，姪」が特に必要なときには *nepōt-「孫」が流用されていたのであろう．その中にあって対応の成立する範囲といえば，わずかに *nepōt- がケルト，ゲルマン，バルト，スラヴの諸派にかけて「孫」ではなくて一致して「甥，姪」の跡を示すことである．これにはイタリック語派の後裔であるロマンス語も後に同調している．これは先にみた，*au̯- に関係する語彙のヨーロッパ群におけるまとまりと一連の現象とみなすことができる．

IX 章「義理の娘」以下の婚姻関係を表す名称については，息子と結婚してその一族に新らしく加えられた「嫁」と，それからみた夫の親族に対してかなりきれいな対応がえられる．これは，父系的な古い印欧語社会のあり方を象徴している．*snuso- と再建される「義理の娘」の対応は，ケルト，バルト，それにアナトリア，トカラの四派を除いて広い分布を示すから，この語彙の存在は疑う余地がない．そしてこの形と呼応して，X 章にみた (m) *su̯eḱuro-, (f) su̯eḱrū-「舅，姑」の対応が確証される．もしこの特異な -o- と -ū- という一対の形が，(m) *su̯e-ḱuro-「自己のグループの主」と分析される男性形から出発したとすれば，これは恐らく息子の妻からみた夫の父，舅の呼称であったと考えられる．これに対して，夫からみた妻の父母を表す語彙の対応は認められない．

「息子の妻」に対する「娘の夫」，即ち「義理の息子」の名称は，XI 章に述べたように，共通基語の語彙として確証されるほど対応が整っていない．インド，イラン，ギリシアの三派と，バルト，スラヴ，アルバニアの三派が，Lat. gener をはさんで，語形成も語中の子音も異なるまとまりを示しているからである．またインド，ギリシア語の資料によれば，「娘の夫」は「姉妹の夫」とも通じている．

「義理の兄弟，姉妹」については，XII 章にみたように，「夫の兄弟」，「夫の姉妹」，そして「夫の兄弟の妻」と，妻の側からみた名称に比較対応が認められる．しかもそれらは *daiu̯er-, *ĝelōu-, *i̯enəter- のように，分析のできない非常に特異な形を示している．この中で ĝelōu- の対応の分布はせまく限られているが，他の二形については，恐らくこれに近い形が共通基語に属していたものと考えられる．そして義理の兄弟，姉妹に関係するこれらの細かな区別は，同時にそれを必要とした家族生活と，Levirat のような習慣の名残りである．従って歴史時代に入るとどの語派もこのような区別をすてて，夫と妻の区別のない性別だけの統一的表現に向っている．その中でインドとスラヴ語派だけが近代に至るまで古代に似た名称の区別を維持している点が注目される．

XIII 章「継父母，継子」については，確実な比較対応は成立しない．しかし実生活においてもっとも問題になる存在は，これらの中で「継母」である．それを表す形が「母」からの派生，またはそれをふくむ合成語であることは当然予想されるところであり，Hitt. anna-u̯anna-, Skr. vi-mâtar-, Arm. mawru, Gr. mētruiā́ はその点で共通している．その意味でもっとも独自な語派はラテン語で，vītricus, noverca, prīvīgnus はいずれも pater, māter, fīlius とまったく無関係な，別個の意識に基づいた表現である．

XIV 章にみた「親族」の名称については，Delbrück を初め，これまでの文献はあまりふれるところがなかった．その表現は語派によってさまざまだが，わずかに Skr. sajātá- と Gr. suggenḗs, Lat. cognātus が，語根と合成の手続きに共通点を示している．しかしこれらはそれぞれの語派で独立に成立したと考えるべきで，共通基語の語彙であったとはいえない．「親族」という概念はかなり広く，一つの語派の中でも異なる表現がありうるが，概していえば，「結ぶ」「きずな」(Skr. bándhu-, Gr. anagkaîos, Lat. necessarius)，あるいは「知己」(Skr. jñātí-, Gr. gnōtós)，「近い人」(Gr. prosḗkōn, Lat. propinquus)，さらには「生まれ」(OCS. roždenje, Lit. giminaîtis, Lat. agnātus) という観点からとらえられている．

XV 章にみたように，端的に「夫，妻」を表す husband, wife のような語彙は，共通基語には認められない．それらは *poti- と *potniə-，あるいは *ner- と *g^{w}enā- によって表された．前者は，その一族の主として家を維持していく権限と義務を担った，いわば公式の立場からの夫妻の表現であり，後者は，単純な一人前の男と女を表す語彙であった．これらの伝統は，なんらかの形でインド，イラン，ギリシア，ゲルマン，ケルト，バルト，スラヴ，アルメニア，トカラの諸派に指摘されるが，小アジアとイタリック語派では失われてしまった．またこれとは別に「夫」については，*u̯ĭro- という本来はすぐれた男を表す形が，イタリック，ケルト，ゲルマン，バルトのヨーロッパ群に用いられている．

このように 15 章にわたる記述から印欧語の親族名称を考えてみると，その中で文献学的に証明される比較対応によって共通基語にその存在が想定される語彙は，父と母，息子と娘，孫(甥，姪)，兄弟と姉妹(従兄弟と従姉妹)，父の兄弟，義理の娘，舅と姑，夫の兄弟とその妻である．この仮定から歴史上の各語派に再びたち返るならば，もっとも大きく変動をうけたと思われる地域は，アナトリアとケルト語であろう．前者はヒッタイト語という印欧語の誇る最古の資料をふくむにも拘らず，その親族名称はほぼ完全にこの語族の伝統を失い，多くは Lallwort タイプの形に代えられてしまっている．この言語はアルバニア語に似て約8割の語彙を外来語で補足するという実状にあるのだから，親族名称についても同じような結果がみられることも当然とはいえ，父母や兄弟姉妹などの形を失っていることは，やはり土着の小アジア社会の強い影響によるものといわざるをえない．ただこの言語は Ideogram の表記によって本来の形が不明の部分が多いから，その全貌の解明が期待される．ケルト語派については，これに接するイタリック，ゲルマン，バルト，スラヴというヨーロッパ語群をなす他の諸派が，いずれもかなり安定していて，印欧語本来の語彙をかなりよく保持しているのに，なぜかこの語派だけが例外的な現象を示している．この語派には，かつて Meillet が主張した Italo-Celtic の統一という仮定にふくまれる，ラテン語，アイルランド語系とオスク・ウムブリア語，ウェールズ語系をわける方言境界線の問題があるが，それにしても古アイルランド語にみられるような親族名称の変動は，この語派のうけた先史時代における基層言語からの影響，社会体制の動揺を物語っている．そこでは父母，兄弟姉妹を除いて，娘などの他の重要な対応形が認められない．このような変化がいつどのような原因によって起ったのか，この言語の内外の環境を明らかにしていかなければならない．

これらに対してインド，イラン，ギリシア，イタリックの諸派は，非常に保守的で，共通基語の語彙をほとんど失っていない．しかし一方でインド語派は，息子，孫，姉妹，それに夫妻を表すのに多くの同意語を作り，これをより愛好する傾向を示している．サンスクリットは合成語や派生語を好み，同意語が非常に多い言語である．従って親族名称もその例外ではないが，そうした新旧の語彙が実際に口語層の中でいつ頃からどのように争い定着していったかをみるには，近代語の分布が重要な手懸りとなる．事実 nápāt-, náptar- と paútra-，あるいは svásar- と bhaginī- などについては興味ある分布が示されているのだから，この面での近代から古代へ向っての歴史的研究は，今後の大きな課題といえよう．このインドとイラン語派を重ねてみると，Skr. putrá- と Av. puθra-, OP. puça-, Skr. jā́mātar- と Av. zāmātar-，あるいは Skr. strí- と Av. strī-, Skr. gnā́- と Av. gənā- などに，明らかに両派のみに共通の発展が認められる．

ギリシア語派の特徴としては，なによりも *bhrāter- と *su̯esor- の後退と，これに代る adelph(e)ós, kasígnētos という独特の形の進出の現象であろう．またギリシア語の歴史からみると，親族名称についてホメーロスと歴史時代の語彙の間にしばしば断絶がある．例えば，ホメーロスで有力であった huiōnós, kasígnētos, あるいは hekurós と pentherós の区別，それに多くの「親族」を表す形などに，われわれは伝統の違いをみることができる．これも社会的変動の結果であろうか．イタリック語派の中で，資料的に整っているのはラテン語である．この言語の親族名称において特異な点は，息子と娘について英 sun, daughter と同じ系統の古い形を失って，fīlius, fīlia という形を代用している点で，これはアナトリアとアルバニアの二派にのみ共通する現象である．もう一つ注目される点は，frāter の内容が広く，従兄弟をふくめた同一世代に適用される表現をもっていたことである．そのためにまた，従兄弟を表すのに consobrīnus のような合成語が工夫された．後のロマンス語にみる Fr. frère と cousin, Sp. hermano と primo のような違いは，この古典ラテン語の frāter の幅のある内容を限定的に表現しようとした結果を示している．

ヨーロッパ群は先に述べたように，ケルト語を除いて比較的安定している．ゲルマン語派はインドに劣らず保守的で，印欧語の伝統をほとんど失っていない．ゴート語が *māter- を示さず aiþei という形を用いているが，これは例外的な現象である．バルト，スラヴの両派もゲルマン語に近い状態にあるが，Lit. tě̃vas, OCS. otĭcĭ が *pəter- に代っている点は特徴的である．多くの語派は *pəter- とこの Lallwort タイプの二つの語彙をもつが，*pəter- に統一する傾向があるからである．そしてまた，*māter- を失わずに *pəter- だけを用いなくなっていることも，類例が少ない．バルト語派に限っていえば，ここではリトアニア語とラトヴィア語の形に違いが目立っている．Lit. mótina と Lett. māte (OCS. matĭ), Lit. sūnùs と Lett. dēls (OCS. synŭ), Lit. duktê̄ と Lett. meita (OCS. dŭšti), Lit. sesuô と Lett. māsa (OCS. sestra), Lit. šẽšuras, úošvis と Lett. tēvuocis (OCS. svekrŭ), Lit. martì と Lett. vedekle (OCS. snucha) を比較すれば，その違いは明らかである．これをさらにスラヴ語の形と比較すれば，概してリトアニア語のほうが古い語彙を保持していることは疑いない．従ってラトヴィア語の示す交代の原因を明らかにする必要が感じられる．同様にスラヴ語の中では，ロシア語がときに西，南群とは異なる独自の発展を示している．甥を表す CS. synovĭcĭ に対する Russ. plemjannik, 従兄弟を表す OCS. bratu-čędŭ に対する Russ. dvojurodnyj brat はそのよい例である．

アルメニアとアルバニアの両派は対照的である．前者は長い間ペルシアの支配下にあって，イラン系の言語の影響を強くうけたといわれる．後者は，9割の語彙をラテン語から借用しているという．従って，外国語の影響という点ではこの二つの言語は同じ条件にあると考えられるが，親族名称に関する限り，アルメニア語は印欧語の古い伝統をかなりよく守っている．主な対応の中でまったく失われているのは，*nepōt- だけであろう．これに対してアルバニア語は，文献的にかなり新らしいことも事実だが，父母，息子，娘，兄弟，姉妹など，主要な名称がすべて交替してしまっている．この点でアルバニア語はアナトリアの状態に近い．トカラ語は翻訳文献であるにも拘らず，これらの語彙については共通基語の形が伝えられている．

参考文献

Adam J. 1962. The Republic of Plato², Cambridge.

Adams J. N. 1972. Latin Words for 'Woman' and 'Wife', Gl. 50 p. 234–255.

Aebischer P. 1936. Protohistoire de deux mots romans d'origine grecque: thius 'oncle' et thia 'tante', Bologna. =1978. Études de stratigraphie linguistiqne p. 25–77, Bern.

1937. L'italien prélittéraire a-t-il dit germano et germana pour 'frère' et 'sœur'? Étude de stratigraphie linguistique, Z. f. rom. Ph. 57 p. 211–239.

Ai. Gr.=Altindische Grammatik, Wackernagel の項参照

Alsdorf L. 1974. Kleine Schriften, Wiesbaden.

André J. 1968. Le nom du collatéral au 5e degré, RPh. 42 p. 42–48.

Andrews A. 1967. Greek Society, Pelican.

Anttila R. 1969. Proto-Indo-European Schwebeablaut, Berkeley and Los Angeles.

Banerjea A. B. 1963. Studies in the Brāhmaṇas, Delhi.

Barrett W. S. 1964. Euripides Hippolytos.

Bartholomae Chr. 1904. Altiranisches Wörterbuch, Strassburg.

Beekes R. S. P. 1969. The Development of the Proto-Indo-European Laryngeals in Greek, The Hague.

1976. Uncle and Nephew, JIES. 4 p. 43–63.

Benigny J. 1918. Die Nomen der Eltern im Indoiranischen und im Gotischen, KZ. 48 p. 230–236.

Benveniste E. 1926. Un emploi du nom du 'genou' en vieil irlandais et en sogdien, BSL. 27 p. 51–53.

1934. Un nom indo-européen de la 'femme', BSL. 35 p. 104–106.

1935. Origines de la formation des noms en indo-européen, Paris.

1948. Noms d'agent et noms d'action en indo-européen, Paris.

1962. Hittite et indo-européen, Paris.

1965. Termes de parenté dans les langues indo-européennes, L'Homme 5, Nr. 2–3, p. 5–16.

1966, 1974. Problèmes de linguistique générale I, II, Paris.

1969. Le vocabulaire des institutions indo-européennes, 2 vols. Paris. (本文中 1969 とあるのは I 巻)

Bloch J. 1950. Les inscriptions d'Asoka, Paris.

1963. Application de la cartographie à l'histoire de l'indo-aryen, Paris.

1965. Indo-Aryan from the Vedas to modern times, Paris.

1970. The formation of the Marāṭhī language, transl. by D. R. Chanana,

Delhi.

Bloch O.-Wartburg W. v. 1950. *Dictionnaire étymologique de la langue française*[2], Paris.

Bloomfield M. 1897. Hymns of the Atharva-Veda, Oxford.

Böthlingk O. 1887. Pāṇini's Grammatik, Leipzig.

Böthlingk O.- Roth R. 1855–75. Sanskrit-Wörterbuch, St. Petersburg.

Brandenstein W. 1954. Bemerkungen zur Völkertafel in der Genesis, Festschrift für A. Debrunner p. 57–83.

Brandenstein W.-Mayrhofer M. 1964. Handbuch des Altpersischen, Wiesbaden.

Bräuer H. 1961, 1969. Slavische Sprachwissenschaft, Bd. I, II, Berlin.

Brugmann K. 1897–1916. Grundriss der vergleichenden Grammatik der indogermanischen Sprachen[2], 2 Bde., Strassburg. (略号 Gr.)

1902–4. Kurze vergleichende Grammatik der indogermanischen Sprachen, Strassburg. (略号 KVG.)

1904–5. Griech. huiús huiós huiōnós und ai. sūnúḥ got. sunus, IF. 17 p. 483–491.

1907. nuós, nurus, snuṣā́ und die griechischen und italienischen femininen Substantiva auf -os, IF. 21 p. 315–322.

Buck C. D. 1949. *A Dictionary of Selected Synonyms in the Principal Indo-European Languages*, Chicago. (Buck と略す)

1955. The Greek Dialects[2], Chicago.

Bühler G. 1886. The laws of Manu, Oxford.

Burrow T. 1955. The Sanskrit Language, London.

Cahen M. 1926. genou, adoption et parenté en germanique, BSL. 27 p. 56–67.

Caland W. 1970. Das Jaiminīya-Brāhmaṇa in Auswahl, Wiesbaden.

Cavaignac E. 1950. Les Hittites, Paris.

Chadwick J.-Baumbach L. 1963, 1971. The Mycenaean Greek Vocabulary I (=Gl. 41 p. 157–271), II (=Gl. 49 p. 151–190).

Chadwick N. 1971. The Celts, Pelican.

Chantraine P. 1933. La formation des noms en grec ancien, Paris.

1946–47. Les noms du mari et de la femme, du père et de la mère en grec. REG. 59–60 p. 219–250.

1948. Grammaire homérique, 2 vols., Paris.

1960. Note sur l'emploi homérique de kasígnētos, BSL. 55 p. 27–31.

1967. Morphologie historique du grec[2], Paris.

1968–1980. *Dictionnaire étymologique de la langue grecque*, Paris. (Chantraine と略す)

Crook J. A. 1967. Law and Life of Rome, London.

Delbrück B. 1889. Die indogermanischen Verwandtschaftsnamen. Ein Beitrag zur vergleichenden Altertumskunde. Abhandlung der philologisch-historischen Classe der königl. Sächsischen Gesellschaft der Wissenschaft, Bd. XI p. 381–606, Leipzig.

Deroy L. 1962. Le nom de la fille et la structure fonctionelle de la société indo-européenne. II. Fachtagung für indogermanische und allgemeine Sprachwissenschaft, p. 159–162, Innsbruck.

Dillon M.-Chadwick N. 1973. The Celtic Realms, London.

Dittenberger W. 1915–24. Sylloge inscriptionum Graecarum[3], Leipzig.

Dodds E. R. 1951. The Greeks and the irrational, Berkeley & Los Angeles.

1960. Euripides Bacchae[2], Oxford.

Dover K. J. 1968. Aristophanes Clouds, Oxford.

Duchesne-Guillemin J. 1948. Zoroastre, Paris.

Dumézil G. 1953. NER-et VIRO- dans les langues italiques, REL. 31 p. 175–189.

Ebeling H. 1963. Lexicon Homericum, 2 Bde., Hildesheim.

Edgerton F. 1953. Buddhist Hybrid Sanskrit Dictionary, New Haven.

Eggers H. 1969. Deutsche Sprachgeschichte III, Hamburg.

Eichner H. 1974. Zur Etymologie und Flexion von vedisch strī́ und púmān, Sprache 20 p. 26–42.

Elcock W. D. 1960. The Romance Language, London.

Ellendt F. 1965. Lexicon Sophocleum, Hildesheim.

Entwistle W. J. 1936. The Spanish Language, London.

Ernout A. 1938. *Recueil* de textes latins archaiques, Paris.

1965. Philologica III, Paris.

Ernout A.-Meillet A. 1959. *Dictionnaire étymologique de la langue latine*[4], Paris.

Ewert A. 1943. The French Language[2], London.

Feist S. 1924. Indogermanen und Germanen, Halle.

1939. *Vergleichendes Wörterbuch der gotischen Sprache*[3], Leiden. (Feist と略す)

Finley M. I. 1954. The World of Odysseus, Pelican.

Fox R. 1967. Kinship and marriage, Pelican.

Fraenkel E. 1948–50. Slavisch gospodĭ, lit. viẽšpats, preuss. waispattin und Zubehör, Z. f. slav. Ph. 20 p. 51–89.

1950. Die baltischen Sprachen, Heidelberg.

1954. Analogische Umgestaltung und Volksetymologie, besonders im Baltischen und Slavischen, Z. f. slav. Ph. 23 p. 334–353.

1955–65. *Litauisches etymologisches Wörterbuch*, Heidelberg. (Fraenkel と略す)

Friedrich J. 1930. Staatsverträge des Hatti-Reichs II, Leipzig.

1932. Kleinasiatische Sprachdenkmäler, Berlin.

1946. Hethitisches Elementarbuch II, Lesestücke, Heidelberg.

1952. Hethitisches Wörterbuch, Heidelberg.

1960. Hethitisches Elementarbuch I[2], Heidelberg.

1966. Hethitisches Wörterbuch, Ergänzungsheft III, Heidelberg.

1971. Die hethitische Gesetze, Leiden.

Friedrich J.-Kammenhuber A. 1975– Hethitisches Wörterbuch[2], Heidelberg.

Friedrich P. 1963. An evolutionary sketch of Russian kinship, Symposium on Language and Culture (American Ethnological Society), Proceedings of the 1962 Annual Spring Meeting, ed. by V. E. Garfield and W. L. Chafe, p. 1–26, Seattle.

1964. Semantic Structure and Social Structure: An Instance from Russian, Explorations in Cultural Anthropology, p. 131–166, New York.

1966A. Proto-Indo-European kinship, Ethnology 5 p. 1–36.

1966B. The Linguistic Reflex of Social Change: From Tsarist to Soviet Russian Kinship. Explorations in Sociolinguistics, p. 31–57, Indiana.

Frisk H. 1954–72. *Griechisches etymologisches Wörterbuch*, 3 Bde., Heidelberg.

Galton H. 1957. The Indo-European Kinship Terminology, Z. f. Ethn. 82 p. 121–138.

Gates H.P. 1971. The Kinship Terminology of Homeric Greek, Supplement to IJAL. vol. 37, No. 4.

Geldner K. F. 1909. Der Rigveda im Auswahl II, Stuttgart.

1951–56 Der Rigveda, 4 Bde. Cambridge Mass. (Geldner と略す)

Gershevitch I. 1967. The Avestan Hymn to Mithra, Cambridge.

Ghurye G. S. 1955. Family and Kin in Indo-European Culture, Oxford.

Godel R. 1975. An Introduction to the Study of Classical Armenian, Wiesbaden.

Gonda J. 1950–53. Sanskrit bhaginī- 'sœur', Act. Or. 21.

1953. Reflexions on the numerals 'one' and 'two' in ancient Indo-European languages, Utrecht.

1957. Some observations on the relations between 'gods' and 'powers' in the Veda, a propos of the phrase sūnuḥ sahasaḥ, 's-Gravenhage.

1959. Stylistic Repetition in the Veda, Utrecht.

1962. Gr. adelphós, Mnemosyne 15 p. 390–392.

1971. Die indische Sprachen, Old Indian, Handbuch der Orientalistik II, 1. 1, Leiden.

Goodenough W. H. 1956. Componential analysis and the study of meaning, Lg. 32 p. 195–216.

Götze A. 1930. Über die hethitischen Königsfamilie, Ar. Or. 2 p. 153–163.

1933. Die Annalen des Muršiliš, Leipzig.

1938. The Hittite Ritual of Tunnawi, New Haven.

Gougenheim G. 1972. Les mots français dans l'histoire et dans la vie I[4], Paris.

Grassmann H. 1964. Wörterbuch zum Rigveda[4], Wiesbaden.

Grimm J. und W. 1834–1954. Deutsches Wörterbuch. 16 Bde., Leipzig.

Gurney O. R. 1952. The Hittites, Pelican.

1973. Anatolia c. 1750–1600 B. C., c. 1600–1350 B. C., Cambridge Ancient History II/1³ p. 228–255, 659–683, Cambridge.

Gusmani R. 1962. Kleinasiatische Verwandtschaftsnamen, Sprache 8 p. 77–83.

1964. Lydisches Wörterbuch mit grammatischer Skizze und Inschriftsammlung, Heidelberg.

Haas O. 1966. Die phrygischen Sprachdenkmäler, Sofia.

Hammel E. A. 1957. Serbo-Croatian Kinship Terminology. Papers of the Kroeber Anthropological Society, 16 p. 45–75.

Hammerich L. L. 1948. Laryngeal before sonant, Copenhagen.

Hamp E. P. 1966. The Position of Albanian, Ancient Indo-European Dialects, ed. by H. Birnbaum and J. Puhvel, p. 97–121, Berkeley and Los Angeles.

1970. Sanskrit duhitā́, Armenian dustr, and IE internal schwa, JAOS. 90 p. 228–231.

1971. 'fils' et 'fille' en italique, nouvelle contribution. BSL. 66 p. 213–227.

Havers W. 1946. Neuere Literatur zur Sprachtabu, Wien.

Hendriksen H. 1941. Untersuchungen über die Bedeutung des Hethitischen für die Laryngaltheorie, Copenhagen.

Hermann E. 1918. Sachliches und Sprachliches zur indogermanischen Grossfamilie. Nachrichten von der Gesellschaft der Wissenschaften zu Göttingen, Philologisch-historische Klasse, p. 204–232.

1934. Die Eheformen der Urindogermanen, ib. p. 29–65.

1935. Einige Beobachtungen an den indogermanischen Verwandtschaftsnamen, IF. 53 p. 97–103.

Hilka A. 1910. Beiträge zur Kenntnis der indischen Namengebung. Die altindischen Personennamen, Breslau.

Hirt H. 1927–37. Indogermanische Grammatik 7 Bde., Heidelberg. (略号 IG.)

Hoffmann K. 1967. Der Injunktiv im Veda, Heidelberg.

1975. Aufsätze zur Indoiranistik Bd. I, Wiesbaden.

Hoffmann O.-Debrunner A. 1953. Geschichte der griechischen Sprache I, Berlin.

Homans G. C.-Schneider D. M. 1970. Marriage, Authority and Final Causes (交叉イトコ婚と系譜, 文化人類学リーディングズ p. 29–95), 東京.

Hopkins E. W. 1889. The social and military position of the ruling caste in ancient India, as represented by the Sanskrit epic, JAOS. 13 p. 57–372.

Hultzsch E. 1925. Inscriptions of Asoka, Oxford.

Humbach H. 1959. Die Gathas des Zarathustra I, Heidelberg.

Hutchinson R. W. 1962. Prehistoric Crete, Pelican.

Indische Sprüche 3 Bde. 1870–73 hrg. von O. Böthlingk, St. Petersburg.

Insler S. 1975. The Gāthās of Zarathustra, Leiden.

Jacobson R. 1969. Langage enfantin et aphasie, Paris.

Jayal S. 1966. The Status of Women in the Epics, Delhi.

Jokl N. 1923. Linguistische kulturhistorische Untersuchungen aus dem Bereiche des Albanischen, Berlin.

Jucquois G. 1969. Termes de parentés en indo-européen et anthropologie structurale, Museon 82 p. 213–230.

Kammenhuber A. 1968. Die Arier im Vorderen Orient, Heidelberg.

1969. Hethitisch, Palaisch, Luwisch und Hieroglyphen-Luwisch. Handbuch der Orientalistik I 2, 2, p. 119–357, Leiden.

Kane P. V. 1938. Naming a Child or a Person, Indian Historical Quarterly 14 p. 224–244.

Keith A. B. 1909. The Aitareya Āraṇyaka, Oxford.

1920 Rigveda Brahmanas, Cambridge Mass.

Kent K. G. 1953. Old Persian, New Haven.

Kiparsky P. 1971. Phonological Change, Indiana.

1973. On comparative linguistics, the case of Grassmann's law, Current Trends in Linguistics 11, p. 115–134, The Hague.

Kirfel W. 1976. Kleine Schriften, Wiesbaden.

Klingenschmitt G. 1974. Griechisch parthénos, Gedenkschrift für H. Güntert p. 273–278, Innsbruck.

Kluge F.-Götze A. 1951. *Etymologisches Wörterbuch der deutschen Sprache*, Berlin.

Kluge-Mitzka W. 1957 同書 17 版.

高津春繁 1954. 印欧語比較文法, 東京.

Krahe H. 1955. Die Sprache der Illyrier I, Wiesbaden.

1966. Germanische Sprachwissenschaft I^6, Berlin.

1967. Germanische Sprachwissenschaft II^6, Berlin.

Krahe H.-Meid W. 1967. Germanische Sprachwissenschaft III, Berlin.

Krause W. 1922. Die Wortstellung in den zweigliedrigen Wortverbindungen, KZ. 50 p. 91–129.

1953. Handbuch des Gotischen, München.

1955. Tocharisch, Handbuch der Orientalistik IV, 3, Leiden.

Kretschmer P. 1910. Die griechische Bennenung des Bruders, Gl. 2 p. 201–213.

Kronasser H. 1956A. Vergleichende Laut- und Formenlehre des Hethitischen, Heidelberg.

1956B. Zur Wort- und Namenschatz des Bildhethitischen, Gedenkschrift für P. Kretschmer I, p. 200–210.

1962–66. Etymologie der hethitischen Sprache, Wiesbaden.

Kühner R.-Stegmann C. 1962. Ausführliche Grammatik der lateinischen Sprache II^4 2 Bde., Hannover.

Kuiper F. B. J. 1942. Notes on Vedic Noun-inflexion, Amsterdam.

Kuryłowicz J. 1935. Études indo-européennes I, Cracow.
1952. L'accentuation des lang ues indo-enropéennes, Cracow.
1956. L'apophonie en indo-européen, Cracow.
1968. Indogermanische Grammatik II, Heidelberg.
Lacey W. K. 1968. The family in classical Greece, London.
Laroche E. 1958. Comparaison du louvite et du lycien, BSL. 53 p. 158-197.
1966. Les noms des hittites, Paris.
Leaf W. 1960. The Iliad, 2 vols., Amsterdam.
Lehmann W. P. 1952. Proto-Indo-European Phonology, Austin.
Lejeune M. 1960. Hittite KATI-, grec kasi-, BSL. 55 p. 20-26.
1967. 'Fils' et 'fille' dans les langues d'Italie ancienne, BSL. 62 p. 67-86
1972. Traité de phonétique grecque[2], Paris.
Leskien A. 1955. Handbuch des altbulgarischen Sprache, 7 Heidelberg.
Leumann M. 1950. Homerische Wörter, Basel.
1959. Kleine Schriften, Zürich.
1977 Lateinische Grammatik I, München. (略号 Gr.)
Leumann M.-Hofmann J. B.-Szantyr A. 1965. Lateinische Grammatik II, München.
Lévi-Strauss C. 1963. Structural Anthropology, New York.
1969. The Elementary Structures of Kinship, Boston.
Lewis H.-Pedersen H. 1961. A Concise Comparative Celtic Grammar[2], Göttingen.
Lewis Ch. T.-Short Ch. 1879. A Latin Dictionary, Oxford.
Liddell H. G.-Scott. R. 1951. A Greek-English Lexicon[9], Oxford.
Liebermann W. L. 1971. Voraussetzungen antiker Sprachbetrachtung, Festschrift für A. Scherer p. 130-154, Heidelberg.
Lindeman F. O. 1970. Einführung in die Laryngaltheorie, Berlin.
Löfstedt E. 1911. Philologische Kommentar zur Peregrinatio Aetheriae, Upsala.
Lommel H. 1971. Die Gathas des Zarathustra, Basel.
Lounsbury F. G. 1964. The formal analysis of Crow and Omaha-type kinship terminologies, Explorations in Cultural Anthropology, ed. by W. H. Goodenough, p. 351-394, New York.
Lüders H. 1920. Pali dhītā, KZ. 49 p. 236-250.
Ludwig A. 1876. Der Rigveda oder die heilige Hymnen der Brāhmaṇa zum ersten Male vollständig ins Deutsche übersetzt, II, Prag.
Macdonell A. A.-Keith A. B. 1912. Vedic Index of Names and Subjects, 2 vols., Oxford.
Manessy-Guitton J. 1970. Recherches sur la formation de skr. duhitár-. Actes du Xe Congrès International des Linguistes IV, p. 659-665, Bucarest.
Mann S. E. 1948. An Historical Albanian-English Dictionary, London. (Mann と略す)
Maranda P. 1974. French Kinship, The Hague.
Marouzeau J. 1932. Essai sur la stylistique du mot, REL. 10 p. 336-372.

1935. Traité de stylistique latine, Paris.

Martinet A. 1975. Évolution des langues et reconstruction, Paris.

Mayrhofer M. 1952. Gibt es ein idg. *sor? Studien zur indogermanischen Grundsprache, hrg. von W. Brandenstein p. 32–39, Wien.

1953–1980. *Kurzgefasstes etymologisches Wörterbuch des Altindischen*, 4 Bde., Heidelberg. (Mayrhofer と略す)

1959. Altpersisch HAMATAR. Annali dell' Instituto Orientale di Napoli I p. 13–14.

1966. Die Indo-Arier im alten Vorderasien, Wiesbaden.

1968. Vedisch vidhú "vereinsamt"—ein indogermanischer Mythos? Gedenkschrift für W. Brandenstein, p. 103–105, Innsbruck.

1974. Die Arier im Vorderen Orient—ein Mythos?, Wien.

Mehrotra H. H. 1970. Terms of Kinship, Modes of Address and Reference in Hindi, Delhi.

Meillet A. 1916–18. A propos du mot avestique ptā, MSL. 20 p. 286–292.

1920. Le nom du 'fils', MSL. 21 p. 45–48.

1921. Linguistique historique et linguistique générale I, Paris.

1922. Les dialectes indo-européens[2], Paris.

1926. Lat. genuīnus, BSL. 27 p. 54–55.

1928. Esquisse d'une histoire de la langue latine[3], Paris.

1933. A propos de ved. amba, BSL. 34 p. 1–2.

1936. Esquisse d'une grammaire comparée de l'armenien classique[2], Wien.

1937. Introduction à l'étude comparative des langues indo-européennes[8], Paris.

Meillet A.-Masson O. 1965. Aperçu d'une histoire de la langue grecque, Paris.

Meillet A.-Vaillant A. 1934. Le slave commun, Paris.

Meillet A.-Vendryes J. 1948. Traité de grammaire comparée des langues classiques, Paris.

Meriggi P. 1962. Hieroglyphisch-hethitisches Glossar, Wiesbaden.

Meyer-Lübke W. 1935. Romanisches etymologisches Wörterbuch[3], Heidelberg.

Mezger F. 1939. Hittite ha-aš-ša ha-an-za-aš-ša, Lg. 15 p. 88–89.

1948. IE. se, swe- and derivatives, Word 4 p. 98–105.

1960. Oheim und Neffe, KZ. 76 p. 296–302.

Morgenstierne G. 1950–53. SVÁSĀ and BHAGINĪ in modern Indo-Aryan, Act. Or. 21 p. 27–32.

1975. Irano-Dardica, Wiesbaden.

Neu E. 1974. Der Anitta-Text, Wiesbaden.

Neumann G. 1969. Lykisch. Handbuch der Orientalistik I 2. 2, p. 358–396, Leiden.

1974. Hethitisch nega- 'die Schwester'. Gedenkschrift für H. Güntert p. 279–

283, Innsbruck.

Niedermann M. 1953. Historische Lautlehre des Lateinischen[3], Heidelberg.

Niedermann M.-Senn A.-Brender F.-Salys A. 1932-68. Wörterbuch der litauischen Schriftsprache, 5 Bde., Heidelberg.

大林太良 1955. 東南アジア大陸諸民族の親族組織, 東京.

Öhman S. 1951. Wortinhalt und Weltbild, Stockholm.

Oldenberg H. 1917. Die Religion des Veda[4], Stuttgart.

1967. Kleine Schriften, Wiesbaden.

Otten H. 1958. Hethitische Totenrituale, Berlin.

1961. Das Hethiterreich. Kulturgeschichte des alten Orients, hrg. von H. Schmökel, p. 313-446, Stuttgart.

1973. Ein althethitische Erzählung um die Stadt Zalpa, Wiesbaden.

Otto A. 1971. Die Sprichwörter der Römer, Hildesheim.

Owen A. S. 1939. Euripides Ion, Oxford.

Pallotino M. 1955. The Etruscans, Pelican.

Palmer L. R. 1963. The Interpretation of Mycenaean Greek Texts, Oxford.

Pauly A.-Wissowa G.-Kroll W. 1890- Real-Encyclopädie der klassischen Altertumswissenschaft, Stuttgart.

Pedersen H. 1893. Die indogermanische form des wortes für 'schwiegertochter', BB. 19 p. 293-299.

1926. La cinquième déclinaison latine, Copenhagen.

1941. Tocharisch von Gesichtspunkt der indoeuropäischen Sprachvergleichung, Kopenhagen.

1944. Zur tocharischen Sprachgeschichte, Copenhagen.

1945. Lykisch und Hethitisch, Copenhagen.

1948. Hittitisch und die anderen indoeuropäischen Sprachen[2], Copenhagen.

Pfiffig A. J. 1972. Einführung in die Etruskologie, Darmstadt.

Pfohl G. 1965. Griechische Inschriften, München.

Pisani V. 1954. Skr. strí, KZ. 71 p. 241-243.

1958-59. Messapisch bilia—lat. filia und eine vermeintlich messapische Inschrift, IF. 64 p. 169-171.

1961. Hom. kasígnētos, Kypr. kás und Verwandtes, KZ. 77 p. 247-251.

Pischel R. 1900. Grammatik der Prakrit-Sprachen, Strassburg.

Pokorny J. 1959. *Indogermanisches etymologisches Wörterbuch I*, Bern.

Polomé E. 1965. The laryngeal theory so far. Evidence for Laryngeals, ed. by W Winter, p. 9-78, The Hague.

Porzig W. 1954A. Die Gliederung des indogermanischen Sprachgebiets, Heidelberg.

1954B. Alt und jung, alt und neu. Festschrift für A. Debrunner, p. 343-349, Bern.

Priebsch R.-Collinson W. E. 1934. The German Language[3], London.

Puhvel J. 1964. The Indo-European and Mycenaean Perfect Active Participles. Mycenaean Studies, ed. by. E. L. Bennett Jr., p. 171–177, Wisconsin.

1965. Evidence in Anatolian. Evidence for Laryngeals, ed. by W. Winter, p. 79–92, The Hague.

1966. Dialectal aspects of the Anatolian branch of Indo-European. Ancient Indo-European Dialects, ed. by H. Birnbaum and J. Puhvel, p. 235–247, Berkeley and Los Angeles.

Radcliffe-Brown A. R. 1952. Structure and function in primitive society, London.

Rau W. 1957. Staat und Gesellschaft im alten Indien, Wiesbaden.

Reichelt H. 1911. Avesta Reader, Strassburg.

1967. Awestisches Elementarbuch[2], Heidelberg.

Renou L. 1942. La poésie religieuse de l'Inde antique, Paris.

1943. Katha Upanishad, Paris.

1948–54 La grammaire de Pāṇini, 3 vols., Paris.

1950. La civilization de l'Inde ancienne, Paris.

1952. Grammaire de la langue védique, Paris.

1957. Altindische Grammatik (J. Wackernagel), Introduction générale, Göttingen. (略号 Ai. Gr. Intr. gén.)

1957. Études védiques et pāṇinéennes III, Paris.

1958A. 〃 IV, Paris.

1958B. Études sur le vocabulaire de Rgveda, Pondichéry.

1961. Grammaire sanscrite[2], Paris.

1962. Études védiques et pāṇinéennes X, Paris.

1964A. 〃 XII, Paris.

1964B. 〃 XIII, Paris.

1965. 〃 XIV, Paris.

1967. 〃 XVI, Paris.

1969. 〃 XVII, Paris.

Rhys Davids T. W.-Stede W. 1921–25. The Pali Text Society's Pali-English Dictionary, London.

Risch E. 1944A. Betrachtungen zu den indogermanischen Verwandtschaftsnamen, Mus. Helv. 1 p. 115–122.

1944B. Griechische Determinativkomposita, IF. 59 p. 1–61, 245–294.

1945. Griechische Komposita vom Typus meso-núktios und homo-gástrios. Mus. Helv. 2 p. 15–27.

1957. Die älteste lateinische Wort für Sohn. Gedenkschrift für P. Kretschmer II p. 109–112, Wien.

1972. Les traits non homériques chez Homère, Mélanges à P. Chantraine,

p. 191–198, Paris.

Rix H. 1976. Historische Grammatik des Griechischen, Darmstadt.

Rohlfs G. 1971. Romanische Sprachgeographie. München.

Ruijgh C.J. 1967. Études du grec mycénien, Amsterdam.

Sadnik L.-Aizetmüller R. 1955. Altkirchenslavisches Handwörterbuch, Heidelberg.

1963–. Vergleichendes Wörterbuch der slavischen Sprachen, Heidelberg.

Saussure F. de 1922. Recueil du publications scientifiques de F. de Saussure, Genève.

Scharfe H. 1964–65. Griechisch thugatridoûs, Sanskrit dauhitra '[Erb] tochtersohn' KZ. 79 p. 265–284.

Scheller M. 1954. Griech. gnḗsios, altind. jā́tya und Verwandtes. Festschrift für A. Debrunner, p. 399–407, Bern.

Schmeja H. 1963. Die Verwandtschaftsnamen auf -ōs und die Nomina auf -ōnós, -ṓnē im Griechischen, IF. 68 p. 22–41.

Schmidt G. 1973. Die iranischen Wörter für 'Tochter' und 'Vater' und die Reflexe des interkonsonantischen H(ə) in den indogermanischen Sprachen, KZ. 87 p. 36–83.

Schmitt R. 1967. Dichtung und Dichtersprache in indogermanischer Zeit, Wiesbaden.

Schmitt-Brandt R. 1967. Die Entwicklung des indogermanischen Vokalsystems, Heidelberg.

Schmökel H. 1961. Mesopotamien. Kulturgeschichte des alten Orients, hrg. von H. Schmökel, p. 2–310, Stuttgart.

Schneider U. 1978. Die grossen Felsen-Edikte Aśokas, Wiesbaden.

Schrader O. 1904–5. Über Bezeichnungen der Heiratsverwandtschaft bei den indogermanischen Völkern, IF. 17 p. 11–36.

Schrader O.-Krahe H. 1935. Die Indogermanen[3], Leipzig.

Schrader O.-Nehring A. 1929. Reallexikon der indogermanischen Altertumskunde[2], 2 Bde., Berlin.

Schulze W. 1907. Ahd. suagur, KZ. 40 p. 400–418 (=1933 p. 60–74).

1916. Alt- und Neuindisches, Sitzungsberichte der preusischen Akademie der Wissenschaft p. 2–16 (=1933 p. 224–238).

1933. Kleine Schriften, Göttingen. (Schulze と略す)

Schwyzer E. 1923. Dialectorum graecarum exempla epigraphica potiora, Leipzig.

1938. Griechische Grammatik I, München. (略号 I)

1950. Griechische Grammatik II, München.

Sen S. 1960. A Comparative Grammar of Middle Indo-Aryan, Poona.

Senn A. 1966. Handbuch der litauischen Sprache I, Heidelberg.

Solmsen F.-Fraenkel E. 1922. Indogermanische Eigennamen als Spiegel der Kulturgeschichte, Heidelberg.

Solta G. R. 1960. Die Stellung des Armenischen im Kreise der indogermanischen

Sprachen, Wien.

Sommer F. 1932. Die Ahhijavā-Urkunden, München.

1947. Hethiter und Hethitisch, Stuttgart.

1948A. Zur Geschichte der griechischen Nominalkomposita, München.

1948B. Handbuch der lateinischen Laut- und Formenlehre, Heidelberg.

Sommer F.-Falkenstein A. 1938. Die hethitisch-akkadische Bilingue des Hattušiliš I, München.

Specht F. 1947. Der Ursprung der indogermanischen Deklination, Göttingen.

Stevens P. T. 1971. Euripides Andromache, Oxford.

Sturtevant E. H. 1942. The Indo-Hittite Laryngeals, Baltimore.

Sturtevant E. H.-Bechtel G. 1935. A Hittite Chrestomathy, Philadelphia.

Sturtevant E. H.-Hahn E. A. 1951. A Comparative Grammar of the Hittite Language I, New Haven.

Szemerényi O. 1962. Principles of etymological research in the Indo-European languages, II Fachtagung für indogermanische und allgemeine Sprachwissenschaft, p. 175–212, Innsbruck.

1964. Syncope in Greek and Indo-European and the nature of Indo- European accent, Napoli.

1966. The alleged Indo-European *sor- 'woman', Kratylos 11 p. 206–221.

1970. Einführung in die vergleichende Sprachwissenschaft, Darmstadt.

1977. Studies in the Kinship Terminology of the Indo-European Languages, with special references to Indian, Iranian, Greek and Latin. Acta Iranica 16 Varia 1977 p. 1–240, Leiden-Téhéran-Liège.

Thieme P. 1938. Der Fremdling im Ṛgveda, Leipzig.

1939. Über einige Benennungen des Nachkommens, KZ. 66 p. 130–144.

1957. Mitra and Aryaman, New Haven.

1963. 'Jungfraugatte', Sanskrit kaumāraḥ patiḥ-Homer kourídios pósis- Lat. maritus, KZ. 78 p. 161–248 (=1971 p. 426–513).

1971. Kleine Schriften, Wiesbaden.

Thomas W.-Krause W. 1960. Tocharisches Elementarbuch I, Heidelberg.

Thompson E. A. 1965. The Early Germans, Oxford.

Thompson W. E. 1970. Some Attic Kinship Terms, Gl. 48 p. 75–81.

Thumb. A.-Hauschild R. 1958–59. Handbuch des Sanskrit I 2 Bde., Heidelberg.

Thurneysen R. 1946. A Grammar of Old Irish, Dublin.

Tischler J. 1977–. Hethitisches etymologisches Glossar, Innsbruck.

Trautmann R. 1923. Baltisch-Slavisches Wörterbuch, Göttingen.(Trautmann と略す)

Trautmann Th. R. 1973. Consanguineous marriage in Pali literature, JAOS. 93 p. 158–180.

Trier J. 1947. Vater, Versuch einer Etymologie, Zeits. d. Savigny-Stiftung f.

Rechtsgeschichte, Germ.-Abteilung 65 p. 232–260.
辻直四郎 1970. リグ・ヴェーダ讃歌, 東京.
Turner R. L. 1960. Indo-Arica IV, Sanskrit śvāśura-, BSOAS. 23 p. 106–108.
1962–66. *A Comparative Dictionary of the Indo-Aryan Languages*, Oxford. (Turner と略す)
Tyrell R. Y. 1892. The Bacchae of Euripides, London.
Usher R. G. 1973. Aristophanes Ecclesiazusae, Oxford.
Vaillant A. 1950, 1958. Grammaire comparée des langues slaves I, II, Paris.
Vasmer M. 1950–58. *Russisches etymologisches Wörterbuch*, 3 Bde., Heidelberg.
Vendryes 1959- *Lexique étymologique de l'irlandais ancien A, M-P, R-S*, Paris.
Ventris M.-Chadwick J. 1959. Documents in Mycenaean Greek, Cambridge.
Vetter E. 1953. Handbuch der italischen Dialekte I, Heidelberg.
Vey M. 1931. Slave st- provenant de i. e. *pt-, BSL. 32 p. 65–67.
Vries J. de 1963. La religion des Celts, Paris.
Wackernagel J. 1889. Das Dehnungsgesetz der griechischen Composita, Basel.
1896. Altindische Grammatik I, Göttingen.
1905. Altindische Grammatik II/1, Göttingen.
1916. Zu den Verwandtschaftsnamen. Festschrift für F. C. Andreas, p. 1–9 (=1953 p. 459–467).
1919. Über einige lateinische und griechische Ableitungen aus den Verwandtschaftswörtern, Festgabe für A. Kaegi, p. 40–65 (=1953 p. 468–493).
1928. Vorlesungen über Syntax, 2 Bde., Basel.
1953. Kleine Schriften, Göttingen.
Wackernagel J.-Debrunner A. 1930. Altindische Grammatik III, Göttingen.
1954. Altindische Grammatik II/2, Göttingen.
1957. Altindische Grammatik II/1 Nachträge, Göttingen.
Walde A.-Hofmann J. B. 1930–56. *Lateinisches etymologisches Wörterbuch*, 3 Bde., Heidelberg.
Wartburg W. v. 1922–68. *Französisches etymologisches Wörterbuch*, Basel.
1970. Einführung in Problematik und Methodik der Sprachwissenschaft[3], Tübingen.
Weber A 1868. Indische Studien X, Berlin.
1898. Indische Studien XVIII, Berlin.
Weisgerber L. 1962. Von den Kräften der deutschen Sprache[3], Düsseldorf.
1964. Das Menschheitsgesetz der Sprache, als Grundzüge der Wissenschaft[2], Heidelberg.
Weisweller J. 1940. Die Stellung der Frau bei den Kelten und das Problem des keltischen Mutterrechts, Z. f. celt. Ph. 21 p. 205–279.
Weitenberg J. J. S. 1975. Hethitish kuša-, IF. 80 p. 66–70.

West M. L. 1966. Hesiod Theogony, Oxford.

Whitney W. D. 1905. Atharva-Veda Samhitā, transl. with a critical and exegetical commentary, Cambridge Mass.

Willcock M. W. 1970. A Commentary on Homer's Iliad Books I-VI, London.

Windekens A. J. v. 1976. Le tocharien confronté avec les autres langues indo-européennes I, La phonétique et le vocabulaire, Louvain.

Winter W. 1965. Armenian Evidence. Evidence for Laryngeals, ed. by W. Winter, p. 100–122, The Hague.

1965. Tocharian Evidence, ibid. p. 190–211, The Hague.

1966. Traces of early dialectal diversity in old Armenian, Ancient Indo-European Dialects, ed. by H. Birnbaum and J. Puhvel, p. 201–211, Berkeley and Los Angeles.

Winternitz M. 1920. Die Frau in den indischen Religionen I, Leipzig.

1973. 叙事詩とプラーナ(中野義照訳), 高野山.

Yaleman N. 1969. The semantics of kinship in South India and Ceylon. Current Trends in Linguistics, 5, p. 607–626, The Hague.

Zimmer H. 1879. Altindisches Leben, Berlin.

■岩波オンデマンドブックス■

印欧語の親族名称の研究

1984 年 1 月27日　第 1 刷発行
2001 年 9 月25日　第 2 刷発行
2016 年 2 月10日　オンデマンド版発行

著　者　風間喜代三（かざま きよぞう）

発行者　岡 本　厚

発行所　株式会社 岩波書店
〒101-8002 東京都千代田区一ツ橋 2-5-5
電話案内 03-5210-4000
http://www.iwanami.co.jp/

印刷／製本・法令印刷

ISBN 978-4-00-730373-9　　Printed in Japan